Heibonsha Library

三田村鳶魚　江戸生活事典

JN152199

平凡社ライブラリー

Heibonsha Library

三田村鳶魚 江戸生活事典

三田村鳶魚著
稲垣史生編

平凡社

本著作は二〇〇七年九月、青蛙房より刊行されたものです。

江戸生活事典大綱

附録

凡例

◇本書は既刊「武家事典」（青蛙房）の続編で、故三田村鳶魚翁の江戸に関する随筆・評論・輪講のすべてを、項目別に配分し体系づけ、事典型式に編纂したものである。しかし翁の多年にわたる、多様式な著述であるため、項目別にすると相当むらがあって、過剰な部面もあれば全然記述のない部面もある。そのため空白の項目は、編者の補足記事と他書の引用で補った。従って本書は「三田村鳶魚の江戸叢書を中心とする江戸生活事典」ということになる。

◇本書は一言でいえば〝生きている江戸への理解〟と〝江戸を書くための基礎資料〟であることを目標とした。

◇原文にはあくまでも忠実にと心懸けたが、新仮名づかいと、漢字の統一は許してもらった。例えば角力は相撲に、華魁は花魁に、男立は男伊達に、という風に。但し原文中の江戸時代の文章はそのままにした。

◇三田村翁の著述は多くの場合、関連事項が枝葉をひろげるので、項目中にも所々、見出しにそぐわない個所が入った。これでは利用に不便なので、巻末に索引をつけた。また内容の重複している如き個所があるが、そこを省略しては意味が通じにくかったり、調子を壊わすこともあるので、場合により重複をいとわず収録した。

◇他書よりの引用は著作権法により書名と著者名を入れた。それの無い〔補〕は編者の補足項目である。

◇記号については左の通り。

（ ）はすべて原文中の括弧をあらわす。ふり仮名の場合もこれを用いて、漢字の下につけた。

［ ］はすべて編者註であるが、簡単なものは註の字を略した。

なお文章を分り易くするため〈 〉を用いた個所がある。

◇附録は編者の調査構成に成る。

目次

目次

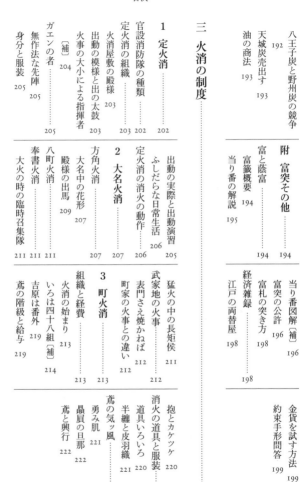

目次

江戸生活事典

一　旅と飛脚

1　幹線道路

五街道

東海道　京までは百二十六里六町一間、これが東海道五十三次なので、大阪までは百三十七里四町一間、五十六次になる。江戸時代には中山道と日光、奥州、甲州街道と合せて五街道といったが、言うまでもなく東海道ほど人馬往来の繁劇な道中は他にない。

甲州街道　この甲州街道は信州下諏訪まで四十四次になっていて、五十三里二十三間ある。この宿々の宿次の事務というものは、「駅逓史稿」などを見ても直ぐわかる。公私の人馬の世話をする問屋場というのがあって、駅伝事務を取扱うのである。

他の三街道〔補〕　中山道は江戸より板橋に出で、碓氷峠を越えて信州に入り、木曾路を経て美濃をすぎ、近江の草津で東海道に合して京に達するもので、江戸、草津間六十七駅。日光街道は王子より日光に通ずるもので、江戸、日光間二十一駅。奥州街道は千住から下総に出で、常陸を経て奥州へゆくもので、日光街道と分れる宇都宮と白河間は十駅であった。

脇往還〔補〕

五街道に続く左のものを「脇往還」と称した。

伊勢路〔四日市、伊勢山田間〕

佐屋路〔尾張岩塚、桑名間〕
中国道〔大阪、豊前小倉間〕
水戸佐倉道〔武州新宿、下野金崎間〕

この五街道および脇往還について、今日でも諸書に多少の異同があるが、当時、永い間には色々疑義を生じたらしい。幸い文化八年に勘定奉行兼務の道中奉行へ疑点を質した向があり、それに対する回答の文書が伝わっている。これによれば公式と通念上の始終駅の相違、および「街道」と「道中」を区別して呼称したことが明らかになるので左に引用する。

書面東海道は品川より大津迄、中山道は板橋より守山迄、尤木曾路と相唱申候、甲州道中は内藤新宿より上諏訪迄、日光道中は千住より鉢石迄、奥州道中は白沢より白川迄、水戸街道佐倉街道とは唱不ㇾ申、水戸佐倉道とは唱候儀千住より杉戸迄に有ㇾ之候

2　大名道中

参覲交代

参府とお暇　武鑑の浅野家〔註・芸州藩主。ここは旧藩主浅野長勲侯の談をもとにしている〕のところに、子寅辰午申戌四月参府、丑卯巳未酉亥四月御暇とあります。文久三年は癸亥ですから、四月に帰国される筈です。また武鑑に参府御暇之節上使御老中とございます。「官中秘策」の諸

大名参府御暇上使之事のところに、

一国持大名参府御暇右同断（これは前文に御三家方参府之節上使老中、御暇も同断とあるのに対して同じであるというのです）

白銀巻物被㆓下置㆒、為㆓御礼㆒登城之節、於㆓御前㆒御馬拝領、但陸奥佐竹は馬所ゆゑ御馬献上有㆑之ゆゑ拝領無之、帰国之上、使者を以御肴樽等献㆓上之㆒、右使者登城之節、老中へ謁、退去御暇被㆑下候節も於㆓殿中㆒奉書に相渡之、使者へ巻物被㆓下之㆒

申すまでもありませんが、参府が江戸へ出られた時、御暇は帰国される時、参観交代は年割が定まっておって、一年在江戸、一年在国のわけです。その着発に将軍家から使者を以て慰労される。その使者は家柄によって老中のもあり、御奏者番のもあり、御使番のもあります。それから御暇の上使の後に何日何刻江戸出発の御届けがあり、いよいよ出発されてまた何日何刻出発いたしたという御届けがあるのだそうです。この出発の届をなさらなかったので、面倒が起ったというお話でございます。

参観の原則と定府大名〔補〕　凡て外様大名は東西衆を分ち、毎年四月両衆を交代して在府、在国せしむ。譜代は六月を以て交代するもの六十九人、八月を以てするもの九人、在府、在国各一年とし、その関八州に在るものは在府、在国各半年、二月及八月交代す。尾張、紀伊両家は在府在国各一年、参観就封毎年三月を以て期とし、水戸家は江戸に住して就封せず。老中若年寄及奉行等の有司又定府の諸侯と共に府にありて封に帰らず。要害の城邑を占むるものは、互に交代して参覲せしむ。〔江戸時代制度の研究・松平太郎著〕

参覲路の変更〔補〕　幕府は諸大名の朝廷への接近を警戒して、参覲途上京都へ立ち寄ることを許さなかった。また西国筋の大名は東海道通過に限定して、他の街道に廻ることも原則的に禁じている。もっとも土佐藩主が病気を理由に幕府へ路線の変更を申請し、許可を得て木曽路を通ったという例外もないではないが、縁故の本陣もない別街道の大名道中は、なかなか手順よく行程が運ばなかったであろう。なお領地が、地理的に東海道と中山道の中間にあり、中山道を通っても差しつかえのない大名をあげておこう。

江州仁聖寺一万石市橋主殿頭
江州大溝二万石分部米吉
越前丸岡五万石有馬左兵衛佐
濃州大垣十万石戸田采女正

大名行列

諸家行装一覧〔補〕　将軍大名以下外出行旅の際に於ける鹵簿は、これを称して行列という。行列は素より家の格によりて差異多しと雖も、大名以上にありては、概ね道具即ち槍及び挟箱・打物（長刀）柄傘・牽馬・茶弁当等より、供侍・騎馬供・徒・押・同朋の供揃を以て成るものとす。槍は士分熨斗目白帷子を着用し得る格のものより、之を立つるを得るものにして、世に槍一筋の家柄ということあり。挟箱は槍を立て得るものはまたこれを持たしむるを得べし。行列に槍を立つるには一本二本とその数によりて、若しくは己れの前後に立つるによりて、一本道具・二本道具・三本道具・先道具・跡道具・引道具等の称あり。殊に槍身を被う飾鞘は、形状品質家々に特有の形式を備えて、路人をして一目その誰氏の行列なるべきやを知らしむべき唯一の標目たり。将軍家は虎の皮抛鞘槍二本・直槍一本を道具と為す。何れもこれを輿前に立つ。諸侯にありては五六万石以上概ね二本道具なれども、元禄以前対ノ槍を輿前に立つるは甲府綱豊と島津あるのみ。三家も享保以前は他諸国主と同じく二槍、その鞘形を異にせり。島津侯は黒熊の対、後には白大鳥毛と改められたり。又大小二本の白鳥毛に猿毛杉形一本は仙台、菖蒲皮角十字同じき袋鞘は越前、白鳥の笠鉾鞘、煤竹羅紗の袋鞘は庄内の酒井と、三百諸侯各々その定あり。打物は将軍家は朽木地紋散らしの蒔絵、正月芝・上野及び紅葉山参詣の節は袋なしなり。三家以下他の諸侯は概ね黒羅紗、又は黒天鵞絨にて紫の組紐にて中結す。次に挟箱には片箱・対箱・先箱・後箱の別あり、二個揃いて並べ持たしむるを対箱という。徒の先に持たしむるを先箱、馬乗物等己れの後方に持たしむるを後箱と称す。将軍家は栗色塗網代の挟箱四個を供先きに持たしむ。又三家以下加賀・薩摩・仙台等二十余家は金紋先箱とて黒髹を施したる挟箱の蓋の上に金にて紋所二個を左右に並べて画かしめたるを被覆なしにて持つ。唯加賀前田家は中央に一個を画く、これを加賀の割紋と称す、箱の棒にて紋所の中央を二分すればなり。長州は黄長革掛内金紋、南部・津軽は赤長革掛内金紋、その他、黒長革掛・青長革掛、或は黄紋・木漆紋など様々あれども、大名は皆対箱なり。唯彦根井伊家は一槍片箱を用ゆ、世に井伊家の一本道具と称して名高し。国主外様帝鑑之間の輩は箱の棒の上に太き組紐を結ぶ。これを化粧紐という。その色また家によりて差あり、漫りにすることとなし。次に長柄傘にも参内傘・台傘・爪折傘・袋入傘・立長柄など、それぞれの種類あり。爪折傘は柄骨黒塗にして、白張なり。袋入傘の袋は概ね黒色の羅紗又天鵞絨にて、紫組紐の中結、参内傘は袋の上端に布を垂れ飾の革を付く。元来立長柄傘は万石以上五千石高役人・高家・交代寄合・那須家・信濃家・美濃家・三河家・岩松氏に限り許されしものにして、爪折袋入傘、袋入傘及び袋無し等それぞれ家格によりて差あり。参内傘及び台傘は唯三家規式の際これを用うるのみ。牽馬は乗輿以上のものこれを伴うを得るものにして、通常乗物の後に従うものなれども、時に鼻馬とて徒士の先に牽かしむることあり。三家規式の時又万石以上以下参覲交代遠国出立の時などには、牽馬数頭の中一頭を鼻馬とすることもあり。牽馬は何れも鞍に覆を掛け、牽綱とて太き組紐にて牽くものなり。鞍覆には家格によりて虎の皮・海豹の皮・黒羅紗・白紋黒革など用ゆ、それぞれにまた差あり。〔近世日本世相史・斎藤隆三著〕

諸家行列の見分け方〔補〕　都下諸大名の往還するにその行装尋常と殊なるあり。眼に留まる所をここに挙ぐ。

虎皮の鞍覆は御家門並に国持大名用ゆる例なり。この中尾張殿の支流高須侯の世子掃部頭は虎皮の中に其家の紋を着て用いらる。尤も珍らし。肥前佐嘉侯の末家鹿島侯は二万石無城なれども虎皮を用ゆ。何の故あるにや。秋田侯（佐竹）は長柄傘白竹の柄なり（本末とも同じ）又槍を持つは乳づけとて石突を槍持、乳通に高く上げて持つなり。

越前福井侯の槍持は右行の者は槍を右手に持ち左行は左に持つ。何ぞ要法あるか。

大垣侯（戸田氏）の駕籠は屋根の上に日覆の如く羅紗張りの屋根を設く。駕籠の棒はその半を上に出たりと聞く。如何なる用心か。羽州高畠侯（織田）もこの如しと。是等は信長頃の古制か。

紀侯の供には持槍の後に旅行の具の跡づけと云へる如くしつらへたる長き箱を竹のさきに結びつけ背に横たへ負ひ従ふ。何物を納めたるにや。

今の忍侯（松平下総守）の従行、供頭のみは馬より下り駕籠脇に歩従するとき、雨天にて雨具は着れども笠を用ひず、手傘をさし従ふとなり。

久留米侯の槍持は雨天には笠を戴かずして鉢巻をす。手廻りの者はすべて笠なしと云ふ。（是は官の式を准用するにや）

仙台侯の駕籠の者も雨天には笠なく鉢巻なり。是は古の遺法か。

土佐の高知侯の槍持も雨天に笠を用ひず、桐油のしころ頭巾を着す。これはかの侯の槍の鞘大鳥毛にて持ちにくきゆゑなるべし。

先箱の紋は金紋先箱と唱へて何方も同じやうなるに、岡山侯の先箱は黄紋なり。（明和安永の頃のこと人口に膾炙す）又先箱金紋に非ずして金色を用ふること外には見ざるなり。

今の桑名侯（松平越中守）の駕籠の棒黒塗なるは、世の知る所なり。駕籠の簾いよすを編みたり。その家式なりと。若しやこれも昔官用にありしや。又此侯の傘袋の緒は尋常の糸組にあらず、袋と同じきれにて緒を作り結ぶ。阿波の徳島侯の引馬は暑中には白縮の手綱を用ゆ。

高崎侯の引馬は野髪なりと。又供立のとき常に沓をうつことなし。これは彼先代武辺の人ありしより起れり。明石侯の駕籠の押縁の竹は朱塗なり。

出羽の庄内侯（酒井）の駕籠の押縁は青竹を用ゆ。これは近来奢侈より起りたりと人称す。登営の度毎に新竹を打ちかゆると云ふ。

羽州山形侯（秋元）駿州田中侯（本多）野州宇都宮侯（戸田）常州土浦侯（土屋）は供の士と徒士は皆塗笠を冠ると云ふ（菅又は竹皮笠を用ひず）〔略〕

駕籠の棒の木宇都宮侯と駿府御城代の戸田氏（土佐守七千石）とは桐の木を用ゆ。予〔註・ここは「甲子夜話」巻四十一中の引用なので、予とは同書の著者肥前平戸藩主松浦静山侯のこと〕が家も以前より然り。

先箱の覆にかくる革は長きもの多し。水口侯（加藤氏）の先箱の革は短かにして半分へかかる赤色なり。

淀侯（稲葉氏十余万石）は当主は先箱を持せず、傘にも袋をかけざるが、その世子のときは先箱を持たせ傘も袋に入る。当主となれば始の如し。これは当主加判を勤められしとき並の通りの供立にして世子ばかり家格にしたる形の残りしなり。

加州侯の供は先箱を持つ者、駕籠の者は雨天にはみな赤合羽を着す。徒士諸士は平常の桐油合羽なり。又駕籠の後てこの者と云ふもの従ふ。大抵両三人と見ゆる。容体は大形総紋の着物にて脇差一刀をさす。飛脚便用の人など云へるがいかがの用あるにや。又てこの者と云ふ称は如何なる謂れをさしたる名号なりや。

津山侯（松平越後守）熊本侯（細川氏）と出雲の広瀬侯（松平佐渡守三万石）とは駕籠簾の化粧紐何れも紫革なり。

熊本侯の挟箱には通例の如く覆縄はなくして紫革を棒にかけ蓋の間にせんをせしを包める如くなり。

同侯又その支家の采女正（三万石）宇土侯みな乗輿の屋根黄漆を以てぬる。福岡侯（黒田氏本家）の同勢には合羽籠なし。雨具は竹馬につけ卒へらる。広島侯（浅野本家）の持槍二本のうち下広にて中結せし槍は通行のとき所々御多門の下にてこれを偃せずとなり。通例に違へば由緒あるなるべし。府中侯（毛利甲斐守五万石）の挟箱には赤革に朱紋なり。牽馬の手綱轡の片方は蛇口につけずして鞍にかけて在ると云ふ。如何なる用法か。〔略〕

米沢侯（上杉氏）と喜連川氏（左兵衛督）は挟箱に紫の覆縄をかくる。姫路侯（酒井氏）の世子河内守も同前と云ふ。これは近頃公儀の御聟に成りて世子斗り其家の古格を用ゆ。聞けば古き家格にて有りしなるべし。

松山侯（松平隠岐守）の駕籠の者の笠は世に唐人笠と謂ふ形なり。帽頭ありて隆く造れり。津軽の支侯甲斐守（黒石一万石）と盛岡の支侯丹波守（南部氏一万千石）とは挟箱に赤長革をかくる。通例先挟箱には長革をかくることとなるが、この両家は駕籠後の挟箱にかく外に類なし。この両氏は近頃の新家にして、津軽の方始めなりしが、その頃先箱のこと大目付の方にてむつかしく云ひしと云ふ沙汰ありき。因て先箱を後に持たせしにや。南部は又その後に出たれば、津軽の轚に傚ひたるならん。

岡崎侯（本多氏）の駕籠の屋根は白塗なり。戸の物見は婦人の輿の如くむそうにせしなり。

松平越前守（福井侯）と津軽越中守の押足軽は月代を半ばすりたり。人半向と呼ぶ。羽州（沼津侯水野氏）の押も同じ。

尾侯の同勢の中には医師の供ありと見え、駕籠に乗たる者の後に挟箱薬箱を従へたり。歴々大家の諸侯にもこれはなし。

中村侯（相馬氏）の持傘は槍持の如く双刀なり。

彦根侯（井伊氏）は大家にて一本槍先箱一つなり。人の知る所。然るに世の太刀箱と謂ふものの如きをいつも従へ持せらると云。又雨天のときは手廻りの者笠はなく濡れたるままなりと云ふ。

岡山侯（池田氏の本家）は太刀持せらるるときは猩々緋の袋に納めらるると云ふ。

姫路侯（酒井氏）は帝鑑席歴々の家には似合はず先箱なく傘袋もかけず簑箱もなし。これは天和に罪蒙りたるより如レ此することになりしと云ふ。近頃子息河内守はこのもの皆具して持たす先格を申立られしとぞ。

御三家並にその庶流の家、又真田豆州（松代侯）は雨行には駕籠の者は下に桐油合羽を着て、その上に木綿合羽を重ねきる。珍し。

無城の嫡子は仮令七万石にても乗輿せざることなり。然るに松前氏は城主に非れども嫡子乗輿す。

豊後の府内侯（松平左衛門佐）は二万千余石の城主帝鑑席。羽州新庄侯（戸沢氏）も同席六万八千余石の城主なるが、傘に袋をかけず。

青山大膳亮（濃州八幡侯）は供の士尻割羽織を着す。聞くかの祖武辺の人あり。用法為めにせしとぞ。因て中奥御小姓の青山備前守（五千五百石）御持頭の青山主水（五千石）の供も同く此体なり。其分家なるべし。

榊原氏（高田侯）溝口氏（新発田侯）堀氏（村松侯）細川氏（熊本侯）毛利氏（萩侯）は二本槍を徒士の先と駕籠後に持たするなり。外には見ず。立花氏（柳川侯）の二本槍は徒士の先に二行一本に持つ。是も類なし。

岸和田侯（岡部氏）の駕籠のすだれは朱にて塗る。

守山侯（水戸支侯松平大学頭）は駕籠後に赤色の革の袋に入れたる一間ばかりの物を持たす。これ鉄棒を納れたると云ふ。故あるべし。

上田侯（松平伊賀守）の牽馬の三尺縄は鏁を用ゆ。安中侯（板倉氏三万石）田中侯（本多豊前守四万石）もこれと同じ。

佐嘉侯（松平肥前守）と久留米侯（有馬玄蕃頭）とは挟箱の覆縄唐糸うちなる由。〔略〕

皆朱の槍を持たするは土井大炊頭（古河侯八万石）の二本槍、直槍の方松平伊賀守（上田侯五万余石）の二本槍、御先手衆の長坂血鑓九郎（千石）紀侯の家老渡辺半蔵も朱柄なり。何れも先祖武功の故に由るべし。又近頃姫路の世子河内守の槍二本とも皆朱なり。これは祖先武功を以て神祖の所レ賜の御長柄百本の中なりと云ふ。

瑇瑁柄の槍は松平丹波守（松本侯）の二本とも、松平防州（浜田侯）二本の中一つ、これも武功に由るか。仙台侯の家老片倉小十郎は先箱を持つ。槍は一本なるが、徒士の先きに箱と並べ持つ。右は箱、左は槍なり。又乗輿にして牽馬の鞍覆虎皮なり。陪臣には類なし。

岩国（防州）の吉川氏は萩侯に属す陪臣の如きものなり。此人も乗輿にして二本槍なり。殿中にて逢ひたること有りしに無官なれど白無垢を着す。表高家並に寄合と称する山名氏これも無官無垢なり。

磐城平侯（安藤対馬守）は駕籠のやねをうるみ色に塗る。挟箱の蓋も同じ。又駕籠の化粧紐は桃色なり。

萩侯の先箱の長革は黄色。

八戸侯（南部氏二万石）の先箱も長革にして青色。

松山侯（松平隠岐侯）の箱は二重革をかくる。

表高家畠山左衛門（五千石）の駕籠は簾の竹殊に太くあみ糸も殊に太し。

対の槍は免しなければ持することならざるが、薩摩侯（豊後守島津氏）岡山侯、予州松山侯ばかりは対槍なり。〔略〕

岡山侯は大家なれど籏箱なしと聞く。西尾氏（横須賀侯）も籏箱なし。〔略〕

熊本侯の乗輿は二重包と云ふ。如何なる製造にや。林子曰く実家能登守（岩村侯）の駕籠は前を取はづしにて蹴放すやうに作りたり。牽馬に冬夏とも尻駄覆を用ひずと。駕籠の前を蹴放にすることは予が家の駕籠も同じ。蓋し天祥公よりや始まる。又予が駕籠には後にはねぶたあり。これ刀を抜くときに鞘払の為とぞ。又駕籠の底に水ぬきの孔あり。これも要法あり。是等他はいかにや。

福岡侯は五十二万余石なるが、予が少年の頃迄は一本槍、先箱一つなりき。其後一橋殿より養子して二本槍、先箱二合となれり。支侯甲斐守（秋月侯五万石）も始めは一本一箱なりしが、又近頃願立てゝ槍二本、箱二つとなりぬ。されども今に嫡子は一本一箱なりと聞く。旧に依るか。

大洲侯も六万石の城主なれども槍一本なり。これは彼の先祖人は槍二本一同につかふ者にあらずとてこの如くなりと聞く。又亀山侯（石川氏）も城主六万石なれど一本槍なり。ゆえ如何。秋田侯夜行の灯燈は白張にして紋なし。凶具の如し。祖先にその由ありて用ひ来ると云ふ。吉田侯（松平伊豆守）の灯燈は骨殊に太く間あらし尋常のものと異なり、是も祖先武用穿鑿の人ありて、要法を以てかくせりとぞ。刀を以て払切るとき骨に当りて切れぬやうにとて鉄を以て骨とせりとぞ。〔甲子夜話〕

行列の先払い　鳶魚「それから行列の先払い、これは大名の行列の約二三町前から竹の棒を持って、『したァに、したァに』と言って通る奴で、これが先払いである。それも江戸に入ってからは言わなかったように聞いておりますが、先生はお聞きになりませんか」共古「二三町では遠過ぎる。それでは行列の間を切られる。宿人足が出て、したァに、したァにとやって行くのは、そんなに先きではない。それからこの先払いの人足は、宿送りで、段々にやって行くのです」鳶魚「江戸の内で、したァに、したァにというのは将軍と三家と三卿、それだけのようでした。国主大名でも言わなかったらしい」〔註・ここは「東海道中膝栗毛輪講」中の一節で、共古とあるのは山中共古翁のこと〕

道具は槍の称　鳶魚「道具というのは槍に限る。外の道具はあっても、ただ道具とは言わない。必ず弓とか、鉄砲とか言います」仙秀「伊勢貞丈の『秋草』に『道具と云ふ名目、古は僧家の詞にして俗家の詞にあらず、調度といふ也。デウドと二字共に濁りていふ也、用事ある度に取用ひて調ぶる故に調度といふ。武士の家に弓矢を調度といふ事はさまざまに調度ある中に弓矢を以て専一とする故に調度と云也〔略〕今の世武家にて槍を道具と称る事も右に同じ意也』とあります」

〔註・前項に同じ「膝栗毛輪講」中の一節で、仙秀は木村仙秀氏〕

奴踊りは着発時のみ　寛永度には旗本奴のみでなく大名奴も町奴も中間奴もあったが、著名なのは旗本奴で、最後まで残ったのは中間奴である。大名行列の先頭の槍持の張り臂、太宰春台が兵士以下奴隷の輩まで左右の手をのべて高く振り、足をあげて地を踏み、傍若無人なる体をなす、と叱った。松平伊豆守信興も江戸廻りにて大名の道具持、槍持の奴など、手を振り、足拍子ふんですれども、五里と振り続く事はあるまじ。生れもつかざる足拍子を踏むゆゑ也と笑っているが、大名道中に出発の時と到着の時とだけ振るので、朝から晩まで長い道中を幾日も振り続けるのではない。強味を見せたいために裾へは鉛をくけ込み、袖口へは針金を入れて仕立てて着るほどな旗本奴は、自身のみならず若党中間にも勇気を示すために格別な行歩をさせた。それが久しく大名行列に残ったのである。

石高による行列の構成〔補〕　大名行列は道具〔槍〕打物〔長刀〕挟箱、長柄傘、牽馬、供侍、騎馬供、徒押〔足軽〕茶弁当、供槍を以て構成し、享保六年の法定人員は、二十万石以上の大名は馬上供十五騎乃至二十騎、足軽百二三十人、中間人足二百五十人以上三百人まで、一万石以上は馬上十騎、足軽八十人、中間人足百四十人、一万石以下は馬上三騎、足軽二十人、中間人足三十人であった。旅行用具としては雨具、非常食糧、漬物桶、風呂桶、蠟燭、便器、それに碁・将棋の娯楽道具から、飼鳥まで携行する大名もあった。ところでその行列は、長道中をはじめから終まで隊形をととのえているのではない。国許の城下と領地境、宿場の着発時、それに江戸入りの時だけで、あとは隊列を崩していたようである。

行列の着発時刻　大名道中の着発、これにも時間のきまりがありました。朝七ツの出立というから、今の午前四時です。これが一番早いので、これより早ければ夜立ちになります。夜立ちは特に幕府の許可を得なければいけないことになっていました。泊りは夜五ツですから今の午後八時、それより遅くまで歩いていることは出来なかった。「お江戸日本橋七ツ立ち、行列そろえてアレワイサノサ」という唄があって、私ども幼年の頃までうたいました。これは一番早い御立ちということを唄にしたのです。

途中の食事〔補〕　大名行列には、飯盛というのが先に行って、それが立場々々で縁台に二十人なら二十人の飯をもって香物を一切れ添えておく。それを一杯ずつ食って行く。早い奴はいいが、鈍い奴は俺の飯は何処だァといってるうちに、かつぎ出してしまう。〔江戸は過ぎる・大藤庄吉談〕

本陣と脇本陣

本陣の構造と規定　竹清「本陣というのは、どういうことです」共古「宿には必ずどこの宿にも本陣というものが一軒ある。それから脇本陣というのは幾軒もある。所によっては三軒も四軒もある。本陣というのはそこに来た中の一番主な大名しか泊らない。脇本陣は本陣が塞ったならばその次に泊る。つまり大名が一時そこに御住居になった、ここに陣取ったというのからして御本陣というのです」竹清「これは旅館ですか。普通の旅人も泊ることができますか」共古「大名の泊らない時は誰でも泊めます」鳶魚「私の郷里などでは本陣は開き門がついていて、ちゃんと式台もありました。脇本陣も同様でありました。この門は平素締め切ってあって、普通の旅人はそこから入れない。大名が来た時だけ開けて、その門から入れるのでした」竹清「本陣は極っておったのですか」鳶魚「そうです。大名が来た時に殿様が御泊りになるのは、いつでも本陣ときまっている。本陣は大名を泊めるだけの設備が無いといけませんから、それで宿屋の中の一番大きいのが設備しておいて本陣になる。私の田舎などでは大概世襲でした。脇本陣も……」共古「微禄でもしたら変るかも知れませんが、まず世襲のようです」鳶魚「こういうように〔註・ここは「東海道中膝栗毛輪講」中の一節で弥次郎、北八が蒲原宿まで来た折り大名の本陣入りに出会う一場面〕勝手のどさくさの中へ上ったというのは……。そんなに混雑するものですか」共古「勝手というのは台所の次の方です。土間があって、その土間の中に莫蓙を敷いて、長持やら色々なものを置く、そこにゴタゴタいるということが出来るのですが、つまり戯作だからこう申すので、大名の行列にはそれぞれ印の付いた装束を着ている。或は法被なら法被を着ているから、北八のようにしるしものを着ない、ただの旅装束のものが入り込んでは往けないわけです。けれどもこれは戯作だから、そういう風に書いたんだろうと思います」若樹「御本陣には一行みな泊らずに、主な人だけですか、後の御供も何も泊りますか」共古「大抵はみなそこに泊らないで脇に行く、その代り脇本陣でも何でも皆……。その次の者は、御家老なら御家老は、すぐ脇本陣に泊って札を掛けておきます。嶋田では川止めがあったから、沢山大名が溜ったでしょう」鳶魚「あったかも知れない。私の田舎は川止めのない地方ですが、それでも脇本陣が二軒、それから本陣が一軒、その外に家老宿（かろうやど）と称するものがある。少し大きな宿になると本陣の外に脇本陣、家老宿と称するものがあった。大名が一頭（ひとかしら）も二頭も御出になることがある。その時には一番先きに来たものが本陣、二度目に来た殿様が脇本陣に泊る。こういう風になっている」竹清「本陣は何軒ばかりありますか」鳶魚「一軒です」共古「東海道の吉原などは本陣が一軒で、脇本陣が三軒もありました」〔註・「東海道中膝栗毛輪講」より。以下輪講の発言者は附録「輪講出席者表」に記す〕

本陣の大名　文久年間に私〔註・旧芸州藩主浅野侯。その談を基にした記述〕が広島へ下った時は略式で、時日もつまり、供も減じておった。昔で言えば、江戸から広島まで、二十六七日位はかかりましたろう。それをごく略して行ったのですが、途中まで来ると、小田原で混雑があり、引戻されるところだったのですが、大いに論じまして、遂に命を聞かずに出立してしまった。〔註・幕末の動乱を指す〕そうして柏原辺まで参りますと、今度は朝廷から内勅を賜って、上京せよということになりましたので、帰国せずに、直ちに上京して、維新前の勅命を拝するようになったのです。その時の様子を少し御話しすれば、道中は本陣に泊る。それがすべて陣屋の仕組みになっていて、いくさ仕立です。枕許の床の上には、軍器が並んでいる。夜分も世間へは、終夜寝ないことを示すために、枕許に小姓が二人坐っておって、本を読み立てる。ありふれた「盛衰記」とか、「太平記」とかいうものを読むので、やはり眠いものですから、一つところを二度読んだりして、おかしくもあるが、枕許で読んでいられるので、なかなか眠れないですから、駕籠へ乗ると眠くなって、駕籠の中で眠りました。道中は引戸の駕籠で、烟草も入れてある。私は若かったから、時々駕籠を下りて、乗用の馬に乗って行きました。疲れるとまた駕籠に乗る。こういうことは先例もないではないが、滅多にあることでないので、十二代安芸守が、道中馬に乗った時は、世間では珍しく感じたそうです。宿割は一年前に取調べに行かした。宿泊の時は棒鼻〔註・宿場のはずれの杭の立っているところ〕へ札を立てて誰も入れない。大名が落合うと仕方がないし、旅人の泊りも立札の内へは入れませんから、来かかった者は迷惑です。略式と申しても、道具は色々持っておりますから、食事はその土地のものを食うには相違ないが、台所があって、料理番が仕立てる。

二大名が鉢合せの場合　これは奥州街道の太田原の宿であったことで、会津の家来——この時の会津侯は肥後守容衆といわれた人——それが先触れなしに太田原の定宿へやって来た。これは君侯が江戸から帰国される宿割のために、先へ出てここへやって来たのです。ところがこの宿には、相馬長門守益胤の家来が、先へ来て宿を取っている。大名の参覲交代の往来は、各宿ともに本陣に泊ります。そうして重役以下の家来が脇本陣へ泊る。どこの宿でも本陣、脇本陣と二つある。もっとも、小さい宿には本陣しかないところもある。大きい宿といっても、〔奥州街道では〕本陣が二つあるところは無い。だから一つ宿場へ大名が同時に二頭以上泊ることは、殆ど出来ないので、そういう時には一方が向うへ行き越すか、或は一つ手前で泊るか、どうかして宿を取る。それがこの時は殿様がまだ来ていない。家来だけ先へ来たのがかち合ってしまった。けれども会津侯の方は、ここが定宿になっておりますし、二十三万石の大身であるのに、相馬の方は六万石の小さい大名でありますから、宿屋の方でも仕方がないので、どこかへお代りを願いたい、といって相馬の家来へ相談しました。が、こっちは先にちゃんと案内して泊ったのだし、会津の方は案内なしにやって来て、先に泊っている自分の方に、転宿せよなどというのは怪しからん、というのでなかなか承知しない。だんだん事が面倒になって来た。問屋場のものも西東へ奔走して、あれのこれのといって、話をいろいろにしてみるが、なかなかどっちも聞かない。とどのつまり仕方がないものだから、相馬の家来の方に泣きついて、どうしても宿をお替え下さらなければ、当宿のものが大いに迷惑いたします、どうかまげて御承引を願いたい、といって頼み込んだ。相馬の方でも、ただ定宿だからのけということなら、転宿するわけにはいかないが、宿方が迷惑するということではふびんだから、そんなら転宿してやろう、ということで、やっと話のかたがついた。

本陣のまとめ〔補〕　本陣の主人は町人ながら、苗字帯刀を許され世襲だが、脇本陣はずっと格が落ち、株の売買も行われた。本陣の主人はまた昵懇の大名から士分の待遇を受けたり、扶持をもらったりする場合もある。しかし本陣の収入は諸侯の宿泊料、茶代だけなので、経営は決して楽ではない、とは言え、例えば災害に遭った時などは、昵懇の大名からその復旧に金銭上の援助があったりして結構成り立ったのである。行列の着発に、主人が上下で送迎したのは、そういう特別待遇と、さらに大名への近親感からでもあった。本陣の普通の構造は、表門を入って正面に玄関があり、その脇へ土間、板の間、勝手と横へ続く。土間と板の間は、到着した大名の荷物を積み上げる場所である。本屋は玄関から奥へ男女、階級別の部屋々々として続き、大名の宿泊する御上壇の間は一番奥に設けられている。この部屋は十二畳で、平座敷よりも二段高くなっていて、平常は締縄を張って出入を禁じていた。本陣の広さは三四百坪から七八十坪。土蔵と二つの井戸が必ずあって、井戸の一つは大名の専用として普段は封印されている。ところで、大名行列が到着すると相当混乱する。そこで家人だけでは手が廻り兼ねるので、信用のある附近の男女を契約しておいて手助けさせた。勿論食糧から風呂桶まで持参しているのだし、料理人も供の中にいるのだから、それほど本陣の人手はいらないが、それでも四五人は臨時に雇ったようである。本陣の模様については大熊喜邦博士著「東海道宿駅と其の本陣の研究」に詳しいが、同書によれば宿場毎の本陣、脇本陣の数は左の通りである。——の下は脇本陣の数。

〈東海道〉

品川一—二　川崎二　神奈川二　保土ヶ谷一—三　戸塚二—三　藤沢一—一　平塚一—一
大磯三　小田原四—四　箱根六—一　三嶋二—三　沼津三—一　原宿一—一　吉原二—三
蒲原一—三　由比一—一　興津二—二　江尻二—三　府中二—二　丸子一—二　岡部二—二
藤枝二　嶋田三　金谷三—一　日坂一—一　掛川二　袋井三　見附二—一　浜松六　舞坂
二—一　新居三　白須賀一—一　二川一—一　吉田二—一　御油四　赤坂三—一　藤川一—
一　岡崎三—三　知鯉鮒一—一　鳴海一—二　熱田二—一　桑名二—四　四日市二—一　石
薬師三　庄野一—一　亀山一—一　関二—二　坂下三—一　土山二　水口一—一　石部二
草津二—二　大津二—一

〈中山道〉

板橋一—三　蕨二—一　浦和一—三　大宮一—九　上尾一—三　桶川一—二　鴻巣一—一
熊谷二—一　深谷一—四　本庄二—二　新町二—一　倉賀野一—二　高崎—　板鼻一—一

安中一―二　松井田二―二　坂本二―二　軽井沢一―四　沓掛一―三　追分一―二　小田井一―一　岩村田―　塩名田二―一　八幡一―四　望月一―一　芦田一―二　長窪一―一　和田一―一　下諏訪一―一　塩尻一―一　洗馬一―一　本山一―一　贄川一―一　奈良井一―一　藪原一―一　宮越一―一　福嶋一―一　上松一―一　須原一―一　野尻一―一　三留野一―一　妻籠一―一　馬籠一―一　落合一―一　中津川一―一　大井一―一　大久手一―一　細久手一―一　御嶽一―一　伏見一―一　太田一―一　鵜沼一―一　加納一―一　河渡一　美江寺一　赤坂一―一　垂井一―一　関ヶ原一―一　今須一―二　柏原一―一　醒井一―一　番場一―一　鳥井本宿一―二　高宮一―二　愛知川一―一　武佐一―一　守山二―一

宿泊大名の関札

誤り易い関札　「関切手」や「関札」を見せて関所を通ったというのは間違いだ。「関札」というのはどんなものか。「関切手」というのがすでに間違っているが、「関札」というのは更に非常な間違いだ。「関札」というものは大名などが泊った時、その宿駅のとっ先に「何の守旅宿」という文字を書いて立てる札がある。それが関札です。そういうものが関札なのだから、それで関所など越したりするわけのものではない。

関札の権威　「相聟が喰い合をする一つ鍋」という落首が出来た。一件の相手は盛姫〔註・十一代将軍家斉の第三十子〕を頂戴した松平肥前守斉正（初名直丸）が帰国がけ、頃は天保七年三月十七日、場所は東海道の第一站品川宿。第四十四号永姫〔註・家斉将軍は子福者で、五十四人の子を生んだ。永姫はその第四十四子の意〕のお聟さん一橋民部卿斉位が川崎辺へ出遊の途中、扈従していた徒士中島吉太郎、平井東吉、九里亀次郎の三人で、昼食に宿場の茶屋半七方へ入って、つい一杯が嵩じて御供先にあるまじき大酩酊、目の前の往来に建ててある関札、「松平肥前守旅宿」と大書しているのを見て、御目ざわりになるからとり除けようと言い出した。大名の道中には宿割が先発して、投宿の箇所はあらかじめ関札を建てる例であった。一橋の酔ッ払い徒士は同じ大御所様〔註・家斉将軍はすでに隠居して大御所になっていた〕のお聟さんでも、九州の田舎大名と俺の旦那とは違う。一橋家は御三家（尾紀水）よりも公方様に近い御親類の御三卿（田安、清水、一橋をいう）だぞと妙に相聟なのが癪であったらしい。三人は同輩の止めるのも聴かずに関札を取りのけようとした。そこへ佐賀侯の旅宿に当った品川宿本陣の下男が飛んで来て、佐賀の家来衆へ無断で御取除けになってはなりませんと遮って言っても、酔いに気の嵩んだ連中は耳にも入れない。忽ちに関札を抜き取った。下男が驚いてその関札を持ち帰って、本陣の勝手の膳の上へ置くのを、追かけて来た吉太郎が見て、我々共が見ていると思ってわざと大切そうに下へも置かぬのは、面当てをするつもりなのか。何の田舎大名がと、土足にかけて関札を踏みにじった。さあ大変、両家の交渉は凄じい。鍋島は田舎大名でも姉聟である。無礼者を当方へ引渡せとまっこう上段に構えた。けれども一橋が承知しない。遂に法外の狼藉、松平の御称号を認めてあるものを土足にかけた大不敬、肥前守は勿論、家来一同の恥辱と幕府へ訴え出たので、中島は獄門、平井東吉、九里亀次郎、大井源次郎が遠島、その外に三人押込めになった。公方様の息男息女というのが妙に家来の鼻息を荒くする。

関札の書き方〔補〕　国持家道中の関札には、国名、地名の下に官名を署するのを慣例とし、例えば薩摩は薩摩中将、越前は越前少将、上杉氏は米沢侍従と唱えたり、凡て全国を領する者国名を称し、然らざるは地名を唱え、一州前後あるは家禄、官位に拘らず、前国を有するもの州名を呼び、後国を領するもの国名を唱う。則ち鍋島氏は肥州を称し、細川氏は肥後を以て記するなり。〔江戸時代制度の研究・松平太郎著〕

旗本の関札　大身の旗本が公用で旅する場合も本陣に泊る。その場合関札は奉書または木札で、本陣の門柱にかかげたようである。書式は「何某泊」「何某宿」となる。

大名と道筋

甲州街道を通る大名　甲州街道は古いところでは、四代将軍の弟で六代将軍の親に当る甲府宰相綱重がはじめて甲州城に封ぜられた。その後柳沢が一時甲府城におったこともありますが、それも僅かの間のことで、あとは御番城になってしまいました。甲府様がおられた時にしても、甲州街道はあまり大名が通らない。甲府の城主があるとして、信州の高遠、高島、諏訪、まあ甲府ともに大名の数が四頭で、甲府を除けば三頭になってしまう。それもあまり大きい大名ではありませんから、それらが参覲交代をするだけでは、内藤新宿が繁昌するわけのないのは勿論のはなしです。

加賀侯参覲の道中と所要日数　この吉徳〔註・第六代加賀藩主〕の最後の帰国は、延享二年四月十八日に第二公子重熙を伴って江戸を発足されたので、五月の六日に金沢に着いておられます。

通過されます道筋は下道中と申しまして、百二十三里と十九町ある。江戸へ出られます時の宿次は、高岡、魚津、境、能生、荒井、牟礼、坂本、追分、松井田、本庄、鴻巣、蕨、ということになっておりまして、十三日目に江戸に着かれることになっている。すなわち十二泊される勘定であります。それが江戸から御国へ帰られる時には、鴻巣、倉ケ野、軽井沢、田中、善光寺、荒井、能生、魚津、高岡、金沢で、これは十泊十一日目に着くことになっている。

両街道の所要日数〔補〕　東海道の大津から江戸まで、大名行列の場合は順調に行って十一日か二日目であった。個人の旅行者はこれより少しく手間どって、十四五日を要したようである。また中山道は、和宮御降嫁の場合二十二泊で江戸に着いている。

大名道中の故障

川留めの場合　川留めは決して突然の出来事ではない。必ず降雨があってからなのだ。従って天気が予想され、川留めが予想される。特に大井川は南風になると増水し、西風に替ると減水する。この調子を知った者は用意をしておく余裕は十分にあろう。だが東海道を上下する旅人は、大井川を挟んだ島田、金谷の両駅にいる者のように、予想する機会を持たないので、往々に川留めに行き当って狼狽した。特に参観交代の途中にある諸大名は、宿割りが先発して幾日も前に、投宿地を予定してあるのだから、明日の天候を予想してもにわかに旅程を変更されぬ。まして朝になって昼後の模様が知れたところで何になろう。諸大名が川留めに行き当る時、あのおびただしい行列の同勢が停頓するのだ。十万石以上の大名は宿泊するのに一宿駅の占領をしてしまう。

それ以下の小諸侯でも一宿駅へ二人までで、三人泊ることはない。泊らないのではない。旅舎がないので収容し得られる限りは宿泊するのだが、それ程の設備のある宿駅はなかったのである。島田、金谷の両宿駅へ先着した大名が停頓してしまうと、一方は藤枝、岡部、丸子と上り大名が詰り、川向うは日坂、掛川、袋井と下り大名が詰る。電車の故障で前後に立往生の車輌が連亙するのと同様だ。そうなると旅人も寝所に困るようになる。

供先を割った場合　崋山が幼少の時に岡山の池田侯の供先に突当って、ひどい目にあわされたという話がある。これは誰でも知っている話ですが、この本〔註・藤森成吉氏作「渡辺華山」ここはその考証である〕ではその様子を書いて「彼等は見向きもせず揚々として歩き出した。一たんとまっていた行列が、しずしずと、自分の倒れている眼の前をとおってゆく」ということになっています。しかし行列が止るということはなかなか容易ならぬ事で、そんなはずは無い。たとえ供先へ突き当った者があったにしても、はねのけて通過するはずのものです。もし調べる必要があれば、供の者を二人なり三人なり置いて、それが調べるなり、咎めるなりすればいいので、行列を止めるなんていうことが、それほどのことにあるべきものではありません。

お茶壺に敬礼　手許にも「御茶壺日記」がある。これは当役の御数寄屋坊主が書いた紀行なのだが、実に大変なものだ。御茶壺のお通りといえば、道中筋を恐懼させた。毎年将軍家所用の御茶を宇治から取りよせる。その上下の往来が喧しい。宇治の御茶師に詰めさせた茶壺を持帰って、御城の富士見櫓に置く。この宇治往来の主役は、御数寄屋頭一人、同坊主衆二人、それに御徒士と宰領等の十余人の一行、上下共に大御番衆が二人ずつで護衛する。通過の際は行人を払う。大名が出逢っても乗物を出でて敬礼しなければならぬ。それで大名等は傍道へ避けたという。豪儀に威張ったもの。

3　関所と手形

関所一般

担当の大名〔補〕　寛文元年八月に定められた関所と、その担当者は左の通りである。

相州箱根	小田原城主	大久保隠岐守
豆州根府川	同右	
遠州今切	吉田城主	牧野備前守
信州福島	尾州御用人	山村甚兵衛
信州碓氷	上州安中城主	内藤山城守
信州横川	越後高田城主	戸田能登守
上州木戸	上州高崎城主	松平右京大夫
上州杢ケ橋	代官	江川太郎左衛門
上州小仏	同右	
下総関宿	総州関宿城主	久世大和守

奥州房川渡	代官	伊奈半左衛門
上州新郷川俣	忍城主	阿部飛驒守
金町杉戸	代官	伊奈半左衛門
猿ヶ原	同	雨宮勘兵衛
小岩市川	同	伊奈半左衛門
大笹	同	雨宮勘兵衛

関所の規定〔補〕　幕府は寛永二年、各地の関所役人に始めて簡単な関所規定を発したが、以来、数次にわたって箇条書を追加し、寛文七年今切の関所宛に令した左の定書を以て全関所に適用する関所改めの規定とした。

今切御関所改次第

一、与力二人同心六人宛五日代勤レ之、従二先規一勤来候奉行家来之者二人、与力番所へ差加え候事

一、女並に銃砲を第一改可レ申候、欠落者等は先規より構無レ之、但品により候事

一、関東、西国、渡海の船、今切に懸候分は可レ致レ改事

一、登下之者、脇々より舟の出入いたさせ間敷事

一、渡船之儀、一日水主頭一人、同組頭四人、水主百二十人宛、三番に可二相勤一事

一、夜中一切不レ通レ之、但御定之面々は格別の事

一、下りの鉄砲は、惣て御老中御証文にて通し申候、登は構無レ之事

一、長三尺以上之下り荷物計り改レ之、長持類は登をも改候事
一、銃砲玉手形並夜通之事、両鑑板の表之通り可レ改事
一、女は上下共に改レ之、坊主並前髪有レ之者、比丘尼、小女に紛候故、見明候て改通候事
一、御番所長屋之内に、妻子有レ之者両人差置、乗物にて参る女をば、右之女房出レ之見せ改申候
町人の妻女等は、御番所にて乗物の戸開レ之、同心共改見候て通すべき事
一、歴々の女中は宿改と申候て、町屋にて改候事
一、登下の女荒井舞坂辺にて出産、依レ之証文には出産の女子載不レ申候共、右之産仕候宿之請人に立候上は可レ通レ之、但他所にて出産、証拠等不分明に候はば奉行へ伺可レ申候事
一、登女手形帳に仕、二月八日御留守居之可レ返事

この規定で出女、入鉄砲の厳重な取調べ方針が確立された。今切の関所は殊に女人の取調べがやかましく、関所の敷地内に女改者長屋が特設されたほどである。女改者というのは女の通行人を調べるために雇われた女で、番女、または改め婆などとも呼ばれ、通行人の髪を解かせたり衣類を改めたり、時には乳房にふれてみて女であることを確認する役目を持っていた。関所は明六ツ〔午前六時〕から暮六ツ〔午後六時〕まで通行を許し、夜間は公用の飛脚および老中の証明ある者のみこれを通した。関所通行の際はかぶり物をぬぎ、乗物は戸を開く、但し公卿、門跡、大名は戸をあけることなく、簾垂をすかし見るだけであった。

箱根の関の模様　鳶魚「関所の位置は江戸から入れば芦の湖を背にして面番所という番所があ

る。これが主として旅人を調べる役所である。その前後の入口に、六尺棒をついた足軽が二人ずつ立っておった。その面番所と道を隔てて向うに向番所というものがあった。その向番所は屛風山を背負っているような形になっている。それから、その屛風山の半腹の所に遠見番所というのがあった。それで、あそこの関所は小田原侯の御持ちで、藩士が一ヵ月交代でそこに詰めておった。それから面番所には番士というものが三人、正面の中央におって、その上手に番頭が一人いる。その番頭の反対の方の右手に横目役の人が一人、縁の方に寄った方に常番人が一人、これは士分のものではない。縁側の方に下りて、両側に足軽が一人ずつ、向番所の方には足軽が十人ずらりと列んでおる。遠見番所の方には足軽が一人おって、それが両方の往来から来る者を遠見しておる。そこに詰める役人は二十人おったということである」共古「それでは検査をする役の女が脱けておる」鳶魚「女はあります。それは始終詰めておるのではない。出て来ては退くのです」共古「屛風山というのはそこにある。屛風山を後ろにしておる。そうして湖に面している所で、現今の離宮のある所です。所坂のあるところ、坂の口元に関所がある。そこを越すとわずか曲って箱根の宿に入る。御関所の方は西の方から行けば、箱根の宿から一町はない」

非常線たる新関　鳶魚「新関というのは今の非常線みたいなものですね。木曾あたりでは、そういうことをやるのに都合がよかったのでしょう」共古「どこにもある。小仏峠——高尾の奥へ行ったあたりにもあった」若樹「安宅の関だってそうだろう」鳶魚「成程、安宅もそうですね。木曾では福島の外に、つまらんところに立てたらしい」〔註・「好色一代男輪講」中の発言〕

関所の通行

大名通過の作法〔補〕　国持大名が参観の節関所を通過するには一片の紹介にて「松平土佐守、供勢何千何百人」の一括的挨拶で、格別検査も何もなく通過させたのであるが、安政二年正月十七日江戸を発足した土佐藩主容堂公は、箱根の関所を雪中であったので一文字塗笠を戴いたまま馬上より軽く関吏に会釈して通過したが、関所法は既述の如く何人といえども笠を被り通過を許さないので、忽ちこれが大問題となり、土佐帰国の上その年三月頃幕府は土佐藩主を厳責に付し、七日間の謹慎に処している。〔藩法幕府法と維新法・井上和夫著〕

入り鉄砲に出女　遊び人の伝次郎が玉近江の白滝を廓から連れ出し、情死した体に見せて追手をのがれるために隅田川へ投身して重五郎に白滝が救われるというのだが〔註・芝居「夜網誰白魚」の略筋。ここはその考証。重五郎は元同心で今は隠居している〕白滝は年季が五年で百両という女、役名にも花魁と書いてある。勿論二十両詰めの女なら大店に違いない。三尺帯の伝次郎が大店の客になれたのであろうか。何にしても裲襠姿で廓を抜けて来ることが出来るものでない。この伝次郎が重五郎の妾宅で白滝と駈落ちの相談をして、相手は以前町方の同心だから睨まれては江戸は勿論、関所々々が越されないという。出女入鉄砲のために関所があるのだ。誰に睨まれなくても女を連れて関所が越されるわけはない。

女人検問の実際　この話は親子連れで肥前の唐津から江戸に向う母と子、それから又一方は娘を連れた親父のことを書き出してある。第四回〔註・土師清二氏作「青頭巾」の考証。第四回とあるは新聞連載の回数〕で、その場所は今浜松を越えたところ、男の子を連れた女のことに就て書いてある。何だか暗号のような按配式で、落し文みたいなものがあって、それを開いてみると、「せき切手沼津でわたす」と金釘流で書いてあった、ということがある。娘の方を連れた男の方は、どこから出て来たものか知れませんが、女の方は肥前の唐津から来たと書いてある。「せき切手沼津でわたす」というのは、男の子を連れた女の方でなしに、娘を連れた男の方らしいが、関の切手というものはどんなものか。普通「関所手形」といっているもののことであろうと思う。それを沼津で渡すということなのですが、ここへ来る前にもう一つ新井に関所がありまして、ここでは男は住所と名前を断って通れば通してくれる。が、女はなかなか厳重でありまして、この二組にはどっちにも女がいるから、東海道中で手形が二枚いるわけです。その一枚は新井へ納め、他の一枚は箱根の関所へ納めることになっている。女の体は特に女が出張っていて、身体検査をして、たしかに女ということがわからなければ通さない。この女の方の調べは殊に新井の方がやかましかったのであります。娘を連れた方の男が関切手を沼津で渡すということは、関の手形をどういう方法だか知りませんが、沼津で受取る。それまでは切手無しで行く、ということらしい。本来関所手形というものは、出発地で村役人乃至町役人にこしらえてもらって出るはずである。そうするとこの男は女を連れていたのですから、新井の関を通ったか、通らないか、東海道ですから、道順上通ったろうと思う。沼津で受取って間に合う手形ならば、箱根だけのことかとも思われるが、それでは女の吟味に厳重な新井の関所の話が抜けていることになる。

鉄砲取扱いの実際〔補〕　江戸の治安上、鉄砲に対しては殊に厳重だったが、大名行列の場合は勿論家格によって定数の通過は許されている。尾紀水の三家は二十五挺、加賀藩は享保二年まで五挺だったが、強い主張によって六十挺を許されるようになった。また公用の目付など、道中どうしても必要な場合は、往路に置手形を残し、下りの時にそれと引合せて間違いのないことを証して持参を許されたものである。

関所手形

必携者と不要者〔補〕　武家の女性は必ず手形を要するが、男性も亦必要である。但し御直参は手形を要せぬ。また町人になると至極簡単で、大屋・名主・所縁の者の認めた手形でよい。芸人などは何か芸をやって見せて芸人たることを証明すれば、それで無事通して貰えた。〔江戸と大阪・幸田成友著〕

手形発行者と有効期間〔補〕　手形の発行は寛文元年の令によれば、江戸は留守居、駿河は駿府町奉行、遠江は掛川横須賀城主太田氏、信濃は松本城主水野氏、三河は岡崎城主水野氏、伊勢は桑名城主松平氏、近江、丹波、山城、和泉は京都所司代、伏見は伏見奉行、摂津、河内は大阪町奉行、大和は奈良奉行、美濃は大垣城主戸田氏、甲斐は甲府勤番支配、越後は高田城主榊原氏等とすといえども、時宜に従って又多少の変改あり。奉行転ずる時は直ちに其印を鈴して関所印簿に届けざるべからず。（領主、代官、地頭の印鑑は各関所に簿冊として備う）管内武家の女人は其領主より、平民の婦女は名主、五人組、町年寄の連署を以て出願し、手形発行の権を有する領主、地頭、関尹に宛てて奥書を成す。延宝以降奥書の制漸く紊れ、新たに作りたる手形を下附し、或は諸侯の老臣より関尹に宛てたる願書を以て勘過の証とするに至れり。留守居又手形判にありて贈遣を収め、弊多く手続甚だ繁縟なり。士民之を困しむ。八代吉宗公令して大いに事務を簡捷ならしめ、江戸の町人は町奉行、百姓は代官之を通じて留守居の証文を受くるに改めたり。凡て使用の期限は発行の翌月晦日に至って効を失う。発行十二月に係るものは翌年正月二十日を期とす。途上の事故三月に渉るものは、更に添手形を要す。甲乙の関を両ねて通過するもの、甲関の書替を以て乙関に通ず。総て手形は最後の関に於て之を併せ、年二回発行先へ返附するなり。関所手形は程村紙を用い、包装美濃紙を以てす。様式一定せず。

三河国加茂郡則定村より、女二人、江戸迄着し申候間、荒井〔新井〕御関所無二相違一罷通候御裏判、被レ成可レ被レ下候、此女共に付、出入御座候はば、私罷出申分可レ仕候、為二後日一仍如レ件

慶安五年辰四月二日　　鈴木九太夫　花押

水野監物殿

（裏書）

表書之女弐人、可レ被レ通候、断鈴木九太夫、本文に在レ之事に御座候以上

慶安五年辰四月二日　　水野監物　印

佐橋甚兵衛殿

水野監物（忠善）は当時の岡崎城主にして佐橋甚兵衛（吉次）は荒井関所奉行なり。鈴木九太夫は二女の名主ならん。〔略〕

鉄漿附小女壱人、右者我等領分三河国岡崎伝馬町藤屋太兵衛抱女ゑいと申者、寺社奉行戸田日向守殿より被二呼出一候に付、従二同所一江戸迄差越候、御関所無二相違一可レ被レ通候以上

天保十四年癸卯閏九月十八日　　本多中務大輔　印

今切人改中

女弐人、内懐胎八ヶ月相成壱人、乗物二挺従二摂津大阪一江戸迄、今切御関所無二相違一可レ被二相通一候、勝田次郎手代岡田与八郎母同妻の由設楽八三郎断付如レ斯候以上

嘉永二酉年二月十四日　　柴田日向守　印

永井能登守　印

今切人改中

右は幕末に至り様式の変遷せる例にして、前者は岡崎城主本多忠民、後者は大阪町奉行柴田康直、永井尚徳の発行に係り、紙質も奉書を用いたり。此他諸国の神社、仏閣、名山、霊地等順拝のため、長期の旅行をなす者は、郷里の菩提寺より諸国の関所役人及諸役人、諸寺院に宛てたる添書を携帯することあり。之を往来手形と称せり。〔江戸時代制度の研究・松平太郎著〕

関所手形と往来切手　宝暦版の「東海道分間絵図」に「御関所上りの者手形入、上り下り女切手御改、明六ツ御門ひらく、暮六ツに〆る」女の方は上下共に手形を改めることを断ってありますが、男の方は上りとのみで、下りのことはありません。文政版の「早見道中記」を見合せますと、「箱根御関所、下りには御断申上て通る。上りには江戸宿主より切手を認め、御関所へ差上る也」〔略〕また箱根御関所並に根府川「御関所改方覚書」にも「登り之分は人別改に付手形無

之而者一切相通し不申候、下り之分は一切相改不申候」とありますから、往く時はやかましいが、江戸へ入る時は一向構わなかったのでしょう。それから「早見道中記」には関手形と往来切手の書式が出ております。

一　何国何屋誰同国誰以上二人、何国迄罷通り申候御関所無相違御通し被遊可被下候為其証文如件

江戸何屋
誰　　印

年号月日
箱根御関所
御当番衆中様

○往来切手書法

一　此何と申者生国者何国何村何右衛門何にて慥成者に御坐候此度為日本廻国罷出申候国々御関所無相違御通可被下候

一　此者若相煩何国にても相果候はば於其所御葬可被下候、此方迄御届に者及不申候、宗旨は代々何宗にて御法度之切支丹にて者無御坐候、右之者に付如何様之六ケ敷儀出来仕候共何方にも罷出急度埒明可申候、為後日往来切手如件

何国何町
誰　　印

往来切手は処を定めず遍歴する者が所持するので、一定の行程ある普通の旅人は関所手形を持っているのです。

武士の手形〔補〕　元和元年永井主水正が発行した通行手形は木製将棋駒形、長さ五寸幅四寸、文言は「慶安四年五月、堀内伝兵衛、右主従、肥前佐賀へ御越候往還無異議可被指通候、元和元年六月一日以上、永井主水正松平肥前守藩中志波壱岐守、所々人御改衆中」とある。〔藩法幕府法と維新法・井上和夫著〕

関所手形の効力

一関一枚の掟　「彝用聞書」に関所手形を要する路次を記せる中に、東海道（箱根、今切）二枚、木曾路（碓氷、福島）二枚、越後（碓氷、福島）二枚、信濃（碓氷、福島）二枚とあり、一枚の手形にて二個の関所を通過せるにはあらず。

途中事故の場合　鳶魚「私には分らないことがある。往来の切手というのは寺から出すもので、そうして寺院宛のもの、関所宛のものと二枚ある。併しこれは千ヶ寺詣りかなんかする人は、それでなくちゃいけないわけでしょうが、普通の旅人はこの二通はなくてもよかったのではないでしょうか」共古「普通の旅人でも死んだ時には困るから、それが要ったでしょう」鳶魚「そうでしょうか――それなら関所の手形、これに就ては例の『太平国恩俚談』の四の中に、これは江戸を立って二人通行するはずの手形を持っておって、一人が途中で病死した為に一人で関所に掛った所が、手形には二人と書いてあるから一人では通せないというので、追い返されて江戸に舞戻ったということが書いてある本ですが、その四の中に行き暮れて困って宿屋に泊る時に、宿屋の亭主の言葉に『まず其箱根の手形を見せさっしゃい、ムム此者二人何々、江戸高田馬場下大屋誰判』と書いてある。これで見ると、今先生〔註・山中共古翁を指す。共古翁は旧幕府の添番で、後に江戸の研究家として知られた〕の仰しゃったように、文句は分りませんけれども、名主、又は大家さんの判だけで宜いらしい。所がこれは店借りの場合で、借家人でないものはどうであったかというと、同じ本の前の所に、新川の酒問屋の若い者が二人駈落ちをして関所に掛ったことが書いてある。そこへ後から追手が来て、そうして前の亡命者を捕えた話が書いてある。そこの所に『こりや通り手形返すぞとて御なげなされたから戴いて披き、憎い奴でございます。是れは二十二になりまする奴が自筆でございます。判は親方が判をいつ盗み出しておしましてござりますか、不届者でござります』と書いてある。そうすると家持ちとか、地持ちとかいう方の借家人でない連中は大家の判ではなくして、家持ちなり地持ちなりの自分の判で宜かったらしい。それから考えて見ると、『膝栗毛』の本文では、家も何も片づけてしまって返してしまった。そうして大家から手形を貰ったようでございますが、これはどうも例の変痴気論になるけれども、有るまじきことであろうと思います。〔註・「東海道中膝栗毛」発端の弥次郎兵衛旅立ちの個所を究明している〕何某の店にいるという証明書でありますから、店をあけてしまってからは、家主が出すはずはなかろうと思う。少しおかしいようです」共古「返してしまえばおかしうございましょう」若樹「そういう場合に旅行ができなかったらどうしますか」鳶魚「それには、何の誰れ方に居候ということにして、今度は居候をしている家の大家さんから、手形を貰うより外は仕方がなかろうと思い

ます」〔註・これは「東海道中膝栗毛輪講」の一節。以下この問答形式のものは同じく輪講〕

途中死亡の場合 共古「往来切手というものはお寺の方から出るものであります。それを持って行かないと困る。何処か途中で死んだ時には、そこのお寺で引取って貰って、そのお寺から自分の方のお寺に知らせて貰わなければならぬ。そのために切手を持って行くということがあります。ここに一札の本文があります。

一札

一　拙寺檀家江戸京橋古着店三右衛門母とみ儀心願に付今般千ヶ寺参詣に罷出候、以御慈悲諸国御関所無相違御通可被下候。為後日往来一札仍而如件

文政十一戊子年三月　江戸芝飯倉町

一乗寺　印

諸国御関所

御番衆中

一札

一　拙寺檀家江戸京橋古着店大阪や三右衛門母とみ儀、心願に付今般千ヶ寺参詣罷出候、一返之御首題奉希候、若行暮候はば一宿被仰付可被下候、万一病死仕候はば、以御慈悲其所に御取置被下、幸便之節御知可被下候、為後日往来仍而如件

文政十一戊子年三月　江戸芝飯倉町

一乗寺　印

諸国

御寺院中

こういうもので、この往来切手を貰って行くことが必要であります。もしそれがなければ途中で死んだ時に自分のお寺の方に知らせてくれることが出来ないものですから、この往来切手を貰う」〔註・「膝栗毛輪講」中の一節〕

行先の変更は出来ず　またこの女は浜松に知人があって、それを訪ねて来たが、そこにその人がいないで江戸に行っているというので、その後を追うように書いてある。〔註・土師清二氏作「青頭巾」の一節。以下はその考証〕が、東海道の往来だけとして考えても関所手形は二枚いるのですから、新井までなら一枚でよろしい。江戸までとすれば二枚いることになるが、途中で急に変更して江戸まで行く、というようなことは出来ない。浜松でまた箱根の関所に対する関所手形を拵えて貰えばいいようなものだが、そこに住っていない人間ではそれが貰えない。浜松の宿役人が旅人のために関所手形を拵えてくれることはないのです。この女が浜松まで来ればいいのを、江戸まで参りますと嘘を言ったとすればいいようなものですが、当時のこととすれば、関所手形が二枚いることはたしかなので、嘘にもそんなことは言えない。当時の人は誰も請取らない話です。

4　宿場と問屋場

宿場摘要

江戸四宿　四宿と申しますと、品川、千住、板橋と内藤新宿で、これが江戸からの出口の四つです。この四宿というものは、いずれも江戸の日本橋から道のりにして二里ずつ隔っております。そこで内藤新宿が出来ません前〔註・元禄十一年以前〕は、どうしてあったかといいますと、甲州街道の宿次というものは、日本橋から高井戸へ次ぎますから、その間が四里ある。他の東海道、中山道、奥州街道等の宿次が、いずれも二里ずつでありますのに、甲州街道の宿次が、その倍の四里もあったので、ここに宿場を置く必要があったのであります。

神奈川・江戸間の一泊　寛文十二年の十月上旬、権八〔実名平井権八〕は神奈川に着いたが、まだ宿泊りにはちと早い。茶屋へ入って聞くと品川迄は六里半ある。これから江戸までの間では品川が一番よい宿である。さもなければ川崎である。江戸着にはなお一宿せねばならぬが、それにしてはなるべく善い宿へ泊りたい。川崎よりも品川が善いなら遠くともそこまで往こうというと、茶店の者は途中が無用心だから川崎で泊れといって止めたけれども、権八はきかずに出かけた。

宿場の「ぼうばな」　仙秀「ぼうばなは宿外れということでありますけれども、これだけでは分りますまい」鳶魚「是より江戸なら江戸、是より内、何処ということを知らせるために立ててある杭、榜示杭といったものです。それがある所を『ぼうばな』と言ったのです」竹清「宿境、里程元標とかいうようなものでしょう」若樹「昔のは境を示す木、今のは測量の基点になるのでしょう。だから今のは大抵宿の中央に立ててあります」

「棒端」の語源　ぼうばなは宿の中心のところに蒲原なら蒲原という棒杭が立っております。その棒杭からみるとずっと外れに当りますから、宿場外れを棒端という。〔山中共古翁の発言〕

宿場間の建場　建場というのは「馬建場」ではないですか。人馬休息所でしょう。雲助唄に「建場々で酒さえ飲めば青梅桟留着た心」と唄う、その建場です。

旅籠諸相

木賃宿の語源と宿泊料　鳶魚「余り古いところは分りませんが、慶長十九年の令状に依ると『旅人、既に薪を用ゆる者は木賃四十三文、若し薪を用ゐざる者は出すに及ばず』それから寛永三年の令状には『木銭京銭四文、馬一匹八文、但自分の薪焼候はば、人に四文、馬に四文、馬屋無之、自分の薪ならば二文、馬屋無之とも亭主の薪ならば四文たるべし』とある。これは専ら部屋賃と燃料の代を規定したのであるけれども、燃料の代が主になっている。それからずっと後のものでありますが、或るお代官の書留の中に、木賃米代と書いてあって、『一、夕より朝まで一泊り木銭三十五文、下一人十一文。一、昼分、右之半分也、米一泊り上下にて白米一升也、昼二人にて白米一升也、昼二人にて五合の積、玄米ならば一割引也』こう書いてございますから、木賃と米の代とは別々に払う例であったと見えます。これで見ると木賃ということは安泊りという意味ではなくして薪の代を払い、米は自分が持って行かなければならぬ。そうして房銭（部屋代）はまた別に何文か払うわけでありましょう」若樹「昔は皆そうです。長州征伐の時の私の祖父洞海（奥医師）の日記をみますと、大阪滞在中は白米（一人一日六合宛）梅干（一人一日二個宛）みそ、沢庵漬、炭、薪、油等を兵糧として受けております。これがつまり木賃の制度です。こういう制度はとにかく御維新の時まで続いているのです」仙秀「現今の軍隊でも、現品給与といって、食糧を煮もやきもしないでくれるので、これは木賃というのにあてはまる。もう一つ宿舎給与といって、いわゆる賄附きのと二種ある。宿泊地の現状に応じてやる事です」

旅籠の語源と旅籠代

鳶魚「はたごには色々御説があるだろうと思います。御聴かせを願いましょう。それは二つ三つ控えておきました。斎藤彦麿は、今の世の両掛、挟箱のようなものであるといい、真淵は、旅人の食物を入れる籠であると言う。帰着するところは、昔食物を入れる箱であったと言うことになるのです」若樹「はたごと言うことはそんな工合に遡りましょうかね、もとは木賃でしょう」鳶魚「寛永位まで行きはしませんか」松更「二百文というのは一番安い宿ですか」鳶魚「普通であったろうと思います。この間文化七年の何処かのお武家さんの道中費用帳を見ました。その中に上下六人一貫二百文とある。それがちょうど京都から江戸まで続いておりました。あれで見ると、どの宿でもお武家さんは一人前二百文で泊っているようです」若樹「けれども先刻御話のあった明和の『太平国恩俚談』には、はたご賃は百十文ではあるけれども、甚だ待遇が宜しかったから二百文置いて行ったということがあります。処は小田原です。そうすると明和あたりには二百文より安かったのです」

宿帳はつけたか？

扇松「問屋の下役をつれて宿帳調べ……」〔註・「膝栗毛輪講」の一節で、原文中に「宿の亭主、問屋の下役を連れて帳面と矢立を持出る。これは宿帳とて旅人の国処を記すなり」とあるを指す〕共古「この時分の宿帳はこれだったのでしょう。私共はちっとも知らないけれども。私等の歩いたときには御用道中だから〔註・共古翁は幕府の役人だった〕何も要らなかったので知らない」鳶魚「一体武士荷物でも、町人荷物でも、荷物を持っておって荷物を出す者は、問屋場へ断って人夫を出して貰うのだけれども、そうでない、荷物の無い旅人であったならば、武士でなかったならば問屋場にはまるで係り合いが無いはずなんです。おかしいようだけれども何ともいえない」若樹「だけれども宿帳が度々出て来ます。後にも……」共古「何かこの時代に制度がこんな風になったのではありませんかね。今〔大正十五年頃〕は国処、姓名、年齢、職業、行先というものを付けますね、そんなことはないでしょう」

宿屋と銭湯　若樹「今晩はお客さまが、いこおすくのうござりますさかい、お湯は焚きませぬ――から余所へ行って貰う〔註・「膝栗毛」の原文は『今晩はお客様がいこお少なふござりますさかい、お湯は焚きませせぬ。ツイあこの小橋下る所にきやうとう綺麗な湯がござります。これへなとお出なされ』という京都の宿屋の女中の言葉である〕ということは都会の特徴でございましょうか」共古「これは馬喰町あたりの宿屋は、必ずこんなようです」鳶魚「馬喰町以外には聞きませんね。あれは百姓宿です」若樹「ここの今晩はお湯がございませんというのだから有ることは有る。無いというのじゃない」共古「私共の知っているところじゃ、場末、静岡の宿外れとか、場末の宿屋では事によるとじゃない、時々御泊客が少ないと湯の倹約をする。その時は湯札をくれる」鳶魚「安い百姓宿、今では商人宿でしょうが、そういう処でも今では湯が出来ませんなどとは言わなくなった」

茶代の置き方　鳶魚「それからお茶ばかり飲んで立つときには〔註・宿外れの茶屋の場合〕茶碗の中に一文銭を一つ宛入れたということがありますが、そうですか」共古「そうかも知れません。近頃まで汽車が無い時分はがたくり馬車で、馬車に乗っていると建場の茶屋で茶を出しましょう。皆文久銭や何かを出して茶碗の中へ入れて返してしまう。それで明治の初年頃までそうです」竹清「ツイこの頃までやっておりました。明治三十五六年頃、月ヶ瀬へ行ったときも……そうでした、何処だかへ行ったときも……そうそう房州へ行った時だ、巡査と一緒に乗って、その巡査が出してくれました。あなた（若樹に向って）と房州へ行ったときで、途中の建場でやはりお茶を出したですよ。その時私共が出さないで一緒に乗っていた巡査がしてくれましたよ」

客引きの留女　鳶魚「留女〔註・「膝栗毛」初篇にある字句〕これは別に留女というものがあるのではない。旅人が通るのを、お泊りなさいお泊りなさいと言って客引きに出て留める、その女を留女というので、留女というものがあるのではないでしょう。宿屋の女がお客を留めに出る、その場合に留女というのでしょう」若樹「或る場合には飯盛（私娼）にもなるし、女中にもなるのでしょう」

問屋場

公設機関としての職務　問屋場は御用（無料）及び御定賃銭の人馬を発給し、それらの休泊に関する用事を弁ずるを職務としたのです。大名の旅行は先へ宿割を出して、人馬の世話や宿舎の事を問屋場と打合せる。無論法定の賃銭を払う。この法定賃銭の人足は大名の分限によって幾万石ならば幾十人と定められてある。それ以上の人足をつかうには相対で賃銭を極めてつかう。各駅の人足数は法定されてあるから、一度に大勢の大名が多数の人足を出させることは出来ぬ。使役する権利はあっても、宿駅の負担が極っているから仕方がない。そうした場合には権利の持ち腐れというものだ。それ故に一行より先へ宿割が出ていて万事不都合のないようにしておいたといいます。幕臣でも諸大名の家来でも法定賃銭の人馬を問屋から出させた。武士でなくても幕府又は諸大名に関係した者共は会符（えふ）を貰って来て同様の取扱いを受けた。御用道中には人馬を駅から出させる。そういう人馬の世話を焼くのが問屋場の主たる用事であったのです。その問屋場の話では〔福地〕桜痴さんの書いた「懐往事談」の中に面白いのがあります。初めて福地さんが通詞か何かの御役人になって〔註・桜痴は号、通称源一郎。安政五年幕府の通詞として仕官している〕江戸から神奈川まで出張を命ぜられた時に、道中へは先触を役所から出して人馬の扱いをちゃんと駅の方でする。その人馬御書付というものは御目見以上ならば将軍から御朱印のある御書付を下され、御目見以下には御老中から書付を下さる。こっちは御朱印と言わないで、御証文と言った。それは何日に誰がどこからどこへ御用で出張する。それについて何程の人馬を出せという命令書です。そうすると命令だけの人馬を各駅で出して待っている。そういう風だから、大分力んで行く。福地さんも初めての事で、伝馬町から荷物を担ぐ奴が来て黙って担いで行ったが、値段も極めずに担ぎ出すのを訝かしいと思ったが、下僕を連れて八ツ山の辺を「唐詩選」か何か吟じながら品川へ行った。そこへ行くと貴君は誰様でございますかという。おれは今度新しく拝命した、外国御用の福地源一郎という者だ、いやそうすると貴君のために御迎えが出ているはずでございますが、御迎えに御逢いにはなりませんか、いやそんな者は知らない、それは大変だというので、大騒動をやって上を下へと騒いだ。ちゃんと宿役人が羽織袴で出迎えていたのに、こっちは書生さんで例の「唐詩選」でずんずん通ってしまったから気が付かなかった。それでも向うは散々詫びた。どうも誠に相済みません。お迎えに出ておりながら見違いを致しまして申訳がございませんと謝まった。それまでは大変よかった。それから福地さんが、さてこれから次の宿(川崎)まで行くのだが賃銀は何程だと聞いた。そうすると向うの奴が、どうも不思議だ、そんなはずはない、貴君は偽役だと言う。一体御先触が出て御証文も出ているから、無料で以て人馬を徴発して行けるのを、書生上りの先生だから知らないで値段を聞いたので偽役と思われた。そんなら昨日先触に自分が調印してあるその実印を持っている、自分の実印とおっ付けて見ろと言って、懐から出して判を押して見せたけれども、まだ不審な顔をしている。それから段々話をした。実は自分は書生上りで初めての御用道中だから事情を知らぬ、決して間違いは無いからと段々訳を話し、漸く事済みになったという失策話が詳しく書いてございました。

問屋場大要〔補〕　各宿々には人馬継問屋場が幕府の助成で置かれていた。一宿一ヵ所とは定っておらず、東海道では最高一宿三ヵ所、中山道では今須、醒井の如き一宿七ヵ所の所もあった。たいてい宿場の中央にあり、二ヵ所の場合は街道をはさんで向き合っている場合が多い。また本陣でこれを管理しているのもあった。問屋場の役人には問屋、年寄、帳付、人足指、馬指、迎番などがある。問屋は人馬の指引、休泊の世話、その他往還に関する一切の事務を総管する者で、名主と本陣を兼ねることが多い。年寄は問屋の助役、帳付は書記、人足指、馬指は人馬を割当てる役、また迎番というのは小使である。問屋場は一定の人馬を常備し、公用継立の義務が課せられている。その常備人馬数は東海道が百人百匹、中山道が五十人五十匹、その他は二十五人二十五匹であった。ところが大名行列など大がかりな通行には勢い人馬を酷使するようになるので、正徳年間、東海道の品川、府中、草津、中山道の板橋、追分、洗馬、日光道、奥州道の千住、宇都宮、甲州道の内藤新宿に荷物改所を新設してその取り締りに当った。以来本馬一駄乗二十貫目、軽尻五貫目、駄荷四十貫目、人足一人持五貫目、長持一棹三十貫目、六人掛乗物一挺、四人掛宿駕籠一挺、二人掛具足櫃一荷十貫目、二人掛挟箱両掛箱一荷九貫目、一人八分掛合羽籠一荷七貫目、一人四分掛竹馬一荷四貫目、一人掛挑灯籠一荷三貫目と重量制限を行った。この荷物改所を「貫目会所」とも別称した。伝馬には本馬、軽尻、駄馬の三種があって、本馬というのは馬背両脇の荷付に傘入箱を取りつけて人の乗用に供するもの、軽尻はその箱の取りつけてないものを言う。

問屋場の構造と執務の実際〔補〕　問屋場には宿役人をはじめ、助郷から賄役というものがそれぞれ出張して詰めている。それで円滑に人足を廻すのであるから、時によっては人足が足りない。ところへ川づかえでもあって、不時に〔大名が〕幾頭もお通りが落合うと、さあどうしても人足が引張り足りない。足りないからといって、出さなければ先方は大名であるから承知をしない。自然大々名を先にして小大名をば後廻しにするのであるが、小大名だからといって、人足を出さないでは承知するものでない。といって宿に人足は一人もいない。どうにもこうにも納りがつかないから、こういう場合には、問屋場の役人総逃げに逃げるのだ。これを「問屋場が明く」という。問屋場の床は非常に高い。大抵普通の人の胸以上あったものだ。これは侍が怒って来ても、容易に上られないために拵えたものだ。それでも早業に達した侍は、飛上って来て抜刀などして困らせるのがある。嚇かしばかりなら仔細はないが、何としても慮外者斬捨ての時代だから、ほんとうに斬らないともいわれぬ。なかなか以て危険であるから、問屋場によっては、床下が芝居の奈落のように拵えてあって、危険の場合には、宿役人がスッポンで消えるなどというのもあっ

た。この仕掛けにはずいぶん驚かされた侍も多かろう。〔江戸生活研究・三昧道人氏述〕

助郷と加助郷

助郷の方法　助郷というのは、街道の宿になっている所に人馬を当てられる。その人馬がその宿だけで出し切れない場合は、その近隣の村に、高百石につき馬二匹、人夫二人ずつ割付ける、それを定助郷という。近い例を申しますと、江戸の大伝馬町の助郷は小伝馬町、南伝馬町の助郷は四谷赤坂である。南伝馬町は一月替りにお伝馬を勤める。従って助郷も当番非番があった。そのようにどこでも駅務を助けるために、それぞれ人夫と馬とを割当てたのです。

助郷の公定賃銀　それからこの助郷人馬の賃銭について申します。ここに持って参りました帳面は、表に「東海道平塚宿加助郷御役人馬勤帳、天明五年巳十一月、愛甲郡岡津古久村」とかきまして、綴目の所に名主の割印が二つ押してあります。これによりますと岡津古久村は平塚宿加助郷、勤高は七十三石でまずその一例を記しますと、「卯の二月二十三日、一御公家様御参向平塚宿触当高百石に付馬四分、人足七人六分、当村出分人足六人但雇賃銭一人に付二百七十二文づつ」というように割当の方法は、その時の人馬の数の必要に応じて高百石を標準として割当てられているようであります。賃銭も卯四月十八日、尾州様御登りの時に、馬が一匹七百文、人足一人三百文をとったのが違っているのみで、卯辰両年の間に公卿の参向帰京、尾州紀州両家の登り下りに八回徴発せられておりますけれども、ことごとく馬が一頭五百四十八文、人足一人が二百七十二文になっておりまして、中には「右御通行興津宿川支御逗留に付翌日御通行相成、賃銭平塚へ両日分差出申候」と増銭を請求しておる所もあります。末尾には「右者此度卯辰両年平塚宿加助御伝馬役相勤候人馬雇立候賃銭其外相掛り候雑用御改に付書面之通少も相違無御座候以上、天明五年巳ノ十一月相州愛甲郡岡津古久村高井兵部少輔知行所名主新八㊞若林時次郎知行所、名主伊兵衛㊞川勝権之助知行所、名主小平次㊞伊奈半左衛門様御役所」と記してあります。それで賃銭も右のようにおよそ一定されたのかと思いますと、そうではありません。もう一冊ここに帳面があります。これには「御公家様御参向御帰京人馬賃銭諸入用書上帳、東海道平塚宿新加助郷十七ヶ村辰巳両年分、相模大住郡五ヶ村、愛甲郡十二ヶ村」とありまして、前の一村ずつの書上を総括して記したもので、その村々によりまして多少の相違があります。その第一頁には「一高百三十六石、大住郡西留岡村名主清右衛門㊞辰年御公家御参向御帰京共、高百石に付人足十七人馬七分、此当り人足二十三人、馬一匹、正勤一人に付二百五十二文づつ、一匹に付六百文、右賃銭六貫二百二十四文、四貫四百五十文、御上下御延引に付人馬増賃銭、一貫六百十三文、諸入用、〆十二貫四百八十五文、巳年御公家様御参向御帰京共、高百石に付、人足十六人三分、馬九分、此当り人足二十二人、馬二匹、一人に付三百五十文づつ、一匹に付六百文づつ、右賃銭八貫九百文、一貫二百五十文、諸入用、〆十貫百五十文、辰巳両年惣合二十二貫六百三十九文」とかいてあります。以下十六カ村の人馬の割当はさきにのべましたように、百石の高について人足十七人、馬九分はみなおなじであります。賃銭の方を調べてみますと、人足には二種あるようで、すなわち正勤というのが、その村から直ぐに徴集に応じたものをいうので、四百文乃至三百文で、西留岡村の正勤一人、二百五十文というのが例外のようであります。もし割当てられました人数だけで出ることが出来なかった場合には、その宿場で人足を雇うてその不足分を補充する、これを雇立（やといたて）というようであります。この賃銭は二百六十文から七十二文位の所であります。それから馬は一匹正勤、雇立にかかわらず、六百文から五百五十文というのが最も多くて、稀には五百文というのがありました。前の帳面の岡津古久村はあとの方の十二カ村の内にも入っておりますが、この村は雇立と同じ賃銭で徴発されております所をみますと、その村から宿駅までの遠近によって違うのだろうか、又は岡津古久村は徴集の度毎に雇立ばかりをやっているのかと思いますと、そうでもないらしい。西留岡村では辰年には正勤一人に二百五十文であったのに、翌巳年には一躍百文の値上を呼んで三百五十文と書上げておりますが、どういうわけで、こんなに相違がありますのか伺いたいものであります。そしてこっちの帳面には「右者辰巳両年、御公家様御参向御帰京人馬賃銭並諸入用、平均高割にて取立仕候、尤村方より出人足並村役人宿方へ罷出候節、小遣等は其者之遣捨て仕候処、書面之通り相違無御座候以上、天明五年乙巳十二月御役所」と記してあります。とにかくこの助郷の馬というものは、労役に服するために、朝早く出てくる街道を往来するものの中で最も早いものに数えられているので、以下〔膝栗毛の〕随所に夜明けの光景を書く所には引合いに出ております。この「膝栗毛」の初編が出版されましたのは享和二年でありますから十八九年前の天明四（辰）五（巳）両年の書上帳によりまして、ほぼ当時の賃銭がわかるだろうと思います。ただこの本の中にみえている、例えば川崎の宿はずれで馬方が「親方、かへり馬だが乗ってくんなさい、弥次『安くばのるべい』、馬方『さか手でいかふ、じば（二百）で乗ってくんなさい』ト相談が出来て両人馬に乗り（中略）夫より二人とも馬を下りて辿り行くほどに神奈川の台に来る」とありまして、その外にも馬の値をきめて乗ってゆく所は大分あります。川崎と神奈川との距離の二里半をじばでゆくのに比べて、助郷馬は一日労役に服しての賃銭はわり合いに安いように思われます。〔註・「膝栗毛輪講」中、木村仙秀氏講述の部分〕

両者の相違と不仲の理由　助郷には定助郷と加助郷とありました。江戸の両伝馬町の助郷は定助郷で、岡津古久村は加助郷なのです。定助郷は平常已定に賦課された役務で、加助郷は臨時の賦課であります。当宿定助郷の人馬で足りない時に出すのです。それは琉球人の来朝、和蘭人の来朝、公家衆の参向等の場合でございます。加助郷の賃銀に就ては、当宿及び定助郷が圧制して加助郷の賃銀を極める、そのために大騒動の起ったことも多いのです。一体法定の賃銭は実際よりも安い、その上に幕府の用事で往来するものは無賃である。故に幕府は金か物かで宿駅を保護した。飯盛女を公娼に準じて公許したのも、その保護のためだと言います。保護条件はその他にも沢山にあったのです。助郷に出るのは利益のためではない、当宿の駅務を助けるのであります。そこで俺達は年中お役をしている、お前達は一年に幾度というお役なのだから辛抱しろで、法定の賃銭を請取りながら加助郷には割を喰わせる、それがためにごたごたを起すこともあったと聞いております。

5　飛脚と道中人足

飛脚の制度

飛脚問屋の起り〔補〕　民間の飛脚は寛文三年に三度定飛脚の組合ができてから確立された。もと京、大阪に在番する幕府の諸士が自分の家来を飛脚として江戸へ差し立てていたのを、大阪の商人が請負うようになったのである。従って飛脚制度の起りは上方で、江戸の飛脚問屋にも、大阪屋、山田屋、伏見屋、京屋などとあるのは出身地が上方であることを示している。問屋の数は宝暦以後、江戸で九人、大阪が九人乃至十八人、京都が十三人乃至十六人であった。

大阪の問屋と定期便　飛脚屋は浄瑠璃にもある通り十八軒であるが、各々営業圏が定っていて、東海道を専らとする三度飛脚は、業体も大きく、繁昌なものであったが、その他の飛脚屋は大和、京、奈良、堺、西国、北国筋を営業圏としているので店が小さい。この外に町内専門の町飛脚もあったのである。東海、中山道を営業圏とする三度飛脚は明治初年まで八軒あった。営業は株になっているから増減はない。すなわち東区大手町通御祓筋東入南側、天満屋弥左衛門、内平野町骨屋町（こつやまち）東入南側津の国屋重左衛門、越後町松尾町東入北側尾張屋惣右衛門、内平野町松屋町東入南側江戸屋平右衛門、同北側尾張屋吉兵衛、安土町堺筋角江戸屋久右衛門、内平野町松屋町北入西側和泉屋甚兵衛、北区堂島北町渡辺橋筋西入北側尾張屋七兵衛がそれである。この八軒が組合って、東区釣鐘町貢害筋（こうがいすじ）東入北側に早会所という共同事務所を設けて置いた。江戸瀬戸物町の定飛脚問屋島屋佐右衛門から出た「諸国飛脚差立定日附」に、

一東海道京大阪へ早便り

毎月一ノ日、二ノ日、四ノ日、八ノ日、九ノ日
但正月者元日二日相休、四日初飛脚差立、十六日相休、十七日差立、十八日相休、六月十四日相休、七月者十四日十六日十八日相休、十七日差立、九月者九日十一日相休、十日差立、十二月納飛脚之義者大の月廿八日限り小の月廿六日限り

一同並便毎月二ノ日、六ノ日、九ノ日
但正月者二日相休、四日初飛脚差立、十六日相休、十七日差立、七月者十六日相休、十七日差立、九月者九日相休、十日差立、十二月者廿六日限

とある。これは天保頃のものであるが、飛脚差立の振合いは知れる。早便が早くない。大阪まで往くのに約七日を要した。並便はいわゆる三度なる者で、江戸より京都までの一往一来を各十日と限定した。一ヵ月に三度上る。すなわち三度飛脚の名が出来たのである。もし大阪までならば十二日附になるから三度とは言えない、けれども大概に三度飛脚と言っていた。最も急ぐ場合には七十二時という時附特別差立を依頼することも出来た。すなわち六日目には大阪へ到着するのであった。

現金輸送と組合規定　「来月二日出の三度に金子三百両差登せ申べく候、九日十日両日の中、其地亀屋忠兵衛方より右三百両請取内々申置候事埒明申さるべく候、是此通仰下された」とある。〔註・歌舞伎「恋飛脚大和往来」中の台詞〕それで飛脚の請取証文というのは、送状と同様のものである。飛脚は為替を一切取扱わぬ。いずれも現金の輸送を引受けた。「中の島丹波屋八右衛門から来ました。江戸小舟町米問屋の為替銀、添へ状は届いたが銀はなぜ届きませぬ」とあるのも、

荷為替の取立てを引受け現金輸送をしたのである。飛脚の営業概略は現金（封金の事）書状（為替手形在中のものを含む）及び貨物の托送に過ぎぬ。その受托物に対する責任は「此中の雨つづき、川々に水が出ますれば道中に日がこみ、銀の届かぬのみならず手前も大分の損銀、もし盗賊が切取るか道からふっとでき心、万々貫目取られても十八軒の飛脚宿から弁へ、けし程も御損かけませぬ、お気遣あられなと云はせも果ず、是さ是さ云ふ迄もない、御損かけては忠兵衛の首が飛ぶ」飛脚問屋の組合規約は知らないが、弁償に就ては仲間の共吟味はあっても組合の連帯責任ではなかった。天災盗難については全く無責任である。飛脚は現金貨物輸送のため駄馬及び人足を引卒し、自身は帯刀の上に鉄砲を携えることを許されていた。盗難といえばきっと強盗で、大抵飛脚は殺害される。この場合は飛脚問屋の方でも死人を出しているのでみれば、先方へ謝罪をするだけで弁償はしない。ただ弁償するのは飛脚の過失に対してのみであった。忠兵衛のはそれとは違う。江戸の法条は、

（延享元年極）

一　金子入之書状請取道中にて切解遣捨候飛脚

　　金高之多少によらず引廻之上

　　　　死　罪

と規定してある。これとても飛脚問屋の亭主、飛脚すなわち脚夫宰領の別もあるが、受托した封金を私消するのは同じ事で、本条を適用される。そして所有財産の没収を附加刑とする。

飛脚いろいろ

三度飛脚と三度笠　鳶魚「三度笠は三度飛脚のかぶる笠から来たのでしょう。形はどうでしょう」共古「菅笠で以て、中に少し曲って入っている。ままよ三度笠横ちょにかぶりと言う。横にかぶればそこの前を通っても顔が見えないのです――三度飛脚という三度と言うのは何ですか」鳶魚「月に三度ずつ、京都江戸の間に飛脚が往来したのです」共古「それを近頃の辞書には日に三度夜三度と書いてある。怪しからんことです」

チリンチリンの町飛脚　町飛脚は安政元年の冬から始まったもので、専ら市内の手紙を集配した。その脚夫は挟箱の小さいのを担ぎ、挟箱の棒の先きには風鈴をつけていた。それでチリンチリンの町飛脚とも呼ばれたのである。この風俗は最初の新聞配達人に移り、明治になっても町飛脚の姿その儘で見られた。

京の魚荷飛脚　鳶魚「『十文魚荷』は『十文』で切れて、『魚荷に相わたし』〔註・「好色一代女」の一節。ここはその輪講〕と読むんでしょう。京から大阪までの文の届賃は高いもので、それを魚荷の人足に頼むと、ホマチ仕事だから安いのです」〔略〕青果附記「後より調べて見ると、魚荷は『魚荷飛脚宿』の略にて、当時大阪には江戸飛脚の外に『長崎飛脚宿二名、魚荷飛脚宿七名』あり。魚荷飛脚宿は魚荷物以外の運搬をも掌り、賃銭は一定せざるも書状は片便一通十文、返事取一通十五文なりし旨『難波雀』『難波鶴』『大阪府史』などに見ゆ」〔註・真山青果氏の調査〕

武家の飛脚

早打と早馬　早打とか早馬とかいうものは民衆のみならず武士でも利用し得ない。あれは大名以上に限られた便宜なのだ。

韋駄天の語源とハヤ　共古「状箱を竹棒の先へつけてハヤがエッサッサと言って馳けて行く、それに逢った。〔註・「膝栗毛輪講」中の一節で、弥次郎北八がハヤに出逢ったことを指す〕これはつまり御三家とか或は諸大名というようなものの状使である。それが来た。『なんだ野郎の韋駄天さまァ見るやうに』韋駄天は南方天王の八将の一で、四天王に各八将ある。三十二将中のかしらであります。俗に魔王ありて仏舎利を奪うて逃れ去る時に、これを追いて取り戻したりしと、よく走る神ゆえ、追いつきて取り戻したりと、これより韋駄天を走る神なりとの説があるのです。またこのハヤの速度に就ては、享和二年の吉原宿役人某の手控帳の写しがありますから、ついでに申しておきましょう」

一吉原宿江戸へ三十四里〔原宿へ道のり三里、蒲原へ三里〕

御状箱送り順刻

一無時御状箱京都より吉原迄三十時、江戸より吉原迄九時、総刻京都より江戸迄四十二刻程、

一尾州様

一文字、江戸より名古屋迄廿四時程

一紀州様江戸より若山〔和歌山〕迄凡五十時程

一雲州様三ツ判急用　　〔註・ハヤは早飛脚の略称〕

飛脚の速度

十日で行く三度飛脚　旅行を職業とする飛脚屋の足でも、三度飛脚と言われたのは、月に三度出立したからで、修練した足で、慣れ切った道を歩行するのにも、江戸から京都まで十日を費した。三度飛脚が十日毎に出発したのは、先のが到着した時分に、後のが出掛ける都合から定められたのである。勿論特別に仕立てる急用の飛脚もあった。それは何日限りというので、日数を条件として依頼した。これとても民間のは設備がないから、幕府や諸大名のように迅速なわけにはいかぬ。この設備について大いに話もあるが、とにかく、京都江戸間の通信の最急なのは時附けといって、御用の状箱を三十三四時（とき）に到着させる。昔の一時（とき）は今の二時間なのであるから、六十六八時間で東海道を上下した。普通は七日掛かるのを、二日半余り三日足らずで到着する。その普通の七日というのが飛脚の足ででもなければ到底堪えられない。十里詰めにして十三日弱の道中、これが旅商人などの自慢にした歩行である。それ故に普通の人間では七八里詰めも容易でない。

一里三十二分七秒　御飛脚の速度、これは種々あります。宿継御用状、京江戸御証文付御状箱刻限、急御用三十三四時程、昔の一時（とき）は今の二時間でありますから、京の三条大橋から、江戸の日本橋まで百二十四里二十四町を、六十六乃至八時間で到着する。勿論昼夜兼行で二昼夜と十八時間で来る。その次は中急御用、四日程、常体五日程とある。また同諸御役人御用状問屋賂、大急御用状、五日程、中急六日程、常体七日程とある。四日なら三十一里六町ずつ、五日なら二十四里三十三町強ずつ、六日なら二十里二十八町ずつ、七日なら十七里二十九町ずつの勘定になりますが、刻限付の外に正確に速度が言われません。刻限付の速度は一里三十二分七秒強でございます。これが行歩の全速力であろうか。先年名古屋の詩人藤井�雲翁から聞きましたのには、天保の頃名古屋京都間を日着けにする健脚家があったという。行程三十六里を十二時間で往く、一里二十分の速度でありますから、刻限付の状飛脚よりも早い。

飛脚の運賃〔補〕

飛脚が運ぶ書状、荷物、現金の運送料は時代によって違い、また度々の規則も有名無実に終った場合も多い。一応の日限と料金が定っていても、例えば六日限の書状を受けた後へ、三日限の書状依頼があることを予想して三日間飛脚屋が黙って抱き込み、三日限のものと一緒に発送するなどのからくりもあって一概には言えない。飛脚の種類と料金について横井時冬著「日本商業史」中の次の表が最も権威あるものなので引用しておこう。

解釈〔原表ではこれが運賃欄の下に入っている〕

〈六日限、七日限、八日限、十日限〉とは当地を発してより江戸表届け先へ着する間の日数を云う。然れども此唱有名無実にして、其実六日限りと云うも概ね九日目に着き、七日限は十日乃至十一日目に着き、八日限は十二日、十三日目に着き、十日限に至りては十七日より乃至十八日にして着するものあり。

自天保元年 至元治元年	江戸定飛脚仲間 定則運賃		大阪物価表による
受負日限	出発定日	逓送品	運賃
六日限	幸便	書状一封	銀二匁
同	同	荷物一貫目	銀五拾匁
同	同	金百両	銀五拾五匁
七日限	幸便	書状一封	銀壱匁五分
同	同	荷物一貫目	銀四拾匁
同	同	金百両	銀四拾五匁
八日限	幸便	書状一封	銀壱匁
同	同	荷物一貫目	銀参拾匁
同	同	金百両	銀参拾五匁
十日限	幸便	書状一封	銀六分
同	同	荷物一貫目	銀拾五匁
同	同	金百両	銀弐拾匁

自天保元年 至元治元年	江戸定飛脚仲間 定則運賃		大阪物価表による
受負日限	出発定日	逓送品	運賃
	並便	書状一封	銀参分
	同	荷物一貫目	銀九匁五分
	同	金百両	銀拾壱匁
正三日半限	仕立	封物百目限	金七両弐分
正四日限	同	同	金四両弐分
正四日半限	同	同	金四両
正五日限	同	同	金参両弐分
正五日半限	同	同	金参両
正六日限	同	同	金弐両弐分
正三日限	同	同	銀七百匁
正六日限	催合便	書状一封	金壱朱

〈幸便〉とは二五八の日一ヵ月すべて九回集る所の逓送物品を一纏めにして江戸を発するを云う。先に六日限の九日目に着すると云うも、すべてこの定日より算するものなり。

〈並便〉とは其到着最も後るるものにして、概ね二十五日乃至二十六日を経るに至る。

〈仕立〉とは其物品一箇に限り、時日を論ぜず即刻人を以て逓送し、其受負日限三日より六日に至るまですべて規定の如くこれを違えざるものを云う。

〈正三日限〉嘉永六年より始めてこれを受負ぅ。
〈催合便（もあいびん）〉先に記する所六日限幸便の有名無実なるを以て文化三年始めてこの唱を設け、同二五八の日を以て当地を発し、概ね七日目にして到着するものとす。

道中人足

武家道中の日雇い　雇い人足というものは、江戸から国まで何程という賃銭で雇うもので、家来ではない。中間でさえもそんな短いものではない。まず一年は居る。そうして武家の奉公人というわけで、身分はいくら軽くっても、その家からいえば家来である。ところで雇い人足となると、使われているだけで主従でもない、武家の奉公人でもない。ただの人足である。

お雇い中間　それから「お雇の中間体に見ゆる男」〔註・「膝栗毛」中の字句〕このお雇いの中間というのは、今度道中するに就て、臨時に雇入れた人間のことをいうので、それで江戸のお屋敷などにお雇請負人、その他道中通し日雇請負人というものがありました。前の方のは江戸のお屋敷で不断お使いになる人の請負、それから道中通し日雇請負人というのは道中でお使いになるので、これは臨時に雇われる方なんです。

供の区別と人夫供給所　若樹「それから今の上下〔註・「膝栗毛」五篇巻之上に「上下の者や供の者へは」とあるを指す〕はこの街道を上り下りする日傭ということ、供というのは自分の家から従者として連れて来た者、この区別があるのじゃないかと思います」共古「上下の御泊りの宿であります」若樹「ここもそれを言うのではないか。上り下りに使われることを略して、上下の日傭という」共古「そういう御供になるべき者のために出来ている宿といってもいいわけですな」鳶魚「そうです。上下日傭を受合う宿であります。人夫供給所です」共古「強いていうことは無いが、そういう者があるのですか」若樹「これは日傭です。片方は供の従者に関係の者であります。それで上下の者と供の者と区別してあります」

問屋場人足の狂暴さ〔補〕　昔の小田原の町は、今日〔昭和四年〕なんかよりか、よっぽどよかったんです。今の間中病院の隣り、あすこが問屋場といって、人足を寄せるために、店の軒下で博奕が出来た。そうして人足を寄せておかないと、いつでも足を継ぐことが出来ない。それからこの問屋場の構えというのが、ずっと広い玄関があって、一段高いところに問屋場の強力（ごうりき）というのがいました。その人の命令でみんな扱うんです。今日は何様がお通りだから、人足を何人揃えろという強力からの命令で始末をするのです。問屋場というのは、まあちょっと言えば大きい帳場みたいなものでしょう。そしてこの問屋場には、小田原なら小田原のこの人という人を据えてあります。その人は帯刀というわけにはいきませんが、でもどうかして間違った奴が来れば、そこで締めてしまいました。しかしその頃は乱暴は乱暴だったんですなあ、人夫が荷物を担いで行くのに賄というのがあって、下人のことを賄いましたが、途中で勤まらない人夫が逃げる。建場に来て小便に行くとか、何とか言って逃げる。そんなことがあると賄った人間が困るはなしですから、そいつを捕えるとふん縛って、素裸体にして、青竹で臀をしっぱたきしっぱたき問屋場に連れて行く。大した仕置でした。もっともその位いにしないと、逃げる奴ばかりできて仕方がないから、そんなにするんでしょう。よく「また明け荷の奴が来たぁ」といって子供の時から見ましたが、素裸体で後ろ手に縛られたりして、ぶちのめしながら問屋場に連れて来ました。それは乱暴なものでした。〔江戸は過ぎる・河野桐谷編・小田原在板橋大橋庄吉氏述〕

道中人足の種類　道中人足に「地人」「宿人足」「出馬」の三種があって、その種類によって、それぞれ酒手の高が違う。地人というのは助郷から出る百姓だ。出馬というのは、朝ぶらりと馬を引いて出て来るやつで、これには百姓もあれば、宿の者もある。宿人足というのはすなわち雲助で、こいつが甚だ難物だ。宿の状況、町場の遠近によって酒手の高が違う。宿の状況とは如何なる事かと問えば、甲の宿の町場には山があるとか、乙の宿の町場には川があるとか、すべて難場のある処には、顔の好い雲助がいるのであるから、酒手が高い。たとえば、箱根山の如き難場に住む雲助は、東海道中第一の顔であるから、至って酒手が高い。この町場の難易と次の宿までの遠近、雲助の顔の好しあしを見分けるのが甚だ困難な仕事だ。〔江戸生活研究・三味道人氏述〕

雲助

語源と雲助生活　鳶魚「雲助は『風流日本荘子』の中に書いてある。そこを見ますと、亭主がそこらをひょこひょこ遊んで歩くのを捕えて嚊ァが怒った所の文句にある。『茶屋の亭主売残しの甘酒を荷負て、ちんば引々戻るをまちかね女房はしり出、是そこな雲助殿、もうよっ程で御座らいで、女子をみてはぴろぴろと酒買ふ人もない所にべんべんだらりと長居して、日の暮れたのがみえぬかと、声はしたなくいひければ、男聞いて有名はよばで雲助とは、して先ずそれはどうした事ぞ。をふ居所しれぬという事よ』と書いてございますから、最初の雲助は居所の極っていない人間のことだと思います。それから後に駕籠かきのことを雲助というようになったのでございましょう。それは何時からだか分りません」竹清「李白胡僧歌に『心将二流水一日清浄、身与二浮雲一無二是非一』と、『元古仏録』(げんこぶつろく)の註にありました。もっともこれは雲水のことです」共古「何かの随筆に、軒端に巣をつくる蜘蛛の話を見たが、巣を作っては人の軒でやすんだ。東海道なんかそれをやって歩く奴である。それで雲助という名が出たのだろう。古く浮雲というように言っているのだから、どうでも宜いけれども、私は虫の方から取って……」鳶魚「なるほど虫の方が面白いか知れませんな」若樹「もっとも元禄の時にはまだ、駕籠舁のことを雲助とはいわなかったらしいです」鳶魚「言っておりません。唯雲助という意味だけが、そんな風に書いてあるだけで、それは自分の亭主をつかまえて言っているようですね。いつ頃から駕籠舁の異名になったか分りません。それは調べたら面白いでしょうな。雲助は駕籠舁と長持を担ぐ者とで、馬方には言いませんね。馬方の方では馬を持っておりますから方々流浪するわけにはいきますまい」扇松「雲助のことは堀秀成の『いそ山千鳥』にちょっと出ておりますから、ここへ御覧に入れて見せましょう。『雲助とは浮雲のゆくへさだめぬをもてなづけたるなるべし。(中略)齢は二十三四より四十あまりなるもあり。かの問屋場の裏に小屋作れるにおほくつどへり。また木賃宿といふに住るもあり、夏冬おほかたはだかにてあるがおほし。されど冬いと寒くなりては、かれが詞にぽっことといへるをまとへると、そん料ぶとんといふものをいとよく著たるもあり(中略)ばくに勝てば小屋にあり、ばくに負けては役にいづ。常に小屋にのみあるをこれが長となし、長持をかつぐを上の品とし、駕籠を担ぐを中の品とし、一人持のものをかつぐを、これが詞に平人（ひらびと）かつぎととなへて、下の品とす。これがいづるもとおほくは、かの助郷というに出る丁（もの）などのばく打つわざにふけりて、つひにこの雲助におち入るがありしとぞ』」

褌の質入れと雲助仁義　共古「博奕を打って負けてしまえばすっかり褌まで質に入れるのですからね。私は吉原宿で、吉原宿の古老に褌の質の話を聞いたが、褌は大抵一分貸したそうです。四百も出せば褌は買える。その時代の一分というと大変な話だが、一分の融通が利いたという。手拭一本が百文少々で買えたものが二朱位まで貸したものだという。えらい話だ。どうして質屋でそれを貸すかと言うと、雲助道徳がある。雲助の仲間で以て、山中なら山中が、褌を質に入れる、まけて困ったものだから。そうするとその間部屋に引込んで出ることが出来ない。そうするとそれがもしひそかに褌を用いるというと、雲助仲間が承知しない。それから手拭を質に入れた者が手拭を借りでもすると、或は貰いでもして使うと、雲助仲間が承知しない。そういうことを互いに規約を堅くすれば質屋が貸してくれる」若樹「それではその間仕事には出られませんね」共古「その間溜りの部屋に入っておって火の番か何かをしている。それがどうかして丁半をして勝ちさえすれば一分の金が出来る。そうすれば質屋から出す。それは質屋という関係よりも、雲助道徳があるのだ」扇松「浄瑠璃の太夫が段物を質に置くと同じことでしょう」共古「そうです。その間語ることが出来ない。そういうことを聞きました。そうでしょう」

雲助の符牒

じばとおじ　一体雲助符牒というものは、皆分りませんけれども、一のことを「おじ」と言い、二つのことを「じば」と言います。そういうような雲助符牒というものがあります。「じば」ということはよく分りませんけれども「俚言集覧」に「じばとは駿河の私娼の事なり」駿河で私娼、女郎のようなものを「じば」と言うとある、その外に説明はありません。けれども「おじ」ということは、駿河の江尻と興津の間に小島（おじま）と言う所がある、そこの領主松平家は一万石の叩き放して貧乏大名であるということです。そこでこの一万石の一ということを取って、「おじ」を一ということにしたということを聞いております。それから駿河には二丁町という公然の廓がある。その外に江戸あたりで言ういわゆる二百文で事の足りる女があった。だからそれから出たものであろう。「じば」の「じ」は、地色とかいうことで、素人ということを意味するもので、「ば」は場所ということで、そこへ行く者を「じば」とでも言ったのでしょう。価はどうかと言うと二百文であるから、それで二百の二の字を取ったのだろうと思います。〔共古翁〕

あんどんとげんこ　「あんどんは四十、げんこは五十、長持は六百、あびてというのは酒手の事也」〔註・「膝栗毛」原文中の一節〕

符牒の推論　竹清「この『あんどん』はどういうのでしょう」共古「どうもこじつければ、こじつけましょうがね、一向確かなことは知れないです。『あんどん』が四、というだけならば、こじつけることが出来ますね」扇松「よ（夜）と言っても『あんどん』に縁がありますな」仙秀「四角の四からでも出るんじゃないでしょうか」竹清「『六百』のことを長持という。これはどうでしょう」仙秀「六百のことは分りません」扇松「長持は六人で担ぐのではありませんか」鳶魚「そうではありません。『とんぼ』が附いておりますから、六人で担ぐのではありませんか」共古

「そうではありません。普通の『とんぼ』は前が二人、後ろが二人、それに手代りが一人も附けば附くでしょう。極く大長持にしたところで大抵『あととんぼ』は『とんぼ』ではない。そうするとおかしいです。あれは極くしなうので長持が地面へついたり、上へ上ったりしてギシギシやって行くので宜いのです。そうするとどうでしょう」鳶魚「そうすると日光御使者之覚というものの中に、上より出候人、一御長持才領、御足軽一人、同持人御中間三人とあるのが宜しいのですね」若樹「この長持は道中のは別にあったものでしょうか」共古「いや別にありません。一番二番の大長持です。この長持の六百は分りませんがね、どういうのですか、何か御説を伺いたいですね。『げんこ』はいわゆる五つから来たのでしょうね」

道中唄

小室節と宿入り唄　鳶魚「小室節は吉原行の馬子でも、小室節をうたうのは高いというような話で、これにもいろいろ御説があるだろうと思う。信州の小諸からはじまったというようなことで、『膝栗毛輪講』の時にも大変いろんなお説がありましたが、何処から出たものか、私にはわかりません。わからないとしておく方がよさそうに思われます。『宿入にうたいて』〔註・「好色一代男」巻五の中の一節。ここはその輪講〕というのは、馬子でも奴さんの槍でも、宿を出入りする時だけにやるものだからです」仙秀「軍隊が町へ入る時に喇叭を吹くようなものですな」

小諸節と加賀節　鳶魚「何でも小室節は加賀節と一緒に流行ったものだということです」鳶魚副書「『鄙雑俎』に『信州小諸より謳ひ出したりとて、旅行馬子の多くうとふ証歌は様々あるべし。

今に稀に謳ふ馬子もあり、加賀ぶし、小諸ぶしも時代は同じ頃に始りしならんか』とあります。寛文以来ではありますまいか」

箱根の雲助唄〔補〕「箱根山、雪解けて流れて三島におりる。三島女郎衆の化粧の水」これは普通の長持唄の文句です。文句は別に珍らしいものでもないが、歌ってみると今日の者には歌えない、長持唄というのが、つまり雲助唄です。〔江戸は過ぎる・河野桐谷編・小田原板橋在大藤庄吉氏述〕

代表的な雲助唄　長持人足の唄「さかはナアてるてるナアエすずかはくもるナアンエどっこいどっこい」これは「坂は照る照る鈴鹿はくもる、あひの土山雨が降る」という雲助唄の中でも、最も人口に膾炙している唄であります。

6　川越と渡船

川留めの規則

各河川別水量の標準　川留めはとっさの間にあるものでない。大雨と言えば直ぐに大井川は満水するだろうか。五月雨の長降りにしても、雪解けにしても、秋の出水にしても、『朝顔日記』の場合のように雨と共に満水するようなことは決して無い。それは大井川のみならず、他の富士川、安倍川等にしても同様である。川留めは諸川の満水状況が違うので、各々格別に規定されている。

〈六郷川〉は船渡しであったが、川留めの後に、川役人が瀬踏みして一番船を出すのが例であった。

〈馬入川〉は水量が減じた際に、旅人が渡って駄馬が渡れないということはなかった。この川は川留めも川明きも、人馬同時であった。平常は船渡しなのだ。

〈富士川〉は夏期の増水二尺で馬越しが止り、三尺増水すれば徒渉り船渡しが止る。常水共に一丈余になれば人を通し、九尺余になれば馬を通す。冬は二三尺の増水で人馬共に止め、常水共に八尺に減じれば人を通し、七尺になれば馬を通す。この川も平常船渡しである。

〈興津川〉は徒渉りで、夏冬共に常水を一尺四寸としてある。浅い川だ。冬になって常水の時には仮橋が架設される。それが一尺七寸増して三尺一寸になると馬越しが止り、三尺一寸増して四尺五寸になれば人越しが止る。水が落ちて四尺三寸になれば人を通し、三尺五寸になれば馬を通す。

〈安倍川〉も徒渉りで、常水を四月より九月までは二尺五寸、十月より十二月までを一尺五寸としてある。水丈け五尺より川を留め、四尺五寸に減じれば人を通し、三尺五寸になれば馬を通す。

〈天竜川〉は四尺九寸までは船渡し、五尺になれば川を留める。五尺以下でも大風の時は止める。この川は水の外に風でも止めるのだ。

これらの諸川には常水量の測定してあるのと無いのとある。増水量の標定も同様だ。六郷川などは両方共にない。いずれにも人馬の通行を同時にしないのが多い。ただ六郷、馬入の二川は人馬を同時に通行させた。また船渡しの場所には川越し人足がいた。旅人の中には川越しを頼まない者も少なくない。勿論川の大小によって、出ている人足に多い少ないがあった。

大井川の特例　他の川々と違って大井川は、常水が二尺五寸で、それから一尺までの増水には馬だけを止め、二尺となれば人を止め、二尺以上に増水して四尺五寸の水嵩になれば川留めになる。それでも幕府の公用通信は絶たれない。御状箱を台に乗せて、特撰された川越人足が二三十人も掛って越す。その時は人足の身長だけの水深になっている。まして処々瀬掘れといって、出水の勢いで河原が掘れた上を流れる処があるから、人足の身長以上の水深もある。それでも増水が二尺五寸になるまでは、人馬を止めても公用通信だけは続けた。大井川の川越しは普通に人足の肩車に乗って渡るのだ。水が人足の肩を越せば川留めになる。それ故に賃銭も平水帯通り四十八文を最も安い料金とした。その時は川の瀬も二つに流れており、水は人足の半身を浸すに過ぎない。その次が乳下水七十文、乳上水八十文、脇水九十文或は百文と定められた。馬越しは川越し人足が附いて馬を泳がせるのである。水が人足の乳の上まで来れば、馬には泳げない。馬越しが止まるようになると、人足の肩車で越す旅人も、激しい水勢を見ていては目が廻るほどだという。川越し人足が文句をつけて銭にするのはその時だ。酒手の出しようが面白くないと、度々胆玉を潰させて若干かを絞り出すのに極めていた。

川留めの注進　鳶魚「川留めは平水というのは川越し人足の帯の所までである。その次が乳の下水、その次が脇水、その次が乳の上水、それから肩まで水が来ると川留めになる。すなわち肩越し水、それから二時、今の四時間待って、まだ水が落ちないと始めて幕府へ注進する」若樹「それは何にあります」鳶魚「道中方書留にあります」

川明きと渡河の順序　川明きということは六郷川、馬入川というような処で、川役人が瀬踏みをやって、そうして河が明きます。それが大井川、天竜川、酒匂川、富士川、興津川、安倍川などというものは水標がございまして、常水より何尺増せば川が止る、常水になれば直ちに明ける、また常水より何尺多ければ蓮台にするという掟がありました。一番先きへ出ますのが蓮台でございます。その蓮台の時に、何が一番先きに渡るかというと、御状箱なるものが渡る。その一番先きに渡る御状箱が、どんな物かと「道中書留」で見ますと、川越の次第は「一番封御状、二番御状箱、三番御状、四番台越、五番馬越」とあります。封御状——御状箱、御状というのは大阪城代、京都の所司代等から発せられます官文書を申すので、その他御代官所から幕府へ上申する御状もございます。その中で官用に属するものは第一に封御状、それから御状箱、この二種でございます。それが何より先に渡るので、この一番から五番までの渡し物がすみますと、今度は一番越と申して背中へおぶさったり、肩車にしたりする。川越人足の一番越と言うのはそれであります。問屋駕籠というのは担ぐ者はやはり雲助でございますけれども、雲助と相対で雇入れたのでなくて、問屋へ掛りまして、定値段で駕籠を出させるのです。これは人足二人を以て駕籠一挺に替えるという掟がございまして、これを出させますのは、御用道中の御方（幕府の役人の官用旅行）もしくは武家方、または武家方に隷属しているところの人で、会符を持っている人達に限ります。殊にここに問屋駕籠と断りましたのは、道中駕籠や辻駕籠と違うからです。

川越の渡し賃

蓮台渡しと歩行運賃　鳶魚「川越の賃銀が四人ということ、蓮台の時は四人前取るということは、なるほど担ぐ人が四人だから四人分出す。その外に台の賃を一人分ということ、これは実際のお話を伺わなければ想像がつかんことだろうと思います」煙崖「享和年間に幕府へ届出でた大井川の川越規定によると、歩行川越の値段は九十四文より八十文までとありまして、台乗両人乗一丁に川越が六人とあり、同一人乗一丁には川越が四人とあります。これで見ると台の賃は幾らともありません。また近く安政六年十月二日、故星野恒氏が渡川の際には『渡船番所に九十二文と掲示せり、旅客一人の渡銭と思ひたるに、即ち舁夫一人の賃料なり、旅客一人の蓮台四人にて、之を舁げば旅客一人の渡銭三百六十八文とす云々』『故に九十六文を以て渡川賃料の最高限度と為す』『もし水増せば賃料を加えて九十六文とす、云々』と記されてあるから、時代により水量によりて多少の増減はあったものとみえますが、最早右の間に於ては別に台の賃は無かったように思う。或はそれ以前には台賃があったのかも知れません」鳶魚「幾人乗っても、乗った人数だけ取る、また蓮台の賃銀を別に取る。ところで駕籠舁は二人乗っても駕籠賃を取らない」若樹「蓮台なる物は、『舁賃の中に駕籠代もこもっているのでしょう」鳶魚「ここじゃこもらない」仙秀「人足と蓮台の持主とは違うから違うのでしょう」鳶魚「ここだけは違うように思う。駕籠舁とは違う」若樹「人足は肩車だけですみますから」仙秀「そうすると客の要求に応じて、人足は蓮台を別に借りて来るというわけでしょうか」竹清追記「『駅逓志稿』（享和二壬戌九月）『大輦台（大蓮台〕に乗て安倍川を渡るものは、別に其輦台銭として人夫二人の賃銭、小輦台は一人の賃銭を償はしむ』とあります」

大名渡河の場合の賃銀札　川役場へ掛って行く時に人足を出しますが、この役場から人足に与える賃銀札があります。それを持っております。この紙撚にこの印が押してある。印はよく読めませんけれども、油紙でこれを一本ずつ川越に渡し、人足はみなこれを髷に結びつけて川へ飛込んだ。人足が何本受取れば川を何べん渡ったということが知れます。木札、これは島田の宿だけで使用するものであります。〔共古翁〕

川越人夫の生活

二葉「歌川国松君が若い時に東海道を旅した時、川越人足がいつも新しい乾いた犢鼻褌をしめているのは不思議だという考えを起し、どうしていつも綺麗な奴をしめているのだろうと古老に聞いてみると、人足どもは川を越す時になると皆はずしてしまったもので、それでいつも新しい乾いた奴をしめているのであったという話を聞きましたが、こんなのもあったでしょう。また人足どもが肩車や蓮台を担いで川へ入るときに、亀頭の先を紙で縛ったり、また簡略なのは藁で縛ったのもあったということを聞いておりますが、それらは犢鼻褌をはずしてこうしたのかどうか分りません。けれども川原に犢鼻褌が乾してあったということを聞いておりますから、中にはそんなことをしたのもあったのでしょう」仙秀「これは水谷さんから聞いた話ですが、昔の道中の通りの家では、旅客のために繁昌してみな内福であった。ところが川越人足は裏町に住んでおって、お上さんは田や畑を作って御亭主は川へ稼ぎに出る。それが御一新になって往来は人が通らなくなったから店が繁昌しなくなった。かえって田畑を持っている人の方が好くなって、今では表町と裏町とあべこべになったという話を聞いたことがあります」

東海道の海路

熱田・桑名の七里の渡し〔補〕　熱田宿から桑名宿へと上るには、風浪烈しくて船留となった時か、特に佐屋路を選ぶ旅人のほかは、海上七里を舟行するのであった。時に熱田から四日市へ直行するものもあったが、

東海道往来之輩桑名宿を追越、熱田宿より四日市へ直に渡船有レ之候分、以来は登り下り共、其訳先触へ書載可レ被レ申候

宝暦十二年壬午七月　日　（旧幕府御達留七）

と宝暦にも安永五年にも申渡され、予告なしに四日市へ直航することは余り好まれなかったが、とにかく渡船場から渡船場へと通う海上七里の渡船は、東海道往還に重要な使命を持っていたので、常に多数の船が旅人の為めに用意されていた。其の数は時に随って増減があるのは勿論であるが、天保年中には宿の明細書上によると、海路渡船数七十五艘で小渡舟は四十二艘とされ、乗合もあれば三人乃至六人水主の四十人乗乃至五十三人乗の船もあった。〔東海道宿駅と其の本陣の研究・大熊喜邦著〕

船中の尿筒と海路の模様　仙秀「そこで夜が明けたので御膳を食べて出かけました。ゆうべの

竹筒、船の中で小便をするのに用いるもの、宿屋の亭主に拵えて貰ったのを忘れた為に、主人がかけ戻って取って来てくれた。それで宮から桑名まで七里の海上は一人前が四十五文ずつ、此本〔東海道中膝栗毛〕の出版が文化二年です。私の持っております同五年の『道中記』には乗合三十五文かこ付八十二文一駄八十七文とあります。その外荷物、乗物などの金を払って船に乗った。それから狂歌は『おのづから祈らずとても神います宮の渡しは浪風もなし』ここは熱田の宮の渡しですから自分から祈らなくても、船の出る所に神様がいらっしゃるから何の浪風の苦労もなく安全に渡る事が出来るであろう、祈らずとても神や守らんというような意味で、この船の無事なるを祝っただけでございます」

出帆と所要時間　鳶魚「この賃銭のことは一々詳しく『道中記』に書いてあります。ところがこの船は一番船から何番船まで出るということは書いてない。また一番船がおよそ何時に出て、二番船がいつ頃に出るという時間のことも書いてありません。昔の人は時間ということの考えがないからそういうことになったのでしょう。それで伝説によりますと、これは午後からは出ない、七つ過ぎからは出ない、それは由井正雪一件以来だというようなことが書いてあります。船の出る所は突き出しの鳥居とか何とか言って、熱田神宮の所にあったのだということですが、今日では築港が出来て、そこがよく分らなくなったように思います」共古「私は知りません。築港などの出来ない前に乗ったのですから、維新前には築港はないでしょう」若樹「広重の絵にも鳥居が書いてある」鳶魚「今はああいう所はないようです」松更「船の大きさは」共古「いやな船です。桑名の方から名古屋の方に渡りましたが、少し雨が降って来て時々風が出て酔いました」鳶魚

「七里の海上にどの位の時間が掛るかと思って、大名のお供をした誰かの日記を見ると、六ツ半に供揃いをして乗船して、四ツ半に桑名に着いたとありますから、六ツ半は午前七時、四ツ半は午前十一時ですから四時間掛っております。桑名へ聞合せた返書が御愛敬ですから読みましょう。

七里の渡しは交通便利の現今にては、汽車便のみにて、船路に寄るもの絶えてなく、ただ荷物のみに候。維新前は重に此船路を利用せしものにて、普通一里一時間、約七時間を要せしものに候。諸大名の通行は此の七里の渡しは一日の行程と定り居候よし。順風潮の関係にて遅速は多少有之候も、出船の際潮時を考へしものにて大差は無之候。尤も風強く途中にて船止まり候様の場合も、たまには之れ有りしよしにて、桑名まで案内者を雇ふべく、夜中西国武士の庄屋を尋ね来りし為め、御維新後のこととて大いに喫驚縮み上り候滑稽も有之、又御法主御裏様此船路にて源緑新田へ差掛り候処、俄かに便を催ほされ最寄農家の菰垂にて弁ぜられしに、附近の農民活仏の御裏様のこととて沢山アガミに集り、恭しく菰垂れを捲上げ、御裏様のことなれば定めて便も雲泥のチガヒあらんと御便拝見と出かけし処、聊かの相違もなく径一寸程もあらんかと思はるる至つて太きものにて臭ひも一層強く、皆々驚きにけりと云ふ滑稽も之れあり候由。

七里渡の船賃　共古「私共は桑名から名古屋の鯱鉾を見に行ったことがある」若樹「この時は船賃は四十五文ですが、安政五年の道中記には六十八文に上っております」共古「天保十年に三十五文、弘化五年にも三十五文、色々違っております」鳶魚「それは銭相場の関係もありましょう」

7　道中さまざま

特殊な旅行者

六部と巡礼　「六部」は六十六部といって、これは日本を六十六国として、国毎に法華経を一部ずつ供養するという所から名を得たので、これは三年位い掛って日本中を歩くのだそうです。しかしそれは本当に日本中を歩くんだかどうだか、普通の乞食がそういう信者の真似をしておったのが多かったようです。「じゅんれい」というのは西国とか坂東とか観音様を巡って歩くので、場所は大概三十三所、それで六部の方は芝居なんぞでしても大抵大きな男が大百か何かで飛出す、凄味のある奴ですが、巡礼の方は阿波の鳴門などのように、悲しげな少女をお爺さんとか、お婆さんとかが、それを連れて歩く、お約束の少女がそこに出ている。巡礼はお定りで「おいづる」を着ている。この「おいづる」は真中が白で、両端の赤いのが両親が無いとか、真中が赤くて両端の白いのは片親があるとか、そんなように区別があるそうです。そうしてこの「おいづる」という名については「おいづる」と書いてあるものと「おゆづる」と書いてあるのと何方とも極っておりませんが、現在「膝栗毛」には「おいづる」と書いてある。そうしてこれは伊勢貞丈が、幼学問答の中に徂徠が、オユヅリは喪服の衰褄（さいすい）の遺制で、褄の字と譲の字と似ているところから文字を誤認して、譲の訓を以てオユヅリと呼ぶのであろうというのを駁撃して、巡礼などがさようなことを知っておろうはずはない。ただ笈を負うので衣類の背が摩り切れるから、あんな袖なし羽織のようなものを工夫したのに相違ない。従ってその名もオユヅリではなく、笈摩、オヒヅレを訛ったのだと、こう言っております。衰褸の遺制でないとすれば、あれは新工夫なのですか、水干から来ているのではなかろうか、平人も昔は水干を着たものでお公卿さまに限ったものではありますまい。水干には二色あって、盤領と書いてクビカミと読むのと、方領と書いてタリクビと読むのと、こう二つ拵え方がある。その盤領の盤の字は「めぐる」と読みますし、領は「まろく」と読みますから、「まるくめぐる」首尾よく巡り終るというような祝い事から取って、そうして水干も盤領の方を着て歩いた、それから来たんではあるまいかと思うのであります。山伏にはほうれい山伏というのがある。方領山伏の訛りで、水干を着たのが知れます。そうして名はなるほど笈で摩れるから「おいづる」という名になったか知れませんけれども、その起源はどうも水干から来たものではないかと思われます。

六部・巡礼の年代調べ　共古「六部は御説の通り六十六部ですけれども、その始まりは無論坊さんがしたことで、多く写経を納めたのが始まりで、室町時代のことである。六部というのは大抵男ですが、巡礼は女も混っておった。巡礼は六部と同じことであるけれども後に分れたので、巡礼の方は両親の菩提を弔うとか、或は親爺が息子の菩提を弔うために孫娘を連れて歩くということから始まったということが室町時代にあったように思います。それがいつ頃から起ったかというと、元禄以来か享保だろうと思う。その時分は御話のように『おいづる』というものを着まして、それはつまり白布の丈けが二尺で、背筋を二つに割って半幅の布きれを入れる。両親のあるものは両端を赤くして真中を白くし、片親のあるものは真中を赤くし両方を白くする。これが普通の巡礼の『おいづる』です。この『おいづる』という言葉の遺っておったのは、今は巡礼は何も背負ってはおりませんけれども、昔はやはり六部と同じように一つの笈を背負っておったらしい。その笈の下に当るところの布きれであるからして『おいづる』というのであろう。私も恐らく古くは御説のように色々水干のようなものを着たであろうと思うが、そう深い所へ入らずに『おいづる』というのは普通の言葉で、軽いところで下着というような所で宜かろうと思います」竹清「巡礼という言葉はもっと古くからあったと思う。六部は『続群書類従』桂川地蔵記上に『六十六部廻国之経聖負〻笈』とあります」

服装と同行二人の意義　仙秀「『傾城阿波の鳴門』は、いつ頃出来たものでしょう」鳶魚「あれは新しいものです。明和五年でしょう」仙秀「あの『鳴門』に、戸にかけたるおいづるに同行（どうぎょう）二人としるせしとありますが同行二人というのは、昔は宿屋の内規として一人は泊めないというので、同行二人と書きましたのですか。但しは大勢でもやはり同行二人と書きましたのでしょうか」鳶魚「そんなことはない。巡礼は団体を為して赤毛布式には歩かない。大概一人なんだけれども、若い女、もしくは子供だから保護者が附いているという意味で同行二人と書く。『阿波の鳴門』でもそうです。また『白石噺』の中に檀那寺へと駈け込んだしのぶも一人だけれども、やはり同行二人と書いたのは保護者の意味です」共古「つまりあれは、もう息子が死んで、孫娘か何かが爺さんを引張って来るのに宜かったろうと思う。それで真中の所に『奉巡礼西国三十三番』とか何とか書いて、同行何人、片方には阿波国なら阿波国と国所を書く。笠も同じようなものです」

巡礼と遍路　若樹「女の出て来たのは、いつ頃が始まりでしょう」鳶魚「貞享の頃は大変女が出歩くことが流行ったそうです。江戸の三十三所というのは寛文からでしょう」共古「元禄以後のものでしょう」仙秀「同じことをやって歩いても、四国を廻るのは遍路と言いますが、どういうわけでしょう」共古「四国は大師様で外には廻らない。四国は弘法大師に限る。それから日蓮上人の方では千箇寺参りと言う」鳶魚「三十三所の方だと巡礼というし、弘法大師の方だと遍路と言う。字義から言えば、何方だって遍路で宜いわけですが、そう言わない。やはり四国へ行ってみると遍路さんと言って、決して巡礼と言わない。ちゃんと分っているのです。これは慣例でしょう」竹清「六部だって同じわけですな」鳶魚「同一例で全く慣用によるのです」

六部の納経　共古「巡礼遍路は拝礼が目的で、六十六部は納経が主であったものです。六部は廻国巡礼の一種で、室町時代から始まり、法華経一部ずつを全国の霊場へ納めつつ廻国する行脚僧のことですが、江戸時代には僧俗共に六部に出た。経文は多く国分寺及び一の宮へ納める。一国一部を納めるから六十六部と名がついたので、それを略して六部というのです。ところが今は我々が往っても、御納経を願いますと言えば、納経しないでも受取ったという判を捺して受取りを下さるけれども、元来はそうではなかったのです」竹清「御経を納めるというのは、書いたのを納めるのではなく、唯あげるだけでしょう。読経するだけでしょう」共古「手写したのを納めるのです」竹清「そうすると六十六巻背負って歩いて、一部ずつ納めたわけですな」鳶魚「そうでしょう。無論納めたものと思っている」竹清「寺へ泊って書きでもしなければ重くて仕方がないでしょう」鳶魚「手写してそれを持って出るのでしょう」若樹「そういうものは今でも存していそうなものですが見たことはない」鳶魚「けれども余程良いのでなければ残っていやしない。下らないのは取っておかないですから……」共古「無論一方から考えてみると真面目にやらなくても、ちょっと先き位いを書いて、それから終いに納経と言って碌に何しないでも、納経一巻受取ったという判を捺してくれる。或はそういう風になったかも知れません」

抜け参り 竹清「『伊勢参り』〔註・「膝栗毛」中の語〕はどうですか、ぬけ参りですか」共古「そうでしょう。ぬけ参りでしょう」若樹「抜け参りと言うのは」共古「親方に断らないで、小僧が抜けて行く。これは当時大変流行って幾らもあった。家出しても伊勢参りをしたのは、小僧でも誰でもそこの家に帰って来ることを許されております。つまり大神宮様の方からお招きなされるということに解釈している、それで行ったのであるから大変なものである。何万と行ったという話です」静方「お蔭で行くということですか」共古「伊勢のお蔭で行くのです。その外に犬さえ伊勢参りをします。伊勢参りをして首玉にお祓いを貰って帰って来ます」竹清「犬が参るのはまだよろしい、地蔵様が伊勢参りをしたという話がある。荷が片荷になって困るので、地蔵様を伊勢まで舁いで行って、それからまた舁いで帰って来たという話があります」

熱狂の伊勢参り〔補〕 伊勢参りは元禄前後から始まって、男子一生に一度は行くべきものという観念が生じた。都会でも農村でも伊勢講なる講中組合を作り、たくわえた金で集団旅行をしたのはいいが、その金の無い連中は主家に無断で裸一貫伊勢へ旅立った。それを抜け参りともお蔭参りとも言ったのである。勿論無銭旅行なので行く先々で米銭を乞わねばならないが、後に京、大阪の豪商は、信仰と宣伝を兼ねて所々に食糧はもとより旅行用具の一切をととのえて抜け参りの者を優遇した。有名なのは宝永二年の御蔭参りで、幟や提灯を押し立てた物凄い集団のもので、そうでなくとも当時一日に二三万人の参拝者が伊勢路を神宮に向ったという。

乗物集録

自家駕籠の旅　筑波『おやどの駕』〔註・「膝栗毛」中の言葉〕がむつかしうございます。そういう事がありますか」共古「極く大家でございましたら、そんなことでしたかも知れません」若樹「これは宿からので、自分の家に駕籠があるわけじゃない。例えば帳場の車を呼んで乗るようなものではないでしょうか」共古「そうじゃない、江戸から吊らして来る。道中駕籠でない。頭がつかえぬような駕籠がありまして、それは極く大家の奢った者はやったかも知れません。江戸からいうと、雇いの人足を連れて行けば行けます」

上手な駕籠の乗り方　それから「旦那はかたいぜ」とある。〔註・「膝栗毛」初篇中の駕籠舁きの言葉〕これは駕籠の乗前であろうと思う。駕籠に馴れた者は後ろによりかかるような風に乗っている。そうすると駕籠舁きの足の出がよい。それで乗前が宜いと言って喜ぶ。ところがこれは「かたい」のであるから乗り様が不器用である、こう言うのでしょう。

道中馬の乗り方「二方」　鳶魚「二方くわうじん〔註・「膝栗毛」中の文字〕を話して下さい」若樹「二ほうくわうじんは馬の〔背の〕両側に枠をつけて両方へ乗るのでしょう。その上、馬の上に一人乗れば三方荒神（さんぼうくわうじん）になるのです」

道中雑観

道中髪結い　「エッさっさエッさっさ」〔註・「膝栗毛」後篇乾中にある御状箱人足の掛声〕の話は、直き近処に高橋という床場があって、そこの床場の亭主は古河の者ですが、古河の自分の親方は古河侯の道中髪結いであった。御使いに走る役は道中髪結いが大抵するものだという。何時でもその途中から何か御用が出来ると供方は使わないで、道中髪結いが「エッさッさ」を勤めるのだと聞きました。普通の中間ではなくて、道中髪結いだといいました。

疲れ直しの焼酎　静方『焼酎売』〔註・「膝栗毛」初篇中の言葉〕というのはどんなでしょう」共古「焼酎を脚へ吹掛ければ草臥れがぬけるという」静方「どんな風なものです」共古「それは知りません。またこの時分売って来たでしょうか、どんな風をして売って来たか知れません」静方「後にはどんな風をして売って来ましたか」共古「後にありはしない」竹清「眼の廻る焼酎だかから飲んだらしいですね」共古「これは飲ませる方だね。焼酎売があったのでしょうね」扇松「北八が四日市の宿屋で、草臥れた足へ焼酎を吹掛けたから、足が酔っぱらったというのがありますね。あすこでは宿へ売りに来ています」共古「あれは草臥れを直す方でしょう」

道中附の扇　鳶魚「『道中附の扇』これは扇面に、どこまで何里というような里程づけのついているやつだ」楽堂「汽車がはじめて新橋から横浜まで開通した当時、あの間の諸駅や発着時刻を道中附にした扇が出来ましたが、あまり近いものだけに、今になるとかえって品が稀れで見つかりません」〔二代男輪講〕

一膳めしの由来　若樹「いちぜんめしというのは余程古いものでしょうか」鳶魚「いちぜんめしは『風流日本荘子』の中に……」若樹「いつのです」鳶魚「元禄版ですね。年号は知れません。その中に草津のことを言った所に『和蘭までかくれなき姥が茶屋サアサア餅まゐらぬか一膳めしもござんす』近松の『丹波与作』の中の出女の言葉に『どうした事やら此頃は一膳盛の客さへない』とある。また『旅籠が六かたけ酒が四升五合、十文もりが七十杯、芋とくじらの煮売が八十五杯』また『扨々与作と云ふ奴は、存じの外の大食、旅籠から盛切から、蒟蒻くふて煮売喰て』とあります。これで一膳飯の原名は盛切、または一膳盛といったのが知れる。そしてその代は十文ずつであったのも知れます。一膳飯という名は享保版の『文武さざれ石』に、此頃いちぜんめしというのを、或後家が仕出したということが書いてあって、そうして紙へ『いちぜんめし、酒肴』と書いて、入口の戸へ貼付けた挿絵があります」

宿場按摩の呼声　鳶魚「按摩が来て〔弥次に〕ぶつかった所があるが、この時分にはまだ上下三百文とか五百文とか言わないで『あんまァけんびきィ』といったのですね。按摩の台詞廻しが違いますね。後のは大概上下何百文というのだけれども……」若樹「ここだけ捉えてそうは言えない。外にもあるか知れないから」

二　財政経済の実際

1　財政大要

五度の改革とその影響

江戸時代にありました前後五度の改革、その第一は保科肥後守の寛文改革、その次は堀田筑前守の天和改革、その次は松平左近将監の享保改革、その次が松平越中守の寛政改革、その次が水野越前守の天保改革で、そのあとにまだ春嶽さん〔越前福井藩主松平慶永〕の文久改革というものがありました。この改革の度に江戸の模様は変って参ったのですが、江戸の模様の甚しく変りましたのは、元禄に通貨が膨脹しまして、一両の小判が二両になった。それを享保の新貨幣で緊縮して、慶長金銀の位に戻したのです。通貨が急に倍になったり、またその半分になったりすることがあったので、商業社会のことも面倒になり、物価の動揺というものが需給関係ばかりでなく、通貨から来る動揺がひどいものになった。これではいけないというので、元文になってまた元禄の通貨に戻しましたため、ここでも物価の動揺を免れなかったのです。そこへ持って来て享保の改革以来、通貨の偏重ということになって、幕府が通貨の聚集を図った。「公方は乞食の如し」という落書がある位いで、幕府が大いに通貨の聚積をやったことは、新たに蓮池へ御金蔵が出来たようなことを見てもわかる。幕府ばかりではありません、民間もそういうわけで、財力の片寄りがひどくなって来たのであります。この幕府の聚積の仕方は、例の倹約、節約ということで金を溜めるのですが、どこかにひどく切詰めたところが無ければ、そういう風に溜るものでない。

昔は租税の取方がきまりきっておりまして、新税を起すことが無かった。きまりきった中に積立てるのですから、どこかに無理が出る。政府が政治費用を多く集めて多く使うのでなしに、多く集めて使わぬようにしたのが幕府の聚積なので、それだけ下々の潤いは悪くなったのです。一番大きく通貨を集散する政府が、集めはするが散じる方を抑制するから、一般の不景気が来る中にも、江戸が大変不景気になるにつれて、諸大名もこの通貨の変動を受けまして、金融が悪いから米で収入し、米で支払うということになる。貨幣変動の為に米価もひた押しになり、享保以来は米の安いことがひどかった。諸大名は前に金で借りたものを米で支払う。併し米が安くなっているのだから、それを返済するのは大変な話で、そうかと言って米を三倍も収積するわけにはいかない。従って大名の疲弊はひどいものになりました。幕府や大名が収約すれば、一般の武士は無論疲弊する。江戸は武士で持っている都会なので、商人も職人も皆武士の御蔭で立っているところだけに、武士が疲弊すれば火の消えたようになる。従来他の都会と別なように考えていたのは、幕府という大きなものがあって、大変な政治費用を使い棄てる。参観交代というようなものもあって、それについて来る士も金をつかう。そういうことで江戸は他よりも富貴だったのですが、それが今までと比較も出来ぬような武士の疲弊に遭っては、江戸は俄かに寂しくなる。その頃から京都の風が江戸へ移るようになったのです。慶長以来新しい都市として、京阪二大都市よりも上に居るほどの勢があり、道路には小判でも落ちているかと思われる位い、それほど景気がよかった。その江戸が享保以来がたりと不景気になって、市民が食えぬようになって来たのです。そこで京都と見合せますと、京都の方は工業地である。前からそうではなかったのですけれども、延宝あたりを境にして、大きな資本は大阪に移ってしまった。資本が大阪に移ってからの京都は、もう商業地ではありません。あとに取残されたため、ささやかな工業が多くなりました。市民の大多数は手間賃で暮しを立てる。万事がつづまやかになって参りました。

幕府と諸侯の財政

一万石について四千五百石、すなわち四半位とまず凡その見当を致しまして、〔註・表高一万石と称する大名は四公六民、或は五公五民で、取高すなわち実収は平均四千五百石であるという意〕それでその〔大名の〕収入はどういうことになって行くかと申しますと、その半分は御家来の禄にお遣しにならなければならないので、まず半分だけは天引に引かれてしまうのであります。それで、あとの半分がどうなるかというと、それが藩庁の費用、それからすべての公私の費用、それから殿様のお賄、こういう風になるので、これを分けると数が多くなるのであります。それで、その外にまだ正式のものもありました。幕府へ献上物もありまするが、まだえらい役は幕府が大きい工事を始める時には何時でもお手伝いというものを諸侯にあてるのであります。このお手伝いの費用は不断の収入の唯今で申せば、予算というものには入っておらない。全くの臨時でありますから、余程裕福なお大名でもこのお手伝いには殊にどうも辟易されたようでありまして、諸家の記録を寄り寄り拝見致しますと、このお手伝いに就てはどうも皆借金をなされたり、いろいろなことをなされて随分お弱りであったようなあんばいであります。そういう風にこのお大名というものは外へ出れば「下にいろ下にいろ」と言って、土民どもに下座させて大手を振ってお歩きになるし、家に帰ると殿様と崇め奉られて家中の者は頭を抬げない勢いであるが、金銭にはまことに御都合のお宜しくないもので、お大名というものは世間から大層裕福なように思われているが、どうもあまり裕福なものではない。そこで幕府の実収入を世間には草高八百万石と申しているが、その実収入は二百八十万石と昔からいわれております。これもまたいろいろな支出がある。幕府には旗本御家人というものが直属しているので、その方にお遣わしの分量が大分ある。その外またいろいろな工事がありまして、その工事費であるとか、また朝廷に対するお仕向けであるとか、いろいろ金が要るので、これも大名と同じように、余りお楽なものではない。そういう風でございますから、殿様の本当のお手許、すなわち将軍の手許はどうかと申しますと、実収入二百八十万石に対して大奥の費用は二十万石と定められておったのであります。この割合は大抵将軍家ばかりでなしに諸大名もおよそこの見当であったようでございます。

久留米藩財政の実例

久留米侯頼徳〔十代〕は、何が故に私祀せる一小社を陞せて藩祀とし、急に祀官に挙げて俸禄を与えたか。今日〔大正十年頃〕でも善く知れた水天宮の賽銭、年額平均一万円、誰よりも多大な御利益を被ったのは有馬家である。有馬十世はこの財源の発見者で、最も水天宮の利益を知った殿様である。公方様（家慶）御手元一万五千両、大御所様（家斉）同一万五千両、新規と別口合して一万五千両、大御台様同七千両、同五千両、御台様（家慶夫人）六千両、右大将様（家定）同七千両（天保度公儀年中御入用大概調）豪奢を極めた家斉将軍でも年額三万両しか遣われない。

征夷大将軍源氏の長者といわるる本丸の主人公でも一万五千両しか遣うことが出来ない時代に、約三千両の賽銭があったという水天宮、〔略〕諺にさえ鷹揚なことをお大名様という、そのお大名様二十一万石の久留米侯ともあろう者が、賽銭稼ぎをしたと思われないが〔芝の久留米藩邸にあった水天宮は水難除け、安産に霊顕ありとして庶民の参拝を許した。莫大なお賽銭とはその水天宮に上るものをいう。明治五年蠣殻町に移り現在に至る〕大名でも殿様でも貧乏には敵し難い。財政整理には窮策を出さずにはいられぬ。頼徳は文化二年二月に久留米藩十世の主に坐わり、わずかに九年目の文化十年には大阪の蔵屋敷で発行した空米手形の総額四十三万石に達し、町人共は町奉行へ出訴した。町奉行の尽力で辛くも町人共を押えつけ二十カ年賦にした。体のよろしい借倒しをやっている。久留米藩は表高二十一万石であったが、内高すなわち実際の封土は三十六万三千五百十一石三斗六升（二万五千百五十町二畝五歩）この収租は十三万九千九百四石四斗八升九合と安永九年の免帳にある。江戸時代の大名旗本の采邑は四ツ物成と言って、十分の四を収租額とするのが通例で、それより収租の少ない采邑もあった。有馬家の如きも八万四千石の実収なれば通例なのだ。それを内高が多い、すなわち縄延びが十五万余石あったから表高に対して六ッ物成にもなる。この過大な収租があるので見れば、勘定の上からは余程富裕でなくてはならぬ。それに藩制として一般に給金取でなく給米取とし、定俸に就いては三歩を引き、扶持切米からも二歩を引いて渡したから、闔藩の支給は五万九千五百十九石一斗五合二勺、現金四千八百八十七両九文目一分に過ぎぬ。当時諸藩は一概にも言えないが、士卒その他俸給が四分の二、国役等が四分の一であった。家来の多い家にしても、また国役過重の藩にしても、財政の結末は君公の手許へ持って往く。それ故に藩主の用脚は全収入の四分の一あれば余裕のある大名様だと言った。九州大名は辺海の警備があるので大抵国役は過重の方であった。久留米藩は筑後川等のため年々多大の防水費も必要であったろう。けれども一藩の俸額は比較上軽かった。従って君公の手許は逼迫しない方であったろう。ところが七世頼徸という殿様は豪宕な人で、驕奢な生活をした。京極宮の王女を申し下して妻とし、有馬家には先例のない左近衛少将にもなり、増上寺の御火消を四度も勤め、国鶴（毎年十一二月の交に恒例として将軍の鶴御成があって、その獲物を三家及加賀、薩摩、仙台の藩主に賜わる。或は自余の大諸侯にも賜わることもあったが、それは在江戸の場合である。これを江戸鶴といい、また特命によって本国に在って賜を拝する事がある。それを国鶴という。国鶴は別して諸侯の栄誉として、家々の系譜に書いて子孫に伝えるほどの大悦をしたのである）を三度も貰うという景気、借金では家が亡びないが、子供がないと除封されるといって、側室を十八人も置いた人である。諸藩共に増税という事のない時代、藩主の費用も永く厳に限定されていたのに、贅沢殿様が飛び出したから、久留米藩の財政は忽ちに匱乏を告げざるを得ない。幕府の勘定奉行から厳重に借米返納の遅滞を責められたのは寛保の初めで、宝暦二年には仕送町人鴻池善八が融通を謝絶し、引続いて久留米藩は一切の借上金に対して返済を停止し、同四年閏二月に至って封内に人頭税を課し、家中の侍には一人年額十匁、百姓町人には八歳以上年額六匁あて取立てようとしたので百姓一揆が起った。これより先き銀札という不換紙幣を発行するほどの窮状に陥っていた。かくの如き財政の下に御倹約御簡略の行われなかった有馬家、勿論一度膨脹した君公費、豪奢な風に染まった久留米藩、容易に縮小し刷新することの難しいのは申すまでもない。江戸時代の行政整理は、必ず将軍の衣食を薄くした。増税のない以上、俸給その他は既定の歳出である。節減省略は将軍自身の生活費に於てするより外に道途はない。中央政府でも地方政府でも同じ道理である。財政上さしも大切な君公費、その君公費が伸縮出来ぬどころか、膨脹を続けつつ頼徸、頼貴、頼重、頼徳の四代をかさね、七八十年間も無法な収支をした藩の財政は思いやられる。久留米侯頼徳が賽銭稼ぎを始めるのも無理はない。大阪町人を借倒したのみでは現在を拯うことは出来ぬ。水天宮の御利益は火難水難安産等ではない、財政の救解である。世間の福の神、夷大黒よりも、この場合に於て水天宮の方が優越している。

2　貨幣

貨幣のはじまり

どうして徳川氏の時になって貨幣制度が確立したか。これにはいろいろ沿革があることで、専門家のお調べがあることと存じますし、私もこれだけの事に就て、幾分かのお話を持っている次第であります。この貨幣の元になります金銀――この金銀を一番多く持っていた者は、当時の武門武士でありました。はじめは宝物として大事に持っておったので、それがまた金銀が貨幣になる、何よりも都合のいい条件でもあったのです。武士等が宝として金銀を持っている時には、それと交換して他の物資を得るという働きも、まだずっと鈍かったので、金銀は通貨になってはじめて、その能力を十二分に発揮することが出来たのです。宝物として珍重されております間は、貨幣となる条件は具備しておっても、その働きは鈍く且遅く、不活潑なものであったことは申すまでもありません。それによって起すところの交換作用もまた、あるか無いかというほど少ないものだったのですが、この宝物を世間へ引張り出して、貨幣として存分な働きが出来るような道行きをつけましたのは、足利氏の中頃以後のことであったように思います。そういう一種の大きな作用をはじめましたに就ては、特別にそれを刺戟するところのものが無ければならぬ筈ですが、それは外国貿易の関係と、もう一ッは鉱山の開発などということが、何よりの事柄であったと思われる。その上に一番多く金を動かしたものは何かと言いますと、今なら政府でありますが、その時分に於ては戦争であります。戦争の費用のために動かすことが、一番多くもあり大きくもあった。最初はこれも通貨でなしに、物資を以てやっておったのですが、だんだんその作用が大きくなって来ると共に、宝物であった金銀を持出して、大きな物々交換をするようなことになる、またそうならなければならぬのです。単純な物々交換では大きな働きもつかず、急場の間にも合わぬということから、だんだんに貨幣というものが世の中に出て来る機会を作って行ったもののように考えるのです。殊に応仁以後は諸国から大名が京都へ入って来る。それは皆旅で、大変長い道中を経て、大勢の軍隊が京都へ集るわけですから、大分京都へ金銀が落ちた。長い行程の時の方法もいろいろありましたろうが、その行軍中に物資の供給を受けるに就て最も大きな働きをつけたものは金銀である。諸大名の京都入りは京都に金銀を散らしたばかりでなく、道中に散らすことも少なくなかった。そういう大きな働きによって、自然に世の中の様子が違って来たのです。足利氏の中頃から後になりますと、個人々々の旅行の場合でも、旅銭と言って銭を持って行かなければならない。いくら必要な物資でも、そう多く持って旅行することは出来ませんから、旅銭、路用を持って歩かなければならぬことになったのです。まして数の知れた個々の旅行でない、軍隊の動く場合には、それがもっと大きく、忙しく、分量も多かったに相違ない。軍書などを気をつけて御覧になると、その状態を髣髴として認めることが出来ます。更に進んで織田氏、豊臣氏の時代になりましては、金銀を使って軍用にした例は沢山ある。「太平記」を御覧になった方は、日本の鉱山開発に就ていろいろな話がありましょうし、私も何分かは知っております。

新貨の種類と年代

幕府は既定の収入の外に財源を見出して、新税を賦課することは、その制度の上から不可能であった。そこで窮策劣策であるのを厭わず、貨幣の改造によってその質を悪化し、甚しい無理な利得を収めた。本邦に於て貨幣制度を樹立し、確実に金融をなし得られるようになったのは、誠に東照大権現の神慮に出たことであって、長くその恩賚を仰ぐべきであるが、この徳川一世の貨幣制度は、曾孫であって五代将軍になった綱吉の時に、根本から破壊されてしまった。それ以来江戸の貨幣制度は紛更され、一般生活は屢々脅嚇されもした。無論幕府の財政も紊乱され易いように成行かなければならぬ。約三百年間に金貨は八変、銀貨は七変したといわれているが、金貨すなわち小判をみても徳川一世が文禄四年から発行した古金（慶長金ともいう）の後に、元字小判（元禄八年九月）乾字小判（宝永七年四月）正徳金または享保金ともいわれる新金（正徳四年五月）

文字小判（元文元年六月）草文小判（文政二年九月）保字小判（天保八年十一月）正字小判（安政六年五月）万延新金（万延元年四月）銀貨も徳川一世の創定した丁銀（慶長六年五月）の後に、元字銀（元禄八年八月）宝字銀（宝永三年六月）二ツ宝（宝永七年三月）三ツ宝（同年七月）四ツ宝（正徳元年二月）新銀（正徳四年五月）文字銀（元文元年六月）五匁銀（明和二年九月、これまで銀貨に価格を表記せしものなし。丁銀豆板とも秤量によって通用した）二朱銀（明和九年九月、南鐐と称するもの）草文銀（文政三年七月）文政二朱（同七年三月）同一朱（同十二年七月）保字銀（天保八年十二月）同一分（同時最上銀という）嘉永一朱（同七年正月）安政新銀（同六年十二月、二朱とも）といったように鋳造されている。〔略〕厳しい天和改革の末に元禄の栄華をうたわれ、寛政の倹約の末に文政の全盛を説かれる、綱吉家斉両将軍が一代の間に著しい変化を見た、その因由が貨幣改悪にあったことを見遁し難い。元禄の貨幣改悪は新井白石が算え立てた通りの対外貿易に依る正貨流出を控えて、万延の改鋳と同様な喫緊な理由、他でもない外国相場との均衡を得なければならないにもせよ、これによって幕府が大なる利益を得たのは相違もない。外国関係で均衡を計案しなければならなかったのは金貨だけであったろうに、その悪化した金貨に釣り合せる以上に、銀貨を濫鋳して極端に悪化したのは、幕府の貧乏を救済するための不法行為である。改悪程度を簡明に知らせるには、手近い安政七年の各百両に対する引替歩合を見ても容易に想像されるだろう。

一慶長金百両に付	金五百四十八両
一元禄金同	金三百七十八両
一元文金同	金三百六十五両

一文政金同　　　　金三百四十二両
一天保金同　　　　金三百三十七両二分
一安政金同　　　　金二百六十八両三分

この差額が各貨の成分を表示している。それは正確でないかも知れないが、大略改鋳の度毎に幕府が利得した程度を想望するには宜しかろう。幕府は貨幣を悪化しては、その差額を利得し、これを御益金（おえききん）と称していた。

貨幣と階級

金貨は旗本・銀貨は御家人　幕府が法定しました通貨は「三貨」と言いますが、実は金銀銅鉄の四種でありまして、銭と申すのは、この中の銅と鉄で鋳造せられたものです。その通貨が階級別になっておった。貨幣が階級別になっておったということは、よほど変ったことのようでありますが、幕府の給与する手当、賞与というようなものから眺めますと、貨幣が階級別になっておったことがよくわかります。貨幣の地金の貴賤が直ちに人間の尊卑を現わしております。大体に於て幕府が与えますお手当、御褒美を見ますと、金貨をお目見以上、大名旗本に与える、銀貨を御家人以下に与える。町人百姓には銭を与えます。これは別に規定がありは致しませんけれども、長い間の慣行が定例になったのであります。この定例はだんだんに作られて参ったのでありまして、幕府の最初、家康、秀忠の頃には大分の除外例があるわけでありますが、元禄から享保にかけましては、この定例が明白に眺められるようになりました。

薬は銀で野菜は銭　給与の場合ばかりではない、献上の場合もそうです。金馬代、銀馬代という風に、献上する武士の身分によって、金銀の区別があった。加州家等には鳥目の御目見と言って、緡にさした銭を持ってお目通りしたことがありますが、幕府にはそれはありません。目見以下の者は君前へ出ることは無いけれど、目見以上の者の献上には必ず金か銀で、銭を持って行かない。それが士以下の農工商になりますと、青緡何文ということになる。褒美を与える時でも、過料の場合でもそうです。「御定百箇条」を御覧になってもわかりますが、金何両何分とは書いてない。身上半分取上げるとか、所有物を闕所するとかいう場合でも、過料と言って貨幣で納める時も、やはり銭でやっております。ところが商品——加工品の場合は、概して銀売買になっておりました。その他のものでも、大阪廻しのものは銀売買でしたが、その中でよく覚えているのはお茶です。これは一斤何匁というお茶を、買いに行く場合には銭何程という。薬種類は皆何匁で、砂糖も昔は薬種屋で扱っておりましたから、一斤何匁、半斤何匁という風になっておった。一斤半斤とは買う品物の目方で、何匁というのは銀であらわした代価なのです。農産物は銭でしたが、工賃なんぞも何匁といっておりました。五匁手間、十匁手間——安くも高くも職人の報酬は銀唱えでございました。しかし日傭取は古くは両に幾人と計算しましたが、後には三百日傭なぞと言って、銭で唱えました。こういうところはまぜこぜの形になっておりました。

遊女代にも銀銭の別　遊女やなにかにつきましても、銭店といえば小店で、下等な娼妓でありますす。それから銀銭店、これは交り見世といって中等な店であり、銀店といえば上等の店ということになっている。

江戸は金・上方は銀　さて江戸は金使い、上方は銀使いと申慣らしまして、町人に振当てられた銭を、商人は主として使いません。上方が銀使いでありますのは、大町人がいた為でありまして、その資本は金貨だけでは足りません。それ故に分量の多い銀を使っていたのでありましょう。もう一つの理由としては、支那の銀取引の影響を強く受けた為もありましょう。商人も稍々大きくなりますと、銭などを持って商いをすることは出来ません。銀は国際通貨でありました。それ故に久しく丁銀と申しまして、秤にかけて通用されておりました。それが法定貨幣となりましたのは、明和二年五月に発行された五匁銀、それから後に安永元年の九月に二朱に通用する南鐐銀が発行せられた、これがその初めであります。銀は商人の使う貨幣でありまして、商品がいつも銀目で表記もしてありますし、取引もされました。職人の手間も銀目で支払われます。店賃も銀目で支払います。ただ日掛になった時だけが銭なのであります。商家の雇人は上方は銀で、江戸は金でありました。これは土地柄で武家風なのでありましょう。しかし武家の奉公人になりますと、何処でも――江戸には限りません、上方でも何処でも何俵何人扶持に金何両という定めになっておりました。日傭取は銭で勘定されました。武家の方では一両に幾人、こうきめてありましたが、日傭取の一人々々が受取る時には銭になります。商人が商いをする為には、武家の使う銀を専ら使っていた。この日傭取の場合で見ますと、武家の方は金できめる、日傭取の方は銭で受取る。商人を除いた場合に於ては、幕府の通貨に対する階級別がよく行われていることを、ここで認めることが出来ます。それと共に、商人は早くすでに幕府の仕向を飛越して銀を使っていた、ということが目立って見えます。

金貨

日本の金の保有量　関西は銀使い、関東は金使いの有様であったのも、大判小判の員数が少なかったからのことらしい。和田維四郎氏が秀吉時代の沙金有高は五千万両以内であった、慶長度に佐渡金鉱から、年額三万両の予定で採掘したが、これも百年とは続かない、我が国では一億両という黄金はなかったのであるといった。大阪を繁昌させた米穀は五百万石の取引きがあったとして、寛永度には仮りに三十匁と見ても二百五十万両、天和貞享年度には四倍に見て一千万両の資金が動くのである。如何に全国唯一の商業地にしても米穀だけで当時の日本にある金塊の一割強を集中することは金融機関の不備な時代でなくても困難であろう。まして大阪の商業資金は米穀ほどな大口はないに違いはないが、その他に許多の資金を必要とするのであるから、金自体が多くない上に、それも金塊を尽して通貨にするのでないから、法定されたのはいよいよ少ない。それよりも分量の多い銀の方が都合が宜しい。何といっても量が少なくては取引に差支える。これだけでも大阪が我国の財界に偉大であったのが知れる。

大判の始め　近藤正斎の「金銀図録」は大抵に遵用されているものだが、それには、天正大判金、重さ四十四匁、大判は信長公の時に始り、又天正八年すでに金卅枚を以て進見の礼と為しこと有り。紳書に後藤云大判に十両と書くことは小判拾両にては無之、黄金拾両なり。黄金拾両とは昔は銀一枚を黄金一両と為し、銀拾枚を黄金拾両と云、大判一枚を銀四百二十匁に通用せり。其銀四百二十目の外の高下は時々両替師の相場と見えたり（愚按に銀

一枚を金一両とすることは天正廿年の古文書に出、判金一枚白銀四百二十目に替ることも天正の古文書に見ゆ）

とある。正斎は大判が信長の時に始ったという。いずれにも信長の晩年であろうから、天正度なのだ。恐らくは天正四五年に創制されたのであろうと思われる。であるから「祖父物語」に秀吉の言葉を録して「汝等は見たことがあるまい」とある。その頃は信長が創制して間もない、漸く四五年後のことなのだ。太閤さんが初めて大判を拵えたというのと、大判というものを創造したのとを混じてはなるまい。始めてというにつけて、その物でいうのと、その人でいうのとを弁別しなくてはならぬ。

大判一万枚　其角の集に、題黄金「目には見ず一万枚を御代の春」という句がある。両といわずに枚というので、小判でなく、大判なのが知れよう。小判とは違って大判は一万枚を限って鋳造されたから、いつになっても大判の通用は増減がないといわれていた。そこで相変らずという意義もある。また大判の全数一万枚に天下の富を示す模様もある。こういうのも其角が坊間の俗説を捉えて句作したのを、そのまま受取っての話で、実際を言えば大判は一万枚しか無いものでない。其角の句作した年代は知れないが、その人の生涯から慶長大判もしくは元禄大判でなければならぬ。江戸時代に鋳立てた大判は慶長、元禄、享保、万延と四変している。慶長の帳面は伝わらないので、大判鋳造の総数も知れないが、元禄のは三万千七百九十五枚とある。其角の生涯には享保、万延は無関係で、句作に持ち出すのはぜひとも前二者でなければならぬが、新しがりの彼だけに元禄八年九月十日の改鋳令に依って出現した新大判を、早速ながら翌春の句作に採用したのであろう。だが元禄大判にしても慶長大判にしても総数を一万枚とすることの不実なのは同様である。

大判の価値と取扱い　金貨は都合五種ありましたが、第一の大判は普通に金一枚、或は黄金と称えます。小判も黄金なのだけれども、単に黄金という時は、大判のことになっておりました。この大判には拾両と標記してあります。しかしこれは小判一両を十枚という意味ではない。この話もなかなか面倒ですが、大判には拾両の標記があっても、小判十枚の目方はありません。またそういう通用もしておらぬのです。これには虚金、実金という区別がありまして、今日でも骨董屋の畠などでは、金一枚と言っている。金一枚は七両二分のわけですが、これが虚金なのです。実物に構わずに七両二分ということにする。そんな風ですから、大判は通貨であったに相違ないけれども、本当に通用していない場合が多い。私は大判は通貨じゃないと申したいのです。第一に金拾両というのが墨で書いてあるのだから、膏ッ手の人が二三度も持てば文字は消えてしまう。文字が消えると金座の後藤のところへ持って行って、一々書き直して貰わなければならない。ですから不断は鬱金のきれに包んで、箱へしまっておくのです。まだおかしいのは、大判を崩しに行くと、両替屋からその筋へ届ける。買入れようとしても、一々御届けしなければならない。表に墨で書いてあるというのも、頻繁に通用せぬことでありますし、売買とも御届けしなければならぬなどというのは、通用させる貨幣としては不似合いな話である。つまり使わせぬ意味合いのものだから、私どもは在来大判を通貨と見ておりません。また実際どこでもしまって置いたので、使うことは無かったのです。

四種の金貨　それから金貨には小判、二分、一分、二朱と四通りあるわけですが、昔のものに一分小判と書いたのがある。これは一分と小判とを併せて一分小判と言ったのか、一分のことを一分小判と言ったのか、疑いを持っておりましたところ、佐藤鶴吉さんという人がありまして、丹念に調べた結果、一分のことを一分小判と言った例証を挙げてくれた。しかしそういう骨折りをしなければ、一分を一分小判と言ったことがわからぬ位いで、普通一分小判とは言いません。分判と言っておりました。

二分以下の小粒　二分以下の小金貨を引くるめて小粒と言います。この外に天保八年から安政三年まで、二十年間行われた五両小判というものがあります。五両通用で、小判五枚の勘定の筈のものですが、これは遅くはじまって早くおしまいになった。数量も極めて少なうございましたから、一般通用のものとしては、小判から二朱判までの四種類が、通貨として働いたとしなければなりますまい。

千両箱の重さ〔補〕　千両箱というのは元来は幕府の金庫として作られた檜製の箱である。小判その他を百両または五十両ずつ伊予半紙に包み、封印をして納めてあった。小判の重さは種類によって左の通り違う。慶長小判四・七六匁、元禄小判同、乾字小判二・五〇匁、正徳小判四・七六匁、享保小判同、元文小判三・五〇匁、文政小判同、天保小判三・〇〇匁、安政小判二・四〇匁、万延小判〇・八八匁。これは小判一枚の重さであるから、小判の千両箱〔又は二千両入〕はその千倍に箱の自重を加えたものとなる。千両箱運搬の状況について、長州藩で、西洋人から武器を買い入れた時、六万両を山口から下関へ現送するのに、千両箱五ツを一頭の馬につけて十二頭、それに前後警戒の二頭を合せ十四頭の行列を作って出発したという。

銀貨

種類と寿命　銀貨は二朱、一朱、一分の三種です。このうち一朱銀というのは、文政十二年六月から天保十年十二月までのもので、これも遅くはじまって早く終っております。まず銀貨としては二朱と一分との二種が、いつでも働いていたと申していいでしょう。

銀一両と丁銀　銀の一両という言葉を使っておりますが、これは四匁三分です。金の一両は四匁と押えてありますが、銀の方は四匁三分になっている。銀一両、金一両と二通りあるわけです。この銀の十両を一挺と言いました。これは丁銀というので、四匁三分が十だから四十三匁ということになる。然るに金一両に対して銀六十匁という立て方になっておりましたから、丁銀十両四十三匁では金一両に足らない。そこで豆板、こまがねと色々に呼ばれておりました小さい銀玉がある、それを足して六十匁にして、包んでおいたのです。これは金一両に対し、銀六十匁にして使う時の話ですが、そうでない時は目方がきまっていないから、一々秤にかけなければならぬわけです。

国際貨幣としての銀貨　銀貨は国際貨幣とでも申しますか、日本では金よりも銀が多いので、これが主として用いられておりました。支那貿易なども銀が主でありました為に、日本の商売も銀で行われるようになったのです。国際貨幣ですから、法定せずに秤量で通行します。江戸は金使い、上方は銀使いという仕慣しがつきましたのは、大きな商売が早く開けた地方で行われるからのことで、自然に上方が銀使いになったのです。江戸が金使いになりましたのは、徳川幕府に或意志があったので——通貨の大勢以外にいささか思い量るところがあって、金使いを江戸にはじめたのですから、金の方は最初から秤量で行かない、法定で行きました。ところが銀は国際貨幣だから、自国ではきめません。向うへ行こうが此方へ来ようが、必ず秤にかけて銀の質だけできめるのですから、話は簡単でよろしい。久しい間、質できめて法定しない、というやり方で来ておりました。然るに幕府は貨幣を多くする考えがあったと見えまして、明和二年五月に五匁銀を出した。それがうまく行かなかったので、間もなくやめましたが、その後二朱の南鐐銀というものを、安永元年から使い出している。これは実は兌換の性質のもので、「以南鐐一片換小判一両」と表に断ってあります。五匁銀の時には、五匁と法定しましたから、一両は六十匁のわけで、銀の相場の高い安いに拘らず、五匁として通用させる意図があった。それだから失敗したので、銀相場に構わず法定すれば、失敗するのは当り前です。そこで南鐐銀の時は小判と引換える、兌換物としてやったわけであります。

南鐐銀の字義　安永元年九月十日、江戸幕府が二朱銀を発行した時の令条に、

　此度通用の為め吹抜候銀、南鐐と唱候銀を以て、二朱判被二仰付一候間、右判銀八つを以て金一両の積、文銀並銭共、時の相場の通無レ滞両替可レ致事

と劈頭第一に言ってある。南鐐は美銀の名称としているのだが、それは吹抜銀をいうので、銀の産地には関係なく、精錬した銀という意味だ。「坐方金銀書類」には、

鉞銀　ネラザルカネ。

> 掘り出し候儘の銀、或は吹寄せ候計の銀、則荒銀也。
> 錬銀
> 銅錫を吹抜候銀也。灰吹にて鉛を差候得者、其鉛に随ひ、銅錫の気、脇え寄、灰池之真中に銀計残る。

という、この錬銀を指して南鐐と言っている。そうならば純銀といった方が面倒がなくて好いのだ。然るに同書はまた異説を載せて、

> 凡金銀の山掘る人を下財（げざい）と号す。栄螺殻に油を盛り火を燃し匍ひ入る。嵓（あな）を間府（まぶ）と称す。山中に洞あり。之を峨摩と称す。其金銀萌へ生じて氷柱の如く垂下する者を鏵といふ。此れ乃ち金に在りては黄芽となし、銀に在りて南鐐となす（原文漢文）

という。これでは採鉱以前から南鐐は弁別されているのであって、錬冶に依って南鐐たるを得るのではない。けれども江戸幕府は二朱銀を発行するために、強弁して吹抜銀すなわち錬銀を南鐐と言ったのではない。南鐐とは精錬した純銀なりとするのが通説になっていたから、それに従ったに過ぎぬ。

銭貨

銭の四種　それから銭、これは一文銭というのがあります。どなたも御存じだろうと思う寛永通宝、あれは明治になってから、一厘銭と称して使われておりました。その次は四文銭、これは明和以来のもので、真鍮銭です。裏返すと波が書いてあるので、波銭とも言いました。その次は

当百、これは天保六年からはじまったので、御馴染みの天保銭というやつです。それから文久銭、これは文久三年二月から行われたので、四文銭です。以上の四種類は、中には真鍮もありますが、あとは皆銅の銭であります。鉄銭にはヅク銭と称せられたものがあって、古いところでは寛保の頃からあったと言います。私の子供の時分にババ銭と言っていたのが、このヅク銭のことでしょう、「君臣言行録」などを見ますと、鉄の上澄のところをヅクと言う。俗に鍋金と称するやつがこのヅクで、ババ銭とも言えば鍋銭とも言いました。中澄のところをビタという。釘などにする鉄がそうです。底澄はマンワリと言いまして、鎌だの鍬だのという農具に使う鉄です。鉄の最も悪いやつがヅクなので、ヅク鉄は錆びて緡にくッついたり、砕けたりして穢いから、油樽へ入れておくより仕方がなかった。明治になると直ぐ通用しなくなりましたが、昔の人は暢気なもので、銅銭と同じように使っておりました。しかし鉄銭が出て銭相場が安くなったのを見ると、昔の人でもいい悪いはわかったのでしょう。銭の種類は銅、真鍮、鉄の三種で、価格は一文、四文、百文とありました。

銭一疋と一貫文　よく用いていることですが、銭十文を一疋という。百疋と申すと一貫文のことです。〔略〕今日でも古風な人は、金百疋なんていう。がこれは金から来ているのじゃない、銭のことです。どういうところから来ているかというと、大変いろいろな説がある。室町時代に犬追物をやるので、諸大名から犬を将軍に上げる。随分遠国他国から来ている人達があるので、一々犬を上げるのは困るところから、代金でおさめる。そこで一疋十文ということになったのだ、という説があるかと思うと、いや、そうじゃない、鎌倉の北条高時が犬合をする時分に、在鎌倉の諸大名に犬を所望された。その時犬一疋に就て十文ということが起った、という説もあります。

三貨のまとめ〔補〕

発行年代と呼称　徳川家康も亦織田豊臣二氏の例に倣い、慶長六年後藤四郎兵衛に命じて大判金を作らしめ墨書墨判せしむ。又銀位を定めて丁銀の通用を命ず。皆大黒屋常是の極印を用いらる。慶長十一年銅銭を鋳る。文を慶長通宝という。同じき十四年永楽銭通用を停止す。然れども尚銭貨を選ぶ者ありしかば秀忠元和二年悪銭定の外選ぶものには其面に火印すべき旨を令し、同じき三年銀銅銭を鋳る。文を元和通宝という。家光も亦、寛永十三年土井大炊頭利勝に命じ、近江坂本並に江戸に於て銅銭を鋳る。文を寛永通宝という。家綱の時寛文八年京都大仏銅像を毀ち寛永通宝銭を鋳る。背面に文の字あるを以て俗にこれを文銭という。松平信綱の在職中計画せし所なりとぞ。綱吉に至り大いに奢侈を極め国用欠乏せしかば、勘定奉行荻原重秀種々収斂の法を始むれども其欠乏を補うこと能わず、遂に元禄八年銀銅鉛錫を雑えて新金を製す。黄金の真色を失い、鍮石の如し。新金既に純金にあらずして偽造し易し。よりて偽造の罪人多くいで、磔刑に処せらるるに至る。市人も亦新金既に純金にあらざるを賤み、物価騰貴し天下これを苦しむ。当時鋳造せし所のものは大判金、小判金、歩〔分〕判金、丁銀、豆板銀等にして、金銀共に元字の極印あるを以て世にこれを元字金銀という。又元禄十年始めて二朱金を鋳り、一歩判金の半を以て通用せしむ。宝永三年丁銀、豆板銀を改鋳して古銀と交換せしむ。これを宝字銀という。同じき五年大銭を鋳る。銅銭にして文を寛永通宝という。大銭の一以て他銭の十に充てしむ。同じき六年に至りこれを停止す。同じき七年小判金、歩判金を鋳る。判金の文に乾の字ある故にこれを乾金という。家宣初純金を以て鋳造するの意志ありしが、其原料の俄に得難きを以て一時元字金を鎔して雑物を去り、其形を小にせしかば其重旧貨の半に及ばず、市人またこれを嫌う。家継に至り正徳四年小判金、歩判金、丁銀、豆板銀を改鋳す。これを新金銀という。これよりさき家宣貨幣の疎悪を憂え、群臣をして種々議を尽さしめ、又日本橋に高札を建て庶人の意見を問い、其議略決定し居りしを以て家継其遺志を継ぎたるものなりとぞ。吉宗の時享保元年小判金、歩判銀を改鋳し、同じき十年元禄大判の疎悪なるを以て、慶長大判の位に復し、元文元年小判金、歩判金、丁銀、豆板銀を鋳る。これを文字金銀という。同じき四年鍋銭を以て銭を鋳る。これを鍋銭という。背面に小字あるものは本所小梅にて鋳りたるもの、又足字あるものは野州足尾にて鋳りたるものなり。皆寛永通宝の文字を書す。家治の時明和二年五匁銀を鋳り、又亀井戸に於て鉄銭を鋳る。同じき五年銀座にて真鍮を以て寛永通宝を鋳る。一以て他銭の四に充てしむ。安永元年始めて二朱判銀を鋳り、八個を以て一両に充つ。家斉の時文政二年小判金、草文字丁銀、豆板銀を鋳り、又始めて真草字二体の二歩銀を鋳り、二個を以て一両に充つ。皆極印の字体によりて其様を異にするのみ。同じき七年始めて一朱判金を鋳り、十六個を以て一両に充て、同じき十二年始めて一朱判銀を鋳り、十六個を以て一両に充つ。又天保六年楕円形の銅銭を鋳る。文を天保通宝という。一以て百に充て通用せしむ。同じき八年小判金、歩判金、二朱判金、五両判金、丁銀、一歩判銀を鋳り、同じき九年大判金を鋳る。これを保字金銀という。家定の時、安政三年二朱判金を鋳りしが、同じき六年家茂将軍となり、小判金、歩判金、二朱判銀、一朱判銀、丁銀を鋳る。

これを正字金銀という。家茂また万延元年大判金、小判金、歩判金、二朱金、一朱金を鋳る。これを万延新金という。また文久三年銅銭を鋳る。文を文久永宝という。一以て他銭の四に充て通用せしむ。〔日本商業史・横井時冬著〕

三貨の単位〔補〕 大判は贈答または典礼上用いられたもので、通貨の意義はなかったが、小判は本位金貨で一枚の価を一両とする。次に二分判金は二枚で小判一枚に、一分判金は四枚で小判一枚に換えられた。また二朱判金は八枚で、一朱判金は十六枚で同じく小判一枚である。すなわち一分は一両の四分の一、一朱は一両の十六分の一と金貨は四進法の計数貨である。これに対して銀貨は貫・匁を以てする秤量貨、銭貨は貫文を以てする秤量貨で、この三貨の間にそれぞれ補助貨の意義がないために、各貨幣の間に相場を生じたし、江戸は金使い、上方は銀使いという地域的な通用別も生じた。銀相場、銭相場は時の政策と景気によって変動したのである。

貨幣間の相場

小判の相場 一体江戸時代の通貨は金一両に銀六十匁というのが法定されておりましたので、江戸は金使いの場所、大阪は銀使いの場所とこうなっております。小判の相場というもののありましたのは大阪だけであって江戸にはなかったのであります。〔略〕改鋳〔註・天明の改鋳を指す〕されません前の貨幣は文字金といいまして、元文二年から行われた小判であります。それで当時はこの元文小判の相場として大阪へ一両江戸から送りますと、銀で六十七匁の貨物が来るわけになっている。金銀の差がこれだけでございますために、江戸の商人というものは大分利益をして来たのであります。ところが安永の元年に南鐐銀という銀貨が出来ました。これは八つを以て一両に換える、一つを二朱というのであった。それでこれがまた今迄の場合と――これは大日本貨幣史などを御覧になれば能く分るのでありますが、金銀の釣合いを破りました為に金が下落を致しまして、小判一枚を大阪へ送りますと五十三四匁にしかならなくなった。それで千両の金というものは、江戸と大阪との出入では八百両になった勘定になります。南鐐銀の前には一両に就て六七匁の利益を得たものが、今では七八匁の損が行くことになったのであります。この出入を当時の商人共が考えて、江戸の損害というものは一ヵ年には殆ど銀違いのために五十万両ほどの損がいく、前には儲けたのを今では損をするのであるから、出入すると百万両の相違になる。これが十年すれば一億両の損になるという。江戸の商人共がえらく恐縮したのであります。

銭相場の発生　銭は如何にも下級民の使用するものでありました。商品の通り相場でも、米に百相場〔註・銭百文につき米幾らという相場の立て方。天明元年九月百文に一升位。天保五年には百文につき六合九勺位いであった。後出「百相場のいろいろ」の項参照〕があるように、湯銭でも、髪結銭でも、皆単価を銭にしている。そうして多くの場合、互算を許しませんから、金、銀、銭と格別に差別されております。それ故に金を使う階級、銀を使う階級というものは、銭を買って銭の階級のものに支払いをする。これがために銭相場というものが出て来ました。その銭相場に拘らず、嘉永の頃には一匁が百八文、一両が六貫五百文、二朱といえば八百十二文の取り遣りでありました。こうなってしまえば銭相場があってもなくっても、直に物価にさし響きが無いように思われますが、それはそうでなく、幕府は銭の買上げをしたり、払下げをしたりして、折々物価の調節をしております。銭の相場の変動は日々に随分烈しかったらしいので、その方で小売商人が別な損得があったのであります。その一例を申しますと、菜が一把三文、蛤が一升六文、これはその時分の通り相場であります。〔註・三文花、一文菓子がその類〕が、銭の相場の変動に拘らず、三文は三文、六文は六文でありますので、売る方で同じ一把でも一升でも、分量を少なくするようなことがありますし、質を悪くするようなこともあります。その中で面白いと思うことは、夜鷹の二十四文、これは銭が上っても下っても、質も量も変えることの出来ないものでありますから、慶応元年に文久銭が八文通用になりました時に、とうとう値上げをしなければならなくなりました。その他は質や量を変えて値上げをしないものが大分あります。

一両・六十匁・四貫文　文政十二年に一朱銀が出た。これなども銭の幅を狭くしております。金一両――銀六十匁――銭四貫文、というのが寛永度の立て方ですが、それが明和度になりますと――四文銭が出た為ばかりではないけれども、ぐんと安くなって五貫台になっている。これを勘定してみますと、一分が銭一貫二百五十文、二朱が六百二十五文、一朱はそのまた半分ということになるのです。二朱は明和度のことに致すと、六百二十五文ですが、これが一番低い貨幣だから、ここまでに限られる。六百二十五文の時には二朱と書きますから、それ以下でないと銭は書かない。帳尻に銭を書くことは少なくなったわけであります。それだけ金銀の幅が広くなり、一分とか一朱とかいう貨幣の進出する場所が出来るわけです。

銭相場と米価　永楽銭通用の時代において、寛永二年八月二十二日に金一両を銭四貫と公定されて以来、これを中心として銭相場は高低している。この最初の公定は三千八百四十文を以て金一両としたのである。〔註・一両が四貫文ならば四千文でなければならぬが、それを三千八百四十文と公定したというのは、百文につき四文ずつ鋳銭の費用として差引いたので四千文で百六十文を除きこの数字となる。この制度は民間の銭勘定でも行われていた。後出「調百と省百」の項参照〕すなわち一文は一両の三千八百四十分の一に当る。然るに銭価は公定相場よりも高い方で、正保三年、明暦三年等の大火に多分の銭が焼失したとやらで、銭の流通が杜絶してから、政府は公定相場をやめて、時々の相場を以て取引せよと達している。明和に四文銭が新に鋳られて、初めて銭相場が公定より安くなった。寛政三年二月中旬に銭相場が六貫になったので、政府は銭を買上げて相場を釣り、五貫二百文迄にしたことがある。大田南畝の書いたものの中に「十八、九の頃（明和三、四年）……金一分に一貫三百文を珍らしき事に思ひしに、はや今は（文化六年）一貫六百文余になれり」とある。してみると文化六年には一両が六貫四百文であったとみえる。文政十二年三月二十一日佐久間町から出た大火の時にも、六貫百七十六文乃至四十四文の間にあった。これで大体に安かったことが知れよう。天保七年の十二月下旬に大騰貴したと言っても、五貫八百四十八文に過ぎぬ。江戸を謳歌する套語に「四貫相場に米八斗」という。そんなことは明和以来ないのである。銭相場が高くて物価が動かずにいれば、労銀で生活する人達は喜ぶ筈である。江戸で米価騰貴に悩んだのは、天明、天保両度の状況が一番知られている。殊に天明には市内に乱民さえ蜂起した。その米価を「天明紀聞」から抽して見ると、

三年五月より高値、一両に付六斗二升、七月に至り両に五斗三升、百文に付七合、九月は両に四斗二升、百文に付六合又は五合五勺。四年二月末、米小売百文に五合、両に四斗二升位

也。七月半より少しづつ下り始まり、下旬に至り両に七斗四五升、晦には八斗九升に相成候。最高が一両に四斗二升、百文に五合であった。天保には八年七月の両に二斗が行止りであった。天明には銭相場が八貫四百にも下落した。未曾有の一大椿事を発見すると同時に、現在〔大正元年〕の有孔銭価格で言えば八十四銭で四斗二升の米が買える。天保には大略に五貫八百として、五十八銭で、二斗の米が買えた。東京の昨今は一斗三円として〔寛永銭一枚を一厘とする計算で〕有孔銭なら三千枚である。それを天明の銭相場にすれば三両と七貫五百六十四文強に当り、天保にしてみれば五両と二貫二百四十四文強に当る。

銭相場変動の跡　江戸時代には銭を増鋳することにいろいろな意味がありましたが、物価調節のために増鋳したこともあり、また銭の買上げ、払下げによって調節を図ったこともあります。銭の動きに就きましては、前の方では随分三貫台を破ったこともありました。四貫に足がついたこともありましたけれども、大体四貫というところから、上へも下へもそう遠くは動かなかった。それが明和の末には台が違って五貫台になり、寛政の末になると六貫台、文久には八貫台、明治元年には十貫七、八百文まで下っております。これは一文がどういうことになるかと言いますと、最も造作なく言えば――四貫台の時は一両の四千分の一になる。五貫台になれば五千分の一、六貫台は六千分の一、八貫台は八千分の一、十貫台は一万分の一というようになって来ますから、一文というものの勘定も、大変な動きになるのです。

調百と省百　それから銭に調百と省百というのがありまして、この起源にはいろいろの説があります。が、ただ今は「貨幣略」の説に従っておきましょう。それは寛永十三年の六月の朔日から新銭が通用いたしまして、省百というものはこの時から始まった、百文について四文ずつを除く、その四文を以て銭を鋳る費用に充てる、こういうことが書いてあります。これがいわゆる九六というのでありまして、百文といっても一文銭九十六枚しかない。すなわち省百であります。それに対して百文を百文とする方を調百と言います。さて一文ずつ使います時には、三文は三文、五文は五文であるが、百といって纏めて授受する時には九十六文しかないのであります。小売商人は調百で受取って、そうして省百で払いもすれば仕入れもしますから、百文について四文ずつは、何に拘らず儲かって行く都合であります。三百日傭などと言いまして、一日三百文貰って働く人達は、九六の勘定のために、毎日十二文ずつ損があるわけになります。

金勘定の実際

算盤の使い方と相場分け　この時分にはなかなか面白いことがあったので、商家で使う算盤も金、銀、銭と分けてありまして、どんどん読んで寄せる場合でも、金が何両何分、銀が何匁何分、銭がいくら、という風に、算盤が三ところへ寄せるようになっておりました。それへちょんちょんと加えてゆくのですが、銀は十進、金は四進であるのみならず、銀は六十匁で一両へ持って行かなければならぬから、大変なことでありました。後にこの算盤を昔の人にやって貰いますと、この頃の学校の先生や生徒にはとても出来ぬと思われる位、快速にやってのけたものです。面白いことにこの相場分けというものが幾つもあります。これは説明するよりも、実例を上げた方がわかりいいと思うから、二つほど短い例を挙げておきます。

○金弐朱の銭を直に壱匁の銀にする事
弐朱の銭の内百文以上へ九六を掛て調銭となし、それに八を掛て六にて割なり（弐朱の銭に八を掛れば壱両の銭となる也、六にて割ば壱両六十目の故也）
○金壱両の銭を短法一算にて銀壱両を知る事
たとへば金壱両の銭六貫六百文なる時、十六を商として是に乗（かく）れば百五文六と成、此百の目四文を加へて壱匁の銭百九文六分と知るなり、去れど此短法にては少しヅツの違ひをまぬかれざるなり。たとへば六貫六百四十八文の時前術に拠ば百〇六文三分六厘八毛と成、目四文を加へて百十文〇三六八と知る也。然るに本法にて求る時は百十文四分也。三厘四毛の違ひなり。されども大抵の用便にはよろしき短法といふべし。以上の十露盤術は平日有用の事なれば僅かにその一例を示したり。

これは天保九年に出た「人家必用記」というものに出ているのです。

帳簿のつけ方　こうしてみても公私の帳簿に、金何両、銀何匁、銭何文という記入、それも同時同刻の記入であるのに、何故に換算して記入しなかったか、需給の次第によって、銀か銭かでなければならない種類のものがあった。日用の小買物、個々の労銀は主として銭を以て授受される。必ず換算の手数を惜んで三様に記入したのではなく、換算するのがかえって明快を欠くために、便宜上三様の記入を余儀なくされたのである。

道中の銭勘定

銀と銭の換算　お勤めの尻尾が〆めて十六匁三分、〔註・ここは「東海道中膝栗毛輪講」中の文章で、弥次郎、北八が京都五条新地の娼家に上り、その遊興費が十六匁三分であったこと。弥次北は江戸の金使いなので、ここで一分金を支払ったためこの換算となる〕この時分の銭相場を見ると、大概六貫台でございます。六貫何ぼでございます。この後に一分抛り出したという事がある。一分というのは十五匁のことです。この時分に大概六貫相場でございますから、十匁三分を銭に直すと一貫六百三文になります。一分すなわち十五匁を銭に直すと一貫五百文です。ちょうど、百三十文ならば値切られたも同じ勘定だ。それでかみさんがまずい顔をして帰って参りました。

東海道は金銀銭の混用　鳶魚「一分と拾匁〔註・「膝栗毛」中の一節で、府中安倍川町の遊女揚代を指す〕これはこの時分には大概一匁というと百八文で、一両が六貫五百文、二朱と言えば八百十二文位いのものに極めておったらしい。けれども文化の初め頃の相場は六貫九百乃至六貫八百位いでありましたから、一分というと一貫六百二十四文、十匁というと一貫八十文、二朱というと八百十二文という勘定になります。当時の新吉原に、白い山形の附いた女郎なら、二朱（八百十二文）で買える。それを宿場で十匁（一貫八十文）なのだから、比較的上等なのが知れます」共古「ここに三通りあったということを、その時の想像で書いたものでしょう」〔註・原文に北八の言葉で「待なよ、確に爰は一分と拾匁と二朱だげな」とあるを指す〕若樹「江戸でもやはり〔遊女の揚代は〕何匁ですか、一体どんなものでしょう」共古「吉原は三分、十匁、品川は一等が十匁」若樹「ここに一分だとか、二朱だとかいうのは、金使いでしょう。匁というのは銀使い、こういう風に上方に行けば大抵銀使いだったでしょうか、この辺は混っておったでしょうか、どういうものでしょう」鳶魚「混っておりましたろう。江戸は金使い、上方は銀使いと大抵極ったようなものの、特に道中筋などではめちゃめちゃが多い。その混じている理由は切りが宜いからでしょう。一匁（一両の六十分の一）とか、一分（一両の四分の一）とか、十匁とか二朱（一朱は一両の十六分の一）とかいうと切りが宜いから言ったのでしょう」若樹「言葉の上から言えば切りが宜いけれども、金を出す際には一分というと、一分なら一分一つ出せば宜いが、十匁というとちゃんと換算しなければならぬ。一分と銭何百何十文ということにしなければならぬ。それが面倒だからでしょうね。呼ぶにしても呼びにくい」鳶魚「一分と二朱の間の貨幣は無い。一両の六分の一、通貨でいえば一分と銭何百文という半端になる。勘定が悪いのでなく、聞えが悪い。そこで綺麗に十匁と言ったのであろう」

間違い易い分（ぶ）と分（ふん） 間違うといけませんから、念のために言っておきましょう。一分と五分、〔註・「膝栗毛」原文中に京の宿で蠟燭代として五分（ふん）を請求され、弥次郎が一分（ぶ）で支払う一節がある。輪講中その個所の鳶魚翁の発言〕同じ分の字だが、前の一分はブと読んで、一両の四分の一、後の五分はフンと読んで一両の百二十分の一です」〔註・すなわち前者は一分金判、後者は丁銀で、一両は六十匁が公定だから一匁の半量五分では一両の百二十分の一となる〕

通貨用具

金銀はかりの天秤　若樹「天秤のかねさえて〔註・「好色五人女」中の字句。ここはその輪講〕は？」鳶魚「大阪では天秤をガチャンガチャンたたいてやる。金使いの江戸にはそんなことのある筈はないが、西鶴は大阪の人だから、こんなことを書いたんでしょう」楽堂附記「天秤の棹の中央支点部前に取り附けた平たい金属板を、小さな木槌でたたく音が冴えて聞えるをいう。金子を秤るに一方の皿に金子、他方の皿に分銅を置いて料匁を合せ、一応棹を水平ならしめる。もし支点によじれや摩擦があると左右の料匁が不等でも棹が水平になる事が多いから、件の金属板を軽くたたくと、支点の故障が除かれて棹が少し傾く。すれば分銅を加減して棹を直し、正しい目方を知る。支点に故障がなくば、たたいても棹は最初のまま水平を示している。この音はガチャンガチャンというような騒音ではない。金属板は大抵性の良い真鍮の薄板で、槌は黒柿や唐木などで作った極めて小形（槌の頭は径一寸足らず、厚さ五分位。細柄の長さ一尺内外）なものであるから、相当佳い音を出す。それに金銀を秤るという伝習感から、町人には富貴を奏でる音楽とも聞えよう。『聞いて心地よきもの、番匠の鑿音、餅つく音、天秤の音』（新永代蔵）要するに秤衡の調整をする目的であるが、これは細かな衡差を一々検出する上方商人のやった事で、江戸では濶達を衒ってことさら調整をしなかったのも多かろう。大阪……『門には礼者の通るまで天秤を鳴らし』（町人鑑）江戸……『爰を以て大名気とはいへり……銭をよむという事なし、小判を厘秤にて懸る事なし、軽きを取れば又其ままに先へ渡し……一人として吟味する事にはあらず』（胸算用）江戸はたたかぬどころか、匣秤に懸けないまで極端に形容されている。しかし、該金属板はどの天秤にも取り附けられていた筈である。ただ一々たたくか、必ずしもたたかぬかが、上方と江戸との相違であったと見よう。上方では天秤に懸ける事を『天秤をたたく』ともいった。『傍にて天秤をたたかせ、極印を打たせ』（胸算用）〔略〕序に、天秤を使用せぬ間は、槌は秤の支柱の背にある釘へ、柄の一端の紐を掛けて吊し下げて置く。最初から匣秤の附属品なのである」

勘定用の秤　京都で有名な医者の山脇家の人で、玄坤という人の文化十一年に書いた「灑堂随筆」に、京都と江戸の気風の比較が書いてあるが、その中にちょうどこの弥次北の失敗〔註・「膝栗毛」七篇巻之上、京都祇園の二軒茶屋で酒肴を取りよせ、その高価なのに驚きあわてる一節を指す〕に似た話が載っている。それを見ると、京都で勘定の時に書付と秤とを持って来ることが分る。これは銀相場だから秤にかける必要があるのでしょう。その文に「（前略）京都の人酒食に奢らざるにてはなし、東西南北の酒楼皆繁昌して、毎日相応に来飲の客あるなり。然れども江戸人の如く綺麗に金をつかはず、翠楼酒楼に登ても酔のまわらぬ間は胸算用してゐる心あるなり。予一日洛東南禅寺門前の奥の丹後屋（湯豆腐名物なり）へ遊んで、衆人と席を盛んにして娯楽して居たる処、隣席に町人三四人随分風体よく店手代か一家の主人と見える人物なり、此者酒を飲んで酒肴の料を問ふ。婦女料の書付と秤とを持ち来る。町人書付を見て胸算用と相違したりしにや、婦女を喚で書付を見せ、此書付は台所の勘定場にて相違したることにてもありや、余程価貴きやうに思ふなり。勘定人へ左様申すべしと申したり。婦女其趣を勘定人へ達したる処、相違無之候と答ふ。町人それにても不思議そふなる面色にて、酒肴の料を一つ一つ聞けり。婦女は困りたる面色にて、硯蓋何程鉢肴吸物等イチイチ丁寧に価を口述すれども、不承知の様子にて、懐中より算盤を出しパチパチと勘定して、初めて合点ゆきたる様子にて、価貴し少々ひくべしと云て、余程の間論じたるが定り値段の事故一分一厘ひき候ことといたし不申と幾遍も論じ合ひけるが、遂に其価に銀子を遣し帰りけり。予同伴の士は皆大諸侯の藩中なり。士の心より右町人の為体を見物して大いに歎息せり。江戸表にて上方根性と云て卑しむる筈なり。最至極せり云々」〔「膝栗毛輪講」中、林若樹述〕

貫ざし　貫ざしというのは麻縄を綯って、それに一文銭を差して置く。昔道中などをする時分には、小銭に困るから替える時分に一貫文替えて貰って、それを貫差しに差して、麻縄の紐に差して持って行くことがあった。この貫差しを東海道の三河の宝蔵寺辺で名物として売っておったという。〔「膝栗毛輪講」中、共古翁述〕

3　物価と賃銀

米価

百相場いろいろ　四民を貨幣別けすれば小判階級、丁銀階級、銭階級と大別される。銭階級の細民には銭の動きの細かい程、その勝手は好いのである。江戸時代は本邦空前の貨幣経済期なのだから、貨幣の働きは殊更に注視しなければならぬ。また米価の如きも第一に百相場〔註・銭百文につき米幾らの相場」を考え、時々の最低労銀と比較して、始めて算盤の上に細民生活の緩急が知れ、その負担の軽重が案ぜられる。また米価調節も農村救済や武士擁護の他に、細民生活の緩急によって行われる場合の如き、百相場を差置いて手のつけられる筈はない。ここで甚だ残念に思うのは、連続した百相場と最低賃銀の記録のないことである。詮方なしに我等が僅に随抄しておいたのをここに掲出しましょう。

享保十八年二月の落書に「泪如来（なみだにょらい）ノ百銭ダン、御長ケ一升二合ノ尊像」同時の落首に米高間一升二合ニカユヲタキ、大岡クワレヌタッタ越前（楓林腐草）

宝暦二年落首、米大学、百文三升（続談海）

同三年の落首、かごかきと日雇（ひよう）の者は利根なれ百の銭にて三升は買（同上）

この二点に従えば三升三升と、行商が呼び立てたというのは、宝暦の頃かとも思われる。

明和七年閏六月、九合（後見草）

天明元年九月上旬、百文一升位（町相場一両七斗位）（天明紀聞）

同二年六月、百文八九合位（同上）〇極月、七合、八合（明寛秘録）

同三年三四月、一升一合位、六月七合、八合、九合、九月下旬六合、六合五勺、十月八合九合（同上）〇七月、百文、七合（五斗二升）九月、六合、五合五勺（四斗二升）（天明紀聞）

同四年三月三日には五合五勺、廿五六日、六合、七合、六月一升二合一勺、盆後一升二合、八月三四日、一升二合、三合、九月中旬一升四合、五合、十月下旬、一升二合三合、十一月中旬、一升一合、二合、下旬より極月、九合、一升（同上）〇六月、御救米百文一升（聞ま

まの記）
同五年、白米小売百文に付一升一合二合也、年中大概如斯（同上）
同六年九月下旬、両に三斗八升、百文に付六合五勺、六合、十月、五合、五合五勺、閏十月廿日頃、七合、極月、五合、五合五勺（同上）
同七年正月より四月迄は、白米小売百文に付、五合五勺、六合位いたし候所、五月節句前に四合五勺に相成る。十七日朝迄は四合五勺、四合、夕方には三合、八月下旬、一升一合、十月上旬、一升二三合、四五月、百文三合（一斗八升、二斗八升）（同上）○かの丁未の大饑饉の時は、銭百文に玄米三合五勺なり（老の長咄）
寛政三年二月、白米小売百文に付、一升六合、七合、八合、先押渡て一升七合、八合也。九月六七日より一升一合、一升（明寛秘録）
文化二年、此仏餉袋に白米で八合ほどある。相場がやすくても百がものはある（鳴子瓜）
同五年九月、一升なりしが追々上り八合五勺（街談文々集要）
天保五年、百文に付六合九勺四才（公余雑誌）
同七年九月、四合（事々録）
同八年落首、値を聞いていざ米かわん百文に四五勺はありやなしやと（集草）○同年三月、表火之番栗田耕之助上書に、御代替後は銭百文に付、米一升の価に被成下候御仁政御沙汰、市中一同流布し相楽居候。
弘化二年六月、五合五勺（続泰平年表）

嘉永六年六月、米価小売百文に七合と成、是迄の上白の価也（聞之任）
安政五年正月五日張出し、上白六合二勺、中白六合三勺、下白六合六勺、三月に及び米価又一勺高騰（広瀬随筆）
文久元年春狂詩、米高三合八勺春（公秘録）
同三年数唄、十ヲトセときのさうばといいながら、二合のうちではきがひける。このときさうば、
慶応二年八月中旬、一合五勺、下旬一合二勺（黙阿弥雑記）
同三年春、一合一勺（同上）
同四年四五月、一合一勺、但し此節は文久銭は十六文、寛永青銭は四文の通用なり（五月雨草紙）

米五合の値段　記録の上で百相場が知れる時は、米が高くなった際のものが多いので、平常の相場は書かれておりません。平常の相場と致しましては、宝暦には米五合（一日の食料）が十八文ほどであったのが、文久には二百五十文ほどになり、慶応には五百文ほどになっているというような事が、大凡知れます。

労賃

労銀と金貨　そこで金貨というものと細民との距離、これを考えて見る。金の一分判というものは、慶長六年に出来ております。これはその頃の労銀から考えてみますと、殆ど三十日分ほど

の労銀に相当します。元禄十年には二朱判（金貨）というものが発行されています。二朱判になりますと、十二日半ほどの労銀に相当しています。それから文政七年になりますと、一朱判というものが発行されています。これで見ますと二日弱に当るわけであります。幕府は依然として貨幣の階級別を、この頃でも維持しておりましたが、追々小金貨が行われるのと、労銀の騰貴とに依って、高級の武士の使うはずの金と、庶民のしかも下級になるものとの距離がだんだんに近くなって行った。そうして銭の相場というものは、だんだん安い方になって参りました。銭相場の下落は銭を使用する階級の損であるが、そのために労銀が上り、小金貨も出来て、細民の貨幣分限をも釣上げることになります。細民の使用します、細民の通貨ともいうべき銭はだんだんに安くなって来まして、彼等の能力が減って来るようでありますが、この時はすでに労銀が騰貴いたしまして、金貨との距離がだんだん近くなって来る。まして金貨の方から歩み寄って、小判の外に一分判、二分判、一朱判と、だんだん細民の方へ歩み寄って参りました。一番高級な金貨がこういう風に歩み寄りませんでも、中間に銀貨があるのでありますから、よさそうなものを、金貨がだんだん歩み寄って来た。他に理由はありましても、幕府が特に細民を金貨へ引寄せる意志が無いに致しましても、江戸っ子の懐ろから、二朱金、一朱金というものが造作もなく出たり入ったりするのを見まして、家康がはじめて金貨の一部を拵えたことが回顧されます。銀貨によって商人と低級の武士とが貨幣的に平等になったことが思われ、更に一般の民衆が金貨を自由に使うようになりまして、貨幣の階級別というものが、自然に壊れて参ります。それはやがて東京になりまして、四民が平等になる前兆ででもあるように眺められます。

手代の給料　「今時何奉公したればとて、五年や十年で、小判二十両とも溜る事でなし」（曲三味線）というのに間違いはなく、新地新茶屋狂いの選手であった手代などの年給は、銀三枚（百二十九匁）から五枚（二百十五匁）までに過ぎぬ。一年に小判二両（百二十匁）の貯蓄をしてゆこうとするのは、最高級者にしても、給金の半額以上を留保しなければならぬ。彼等は毎月の雑用を八匁に限っておかないと勘定が狂ってしまう。

大工の手間賃　文政度になって、大分時代も隔っておりますが、工賃や何かが高くなって、細民の所得が殖えて来た。大工の一日の手間賃が四匁二分で、飯料が一匁二分ということになっていますから、正月だとか節句だとかいう休日、雨風に就て臨時に休業しなければならぬのを差引いて、一カ年の大工の働きを二百九十四日とすると、一貫五百八十七匁六分の収穫があることになる。それが夫婦に子供一人の暮しだと一貫五百十四匁位いかかるわけですから、一年に七十三匁六分というものが残ることになる。けれどももし家族が多くなった日には、とても暮しが立たない、というようなことが「文政年間漫録」に書いてある。そこへ行くと小商いをする棒手（ぼてい）〔註・棒手振とも書く。品物を担いで売り歩く者。「守貞漫稿」の解説をそのまま引いておこう。「京坂にては此小賈を凡て『ぼてふり』と云ふ。江戸にては魚の担売のみを『ぼて』と云ふ。又京阪にて魚及菜蔬の担売を笊振と云ふ（ざるふりと訓ず。因曰京師にて都で籠を紙張にしたるをぼてと云ふ。原籠のこと歟）」〕菜売などになりますと、七百文の銭を借りて、一日の利息二十一文を引いても、あとに五百七十五文残る。それから一日の生活費用、店賃のようなものまで勘定しても、二百七八十文あれば暮せる、といった風で、小さい商いをする者でも、この方は大分割合がよろしい。これはだんだん後になるほど、細民階級の所得が殖えて参りますので、江戸の経済状態に就ては多くの説明を要するわけでありますが、後々ほど労銀その他が割合を強めて来るということは明らかな事実であります。

一般職人の賃銀　ところでこの手合〔大工、左官、土方等〕の生活はというと、三匁乃至五匁が手間なので、雨降風間を引きますから、一カ月に二十五六日しか働けません。一匁と申しますと、江戸では百八文に計算します。上方は銀相場でいろいろ違うのですが、江戸では百八文ときめてしまった。〔文化、文政〕

元禄年間の手間賃　元禄末年の労働者の公定日給は、並日雇金一両に付七十五人で、当時の銭相場にすれば概算六十四文に当る。

安政地震後の手間賃　大地震の後の流行歌に「間夫にするならイナセはよしな、揚げりゃ仕掛が飛んで行く」というのですがね、余程物騒な人間どもに相違ない。しかしこの時分は大地震の後でありまして、深川の最も繁昌した時である。吉原は無論火事と地震のために焼け潰れました。そうして深川の方に移っておりましたが、そこはまた職人で賑わった。その当時職人の手間は平素三匁のものが十三四匁になったそうです。従って左官だとか木挽とか木舞かきとか、左官の土捏ねまで、労銀が三倍四倍したわけである。

労銀と家計　「文政年間漫録」の中に、市民の生計の事を書いたものがありますから、それをここへ出して置きます。

一大工が云ふ。一日工料四匁二分、飯米料一匁二分をうく。但し一年三百五十四日の内、正月節句風雨の阻（なやみ）などにて六十日も休として、二百九十四日に銀一貫五百八十七匁六分なり。夫婦に小児一人の飯米三石五斗四升、此代銀三百五十四匁、房賃（たなちん）百廿匁、塩醤味噌油薪炭代銀七百目（一日壱匁九分余なり）道具家具の代百廿匁、衣服の価百廿匁、親属故旧の音信祭祀仏事の嚫施（しんせ）百匁等、都合一貫五百十四匁許を費して、僅に七十三匁六分を余せり。もし子二人あるか、又外に厄介あれば終歳の工料を尽して以て供給に足らず。何の有余を得て酒色に耽楽することを得んと云ふ。是工匠の労と産とを勘へ知るの大略なり。

一　菜籠（なかたま）を担て晨朝に銭六七百を携へ、蔓菁（かぶらな）大根蓮根芋を買、我力の有かぎり肩の痛むを屑（かす）とせず、脚に信（まか）せて巷に声ふり立、蔓菁めせ、大根はいかに、蓮も候、芋や芋やと呼はりて、日の足もはや西に傾くころ家に還るを見れば、菜籠に一摑ばかりの残れるは、明朝の晨炊の儲なるべし。家には妻いぎたなく昼寝の夢まだ覚めやらず、懐にも背にも幼稚き子等二人許も横竪並臥たり。夫は我家に入て菜籠かたよせ竈に薪さしくべ、財布の紐とき、翌日の本貨を算除、また房賃をば竹筒へ納めなどする頃、妻眼を覚し精米の代はと云ふ。すはと云ひて二百文を擲し与ふれば、味噌もなし醬もなしと云ふ。又五十文を与ふ。妻小麻笥を抱て立出るは、精米を買に行なるべし。子供這起て爺々、菓子の代給れと云ふ。十二三文を与ふれば、是も外の方へ走出づ。然るに猶残る銭百文余またはニ百文もあらん。酒の代にや為けん、積て風雨の日の心充にて貯ふるらん、是其日稼ぎの軽き商人の産なり。但し是は猶本貨を持し身上なり。是程の本貨も持ぬものは人に借るに、暁烏の声きくより棲鴉の声きく迄を期とす、利息は百文に二文とか、三文とか云ふ、一両に二百文の利息、然も一日の期なり。一月に六貫の割と知る。但し借人は七百の銭にて一日に一貫二三百文にも売上るゆゑ、七百文の銭に廿一文の利息を除て、其外に五百七十五文の稼ぎあり。依て借も貸も共に利ありて損なし。

これは日傭取ではありませんが、手間取と、一方は棒手振のことが書いてあるのです。この記載によって考えてみますと、大工の一日の手間が四匁二分、その時分の銭相場で申せば、六匁が六百文替ですから、換算すると四百四十二文になる。飯料は一匁二分、一匁は百十文ですから、これが百三十二文になります。この記載によりまして月計を立ててみますと、夫婦に子供一人暮しとして、支出の方だけ見ればいいのですが、米代が三十日分で三貫九百六十文、塩醬味噌油薪炭の類が六貫二百七十文、店賃が一貫百文、音信贈答等が九百十三文、家具家財、そういう費用が一貫百文、合せて十二貫三百四十三文の雑用のうちで、米代が三割一分強に当っております。これだと「米代半雑用」ということが、ちょっとおかしく見えるのです。しかしもう一つ棒手振の生活を書いた方によって眺めますと、一日の儲けが四五百文で、米代が二百文、味噌塩等が五十文、子供の菓子が十二三文、店賃が三十六文ということになっている。この記載に従って、支出を差引いたあとが百文乃至二百文残るというのですから、まず四百文の雑用と見ていいでしょう。この四百文に対して米代がどうなるかと言いますと、五割に当ります。もっともこの方は夫婦に子供二人とありますが、この大工と野菜を売歩く人との暮しを比較して見ますと、大工の方がまだいくらかましで、野菜売は最低の生活をしているもののように思われる。

下女の給金　寛永年中の相場は、飯も炊けば機も織る、木も割る、水も汲むというようなのが一年二分、一両の半分です。それから四五十年たった寛文年中になりますと、その倍額の一両になっている。また四五十年たった宝永年度には、一両から一両二分になっております。この宝永度は江戸ではじめて下女の払底を告げた時で、元禄の通貨膨脹の煽りを喰って、私娼が非常に多くなった。江戸へ出て労銀を得るという心持で出て来た者も、私娼の方が割がいいので、その方へ引付けられた。私娼になれば、年三両乃至五両位いになる。飯炊きなんぞしているのは馬鹿々々しい、という風になったらしい。これが江戸ではじめて女中難を経験した時であります。それから更に四五十年たった元文度には、二両以上ということになった。この間には貨幣が変っておりますから、諸物価とも大変かわっておりますが、元文度には二両以下の女中は無くなってしまいました。宝暦頃になりますと、縫物が出来るというほどではないが、まあ仕立直しが出来る位いの芸があれば一両二分、仕立物一通り何でも出来るのが二両位い、荒っぽい仕事だけの女が一両乃至一両二分という相場になっております。明和度になっても、芸なしが一両一分位のところでした。〔略〕文化になりますと、一両二分というのが通り相場のようになっておりますが、文化の末には三両位いに騰貴した。まず文化年代で下女を得るには、二両から三両の間というのが中値段のように思います。〔略〕文政度になるとまた様子が違いまして、文政八年には飯炊きが二両二分、今の仲働き、側づかいというような女が、三両、二両二分、一両二分、ということになっている。

物の値さまざま

重ね簞笥と髪結い賃　御本丸へ上がる時に親が拵えてくれた春慶塗の重ね簞笥は一両二分でした。それを今日まで使っております。白木の簞笥というものを当時は使いませんでした。銭は一朱（一両の十六分の一、一朱銀という銀貨があった）に四百二十四文がえでした。（銭相場があって時々高低した。一朱に四百二十四文ならば、一両には六貫七百八十四文である。一文は小さいあの寛通宝一枚なのだ）町の髪結いは三百文、百五十文、五十文と上手下手に依って等級がありました。人に銭を遣すのに、蕎麦一組と言えば二朱、蒸籠一組と言えば、一分（一両の四分の一）やるわけでした。包んでやる紙にも、そう書いてやったものです。〔大奥御中﨟大岡ませ子刀自の談〕

串団子の数と値段　若樹「串団子の数は今は大概一本に四個串ざしになっておりますが、元来五個のものです。古い時代の安い売物は三文五文というのが規矩になっていて、宝暦明和時代には団子も一本五文であったのです。然るに明和に四文銭が出来た為に、五文のものを四文で勘定されて往々損をするところから、団子の数を一つ減らして四個串しとして、一本四文に売ったのが例となって、今日では無意味に四個を一本にさして売っているのですが、四文銭の影響というものも意外なところに残っておるのです」鳶魚「お説で思い出しました。文政元年版の『岡釣話』に『今どきりちぎに五ツ宛さして、団子を売るのはここばかりだ』と感心してある。こことは大橋の向うのことです。もうこの時分には五ツ串したのが珍らしかったと見えます。同書に『成子でも見さっし四ツだぜ』とある。成子、今の柏木辺まで四ツ団子になってしまったのです。滔々たる四ツ団子の勢いに抗してここに百年、今日〔註・大正十五年ごろ〕でも雑司ヶ谷鬼子母神境内の茶屋では、五ツ串しを売っております。

安かった原稿料　天保十二年六月十日に歿した滝亭鯉丈は、この年の五月に「和合人」三編の自序を書いている。文化十四年から絶筆まで二十五年の間に中本五十七冊を著作した。一両に四冊の原稿料としても十六両三分にしかならぬ。それも当時の相場では高過ぎようが、仮りにその勘定にしても一年に一両の収入はないのだ。半商売どころか何の補足にもなりはせぬ。

家賃と地価

裏店の家賃　こういう人達〔江戸の職人〕の住んでいる家の家賃というものは、文政度で四百文、天保度になって六百文位いがまず当り前で、土地によって差はありますけれども、概してそういう見当のところに住んでいる。その店賃も一度に払えないから、日掛けにするのもあった。

沽券の字義　鳶魚「それから『沽券』ですね。沽券は表屋敷で、そうして小間割を出す地面だけだと思いますが、これは三村君どうでございますね」竹清「能く存じません」鳶魚「裏の方にはなかったように思うのです。どうも沽券幾らという地面は大概表のようだ」鼠骨「沽券は地価ですか、何です」鳶魚「評価です。千両屋敷とか何とかいう」仙秀「今なら家屋の賃貸価格とでもいうものでしょうか。『浮世床』に『女房の里からかたみ分けの地面が二カ所どれでも沽券が百両だの八百両だのという物だから、大層じゃァあるめへか』とありますが」竹清「沽券という書付があったでしょう。それが変って明治七年かに地券面を下げられたですね」鳶魚「地券状は一般にあったけれども沽券はそうでないようです。裏町にはないようです。それはどうでしょうか。裏の方の地面にはないということをしっかり申上げる材料がないので御説を伺うのです。沽券というと表町で小間割を納めます。諸税の概率といった方が宜いだろうか、そういうものを出す地面に限るように思うのです」

4　税と法定利子

税制大要〔補〕

幕府の税法　租税中の最高位にある田租は正式には物成、または年貢という。天領は五公五民が原則で、土地のよし悪しによって収穫率を定め、その総取箇を計出して一村、一国の石高を定める。また江戸、大阪は宅地税を取らぬ定めであったが、新開地は例外として地子銭をとった。以上が正税である。雑税は小物成と言って、池沼、山林等に課せられ、税率は不定。次に特許に際して賦課され、定率のあるものを運上と言い、市場運上、問屋運上、鉄砲運上などがある。よく言う冥加金は、営業免許料または営業税という性質のもので、酒屋冥加、質屋冥加、旅籠屋冥加などがある。では地子銭を納めない江戸町中の一般市民にどんな税金があるかというと、公役銀、御年頭銀、町年寄晦日銭、名主役料、水銀、上水方普請割方、鐘役、大纏当番、鳶人足給銭、同木綿法被半天股引、町内書役、櫓番、木戸番、自身番入用、芥取捨銭、その他臨時の分に纏修復竜吐水、祭礼入用、番屋修復畳替諸勤化並に捨物、倒れもの、道造入用等の名目で課税された。賦課方法は大体小間割によった。小間割というのは表間口を標準とする賦課率である。

大名の税法　この騒動がありました為に、松平越中守〔定重〕は本高十一万石のままではありますが、越後高田へ所替になりました。〔註・宝永年間、桑名藩代官手代野村増右衛門が急激な増税を敢行、郡代に出世したが他の藩士に憎まれて斬罪になった事件〕この騒動に就ての記録はあまり世間に伝わっておらず、私も披見したことがありません。昔の税法によりますと、物成というのが田畑の租税、浮物成というのが不定のもので金納、小物成というのが山川の年貢、猟に就ての運上でありまして、これも金納というきまりになっている。しかし一朝大名が貧乏するとか、不時の物入の為に手許が苦しくなるとかしますと、どうにもなりませんから、そこで明君というものが出て来て御改革という段取になる。御改革といえば必ず倹約で、殿様の食物や着物を倹約されるというのがきまったことのようになっていたのです。昔の大名というものは所得が動かない。収入がきまっている上に、支出の大概半分は家来の禄になり、あと四分の一半が藩庁の費用、あと八分の一が奥向の費用、という風になってしまっておりますから、どうにもうごきがつきません。自分の身体についての費用から捻出しなければ、三文の銭でも出るものでない。そこで衣類、食物の倹約からはじめるより仕方がないのですが、それでも間に合わない時はどうするか、ということを常に心配している。野村増右衛門のような人が出て、えらい改革をするのもその為であります。この改革の模様はよくわかりませんが、〔略〕とにかく「野沢名物焼蛤」に書いてある租税の種類は、惣別の冥加金、これは普通一般のものではない。特別に許されている商売とか、専売とかいうもので利益を得る。それに対する御礼の意味で、献金する形になるので、いろいろな形式を拵えては冥加金を取る。桑名の稲荷山の遊女町とか、狂言尽しの常芝居とかいうものから、地代の上りを取る。或は富籤を拵えて、それに課税する。芥銭というものを一戸七文ずつ取る一方、窓銭というものも取立てた。窓銭というものは、今日の家屋税のようなものです。いい薬を拵えて施薬をして、その薬を貰った者から冥加銭を十五文ずつ取る。これが三万七千両、屋敷の年貢を取らぬことにして、免税の御礼を取る。それが十一万千両、こういうものは一度きりのものだが、商品の出役入役とか、窓銭、芥銭、その他の冥加金の類は年々入って来る。そういうものによって藩の財政の余裕を作ったのです。

運上と浮物成　知行を持っている者は大名でも旗本でも、表高に対して四ッとか五ッとかの割合であります。それで上方方面の知行を持って御座る方は、これは割合が少し良いようであります。関東方面に知行を持って御座るお方は大分割合が悪いようで、四ッ半どころではない、四ッが切れるようなお方があったようであります。そう致しますと一万石が四ッと致しますと四千石でありますが、その四千石が切れると三千何百石になってしまうのであります。もっとも、その外に浮物成と申しまして、田畑の租税の外に運上があります――昔は運上と申しておりました――その運上が幾らかあります。これは全国を押し均して大概一万石に付て五百石位いのものであったようでございます。もっとも、この海を控えた処に領地を持っておらるる大名は浮物成が大層多くて、大岡越前守の所領は上総であったと思いますが、あの海が領地に多かったので表高が一万石で本当に一万石の実収があったと申します。それは海の収入が主であったからだと聞いておりますが、そういうお大名は全く少ないので、それは例外と言ってよい位いで、全国を通じて見ると、一万石で五百石位いの浮物成があったのでございます。

税金と罰金　納税の場合はどうなっていたか、これは金銀銭を勘定いたす時に、総算用をして換算することを許しません。金何両、何匁、何文、代用することも許されなかったのであります。そうすると需要能力、また通用制限、そういうことの外にきまりがあったようにも見える。また町奉行の判決例を見ますと、過料は銭のみであります。町奉行の裁判を致しますのは士に及ばない。いずれにも庶民のみであります。それだから定例によって銭を申しつける。能力から言えば、商人などは金銀を多く持っております。銭にするには及ばない、金銀の過料を申しつけても差支えはないのである。けれども決して金一両とか、銀一枚とかいう罰は無いのであります。ここから考えると、幕府は武士の高級者に金を使わせ、低級者に銀を使わせ、庶民には銭を使わせると、貨幣的に分限を立てる定例を徹底させようとしていたように見える。

法定利子一割半

利率の沿革　御定百箇条に、「家質（かじち）諸借金利息、一割半以上の分は一割半に直すべし」とあって、肩書に「寛保元年極」とあるから、同年よりの規定なのであるが、幕府が金利を法定したのは、享保九年七月二十一日に、札差の貸金利息を一割半と定めたのが基礎をなしたのであろう。この一割半という決定は、如何なる理由で算出したものか知れぬ。そうして札差だけでなく一般の貸借をも、その決定に依らせたのも、何の訳だか分らない。「太平清濁論」を見ると「大岡越前守、金銭出入、元金九十両なりしが、利金百六十両余に相成候を出訴有之候と言上す。吉宗公、越前守へ御尋成され候は、借りは亡ぶるの基也。利息は恐しきなり。利息御定目成し下され、質有之時は年六分より高利は借方同罪、遠流仰付られ、証文金一割より上、罪科に行はるべき事」とある。この本文は、果して何程まで信用すべきものか知れないが、何にせよ元金が九十両で、利息が百六十両になった請求訴訟に、吉宗将軍が驚いて急に法定利率を発意しただけは、事実らしく思われる。そうしてこの相手方は何者であったか書いてないけれども、恐らくは債権者が町人で、債務者が武士であったろうと想像させる。それは何故かと言えば、吉宗がまず札差の利率を控制したのを見て思いついたのだ。

一本一利と元利同額　徂徠の説にすれば既に貸借の法が立った上は、その後の債権は安全な筈であるのに、そうではなかった。吉宗将軍はただ貸借の法だけを立てたのである。徂徠の説を採納されたらしく見えながら、甚しい差別のあるのも、特に貸借の法に於ても、吉宗将軍や閣老水野和泉守の考え方と違うのは、旗本御家人に対する睨みが違っているからであろう。それはそれとして一本一利といえば、利に利を累ねないのだ。これは江戸法典で終始動かさない箇条であった。それから利息の延滞、これは徂徠の説にすれば制限がある。その制限は元金と利息と同額になるまでというのだ。法定利率が一割ならば十年、二割ならば五年で元利同額になる。一割五分の規定であるから六年有余で元利同額になる。その制限を過ぎればその後の利息は取れない。要するに利息は時間に拘らず元金以上に収得することを許さぬというのだ。利息を相違なく支払っても、延滞させても、元利同額から先の支払いは無用なのだ。借りが長びけば無利息になってしまう。法定利率の一割五分で借りても、十年払わずにいれば一割で借りたと同様になる。また利息だけの徳政が七年目にはあると考えても宜しい。この案は明らかに資本征伐、町人退治の一つである。しかし吉宗将軍は利息収得の制限をつけなかったが、金公事不受理を繰返して、元利共に抹殺した。徂徠よりも悪辣なのである。

利率の変更　天保十三年九月、水野越前守は法定利率を二十五両一分〔註・二十五両に対して月一分の意〕すなわち〔年利〕一割二分に改正した。江戸法律の上では、寛保元年から当年まで百二年間、法定利率は動かされないように見えるが、実際は時々の発令に依って常に動揺が絶えなかったのである。法定利率の効用が無かったこと及び、その動揺についての利害は、算盤を離れても頗る考慮すべき事柄が多いと思う。

名目金と法の抜け穴　江戸時代の法定利率は一割半であった。しかし蔵前の札差は高利貸とは言われなかったが、法定利率より、遥かに歩高な金融をしていた。これは俸米を押えていたから、訴訟などは起らないのみならず、幕府も享保以来黙許しておった。ところが一般の高利貸は無担保、有制限の利子で融通する。その上に当局者は時々何年以前のものは古借金としてその訴訟を受理しないぞと布告している。殊に延享元年九月の町触れには「元来人々相対の上の借貸に候得ば取上裁許にも不及事に候」と、明白にその主義を表示した。それに江戸時代の民事訴訟は、本公事、金公事の二様に大別されておったが、いずれにしても非常に繁縟な手続きを要した。これがために債権者は、種々な手段をめぐらさざるを得なかった。訴訟の進捗と言い、債権の保全と言い、資金回収の最も安全なのは名目金（みょうもくきん）である。「名目金、是は官寺官社或は官家等、幕府に請て余財を士民に貸すを云ふ。或は其実自らの金銀に非るものありて富民より金銀を出し、官家寺社等の余財と称す者、多く名目を借りて、貸借するが故に号して名目金と云ふ。此名目を借ることは、もし返金滞るの時、庁に訴ふるに債主に命ずること特に厳にて、民間各互の貸借の如きに非ず。而も訴費少く日数長からずして返金に及ぶ故に行之也。名目金貸にも素金（すきん―無担保のもの）あり、地面屋敷等を証として質するもあり、月息は官許定制を用ふれども、礼金と号し、或は筆墨料と号して、息の外に課之也。大略四五月を期し、元金百両に礼金五両ばかり也」（守貞漫稿）これは何々様御金、もしくは何某様御用金の名を以て子銭家（かねかし）が、一般に融通した方法である。自己の資金であっても、すでに他の名儀を借りている。すなわち仲介者の位置にあるというので、礼金を取る。この礼金というものがあるので、利息は法定の一割半に貸しつけても、実際は歩高になる。それで訴訟にしても利息を抑損される気づかいがない。今日でも高利貸の中に手数料を取る奴がある。自分の資金を貸出して利殖するのに、手数料を徴するとは妙なわけだが、古い型式が残っているのである。昔も自分の資金を貸すのに礼金を取っていたので、ただ今日は資金を他人の名儀にしないから変に聞えるまでの話である。

附　金融機関

高利貸種々相

　この高利貸というものは、金儲けの無い時分に出て来るもので、借りる方から言えば一時凌ぎ、全く後先の分別を失った人間です。或は自暴自棄になってもいました。この時分に江戸でやった高利貸は、浪人と座頭でありました。浪人ですと寺社の金を預って、それを貸付ける。また座頭でありますと、学問所の金です。そういうものから借りるのを、名目金と言いまして、貸金訴訟を致しましても、並々の済方でなしに、特別な済方をして下さる都合がありますから、浪人や座頭が高利貸をやるようになったのです。何方にしましても、利息（一割五分）には公定利子がありまして、その外には取れませんが、名目金を借りるということに就て、いろいろ世話になったからというので礼金を出す。或は筆墨料を取る。いずれも元引きするので、それが如何にも割高なものだったそうです。そういうものは宝暦度にはじまったので、それを続けてやっておりました為、安永度に処分された者は、浪人のみならず御家人の中にもあったらしい。その中の重立った者は、小倉弘助、石川左七、藤田円心、福島善九郎、細川兵左衛門などという人達で、これらが貸高だったようです。またこういう人達に頼んで、町人や金持が自分の金を廻さして、高利を得るようなこともやらしたので、三両一分、五両一分というような利子を取った。おまけにそれが三月しばりで、利息の天引きをやるのです。それから盲人の方になりますと、松葉屋の瀬川を身請けしたので、その時分に知られた鳥山検校が一万五千両、名古屋検校が十万三千両、松岡検校、松浦検校、相馬検校などは一万両内外でした。その他にも四五千両見当のやつは、大分大勢いたらしいのです。こういう者どもの為に、武家の中にも利息に追い倒されて、夜逃げをする者さえあった。遂には家が潰れるようなことを仕出来してしまったわけです。これなどは金額の纏った方ですが、もう少し小さいところ、二分とか、一両とか、多いので二三両のところ、もう少し細かいのになると銭何貫というやつ、これらは烏金（からすがね）と言いまして、朝借りて夕景に返す。或は車貸と言って、今日借りて明日返す。日済（ひなし）というやつは、借りた翌日から分済する。いずれも利息は天引きです。こういうこまかいやつは、車婆々、青茶婆々、高田婆々というような婆さんが貸付けて歩いて、また貸付けた元を取って歩く。これらが当時の江戸で名高い金貸婆さんだったのです。大阪町に村田屋五兵衛という者がおって、一両に二三百文の日歩を取りましたが、これは大分金持になった按排です。こういう風に、大きいのも小さいのも高利の金を借りる。返済の見込みもなく、借りられるだけ融通すれば、自分の身上を失うに極っている。一時凌ぎのために後先の考え無しなことをする。そんな者が多かっただけ、貸した方の者どもは相当な金持になったわけですが、この頃の吉原の様子を見ますと、宝暦以来、贅沢な遊びをする者は、高利貸の座頭が多かった。その他には蔵前の札差（ふださし）等で、いずれも高利貸の関係者が、吉原の一番いい御客だったのです。車婆々とか、青茶婆々とか、高田婆々とかいう連中は、もし借手が金を返さないような場合があると、その家の前に立ってどなって、受取るまでは動かぬというようなことをやる。それより大きいところになると、出仕の往返に馬や駕籠の周囲へぞろぞろとついて歩く。或は玄関先へ泊り込んで催促する。そういう時には座頭の坊主の変な穢いやつをやるので、今戸の弾左衛門とか、田圃の車善七とかいう手合も、手下の連中を差向けて、町家の店先にずらりと並ばせるようなことをやる。それも随分前からやっていたと見えて、享保十四年の十二月に、催促のため武家の門前へ旗を立てたり、札を貼ったりすることを禁ずる法令が出ております。旗や札がいけないとなると、今度は登城がけとか、退出がけとかいう時を覘って、馬や駕籠につく。それでも実際借りがあるんだから、どうにも致し方が無い。しまいには借りた方が潰れてしまって、恥も外聞も打棄てて、構わず平気でいる。廉恥などというものは、どこへ行ったかわからぬようになってしまったのであります。

札差

字義と本来の仕事　蔵前の札差というのは、幕府の士どもで俸禄を御蔵からいただく者がある。それらの人々のために御蔵米を受取って、入用だけを渡し、不用な分を売るのが札差の仕事なのですが、その際何々様と書いた札を俵に刺して区別しておく、そこから札差の称が起ったのだと言います。一口に申せば御蔵米受取代理人であります。一石について何程という手数料を取るわけですが、それは瑣細なものに過ぎません。

札差三組　享保九年九月に百九人を指定して、札差業を許可した。今も浅草御蔵前という、あの厩橋から天王橋までの間の川添いに幕府の米蔵があった。そうした札差は天王町組、片町組、森田組と唱える三組になって、幕末までその営業を続けたものである。

札差の株と営業の実際　札差の人数を百九人と改め、許可された者の外に代弁するのを禁じた。それは大岡越前守の指金によったことで、実に享保九年の新制である。札差という営業は江戸をおわるまで継続したが、何故に享保九年に新制の必要を来したか、札差起立当時の状態を見ると、概して兼業であって、専業になったのはその後である。札差の総員は百九人であったけれども、弟とか二男とか年来の雇人とかの名義で代弁業者の許可を得ておいたので、株と称して権利を獲得した迄で、全員一同に開業したのではない。当時のみならず幕末まで全員従業したことはかつて無いのである。伊勢屋、板倉屋、大口屋、和泉屋など、同じ屋号の札差が多かったのは、最初一人で幾つかの名義を拵えておいた、すなわち持株が幾つかあったのを分けたからだと言われている。勿論株のない者の新しく開業することは許されないのだから、既得権が売買されたのでもある。後には札差が金持になった。しかし札差がことごとく金持になったのではないが、繰廻しは出来た。融通が好いから、とにかく何れの札差も懐中には小判が沢山あった。札差という営業が許可されて後、三十五年も経った宝暦八年まで、御屋敷方の使い某と称して、札差何屋何兵衛とは言わなかった。それもそのはず、彼等は蔵米受領者たる旗本御家人から給米切符を回付されて、現米請取の手続きを代弁するだけの者である。従って代弁料も百俵（三十五石）について、金一分（一両の四分の一）請取った。現米は自家の食料を除いて余分は直ちに売らせた。この払米の手数料は百俵に二分であった。授受される蔵米の全額百五十万余俵をことごとく引受け、ことごとく払米として、双方の手数料を札差が得たと見て百俵に金三分の合計は一万三百十両余に過ぎぬ。この一万三百十両余が札差全体の利得になる。勿論百九人の全員が従業していない。まず九十軒の営業者とみてよかろう。百両平均なら九千両だが、一軒当り百二十両余の計算である。しかし彼等の営業状態は仲間入用の割当で考えると、決して均等ではなかった。三万俵以上仲間入用銀本割、二万俵以上半割、一万俵以上三分一割、万俵以下四分一割、無扱五分一割と規定してある。この三万俵取扱う札差で計算しても、請取りの代弁料と払米の手数料とで、取扱金額からの利得は二百二十一両である。三季御切米と言って、旗本御家人等は俸禄を四分し、春夏両度に四分の一ずつを受け、冬になって残り半額を渡される例であったが、扶持方（幾人扶持と言って、本俸の外に加給される。男扶持一人一日五合、女三合の定め）は毎月渡りであった。この扶持方の請取代弁は、百俵の手数料を最低としてあったから、札差には都合の好いものであった。まして斗桝で量って請取り、一升桝で量って本人へ渡すので、随分升目が出たという。こうした変な所得があるにしても、三百両や五百両で、いかに小判の有勢な時にもせよ、享保宝暦の昔どころか、それより昔の貞享元禄だって浪費者らしい身振りの出来るわけがない。

便利がられた札差　旗本御家人の窮迫は寛永度から知れておったが、切米切符を担保にした借金の訴訟が多くなったのは天和の頃からである。債務者は勘定所から切米切符を受けて、御蔵から現米を取って来て、借金の方は打棄ておく。それでも債権者は、時々に勘定所から本人へ直接に切米切符を渡すのであるから如何とも仕方がない。代弁者の方へ申込んでも本人の指図のないのに、代人が米を渡すわけもないのだから、代弁者との連絡もこの際無効であった。そうしてただ貸金の訴訟が多くなるばかりであった。前には武士がやって算勘を煩わしく思うのみならず、町人相手に払米をするのが難儀でもあった。後には計算にも疎く、俸米の請払いをするのに懶いので、自らその事に当らずにすむのを喜んだ。上中士となく総ての蔵米取りが札差を便利とする風は、年一年増加して来る。その上に札差を利用して金融することがだんだん流行になり、果ては定例のようにもなった。

札旦那と蔵宿の悪因縁　札差は資力の無い者であったが、金主金元を拵えて、自分が切米切符を取扱う所から、金融の衝に当り、金談の成功謝金を取った。放資者も現米を握る札差が貸借に参加して、返済を引受けるといえば、担保にしておいて、平気で現米を請取って済し込んでいるような馬鹿らしい目にあうことはない。札差が斡旋して請取った蔵米を押えて必ず決済するという安心から、快く融資もしたのである。けれども町人相互の貸借よりも、危険が多いだけに武士の融通は利息が高い。十五両一分というから年二割、それが極く安いのであった。それに仲介した札差が成功謝金を一割半も取ったから、利息の高いのを借りた者は、四割以上の利払いをしなければならなかったろう。そこで旗本御家人は苦しがって、前借に関係した札差でない他の札差に請取らせたり、自分自身もしくは家来が直接に御蔵から請取ってしまう。借用証に「引宛の御切米手形見逢次第押取可申候」と書いてあっても、現米を請取って引出す時に御蔵の門前で争っても、武士と町人の懸隔を悪用して威喝して逃げて行くのもあれば、腕力で渡さないのもあれば、押えて見ても二重三重に書入れになって、何とも始末のつけられないのもある。こうした事情から町人が現米の押取りをするのも余儀ない事になり、旗本御家人等が代弁させずに御蔵から直取りにするのもやむを得ないことになった。この貸借の争議や訴訟を未然に防ぐために、蔵米請取りの代弁者を公認して法律で札差の業務を規定する必要を生じたのである。札差の人数を限定して組合を立てさせた。本人自身がする直取りは取締りの外だが、これでみだりに代弁者を変替されない。許可のない代弁者は禁ぜられたのであるから、ほしいままに代弁する者はないわけである。札差の引受けた金融は、組合に打合せて二重三重の担保にすることが防げる。依頼者たる旗本御家人を札旦那といい、札旦那は札差のことを蔵宿といって蔵米を控えて相互の関係が漸く明白になった。それでも札差公許の後三十余年、御直取世話人と称して――頼みつけの札差を変えるのが困難になったから――浪人や退役の御家人や渡り用人の古いのやらが、借金や札差に拘らずに本人直接の蔵米受取りを敢行させた。この御直取世話人は宝暦まで続いたが、一時絶えたようでまた明和頃には蔵宿師という名で、札差との交渉を引受けることになった。勿論直取りもやらせたのである。担保にして俸米を直取りにした時、債権者が滞金の訴訟をすると、家来が町奉行所へ出て来て相手になる。結局切金（きりきん）といって分済の判決にきまっていた。無担保の貸借と同様な結果におわるのであった。これは寛政度に蔵宿を頼む時に、いかなる身分の武士でも、家来の名や判でなく、直名直印の証文を差し入れること、切米手形は借金の有無に拘らず、その時その時札差へ渡すこと、もし直取りをしようとした時、すなわち切米手形が交附されたのに札差へ渡さない時には、町奉行所へ申立てて、町奉行から役々を経て御渡方を差留めること、切米手形の訴訟は代人を許さざることに改めた。

札差の暴利　旗本御家人の窮迫は寛永度に於てすでに著しかった。彼等の生活状態は色々変革しつつ経過したが、何としても窮迫から脱することが出来ない。世禄世襲で変化のない収入に対して、勿論米価は時々の相場に依って、彼等の歳計を何分ずつか増加してはゆくものの、概して生活費の増加率と権衡が保てぬ。彼等の融通は俸禄の外にない。それも常に支給に先立って借入れるのであった。そうして直取りなどの方法で踏み倒しもする。故に彼等に対する放資は決して安全なものではなかった。債権者も随分無法な目にも逢った。札差も善い米を請取って悪いのを渡したとか、払米の相場を誤魔化したりしたけれども、グウの音も出ないような目にも逢っている。直取りの防止、札差変更の不能等で、踏み倒し策の容易に行われないようになったから債権は安全になった。従って利率も低くなってよいわけである。ところが十両一分（年利一割五分）が、普通のように思われていた時代だけに、いかに今後が保証されて確実になったとしても、預金さえ一割乃至一割二分なのであったから、旗本御家人等が低い利率の融通を受ける望みは無い。年々不足する家計の補充に高率な借金で塡め合せてゆく。半年先、一年先、二年先と前借は延長のみである。寛政度まで旗本に大借なく、百俵以下に無借多しと「業要集」に書いてはあるが、その大借なる者は俸禄一俵に対して金一両借りてあることなのだ。試みに五百石取る旗本として勘定すると、四公六民という定例にして、四五二十、殿様の実収は二百石である。俵にすれば五百俵で、金五百両の借りがあれば大借なのである。それもそのはず、平年の米価は一石一両を出ない。五百石の旗本で五百両の借金があれば、その返金のために一カ年の収入全部を尽さなければならない。分済するにしても窮迫した手許からは、見越しのつくものでない。故に延享度には五カ年賦、十カ年賦、十五カ年賦、二十カ年賦の返金とし、寛政度には棄捐（きえん）といって旧債を放棄させせた。札差が許可された当初にしても、従前からの継続によって、貸金は段々嵩んで来るばかりである。その後は債権に不安を感ずることが少なくなりはしても、資金回収の見込みは立たぬ。動かない貸金が札差の資産で、それが札旦那（旗本御家人）と蔵宿（札差）との関係をかたく繫いで、互いに牽引して、共に活きるより外に仕方のないものになってしまった。札旦那が破滅すれば蔵宿の身上は無くなる。札差が倒れれば旗本御家人の融通は止る。そういう道筋ではありながら、いまだそこまでは行き着かなかった享保度には、幕府も旗本御家人の踏み倒しを取締ると共に、札差の貪欲をも押えなければならない。札差は用立金の利息を年二割として許可されたいと願うのに対して、一割五分にせよと命令した。札差は一割五分では融通するものがない。一割八分でなければ御用が勤まらないと申立てた。その時町奉行の大岡越前守、諏訪美濃守は、一割八分でも従前の利息よりは安くなっているが如何いたして好いかと、幕閣の指令を求めた。これで幕閣も享保九年以前の利息が法外高いものなのを知っていたのが知れる。また札差も資力のある者ばかりでない。多数は無資力で、他から融通して来て貸すのであるから、世間の利息より勢い高くなるわけもあった。札差が融通しなければ忽ち旗本御家人の難渋になるのであるから、幕閣は町奉行大岡越前守をして「最初の定めより高値に貸候様にとは、奉行所より申付け難く候、定の通年一割半の積より高値には成り難く候、然れども少々宛の義は借り方と相対仕るべく旨仰せ聞けらる」と告げしめた。すなわち札差等の主張が黙諾されたのである。札差は受米払米の手数料でゆけるものではない。この用立金の利息で成立したものである。札差が許可された六年後の享保十四年に高利高礼を取ったというので札差が処分されようとした。その時御蔵前名主が斡旋して、今後不都合なきように請合って宥恕された。暴を以て暴に換える。踏み倒しに勉めた旗本御家人もあれば、高利貸の正体を露出した札差もあったのである。

凄まじき謝礼と手数料　十八大通〔註・大口屋暁雨はじめ十八人の花街の通人〕が札差の群から輩出したのは、実に高利暴利を盛んに貪った明和安永度であった。我等は幕人が俸禄を三度にうけることを言ったが、春というのは二月より三月まで、夏というのは五月より六月まで、冬というのは十月より十一月までで、この間で最長距離のあるのは夏冬であって四ヵ月ある。他は二ヵ月宛である。三月しばりという貸方はここから発生している。踊りといって、約束の時に支払えないと証文を書き換えて、一ヵ月の内に書換以前の利息と、以後の利息と二重に取られる勘定になる。畢竟は春夏両度の支給期間に準拠して、三月しばりの貸付けが考えられた。そうなら冬季に向っての借入りは、五月しばりにすべきだが、何にしても返済の算盤はないのだから、やっぱり短距離の三月しばりで貸付ける。勿論踊りを見越して、暴利を謀ったのである。それから今日の高利貸が金を貸すのは自分の営業だのに、手数料を取る。訳のわからない話である。これも札差から起ったことで、札旦那が借金をするのに、札差から返済証明をさせる。当時はこれを奥印金(おくいんきん)といった。この証明料は債務者から出した。また金策を札差に頼んだ場合にも成功謝金を出した。然るに札差は自分の金でも、他人の金だといって融通し、金策の成功謝金を取った。これが高利貸の手数料の起源をなしたのである。明和安永度には札差が札旦那と共に死活するものであるのを忘れて、悪辣を極めた高利を貪った。法外な不当利得が札差の心を驕慢にして、十八大通などという者が出たのである。

札差の寄合茶屋　札差は浅草のみならず、江戸での有力者であったように思う者もあろうが、彼等は御蔵前へ俸米を請取りに来る武士の休憩を当てに茶店を出していた者共である。それが俸米の請取手続きと売却方を受託し、今日の恩給年金立替所のようなものに変じ、あくまで暴利を貪り富豪でもあるような気になって、宝暦頃から浪費者が輩出し、大口屋暁雨、大口屋金翠の名が世間に知られ、遊女町や芝居町の大顧客に成りすまし、明和安永の際には十八大通という、気違い染みた人間の三分の二を札差共の中から出した。畢竟するに悪銭は身につかず、破産したり失踪したりする札差も少なくなかった。高利暴利に酔った札差共の巣窟だけに、水茶屋を寄合茶屋にする力は強い。御蔵前に多数の茶屋のあったのも、札差共のお蔭である。並木五瓶の遊んだ二十四五の別品のいた蔵前の水茶屋は「青我」という店だったそうだ。場所だけに今の待合らしい名がついている。浅草寺境内の水茶屋には捻った名のはない。

札差の武芸〔補〕札差はどうしても主人だけではいけない。番頭がいなくては扱い切れなかった。相手が武士なので、年中脅かされているので、用心棒やなんかを持っているのは、あたり前のことです。侍が斬り込んで来てもこっちでは受けるものは算盤より他には何もない。これは或札差の話ですが、酒癖の悪いお客があって、金を貸せ金を貸せと言って帰らない。貸さないものだから、とうとう怒って刀を抜いて斬込んだそうです。その時番頭が生憎何にも持っていなかったので、左の腕で受けて、右の手で武士を取り押えたという。札差はこの位いの気概が無くては出来なかった。その店は余り上等の方でなかったので、そういうことが起ったのですが、札差の家では、すべてそういう風に仕込んだ。〔漫談明治初年・同好史談会編・荻原有仙氏述〕

座頭の高利貸

盲人の保護と名目金　元禄五年九月二十九日に検校杉山和一が、「当道新式目」を幕府に選進した中に、「元祖天世尊は光孝天皇の盲皇子であったが、御父御門（みかど）から大隅薩摩日向の三国を賜り、年々貢物が山城の鳥羽湊へ着く毎に、平素盲人共を悲しませ給うままに、洛中の瞽者（めしい）へ御配分あらせられた。これが例になったが、その後停止され、その代りに検校等の官位を下されることになった」と書いている。この配分が後来江戸の末期までも残って、中流以上の家に吉凶慶弔があれば、「座頭配当の者でござる」と二三人ずつの盲人が連行して、若干の金子を貰う習慣になったのである。江戸幕府は官位を以て癈疾の徒を栄誉あらしめた外に、検校、勾当、座頭の官名を有する儕輩に対し、その私金を利殖することを許し、殊にそれらの債権を庇護した。座頭金は名目金の一種で、債務者が町人百姓ならば、結局身代限り、または分散の処分なのを、町村の役人、名主、家主、五人組に責任を負わせて完済を強制した。到底名目金子については、比丘尼に何とやら無いものは出されぬという究竟な答弁をゆるさない。

武士に対する嫌味催促　但し〔借した〕相手が士人だと、組頭もしくは支配へ返済方を達するまでで、それさえ厳正には行われぬ。貧乏至極な旗本御家人は、身分の故に町奉行その他が処分に躊躇するのを見込んで、思い切った借り倒しをやる。「金借りて高利座頭（こうりざとう）を嚙み砕く、さっても強いおはた本かな」といわれた人達を専門にする高利貸、鳥山検校〔註・安永七年、不法貸付の罪名で処罰された盲人。この時十人の盲人が共に処分されている〕等はもとより尋常一様の手腕ではない。嚙み砕かれない方略として、異様な督促法を考按した。享保の頃には聞いたことのない方法で、実に安永の新発見である。全く高利貸の一大進歩というべきであろう。その情況は鳥山検校等が所刑された前十四年、明和二年十二月の布達に、

検校勾当其外座頭共官金の由申立、高利にて世上に貸出、返金滞候節は座頭共大勢差遣、武家方は玄関等に相詰罷在、高声にて雑言申、或昼夜詰切罷在、彼是我儘成体にて致催促候も有之由相聞候。〔略〕勿論借金催促の儀は勝手次第の事に候得共、玄関其外催促のもの罷越

間敷場所へ相詰雑言等申、法外の儀致候事仕間敷候。若相背候はば吟味の上急度可申付候。

〔略〕

とあるのでよく知れる。盲人等が新按の催促法は、法律の作用よりも催促が著しかったと共に、その弊害も深甚であった。斯くの如き顕著な凌辱を蒙っては、武士たる面目を保持することが出来ぬ。それがまた旗本御家人専門の高利貸の得意とする所である。幕府は盲人の利殖を庇護するものの、決して法律を枉げることはせぬ。然るに法網を潜って、礼金という名目を拵え、証書には法定利率を記載させて、よく高利を貪るだけの結構をした。殊に新按催促法も、予め債務者に約束して置いたなどは、実に周到な用意を以て、苛酷な誅求を容易ならしめたと言うべきであろう。こうした情況に至らしめたのは、元来旗本御家人の罪である。享保頃の記録に、催促に来た町人を切腹させたり、槍を執って追い飛したりしたことが見える。対談では到底貸金請求の目的は達せられぬ。さりとて法衙に持ち出しても所属長官まで諭旨するだけで、分散なり身代限りなりの宣告をしない。かえって債務者を甲府勤番などにして、踏み倒しを便利にするのみであった。それが高利で貸して首尾よく回収される、新按催促法の発見によって、武士に対する貸付が格別に有利なものとなった。これには座頭という分限がないと、この新発見を応用するのに差支えがある。すなわち座頭等に結託し、もしくは資金を融通して、収益の分配に参加する者が出て来たのである。

むごいオドリ　普通の利率は一年一割半に限定せられると、座頭輩の三ヵ月乃至五ヵ月を期限とし、特に返済期日を月末に置く。期日に返済せざればオドリと称して、当月の利子を二重に取るのみならず、例の礼金は証書作成毎に徴収するが故に、礼金ばかりも一年には六回乃至三回も召し上げる。法定利率の外に三割内外の収得をする。

質屋

利子の原則〔補〕　江戸の質屋の利息は元禄十四年の規定が根本となって居る。元禄の規定は金高に応じて五割から二割までを取る。即ち銭貨は百文につき一ヵ月四文といえば、五割に当り、金貨は金二両以下一ヵ月一歩〔分〕につき銀四分といえば三割二分に当り、金百両以下一ヵ月一両につき銀一匁といえば二割に当る。金高が多くなればそれに従って利率は安くなる。〔江戸と大阪・幸田成友著〕

幕末の利子値上げ　慶応二年十二月江戸中の質屋が利息を上げて一両に銀一匁六分、一分に四十八文、二朱に二十四文、百文に四文にした。

質流れの期限　元来質屋というもの、殊に村落にある質屋というものは、利息も都会より安く、二年も三年も質物を流すことがない。これは古風が残ったので、都会の質屋でも寛文以前は三年たたなければ流れにしなかったのです。それが寛文度になりまして、質物というものは十二ヵ月を以て流す、ということになりました。それがまた元文元年からは、八ヵ月ということになった。天保度までも八ヵ月限りの定質といって、それにきまったもののように思っておった。けれども村落の方では、やはり寛文以来の定めである十二ヵ月を期限にしているのが多かったのです。ところが化政度以来は、そういう真面目な、昔風の質屋の外に、脇質（わきびち）と申しまして、質屋のきまりとして、請人の無い質は取らぬということになっているのを、胁質では請人なんぞはいらない。質札を出すわけでもなし、通（かよい）を出すわけでもない。物をカタに取るというわけで、質物を取る。質の営業ということは表に出さない、モグリの質屋です。若い者が出先で着ている着物を脱いだり、家の物を持出して来たりしたのでも、胁質は平気でそれを取る。請人が無いどころじゃない、見知らぬ人の物でも質に取るようになった。これはいずれも一月限りの質です。そうなると本当の質屋も胁質もごちゃごちゃになって、鉄火質（てっかびち）と称するものが出来た。つまり賭場から直ぐに置きに来るやつで、そういう者からも質を取る。これらは五日乃至十日を限りにして質を置くのです。それから親分株のやつに対しては、下質というものがある。きまった賭場のあるところには、大概下質がありました。東京あたりで下質に取るといえば、一遍質に取ったのを、他の親質屋へ持って行くのですが、これはそうでない、筒取の下質屋なのです。そういうところになると、土産と称して博奕資金を貸出す。コマ箱引あてに金を出すので、この利息などは、その時その時の話ですから、どれだけ取ってどういう極りもない、乱暴なものです。金融は親分の方もそうなっているし、質屋の方もそうなっているので、農民等はそれがために、自分の物を皆質に置いてしまう、ということにもなる。負けた時にもその質屋から融通させて、あとは質屋から引立てに行くという風ですから、工面の出来ないやつは、どうしても夜逃げでもしなければならない。

5　米市場と諸藩の蔵屋敷

米相場

堂島の起り　大阪町奉行を勤めた久須美佐渡守祐雋の「浪花の風」に、「他国には無くて浪花のみにありて、金銀融通となり繁昌せるものは、堂島の米相場なり。此事往古は、淀屋辰五郎の祖父淀屋与右衛門と云ふもの、諸家の廻米を一手に引受け、土佐堀川筋淀屋橋南詰へ米商人ども大勢寄集り、米売買なせしよし、是は今の正米相場の初なり。其後宝永中辰五郎罪蒙りし後は、当今の堂島の地へ米商人ども多く引移り売買せしに、其後正米のみにては土地に在ものは限りありて売繋買繋等の見込成難く、手狭にて金銀融通不宜とし、米商人の内紫屋七右衛門等云へるものの発意にて、建物米（たてものまい）といふものを定め月切日限を極め、日限迄の間空米延売買を工夫す」更に「昔は大阪に諸大名の蔵屋敷といふものなく、米問屋少しばかり有て、其者共方へ諸家より米を積登せ売払ひしなり。其中に淀屋辰五郎といへる者富豪の者故、此者方へ多く積送り、次第に商売手広になり、遂に諸国の米を辰五郎が門前にて売買の市をなしたりと云ふ。是是堂島正米相場の起立なり。……最初淀屋辰五郎方にて始りし米市故、今も正月の初相場四日五日の両日は、其旧跡淀屋橋南詰東へ入る所にて、夜八時頃より明日迄、市始（いちはじめ）をするを吉例とす」（八木のはなし）とある。また「大阪表米相場といへるは、淀屋辰五郎先々代与右衛門、御公儀様御取立被遊諸家大名方々御廻米引受候商売を始めければ、諸方より数多の人数集り、北浜淀屋橋の浜先にて売買致しけり。是正米相場の始なり。御公儀より諸方廻米引受の御朱印被下、数年米市相続せしが、辰五郎身上御召上に相成、御廻米の御朱印も御召上被成候」（同上附載）とある。大阪廻米市場は豊公征韓の役に際して起ったものと聞く。思うに淀屋はその時から廻米市場を壟断していたのであろう。

米市場規則　諸大名の蔵屋敷は、淀屋の退転を待たずして、既に正保元年の法令中に、蔵屋敷、蔵元侍、蔵元町人等の語あるを見れば、決して宝永二年辰五郎処刑後に創建されたものでない。淀屋が大阪に蔵屋敷なかりし時代より、廻米を取扱っていたというのは、偶々以て江戸政府以前より斯業に従っておったのを語るものである。殊に辰五郎の祖父は慶安元年に没している。この人に朱印を授けたというのは、淀屋橋詰の正米市場及び仲買を許可したことであろう。万治三年十一月二日に正米市場規則五ヵ条を発布した。これは米手形の転売を禁じ、蔵出船積を規定せんとしたのである。すなわちこれより前に市場を許可されたのが知れる。米手形の転売、蔵出船積の緩慢になったのは、他に事情もあるものの、しない商（あきない）すなわち後の帳合米相場が漸く盛んになって来たことを立証する。翌年（寛文元年）の正月十一日に、しない商の取引に就ては、一切訴訟を受理しないと達している。目前の例を言えば正米は深川、帳合米は蠣殻町である。〔註・昭和二年頃の東京の米市場とその取引を指す〕元禄以前の大阪正米は、今日の深川相場と同様ではないが、暫く両者の状態を簡明に比擬する迄にいってみる。この万治令は辰五郎の父重当の代であるが、淀屋は常に蔵屋敷の米手形売出し及び買戻しの間に立って、奇利をとっていたのである。かくて帳合米相場も、柴屋七右衛門等によって享保十五年八月十三日を以て許可された。後来は正米市場の許可と、帳合米市場の許可とを混じてしまうから、二三の記録に辰五郎の祖父与右衛門が、享保十五年に許可を得て、新たに市場を起したというような荒唐無稽な話を伝えることにもなる。

蔵屋敷と蔵元

廻米管理の蔵元　大体として考えてみると、大阪に蔵屋敷がありまして、諸大名から米を出される、その置場として蔵屋敷があり、そうしてそれを売る場所に致します。こう言ってしまえばそれだけでありますが、その中に蔵元というものがありまして、大阪町人の何屋何兵衛が、どのお蔵の蔵元であると申した、このお蔵元なるものはお大名の廻米を管理するのでありますから、これが一切を切廻すのであります。これはいつ時分からこうなったかと申しますと、明暦頃にはすでに蔵屋敷がありました。そうして大名のお廻米は町人が一切管理しておったのでありますが、これは一概に断言も出来ませぬが、見ようによってはお大名の信用が少々怪しくなって来て、実際の米を出さなければ町人共は金融をしなかったという関係も見えるのであります。で、大阪では、時々米の空手形――今の米の限月問題なども これから来ているのでありまして、この米を何月に積出して大阪着は何時ときめました。昔は和船でありますから、風の加減で船の動かないことが多いから期限を永く見ておりました。今の取引所になりませぬ前から限月取引は大阪にあったのでございます。それが切手を出す、その切手は往々にして空切手なことがある。というのは売ってしまったものを或場合にまた売ったりする。或は先に売って馬鹿を見たり、後に買って馬鹿を見たりすることがある。そういうことが訴訟沙汰になる。それを幕府がどう裁判するかというと、普通借金にして三十ヵ年賦乃至五十ヵ年賦にするのであります。そういう例は沢山あったのでありますから、この蔵元というものは非常に困って、後には周到な管理をしておったらしいのであります。

薩藩の蔵屋敷　長堀の薩州蔵屋敷に早田八右衛門という勤番侍がいた。ここの留守居役は元文二年の五月が交替期で、帰国の日も差し迫って来た。八右衛門は随従して来たのであるから、近日同道帰国という都合であったところが、国許からお誂えの時計を持って帰らねばならない。早くから竹田近江へ申しつけたが生憎出船までには間に合わぬ。それで八右衛門が残って時計の出来次第に、それを持って帰国せよと申しつけられた。元来大阪の蔵屋敷というものは、関以西の大名の金融機関である。各藩の蔵米は大阪へ回漕して売払われる。借入金もここに銀方町人（かねかたちょうにん）があって用を弁じるのであった。先役の留守居が帰国するについて、銀方町人は一行を北の新地へ案内して饗応した。〔註・芝居「春花五大力」実説の発端〕

加賀藩蔵屋敷の模様　大阪の諸大名の蔵屋敷は八十ほどもあろうと思いますが、その第一の仕事は払米であります。払米という仕事の根本を言えば金繰りなので、蔵屋敷は金繰りの機関と申してもいいと思う。ですから蔵屋敷というものは始終米手形を発行している。米手形は米切手とも申しております。この米手形はどういう時に発行するものであるかと言いますと、各藩の払米の都度に発行されるのです。加州の払米の時期に就て申せば、毎年四月の中旬に初札と言いまして、第一回の入札がある。それから引続き十月まで、入船のある度に入札させるのです。四月中旬の初札ということは、藩によって違いますが、今は加州の話ですから、加州を主として申すことに致します。この入札は米仲買に限るので、仲買以外の者は仲買を通じて、諸藩の払米を買取る。仲買が頼まれて入札するわけなのです。中には仲買自身の思わくから買付けることもある。それでは米買はどこの蔵屋敷へでも、入札があれば行けるかというと、そうではない。蔵名前という特権がありまして、加州は加州、備前は備前という風に、藩々で仲買がきまっております。時に甲乙を兼ねることも、蔵名前さえあれば出来ますけれども、蔵名前のない屋敷へは、仲買といえども行けない。仲買なら誰でも諸藩の入札に行けるというわけのものではないのです。入札がありますと、その度毎に蔵屋敷の門前に、払米の俵数と期日とを一々標示します。これを払米看板という。その看板の出る前の景気という意味で、看板米という言葉も用いております。朝、入札を致しまして、夕景にはきまるのですが、落札者に対しては敷銀一石に就て二百匁とか、三百匁とかいうものを払わせるのです。加州でも翌日にはそれを払わせる。それで落札が決定致しますと、それから十日以内に米代金をその藩へ納めなければならない。その金を納めますと、その時に米手形を受取るので、その米手形を以て蔵出しの手続をして、はじめて米を受取るわけなのです。しかし買持ちをする場合には、直に米を受取ることをしませんで、金を払込んで米手形を持ちながら、その米を取りに行かずにいる。そうして、その手形を甲から乙へ転売して、その手形の取引で儲けたり損をしたりするのであります。この買持ちはどの位いの間かといいますと、翌年の廻米期までなので、加州などにつきましては、四月に最初の入札をしてから、引続き入札がありますが、九月限りで終るわけになっている。この廻米期までに引出しませんと、追出しと言いまして、日々の番銭——今の言葉でいえば蔵引を払わなければならぬ。それが米手形と言い、米切手というものの本質なのです。

米手形と利用の極限　然るに何処の蔵屋敷でも、蔵元と申しまして蔵を預っているのが出入の町人なので、その代銀を集める方の仕事をするやつを掛屋という。蔵元と掛屋とは大概兼ねてやっているのですが、蔵元も自分だけでなしに、蔵屋敷の方の侍等と相談して仕事をするのです。米手形は蔵元が発行するのだけれども、蔵屋敷が発行するのと同じことになっている。その蔵元が先手形を発行することがある。先手形を発行する場合には、実際米はないのです。入札米の方はある米を何俵何俵と書き出して売買するのですから、米はあるのですが、先手形の方は米が無いのに発行する。後日に到着する米を売買するので、空米とは言いませんが、過米と言われているものなのです。これは久しく行われていたことと見えまして、承応三年の法令の中にも、先手形のことが書いてありますから、随分古いことと思われる。従って過米もその頃から行われていたに相違ないが、禁令の方がおそく出ているのでしょう。宝暦十一年の法令には「廻着米の外、空米過米を書加へ売買致間敷事」という文句があるので、先手形による所謂過米は、一万石に対し二千石、三千石を加えて入札させる。けれども落札者が直ぐ米を取りに来るものではありません。だんだんに便宜に従って引出して来るのですから、そのあとからあとからと米が到着する。二割や三割のことなら、ボロを出さずにごまかして行くことが出来る。それで過米というものが久しく行われていたわけですが、取りに来られないわけではない、取りに来る権利はあるのですから、手形だけの分を一時に取つけに来れば、忽ち大ボロが出る。量が少ないから誰も危険を感ぜず、必要だけ取りに来るのが常態になっている為、ボロを出さずに済むのであります。大体に於て米手形、米切手というのはこういうものなのですが、それをまた払米手形と言い分けなければならぬ有様になっておった。それはどういうわけだと言いますと蔵元とか、或は出入する町人とかいう者の判で借金をしまして、利息のついている証文を渡す。そうして金を借入れる時分の為に、米切手を発行することがある。これは払米手形とは全く違っているので、入札に際して発行されるものでもなく、借金の引当てに出す米手形は、看板に記載されるものでもない。同じ米手形でも、この分は支払うべき米の準備はない。米で支払う積りはなく、金で支払う筈のものですから、それでよろしい訳です。全く金融のために発行されるもので、これを名づけて調達手形とも言っております。それですから払米手形と調達手形と紛れぬようにして銀主に渡せと言っている。元来この切手というものは、市場へ出さぬ筈のものなので、金さえ払えばすむのだから、万一払わなかった場合の為に、米手形を渡すに過ぎない。その性質から言って、米で決済すべきものでなく、金で決済すべきものですから、それに対する蔵米があるわけではない。それでは調達切手の期日が来て払えぬときはどうするかと言いますと、訴えれば六十日限に金で済せ、ということになる。もしその時すまなかったらどうするかというと、引当ての米を国許から取寄せて払わせる。それでもまだ済まぬ時は、一般の払米手形と同様、即金で払わせる。これは払米手形で滞った場合には、買代金を払わせるといううきまりがあるのです。それが更に進んで、もし切手米が渡らなかった時はどうするかといいますと、訴え出れば吟味の上、幕府の方から金を出して払戻す。そうして切手を取上げて、滞った米は蔵屋敷から幕府が取立てるようにする。こういう法令が安永二年に出ております。この時は随分弊害が甚しかったので、幕府も困ってこういう法度を出したのですが、これは実行されておりません。ただ安永二年に至って、払米切手、調達切手という二つの名詞が出ておりますために、大分御話がしよくなりましたが、その前は何方も払米切手ということで出ているので、さっぱり区別がつかない。形も同じ形でありますし、判も捺すべき人が捺してないというわけではない。万事同じで、同じように扱われて来たのであります。

6　貿易・商業

長崎の貿易

貿易額の制限　この密貿易が何故元禄以後に多くなったかというと、これは阿蘭陀及び支那に対する貿易額を制限した為であります。それ以前にも法度制限がありまして、その度に貿易額は減って来ている。法度の出たのは寛文、元禄、正徳、享保と都合四度でありますが、享保四年に書いた「糸乱記」の中にも、こんな事が書いてある。阿蘭陀は初めから出嶋というところに集めて置かれたが、唐人は前々から長崎の町に住っている。商いは日本人と相対でやっていたところ、三十一年以前（元禄十一年）、十善寺というところへ入れて置かれ、阿蘭陀は三千貫、唐人は六千貫を貿易の年額と定められて、その他は商売することを禁制された。それからというものは、その禁制に背いて密買をして、私かに売って身上をよくした者があり、この御吟味によって年々死罪に行われる者があるようになった。これは近年世間の困窮によって多くなったものである、というのであります。唐船、蘭船合せて九千貫目に定められたのは、正徳五年の制限で貿易額を減じたので、輸入物が少なくなるほど、密貿易の利益が多くなって来るのでありました。ケンペルが書きましたものなども、支那船はすべて船荷を一杯載せて来るが、本国へ積返す船は一艘も無い。皆これが空船で帰る。彼等はその部分を、船を追駈けて来る日本人に売渡すのを慣いにしている。それからまた密貿易が盛んであって、貿易年額に構わず、沢山荷を積んで支那船が来るという事と、その荷を皆売って行く事を申した上に、何故長崎の人々は僅かの利益のために、死罪にもなるような危険を冒すのか、訝しいことである。支那の船に就いて見ていると、長崎でなしに筑前の唐津あたりになれば、探索もさほど厳重でない。その地方の住民たちはなかなか盛んに支那船と密貿易をやっている。それであるのに何故長崎の海岸に支那船が停船して、時間を空費しているのか、どうもわからぬことである、と言っている。「糸乱記」は正徳以後の状況を伝えているのですが、ケンペルはもう少し前の事を言っているようです。

税関と抜荷　作者が没交渉な抜荷のことをこの浄瑠璃〔註・「唐土織日本手利」作者並木千柳、中村魚眼。寛政十一年九月大阪北新地の染太夫座で初演〕に附加したのは、当時甚だ世人の注意した事柄であった為めである。この浄瑠璃の前後に於て、寛政元年十二月二十二日及び文化二年二月三日とに、抜荷に就いて厳達を出している。従来も制禁であったのを、寛政に於て死刑と定め、文化にはその厲行を期待したというので、抜荷によって奇利を博する者の多かったのが知れる。作者は明白に抜荷犯を描くのを憚って、同じ抜荷ながら慣例によって、船長の身に附いたものは除外された、それ故船長は支那服のようなだぶだぶな着物を着ておった、勿論だぶだぶの着物の中に潜む程の貨物が何程もあるものでない。船長の身附きの貨物と称して、小艇で密売したのである。ただ名目だけを船長身附きの貨物と言ったに過ぎぬ。そんならば正式の輸入はというと、長崎税関の事務をとる役人も役所もあって、輸入品を一々検閲して、それぞれに評価した。幕府は輸入品の種類、その金高をも厳重に制限しておった。輸入品は当該吏員の承認を経て売買されたのである。官准の積載貨物は一定の時日を以て、売買することになるので、その当日をコンパンデイと呼ばれた。この浄瑠璃にも「十連寺の浜蔵に床几直させ、かぴたん庭金、貨物積上居ならべば、こなたは菊地亀次郎、引かへの役目として、家来が控る帳面の、事厳重に付分る、大人参五万斤の内一櫃、白砂糖廿万斤、鼈甲が三千枚、枝珊瑚珠五百本、ヲヲ付札の通り残らず見せ、本帳面済だ、仲衆共、運べ運べに蔵の内、下官交じりにどっさくさ」とあるのも、外船荷揚げの状況を書いたのである。

取引は入札　「貨物取」〔註・「好色一代男」巻八中の字句〕はシロモノということです。貨物は一種の通語です。延宝七年の「長崎土産」なんぞによりますと、「貨物になりてより長崎のさかへとか、「世に貨物といへる、からの市法定りて都鄙の商人うるほす」とかあって、取引の方法のことになっている。寛文十二年に、長崎奉行の牛込忠左衛門が、市法売買の法を定めて、今まであった、糸割符という専売の商人をやめて、入札方法によって、舶載品を諸国へ売渡すようにした。市法はその時から起って、正徳あたりまで続いたので、西鶴がこれを書く時にはまだ続いていたのです。

商業一般

小売商の全盛　別けて享保の不景気以来は、大小の店舗共に商家の営業ぶりが変り、薄利多売の風を生じ、商内高（あきないだか）も従前の三倍を目掛けて、上手に買わせる趣向に勉めました。小売は前売から振売までが、気を揃えてそこを稼ぎますから、真に銭を持たせておかない世の中になりました。たとえば肴の切売、冬瓜の立売、米の一升売はおろか、味噌、塩、薪まで一日の入用ほど十六文とか十八文とかで売る、といったあんばい、すべて便利な勝手のいいところから、買い好いままに些少の金銭でも手残りがなくなり、思わずしらず買い過ぎるようにもなります。

本店と地店　商家の事にしますと、江戸店（えどだな）と言いますのは、上方に本店を持っているもので、江戸の方が支店になる。江戸に本店があるのは地店（じだな）と申しまして、これは十に一も無い位いのものでありました。

商人株の売買　元来商工業の仲間組合は共吟味に依って法令の遵守を厳にするために起させたものであるのに、団結して占買専売の機関に変質し、当業者の申合せを以て市価を決定するようになり、団結した人員以外の営業を阻止して、自由競争を杜絶した。文化文政以来の町人の横暴は実に甚しいもので、強固に団結して勝手に物価を支配した。それには新しい開業者は、既設の株式を収得しなければ、商工共に営業が出来ないのであったのが頗る好都合であった。この株式は営業種目に依って、一個四千両から二三十両までの価格を持っていた。

産地と需要

金山と山師　芝居の銀元（かねもと）は頗る冒険視されていた。「織留」にも「新田金山芝居の銀元博奕の筒にかかり」と一連に言ってあるのでも、その程度が知れよう。「文反古」にも「芝居の銀親せられ三十貫目の手形見え申候が、是はぬしも物にならぬとおもはれ候や、誰にもゆずり置申されず候」遺産分配から除いて置いた。「俗枕草紙」にも「あぶなもの、浜はたの新田芝居の金元、博奕の稼業」と列挙した。「織留」を繰返したように見える。芝居の金主から大金持になった者はないが、鉱山の方にはある。「永代蔵」にも「銅山にかかり俄分限になるもあり……鉄山の請山して次第に分限の人もあり。是は近年の出来商人、三十年此かたの仕出しなり」とある。「永代蔵」は元禄元年の版であるから、大略万治あたりからのことと思う。佐渡の方が旨くなくなって、薩摩の金山が評判されたのは万治、寛文の際であった。寛文度には薩摩の山のような仕合せという言葉さえ生じた。それから蝦夷松前の果までも鉱山事業の舞台となり、山々の計画、やがては山師という言葉も出て来る。享保度になっては鉱山は珍らしからぬ詐欺の好材料になった。

不断御出入申すお侍方の御国の様子を承って、新田のねがひをもくろみけるに、世には金山新田事の空事を衒ありて、人をふづくる山衒（やまこかし）といふゑせもの共あって、此刀屋の亭主にちかづき、ぬれ手で粟つかむやうなうまい事ども談合し。（享保三年版商人家職訓）

金銀銅の山事をふづくり、材木山を手にとるやうにいひかけて、素人に元手をいれさし、おのれは口をたたひて仕舞ひ、口は身につけ、手足につけてのくを、山こかしと申すべきに、何事にてもあれ、だまし取りにとりたほすを山こかしといふはいかに。是も理は聞へたり。のぼしかけてつきおとすより、かかる名は出来しとぞ。（享保七年版手代袖算盤）

山こかしという言葉は通言になったほどです。

炭の入荷と年代　薪、これが非常に高い。炭となればなお高い。これはその供給が困難だった為であります。江戸の初めから炭を供給しておったのは八王子で、甲州方面の炭を運びつける。元禄頃になりまして野州炭が出廻るようになりましたが、だんだん人口が殖えて来ますから、なかなかそれでは足らない。正徳頃には紀州熊野の炭が出廻っております。伊豆の天城の炭が出廻って来るようになったのは天明以後だし、房州、総州の炭が出廻って来るようになったのは安政前後の話です。それですから炭の代価というものは非常に高かった。

八王子炭と野州炭の競争　八王子の横山宿、今の八王子市横山町に成内頴一郎という人がいる。この成内の家が三太郎の子孫なので、八王子の炭焼、炭焼の三太郎という言葉は、同家の家記を除けば分らぬことになる。徳川氏が入部して江戸の町が賑わしくなって以来、薪炭を供給したのは八王子であって、そこは日本橋から十三里という距離だけに、輸送の不便な時代に重量の多い、値段の安い貨物に就いて、頗る利益な地位であったろう。成内の祖先は大名旗本の屋敷へ炭を売り込んだ。町売の炭屋を相手にするのと違って、一俵二俵の商いではない。やがて成内は豪家と言われるようにもなった。そうして炭請負で巨利を博した。成内は小田原落城の浪人とやらで、横山宿の名主様であった。江戸に於ける木炭の大供給は、日原入り（にっぱらいり）を背にした八王子だけの産額では、人家の増殖した元禄宝永度には、到底需要に応酬し得られなくなり、木炭の代価は著しく騰貴し、殊に在荷の状況では相場の動揺が甚しかったと伝えられている。その時分江戸へ突入して来たのが野州炭で、産額の多いのと、値段の安いのと、両方から八王子を挟撃して、とうとう駆除してしまった。狂歌に名高い平秩東作（へづつとうさく）が伊豆の天城の木炭を、江戸へ輸入する計画を敢行したのは天明度のことであるが、寛政から大分方々の炭が、江戸へ入り込むようにもなったが、それでも野州炭は相変らず商況を維持して、東京時代になってまでも優勢なものであった。

天城炭売出す　伊豆の天城炭は安永四年、奥伊豆の一色文右衛門が始めたのであるが、まだ当時は粉が多いというので売行きが悪く、天明五年の中洲埋立にはこの天城炭を海中に投じて築立てたとさえ伝えられているほどだが、それでも文政八年の「経済随筆」で見ると、「炭は埋みには池田よし、常に使ふには天城、八王子の類よし」とあって、八王子炭と押並んで使われるようになり、下って天保四年の「今様流行物語」になると「蘇鉄ノ瑠璃鉢天城炭」とあって、天城炭が流行物になるほど、盛んに江戸で使われるようになった。

油の商法　油は種子油と綿実の油、綿実の油は黒油、赤油といっておりました。その外に魚油、これが燈火用です。それから胡麻の油、荏（え）の油、髪へつける油は色油といっていましたが、これはまあ別として、燈火用の油が甚だ高い。米の三倍乃至四倍、酒の倍ぐらいしました。下り油問屋と地廻り問屋とあって、ちょうど米河岸の通りに問屋、仲買、小売という段取りになっていて、それを扱う。ところが米にはないことですが、油は時々売止めをするものですから、それがために騒動を起しかけたことがあった位いです。吉原のように賑やかな、繁昌な場所でも、元禄前後のところでは第三流位いの女郎屋になると魚油を使っているから、真黒に燻った煙がどんどん上っている。「闇の夜も吉原ばかり月夜かな」というと景気がいいが、魚油を燈して黒煙が濛々としていたのです。芝居も日暮れ限りでよしてしまう。こういうことは皆燈火の資料を欠くためであって、夜になれば江戸は真暗だといってもいい位いである。吉原が明るい明るいといっても、蠟燭や魚油の燈火だけの話だから、決して明るいものではない。そうして又その代価が非常に高いものだったのであります。

附　富突その他

富と蔭富

富籤概要　文政六年には江戸中に富の興行が三十三カ所もあった。富は神社仏閣の改築修繕の費用を得るために許可されるので、興行の場所も寺社地域であった。有名な天王寺の富突きは江戸名所図絵の挿絵にもなっている。富は取退講、頼母子講、大黒講などと称する無尽と共に、江戸の市井の小さな射倖心を煽ったもので、番号を記入した富の札一枚を二朱（一両の八分の一）で買う。一番の当りが五百両の富は二朱の札であった。百両のは一枚七匁五分（一両は銀六十匁である）もしくは六匁であった。富突は日を定めて毎月のもあれば、隔月又は三月目に行うのもあったが、番号を書いた木札を箱に入れて持出し、その箱の中央に穴があいている。大きな錐子でその穴から箱の中の木札を突く。突いた錐子を引きあげれば、尖端に木札が刺されている。その木札の番号が当りなのである。富突の名称もここから起ったという。その当りも一番二番三番、両袖、孫袖、十節（とふし）五十節、百節花などと色々な名称によって、一番が五百両なら、百五十両から一朱まで余景を出した。三十三ヵ所も富突があった文政には、殆ど富突のない日はない。富の札を売る店が八百八町の町毎に、酒屋や八百屋と同様に営業していたと当時の記録にあるほど盛んな景況を見せた。それのみならず、公開された富突の当り番号（当時は出番といった）に依っての賭博が行われ、この出番をいち早く小紙片に印刷して「お咄しお咄し」と叫んで、今日の号外売りのように売り廻った。それが四文ずつであったという。この「お咄しお咄し」を急いで買うのは、出番に依る賭博（当時は蔭富といった）に必要であったからである。江戸ッ子等は射倖心に駆られて富に熱狂していた。彼等は骨を折らずに金銭の得られるのが馬鹿に嬉しかった。なにも小判でなくても宜しい。一貫二貫の銭で大いに満足するのであったから、蔭富の札を買う世話もなく、突き日を待つ辛抱もなく、日々に勝負する手早いところを喜んだのである。それならピンコロで勝負した方が、余計軽快であるのだけれども、流行ということはまた大いに彼等を動かして、蔭富でなければ納らないようでもあった。

当り番の解説　鳶魚「札を突きますにはこんな札で、大きな箱に景物を入れてそれを突く。突いて一番先に突いた奴が一番富だ。それは剣の先へ喰付いて来る。それだから何番が出て来るか分らない。これに書いてある〔註・「膝栗毛」中の一節。大阪座摩神社の富札を弥次北が拾い、当り札と感違いして、百両取った気で豪遊し、あとで誤りだったと知って悲観する場面〕というと八十八番を突いた、だから一番先に突いた富の札は八十八番、一番の富が八十八番です」共古「そういう定め方ですか。百円を当りとしておりますのがあります。関西あたりの富に……」鳶魚「それではまあ表に就いて考えましょう」共古「私にも表は一つあります。初めからそういう風にしてある富の札があります。本堂再建に就て二百五十円取るのが鶴三千五百枚、亀三千五百枚、一つの札が価は二種です。二種を置いて百円取ると二百五十円取、けれども二割は奉納する。今の三田村さんの御話のように、たとえ鶴でもこっちで十二突くまでの間にこれが当るけれども、何でも構わず、そういう風に鶴で同じような百枚ある、それが幾らずつか皆附いております」鳶魚「そう致しますと一番二番三番の富があって、その一番富から数えて百番になるものが当りになっている。その他になお十番目十番目を引いて細かに数えて五十番と百番は大節と言ってそれに大きな花がつく。それから真直ぐに下の方へ行って今度はその袖というのがあります。それからまた袖というのと孫袖というのと二つあります」

当り番図解〔補〕　当り番の通則を見るのに都合の好い表があるので引用しておこう。これは加賀藩松任町の富突で、札の裏面に左の配当表が刷り込んである。すなわち富突の加入銀は一口八匁五分、総数を五千口と定め、第一番以下両袖、五番の所、十番の所、或は同じ番号で鶴亀の印違いにもそれぞれ分配銀のあることが示されている。

富突の公許　鼠骨「それより富は勝手に許しますか」鳶魚「政府の許可を得なければならない」鼠骨「政府はその場合に許可しましたか」鳶魚「大抵は寺社の建築、それから何かの為にやる。一体富が公許を得なければならぬ事にきまったのは享保年代からです。その前には大変盛んであったのを、吉宗が享保の改革の時に皆止めた。そうして世間に倹約令を布いた。大そう幕府の苦しい時でありましたから、今まで御朱印があって寺の普請金を請求されて困った。由緒ある寺で整理をしているといないとによって金を出す事が難儀だから、やむを得ず官許した。それ以外には禁じた。それからずっと寺社のためにする分は許可を与える事の慣例が出来た」

鶴弐千五百枚	亀弐千五百枚
合五千枚	
揚リ札百枚	両袖弐百枚
印違百枚	
都合四百枚	

第壱番	銀壱貫目	両袖五十目ツ、	印違壱番	銀百目
五番ノ所	銀百目ツ、	両袖十五匁ツ、	印違五番ノ所	銀弐十目ツ、
十番ノ所	銀弐百目ツ、	両袖弐十目ツ、	印違十番ノ所	銀三十目ツ、
第弐十五番	銀五百目	両袖三十目ツ、	印違弐十五番	銀五十目
第五十番	銀弐貫目	両袖百目ツ、	印違五十番	銀弐百目
第七十五番	銀五百目	両袖三十目ツ、	印違七十五番	銀五十目
第九十八番	銀五十目	両袖十匁ツ、	印違九十八番	銀十五匁
第九十九番	銀百目	両袖十五匁ツ、	印違九十九番	銀弐十目
間々	銀弐十五匁ツ、	両袖八匁五分ツ、	印違間々	銀十匁ツ、
第百番	銀十貫目	両袖三百目ツ、	印違百番	銀壱貫目

会の前日迄に加入銀全く入済尤紛失札落札損札断不承届候事
鬮当り銀開札の後即刻渡

富札の突き方　鼠骨「富は振っておりましたか」鳶魚「それはこうやって箱の中に、『東都歳時記』に谷中天王寺の絵があります。箱を揺すぶって子供が出て大きな木で突く」竹清「子供じゃありません。上下を着ている大人です」鼠骨「そうすると振るというのは突くので、振出すというのではなかった」鳶魚「坊さんが御経を上げて振った」華洲「目隠しがありました」鳶魚「そういうもので突きます」鼠骨「櫛のような物で下歯が無い」共古「林さんご覧になったでしょう。両国の回向院でやったでしょう。何処かにあったのを……」鼠骨「とにかく富を突いているのをご覧になったことがありますか」鳶魚「それはないでしょう」鼠骨「そうすると余程前から無くなった」鳶魚「天保で水野の改革の時に無くなった。あの時にやっつけた、それっきり無い。その代り今の勧業債券の仕方が似ている。あれは抽籤でしょう。意味は同じだ」

経済雑録

江戸の両替屋　江戸では享保三年に初めて市中に両替屋三百戸を限定して、六組（神田、両替町、浅草、芝、四ッ谷、本郷）二十七番の基礎をなした。「寛永以来承応之比迄は、金銀両替と云ふこと、駿河町、両替町の外には其節迄商人一軒もなく、金子一分二分づつか、銭或は少々の銀子にて、銭を替たき時は本郷、四ッ谷、芝、浅草の果よりも、日本橋の南北に来りて調べたること也。是は室町並に通り町南北四丁が間に、銭売とて数百人各々三貫文づつ肩にかけ居て、少しき銭両替を数十年の間いたしたること也。青物町に両替屋一軒見世を出して、鐚銭を交へず九十六文、本数の銭を粒銀にても金子一部にても、自由に両替せし故、さても自在なる見世出たりとて、江戸

中此店へ来て両替したり。是を見て江戸中忽ち両替屋の見世出たりとぞ」（事跡合考）

金貨を試す方法　正徳四年五月十五日に改鋳された新金が行われていた。金性を験す方法として、小判なり分判なりの一隅を、付石（試金石）に当てて強く摩ると、金性の剛柔に依って石面へ移す痕跡も違い、その色合も違う。これをツキが善い悪いという。その痕跡へ息を吹掛けて曇りを見る。これをイキが好い悪いという。この頃悪い金（贋造貨幣）が立ち廻ったとみえる。

約束手形問答　若樹「この当時〔元禄〕そういう小商人に手形があったでしょうか」鳶魚「それはあったでしょう。どこかから貰った手形だから、これは割引きする、というようなことはあったろうと思う」楽堂「僅か十匁借りた金でも、期限の先のものは八匁で融通する、というようなことはこの頃すでにありましたろう。それにこの文中〔註・「好色一代女」巻の三の一節〕の町人は必ずしも小商人でなくても構わない」仙秀「永代蔵の巻一に、二十五貫目の金を両替屋へ預けて、八十貫目の振り手形を出した話がありましたから、そんなことはあったでしょう」

三　火消の制度

1　定火消

官設消防隊の種類

町鳶と称せられた民間の消防夫は、享保度に京都の仕組を江戸に適用したので、その前に民間の消防組が組織された後も、官設の消防隊は江戸の最後まで行動しておりました。それはどんなものであったかといいますと、市内二十ヵ所の役屋敷がありまして、御先手の旗本が十人、定火消を勤めます。それは各々与力六騎、同心三十人ずつを従え、ガエンと称する消防手七十人を率いて、飯田町、四谷御門内、小川町、市谷左内坂、駿河台、半蔵御門外、溜池、御茶の水、八代洲河岸に分遣されておりました。また大名火消と言いまして、幕府の命令で担当地域を指定された諸侯が十一人あり、大手、桜田、二の丸、紅葉山、吹上、浅草の御蔵、本所の御蔵、増上寺、上野、湯嶋の聖堂、猿江、御材木蔵というような、民間とは関係のないところを持場として、一人一ヵ所ずつ引受けておりました。まだその上に方角火消というものがあって、大名が四人ずつ八人で、大手組、桜田組と分れまして、出火の際に千代田城の警備方面を分担致します。定火消、御大名火消、方角火消というこの三つは、幕府から命ぜられた大名旗本の役目でありましたが、その外に大名自身の邸宅の防火のために、八町火消、五町火消、三町火消などというものがありまして、自邸附近の火災に出動する設備がしてありました。有名な加賀鳶なるものは、前田侯邸として編成されていたのですが、この大名の抱えておく消防夫は、藩主の親戚だとか、菩提所だとか近火の際に、騎馬の武士に引率されて、そこへ出動します。これを御見舞火消と申しました。

定火消の組織

火消屋敷の殿様 定火消というものがあった。これは旗本の五七千石位い取る、しかも内福の旗本が選ばれるので、勤めていれば損が行くのですから、金を使わせるために命じるのです。十人火消ともいいまして、駿河台、小川町、四谷御門内、八代洲河岸、御茶の水、麴町御門外、赤坂御門外、飯田町、市谷左内坂、溜池の十カ所にあった。もとは八組のこともあり、十五組のこともありましたが、宝永元年以来十組になったのです。この定火消というものは、ずっと古いところでは大名の役目でありましたが、後には旗本の役廻りになりました。それだから火消屋敷の殿様といっていたものです。役料三百人扶持、与力六騎、同心三十人、それに中間、時の言葉で申せばガエンという、これが二百人前後ついている。これだけが一屋敷におりました。

出動の模様と出の太鼓 定火消の役になります者は、大概三千石以上の旗本衆がなる。大変金のいる役廻りだそうです。〔略〕旗本衆が定火消をつとめるに就ては、いろいろ話もありますが、金持の旗本を貧乏させる役向で、またその役を首尾よくつとめれば出世も出来る、というようなものでもあった。それですから、随分骨折って、自分の出世のためにつとめたというようなこともあったのです。〔略〕それでなかなか威張ったものでありましたが、まず火事がありますと、高い火の見から出の太鼓を打ちます。これは「ドン、ドン、ドン、ドン、ドン」と一つ重ねに打つ。これを出の太鼓という。町方の火消人足ならば出が掛るというところだ。そうすると火の見櫓の下にいる者が、早く出馬を促すために「火勢が強うござる」という。それをきっかけに、もう勢揃いをして飛出す。或は遠い火事であれば、出火の知らせまで打つのですから、下の方では「火が見えません」という。出馬を最も急にしなければならない時、すなわち近火の場合には、「御太鼓が直ります」という。もっと近火の時には「御馬はいりません」という。この太鼓が直るという時には、どういう風に打つかというと「ドン、ジャン、ドン、ジャン、ドン、ジャン、ドン、ジャン」と太鼓と鐘とを一つ交ぜに打ったそうです。これが町の方でありますと、「すりばん」が一番近い。その次が三つ、二つ、一つ、ということになって行く。これは火消屋敷にしましても受持の区域というものがある。町火消にしてもそうですが、応援しなければならない区域があるし、又ぐっと近い手許の火事もある。そういう差別によって忙しく打ったり、緩く打ったりするのです。

火事の大小による指揮者〔補〕　正徳三年十二月令して大火には若年寄一人臨場し、消防上一切の指揮監督に当らしむ。爾来以て例となす。又幕府の重要とする場所に近接して大火ある時は、特に老中の出馬を見ることあり。凡そ府内に火災あれば、目付使番等現場に出張して、親しく消防火勢の状態を視察し、これを大城に報告する例なりしが（後世は概ね使番これに当れり）後漸く直接防禦の指揮を為すに至り、従者また無頼の挙措少なからず、よって享保元年十二月厳に之を戒飭し且消防の監察にあたり、火勢の向う処を防ぎ、屋舎を毀ちて延焼を阻止する行為は、消火と其功を同じうすべしと訓令せり。〔江戸時代制度の研究・松平太郎著〕

ガエンの者

無作法な先陣　このガエンというものは、何しろ素裸で火がかりをする。町火消は刺子を着ているが、これは褌一つで火がかりをするので、役屋敷の方では先陣といっていました。これが平常民家へ出て来て、銭緡（ぜにさし）の強売をして随分困らせたものです。ガエンは前の十屋敷に配備されておりましたから、総人数から申せば千人も千五六百人もいたのでしょう。

身分と服装　旗本の定火消に属するガエン、本来は役中間なのだが、一般にガエンとのみ呼んだ。ガエンは役屋敷の大部屋に起臥していた。彼等には衣服がない。年中法被一枚で暮す。奇妙に身体の綺麗な男振りのよいのが揃っていた。寒中でも法被だけしか着ていないのだから、彼等の文身（ほりもの）が目立つ。白い白い肌膚に朱の入った画面は何程美しかったろうか。頭も助六のセリフにある生締（なまじめ）というものに結っていた。入湯も毎日三四度ずつというゆき方。

出動の実際と出動演習　彼等は長い丸太を枕に十人も十五人も寝る。火消屋敷の火の見は高さ三丈に構造され、上層の櫓に太鼓が釣ってある。そこに昼夜とも二人ずつ見張りがいて、火事と見ればドンドドンと打出す。ガエンの大部屋にも不寝番がいて、丸太枕の小口を木槌でたたく。直にたたき起すのだが、丸太枕をたたかれるまで寝ているような鈍いガエンはない。櫓太鼓にふと目をさますどころか、夢うつつの中に聞きつけて飛び起きてしまう。同じ武家の奉公人でも、ウウンむにゃむにゃと一人ずつ起される中間小者とは元気が違う。町火消は刺子の火事装束に身を固めているのに、ガエンは法被一枚、肌もあらわな姿で火がかりをする、これほど無法に強いものは何時になってもまああるまい。その勇気を夏季になって火事がないと持ち扱っている。そこで空出（そらで）が行われる。不意に櫓の太鼓を打つ。ソレッというのでガエン一同は鯨波の声を揚げて役屋敷を繰出す。そうして彼等が門外へ出るや否や半鐘を鳴らして引揚げさせる。役屋敷の火の見には太鼓と半鐘が備えてあって、出火には太鼓、鎮火には半鐘、鳴り物を替えて差引きした。空出は火事のないのに出を掛けて、出動演習をするのである。

ふしだらな日常生活　江戸第一の元気もの、如何にも壮快に見られてはいたが、ガエンが江戸ッ子の中心になれなかったのは、彼等が役屋敷に住む役中間で、市街で暮さなかっただけではない。彼等は平生役屋敷の大部屋に起臥し、そこへ博徒を引入れ、年中の大賭場にしていた。往々にして酒屋、料理屋を荒し、諸興行には木戸銭を払わないなど、随分乱暴な風であった。特に商家が困ったのは銭緡売りであった。江戸の小売商人は穴のあいた銭を取扱うので、藁を綯（な）った銭緡が入用であった。いらないとは言わせないように、ガエンはその銭緡を持って商家へ来て買えという。買えば法外な値段を吹掛ける。いらぬといえばグズる。味な凄い文句を並べて店頭を動かない。何かと酒にしたがる。町家では火事の時の混雑紛れに如何なる乱暴をされるかも知れぬと、そこに弱味を持って、ガエンを腫れもの扱いにすると、彼等は図に乗って威喝がましくなった。それでは相手になる者がなくなる。

定火消の消火の動作

もとの火消の様子がどんなものだったかということは、定火消の組立を見るとよくわかりますが、定火消の方で見ますと、先番が火がかり、中番が水の手、後番が消し口に廻るようになっている。水の手である中番の方に、釣瓶だの大溜籠だの、担籠だのというものがある。この釣瓶の方の役廻りはどういうのかといいますと、井戸から水を汲んだやつを、小さい籠に入れて大溜籠のところまで運ぶ。それから今度は大溜籠から水を分けて、手繰りにして梯子の下まで持って往くのが長鳶の役、それを屋根の上へ持って往くのが梯子と刺俣の役廻り、上から水を運んだ小さい籠を投げてよこす、それを取集めるのが梯子の役、という風になっております。そこで水を運ぶのに最も便利なのが玄蕃桶ですが、これは明和度に久留米の有馬さんが大名火消を勤めた時に考え出したもので、有馬の家は代々玄蕃頭だから、あの桶を玄蕃桶というようになったのです。竜吐水も持って往かないことはない。後には定火消も持って往ったようですが、それよりもかえって竜吐水の無い支度になっていたことが、昔の火消の様子を示すものである。町火消は竜吐水を持って往くけれども、水を運ぶのに必要だから、釣瓶や担籠も持って往く。それが後に玄蕃桶になってしまったのであります。

2　大名火消

方角火消

大名中の花形　有馬の火の見、これは江戸に二つないものと番附にも載せてある。今〔昭和二年〕

は海軍造兵廠になっている赤羽根の久留米邸は、三田台を背負っていた。有名な火の見櫓は背後の高地に建っていたのである。江戸の武家屋敷では万石以上でないと火の見を建造することが許されぬ。それだから大名の屋敷にだけしか高火の見はない。大名ならばいずれの屋敷にも高火の見があるかと言えば、そうでもない。松平越前守（福井）松平阿波守（蜂須賀）松平土佐守（山内）松平隠岐守（久松）松平肥後守（保科）の五家に限って、特許された火の見がある外は、方角火消を命ぜられた大名の家でなければ、高火の見はないのである。方角火消は大名火消とも言われた。幕府が大名に特命して勤務させたからの名称だ。町々の抱え人足（鳶の者）から組織した町火消や、弓組鉄砲組の旗本衆が十人ずつ任命される定火消の外に、この大名の方角火消があったのだ。方角火消は一般の火災についてではなく、大手方、桜田方、二の御丸、紅葉山、吹上、浅草御蔵、本所御米蔵、増上寺、上野、聖堂、猿江御材木蔵、と各分担があって、専ら幕府のために常備されたのである。方角火消を命ぜられた大名は、定火消の役屋敷にある火の見と同様に高さ三丈の火の見を建てるが、さもない大名は二丈五尺以上の高さに火の見を構造することを許されなかった。そこで高い火の見の数が少ない。大名は例の参覲交代で隔年に帰国する。従って方角火消の任務も在江戸の期間だけであった。けれどもその費用は夥しいものであったという。戦争というもののない泰平の世の中に、華々しいいでたちの火事装束で出馬するのは、殿様に似合わしいお晴れであったろう。新たに抱えたガエンと称する多数の消防夫なども加わって邸内も別して賑わしい。方角火消の警戒地域も定っていた。担当方面の火事ならば近いのでなくても同勢を繰り出すのが例である。その度毎に凄じい景気を見せるのだ。江戸の市民は方角火消を勤める大名を、大名中の大名だと思った。余り威勢が好いので別段なもののようにも見えたろう。火事が江戸の花ならば、方角火消も大名の花でなければならぬ。それ故ではあるまいが、殿様のお晴れに、一代に一度は方角火消を勤めたようだ。然るに久留米の八代中務大輔頼僮などは、一代に四度増上寺火消を勤めたという。方角火消の建てた邸中の高火の見は、勤中の使用であって、帰国した不在の間は勿論のこと、たとえ江戸にいても御役でない時には締切っておくのであった。一度方角火消を勤めれば、使用することは許されないでも高火の見が残る。そうすると大名の高火の見も方角火消を勤めた標示までのものだが、有馬家のは邸後の高地へ建造したので、規定によって同じ三丈の高さであっても、久留米藩邸の前面から仰ぎ見ると、他に類例のない高さであった。有馬家の火の見は何時建てたのか、今の伯爵家でも知らないという。しかし宝暦八年版の「冬至梅宝暦」に「赤羽根といふては火の見やぐらより名が高い」と言い、安永二年版の「出放題」に「赤羽根の火の見が日本一」などとあるのを見ると、一代四度方角火消を勤めた殿様の時代に建てたのらしい。これも名高いものだから怪猫の住み場所に採用したのであろう。

殿様の出馬　方角にも桜田組、大手組とありまして、私〔註・旧芸州藩主浅野長勲侯。ここはその談話〕は桜田組でした。大概三年間勤めるので、火事があると人数を出す。一番手、二番手が出て、三番手となると、私が自から出馬しなければなりません。分家の近江守〔註・芸州支藩の藩主〕は三万石でしたが、こういう公務になりましては、すべて本藩から入費を弁償します。三万石は家の小普請とか、役人の給料、役料とか、女中の給金とかいうもので、あとは衣食の費に充てる位いのことです。家を建て替えるにしても、本藩の仕事です。家来一人もなし、寸分の土地もない。〔註・支藩は広島内緒分となっており、領地はなく三万石も禀米の給附であった〕すべて本藩のもので、分家の所有は一切ないという、大そう変ったことになっておりました。方角をするにしても、伝奏御馳走役を勤めるにしても、その入費はすべて本藩から支弁するのであります。私の時は別に異状もなかったが、親の時には、家来が三人気の違ったものがあったそうです。その上入費は皆弁償しなければならんのですから、難儀な役です。方角となりますと、大きな人数で引取りの時など、馬に乗って赤坂見附に立って見ると、はじめの人数は、牛泣坂の半ばにいる位いのものです。出火というと、一番に纏が火消役所に参りまして、何方へ出張るかと聞く。和田倉なら和田倉、食違なら食違ということで、これが近江守陣取りの場所になります。三番手が出れば、私も出なければならんから、平生寝ている時も、枕許に火事装束が置いてあります。若い時は出かけるのが面白いので、馬に乗って駈けて行くと、一緒に駈けて行く者が、牛泣坂位いまでで皆落ちてしまう。引取りには火事装束を着まして、錣——これは立派なもので、鯉の滝登りとか、波に千鳥とか、竜とかいうようなものが、繡になっている。大名が競って、立孫なものを作ったのですが、後に節倹の令が出てやみました。火事の時に使うガエンは、一時抱えるのですが、これは大部屋に置いてありました。方角の役は三年がきまりのところ、私の時は世の中が変って、火消が廃止になりましたので、一年半位いしか勤めませんでした。その間で一昼夜に三度出たのが一番多かったようです。元来非常を警めるのが主ですが、御城へ火が近づけば、消防にかからなければなりません。火の見櫓は大名に皆あって、それに昼夜人が上って見ている。そうして浅草通りなら、浅草通りというように呼わります。板木をたたきますから、三番の板木をたたくと、衣裳をつけて支度をする。広敷に寝た場合は、錠口から老女を通じて知らせて来ます。表に寝れば小姓が知らせる。火事の際は御使番が利け者で、裏金の笠を被っておりましたが、あれが来ると皆いじけたものです。

八町火消

定火消、御大名火消、方角火消というこの三つは、幕府から命ぜられた大名旗本の役目でありましたが、その外に大名自身の邸宅の防火のために、八町火消、五町火消、三町火消などというものがありまして、自邸附近の火災に出動する設備がしてありました。有名な加賀鳶なるものは、前田侯邸として編成されていたのですが、この大名の抱えておく消防夫は、藩主の親戚だとか、菩提所だとかの近火の際に、騎馬の武士に引率されて、そこへ出動致します。これを御見舞火消と申しました。

奉書火消

大火の時の臨時召集隊　この他に火事がひどく大きくなって来た時は、臨時に幕府が諸大名の中に対して火消方を命ずる。これは固める〔警備〕意味ではない、火を消す方の意味のもので、奉書火消といって、火事の大小によって三人も四人も臨時の火消を命じることがあるのです。

猛火の中の長矩侯　浅野内匠頭はこの奉書火消によく出ることがある。それはなかなか評判なもので、「浅野が出たからもう火事が消えるだろう」と言って信頼されるほど、火消しが上手だった。延宝八年二月朔日に赤坂辺に火事があったことがありますが、その時に例の奉書で急に長矩に対して火消を命じた。ちょうどその火事は本家の芸州侯の屋敷の辺まで燃えひろがって来た。そうすると長矩はその長屋へ吹きつけるひどい焰の中を、自分の人数をさし向けて、大勢を長屋の屋根に上げて、屋根を壊し、梁を切ってしまった。そうしてどうしても防げぬことになると、忽ちそれを引倒してその火事をとめました。それからその構えのうちの本家の方に人数を上げて、自分もその屋根に上って構え込んでおった。とうとうそれで火事を消し止めてしまうと、今度はその尻火がわきの方へついた。これは壊しても何でもないから、引倒すわけに行かないので、自分でその火の中へ飛込んだ。殿様が飛込んだから、家来も引続いて飛込みまして、大勢の力でとうとうたちきって、火事をものにしなかった。

武家地の火事

表門さえ焼かねば　一体昔の武家屋敷の火事というものは、門さえ焼けなければ、表向に火事に遭ったということを言わずに済むのである。それ故に、もし自分の家から火事でも出しました時には、自分の家だけで消し止めてしまえば、別に面倒にもならないで、火災を内分に済すことが出来る。だから大概門を開かずに消してしまう。中が混乱していても、門があいていない以上は、手伝いのものも来ない慣例になっている。

町家の火事との違い　駿河台は町家じゃありません。町家の無いところへ、一般の町火消や町の人足などが駈けつけるものじゃない。武家地の火事を主として消すために、定火消というものがあって、これが出て行くことは出て行きますけれども、この方はなかなか堂々たるものですから、火事の場合で混雑はしても、町方のようなことはないのです。

3　町火消

組織と経費

火消の始まり　この町火消というものは、享保三年十月頃、一町から駈付人足三十人ずつ出せという命令があった。その後十五人に減少されましたが、そこから出て来る人足は店人足（たなにんそく）で、素人だから働けない。これではいけないというので、一町から一両人、大きな町になって四五人の鳶の者を出すように、ということになった。その時はじめて――というのは享保三年十二月ですが、片仮名付の組合が出来た。これで町火消というものも、素人でない専門家が出て来るようになったのですが、享保十五年正月になって、前には片仮名付の組合であったのを、平仮名のいろは付にしてこれを小組といい、その四十八組を十番組に割ってこれを大組と言った。これに属する鳶の者の数は、手近い安政の「町鑑」によると、九千七十九人あります。この大組の方の纏、大纏というものは年番になっていまして、組合の町方のうちから順々に預ることになっていた。それから町奉行の方では、与力が一人、火消人足改という役があって、この方を担当することになっておりました。その時分各町各町に町入用というものがありましたが、その入用の過半以上は火消の入用だったそうです。竜吐水を用いることは享保に町火消が出来る時分からの事でありまして、最初は官給でありましたが、寛政三年から渡しきりで、修繕その他は町方でするようになったのであります。

いろは四十八組〔補〕　いろは四十八文字のうち「ん」の代りに「本」を入れ、「へ」「ひ」「ら」は縁起が悪いとして「百」「千」「万」の文字を用いている。また大組も同様の理由で元文三年に「四番」と「七番」を廃止、所属の組を「五番」「六番」にそれぞれ配置した。また本所、深川は十六組の特別の編成になっている。安政三年の編成左の通り。

一番組　筋違門内、神田辺、両国橋まで。日本橋北本町まで、南は通一丁目辺。

い組　四百九十六人　本町、本石、室、小田原、本銀、本両替、本材木、本舟、駿河、瀬戸物町、伊勢、安針、万、青物、通一丁目、呉服、岩付、西川岸町。

よ組　七百二十人　鎌倉町、永富、鍛冶、多、大工、白壁町、須田、鍋、紺屋、小柳、平永、三河町。

は組　五百九十二人　大伝馬町、亀井、難波、堺、小網、小舟、油町、堀江、小伝馬、鉄砲、高砂、富沢、長谷川町。

に組　三百九十人　通塩町、横山、馬喰、村松、橘、米沢、豊島、久右衛門、吉川、柳原同朋町。

万組　四十八人　飯田町辺。

二番組　日本橋南より芝浜松町まで。八丁堀、霊岸島、新堀町、箱崎、南八丁堀、築地鉄砲洲辺。

せ組　二百八十一人　炭町、南槇、南大工、鈴木町辺、大鋸、南伝馬町辺、五郎兵衛、桶町。
ろ組　二百四十九人　元大工町、佐内、平松、上槇町、下槇、箔屋、新右衛門町。
も組　百八人　南紺屋町辺、銀座、三十間堀辺、丸屋、数寄屋町辺、西紺屋町。
め組　二百三十九人　桜田久保町、兼房、二葉、源助、露月町、神明町、増上寺門前、浜松、芝口町。
す組　百五十九人　南小田原町辺、舟松、本港町辺、木挽町辺、南八丁堀辺。
百組　百四十一人　南茅場町、南八丁堀、東八丁堀、日比谷町、亀町、神田塗師町、代地辺。
千組　百九十七人　箱崎町、南北新堀、南銀町、東湊、霊岸島辺。
三番組　芝千杉橋より高縄まで。三田麻布辺、白金、品川台、二本榎、目黒辺まで。
て組　百七人　白金台町十一丁目まで、永峯町まで、目黒町辺、寺社門前。
あ組　百十七人　芝田町、久保町辺、芝古川町、一本松、麻布本村、竜土町。
さ組　二百四人　芝松本町、増上寺辺、新網、三田台町、三田豊岡、下高縄町、功連寺門前。
き組　六十五人　白金猿町辺、妙玄院門前、品川台町、了真院、本立院、宝塔寺三門前。
ゆ組　五十五人　芝車町、下高縄町、泉岳寺、大仏両門前。
み組　百二十四人　芝金杉辺、同田町辺、本芝町辺、増上寺、安楽寺両門前、西応寺町。
本組　二十五人　承教寺、広岳院、相福寺、上行寺、朗惺寺、黄梅院、六門前並に二本榎寺社門前。
五番組　麴町、四谷、赤坂、青山、麻布、西久保、渋谷、広尾辺。

く組　八十七人　四谷伝馬町、麹町十一丁目より十三丁目まで市ヶ谷本村町辺。
や組　百十七人　半蔵門外麹町辺、同三丁目裏谷町、麹町平河町辺。
ま組　二百八十五人　赤坂伝馬町、同新町、同田町、元赤城町辺、麻布今井町。
け組　百十一人　元鮫ヶ橋町、鮫ヶ橋、谷町、四谷仲町辺。
ふ組　百人　青山御手大工町辺、同浅河町、同久保町辺。
こ組　三十五人　麻布宮益町、同道玄坂町辺、渋谷広尾町辺。
え組　百四十四人　麻布竜土町辺、飯倉六本木町、本村、桜田町辺。
し組　百三十二人　麻布市兵衛町、谷町辺、飯倉町辺、今井、永坂町、麻布新網町辺。
ゑ組　二百二十六人　西久保新下谷町、葺手町辺、青松寺門前町、富山町。
六番組　小石川、大塚、牛込、小日向、市ヶ谷、早稲田辺。
な組　二百七十二人　小石川春日町、同所伝通院門前町、其他寺社門前。
お組　百十八人　市ヶ谷谷町、牛込原町辺、其他寺社門前。
む組　九十三人　小石川簞笥町、小日向清水谷町、大塚、三間、茗荷谷、金杉町。
う組　百三十人　牛込改代町、関口水道、同築地片町、音羽町辺、小日向水道、八幡坂、牛込水道、馬場先片町。
ゐ組　二百四十人　市ヶ谷田町、舟河原、牛込肴町、払方、納戸、津久戸町、寺社門前。
の組　百三十六人　牛込天神町、榎、早稲田、馬場下町、供養塚、弁天町、寺社門前。
八番組　浅草門外、蔵前辺、外神田、明神下、湯島、本郷、下谷広小路、池の端。

ほ組　百三人　浅草平右衛門町、茅、旅籠、森田、猿屋町、天王、瓦、元鳥越町辺、寺社門前。
わ組　三百二十人　湯島天神下、茅町辺、池の端仲町、黒門町、大門町、下谷長者町、上野、下谷町。
か組　三百三十三人　佐久間町辺、湯島、旅籠町、湯島天神門前、佐久間明地の内測量場。
た組　二百四十三人　春木町、本郷一丁目より六丁目まで、菊坂町、小石川片町、元、竹、本郷金助町、占庵屋敷。
九番組
　　　駒込、巣鴨、染井、谷中、千駄木。
れ組　二百二十五人　谷中天王寺門前、谷中、千駄木町辺、同片町、三崎、宮永、池の端七軒町。
そ組　百三十六人　駒込片町、追分、丸山新町、白山前町、指ヶ谷町、南片町、其他寺社門前。
つ組　百九人　駒込浅嘉町、染井七軒、同千駄木町、同片町、同富士前、肴町。
ね組　百二十六人　巣鴨町、七軒、大原、原町辺、火の番町、仲、駕籠町。
十番組
　　　浅草黒舟町より北寺町、新鳥越、三谷、今戸橋、下谷坂本、金杉、三の輪。
と組　二百十三人　浅草三好町、黒舟、東西仲町、田原、福川、三間町。
ち組　百二十一人　花川戸町、六軒、山の宿、山川町、聖天、瓦、田町、南北馬道町。
り組　七十八人　新鳥越町、浅草、山谷、今戸、橋場町、東禅寺、心光院、不動院門前。
ぬ組　七十五人　下谷通新町、竜泉寺町、上野領、三の輪町、同下谷金杉町。
る組　百五十五人　下谷車坂町、山崎、切手、簞笥町、具足、山伏、坂本町、上下金杉。

を組　二百八十九人　阿部川町、浅留、六軒町、大工屋敷、辻番屋敷、下谷小島町。

南組　深川小名木川以南。

一組　二十五人　木場町、元加賀町、石島町辺、茂森町辺凡そ二十一ヵ町。

二組　百九人　黒江町辺、永代寺門前辺、入舟、宮川町辺、凡そ十ヵ町。

三組　百六十三人　佐賀町、熊井町辺、凡そ二十二ヵ町。

四組　百十八人　材木町、万年、平野道辺、海辺大工町辺凡そ二十三ヵ町。

五組　五十五人　海辺大工町、同裏町辺、清住町、霊岸寺門前凡そ四ヵ町。

中組　深川小名木川以北及び本所の一部。

六組　四十二人　富川町、扇橋町辺、猿江代地辺、凡そ八ヵ町。

七組　七十四人　深川元町、六間堀、森下町辺、御舟蔵前町凡そ六ヵ町。

八組　百人　本所徳右衛門町、菊川町辺、松井、林町辺、凡そ十六ヵ町。

九組　三十五人　猿江町、大島町辺、同裏町、東町辺、凡そ四ヵ町。

十組　五十人　本所柳原辺、茅場町、深川古元町凡そ九ヵ町。

十一組　百五人　尾上町、緑町辺、松坂町、亀沢町辺凡そ十六ヵ町。

北組　本所の大部分。

十二組　百四十八人　緑町、花町辺、三笠町、吉田、吉岡町辺凡そ十八ヵ町。

十三組　九十五人　石原町、荒井、中の郷、番場町辺、凡そ九ヵ町。

十四組　五十一人　中の郷元町、小梅代地辺、凡そ十四ヵ町。

十五組　六十人　亀戸町、出村町辺、深川代地町辺凡そ九ヵ町。
十六組　五十人　北松代町、五の橋町辺、古元町辺凡そ七ヵ町。

吉原は番外　享保に入って市内の名主が組合を立てて、江戸市に対して町々を代表することになった時、十八組のいずれにも編されず、元文、延享の町鑑を見ると番外としてある。消防組合が出来た時にも十番組へ加入したいと出願したが、指令がなくて、ついに独立することになり、吉原町の名主は隣立たる三番組の名主に附随していたが、宝暦五年に三番組に加入することになった。吉原町は江戸草創以来の古町（こまち）であるから、三番組でも田町の次に列し、その後へ新鳥越町、山谷町、浅草町、橋場町、通新町という順序に定めたが、間もなく通新町の次へ置かれるようになってしまった。漸く市内並みになったかと思えば、新古の差別は他の町々のように尊重されないで、自町より遥かに新しい町の下へ附かなければならなかった。

鳶の階級と給与　江戸の町々の負担では消防費が一番重荷であったが、それは消防夫を潤すものではない。全市に火消の頭取が二百七十余人もあって、世襲のも当人一代だけのもある。消防夫は頭取の下に、カシラと呼ばれる組頭、纏持、梯子持、平人（ひらびと）人足（これは火消の数に入れず、俗に土手組といった）の六級になっていた。享保には四十八組であったものが嘉永度には百五十二組になった。江戸の拡大に伴って増員されて往くのだ。従って数多い頭取も一藕、二藕、御職などという唱えがあって、御職と言えば顔役で、江戸中へ名の通った男に極っている。御職になるのは人物がよく、金銭に綺麗な者といえば、或る財力も必要であった。町火消はことごとく町々に所属していた持場の建築の地形、足代（あじろ）道路の修繕、溝渠の掃除は必然自分の仕事であった。これは各建築者の財布から出るのと、地主の支出する町内入費から出るのと二様だが、出入場、旦那場と称して、年々の盆暮に一定の心付を貰う。その家の吉凶慶弔にきまって町内の頭が呼ばれる。年礼のお供にも、嫁入り荷物の宰領にもゆく、花見遊山にも附く。講談や赤本に商家の店先のゴタゴタへ頭が出て来て、片づけようとして喧嘩の花が咲いたり、途上警護の意味で娘、息子のお供に出て変な腕立てを見せたりするが、それは確かに彼等が当時に持った役目であった。その外に町内の迷惑になる悪漢無頼を取押える役廻りは、彼等の義務である。町人といえば商家に限らない、市街地に住む民衆であるべきはずだのに、町人といえば商人のことである。それは一町を支持する者が地主であって、地主は財力の豊富な商家が多いからに他ならぬ。巨商豪賈は町内入費を多く出すのみならず、自家へ鳶の者の出入りすることも余計だ。町内抱えとはいうものの、地主に飼われている。消防夫は幡随院長兵衛のセリフのように「銭金とは仲のわるい」といい切れもしまい。よい旦那に贔屓されて、男を売る資本にありつくことも珍らしくない。

抱とカケツケ　抱（かかえ）というのはその町内の頭のことだそうで、その下廻りの者をカケツケと申します。

消火の道具と服装

道具いろいろ　竜吐水を江戸で用いるようになったのは、京の火消の道具及び組織というものを、江戸で新たに町火消を拵える時分にうつしたのによって起ったので、それ以前は水で火を消すということよりも、家をたたき壊して焼草を無くして、火事を消すという方が主でありました。道具持というものは、纏持を先にして、梯子、刺俣、釣瓶、大溜籠、担籠なんていうものを持って行きました。刺俣というものは、大勢梯子に取付いて上る時分に、竹梯子がしなうといけないから、それを支えるのが役目なので、梯子一に対して刺俣二の必要があった。長鳶、大鳶なんていうものも持って行ったが、これも破壊の道具です。

半纏と皮羽織 竹清「火事の時には、さしっこ半纏で皮羽織は着やしますまい」共古「着ますとも。火事の時に火消屋敷の者が着ます」鳶魚「仕事師が年頭廻りに着て御供する」竹清「年の市にも着せて連れて行きます。もとは火事に着たのでしょうが、後には貴いから着なかったのではありませんか」共古「普通のものは羅紗か何かで拵えてあります」若樹「本当に火掛りをするのですか」共古「火掛りをする」鼠骨「色は黒いでしょうか」共古「樺色か、茶色です。仕事師でも町人のでも同じものです」鳶魚「寛政幾年か知らん、前には皮羽織を町奉行所から火消に出したものですが、それをくれないことになって、町々で拵えろという御布令があって、それから木綿半纏になったのでしょう」共古「あの皮羽織の中には襟の中に出来た年号が書いてある。大変古いのがある」

鳶の気ッ風

勇み肌 江戸前の鳶の者、それには遠国他国の人間がいないどころか、近郷近在生れの者もいない。お定りの勇み肌、火事を相手に働くだけに、グズはいない筈、平生からキビキビとしている。物の言いよう、身体の動き、コザッパリとした男前、栗髷小髷の頭つきから突掛草履の足の先まで、コイツアとてもこたえられない、若い娘は勿論、亭主持さえ浮気をする。

贔屓の旦那　中には随分胸気な人があって、ちょうど大名奴、旗本奴といって、本当の足軽や中間の真似を身柄のある人がやったように、勇みとか肌合いとかいうことを妙に嬉しがる商家の旦那があった。それが役者や芸人を贔屓にするような工合いに鳶の者を贔屓にする。自分が資本主になって金をやる。いい資本主をつかまえればだんだん売出して頭にもなる、というような有様であった。何しろ元気よくやっているものですから、ジミな商売をしている者の外に、料理屋、娼家などでは必要もありますので、余計鳶の者の世話を焼く。そういう不時な金主がつきますから、彼等はひどく元気がいい。三百とか五百とかいう日用では、とてもそんな元気は出て来ないが、もっと楽な銭が取れるから元気も出る。気前を見せるには元手が無ければならない。資本主からそれが得られない者は、別に儲ける手段も無いから博奕を打つ。しかし博奕は犯罪でありますから、これは自ら別口になります。仕事は気持のいい仕事で、資本主を得て気前を見せられるだけの銭があるようになると、益々男振りがよくなる。

鳶と興行　この時分〔文化年間〕の仕癖としますと、興行する時分には、その興行場所の近所の鳶のところへ、附渡り（つけわたり）と言って挨拶する。挨拶に来られれば、此方でも何がしかの祝儀を持って行かなければならない。ですから近所の者の入場料は取りません。殊に鳶の者などは、その町についているものですから、一般の人とは違います。これは相撲に限りません。何の興行物でも同じことなのです。

四　僧と庶民

1　僧侶と寺院

僧位

大僧正は緋の衣　鳶魚「僧正が紫で、大僧正は緋になる。今は官装でないから、勝手なことをしているけれども、昔は僧正、大僧正の衣は、朝廷から賜わったものです。天台宗では権僧正が紫の衣を着る。今では上野あたりでも、赤いのを着ているが、あれは変です。綺麗なことは綺麗だけれども……」楽堂「芝居でやる河内山の緋もいけないわけですか」鳶魚「いけません。前大僧正というと、予備大将の格ですから……」

僧位一覧〔補〕

天台宗――大僧正、権大僧正、僧正、権僧正、大僧都、権大僧都、僧都、少僧都、権少僧都、大律師、中律師、律師、権律師、教師試補。

真言宗――大僧正、権大僧正、中僧正、権中僧正、少僧正、権少僧正、大僧都、権大僧都、中僧都、権中僧都、少僧都、権少僧都、律師、権律師、試補。

浄土宗――大僧正、正僧正、権僧正、大僧都、権大僧都、少僧都、権少僧都、律師、権律師。

臨済宗――特住、歴住、再住、前住、住持、準住、東堂、西堂、塔主、前堂、首座、蔵主、知客、沙弥。

曹洞宗――教師、準教師。

真宗――大僧正、権大僧正、僧正、権僧正、大僧都、権大僧都、僧都、権僧都、律師、権律師、法師位、満位、入位。

日蓮宗――大僧正、権大僧正、僧正、権僧正、大僧都、僧都、権僧都、大講師、講師、準講師、試補。

寺院

門跡の称　仙秀「この『浅草の門跡』〔註・「膝栗毛」後篇乾中の一節〕というのを、東本願寺の別院と断らないで宜いでしょうかな。先達も電車へ乗って、ただ門跡前といったら築地へ引張られて行ったという話もありますから」鳶魚「成程それは断った方が宜いでしょうね。一体門跡というのは宮様の住持なすった寺〔寺格〕のことで、あそこは一ぺんもそういうことがないので、准門跡というのですね」

方丈の解説　蘆舟「方丈ということを伺いたいのですが、妙心寺の塔頭あたりでは本尊の置いてあるところを『方丈』という。そうかと思うと、和尚の居間をいうところもある。元来はどうなんですか」鳶魚「維摩の故事から来ているんだから、もとは和尚の居間の方でしょうね。それから和尚その人をいうようにもなっている。しかし天台宗、日蓮宗では、人にも座敷にも方丈とは言いません」

事務をとる納所　仙秀「納所というのを一つ願いましょう。吾々もよく言っているが」蘆舟「禅宗の寺などでは、和尚の居間を納所と言っておりますね」鳶魚「天台では、役僧部屋、執事部屋ですね。住持でもない、院代にもなれない、まあ住持に対する八時十分位いのところを納所というのです。後にはひどく下等なものになってしまったが……」蘆舟「悪いことをする坊主は納所に多いようだから、いい加減権力があったわけですね」鳶魚「それに金銭もいくらか自由になりますからね」

宿坊の利便　宿坊というのは将軍家が廟参の時に諸大名が随従して来て、そこに休息し、衣服を改めるために、各々山内の寺院を定めておいた。先着とか予参とか言って将軍を待ち受ける時などは、別して宿坊が必要である。将軍の葬儀などには諸大名は、黒門から御霊屋まで袴の股立をとって、徒跣でお供をしたものだ。こうした時分にはなおさら宿坊の世話を受けることが多い。

上野の寛永寺

極楽の見える権威　松杉の上野を出れば師走哉。たしか蓼太の句であったと思う。誰も桜に賑わう上野の春ばかりを覚え込んで、そこにも夏冬のあるのを考えないというのでなく、何時も花やかな寛永寺の辺に、天を摩する勢の凄じく矗立する古木老幹の常磐なす茂みの色濃く、傍目にも林相黒く眺められる頃が、恰も世間の十二月だという気持に、江戸時代の上野が霜枯れのない別世界であったのを偲ばせ、東叡山の威福のほどの誇りがなのを思わせる。戊辰の五月雨の間に江戸名所図会に名残りを留めた文珠楼や瑠璃殿（俗に中堂といった）以下三十六院を兵燹に失うと共に、天上の歓楽とも考えられた寛永寺生活も夢のように消えてしまった。将軍も十五代であったが、公卿からは輪王寺宮（これは朝廷からの称呼）と申し、幕府からは日光御門主、略しては日門様（にちもんさま）と申し上げた、その御門主も公遵法親王が御再職なされはしたが、最後の鎮護王院公現法親王〔後の北白川能久親王〕まで十五代であった。上野の宮様のお袖から覗けば地獄極楽が見えると、八百八丁の者共は言った、その宮様の御座所は御本坊で、今の帝室博物館〔現国立博物館〕の場所なのだ。

子院三十六坊の年代〔補〕　子院三十六坊は寛永寺建立と同時に出来たように思われるが、そうではなく、年と共に増加したものである。従って或年代の上野を描く場合、二十三坊または三十坊と書くべきであろう。左の括弧内は建立年。

本覚院（寛永十四年）　大慈院（寛永六年）　福聚院（正保元年）　普門院（寛永中）
見明院（寛永末年）　勧善院（寛文元年）　寒松院（寛永四年）　顕性院（慶安元年）
青竜院（正保元年）　林光院（寛永中）　覚成院（寛永十一年）　修禅院（寛永初）
東漸院（慶安二年）　常照院（寛永十一年）　元光院（寛永中）　吉祥院（寛永初）
涼泉院（寛永五年）　明静院（寛永中）　東円院（寛永十七年）　泉竜院（寛永初）
明王院（承応元年）　一乗院（寛永十七年）　養寿院（寛永中）　現竜院（慶安頃）
護国院（寛永初）　宝勝院（寛永中）　円珠院（承応元年）　観成院（元禄頃）
等覚院（寛永中）　凌雲院（寛永初年）　津梁院（寛永中）　寿昌院（元禄元年）
松林院（寛永中）　真如院（寛永三年）　春性院（延宝八年）　浄円院（寛文六年）

寺小姓

男小姓の一生　自分が熟聞しているのは、東叡山の寺小姓の事に就ての話である。寺小姓といえば大抵旗本御家人の子供で、それも次三男であった。手習学問のためという名前で寺入りをさせる。勿論手習学問もさせる。抹茶、立花、香道その他の雑芸までも躾ける。親達は学芸を目的に不自然な行儀をさせて顧みないのかと思うとそうではない。目的は別にある。七八歳から寺へ引取って、本人の好むままに衣服調度を与え、その上望みのままに何の稽古でもさせる。それで実家からは一文半銭を出さずに済む。親許がこれ等の事に満足しそうなものだが、かえってこれ等の事は親達の眼中にない。それで何が目的かというと、本人の片付ということである。寺では坊主になりたければ年頃を見計らい得度させる。この得度は二十四五であった。けれども坊主希望の小姓は少ない。それゆえ御家人の株や同心の株を買って終身安堵の方法を立ててやる。これが親達の目的で、一時を忍んで我子に終身の計をなさしめるのであった。暇が出た後も念者たる坊主が生存している限り、昔の関係で金を出させるのが例のようになっていた。宮様のお日記にも、京都から御供をして来た小姓にお暇を下される。下賜金五十両乃至百両とあって、向後何様の縁談いたし候とも苦しからずと仰せ渡されたとある。上野では並の坊主でも、三人位いの小姓を置いたものは珍らしくない。中に上野の御用町人になった小姓もある。小姓の戻は耳から開くという諺がある。耳が開くというのは物がわかるようになることで、学問などをする意味だが、それと同時に戻が開くのである。利口な奴は勤めている間に、貰いものが沢山ある。十年間に五百両や八百両の貯金をしたものは多数にあった。小姓はあくまで自分本位で寵を争う。小姓相互に苦しい場所も出来る。しかしそんな事のある寺は、大概住持が追出されるのを見ると、寵を争う所以が明白である。念者嫉妬は嬶以上のもので、寺と寺との間に確執の出来るのは、多くは小姓一件から起った。

御隠殿の女扈従　「智恩院のもと門前町にかし座敷」〔註・「好色一代男」巻四中の一節〕というのは、仮の逗留所で、今日で言えば貸別荘のようなものでしょう。重宝なもので日ぎりの妾がある。昼間は十人も舞子を集めて、その一人前の金が一分である。舞子というのは綺麗な女をことさらにそういう向きに仕立てるので、皆男装させてある。十一二から四五位いまでの間は、男女両方のお客に呼ばれる。男と同じく元服させて、姿形までもそのようにしてある。裏のついた袴を穿くのも扈従仕立てなので、こうやってこれは坊主にはめこむ。女の形ではまずいから、すっかりそういう様子にしてあるのです。通い扈従は私も知りませんが、寺扈従（てらこしょう）というものは知っています。これは上野の御門跡――今の門跡ではない、本当の御門跡です――の時分に、根岸の御隠殿、あれが御別荘のような、御寛ぎ場になっていまして、あそこに勤めます寺扈従というものがありました。時代は勿論大変違いますが、大体ここに書いてあるのと同じで、女子でありまして、扈従袴を穿いておりました。御本坊においでの時は男の扈従〔小姓〕、御隠殿の場合は女の扈従ということに、幕末あたりはなっていたのです。

投げ込み寺

新宿の成覚寺　成覚寺にある白糸の墓碑は「武江年表」にある通り、嘉永年間に秀佳の建てたものだ。〔註・秀佳は二代目坂東秀佳、白糸というのは鈴木主水と情死した新宿の宿場女郎。この情死事件を主題にした「重褄閨の小夜衣」上演に因んで秀佳が供養のため建てた〕この寺は投げ込み寺といって、三の輪の浄閑寺が吉原の投げ込み寺であったように、新宿の死んだ娼婦を埋葬した。その名の通りに屍を隠すまでのものだから、誰のにも墓碑などはない。それでも過去帳へは記載するはずだから、同寺に就いて一見を求めた。寺僧がこれだと言って指示した。

安永五年十月二十日

妙栄信女　　橋本屋藤兵衛妻　俗名お糸

これは娼婦ではない。橋本屋の女房だ。勿論飯盛女は俗名などを書いてなく、単に何屋内とのみ書いてある例だ。成覚寺に石の地蔵があって、その台石に寛政十二年から文化十年までの、情死十二件の戒名が彫ってある。こうした追善をすべき寺は他にないのでみれば、これが十四年間の情死者の総数らしい。

その他の四寺〔補〕　また梅瘡、虚労などの兆候あれば、遣手抱主と謀り、鞍替又は住替と称して、下見世即ち下劣なる遊女屋に転売して、その損の幾分を塡めしむることあり。もし不幸にして、不治の疾に罹りたる時は、薬餌を服せしめずして、死に抵らしむるをもて、或は縊れ、或は井に投じ、或は咽に刃し、或は舌を嚙みなどして、自ら死する者あれど、多くは蔽隠して、投げ込といえる極めて簡易なる方法をもて、死体を取り棄つるなり。投げ込と云うは、赤貧なる者の死せし時、其の死骸に銭二百文を附して寺に送り、総墓と称する大穴の中に投じ、読経の式等もなき故、此くは称したるなり。江戸にての投げ込の寺院は、両国の回向院、橋場の総泉寺、深川の霊巌寺、浄心寺等なりき。かく変死せる者は、手足を縛し、菰に巻きて埋むるなり。〔日本奴隷史・阿部弘蔵著〕

戒名と身分

法名といえば〔八百屋〕お七の法名は妙栄禅定尼とある。或は秋月妙栄禅定尼ともあるが、古いものには秋月の二字はない。昔は寺の取扱いで身分が知れる。ちと抹香臭いが戒名の相場を言おう。一番上等の戒名は院号道号法諱というので、何々院殿から大居士まで勘定すると十一字ある。これは大名か旗本につける。その次が殿の字と大の字のないのである。これは陪臣でも高取りでないと付けない。その次になると院なしで居士とか大姉とかを除けて四字、軽い士人や大きな町人百姓に付ける。最下等は二字で、その下は信士信女禅定門、禅定尼と来る。御布施も随分お軽少ですむ。これらの檀家を百檀那といったものである。もっとも江戸時代には御布施を奮発しても坊主は手加減で戒名を拵えるわけにはいかなかった。お七が二字の戒名であったのは身分を立証している。

埋葬

早桶の種類　共古「早桶というのは直ぐ間に合うということでしょう」若樹「早桶などというものは大小があるものでしょうな」共古「ありますとも、一番、二番となっております」鳶魚「水死人を入れるのは大一番と言っております。もっとも昔は貴賤ともに坐棺であって、寝棺はありません。今の人は棺といえば殆ど寝棺に定まったように思うでしょう。極古い所は知らないけれども、江戸時代は皆坐棺です。寝るのはなかったのです。貴人でもちゃんと上下をつけて坐るようにしたものです」共古「極く上古、いわゆる古墳時代は皆寝棺です。坐棺になったのは何時頃からのことかまだ分っていない」鳶魚「坐棺にはけんどん蓋のようなのがありますね。ちゃんと朱で詰めて、けんどん蓋のようにして明けるのがあったらしい」

湯灌場長屋と湯灌の規定　共古「これは寺にあるので、吾々の家にはありません。寺には何のためにあるかというと、藩士の者が死にますとその長屋で以て湯灌をしません。お寺まで舁いで行ってお寺で湯灌をします。それから店子などは大家がやかましいのでそこではさせない。湯灌場に行く。それから士分の者は自分の家屋敷、或は借りておっても自分の家で湯灌して、その水は床下に流しても、それは差支えない。けれどもほかではさせない。それで湯灌場というものが必要であります」二葉「湯灌は町家などでは地面持でないとやれない。店借りの者は勿論で、地借りの者では如何に堂々とした構えでも、家で湯灌することは出来なかったように聞いておりす」若樹「現今はどうでしょうか。数年前に浅草の方で見たことがある。卵塔場の脇の所に一間に一間位い、一坪位いの家が出来ております。その時分崩れかかって、中は物置になっておりました」扇松「湯灌場長屋というのは、今でも吾妻橋を渡って行くと長屋があり、片方は墓地になっている中郷（なかのごう）竹町の細い路地を入った処の穢い長屋です」鳶魚「講釈などに出る湯灌場買いというのがある。湯灌場買いというのは、寺の湯灌場を廻って密かに死者の着物を買うのでしょう」

土左衛門の語源　溺死者を土左衛門というのは享保の角力取り成瀬川土左衛門が妙に肥満した身体だったから、飛んだお見立てにあずかったのである。

旅と僧

旅僧投宿の口上　今でも雲水坊主が寺を渡って歩きますが、古いところで旅から旅へ歩いたものは雲水より外にありません。あの雲水の投宿の場合には一定の挨拶があるので、まず玄関にかかりますと、自分はどこの国の、何という村の、何という本山の末寺の、何という寺の徒弟で、師匠は何という名で、自分は何という名で、年はいくつで、どこから出てどこまで行く、今日はどこから出てここまで来た、ということを淀みなく申します。それが間違えば寺では一宿を断る。その挨拶がチャンと言えると、はじめて応対するのです。この雲水の坊主の口上というものは、なかなか大変なもので、今でも禅宗寺へ行っておりますと、そういう手合いがやって来ます。そうしてこの挨拶が無事に済むと、旦過（たんくゎ）というところへ通す。そこへ上れば直に坐禅の形で、寝るまでずっとそれでいる。食事も与えられれば、そこで食う。寝ろと言われれば、夜具を積んだまま、坐ったままで寝る。翌日は暁の鐘が鳴らぬうちに、顔を洗って待っている。それから朝のお勤めに加わって、飯を御馳走になって立って行く、ということになっております。

庵は寺法の外　例の軽業のお初が闇太郎につかまって、暫くここの窖へ入れられているのですが、〔註・三上於菟吉氏作「雪之丞変化」の一場面。ここはその考証〕この庵の現状を説明して、「いずれ、破戒無慚の悪僧とはわかっていたが、さりとて、それをとがめるものもないのだから、寺法格式が厳重だとはいっても、ゆるやかな時代には相違なかった」と言っている。けれども庵というものは、寺院の外になっておりましたから、自ら寺法格式の外に在ったのです。従って何の資格の無い者でも、そこに居ることが出来たので、道心坊なんぞがよく住んでおりました。

2　僧俗の間

虚無僧

起源諸説〔補〕　宝治三年に紀伊由良の法燈国師が入宋して、普化禅師の法流を汲む張尽に尺八の数曲を教わって帰朝した。その時四人の弟子を伴って帰ったが、以来禅宗の一支流として伝わると共に、僧は尺八を吹いて戸毎に米銭を乞う風を生じた。明暗不到の境地に透徹、一管の尺八に托して法輪を転ず、という宗旨である。また一説には、虚無僧は薦僧であって、室町時代に朗庵なる者普化禅師の風を慕い、常に薦席に坐して尺八を吹いていたので、薦僧から虚無僧の名を生じたとも言う。

勇士浪人の隠れ家〔補〕　虚無僧が袈裟を用いるようになったのは元禄以後で、戦国時代には法衣もない有髪の俗人姿であった。それは当時敗戦の浪人たちが渡世のため前述の朗庵に尺八を学んで、諸国を放浪したことにはじまる。敗戦の身を隠すためと、物貰いの恥辱感から天蓋を頂いたが、後にはそれを利用して、敵状探査に従ったりした。かくて徳川の世が定まると浪人の数がふえ、虚無僧は隠然たる一階級になった。彼等は慶長十七年に発布されたという家康の掟書なるものを振り廻したが、それには「虚無僧は勇士浪人の隠れ家である」という浪人懐柔の一語があった。のみならず、島原一揆や由井正雪事件に手を焼いたこともあって、幕府は浪人政策の上からやむなく普化禅宗を公認した。こうなると彼等は公然濶歩するどころか、宿賃も渡船代も払わず、庶民は恐れて道を避ける有様なので、京の妙安寺を関西の、武蔵青梅の鈴法寺と下総小金の一月寺を関東の、それぞれ触頭に命じて虚無僧の取締りに当らせたが、やはりおのれの罪状を隠し、また敵討の場合の隠れ蓑として、武士自身も必要を認めていた。なお武士以外の入門を許さず、尺八は彼等の特権と自称して、俗人の吹いているのを聞きつけると、何かと言いがかりをつけて金にした。

奇装緋の長襦袢〔補〕　三都虚無僧の扮大同小異あり。頭に天蓋と号する編笠をかむり、尺八と云ふ笛を吹く。袈裟を掛けて法衣を着せず。藍或は鼠色の無紋の服を着す。粗なるは綿服多く、稀に美服を着するもあり。三都如レ之斯也。蓋し京阪は平絎の男帯を前に巻結にし、三衣袋を首にかけ、施米施銭を是に納む。帯の背に尺八の空嚢を挟み垂れ、別に袋に納めたる尺八を刀の如く腰にさし、五枚重ねの草履をはく。又江戸は三衣袋を掛けず、空嚢を挟まず。別笛を腰にするは同上なり。衣服も亦上に同じといえども、裾ふき多く綿厚く、女服の如くし、又女用の如き緋ぢりめんの長襦袢を着する者多し。丸絎の帯を前に大形に結び、黒漆の下駄をはく。又美なる者は京阪は三衣袋、尺八袋二とも同製繍を用ひ、善美を尽し、他准レ之。江戸は尺八袋一つを繍或は唐織にし、衣服及び襦袢を美にす。如レ此は市民の富者或は武家の蕩郎等也。旅行には藍の綿服に脚絆甲掛に草鞋をはき、平絎帯前結び、三衣袋をかけず、尺八一口を持ち、一口を腰にさし、柳合利〔行李〕の横二尺許なるを浅木〔浅葱〕もめんの風呂敷に包み負レ之、天蓋或はかむり、或は風呂敷包の上に置く。〔守貞漫稿・喜田川守貞著〕

尺八と一節切　尺八は竹の長さを一尺八寸にきる故の名である。起源は知れないが、「羅山文集」に唐太宗の貞観年中、起居郎呂才という者が、創製したと書いているのを見ると、支那からの伝来物である。我が国では文禄慶長の頃盛んに一節切（ひとよぎり）尺八が流行した。虚無僧は梵字梵士などと書き、ぼろんじともぼろぼろともいう。不入という虚無僧があって、ぼろという事を吹き出し、その外れんぼながし、京れんぼさむなり、井川、よし田などいう様々の手あり、いずれも呂律の調子にあわせたるものとは聞えずと南畝莠言もいっている。一節切は尺八に似て、その小なるものである。竹の一節を切って作る。長さは一尺八分、節より下は七寸、上は三寸八分と極ったものだ。これは尺八よりも後のもので、尺八が日本化したものである。古楽器の尺八は今日のような大きなものではない。その名の通り、長さ一尺八寸である。後世の豪客尺八を以て襲撃の具となし、根付の竹を截取って、がんじょうのものを拵えたから、尺八と一節切との区別も出来たのである。

虚無僧番所　東昌寺は目黒不動の門前大路の西にあったこと、及び東昌寺は普化宗金洗派に属する控番所で、本寺でなかったことを記し、なお「江都惣鹿子」を抄して寄送された。

　虚無僧番所　禅宗

金竜山梅林院一月寺、上総小金、江戸番所、神明山清寺、同舟ばし、同廓嶺山鈴法寺、武州青梅、同市谷田町、安楽寺、甲州、同州布田、江戸番所、鈴法寺兼帯、東昌寺、目黒、神奈川西光寺末

江府虚無僧住居の所を番所と号す。また風呂屋という。風露屋なるべし。「雍州府志」に言う、虚無空寂を宗とす。

山伏と祭文

一体説教と祭文とは別なものであるのに、説経祭文といって一つもののようになったのは、山伏が説経を語り伝えたからであろう。祭文は山伏の得意とするもので、錫杖と法螺の貝とで読むのである。この読むという言葉だけでも説経の語るというのに対して、すぐに両者の相違を明白にしている。今日でもいまだ野州辺に残っていて、上州左衛門と称せられるものは錫杖を振り法螺の貝を吹いて読んでいる。然るに寛政度の説経は山伏によって演ぜられ、錫杖法螺の貝で語るのであった、のみならず大道芸に落ちてしまったのである。稀れに江戸近い村落の祭礼の日待に招かれた時には、僅かに残った江戸の五六人の説経節連中が誘い合って出かける有様であった。

願人坊主

由来と制度　江戸の橋本町には願人坊主（がんにんぼうず）という者がいた。怪しいものではあるが、延享元年十一月鞍馬寺大蔵院の書き上げでは、当院の坊人を願人という。義経が奥州下向の時、坊人が本尊多門天へ心願して随従し、武運を開かれたので源公願人といい、それから坊人は諸国を徘徊し、加持祈禱をなし、札守秘符を勤める俗法師になった。今は一山（鞍馬）にても、余院にても、多く願人あれど、元は当院（大蔵院）のみのことで、他にはなかった。円光院（これも鞍馬）の願人は、むかし大蔵院から勝泉院へ分け与えたのを、元禄三年に円光院の支配に移したものである。願人には許し状を渡して、一ヵ国切りの支配であったが、元亀以来改めも行届かず、修験道に入る者も出来た。江戸に多く願人がいるようになったのは、慶長以来のことで、幕府から御尋ね物（隠密御用、すなわち探偵）の時は、関東八州は回状を以て申しつけ、余国へは当地より人を出して触れる。当院所属以外の者が諸国にあって、それが本寺を持たない願人である。だが愛宕、多賀等の神社からも願人と唱える者を出している。これも本寺はないわけだ。とにかく、こうした由来はあっても、江戸の橋本町の連中は御祈禱や加持などはせずに、大道芸人になってしまった。橋本町から出る大道芸人の主なる者が住吉踊で、他はチョンガレ、チョボクレ、阿房陀羅経などである。

得意な住吉踊り　その住吉踊は「摂津住吉の社より社人（実は住吉社から出るのではない。大阪長町の牧本坊から出て、神いさめと称して踊り、お初穂を集めた）住吉おどりといふは、青傘の縁に紅の切を引き、何れも菅笠、へりに紅の切、白の衣服、赤前垂をして、団扇を持て七八人にて踊る。歌に住吉さまの岸の姫松、お目出度やといふ。殊の外古めかしき物にて面白きもの也。近頃（文化）江戸にて願人共真似をするは似つかぬ事也」（続飛鳥川）江戸の願人が住吉踊を始めたのも余り古くなく、最初から白い着物などを着たか着ないか知れぬ。勿論岸の姫松お目出度やではなく、ヤアトコセエの川崎音頭を唄ったのだ。明治の初めまでも傘鉾を高くあげてその柄をたたき、口々にヤアトコセエを叫んで来た。坊主頭へ手拭で鉢巻をし、腹掛けをかけて三尺帯という拵えであった。住吉踊の特徴の傘鉾はあっても住吉踊ではない。傘鉾を持ったヤアトコセエなので、「守貞漫稿」が「唱歌多くは、参宮道中にて京阪人の唄ふ所の章句を用ひ、唯其曲節を異にして、本人の意に合はす」という、それだ。住吉踊の真似をする積りであったかも知れないが、住吉踊でもない、川崎音頭でもないものになってしまった、それだから住吉踊とも言えばヤアトコセエとも言えば、カッポレともいう奇体な物に成り澄したのであろう。

特技いろいろ　願人坊主も身分の調べが面倒ですが、それ以前にはオボクレ坊主と言って、小さな紙片を持って何かしゃべるやつがある。考え物と称して、朝問題を配っておいて、夕景にその答えを書いたものを持って来るやつがある。マカショマカショ、ワイワイ天王なんてやつは、天狗の面を背中に背負って、絵を書いた手紙を子供に撒いてあるく。スタスタ坊主といって、ただ方々歩くだけのやつがある。代待代参と称して、何の神様に御参りするとか、庚申様を祭るとかいうことで、銭を貰って歩くのもある。こういうものが廃れて、前に言った住吉踊、カッポレ、阿房陀羅経の類になったものと思います。

阿房陀羅経の文句　明和八年の「きめうてうらいちょいちょい」は、正しく阿房陀羅経である。それから考えると、チョンガレの転化したものかとも思われる。阿房陀羅経の歴史を考えるのには無用でないと思われるから、ここへ明和の「きめうてうらい」を書きつけておこう。

皆さん聞なへ、四五年こっちへ、日本の金めが、右近がかかれば、周防がほのめく、田沼が流とて、川井の樋から、水野へ落込み、板倉升でも阿部ない事だぞ、世間が詰れば、真鍮ぎせるが銀になるやら、桟留ばかまが丹後になりやす、娘子供は芸者に成るやら、鍋釜銭でも四文の通用、本町通りにちらほら明店、赤絵に世に出て、めくりと成やら、四貫の相場が五貫になるやら、六位の武家衆が侍従に成るやら、三汁五菜が湯漬に成るやら、町人百姓が乞食に成るやら、年季野良が長うたはじめて、曲り形ちも覚へて仕廻て、なんでも、あたまは本多の事よ、着物の袖口ちゃ細いが時花（はやり）か、なんのかのとて、是では茶釜が薬缶と化けても、御無理は有まい、此すへ大切用心しなさい、あげくのはてには、油もついへだ、元結もついへだ、坊主になれとの、御触が廻ろふ、今から衣の支度をしなさい、あんまり違ひは有るまい、うるさいこんだにほう。

これは落書（らくしょ）だ、読売になるものではない。勿論版行すべきものでもない。伝写されて残ったのである。

阿房陀羅経と時事問題　幕末には落書の中に上手に時事を取扱った阿房陀羅経が沢山ある。いずれも軽妙に敏捷に善く滑稽ながらに諷刺し、痛罵し、縦横に機智を働かせるのを常とした。けれども忌諱すべきものだけに読売は言うまでもなく、秘密にも刊行されたものは一種もなかった。

浪花節の前身か?　共古「ちょんがれはちょぼくれと同じ言葉でしょう。今言う浪花節の前身です」鳶魚「私はちょぼくれが浪花節の前身で、ちょんがれの方は今の阿房陀羅経であろうと思う」松更「このちょんがれ坊主は毛坊主でしょうな」鳶魚「あほだら経をやっていたのも剃っておりますよ。いずれもみんな坊主です。扇で手をたたきとあるから、浪花節の方でしょう」

実は隠密・その生活　ところでこの願人坊主なる者は、店坊主（たなぼうず）といって家を持っている。非人ならば善七、松右衛門の支配、乞胸（ごうむね・註・胸中の志を乞うという意味で、一種の乞食）ならば仁太夫の支配になるのですが、願人坊主は市街地に住んで、良民に雑居していいのですから、寺社奉行の支配になっておりました。これには二派あって、藤沢派は日輪寺の支配に属し、円浄という者が頭でしたが、享保に絶えている。鉦を鳴らして門念仏や和讃を唱えたり、腕香と言って、腕の上に香を焚いて銭を貰ったりしていたやつがある。もう一つは鞍馬派で、毘沙門様のある大蔵院という寺の配下に属する。これが江戸へ参りましたのは、江戸が繁昌するにつれて、大蔵院の末寺を作りたいためであったといいますが、実は隠密を頼むつもりで幕府が呼んだものらしい。毘沙門様のお札を配ることは、幕府が公許しておりました。代参、代待、連念仏、説教というようなことをやっておりましたが、これも享保度には二カ所に分れ、西月、一入の一派が馬喰町、長春というものの配下が芝金杉の百間長屋にいることになった。後には芝金杉、四谷鮫橋、神田豊嶋町の三カ所に分れるようになり、それも幕末頃には阿房陀羅経やカッポレばかりで外の事はしないようになっていたのです。

盲官詳説

京上りと座頭の掟　共古「それから『京上りの座頭』〔註・「膝栗毛」第三編下の中の字句。この項以下すべて「膝栗毛輪講」中諸氏の談〕ですな、これは能く分りませんが、座頭のことを精しく調べるとなかなか沢山あります。とにかく江戸の座頭は必ず京都に行って免状を戴いて、そうして任官するということになっております。その免状を受けることを告文（こくぶん）と申しました。どういう家で取扱われるかというと、久我家で世話をして、長橋の局というものがこれを叡聞に達するということになっておりました。そこで盲の官の上下によって出金の多少も違っております。そうして久我家と総検校というものが、その金を分配する規則になっておりました。とにかく久我家で盲人の官位に関することを世話をしておりましたのは、九十代後宇多帝の時に筑紫方に城一検校という者がおりました。その弟子が二人あって、一人を八阪検校城玄と言いました。それは京の八阪の辺に住んでおりましたので、八阪検校と言いました。そうしてそれを城方の祖としてあります。この人は久我大納言の弟子であって、それで久我家が盲人に関する伝奏というものを始終やっております。今一人、坂東検校如一という人がありました。これが坂東方の初めであります。この坂東方からして、明石検校覚一という平家琵琶の名人が出ました。この人は慶安四年に死にました。それが総検校になりましたのは、それ以前の話であります。そういうわけで久我家が主に盲人の世話役になっておりました。盲人はこの久我家に金を納めなければ官位が取れないということになりました。着物などは随分やかましいもので、そういうことに就て一番詳しく書いてあるのは『駿国雑志』であります。もっともこれは駿河に関したことが多いようでありますけれども、大体のことはそれで間違いはないように思います」鳶魚「京上りの金のことを調べましたから申しましょう。京上りをする時には代人でも宜いそうであります。しかし代人であると使に行った者よりも上の官位を取ることが出来ない。必ず下の官でなければならぬという定めがあったそうであります。それから盲官は坊主から出たとか、色々なことを言っておりまして、面倒臭いことがあるようですが、とにかくその階級というものは、四階、十六官、七十三小割というので、それをみんな申すと面倒でありますから、概略を申しますと、四階というのは座頭、勾当、別当、検校、それが四階、それから十六官と申しますと、座頭が四度、勾当が七度、別当が三度、検校が三度、そういう風に一つずつその間に上って行くのがあります。またその下に今度は座頭に十八割、勾当に三十二割、別当に十三割、検校に十一割、そういう風に大変刻んで妙な階級が附いておりまして、その階級の度に金を出すわけであります。検校になるまでは金さえ出せばずんずん上って行きますが、検校になると年功で上るより外には仕方がない。金もいるけれども金ばかりではいけない。唯今先生〔山中共古翁〕の仰しゃった京都で盲人の官位の世話を焼く者は、それは職検校というので、江戸におるのは総検校というのであったそうでございます。それから初めのピイピイ按摩から検校になりますには、凡そ小割の方で申しますと六十七小割でありまして、そのために納める金は七百十九両要ったそうであります。久我家の関係は、ただ今先生のおっしゃいましたのでは、城玄という人は久我家の弟であったということでありますが、それを『考訂当道拾要録』という本には、城玄は多分久我内大臣雅通の弟であろう。その雅通というのは、承安五年二月二十七日に五十八歳で亡くなっている、その人であろうということが書いてあります。それから一体職検校と、総検校というものが江戸と京都とにいるようになって、すっかり掟がきまったのは、綱吉将軍が特に杉山検校和一を以て総検校になさいました時、元禄五年九月に改正された『当道式目』によって、それから以後は官位を得ておった様子でございます。それから按摩の名でございますが、按摩の名前の猿市、犬市、これはただ今先生の仰しゃったように大別して城方に一方（いちかた）というものがあって、城の字をつける組と、それから一の字をつける組と二種ございますので、ここにございまする『市』の字を附けますのは字が違っております。しかしこの『市』の字を書くのは少々訳があるのでございます。それでこの城方の方には城の字、一方の方には一という字を附けます。それを附けますのはどういう訳かと申しますと、あの人は一名を取ったということを言います。そういう名を取るのは一番最初の僧官で、小割の方の名で半打掛（はんうちかけ）と言う、それを取るには上納金四両で、これも京都まで行かなければ得られない。京都に行って職検校に四両の金を出しますと、初めて告文なるものを貰う。それを貰って一とか城とか言うことが出来るので、それからを座頭と申しますのでございます。それから下はただの盲である。その前はどうかというと『当道雑記』によりますと、初心の名頭（ながしら）を城方は千、三、長、慶の四字を附け、一方は春、了、清の三字を附けべきこと、こうなっております。これは位が無い、まだ座頭になりません前であります。座頭になりますと、初めて城とか一とかいう名を附けるのであります。ところが按摩どもでもやはり何分かの名誉心があって、良い名が欲しい、尊い名が欲しいから、そこで『一』という音を借りまして『市』という字にして仮りに使っておりました。そうしてやはり『いち』と読んでおりますけれども、これはまだ座頭になっておりません。四両の金を上納しない奴ですから『一』という字は附けられません。音を通わせて『市』の字を使ったものでありますから、この名前から考えますと、ここにいる京上りをする座頭というのは、本当の座頭ではなく、座頭の卵であろうと思います」若樹「そんなようなことになったのは、やはり足利あたりですか」鳶魚「一の字に幾ら出すなんて言うことは江戸時代であろうと思います」若樹「狂言の方で言うと、勾当が座頭に向って、平家を語って聞かせる、その言葉の中に、官を得なければ平家は語れないということが書いてあります」

盲官買いと銭貫いの法　鳶魚「この時分にも学問所というものが京都にございまして、そうして優れた平家の名人が、その学校の校長とは言いませんが、学校の預りというものになって、それが一般の者に稽古をしてやる。そうしてお前はこの位い出来ればもう官位を得てもよいというので、官を奏請する手順になっておったらしい。江戸になってからもそうです。けれども段々衰えて来て、ただ金さえ出せば宜いというようなことになったから、按摩も鍼医も何でも構わない、盲であれば盲官を得るようになったのであります。その結果、元禄五年九月の式目改正で、他の技能ある者は、特に明文にはそんなことはありませんけれども、学問所の方の認諾さえ得れば誰でも官位が貰えるように拵え直したらしい。ですから後の検校は琵琶などは出来ないで、三味線でも出来ると、それで申訳けが立つ。甚しいのは按摩のピーピーから出世したので、三味線や琵琶はお話にもならぬようなのがおったようであります」共古「盲人が非常に金を得たというので、信長の時分に騒ぎがあった。それは京都に検校というものが十一ありまして、その十一の検校が金を得る。すなわちその収入が非常に多い。そこで或る百姓が考えた。どうも一番金になるものは何であるかというと、元手をかけないで安楽に暮すのには検校の仲間になるがよいというので、自分は盲人でも何でもないのに、盲人と言い合せて、千両の金を出して検校になった。そうして非常な収入を得たのであります。ところが他の地位の低い盲人がこれを非常に憤慨して信長に直訴するというような騒ぎになりました。それ以来そういう盲人は無くなったというようなことが、『駿国雑志』の盲人の所に精しく出ております。それで元文年間あたりに、江戸の方の官職のことは京都に御任せ申すということになっております」鳶魚「それが後に職検校というものに別れるので、杉山の時には職検校というものが京都におって、それが久我家と提携しておりました。江戸の方では総検校で威張っておりました」共古「塙〔保己一〕検校の如きは、どこからもしないで、将軍の方からしたようであります」鳶魚「信長の時に盲人でない者で検校になったというのは、『塩尻』の中に書いてあります。銭千貫を出して摂州兵庫の津の常見という富商が検校の官を得たと書いてあります。それでございましょう。どうしてそんなに検校なんていうものが割が宜いかというと、例の配当座頭の一件で、前には領地まで持っておったらしうございますけれども、後にはそうは参りませんから、配当というものを貰う。〔略〕色々な名目で金を貰って歩くのがありました。それから殊に家康公はどういう考えであるか、ベラ棒に按摩の肩を持って、銭貰いの件数をふやしたようであります。その数だけでも読んで見ましょう。お銭を貰いに行く権利のあるのはちょうど二十七項目ある。国譲り、新地加増、番入、役替、所替、任官入部、国入、縁組、結納、祝儀、誕生、宮参、新宅、元服、鉄漿つけというようなものまで入っておりま す。配当座頭といえば、大抵の所に行って銭が貰えたわけである。ただ貰えたのですから良い商売です」若樹「師宣の元禄版『月次の遊』の中に、配当座頭が祝儀を貰いに門口に詰め掛けているところがあります」

3　江戸の町人

江戸の人口

元禄・享保の調べ　元禄六年貨幣改悪の二年前には、江戸の住民は三十五万三千五百八十八人であったが、享保六年、倹約令の出た前年には五十万千三百九十四人になっている。

純江戸ッ子は五万　一体江戸ッ子はどの位いおったかといいますと、そう多くはなかった。大概江戸の人口の一割位いで、その他に斑——交雑したものが三割、それからあとが他地方から来ている人で、これが六割、こんな割合になっております。江戸の人口と申しますと、武家や坊主は除けられておりましたから、町奉行の支配に属する町家だけで、五十万人と見積られておりました。その一割なら五万人で、大づもりで五万人という事になるわけですが、江戸ッ子は三代かかるといいます。父母が江戸の人で、他国の人を交えずに三代続かなければいけないという、馬鹿に系図をひろげ込んだものです。

商人の抬頭

商人の自覚　それから町人達は自分は余り大きな店を構えないでも相当な取引をする。ところが武士の方は俵取と言って蔵米を貰って来る人も、知行取と言って領分のある人も、俸禄は幾らときまっている。この頃そそっかしい人がありまして、百石取というと本当に百石取れるものと思っているが、これは草高といって、百石なら百石取れる領分を持っているのである。百石皆取ってしまえば百姓の食うものはない。百石と言ったところで四公六民というから、まず四十石にしかならぬ。あの時分の相場の高い時でも、一石が六十匁か八十匁である。そうすると百石取は年に四十両か六十両の人間だということになる。町人共は、あんな顔をして槍など提げて仰山に歩いているが、あれは六十両の男だ、俺はこうやっているけれども、一年に二百両儲けなければこの店はやって行けぬ、はてな……こう思う。これがひどく町人の自覚を惹起した。〔略〕とにかく吾々も武士に譲るべきものではない、彼等はあんなことを言って反っくり返って歩くのが世渡り、吾々はこうやって働くのが世渡り、女郎はああいうことをしてお客を瞞すのが商売、世渡りと言うことは同じだと浮世双紙の上に麗々と書いてもある。その時分の人は本当にそう思ったことと思います。ところへ持って来てだんだんそういうことに気がついて、資本家が実際の利益を得るには、そうして安全にこれを得るには、大名貸しをしたり、山や田地を持つよりも、商業資金にするのが大丈夫だというのだ。それからだんだんと商業地である大阪へ資本が集って参った。それは延宝後からのように思います。この資本が多く集って参ったことからだんだん賑やかになる。商業も盛んになって参ったのであります。

武士と交代　然るに延宝度から武士の暮しが苦しくなって来まして、元禄を境に町人の景気がぐんとよくなりましたから、下町との隔りは益々強くなって参りました。元禄以後は名物の旗本衆も大分苦しくなって、どうにもならぬようになりましたから、土地の寂しい上に名物が無くなり、愈々寂しいことになったのです。

大商人

分限者と長者と金持　貨幣力の開展拡大は、近世生活の眼目であって、その滔々たる勢いは流水のように、昼夜となく休む時がない。通貨の在高のいちじるしく違う明治初年の換算で、二百年前の元禄の貨幣価値が考えられはせぬ。悪貨といわれる元禄改鋳後の宝永五年には、金銀貨の流通高が二千四十万両となり、正徳三年には二千五百二十七万二千九百四十三両になっている。西鶴が「銀五百貫（金八千三百三十三両余）よりしてこれを分限といへり、千貫目の上を長者といへり」といったのも改鋳以前のことで、それも金持は一万貫目（金十六万六千六十六両余）からといい替えられた。江戸で鳴らした驕奢と豪富の一対男、かの紀文、奈良茂の身代も、まず二十万両内外なので見れば、一万貫目からといわれる金持として、さまで高級なものでもあるまい。享保十年に慶長大判一枚七両二分、元禄大判一枚四両二分余と換算が法定された。この換算では一万枚の大判も、慶長ので七万五千両、元禄ならば四万五千両に過ぎぬ。元禄の中頃、さては宝永正徳に大判一万枚持っていたところが金持ではない。紀文や奈良茂の身代には及ばぬ冬木喜平治は、一代に三十万両もうけたという。そうしてみると大判一万枚も豪勢なものではない。

角屋敷と献上物　角屋敷（かどやしき）は十字街ならば四つありそうなものだけれども、そうではない。江戸城から見て右の角に限る唱えであるから、十字街でも角屋敷は一ヵ所しかないのである。「旧記捨要集」に、「御城御年頭に上り候節名主、角屋敷町人献上物之儀、今度減少被仰付候間、寅三月三日より名主、角屋敷町人共に御扇子三本入献上仕候」と延享二丑年の達しにある。享保の後、元文寛保を経て延享に至り、献上物減少を命じたのを見ると、町人共が過分な献上物をしたとみえる。何にせよ江戸の古格として、角屋敷町人は柳営へ年頭の御礼をなし得る栄誉を有するものであった。

屋号と名の併合　音羽丹七で知られているけれども、丹七というのは本名じゃない。新内の「傾城音羽滝」に「丹波屋七郎兵衛おとは」と角書（つのがき）してあります通り、お妻の情人古手屋の八郎兵衛に一郎兵衛少ないのが本名なのです。もっとも昔の商人は、屋号と名の頭字を寄せ合せて呼ぶ慣例がありましたから、実際に丹七と呼ばれておったかも知れません。

江戸ッ子

呼称の始まり　この江戸ッ子という言葉は何時頃からいうようになったかと申しますと、寛政七年に出ました洒落本の「廓通荘子」というものにあるのが一番古いようです。或はもう少し古いのがあるかも知れませんが、私が見た物ではこれが一番古い。江戸者という言葉はもっともっと古くからありますが、どうも江戸者では何だか不景気で、江戸ッ子というようなわけには参りません。もっとも寛政以来ズーッと江戸ッ子といっているわけでもないので、為永春水の書きましたもの、これは天保度でありますが、これには東ッ子（あずまっこ）といっております。東ッ子でも引立たない。元禄頃にいった「吾妻男に京女郎」というような気持になって、何だか間が抜けている。そこでとにかく寛政以来、江戸ッ子という言葉が浮いて出ておりますが、この江戸ッ子という言葉が気が利いているように、「おらァ江戸ッ子だ」と自称する者の多くなったのは、文化以来のことであります。

江戸ッ子は文化度から　それではと芝居の方を眺める。寛政三年河原崎座の顔見世に、岩井半四郎の「暫」のつらねは「……しゃりとは似た山、おや玉に似ても似つかぬ替玉は、ただ江戸ッ子と御贔屓を頭にいただくかけ烏帽子」その次が同四年市村座の春狂言の外題に打出して、「若紫江戸ッ子曾我」とある。それから同十三年、河原崎座の顔見世に白猿のつらね。「市川五代相伝の我まもの、江戸ッ子のまじりけなし」見当てたのでは寛政度のものだけで、それより前のがない。暫く寛政以来としても、江戸ッ子は芝居から発生したように思われる。それより前に他の何物にも江戸ッ子という言葉を伝えたのがない。しかもツラネの中からこの言葉が生れたとすれば、荒事の副産物らしくもある。説明なしに江戸男や吾妻ッ子では用を弁じないのも知れよう。さて実際に江戸ッ子と自称する人間の現われたのは文化の末のことであって、芝居よりは勿論遅れており、中本と略々時を同じくし、或は些少先立っていた。そうなら芝居は世間離れのした素早さだ。何からそれ程手廻しを好くすることが出来たろう。疑いもなく明和安永の江戸に知られた通り者、かのおぞう吉五郎、金看板甚九郎一輩の風尚が影響したからである。江戸ッ子の空威張り、例の痰火を切るだけなのは、通り者の流俗の末を受けたからに他ならぬ。同じ男伊達の狂言でも、寛政から際立った相違を見せる。それが江戸ッ子と切っても切れない因縁をなした。民衆と接近する密度は、何よりも芝居ほど緊しいものはあるまい。

東ッ子の消滅は天保半ば　文化以降の物にそろそろ〔江戸ッ子という文字が〕見え出したが、しかしおかしいのは文化十二年に出来た「馬方蕎麦」という滑稽小説がある。その中に「オめへも吾妻ッ子のやうでもねへ」と書いてある。一方じゃどんどん江戸ッ子と書いている。どうも豆絞りの手拭を引掛けて吾妻ッ子では釣合わぬ。どうも江戸ッ子だと言わなければならぬが、この時分までも吾妻ッ子が残っていた。それですからあの為永春水の書いた「恵の花」にも、吾妻ッ子というのと江戸ッ子というのとちょうど半々位い書いてある。この江戸ッ子という言葉になりきってしまっているのは、それから余程後でありまして、天保も半ばを過ぎた時分でないと、江戸ッ子になりきっておらぬようであります。

店持ち商人は江戸ッ子と言わず　江戸ッ子と言って、半纏を着ている勇み連中はそれが得意だったが、さて店を構えておりまする町人、小さくても店をもっている程の町人だと、江戸ッ子だと威張らぬ。江戸で生れた者ならば江戸ッ子だと言いそうなものだが、聞かれれば「ヘイ私は江戸で生れました」と言いますけれども、江戸ッ子だと言って威張りはしない。これは半纏を着ている者に限る。

いなせは神田　伝説によれば安政の頃、廓内へ来る新内の唄う文句に「いなせともなき」というのがあった。誰も彼も惚れ惚れとして、その節廻しを聞いた。後にはその流しを「いなせ」と渾名によぶようになり、今に「いなせ」が来るだろうと待っている程になったのが起源となって、好いたらしい人をも「いなせ」というようだと言っている。しかし江戸では帰えすとは言うが、往（い）なすとか往なせとか言うまい。仮令二上り新内で唄ったにもせよ、それは「よしこの」の文句で上方言葉でなければならぬ。よしこの変じて都々逸となる、といわれてもいるから、よしこの文句が色々に唄われたのに疑義を挿むことはないが、上方言葉の流入を見のがし難い。それからおかしいのは、この語に就て国学者等に色々と説のあることである。「新撰六帖」に「いなせともおもひさだめぬ逢ふ事を我心にもまたぞまかせむ」というのを、万葉集の十六にある「いなもせもおもはむままにゆくべし」と比較し、清水浜臣はイナは否、セは諾なりと言い、橘守部は奈何（いかん）という文字を充てて解けと言い、賀茂真淵にも何か説があったと思う。〔略〕「あだな深川、いなせは神田、人の悪いは飯田町」神田ッ子は「いなせ」なのである。

江戸ッ子の痰火　江戸ッ子というものは浅慮で、向う見ずで、喧嘩ッ早い。ただそれで他のものに比べると、どこか、羈絆される事が少ないから、それが嬉しかった。この私どもが見ては、甚だつまらない江戸ッ子を、ものにしたのは芝居です。芝居だと江戸ッ子が如何にも活躍する。彼等が得意の痰火を切るということも、芝居で聞けば面白いが、実際の江戸ッ子にはあれだけの弁舌がありません。〔略〕「金のしゃちほこを横目に睨んで、水道の水を産湯に浴び、おがみづきの米を喰って、日本橋の真中で育った金箔付きの江戸ッ子だ」というような、気の利いたらしい台詞は、実際彼等に言えやしない。皆狂言作者がそういう風に拵えて役者に言わせたのです。滅法界な悪対趣味、妙な言葉ですが、あの悪対も芝居の方で申すツラネの中にあるので、やはり芝居で吹聴したものです。明暦以前は知らぬこと、金の鯱鉾なんていうものは、江戸中どこを捜したって見られやしない。名古屋へ行かなければありやしません。その頃は自動車も無かったし、自転車も無かったから、いくらか暢気ではありましたろうが、日本橋の真中で子供が育つなんてことは思いもよらない。こんなことを彼等は自分で言えやしませんが、彼等はこんなことを言いたいんだろうと狂言作者に想像されるような様子をしていた馬鹿者である。

江戸城の金の鯱鉾　江戸ッ子は何よりも「金の鯱鉾を睨んで、水道の水で産湯を使った」というのを得意に言います。金の鯱鉾の方は江戸城の天守にあったのですが、明暦の火事で焼けて無くなってしまった。

江戸ッ子の堕落　職人等は何事かあれば直ぐ草履をぬぎすてて、足袋はだしになって駈け出したのが、文久頃から草履を脱いで腰へ挿み、足袋も懐中へ入れてから、駈け出すようになった。跣足になるにも損得を考えた上でなった。安政以後の江戸はもう長い年数がない。その間にさえ、彼等は算盤ずくで変化を余儀なくされた。

江戸ッ子以外の市民

田舎者と遠国者　鳶魚「国ものつらよごし〔註・「膝栗毛」三編下の中の一節〕これは木村君は江戸ッ子の面よごしとおっしゃったが、そうあるべき所を、北八君は一体江戸ッ子でないから、国者なんて言ったので、東京では近くの者を田舎者と言い、少し遠くから来た者を、遠国者、他国者、それをつづめて国者と言います。ここでは少しおかしいようです」共古「意味はそうでしょう。江戸ッ子の面よごしと同じことでしょう」鳶魚「意味はそれで宜しいが、江戸の用語例によると、そういう所では言わないでしょうな」

田舎と近所田舎　江戸には近所田舎というのと、ただの田舎と二つありました。田舎という言葉は、品川へかかって江戸へ入る人達のことを言うので、この方面から来るのでは、相模が一番多い。昔は箱根の関所で、女の通行を許しません。したがって、いくら下女の相場が高くても、上方から移動することは出来ない。近所田舎というのは江戸まわりのことで、今日で言えば埼玉県です。上総、下総辺のやつは木更津船で、品川へかからずに小田原町辺へ着いたので、あそこに行徳河岸というところがありました。品川へかからずに来る者は田舎とは言わない。近所田舎は埼玉県あたり、田舎は品川経由の者と解したらいいでしょう。

江戸ッ子の頭分

棟梁と頭の住居　裏店の連中は租税さえ無い。今日でいう地方税、そんなものも無い。そういうところにいるのはどういう人達かというと、日傭取、土方、大工左官などの手間取、棒手振、そんな手合いで、大工左官でも棟梁といわれるような人、鳶の者でも頭になった人は、小商人のいる横町とか、新道とかいうところに住んでおりますから、裏店住居ではない。この新道や横町に住んでいる手合いが、江戸ッ子の音頭を取るので、裏店の江戸ッ子の頭分に当るのです。そういう連中は、知識の上から申しましても、資力の上から申しましても、有力者でないのはわかりきった話で、その江戸ッ子なるものが、八百八町の人の心持を代表するように考えられて来たのは、よほど不思議なことなのです。

仕事師は寛政以後　元禄度には鳶の者とか、手子の者とかいうものはあったが、仕事師なんていうものはありません。仕事師という言葉が出来たのは、寛政以後のことで、それ以前には無かったのです。

裏長屋階級

長屋と裏店の違い　長屋の方は建て方から来ている名称ですが、裏店の方は位置から来ている名称なので、御存知の方も沢山あるだろうと思います。木戸がありまして、両側にずーっと建っている。この節だと随分小言の出そうなものです。裏店というのは商売の出来ない場所で、ここに例の熊さん八さん、落語の中に罷り出る代物が陣取っている。

表長屋問答　鳶魚『とんだ事をいふうらだなはなしさ』〔註・「膝栗毛」後編乾の中の一節〕この裏店と長屋とは今では一緒にしておりますが、ここでも紛らわしく聞える。この裏店というのは表店の或町の側面の方のことをいうので、長屋というと辺鄙の所で棟割長屋と称する、ああいう木戸があってずっと両側にあるもの、そういう差があったようです」竹清「長屋というのは、一棟の家を何軒も仕切ってあるのを長屋というのではないでしょうか。だから表にだって長屋がありますう」鳶魚「なるほど表長屋とも言いますね」鼠骨「大名長屋」鳶魚「裏店と長屋とは今では一緒にしておりますが、一緒ではないでしょう」竹清「今でも一緒にしておりませんよ。私共の宅の前に商売をしている家が三軒か四軒ありますが、長屋と言っておりますよ」鳶魚「私は一緒に思っておった」鼠骨「いや、田舎から出て来た時は、長屋と裏店と同じことだと思っておった。この頃そうでないことが分った」

九尺二間の由来　大名でも旗本でも禄高は軍役によったもので、詳細に比率がとってあります。住宅にしても若干の人数で暮すものとして建造したもの、決して漫然と拵えたものではありません。武家の住宅は中長屋を基準として営造されたものです。民間の裏店、いわゆる江戸ッ子等の住宅、木戸があって真中が泥溝板、突当りが雪隠と掃溜、その両側に九尺二間の住い、これが武家からの持越しで、長屋建といえばこの式にきまっておりました。中長屋と申しても畢竟九尺二間に変りはない。ただその他に変りがあるだけのこと。表長屋は二階建でもあり、間取りも諸大名それぞれに異同がございましたそうです。従って士分の者も住居することがありました。住えるように出来ていたのもあったのでしょう。中長屋の九尺二間、これは戦国時代に山城が多く、その麓に根小屋（ねごや）とも、寝小屋とも申して、兵卒の休泊所がございました。後々も簡易な建築を寝小屋普請と申しました。「堂洞軍記」に大桑城中の中間部屋のことを書いて、梁九尺長さ二間の長屋の中に、三間柄の槍をかけるのに、身の方の二間は家の内に、石突の方は外へ出ているとと書いてあります。それをそのままに、民間の裏店も九尺店と申しておりました。武家も町家も最低生活となれば同様なのが知れます。

裏店人種の生計〔補〕　どうもこの頃〔明治元年〕の職人の生活などは頗る簡単なのん気なもので、月に一両二分（一円五十銭）あれば親子五人は大した心配もせず、寝酒の一合位いずつ飲んでゆけた。一日の手間が、下駄屋とか印判屋とかいう居職が三匁、三百五十文、つまり今の三銭五厘、大工左官という出職は照り降りを見るから、三匁七分五厘、四百十二文で少しばかり割がよかった。そばが十六文に寿司が八文という御時世だ。職人なんかの住む九尺二間の棟割長屋、今のバラックのお隣りのようなものであるけれども、一月八百文〔八銭〕出せば大家のはげ頭などはビクとも言わせなかった。〔戊辰物語・東京日日新聞・高村光雲氏談〕

雇人

食につけば主従　雇入れをする時の模様を、少し申しておきましょう。出代りの日が来ますと、口入屋が得意先を廻るのです。〔略〕知行のある者——千石以上の人は領地から連れて来るので、口入屋の手にかからぬ場合が多い。〔略〕絶対に無いとは言えませんが、まあ少ないと言っていいでしょう。下女以外の奉公人でも武家は武家から連れて来るのが多いし、町家は町家からの場合が多かった。〔略〕最初目見に連れて来ますと、よほどいい家にしましても、そういい身分でない家にしましても、女の雇人は女の使うものだから、亭主野郎はそれに係り合わない。奥様、御新造様、お上さん、とにかく主婦がそれを見る。宿許はどこで、実家の大家さんはどこ、前の主人があるかどうか、あればそこはどういう事で暇を取ったか、給金は何程で、前借はどうか、というようなことを聞く。それから食事をせよと言って、食事につける。この食事につくということが大変やかましいことなので、女の場合ばかりではない、男でもそうですが、ここで飯を一遍食えば、契約してもしないでも、その家の雇人ということになるのです。飯を食ってから、そのまま帰っても、消えてなくなっても、それは大問題である。男の雇人なら手討ちになる。女でもなかなかむずかしかったものです。伯夷叔斉が周の粟を食わずといって、遂に首陽山で餓死した、という話がある。食につくことがそれほど重いという例を、伯夷叔斉を引いて講釈したものですが、一遍でも人の飯を食えば、どうしてもその家来にならなければならぬ。先方でもただ飯を食わしたのではない。家来だから食事をくれたのだ、という大変やかましいことになるのです。それから飯を食わして一日使う。縫物、応対、作法というような様子を見て、明日も来いと言って帰してやる。そういうことが五日から十日位い続きます。その間気に入らぬことも無しに続くと、今度は本人の方から、幾日幾日相勤めましたから御請状を願います、と申し出る。よかろう、請状をしたためるがいい、ということになって、それから請状になるのです。こういう風で明和、安永頃までもありましたが、その後はなかなか食についた位いのことでは、主従の分際が出来たと考える者は無い。一日働いて、それできまらなければ、雇人の方で御免蒙りますから、そういう古風は自然無くなりました。しかし明和、安永以後でも一日だけは勤めたようです。

出代りと藪入り　半季のきまりはどうするかと言いますと、三月、九月ということになっておって、九月の方を後の出代りと言っておりました。もとは二月二日が出代りであったのを、三月五日に改めたのです。この半季の出代りは、天和四年正月の法令によって定められたという説がある。九月の方の出代りも、はじめ八月二十日であったのを、九月十日に改められたのです。藪入りは正月と七月とにありますが、これが二度になったのは元禄頃からのようです。それからぐっと前になったら、藪入りというものは無かったろうと思う。藪入りまたは宿下りとも言いますが、正月のは三日間、七月のは二日間ということになっておりました。

諸職の労働時間

労働時間はどうなっていたかと言いますと、卯辰巳午未申酉戌亥の九刻働いて、子丑寅の三刻だけ休む。例の子に臥し寅に起きるというやつだ。今の時間にすると、十八時間勤めて、六時間休むことになっていたのです。それでは職人や何かを雇った場合はどうなるかと言いますと、これは明六ツ半から来て、夕方の七ツ半まで働く。職人一人十時間の仕事です。今の時間だと、午前七時から午後五時まで働くわけだ。家にいる雇人は、朝五ツから七ツ過ぎまで働く。午前八時から午後七時までです。商家は大抵明六ツには店をあけますが、営業に従事するのは五ツからだったのです。行商人は六ツ半に家を出るのがおおよそのきまりでありました。ちょっと「兜軍記」を引繰り返して見たら「朝七つから店出して、夜の四つに店仕舞、七つと四つの時を合せて十一屋と申します」という饅頭屋の文句がある。これだと午前四時から午後十時まで、今の十八時間働くわけだ。この饅頭屋は自分の家業だから、大変余計働きますが、雇人になると、なかなかそうはゆきません。

4　商売づくし

本絵師と浮世絵師

更に驚いたのは、崋山の画名の高いことを「文晁、豊国と並べて『千両』画家に見立てられているほどの、藩中切ってての才学」と書いてあることとです。〔註・藤森成吉氏作「渡辺崋山」の一節。ここはその考証〕文晁の方は本絵、豊国の方は浮世絵、一方は先生だが、一方は職人に過ぎない。だから浮世絵師の方は、画料と言わずに手間と言いました。画料と言い出したのは、亀井戸の豊国からだと聞いています。そういうものを並べて言うことは絶対に無い、これも上下の差別から来ているので、そういう差別のあるのがいいとか悪いとかいう議論は別問題として、当時の世の中の実際の姿を、まず眺めてかからなければならぬと思うのです。

絵草紙屋

地本問屋は別だが、絵草紙屋には三間間口の店は少なく、大概間口の狭い奥行の無い極く小体なものであった。一文字のように水引のように錦絵を吊し、真中へ引込めて加留多や合巻を積み上げ、その前へ双六や替り絵を飾り、一段低く箱に入れた手遊絵、千代紙を並べてある。見附きの綺麗なこと、まして別嬪の見世番と来ている。江戸の商家では大小の店舗となく、店先へ婦女を出さないのが定例であって、稀れに女房などの店へ出ているのは大変目立ったものだ。ところで絵草紙屋と来ると大半が、綺麗づくしであった。それもその筈、弘化頃から絵草紙屋はオメカケ商いと見られていた。船板塀に見越しの松、猫一匹に下女一人というお約束の囲い者、それでは退屈だとあって、絵草紙屋が開店される。これは明治まで連続し、やがて烟草屋に振替えられた。これで絵草紙屋の店番をする主婦が艶なわけも飲み込めよう。本人の退屈除けと共に、世間から外妾らしく眺められずにすむおまじないでもあるのだ。従って絵草紙屋という商売が、旦那の来ない間を狆や猫を膝の上に、造り飾ったお姿を新版の錦絵と見比べさせる意気だけのものであった。それだから絵草紙屋の店頭はいつも人立ちが多い。大通りには商売になる絵草紙屋があった。勿論鮮やかな店番もおらぬ。少し引込んだ処とか新道とか、場末とかは、算盤を失敬した絵草紙屋が多い。余り人立ちのするのも嬉しくないなどという好みもあったのであろう。

暦問屋

暦本の種類と沿革　暦本（れきほん）は貞観以降、宣明暦であったのを、貞享二年に渋川助左衛門（安井算知の子算哲）幕府の天文方に任ぜられて新暦を頒つことになった。元禄十一年に暦問屋を十一軒に限定して、京都は大経師屋内匠の専売地域で、大阪その他へ発販したというから、多分な商法になったのであろう。これは官撰の暦の話で、私撰のものは以前の如く行われていた。貞享以前、官撰の暦のない時分はことごとく私撰であって、朝廷では土御門家の暦本を用いさせられたのであった。暦法は金毛九尾の狐の俗伝で名高い安倍の晴明の家に伝わった一流であったが、安倍氏絶えて庶流加茂氏をその家としたのに、また絶えたから血統を追って幸徳井、土御門二氏を立てた。貞享以前の暦本分布の状態は、京都（土御門、幸徳井）菊沢（禁裡御経師）とある。意俊〔註・芝居「おさん茂平」の女主人公おさんの夫。京都烏丸通四条下る大経師意俊が実名〕は多分菊沢氏で禁中の暦御用を承まわって、大阪その他へも発売して、必至的の利益を占めていたのであろう。伊勢の祠官が出す伊勢暦、伊豆の三島神社社司河合氏の三島暦、春日の社人幸徳井氏の奈良暦、会津諏訪の社家が出す会津暦、日向の薩摩暦等はその頃あったものではあるが、京都から出る暦本が多数の販路をもっていたらしいから、大経師の利潤はなかなか大きいものであろう。

暦本発売日の慣習　大経師の暦本は年々土御門家より幸徳井家の手を経て原稿を下附せられ、それを上梓し、毎年十月二十日から売出す。当日は知己を招いて盛宴を張る例で、深夜まで売子が新暦本を仕入れに来る。翌日からは「大経師暦」と町々で呼売りをする。市人は争うてこれを求めたことは故老の知悉するところである。維新後は大経師の特権も消滅して、民間にて暦本を刊頒することを禁ぜられ、今日では別個の業に転じてしまった。

貸本屋

珍聞の提供者　「阿淡夢物語」〔註・明和六年十二月、阿波侯が驕奢の罪で処罰された事実を写本にしたもの〕は船軍〔罪状の一〕を除いてその他をちゃんと書いている。大体に於て事実から結構したものらしい。特に大阪で著作されたことも注意される。だが当時の貸本屋物が、素早く阿波侯の動静を捉えているのに驚いた。幕府の処分によってはじめて話の種子を撒くのでなく、いやしくも世間の視聴をひくようなことがあれば、大急ぎで写本を製造したことに感服させられるではないか。貸本屋が如何に新材料に忙しく、新しい話の供給に勉めたかは、実に今人の意料の外である。出版すれば直ちに当局から差止められる種類の物、あたかも「阿淡夢物語」の如きものでも、出版せず発売しないのだから、貸本屋はそこに多大の便宜がある。また出版物で見られぬ珍談も貸本家から獲られるゆえ、貸本屋のお客もあるわけになる。それでまた大繁昌をするから、その写本の禁止をその筋から命ずる程な勢いにもなるのだ。御家騒動の大部分は原始的に貸本屋物の写本から伝えられているが、江戸で作ったのを上方へ、上方のを江戸へ、写本は貸本屋から貸本屋へ伝播して、珍談の拡大を容易にした。従って今日は誰も写本の勢力などを考える者もあるまいが、当時にあっては侮り難いものであったろう。勿論明和以後は貸本屋の勃興期であった。

禁書の抜け穴　写本の実録体小説は目へ請取る講談であるが、そのお客は耳のお客よりは大変少ない。我等はそれを扱う貸本屋の起源沿革を知らない。ただ「武玉川」(むたまがわ)十七編に「秋更けて独口利くかし本屋」という句がある。宝暦に当業者のあったのはたしかだが、それから何程遡れるのであろうか。明和八年五月に京都書林(仲間であろう)が出した「禁書目録」の内に書本と標別したのがある。書本はカキ本で写本のことだ。これには「売買停止並仲間裁配」と註記し、紙末に、

右載する所の外、聞書雑録等之写本数多有べしといへども、一々記するに暇あらず、すべて禁庭将軍家之御事はいふに及ばず、堂上方武家方、近来之事を記したる書者、右目録にのせずといへども、堅く取扱ふべからず、其外世上浮説にても書体よろしからざる書、是亦右に准ずべし、此段人々よくよく勘弁あるべき事也。

とあり、文書の取締りは江戸時代にも出版法はあったが、写本に及んでいない。そこを貸本屋に働かれては困り物だが、貸本屋は大都会でないと商売にならぬ。この目録で見ても版本よりも写本の方が早手廻しなのを利用して、際物に傾いて来たことがうかがわれるのと、秘密に行われ易いので、忌諱に触れるべき談をも、無遠慮に書けるのとで珍らしがりと、恐い物見たさとを満足

させる。この両方から世間の二つの心持を誘って写本へ引付ける。こうした娯楽は多少とも文字が読める者で、閑暇を持ち合わせねばならぬ。それが講談を聞く者よりも多きを得ないようにする。耳の方なら文字が読めずとも、大体講釈、辻講釈で行きがかりに聞ける。別に時間を持たずとも宜しい。そうであるから大都会だけにある貸本屋だけで不足はない。それが本屋でも扱われる、古写本でない新しいのが売買された。それが貸本屋などの出入りしない中流以上に供給され、また大都会の外にも伝播した。

瓦版売り

読売りの始め　元和の事は古過ぎますから、暫く措くとしまして、元禄時分に瓦版があったか無かったかという問題になりますが、私はあったに相違ないと思います。活字本にもなっていますから、どなたも御存じの「天和笑委集」——これは天和二三年頃の話を貞享年間に書き集めたものらしいのですが、あの中に「戌の霜月下旬のころよりいかなる馬鹿者がし出したりけん、とうせいの世話をあつめ、江戸はいふき対の道具と題号して板行にちりばめあきなひものとす、ころかまびすしく、氏いやしきやつばら、是をもてありき、あみ笠ふかふかとかむり、或は手拭を以てほうげたをかくし、町々小路々々をめぐり、たからかによみあげ是をうる。其もん句を聞くに、凡かはったぞや、ゆかしいぞや、すたったぞや、何ぞやかぞやと、途方もなきあんたる事もかきつらねたるものにてあり」と書いてあります。天和二三年頃に瓦版が行われていたことはこれでわかりますし、またそれを売って歩く者が、或は編笠を被り、或は手拭で頬被りをしていたという様体もわかる。その文章も何ぞやかぞやという風に、特別な言葉が用いられてあるので、こういうのが江戸の流行言葉になっていたこともわかりますが、同時にこの時分の読売りはまだ節がついていない。ただ一種特別な言葉で売って歩いていたものであることもわかるのです。

節のついた読売り

同じ書にまた「……かぞへうたに作てこれをうたひ、或は道ゆきいろは唄、ちごくさんだん、上るりせっきょう、ふしをあらため、江戸市中至らぬまもなくうりあるき、のちには道中五十三つぎ、別ては洛中洛外、大阪の町々、奈良、さかひ、伏見、淀、紀州、和歌山、すべて五畿内五箇国、西は四こく、肥後、嶋津、或は長崎、しまばら、其外北国、東は奥州五十四郡、ゑぞ松前そとの湊に至るまで、日本六十余州のこる方なくうりあるく。かかれば遠き国里迄も、誰しらずと云ふ事なし」ということも書いてあります。これは八百屋お七の一件が瓦版になって、津々浦々まで売りひろめられたという話なのですが、このあたりが読売りの切替え時と申してもいいのでしょう。これまでは節のなかったものに、今度は浄瑠璃や説経の節がついて参りました。「五箇津余情男」は元禄十五年の版ですが、その中に「柏が心中、二郎八がおもひ入、江戸中のさた、よみ売の小唄にしてうらぬ計」ということがある。これは柏という女郎が二郎八という男と出来合いまして、終に心中でもしなければならぬようになりました時、女の方から、そんなことをしても仕方がない、お前さんもこれから稼ぎなさい、私も辛抱して勤め上げますから、と言い出して、首尾よく年季が明けてから、思う人と添い遂げたという話なのです。江戸の女の心中は上方の女の心中と違って、死ぬなんていうことをせずに、無事に添い遂げる。それを大変に誉めて読売りの小唄にして売らぬばかりの有様であったというのですが、元禄度には読売りが小唄風になっていたことがこれでわかります。小唄ですから無論節があるわけであります。

瓦版の語源と製法　この瓦版という名称に就いてはこういう説がある。元来は河原で拵えたものので、河原の出来事を報道するものである。つまり京の四条河原の興行物に関する報道機関だというので、水谷不倒君などは古い番附を持出して、この中にあるのは元禄期の名優ばかりだから、その時代を推すことが出来る、と言っております。そうだとすれば瓦版ではなくて、河原版が正しいことになるのですが、元禄十年刊の「俳諧塗笠」というものを見ますと、「閙（さわ）がしや心中おこす土阪木」という句がある。土阪木というものがあったことがこれでわかります。或時代には木版のものと並び行われたことがありましたろうが、手早いことをするために、土阪木を使ったものではないかと思います。江戸には土阪木はなかったらしいので、まして現存する宝暦以後のものには、土阪木と認められるものはありません。この土阪木というものはどんなものかと申しますと、これも想像でありますが、瓦にする土がある。あれはやや堅いので、あの土を固めて平面にして日に干す。中には瓦ほどひどくは焼かないけれども、火にかけたのもあるらしい。そうしておいて錐で彫るので、これなら一番手軽に彫れますから、それではないかと思うのです。

読売りの服装　瓦版というのは読売りによって播布されるのですが、これは夜売って歩く場合でも笠を被り、一人というのはなく、大概二人連れです。際物師で節のないやつを売って歩く方は、笠を被って合羽を着ている。これは夜歩くことはありません。昼間で、二人連れではない、一人です。ただ際物師は天保以来減ってしまって、幕末には特に少なくなっていたようでありります。〔略〕節のある方を売り歩きますのは、主として流行唄のわけですが、これは手拭を被ると申しても置手拭です。着物も流行の柄行を選み、色合い、地合いなども吟味する。三尺帯を締めまして、男ぶりも小綺麗なのが多い。「読売は一本箸で飯を喰ひ」という川柳がありますが、彼等は細い竹箸のようなものを持っている。それが字突きでありまして、左の手に本を持ち、字突きでポンと敲いては唄い出します。そこで字突きを一本箸と見立てて、こんなことを言ったのです。この方は昼間もありますが、多くは夜分売り歩くのですから、襟から小さい提灯を張出すようにさしていました。唄うのは二人連れでも、三味線を弾く者がついておりますから、三人乃至四人連れという勘定になります。

枚数と値段　読売りの枚数は上下四枚が通例だが、弘化の伊予節は三枚ずつ六枚のがあり、安政のヤンレイくどきは六枚のが多い。チョンガレには八枚のが出来、阿房陀羅経は十二枚になった。その代価は武田信賢氏の記憶では二十五文から三十文ほどであったという。

町医者

医者の名門　半井驢庵、この家は代々の医者で、古くは和気、丹波の二流、近代は半井家、道三家の両流といって、我が国の医学に於ける名門で、幕府の典薬でありました。

医者の修業地　江戸人は「学医は匙が廻らぬ」とかいって、医者の学問はあってもなくてもいいように思い、ただただ経験者ばかりを嬉しがりました。あの人は沢山手がけたといって、その経験を頻りに尊敬する。そこから「千人殺さなければ一人前の医者になれぬ」とも言いました。その勘定で行けば、相当な医者一人のために、千人ずつ殺されなければならない。十人出来れば一万人殺されている。そうなら医者ほど物騒なものはあるまい。こういう心持が蘭方医者の出るまで続きました。然しそれ迄に学問を全く忘れたのでもなく、内科は京修行、外科は長崎修行と申しており、明和に医学館が出来まして、京修行がやみ、江戸の医学が盛んにもなりました。

乗物医者と徒歩医者　昔の町医者は、乗物医者と徒歩医者（かちいしゃ）とに分れていた。乗物医者というのは、長棒の駕籠に乗って往診する医者、徒歩医者というのは、薬箱を持った供を連れてテクで病家に行く医者である。西鶴が「織留」の中へ「世の人、乗物の棒を飲みて、養生薬一服二分あてにせしも、早や五分づつ算用してお礼申しける」と言った後で、徒歩医者から乗物医者になる時には、余程考えねばならぬと書いているが、徒歩医者が乗物医者になると、ずっと病家が減る。薬礼が一服二分であったものが、五分になるだけではなく、盆暮の仕向けも違って来るから、大変病家の入用も違うので、余程はやる医者でないと、乗物医者になると忽ち淋しくなってしまう。

診察料と往診料　一体この薬礼というものは、江戸時代にはいくらと見られておりましたか、寛延の頃に牢屋の医者は、一貼に就て二分（ふん）ずつ幕府から支払われた、ということが「江戸真砂六十帖」に書いてある。二分と言いますと、五貼で一匁、五十貼が十匁、三百貼が六十匁で一両、こういう計算であります。それから天明度になると、「翁草」に「てん薬の上げる薬も三分（ぷん）に値がきはまろといふ噂」とある。ここで一分値段が上っています。それから文政になりますと、「中より以下一貼三分に当るを並とす」とこう「経済随筆」にありまして、三分礼という言葉さえ出来たのであります。天保版と思われる「処女七種」に「三分礼ではおかれまい。五分礼の外に二百疋」とある。天保度になりますと、また二分方上って五分になっております。が、天明から文政度までの久しい間、一両に三百貼の計算で薬礼を払っておりました。五分になると一両に百二十貼の割になります。それを打破ったものは蘭方の御医者さんでありまして、安政度で七日分が二百疋、銀にすれば三十匁、三日分が百疋と言いますから十五匁、診察料が十五匁から三十匁まで、往診料は初度に二十二匁五分、その後は一度毎に十五匁ということで、別に一里内外は三十匁、二里は六十匁、二里半は二両、三里以上は五両、おまけに二里以上は駕籠の往来であれば、駕籠賃は病家から出す、こういうことになって、すっかり模様が違いました。

薬屋

万金丹と千金丹　楽堂「万金丹は金箔ですか」三田村「そうです」若樹「形が似ているのです」山崎「金箔でないとこの場合〔註・「好色一代女」巻の六中の文字。万金丹一角とあって形の上から一分金貨になぞらえている〕利かない」南陵「安土町の千金丹みたいなものでしょう」楽堂「しかし千金丹だと銀箔ですね」鳶魚「万金丹だとこういう風に筋が通っていて、そこから折れるようになっている。そのところどころに金が捺してあるのです」南陵「朝熊山の万金丹は粒ですね」

読書丸　鳶魚「京伝の読書丸。これは誰かの書いたものに、銀座の京伝〔註・山東京伝。但し京伝の店は煙草屋〕の家じゃ神薬を売るという事を書いてあります。やっぱり読書丸は怪しからん物で、今言う滋強丸的のものでしょうかね」若樹「気根を強くし何とか書いてありますよ」鳶魚「巨勝子円（こしょうしえん）という奴には腎臓を滋す――滋腎円と書いてあります。こういうものが神薬で、いや、妙な性質のものです。ヨヒンピンのたぐいだ」仙秀「三臓円は東京でも本町にありました。博文館の向うの大阪屋久八という古風な暖簾がぶら下っている店です。恐らく取次所でしょう。本家は大阪鱣谷三休橋の吉野五運という店で、今も繁昌しています」

砂糖漬は薬屋で　若樹「道修町〔註・大阪市内。「膝栗毛」輪講中の問答〕これは薬屋の問屋のある処です。砂糖漬屋はどうか知らないが、薬種屋はあるのでしょう」華洲「砂糖漬は薬屋で売ります。天門冬とか、ああいうものは皆薬屋で売ります」

砂糖は薬品扱い　江戸の料理は町料理、つかみ料理で、素人細工だったのですから、調味料の次第に発達して来ることによって、そこを弥縫しなければならなかったのですが、それに就いて第一に目につくことは、砂糖を早くから使っていたことです。江戸では白砂糖のことを唐三盆と申しておりました。唐三盆は申すまでもなく舶来品で、これは薬種屋で売っている。舶来品のことですから、砂糖屋などというものはない。薬種屋へ往かなければ買えなかったので、その俤をとどめたものとしては、大正の初め頃まで、薬種屋で砂糖を売る店が、麹町四丁目の北側に一軒残っておりました。

輸入媚薬の流行　「唐人はへだたりて」〔註・「好色一代男」巻の八中の一節。長崎丸山遊廓の模様を述べているところ〕というのは唐人口と日本人口とに分れているからです。「恋慕ふかく中々人の見る事も惜しみ……」ここで唐人というのは、すべて外国人の意味ですが、当時の人は外国人を大変淫縦なものに見ている。「其薬を呑みて」これは南方先生の畠だけれども、ひどく信ぜられていたものと見えて、長命丸などというのも舶来品です。外国人が淫縦であるという証拠は、「好色由来揃」に「ことにつらきは唐むきの女郎、色あほあほとして常に地黄丸をたやさずとかや」とあり、「五箇の津余情男」にも「肥前国彼木郡長崎の津こそ誠や唐土日のもとの大湊、万里の海路をへて唐土船春の中つ比は入津、暹羅東埔塞咬𠺕吧（しゃむろ、かぶじや、じゃがたら。〔和漢三才図会〕ふりがな）などいふ外国の奥船は秋の初つかた来朝す。此津の繁昌中々たとふるに言葉なし、常に美食にふけり姪酒に暮す」とある。これだけ淫縦である彼等がその薬を飲むのは有名な話で、これを書いたのは、西鶴は早い方ですが、後のものにもある。「野傾旅葛籠」の中には、「都の世智かしこき薬屋の手代が此唐人をふつくり、奇妙の薬方を聞くに、唐にも入は金にして只は伝ゆる事の成らぬ様子を仕て見すれば、袖の下より二三角握らせ、近年上方にて流行る長命丸に増りたる房中の薬を尋ねしに、是は秘して伝へず。調合せしを一包小判一両づつにして竊に売りぬれば、聞伝へに買人多く、迚もの事に慰みがてら女郎共を呼て此唐人をかけて其強き所を見るべし……」というようなことが書いてある。

歯磨売り

歯磨売りは一袋六文八文のもので、それを買えば一袋で、一ヵ月も二ヵ月も使う。しかも方々で売っているのに、まだ売り廻る者が沢山いるということは、江戸の名物だと言っている。この江戸ッ子が歯磨を使うということも、潔癖を現わすものであるかも知れません。歯を白くするために、房州砂の入った歯磨を使って、歯の心の減るほどこする。歯は真白でないといけない。これは江戸の者の殊に好むところでありました。それも古くからあったのですが、特に四代目菊五郎が歯磨売りになった——嘉永、安政頃から多くなった。「お早う」の歯磨売り、毎朝早く歯磨きを入れた箱を緋縮緬の紐で肩へ掛け、「お早う」と言って売りに来るからの名です。なかなかいきな姿だったと言います。芝居にしてから急に人気が出て、余計に商いがあるようになった。大体歯磨きを使うか使わないかで、江戸ッ子か田舎者かがわかる位い、ちょっとした悪対にも「口中が臭いぞ、黙っていろ」と言ったものです。歯の白いのが羨しくて、薦っ被りも歯が白くなれば一人前、とさえ言いました。歯が白くならなければ一人前でないように思った。地の上へごろごろ寝て湿気を受ける。それが強くなるほど歯は白くなるといったもので、湿気を受けて病身になっても、歯が白くなればいいと思うほど、無考えであったのがおかしい。

煙草屋

煙草の流行　其磧が書いた「世間娘気質」は享保元年の板行だから、今日〔大正十年〕から二百六年前の小説なのであるが、「昔は女のたばこ呑むこと、遊女の外は怪我にもなかりしことなるに、今たばこのまぬ女と精進する出家は稀なり」というので、煙草が婦女全体に行き渡っていたのが知れる。元禄宝永の女は服部たばこを好んだが、約四十年過ぎた延享の頃の女は和泉新田というのを喜んで飲んだ。そうしてその頃から薩摩の国分が珍重されるようになったのである。刻み煙草を売りはじめたのは貞享の頃からのことで、それ以前は飲用者各自が葉を買って手刻みと言って自分で刻むのであった。葉煙草でなく、刻み煙草の行商があるようになっても宝暦度には五分切という、随分荒いものなのだ。細い細い糸のような刻み方になったのは、安永天明以後のことである。自分で刻む頃は勿論、刻み煙草があるようになっても、天気の加減によって火つきが悪い。飲み口に嬉しくないところがある。それを安永天明になって、諸国の煙草を調合して刻み上げる。火つきの悪いということがなくなり、飲み口に癖のあったのをかれこれと混ぜて味を整えた。それが地切というので、喫煙家の大満足を得て大いに行われ、喫煙の歴史に区劃を与えた。

店構えと小僧の呼び方　こうなると煙草屋も面目を一新する。安永三年版の落語集──「仕形噺口拍子」に

店開

煙草屋の店開に、呉服屋風の口上引札を廻した故、いて見れば、なる程大きな店付、ズット上ると大勢の手代が、「番茶よ、お茶持て来い、子どもよ、はっとふり」

というのがある。その頃煙草屋の新見世が目立ったのであろう。呉服屋のような店開きが新しかったろう。引札というのは広告の印刷物を撒布することで、呉服屋が引札を始めたのは宝暦以来のことだ。それを煙草屋が真似たといって、いよいよ呉服屋気取りなのに呆れた。畢竟煙草は行商であったものを、番頭らしい顔をして店に据り込んでいて売るのが変に見えたらしい。それ程に煙草の行商が誰の頭にも沁み込んでいた。すなわち安っぽく思われていたのである。呉服屋では客を見掛けて茶を出す。望みの品を聞いて小僧を呼ぶのに、こぞうゥと長く引いて、や〳〵（或は子供衆という店もあった）と重ね、何々と品物を言って持って来させる。ここでは服部煙草の服部を長く言わせて、はっとふりと落した。この煙草は摂津国島上郡服部村の名産で、茎の細い葉の厚い、そして虎斑がある。香の好い味の柔らかなのを特色とした。近松や西鶴は屢々この煙草

の名を筆に掛けている。

店頭の煙草刻み　下谷御成小路、佐久間町へ出る所といえば、一方は万世橋通り神田旅籠町へ通じる（元の秋葉の原）他は佐久間町（神田川の河岸ふち）へ通じたとすれば、和泉橋通りなのが知れる。そこに刻み煙草屋の見世があって、薩摩たばこの看板を出し、間口三間の店、その店先から奥へ二十余人居並んで煙草を刻んでいる。七十年来これほど盛んな煙草店はないと、「宝暦現来集」に仰天している。これは文政度に書いたのであるから、七十年来とは寛延以来未曾有なのであろう。あたかも薩摩煙草が江戸で愛喫される頃である。〔略〕元文には神田鍋町の叶屋から毎日六七荷ずつ煙草の行商が出たので名高かったのに、文政には二十余人の煙草切りで驚ろかした。その店は鴻野屋といって、官営以後は転業したが、店附きは昔のままであり、昔ながらに宇津の救命丸を売ることは変らない。何にしても二百年に近い江戸から持越した老舗である。

一玉とその値段　共古「それから四文粉というのは煙草の悪いのに違いないが、四文で幾匁あったか」仙秀「四文という金があるから一山四文と言ったのでしょう」鳶魚「袋にでも入っていますか」共古「そうです。半紙を短かくして二つに折った奴を両方ねじったものだ。つまり紙を細くよって新聞の上包み、帯封みたようなのに半紙をやって、拗って両端を出す」鳶魚「四文粉は幾ら目あって四文なのですか」共古「それは分らない。極く安いのでございましょう」若樹「煙草入れに一つは入るのでしょうか」鳶魚「一玉（ひとたま）でしょうが、一玉は幾ら目だろう」二葉「五匁ではないか。近いところでは五匁のようです」鳶魚「五匁玉と言っていますな。ちょうど今の一包みだ」共古「処によって変な安いのがあります」仙秀「楓の葉などを刻んだものも

あるが、ここでは吉田の花魁だから、まさかそんなものでもなかろう」〔註・「膝栗毛」輪講。吉田は東海道吉田宿〕

床屋

職人と腕前　仮元結といって根を揃えて、二本とか三本とか元結を掛け、それを解いて結い上げるのが通例ですが、腕自慢な床屋はぶっつけ元結といって、仮元結をしないで、すぐに二の元結を掛け、パチリと切る。それで元結の両端の寸法が一厘も違わないといったものです。元結の掛け方で同型の髪でも、大変違ってしまう。同じ小銀杏でも、並みに元結の掛ったのとチョン髷とは著しく違う。それどころではない。髪結の手癖によって、結わせる者の心持のよし悪しだけでなく、恰好が大分違う。自然と結い方の巧拙ばかりでなく、その手癖を吟味するようになり、行きつけの床屋というのが、誰にもあるようになる。床屋は大抵三人立ちが並みで、親方に中床（なかどこ）これは手間といって職人です。それと小僧。生憎親方がいない、いつも親方が結うのだが、仕方なしに中床の手に掛る。中床はよく見て、骨を折って先の通りに結いますが、客は結い上げた自分の髪を撫でて見て、気に入らないと、二の元結を引張ってはじいてしまい、突込みというやつにして帰って行く。そうされるほど髪結の恥はなかった。なかなか好み誂えが激しいから、床屋も腕が磨けたのです。客もそれぞれ建前があって、八丁堀風、蔵前風、両替町風、小田原町風などといわれて、世間に知られていました。

店構えと道具〔補〕　床屋は土間で、穴の明いた腰かけの板に客が掛け、床屋は後に廻って仕事をする。側に鬢盥というものがあって、ちょいちょい水をつけ、一方の壁には鬢附油が堅いのと軟らかいのとを板につけてある。客は毛受けという地紙なりの小板を胸のところへ捧げ、月代を剃ると、それを下で受けるという風で、今と反対に通りの方へ客は向いていた。夜分は土間から、一本の木製の明り台が立っていて、燈心の火が細く点れていた。〔略〕床屋は大人が三十二文、子供は二十四文、湯屋は八文であった。〔光雲懐古談・高村光雲著〕

女髪結

女髪結の如きも「後見草」の安永九年の条に、「深川茶屋向にて上方女の髪の風を結ひ申すもの有レ之、今は所々にて女髪結といふ女商人あり」とある。寛政になっては江戸の町家へも女髪結が出入りするようになった。その起源については、上方の女形山下金作が江戸へ下り（二代目金作は宝暦二年、明和七年、寛政六年と三度東下した）深川の永木に住んでいた。この金作の鬘屋が仲町芸者に馴染み、その女の髪を金作の鬘のように結ってやった。それを朋輩芸者が羨み、例の鬘屋を頼んで結って貰うものが多くなり、後には一度二百文の結い賃を取ることにした。その鬘屋の弟子甚吉という者が、女の髪結を職業として、寛政二三年の頃、八丁堀に住んでいたという。この山東京山の説に誤りなくば、これもまた深川芸者の流俗である。

風呂屋

銭湯の数と規模　江戸の湯屋というものは、上方なんぞに比べると、たしかに綺麗なもので、且つ規模の大きいものでありました。風呂槽一つで二十人以上も入れるようなものは、余所の国には無いし、朝から湯の焚いてあるところもない。それからまた数が多い。湯屋の数が多くなったのは、江戸の半ばを過ぎた頃の話で、元禄、享保の際はまだまだ風呂の数も少なかったのです。天保改革の時には四百七十軒あったのが、慶応三年には五百五十軒になっている。明治になっては忽ち倍ぐらいになったろうと思います。江戸の湯屋は朝夕が大変こみました。江戸ッ子は烏カァで飛び込んで来る。仕事を済してまた来る。一日に二度の入浴はきまったようでした。薄着でも寒い顔をしない。尻を晒していてもカジケない。好んで熱湯に入るのは、暖をここに取るためである。ですから江戸ッ子の内には渡世柄で、一日に数浴を欠き難いものもいたのです。

自家風呂の少ない理由　もっとも後々までも江戸には湯屋というものが少なうございました。武家屋敷などでも、組屋敷などになりますと、浴室は大抵無い。仲間内でもやって、湯を立ててそれに入る。めいめいに湯殿を持っているなんていうことはありませんでした。町家もよほどの大きな町人でありませんでは、湯殿を持っているのは無かった。宝暦以降になりましては、場末の町々まで浴場があるようになりましたが、宝暦以前はそんなわけに行かなかった。これは全く鑿井の関係であります。それでも場所によっては、なかなか湯に遠いところがいくらもあったので、場末ばかりが湯に遠いわけではありませんでした。宝暦以降に場末の町々まで湯屋があるようになりましても、自分の家に浴室を持っている者は甚だ稀れなので、それは江戸が燃料が高いばかりの理由ではない。第一に専用の井戸を持っていなければ、湯が立てられなかったからであります。

うなのである。

女湯覗きは勤番侍　安永二年版の「落語集出頬題」に、「女湯」と題した小話がある。それはこういうのである。

湯くみ奉公をして居る所へ、在所の医者尋ね来て、ゆるゆるとの咄最中、切抜き穴をのぞけば、美しい女の大勢丸裸で、さばさばするのを見て気のどく貌で、「アノ裸は毎日々々の事でござるかへ、「アイサ朝の五ツから夜の五ツ迄、あきはてるほど拝みますと、咄しあって別れて帰り、間もなく国より一袋をくれる。久しい物とあけて見れば、地黄丸の粉。

番台にいて湯銭を取るのが番頭で、今日ではいないが岡湯の側で上り湯を汲んで与えるのが湯汲なのだ。昔は浴客が勝手に上り湯を汲み出すのではない。また地黄丸というのは腎薬である。この話で当時の浴場の様子が大略知れよう。今日でも番台から男女の浴室が見渡せるが、つい二十年前〔大正十四年から数えて〕までも二つの浴室の境がほんに申し訳までのものだったから、流しで洗いながら女湯が見えた。特に着衣場は無境界同様であったから、湯屋で裸女を見るのは何でもなかった。慣れては異性も別に恥かし気もないようであった。だが江戸ッ子は裸女を眺めている者を見て、「何だ女が珍しいか、勤番者じゃあるめえし、人間半分は女なのだ。しみっ垂れめェ」などと大いに罵ったものだが、寺門静軒の「江戸繁昌記」に、「水舟について嗽ぎ、因に板の隙を窺いて睨む。蓋し交代の藩士（温泉宮、目前にあり、窺はざるを得ず）隅に踞んで桶を前にし犢鼻褌を洗ふ曠夫なるを知べし」とあるのが勤番者のことだ。明治三十一年版の「一枚刷馬鹿利発」の取組に、

みっともない、女湯をのぞくすけべい野郎

とある。江戸ッ子は女湯覗きなどは人間の恥辱の極と考え、殿様の御供に単身で江戸に来ていて、女郎買いの銭もない貧乏武士のみがする卑劣な行為と見做していた。

男女混浴の変遷　享保三年の「吉原細見夕紅葉」の序文に「居続けに内の湯のめづらしからずと、禿やりてに浴衣をもたせ揚屋町の銭湯に男女の差別さらになく、入湯の有様はこれぞ誠に花清宮とや申さん」吉原の廓では延宝五年十一月二十七日、江戸町二丁目花屋半兵衛（湯屋）から出火して大焼けがあってから、寛保元年まで廓内に浴場はなかった。浴場が新設された六年目には、「夕紅葉」の序文にさえ書くほど混浴風俗が名物になった。延享三年といえば今日〔大正十一年〕から百七十七年以前になる。一般浴場も寛政三年正月下旬に男女入込みが禁止されて、二月下旬から日を定めて女湯を焚くようになったので、延享の頃は市中でも混浴なのだから、廓内の浴場だけが入込みなのではない。しかし市中では白昼婦女が浴場へ往くことはなく、夜も遅く男の入浴者の少なくなった時分を見計って往くのであった。それ故に廓内の浴場で白昼の混浴が珍らしかったのである。松浦静山侯の「甲子夜話」に「江都の町中にある湯屋、予が若年迄はたまたまは男湯女湯と分けても有りたるが、多くは入込みとて男女群浴することとなり。因て聞き及ぶに暗処又夜中などは、徒に姦淫のこと有しとぞ」とあるが、安永天明度には大分婦女の気分も変って来たと見えて、「親子草」には「町家に前々より男女入込湯有之、又女中湯（これは享保の末から始まったのであろう）といって、女許り入候湯も三丁に一軒位づつ有之候が、女の気性によって女中湯は込合候て、やかましき抔と云ふて、男湯へ入込候ものも有之、右に付き候ては猥なる事も間々有之候由」とある。こうなってはかえって混浴禁止の必要もあるのだが、寛保から四十年内外で、廓の混浴が珍物でなくなったのは、驚くべき風俗の頽廃ではないか。

二階から眼鏡　湯屋の二階といふものは、文化度からの趣向で、「飛鳥川」（文化七年の随筆）に、「別に元両国若松町和泉屋といふ銭湯、近所の中にも宜敷と云ふ。二階に煎じ茶、菓子抔出すは何事ぞや」と不審がっていたほどだが、弘化二年版の「稽古三味線」になると、湯屋の二階へ往って碁でも善知安方（うとうやすかた）としよう」などと洒落ている。もう誰も湯屋の二階を珍らしがらぬ。この二階に茶汲女のいたことは、三馬の「浮世風呂」にも静軒の「江戸繁昌記」にも書いてない。明治になっても湯屋の姐さんで大変騒がれる別嬪のいたところが多分あったが、湯屋の二階に綺麗なのを置くようになったのは、今日からは六十余年前の文久元治の際であろう。〔略〕湯屋の二階は新しく綺麗なところを見せた姐さんが賑やかなのでなく、この頃の景気の種子は別にあるのだ。慶応二年版の「狂詩集謡志題」に、

三十余年又た新嬢、眉毛の跡は青からず至って黒し、笑窪は深く愛敬はこぼるるが如し。牙歯あらはに看て白き雪を欺き、独いこふて客の目尻の下がるに勝へたり。俳人の連書きを恥かくを知らず、天狗日々来りて談合す。……生ながら勢い壁に揮い、女湯を覗く爰に目鏡あり。碁将棋は変じて悪対と成り、楼湯の煙は茶に越えて香を欺く。若し若旦那又た明晩、へい白湯ならあばよ。

というのがある。湯屋の二階に女を覗くために遠目鏡が備えつけてあったのだ。

湯屋の貸衣裳　大木戸の手前の横町、右にも左にも入ったところに湯屋があって、その二階でいろいろな衣裳を貸してくれる。坊主が衣を脱いで医者になるのもあれば、小士が町人風になる

着付もあり、番頭なんぞの類の者で、職人風な着付を借りて行くのもある。いろいろ変装して女郎屋に出かける支度の出来るところがあった。これは余所の宿々にはない。新宿に限ったことです。畢竟新宿がいろいろな客を引寄せるから起ったことであります。

貸衣裳の印　竹清「損料着物はこんな印をつけるのですかね」〔註・「膝栗毛」八編巻之中に、弥次北が貸衣裳で大阪の遊廓へ行き、仲居から十文字の糸ぬいの印を指摘されるところがある。ここはその輪講の一部〕鳶魚「そうだと見えますね」竹清「もっとも損料ならばつけておかなければならんでしょう。生田可久さんの知っている損料屋などは、唐草で分らないように印がしてあるそうです。これは蒲田ですがね」共古「そうして質屋に話しておくそうですね。質屋ではその印のあるものは取らないという話を聞いております」鼠骨「取りに行く位いならばそれを持って行きそうなものです」鳶魚「印が気がつかない所にあるのでしょう。女共の方は通だから直ぐに知れるけれども……」

食い物屋

辻店・屋台店の始まり　明和度に於ては、飲食物の辻売りが大分はじまった。屋台店が出来た。茶漬店というのも、だんだんひろがって来る。蕎麦屋が料理屋風になる。鮓屋が出来て来る。居酒屋も出来れば飯屋も出来る。居酒屋と飯屋と一緒になったような縄暖簾というものも出来て来た。この辻売りや屋台店のものが江戸ッ子に関係があり、江戸ッ子の影響を受けたものである。

一体江戸は宝永の頃までは、街道の立場（たてば）より外には飯を食うようなところが無かった。

それですから享保の半頃までは、丸ノ内から浅草の観音まで行く間に、昼食をするのに困った。浅草まで行けば何かあるのだけれども、その途中に何も食物を売っていなかったのです。それが宝暦前後になりますと、中橋広小路の南側の方へ、餅と田楽と煮しめを売る家が五六軒できた。江戸の入口である品川、然も五街道の第一である東海道の最初の駅である品川、そこでものを食うか飲むかするより外には、それまでの間にはもう何も無い。それから今川小路の北の方に、蕎麦を売る家が二三軒できた。その外には江戸中どこにも蕎麦を売っているところが無い。山の手や浅草へ行く道にも無いという有様であった。僅かに延享、寛延度になって、室町、本町の辺りのところに二三軒食物屋が出来た位いのものである。もっともそれより前、元禄十六年の地震火事の時に、焼跡で田楽を売っておった。それが一串三文ずつであったそうですが、地震火事のあげくで皆が食物に困っていた時だから、随分歴々の士まで、それを食ったらしい。またその翌年の饑饉には、江戸の端々に煮売店が出来た。これらが煮売店の早いところだったのでしょう。

煮売屋の三種　そこで注意してみなければならぬのは、煮売りということです。煮売りには行商する者と、辻売りと言って人の大勢寄る所へ持出して売る者と、場所を動かずに店を構えてやるのとおよそ三通りありますが、これが江戸の市街地で食物を供給する最初のものでありました。このうち一番早いのが行商、煮売りで、何時からという拠りどころはありませんが、寛文元年十二月二十三日に、煮売りの夜商いをしてはならぬという禁令が出ておりますから、この頃既に行商のあったことが察せられる。それ以前どの位い遡っているかというと、何ともわかりません。寛文十年七月には、午後六時以後の商いを禁じておりますから、この頃は店舗のあったことを認めることが出来ます。けれども、この時分の煮売屋なるものは、どういう人々がそれを利用したかと言いますと、これはごく低い階級に限られておった。武家は勿論、商家でも手堅いうちでは、テンヤ物と言って、他から供給する食物を嫌う風がある。料理屋からものを取ることさえ、嫌う家がありました。後々までも買食いというのは、ごくいけないことになっております。町家の堅い家では、武家の風を真似てそうなったのです。後にはそうばかりもゆかなくなりましたが、それでも大きな町家では、外へ出る時には弁当を持って行く。或は先々へ申しつけておいて、どこどこで食事をするから、と言って支度させておく、という風になっている。

居酒屋さまざま　この時分〔元禄〕でも居酒屋というものはまだ無かった。居酒屋が出来たのは、これからよほどおくれたものと見えまして、寛政度には煮売酒屋がなかなか商いが盛んにある、ということが書いてある。居酒屋ではないが、鎌倉河岸の豊嶋屋、これは宝暦度から一杯酒を売った。そうしてその愛敬に田楽を売る。これは後々までもあります。立っていて桝の隅からぐっと引かけるやつで、「アヲッキリ」といい、「グイノミ」または「ズイノミ」などといっておりました。それから芋酒屋、これは田舎風のものでありますが、享保十五年の八九月頃に、風邪引きの呪いに芋酒を飲むとよろしい、といって、やったことがある。芋酒というものはどんなものかというと、薯蕷（いも）の白いのを卸して、よく擂（す）って、冷酒に入れて掻き廻しながら飲むやつで、これはその後もはやっておりましたが、また一方には芋で酒を飲む、ごく古風なことも起って来た。向嶋の麦斗庵（ばくとあん）だとか葛西太郎だとか、戎宮（えびすみや）だとかいうのは、麦飯に芋の煮ッころばしで一杯飲むというような好みがあって、これも一種の芋酒屋なのです。しかし江戸市中には、道中筋の立場（たてば）によくある居酒屋、ちょっと腰をかけて飲むやつと、芋を肴に酒を飲むというやつが混じて、名前はやっぱり芋酒屋というものが出来ておりました。

縄暖簾の商法　それに寛政以後のところで、「炊出し」といって、見附々へ詰める諸大名の家来達の食事を引受けるものがある。それから飯屋といって勤番士の独身者のために、諸侯の長屋へ弁当を運ぶ。またこの飯屋へは飯を食いに行く町家の者もあるというわけで、そういうものがだんだんと出来て来た。居酒屋といえば酒、飯屋といえば飯なんだけれども、それもこれもごっちゃにして、酒も飲めれば飯も食える、といったようなものが出来て来た。それが縄暖簾を掛けていたから縄暖簾という名で呼ばれておりました。明いた醬油樽を土間へ並べ、その上に板を渡して、それへ腰を掛けて皆土足のままで飲食する。御菜は皿盛り、飯も一杯々々出すやつで、皆一皿いくら、一杯いくらということになっている。俗にこれを「ヤタ一」といっておりましたが「ヤタ」というのは豆腐のこと、豆腐を岡部というので、岡部六弥太から来た洒落です。ヤタで一杯やるところから「ヤタ一」といった。そういうような按配式でありましたが、そのうちにはなかなか気の利いたやつがいて、親仁橋のなん八という家では何でも一皿八文、一食大概二十四文位いですんだ。三分亭（さんぷんてい）というのもあって、三分（さんぷん）を鐚にすれば三十二文になる。こういう今日の食堂に似通ったのがあった。安くって用の足りるところです。

派手な炊出し屋　歌川豊国の妻はそのといって、槇町の西宮三次郎の娘であった。三次郎の家業は炊出し（見附＝俗に三十六見附という。千代田城の外廓の門衛＝を警固する者へ飯を供給する、今日の三食弁当のようなもの）であったから、元気の好い若い者を沢山使って、親分肌な派手な渡世であった。

車のある屋台店は誤り　「中間相手の小さい、おでんと、燗酒の出店が、邸の正面へ、夕方時から出て店を張っていた。車を中心に柱を立てて、土塀から、板廂を広く突出し、雨だけは凌げた」と書いてある。〔註・直木三十五氏作「南国太平記」中の一節。ここはその考証〕おでん燗酒の店などが、この時分車につけて引いて歩くことがあったと思っているのは御愛敬だ。この時分は屋台店と称するもので、車のついたのは無い。江戸の末の方に、明治が顔を出している有様だ。

鮓屋

町毎に一二軒　江戸ではどの町にも鮓屋が一二軒、蕎麦屋はその半分位いの割合であった、ということを書いたものがある。今日ではそうでもないが、江戸時代には蕎麦屋の倍数ぐらい鮓屋があったものらしい。鮓は元日早々から売りに来たもので、これは江戸ッ子の間食に最も便利なものだった。安宅の松の鮓などは非常に高い。両国の与兵衛も高い。一つ三匁も五匁もする高い鮓があったのだから、江戸ッ子には食えなかった。小鰭（こはだ）の鮓などは早くから賞翫されていたし、堺町の金高鮓、それから弘化になって十軒店の篠田鮓、これは油揚げの鮨で、「お稲荷さん」というやつだが、これがなかなか売れたし、最もあわれなのが天保七八年後に出来た焼鮓というやつで、これは随分難品で、鰯の腹へおからを詰めて焼いたものであった。

立食いまで　一体鮓というものは、宝暦頃まで、料理屋へ誂えて拵えさせるので、振売りはなかった按排であるが、宝暦の頃に和州の下市から釣瓶鮓が出店を出して、それから一遍に早鮓になったらしい。それまでは数日漬けた古鮓だったのである。鮓が盛んになったのは、往来の屋台店で食物を売るようになってからのことで、これは天明の饑饉から始まったのだが、それがだんだんに油揚げから焼肴、餅菓子、唐菓子、一夜鮓という風に、屋台店の種類が殖えて来て、それがために鮓の立食いが始まったのである。

鯖の鮓　鳶魚「一体鯖（さば）は江戸よりも上方で珍重される」鼠骨「鯖のすしは、京都などでは祇園祭に必ず鯖の鮓を使う。その鯖の鮓なる物が非常な御馳走になっている。鯖の鮓屋も沢山あります」若樹「生魚が少ないから」鳶魚「東京あたりでは生鯖などは余り結構な物でない」竹清「鯖は下魚です」鳶魚「下魚でも鰹やまぐろは旨くない」二葉「こっちの鯖は私の方のどうも味が違うようです。秋鯖は嫁に食わすななどと申す諺もございまして、味が至極好いものです」仙秀「東京の鯖は大きいが、私の国（陸奥）の鯖はもっと小さい。だから味が違います。全く不味い物と思っておりますが、青森では鯖を海から釣って来たばかりのを喰わせる。それが余程振った御馳走になっております」鳶魚「どんな野蛮人でも旨くない物を喜ぶわけはない」若樹「京都では鯖の鮓は好いものになっている」鳶魚「実際旨いのでしょうか」二葉「私共の国では鯖の丸鮓と言って、背開きにして内部へ飯を挟み、箱に詰めて押をかけて七八分の厚さに切って客に出します。ナレ鮓の方はまた違います」鼠骨「そうかと思うと一方に贅沢をしている。大阪では宗十郎町あたりへ行くと非常な贅沢なもので、鮓などが京都は生魚が無いので、西園寺〔公望〕公など大抵生の魚は食わない。魚は一塩の物が一番美味しいと言う。それを人が食通だと褒めたが、いずくんぞ知らん彼等は幼い時から生魚を食ったことがない。そこで天皇陛下の事を聞いてみると、明治天皇陛下は殆ど生魚を召上らない。成程幼い時から食べなかった者がちょいとした生魚を食って反吐をつくと同じことで、一向食通でも何でもない。それが西園寺に感心して、それにあやかって皆塩魚ばかり食っている。偉い連中だね。生魚を御存じないのです」鳶魚「京都の鯖の鮓は生の鯖でしょうね。本当の塩漬はありますまいな」二葉「皆塩です。鯖の鮓は必ず一塩あてて送りますもので、一塩もので輸入して来るのです」鼠骨「ちょっとした一塩です。だから色が変っています」

稲荷鮓の始め　稲荷鮓は次郎右衛門というもの、石町十軒店に出て売る、その初めに天保七八年の凶歉に売出したものだという。弘化二年版の「稽古三味線」には「十軒店の信田鮓（しのだずし）稲荷さんの呼声」とある。それは弘化度の流行物であった。天保改革の際に高価な食品を厳制したので、次郎右衛門も思いついたのであろう。

鰻屋

さて鰻丼のはじまりであるが、鰻も蒲焼になると、少し銭のある者でなければ食えない。ただ辻焼の鰻というやつは、安く食えるけれども、これは蒸したのでも何でもない。まずくて仕方のないものである。江戸ッ子連中のために食い好いような鰻、価の安い鰻は鰻飯だ。相当な鰻屋へ丼を食いに行くと、二階へ上げないで、店先に腰掛けて食わしたものである。このはじまりは文化年中に堺町の芝居の金主で大久保今助という人が大の鰻好きで、小屋へ来ていては食いに行かれないから、自分で工夫して、炊たての飯の中へ鰻を入れて持ってこさせた。これなら成程冷めない。そうして飯も一緒に食ってしまうことにした。こういうことを彼が考えない前は、豆腐の殻を煎って極く熱くして、重箱へ入れたのを持たしてやって、その中へ蒲焼を入れて来る。これもやはりさめないためだったが、今助の方は豆腐殻から引出して食うので、雪花菜（きらず）は捨てるのであったが、そんな世話もなく、温かい飯と一緒に食ってしまえるのだから、策略がいい。便利だから誰彼なしに賞翫するようになったのである。それから値段も上り、器も多少吟味するようになり、割箸などもつけるようになった。割箸というのは文政以来のものだそうである。

どじょう店

それから鰌、骨抜き鰌は文政の初めに本所大川端石原町の鰻屋で始めたと伝えられているが、骨抜きの鰌鍋を柳川ということは、横山町新道に柳川という鰌店があって、そこがはやってから柳川という名になったらしい。鰌汁は葺屋町川岸の堺屋で天保頃から始め、鯨汁もその頃から出来たものだが、いずれも一杯十六文というので売り始めたのである。

蕎麦屋

荷売りの時代　次に江戸の者が蕎麦をよく食うこと、畢竟は安いからです。それは他のどの都会にもない程だと思います。それですから市中を歩けば、大概な町には蕎麦屋がある。蕎麦は元来甲州から江戸へ入って来たものだと言いますが、随分古くから担い売りをしていたものと見えて、寛文元年十二月に、夜町中を荷売りをしてはならぬ、という禁令が出ています。それから更に寛文十年七月になって、暮六ッ以後に荷売りをしてはならぬということになり、貞享三年十一月には饂飩蕎麦切の荷売りは火を持って歩くものだからならぬ、といって禁じているのを見ると、随分古くからあったに相違ない。値段は古いところでは、蒸蕎麦で一杯六七文位いでありました。

はじめは饂飩屋　また「けんどん蕎麦」「御膳蕎麦」については、寛文度に吉原で始めたという説もありますが、市内では小伝馬町二丁目に半兵衛という者があって、これが博奕宿であるところから、毎日毎晩蕎麦を取る。その度に不便があるからと言って、丼から膳からすべて取揃えて、小さい箱へ入れて蕎麦屋へ渡しておいて、言いつけてやれば、それへ入れて持って来るということにした。それを見て牢屋の表門前の太田次郎左衛門という者が工夫して、一人前ずつ道具を箱へ入れたのを拵えて売出した。大変これが喜ばれて市中へひろまったのですが、それから一八、二八、三八などということになって、中味の代金よりも入れ物の方が三四十倍もするような蕎麦屋道具、それを皆使うようになった、という言い伝えがある。これは延享、寛延度の話で、蕎麦屋の道具が綺麗になったのはこの頃かららしい。それまでは蕎麦屋とは言わない、やはり上方と同じように饂飩屋だったらしいのですが、宝暦あたりから蕎麦屋というようになったのです。

二八蕎麦の意味　昔から二八といえば十六文、三八といえば二十四文という風に、蕎麦の代価だと解している。

盛り方の変遷　今日でも蕎麦を蒸籠（せいろう）へ入れて持って来る。モリといえば蒸籠へ盛ってあるにきまっている。冷たい蕎麦を蒸籠へ入れて持って来るのもおかしな話であるが、これは蒸蕎麦の形が残っているのである。〔略〕一体蕎麦は皿盛りにするのが丁寧なので、丼にするのが略した方だそうだ。皿盛りの風は天保度まで残っていた。それから少し前までは大平（おおひら）に盛って来たものである。古いところでは蒸蕎麦は蒸籠に盛るし、さもないのは饂飩桶へ入れて来る。それが大平盛りになり、皿盛りになり、丼となって、また蒸さない蕎麦をも見てくれのいいように、蒸籠へ盛るということにもなったものらしい。「ぶっかけ」というのが今日の「かけ」であるが、この「ぶっかけ」という言葉は、明和の頃から使われている。

蕎麦切りの初め　蕎麦切りというものが行われるようになったのは、寛文以来の事と聞いている。蕎麦はなかなか打てないもので、後に饂飩粉を入れて、二八蕎麦というような拵え方が出来てから、はじめて蕎麦が行われるようになったので、慶長度にはまだどこにもなかったのです。

手打蕎麦は宝暦　手打蕎麦という言葉などは、宝暦以後の言葉で、元禄時代には決して言わない。当時は蕎麦切りといった。

天麩羅屋

天麩羅の起り　「慶長日記」の元和二年正月二十一日のところに、茶屋四郎次郎が京都から駿府の家康のところへ帰って来て、いろいろ京の話をした。この頃京都で珍らしい料理がはやって、互いに饗応し合っていた。それはどんな料理かというと、鯛を胡麻の油で揚げて、蒜というから韮みたいなものでしょう、それを摺りかけて食う。大変はやっているし、食べても珍味である、ということを申し上げた。

初めは立食い　天麩羅が程経て江戸へ来た時には、辻売りの食物——立食いのものになっているのです。今日は立食の饗応なんていうものがありまして、然るべき人達もやっているのだから、あまり悪くも言えませんが、昔は少しましな人になると、立食は決してやらなかった。天麩羅が江戸に現れた時、既に天麩羅という名があったか、なかったか知りませんが、立食の食物になっていたことはたしかであります。江戸で食物の屋台店を往来へ出すようになりましたのは、天明五年からの事で、その時には天麩羅ばかりじゃない、いろいろなものがそうなったのですが、天麩羅も正にこの時を以て街頭に進出したのです。

屋台から店売りへ　慶応元年の「花長者」というものを見ますと「猿若町天ぷらかつぎ売」とありますから、天麩羅を担いで売って歩いたと見える。この天麩羅の担ぎ売りということは、あまり人が言っていないように思います。それから「山下岡村テンフラ料理」とありますが、これは屋台ではない。今日で申す天麩羅屋の形を成したものです。慶応元年まで天麩羅屋——料理屋めかしい店のなかったことは、これで証明し得るようであります。もう一つ「通塩町丸新てんぷら」というのも挙げてありますが、これも前の腰掛けて食べる程度よりは、幾分ましなものであったろうと考えられる。いずれにせよ、この時分まで、料理屋然たる天麩羅屋はなかったと見て差支えありません。

料理屋

一体江戸の料理というものは、四条とか、大草とかいうような庖丁家の料理ではない。町料理といって、それとは全く別のものでありますが、これも元禄の末頃からは、大名が町の料理人を雇われるというようなこともあって、庖丁家以外の料理が、そろそろ行われかけて来ました。それが明和の頃になりまして、洲崎の桝屋をはじめ、いろいろと料理屋が出来て参りました。桝屋などの料理は今日の支那料理のように、一卓何程という工合いだったようです。それから会席料理というようなものも出来て来た。これは茶の方から来た名前でありますが、その料理は必ずしもそうではない。それもまあ一種の料理で、桝屋をはじめとして前後二十軒余も開業されたけれども、これらは所謂江戸ッ子の連中とは係り合いの無いものである。そのうち即席料理なんていうのが出来て来た。これは惣菜料理などというのと似寄ったもので、小料理屋であります。ただ屋台骨が小さいばかりではない。もとからある大茶屋というものは、料理を命じてもすぐには出来ない。料理を拵えておいて客を待つというのではないのですから、昼の料理を朝命じる。乃至明日の分を今日命じるという風で、それですまして来たのに、桝屋などのようないい料理屋が出来て、そこでは料理の支度をしておいて客を待つ、客を見れば直ぐ出す、という仕方になっている。それをうつして行ったので、お客が来れば直ぐ料理が出る、これが即席料理なのです。今日で見れば、五時間も一日も料理を待つなんていうことをする者は無いが、一方には大茶屋のようなのがあるのですから、昔の江戸としては、即席料理ということを断る必要もあったのであります。

獣肉店

療法用の食物　ところで獣肉のことですが、これは獣店（けだものだな）というものであって獣肉を売っておりました。この肉食はどういう意味合いで、江戸の食物の中に入って来たかといいますと、今日でいう食養療法から出たことなのです。早いところでは寛永二十年に出た「福翁物語」の中に、「長いきのしたき計りが苦と成りて、生老病死をかなしみ、四足の物を明暮と養生とは喰ひけり」と書いてある。つまり長生をしたいばかりに、獣肉を養生食にしたというのです。この食養論は支那伝来のものがいろいろありまして、民間の肉食には、これが与って力があるように思います。

四谷の獣店〔補〕　昔四谷の宿次に猟人の市をたて、猪、かのしし、羚羊、狐、狢、兎のたぐひをとり、さかさにして商へる中に、猿を塩づけにし、いくつもいくつも引上げて其さま魚鳥をあつかへる様なり云々いへり。これに昔とあれば、当時はなかりしことと知らる。延宝天和のころにもやありけん。煮売の出来しは明和このかたか。〔嬉遊笑覧・喜多村筠庭著〕

すっぽん料理　鳶魚「すっぽんを江戸で食い始めたのは何時でしょう。昔は食わなかったという話だが、宝永元年の『心中大鑑』にこの前の飢饉にすっぽんの煮売りを思いつきしより儲け始め、という言葉がある。それから考えてみると『続皇年代略記』の天和二年のところに『此年春京師饑饉餓莩路に充つ』という事が書いてある。そうすると天和二年らしいですが、その時分から売出したのでしょうか」共古「そうかも知れません、それは知りません」鳶魚「東京の方は何時からでございましょう。鯰も近いことだというけれども……。『摂陽落穂集』を見ますと、大阪の京橋の魚市場では一番先に鯉を出す、一番しまいにすっぽんを売出す。遅く来た者のことをすっぽんの間にも合わないというと書いてある。余程安く扱われておったものと思います。ここでは〔註・「膝栗毛」後編乾〕一つが百文に売買されておりますから、一つで百文というと可なりのものと思います。この時分には江戸ではすっぽんをそう安くも扱っていなかったのでしょう」

菓子屋

種類と年代　それから菓子です。これも干菓子、蒸菓子、餅菓子、駄菓子、いろいろありますけれども、江戸ッ子の為に発達したかと思うのは餅菓子であります、文化文政の際に民間の食物のよくなったことは著しい。またその売行きのいいことも無類であったと、明治の初めに老輩が回顧感嘆しています。享保の頃にあった餅菓子は、糝粉（しんこ）と焼餅と二種だけでありました。米饅頭や助惣焼、幾世餅などというものは、それよりも前からあったのですが、享保十四五年の頃になりまして、例の象が日本に渡来した時、餡をどっさり入れた象饅頭というのが出来ました。これらが低い階級の人達に向けられたものであります。羊羹などは蒸菓子の上等なものでありまして、元文の頃から低級な人達が食いはしたけれども、どうも価が高いからうまく行かない。元文の頃から売りひろめていましたものは、浅草餅、大仏餅、朝日餅、外郎餅（ういろうもち）山椒餅などという類で、桜餅は文化から始まっております。それから牡丹餅（ぼたもち）がこの時分から、大分辻売りに出るようになった。それよりも有力なのは、文化の末に腹太餅に代って大福餅が出て来たことです。もっとも売出した最初は寛政度のことでありましょう。腹太餅をもっと丁寧に拵えて、餡の入りをよくしたのが大福餅なので、腹太餅は中高ですが、大福餅は平たい。そうして大きいものですから、腹の減った時などには工合いがいい。焼いておけば温かいし、冬の夜などに食うには最もいい、といって喜ばれた。それから小麦焼、今川焼、丁字焼、安倍川餅、柏餅、こういう類のものは皆大福餅に圧された形で、もう文化以後のところでは、延享度からあった金鍔焼と、大福餅と、この二つが一番の利け者だったようであります。紅梅焼などは安政二年から始まっている。砂糖餅、蕨餅などという新しいものも、そのあとで出て来た。後には焼饅頭の串刺し、揚饅頭なんていうものも出て来た。それと飯倉片町のおかめ団子、黒船町の喜八団子、北新川の一石餅、芝神明の桃太郎団子なんていう団子類、それも醬油をつけて焼いたのでなしに、黄粉をつけたり、餡をつけたりした、いろいろな団子が出て来た。これは一串いくらでなしに、一盆いくらなので、十六文、二十四文なんていう値段で売買しておりました。

桜餅の体裁　「飛鳥川」という随筆に「桜餅といふも文政度にはじまり爰の名物になりぬ、文政の始、下谷池の端の芥さらひし、土を寄せて一つの島めきて新土手と唱へ、ここにも桜餅をひさぎける」とある。不忍の新土手は文政三年の築造であるから、それより前に長命寺の桜餅があったのである。「兎園小説」には「去年甲申（文政七年）一年の仕込高、桜葉漬込三十一樽、但一樽に凡二万五千枚程入、葉数〆七十七万五千枚なり、但し餅一に葉三枚宛なり、此餅数〆三十八万七千五百、一つの価四文宛、此代〆千五百五十四貫文なり。金に直して二百二十七両一分一朱と四百五十文。但六貫八百文の相場、此内五十両砂糖代を引き、年中平均して一日の売高四貫三百四文三分宛なり」と、恐しい算盤高い事が書いてある。それと「嬉遊笑覧」の「近年隅田川長命寺の内にて桜の葉を貯へ置きて、桜餅とて柏餅のやうに葛粉にて作る。始は餅米にて製せしが、やがてかくかへたり」を合せ読めば、今日でも体裁を変えずにいるのが知れる。

食い物雑録

ぼてふりの意味　京阪では商売物を担ったり背負ったりして市街を呼び廻る小商人を、皆ぼてふりと言いますが、江戸では魚の担売りだけを「ぼて」という。京阪では魚及び野菜の担売りを「笊振」というので、籠の紙張りにしたのを「ぼて」というから、張籠のことかと「守貞漫稿」に出ております。

割箸の始め　割箸というものは文政以来のものだそうであります。

鍋物の下品さ　一体鍋へ直に箸を突込んで食うなどというのは、下司な話でお話にならない。鍋などというものは以下物といって、武家でも町人でも、主人の前へは出さない筈のものである。私なども実は蛤鍋を食いおぼえましたが、あれもヤタ一といって、縄暖簾の中で、片足を持上げて、醬油樽の上へ渡した板へ腰掛けて食うもので、旦那とか殿様とかいう人は知らないものです。

江戸の名物と名店

文化文政時代　化政度には、江戸の者はどんなものを賞翫していたかといいますと「絵本東わらは」という享和年間に出来た本があって、その中に江戸の名物というべきものを羅列してあります。

浅草海苔に江戸前鰻、新場の蛸に芝肴、鎌倉鰹に羽根田の鯵、玉川鰷（あゆ）に千住の鮒、荒川鯉に佃の白魚、芝雑魚、芝海老、金沢なまこ、業平蜆に四谷蕨、中山蒟蒻、伊皿子麩、鳴子の甘瓜、浮田の丸漬、青山はだな、赤山生姜、越ヶ谷餅米、葛西（かさい）の小松菜、砂村南瓜、岩附葱、草加の烏芋（くわい）藤沢松露、神奈川かぶな、行徳の干饂飩、千手の大角豆（ささげ）鎌倉柴胡、杉田の梅干、練馬大根、松戸なすに小金栗、砂村なすは駿河にあけず、二郷半の新米、土用に出る。

九月に新そば、新酒、甘干（柿）、さんま、たたき納豆。

其外所々の喰物は、塩瀬饅頭、いくよ餅、浅草の大仏餅、芝神明の太々餅、金竜山の浅草餅、高輪が馬餅、三田寺町の魚籃餅、人形町の鹿の子餅、芝白金の玉子餅、深川寺町の雁金焼、筋違に三平二満餅（おたふくもち）薬研堀に両国餅、麹町に助惣焼、飯倉片町おかめ団子、芝口にかげかつ団子、中通に笹団子、蔵前今津の柏餅、五十間屋の白玉餅、目黒の粟餅、桐屋の飴、丸山かる焼、御所おこし、南京落雁、双六煎餅、照降町に仕切餅、永代団子、豊年餅、竹門のあぶらげ、山屋が豆腐、つぼやの淡雪、亀屋の奈良茶、女川菜飯に念仏蕎麦、正直そばに七色茶漬、醴（あまざけ）に汁粉、手打そばは軒をならぶ。

サアおごらばござれ、深川八幡二軒茶や、向嶋にあらひ鯉、王子のゑびや、下谷の浜田屋、古川の森月庵、魚籃のゑびすや、江戸橋のますや、中橋綿や、京橋柴屋、新橋の佐倉屋、大和田うなぎ、鈴木の蒲焼、真崎の田楽、洲崎のざるそば、鈴木町のあんかけうどん、両国の油揚酒屋、親仁橋の芋酒屋、水道橋の鯰のかばやき、中橋のおまん鮓、吉原の蛇の目鮓、一町に二三間の即席料理、山の手も下町も浅草も芝も、すしの見世に、煮肴屋台、夜も白昼の如く也。酒は内田矢野小西鹿嶋玉川鴻の池、何れも出世夥し、豊嶋屋の白酒は節句前に売切れ、稲毛のそうめん、三輪よりほそし

嘉永の頃　ここに「江戸五高昇薫」という、嘉永五年の一枚刷がありますから、それを持出すことに致します。

江戸五高昇薫　嘉永五

御菓子調進　モントカシ宇都宮　市ヶ谷桔梗屋播磨　本丁一鈴木越後　本石四越後屋播磨

　本石二金沢　丹後

茶席干菓子　坂本丁隅田園　本材木丁一大黒屋　貝坂

松月堂　堀江丁一円堂　西カシ室永

貸坐敷御料理　東両国中村屋　アサリカシ万屋　品川釜屋　柳ハシ万八　同柳や

ぎをん　くらまへ祇園　芝土ハシ太田屋　芝三田丸金永代向柳嶋　スキヤガシ多池屋

雞卵　魚カシ水戸屋　室二大津屋　四ツ谷山二　通四丁メ遠州や　ヲハリ丁大黒屋

名物　今戸玉庄蜆汁　コンニヤクジマ川端屋さしみ　向嶋武蔵屋鯉こく　木母寺植半いも

　山谷鮒儀なまづ

雑菓子卸　トシマ丁青野屋　白銀一尾張や　田所丁井筒屋　中門前青野屋　豊嶋丁長嶋屋

同飴卸　久右衛門丁木村屋　松枝丁中川屋　大和丁大黒屋　八丁堀代地和泉屋　カンキ坂三

河屋
麩　伊皿子佐の六　むろ丁麩治郎　両国同朋町なす佐　よし丁なすや　ゴフク丁するがや
紅梅焼　田原丁大陽堂　御蔵前梅林堂　京ハシ因幡町桝屋　牛込梅泉堂　芝三田大陽堂
なべやき　両国若狭屋　江戸ハシ三浦屋　赤ハネ五兵衛　馬喰四吉川　花川戸三河屋
御そんじ　麴丁甲州屋　神田ケダモノ店甲州や　カケハシ外尾張屋　東両国豊田屋　山下丁
カシ中嶋屋
しゃもなべ　四谷御門内万蔵金　ミソヤシンミチ大はし　住吉丁玉てつ　馬道桜や　スキヤ
カシ中嶋屋
中汲　二葉丁和田屋　スキヤカシ宇山　西コンヤ丁和田屋　六軒堀三河屋
五ツ豆腐　白カネ唐とうふ　浅カヤ丁ささの雪　御蔵前宇治の里の玉子とうふ　ヤケンボリ
そば切　上ノドンドン三枚橋揚だし
一寸一杯　京ハシ山崎　本郷イックラ横丁三うらや　小石川春日町いせや　人形丁うちだ　米沢丁四方
いも酒　トシマ丁鬼熊　カンタコンヤ丁　カネイ　オヤチハシ山形　四ツヤ⋈市　青山クボ
丁山三いせや
名代四文　ツバ店豊年堂　田所丁ほたんもち　木挽丁横丁金つば焼　シンバシ入船団子　銀ザも
ろこし団子
天麩羅家台　ナミキ丸上四方の前　人形丁上重の隣　ヲワリ丁しのぶ庵　横山丁丸新出雲寺
前　一ツ目橋溜屋向

大蒸籠　馬道東寿庵　平川栄松庵　芝口出世庵　カマクラカシ東向庵　赤ハネ増出庵
御茶漬　麴町なべそうにやまと　八丁ホリ大通りあんころ大和や　横山町しるこゑひすや　万丁だんご日の新　多丁二あへ川下総屋
海苔　芝金杉中村屋　室町二山本　クギ店山形屋　通四丁メ上州屋　雷門永楽屋

幕末一覧　その次は「花長者」という慶応元年の一枚刷を御覧に入れます。

花長者慶応元年一枚刷
辻〳〵冷ツこい白玉水　猿若丁天ふらかつき売　間ニあはぬ水菓子むき売　おいしい雷干や
〳〵　よし原焼芋かつき売　浅草永楽や浅草海苔　日本橋山形や同上　日本橋鳥問屋東国や　築地魚問屋
中村屋　大横町めうが茶問屋四日市塩物伊勢善　安針丁魚問屋わし屋　芝田町うなぎ問屋て
のじ　外神田芋問屋船稲や　深川佃長魚問屋　同遠州吉蛤問屋　日本橋鳥問屋古井やつき地
魚問屋三河屋　大横丁恵一屋茶問屋　田所丁越後屋さとう　小田原町魚問屋三河屋　日本橋
うなぎやあはや　千住芋問屋三河屋　小田原丁柏屋とせう問屋　深川駿河屋魚問屋　深川尾
張屋蛤問屋　水橋水菓子問屋遠州源　同青物問屋武蔵や　北新堀つぼや三醤油　京橋水菓子
問屋加茂市　同青物問屋かきや　西河岸大国屋醤油
神田しからき　新橋しからき　釘店丸キかつをぶし　瀬戸物丁カネイかつをぶし　新場魚問
屋和泉三　同
同かが平
千住青物問屋坂和屋　同同万屋　品川同和久屋　同
同田中屋

御くら前　東国屋大根皮むき　西カシ三文字屋大根皮ムキ
八丁堀はしけ豆甲州屋　山の宿同豆岩　品川焼酎いづ由　薬研堀同神崎
山谷八百善御料理　本丁一鈴木越後菓子　深川平清会席料理　浮世小路大金蒲焼　馬喰丁千
とせあなご　東両国与兵へすし　柳橋梅川料理　池ノハタ蓮玉庵手打そば　スキヤハシ矢野
白酒　芝大門八百蓑料理　神明前長門すし料理　浅カヤ丁万久即席　山下岡村てんぷら料理
ハマ川川崎屋あなご料理　楽や新道菊すし料理　王子海老や料理　横山丁柳川とせう　弁天
山氷月料理　通塩丁丸新てんぷら　西カシ栄太楼口取くわし　東両国田舎蕎麦　岩付丁大松
酒なし丼茶漬　魚カシのだ平大板　上ノ山下雁なへ料理　浅草御門外遠月堂八千代せんべい
向嶋山本屋桜餅　八丁堀有明や卸菓子　両国五色あげ　湯嶋切通猿あめ　橘丁三富金丼うな
ぎ　並木がんなへ即席料理　通二オハリ丁宇治の里茶漬　鳥屋石橋料理　大橋八ツはし団子
オハリ丁喜田川うなぎ　馬喰丁淡嶋軽焼　向嶋魚常料理　泉橋通天狗すし　東両国丸やしや
も　大伝馬二立場料理　人形丁はまぐり　トキハバシ玉の尾茶漬　西久保ぶたなへ　浅三吉
丁魚十即席　ダンゴ坂藪そば　品川松屋かばやき　安針丁弁当松　新し橋みさごすし　フキ
ヤ丁氷室くわし　下谷埋堀二どぜうなへ　大伝馬丁森田切山椒　御蔵前上総や塩せんべい
駒形越後やとせう汁　豊嶋丁鬼熊豆腐酒　御蔵前宝来茶漬　第六天鹿嶋升酒　薬研堀蕎麦切
とうふ　御蔵前三保の里あへ川　永代ハシ永代団子　カガ丁纏せんべい　馬喰丁鴨南蛮そば
料理　芝田丁海月料理　御成道金沢細工くわし　牛込花筏せんべい　今川ハシ越の雪菓子
米沢丁川村漬物　浅カヤ丁玉木煮まめ　猿若丁霜の花幕の内　江戸ハシ花おはき　カチハシ

外尾張屋山鯨　六軒堀米新中汲　西両国大橋居酒
東両国小大橋丼めし　大伝馬丁亀屋菓子　八丁ホリあべ川　十軒店いなりすし　西両国かか
屋六八そば　田原丁奴うなぎ　赤羽根丸屋そば　鎌倉カシゆば伯屋　上ノ広柏葉亭しるこ
深川狐うなき　浅広角東寿庵そば　同大陽堂紅梅焼　浅西仲丁かまほこ大坂や　大伝馬丁五
色羊羹駿河屋　雷門船橋屋菓子　深川松本会席料理　山谷松林しそ巻　両国深川亭料理　飯
田丁美濃やそば料理　六軒ホリ吉田屋あいかもしやも　甚左横丁武松かまぼこ　万丁川半料
理　牛込春月手打そば　田原丁吉見や精進仕出し　イイタ丁大和団子　猿若一らんめん　上
の広茶わんむしときはや　大門通利休そは　神田金米糖三浦栄　浅広田楽花屋　よし丁小女
郎あけ　長谷川丁でんぶ　猿若丁内田兎吸物　宇多川丁玉おはぎ　菊ヤハシ唐や雷おこし
山谷越後屋飴　神明前弁多津茶漬　永井丁三河屋醤油のみ　柳ハシつくばねせんべい　両国
丸竹料理　京ハシ清住屋佃煮　南伝馬あは雪池田屋　横山丁笹岡生そば　花川戸魚金うなき
しやも　広徳寺前麩あふら屋　南馬道新昇亭科理　芝大門あま酒丸大　並木いなり屋年中白
酒　人形丁定ぼたんもち　飯倉大黒せんべい松風軒　通油丁かけ物小見川八丁ホリ有平近江
庄　東両国麦めし　本材一大黒屋菓子　神明前だいだいもち　カヤ丁みめより　浅草地内金
竜山
外神田深川屋御蒲焼　本銀丁金沢丹後菓子　木挽丁酔月会席科理　霊ガンハシ大黒屋蒲焼
三田鶴友やあなこ　神田川松の寿司　上の広松源料理　浅奥山亀玉庵手打そば　鎌クラカシ
豊嶋屋白酒　浅クサ八百半料理　通塩丁すし幸料理　よし丁万久即席　浅スハ丁鮮揚亭金フ

ラ料理　高縄稲毛屋あなご料理　カヤ丁紅梅すし料理　神明車屋料理　銀丁柳川とせう　池ノハタ氷月料理　横山四ゑひすすし　本郷藤村御口取　フキヤ丁田舎しるこ　楽屋新道万安酒なし丼茶漬　田所丁和田平大すし　駒形川升即席料理　芝口かにや唐松せんへい　向嶋大黒屋桜餅　豊嶋丁長嶋卸菓子　久右衛丁七色あげ　御蔵前桃太郎団子　東橋伊豆熊丼うなぎ柳原川升とせううなき　北新堀駒カタ明ほの茶漬　米沢丁獅子田笛　牛込船橋団子　湯嶋隅田川うなぎ　千住丸山かる焼　高や新道魚文御料理　人形丁天狗ずし　大コガシ大黒やシャモ　日本はし立場料理　馬道はまくり　京ハシ玉の井茶漬　東両国美の屋ふた　向嶋魚十料理　深川藪そば　千住松かばやき　魚カシ弁当吉　室丁みさごすし　品川大いせ屋山川すしヤケンホリ山本とせうなべ　青物丁めうがや切山椒　横丁カシ武蔵や塩せんへい　竜閑橋大黒屋とせう汁　オヤチハシ三河屋芋酒　御蔵前福来茶漬　外神田玉川升酒　淀橋弁慶飴　上の広揚出しとうふ　銀坐三色団子　東ハシ東団子　霊カン嶋樽せんへい　松井丁滝そは料理御ムマヤカシ昇月料理　オカ丁木村細工とうふ　馬クロ丁大つゑせんへい　南鍋町にしきむめ　室丁小田屋漬物　芝口玉木や煮豆　ヤケンホリ花の友幕の内　人形丁しるこ　スキヤカシ中嶋屋山鯨　ゴフク丁和田中汲　橋場三河や居酒　室町武蔵や丼めし　新し橋鶴屋くわし六ケンホリあべ川　第六天稲荷ずし　三田越後や六八そは　向嶋穴うなき　浅地内万屋そは浅材木丁ゆば遠州屋　馬道万年しるこ　ヒロヲ狸そは　田原丁東寿庵そば　三田大陽堂紅梅焼　山下かまぼこ駿河屋　中ハシ五色羊羹松や　四ツ谷船橋や菓子　東両国柏屋会席料理今戸はま屋しそ巻　山谷橋深川屋うなぎ　市ケ谷花村そは料理　イツミ丁玉鉄あいかもしや

も　同虎屋まんぢう　柳ハシ川半とせうあいかも　赤坂更科手打そは　山谷八百善料理仕出し　杉ノ森もろこし団子　本郷らんめん　コフクハシ外茶わんむし杉村　新材木丁利久手打そは　小網丁金米糖万屋　浅広でんがく料理隅屋　三田越後屋六八そは　川瀬石丁でんぶ人形丁元内田兎吸物　鎌クラカシお鉄ぼたん餅　並木蝶や雷おこし　イツミ丁越後や飴　室丁弁登天茶づけ　永井町いせや醬油もろみ　コフクハシ外丸竹即席
八丁ホリ佃栄つくた煮　東両国あは雪日野屋　万丁笹岡茶漬　中ハシ大嶋やうなぎ丼シヤモ室丁麩あふみ屋　浅奥山新昇亭料理　雷門あま酒三河屋　ヨコ山下いなり屋年中白酒　西両国道明寺おはき藤井屋　ギンザ大黒せんべい大和や　市ケ谷一口糖　弁慶橋有平大和や　浅草ヤブ麦めし　橘丁ほてい屋菓子　市ケ谷あわ焼　大伝馬一みめより　馬クロ四いくよ餅

納豆売り

共古「たたき納豆〔註・「膝栗毛」発端中の言葉〕というのはどういうのですか」扇松「当り前の納豆ではありませんか」共古「私も当り前の納豆だろうと思いますが」扇松「やはり苞でしょうか」共古「いや、あれは近頃のものです。恐らくはこういう所から来はしませんか。納豆を売る者は一合升を半分に切ったような、升を持っておりますな。一杯幾らと言って売って歩く者は今コークスか何か入れるようになって、低い笊へ納豆を一杯入れて、それを棒の附いた升で量って売る。それがくッ附いていてトンとたたかなければ取れないから『たたき納豆』というのではありませんか」静方「父から聞いておりますには、若い時分、江戸で納豆を卸す店は沢山ありましたろうが、本郷妻恋坂上の味噌屋『伊勢利』というのが有名であったそうです。売子の体裁は、一合升へ小さきシャモジで納豆を盛り、銭何程に幾杯と量って売る。納豆は当今バイスケと俗称する石炭笊のすこし小さい笊に入れてある。この笊は卸店から納豆を受ける時貸与した。それは返す者はなかったと言います。笊の周囲には筆太に『本郷伊勢利』と書いてあったそうです」

飴売り

「本町二丁目のなァあアアア、よいこの、本町二丁目の糸屋の娘、やれこの姉が二十一、妹が二十よいこの、妹ほしさになァ、あアアあれこの妹ほしさに、御立願かけてよいこの、伊勢へ七度なァああ、よいこの、伊勢へ七度熊野へ三度、愛宕様へは月参り」この鎌倉ぶしは、嘉永末年から安政へかけて流行ったもので、大道の飴売りが唄ってあるいたと見えまして、その頃の世話狂言の正本を見ますと、幕明きの鳴物にちょいちょい使っております。〔「膝栗毛」輪講中、扇松氏談〕

焼芋売り

大阪のほっこり　共古「ほっこり」鳶魚「焼芋です。唯大阪で変っているのは、焼芋を早くから車でひいて『ほっこりほっこり』と言っておりますが、昔からそうだと見えます。焼芋屋と言う者はない」二葉「昔は担いで歩いた。車で歩いたのは近いことです」鳶魚「『大阪繁昌誌』に『老而無子之貧婆、街上燃寒燈白髪、亀手煨薩薯為業』云々とある」

ほっこりの解釈　鼠骨「ほっこりは焼芋でなしに、温いということではありませんか」鳶魚「原因はそうでしょうけれども、事実は焼芋のことでしょう」鼠骨「呼売りで『おいもでホイ、ほっこりホイのホイ』とやる。温いという意味でしょう。それが転じて甘藷の事を言うようになったのでしょう」

水売り

一荷百文　「我衣」の文化十四年五月の条を見ると、十五日頃からひどい暑さになって来て、すっかり旱模様になった。雨が一粒も降らず、日に日に照りまさって参りましたから、その月の二十三四の頃には、方々で水ぎれになった。下町辺では一荷百文から百二十文位いで水を買うようになった。この水屋というのは、主に下町におりまして、天秤棒の両端へ細長い桶をつけて、それを荷なって、一荷いくらというわけでそれを売る。町の小娘などは門へ出て、「水屋さん一杯入れて下さい」といって呼び込んだものです。そういう風は明治十何年頃までも続いておって、一荷一銭でしたか、五厘でしたか、中には片荷でいいといって桶一つだけ入れて貰う者もあったようであります。水を売るということは、他の地方には珍らしいことですが、江戸では古くからあったことと見えて、享保二十年版の「渡世身持談義」に「江戸へ下り暫く水売りをして居たりしが」ということが書いてある。享保頃からあったと見えます。明治になっても町々の間を水屋が歩く。これはいい井戸を見つけて、そこと約束してあって、その水を売るのですが、本郷元町の水道橋北詰の西側、あそこにもとの上水がありまして、そこには大変水売りが集っていて、そこから水を取って、それを担いで売る。

冷水の一杯売り　七夕の晩になりまして、愛宕下のところに冷水売りが出ています。そこへ通りかかって、冷水をくれ、もう一杯くれといって、都合二杯飲んだが、その人が茶碗を返す時に、取外して割ってしまった。水売りは一荷売ったところで、茶碗の代はとても出ない。それはそうでしょう、一杯一文の水なのですから……。

麦湯売り

薄暗い街頭にボーッと闇を彩るのは麦湯の行燈でありました。この行燈は竪行燈で、赤い地に黒い文字で「むぎゆ」と書いてあります。江戸の街頭の真夏の夜の景物として、この麦湯の行燈は何より景趣でありました。〔略〕今日からは二十年前に蘆葉山人の書きました「江戸府内風俗往来」に次のように見えております。

夏の夜、麦湯店の出る所、江戸市中所々にありたり。多きは十店以上、少きは五六店を下らず。大通にも一二店づつ、他の夜店の間に出でける。横行燈〔竪行燈が多かった〕に麦湯とかな文字にてかく、又桜に冊尺の画を書き、其冊尺にかきしもあり、行燈の本には麦湯の釜茶碗等あり。其廻りには涼台を並べたり。紅粉を粧ひたる少女、湯を汲みて給仕す。浴衣の模様涼しく、帯しどけなげに結び、紅染の手襷程よく、世辞の調子、愛嬌ありて人に媚びけるも、猥りに渡ることとなきは名物なり。麦湯桜湯くず湯あられ湯の外は、菓子などはなく、又茶代多からずして、涼風余りあるより客絶ゆることとなし、夜たけるまで店を出したり。

麦湯の女の風采は私どもの聞いている通りです。これは薄暗いところにいる女ではありませんし、若い綺麗な女といったところで、濃艶に誇るのでもありません。淡泊に瀟洒にさっぱりとしたところが賞翫でありました。

駕籠屋

ホイホイ駕籠の称　安政度に書いた「江戸自慢」に「大抵町ごとに駕籠屋あり。又町はづれの往来繁き所へは、五挺も六挺も出張りて客を待つ。ホイホイと声を掛け走る故にホイホイかごといふ」〔略〕辻駕籠にしても、道中筋の雲助の舁ぐのはクモカゴといって、格別にいっていた。市中の舁夫は一定の住所があって、妻子もあり、一家の生計を立てていた。

宿駕籠と辻駕籠　吉原土手を走る駕籠はツバサカゴといって、稀有な駛走を誇った。それが悪所通いの見えであって、何よりも景気を見せたものだったが、一体江戸市中の駕籠は田舎とは違って、土手を走るツバサカゴでなくても早いものだった。勿論市中には、立場（たてば）もなかったから休むこともありません。休むと言えば、ポオーンと息杖を立て、肩を換えるだけ、その杖を立てることも極めて少なかったといいます。もし度々杖を立てるようなら、江戸前の駕籠でないと言った。ところが大木戸から乗って江戸へ出る、短距離の場所にしても一里以上であって、二里に近く、或は二里以上のこともある。然るにその距離を杖も立てず、肩を換えずに走る剛の者が珍しくなかった。土手のツバサカゴが早いと言っても、堀から上がって乗るのだから十町以内の距離に過ぎぬ。その間にさえ肩を換えた。それに大木戸から乗った駕籠は、下町へ出て初めて杖を立てる。立てないのもあった。そうして下町へ出る市中の駕籠を抜く。客は一挺抜けば若干という祝儀を出したものだ。だから負けぬ気ではあっても、とても相手になれない市中の舁夫は、大木戸の駕籠を見ると、横町へ入るのが例であった。これは勝負を外すのです。それ程に恐れられていました。勿論こういう強い舁夫は、辻駕籠にはありません。宿駕籠（やどかご）でなくてはいないのです。腕っこきを揃えているのは、大木戸の駕籠屋――別けて高砂屋が名高かったのです。下町にしても辻駕籠と宿駕籠とは違います。宿駕籠にはきたない駕籠やヨロヨロした舁夫はありません。

宿駕籠気質と乗り方　その代り大木戸の駕籠屋から乗り出す客は容易でない。舁夫が小言をいいます。旦那の乗り前では舁げません、下りてくださいなどという。舁夫がどんな駈け方をしても、中の客の身体がブラつくような乗り方をされては駈けられるものでない。ピタリと据えて身動きのしないように乗らなければならぬ。乗り前の話は度々祖父から聞きましたが、つまらぬことだと思っていましたから、一向気に留めなかったので、少しも覚えておりません。だが舁夫は腰を切ると、すぐに旦那なら舁げますといって、乗り前を褒めることもあって、乗り前を褒められるのが、客の味噌でもあったといいます。大木戸からの駕籠で下町を乗り廻わすと、幅がきくようにも思われた。それは下町の駕籠が皆逃げて横へ切れる、そこを乗り通すのだから、乗っている者も得意になれると言ったわけだ。

早物屋

今日は葬儀屋というが、昔は早物屋または西方屋といった。江戸の大通りには早物屋がないというのを八百八町の自慢にもした。京や大阪ではそういかなかったと見える、嬉しがられる商売じゃない。

湯灌場買い

江戸時代の借家人には、自宅で死者を湯灌させない例だった。それ故に寺々の墓地の中に湯灌場という小屋が建ててあって、必ずそこへ運び込んだ。そこでは死者の着衣を白帷子に換える。そこを廻って脱ぎ棄てた死者の着衣を買い集める湯灌場買いというものもあった。

5　庶民雑録

万歳

近年の流行物になっている万歳、あれは正月の初めに来るものなのは誰も知っているが、上方のは大和万歳、東京のは三河万歳で、風俗も違うようです。三河や尾張から来るのは、太夫が素袍小袴に風折烏帽子、才蔵も同じ着付に侍烏帽子。それは屋敷向きの盛装なので、門万歳といって座敷へ通らないのは、太夫が大口を着て、二人共烏帽子という扮装でした。明治になっては、太夫が立烏帽子、才蔵は大黒頭巾に下落しました。しかし新春の祝詞は「鶴は千年の名鳥なり……万歳楽まで祝いて、千秋繁昌と参り栄えたンまうは、誠に目出度候ひける」と真面目なものでした。この祝詞も二いろ三いろありますが、いずれにもお目出度いところを述べました。祝詞は座敷へ通って、太夫、才蔵押並んで坐って申し、それから徐々に立って舞い出します。

是からそろ〳〵万歳、ヱへ万歳、オヤ万歳、ヱヱ万歳〳〵〳〵、万歳楽でおんよろこびだハハハハ、さん度ナ〳〵、三度鶴がまふにて、あだな舞ひには候はず。

これを境に滑稽諧謔な文句になる。「美しい姉さまにァ、才蔵なんぞは内証づくなら、五両や三両はさッくれべいにコレワイ、そこらの姉様の頬のまはりお鼻のまはり、おででらでんの出臍の近所のへ、、、、べッちゃらこ、まッちゃらこ、べッちゃらこ、まッちゃらこ」などのところまでには、大分ふざけて、女子供をキャッキャッといわせるのであったが、この万歳では掛合いの笑話を演ずるようなことはなかった。この三河万歳から奪って、江戸万歳というのが出来ました。寛永、延宝間の流行唄を集めた「淋敷坐之慰」の中に、江戸万歳の詞が出ています。それが武家讃歌でもあり、八百八町謳歌でもあったから、なかなか盛んに行われたらしい。

厄払い

馴染まれた名調子　明治の十七八年頃までは年越しの夜の点燈頃より、御厄払いましょう厄落しと言って来る、それを呼び込んで餅に銭を添えて与えれば、「アーラ目出たいな〳〵、今晩今宵の御祝儀に目出たいことで払いましょ」と言い、これから魚尽し、青物尽しなどがあって、末は必ず「西の海とは思えども、この厄払いが引っとらえ東の川へサラリ」という、その文句に一種の調子があって、爽快に聞かれた。江戸時代には節分、大晦日、正月六日、同十四日等に来たそうである。世間によく馴染んだものだけに、江戸の落書の中には厄払いの文句を模倣したのが沢山ある。それも例の調子から来る興味を伴って面白く聞かれた。この製作は講釈師の名寄せから考えて、多分文久度であろうと思われる。年越しの夜の外に厄払いの来ることについては、「後見草」明和九年の処に、「或年（これは宝暦九年のことかと思う）御城にて取越有りとて、冬至の夜、豆をうちはやし候事有之、其節厄払ひ参申候、冬至の夜、大晦日などにも近頃厄払ひ参り申候」柳営でのまじないから民間一般の習いになったのであろう。

祝儀のきまり　厄払いも山伏、道心者が法螺貝を吹き、鈴を振り、錫杖を鳴らし、厄はらい〳〵と言って来たとも言うが、それは二百年前のことで、明治の初めまでも残っていたのは物貰いだった。「御厄払いましょう、厄払い」と言って来る。それを呼び込んで払わせる。江戸の頃は十二文と打豆をお捻りにしてやるのがお定りだったが、延喜商売の家では、五十文、百文、酒まで飲ませる処もあった。明治になっては一銭銅貨と相場は極ったらしかったけれども、相かわらず奮発家は御馳走もしたのである。厄払いを呼び込むのは自分で厄落しをせずに、延喜をつけさせるのである。京都や大阪では節分の夜だけしか厄払いは来ないそうだが、江戸では文化以来、大晦日と六日年越し、十四日年越しといって、正月になって二度も来た。

紺屋と愛染明王

仙秀「愛染明王は何の神様ですか」鳶魚「愛敬の神様です」仙秀「それを今では紺屋が祭るのはどういうわけですか」鳶魚「あれは色から来ているのです」

小刀鍛冶

若樹「元禄五年版の『買物調方記』を見ると京にて鍛冶とあって刀鍛冶の人名が十名あり、次に同剃刀、小刀、はさみ鍛冶とあって十六名、次に京にて庖丁、小刀類とあって数十名列記してあって、即ち鍛冶を三種類に分っている。本文には〔註・「好色一代男」巻五〕小刀鍛冶とあるから第一類の刀鍛冶ではなく第二類に属する剃刀、小刀、はさみ鍛冶であるのは明らかである。そこで七条あたりを探して見たけれども、一向に小刀鍛冶が無い。要するにこれは場末を現わしただけでしょう」共古「小刀鍛冶は小柄、小刀を打つので、刀につくものを作るのです。普通の刀鍛冶じゃないけれども……」普白「五十三日に五十三匁というと、一本一匁になりますが、一本一匁の小刀は、この時分の値段として高いんでしょうか、安いんでしょうか」鳶魚「この頃としては高過ぎますね」

大原女と白川の花売り

若樹「この間京都へわざわざ見学に行ったお土産だが、ここに書いてあるのを見ると『近在の女商人何れも柴、薪或は梯子、摺子木、槌などを頂きて』とありますが〔註・「膝栗毛」七編巻之上の一節。ここはその輪講中の問答〕京都で聞いた話では、柴薪などと、梯子などを売りに出るのとは場所が違う。このような女商人は北山一帯から出るが、八瀬、大原、梅ヶ畑とか白川、各々出る処によって、売物が定っている。例えば梯子だとか今の炬燵みたようなものとか、ああいう細工を売りに来るのは、高尾の下の梅ヶ畑の方から出るのだ。白川あたりは花売りが来るとか柴、薪は大原から出るとか……。だからここらで柴、薪、梯子、摺子木など売る女商人が四五人連れ立って来るのはおかしい」鼠骨「それは絶対に無い」若樹「これは一九が能く事情を知らないで書いたと言える」竹清「白川から花売りが出るのですか」若樹「そうだそうです。梯子や脚榻（きゃたつ）など売る方だとまず梅ヶ畑辺から出る」鼠骨「畑の婆という奴です。それは高尾の下です」若樹「そういう細工物を持って来る、何れも頭に載っけて来る女は今でもそうだそうだが、西の方の外れの北野の先あたりに泊る宿がある。それへ女が泊っていて、良人が拵えたのを自分の家から女の泊っている宿屋へ持って来て、それを毎朝担ぎ出して市中に売りに出る。毎朝梅ヶ畑から出て来るのではない。それでとにかく一段落ついて銭が纏ると、それで米を買ったり、日用品を色々買って、自分の家へ帰るので、これは昔から今日でもやっている習慣だそうです」竹清「私は畑というのは雲ヶ畑と思いましたが、梅ヶ畑ですか」若樹「梅ヶ畑です。やはり直き掛値を言うことは今でも非常に盛んなものだ。これを値切らないで買う奴は馬鹿だ」煙崖「掛値ばかりでない。以前嵯峨辺で酒の席へ来て菓子など押売りされるのには閉口でした」竹清「大原女というのは柴を売る」鼠骨「重に柴ですな」竹清「白川を通った時に千日坊主を掛けてある。はてな、これは薬にするのかと思ったら、種子を採って作って売る。沢山な千日草です」若樹「皆これはまあ花売りだけれども、白川あたりから出る。一般に娘として花売りをしなければいけないので、頭へ色々な物を載っけるのを幼い時から稽古するんだってね」竹清「あすこを通ると藁で拵えたこの位な円い物がある。綺麗な奴は八銭、汚い奴は六銭だ。何にしてもここらの女は頭へ載せている。これは面白いものだと思った。ちょうど叡山上りの道でした。後で聞いたらあれは白川あたりのが載せるので、本場の梯子など載せるのはあれは用いないそうだ」鳶魚「よかよか飴屋の女が太鼓をドンドンたたいて売って来る、あれは皆襤褸屑で拵えてあります」竹清「それを畑の婆というのは帯を大きくして、綿を入れて拵えるのが自慢だ。だから藁で作ったのは本物じゃない」鳶魚「あれはドンドン太鼓をたたいている奴の頭はなかなかあれはただの者では出来ない。あれは軽くない。風の吹く日などあの上に色々な玩具の旗など幾本も挿してこうやって歩く。なかなか歩けないよ」

大名屋敷の百姓

どこの下屋敷にもよくあるのですが、農家といって中に百姓が住んで田畑を耕している。殿様に農事の骨の折れることを教えるために、どこの下屋敷にも大概あったので、大名の下屋敷にはつきもののようになっていた。内藤〔大和守〕の下屋敷は広いので、農家が十四五軒もあったということです。

居候と掛り人の違い

鳶魚「居候という言葉は、判決書などを見ますと、誰々方に居り候と書いてある。『居り候』と読むべきであるが、それを『居候』と読んでいる。ちゃんと昔の判決書には『誰々方に居り候』とある」若樹「川柳などで見ると天明あたりは居候とは言いませんな。居候というのは天明以後でございますね。それ以前は掛り人（かかりうど）といっています」

6　男服と町人言葉

チョン髷の意義と種類

現在では何の貪着もなく男子の結髪さえ見れば、一様にチョン髷とばかり言っておりますが、チョン髷と申すも一個の名称であって、その型式があるのです。結髪の総称ではございません。チョン髷は髷へ元結を掛ける所が極く少ない、いさみな人の好みです。ですから子供の頭は蛇の目に剃りお奴さんといって、米噛みのところに毛が下っており、後頭部にチヂッ毛というのがあり、前髪は三日月型か、半月型になっておりました。そうしてその髪が延びますとチョン髷に結います。小児のと大人のとはチョン髷と申しても違いはいたしますが、元結の掛け方は同じです。ただ小児の毛が短かいので掛けないと、大人のは掛けられるのを好みでわざと掛けないとの差があるだけです。勇み肌の連中のチョン髷は、小銀杏のチョン髷です。天保以後の男子の結髪は、銀杏が基本をなしております。それから色々な名称が出来、大銀杏だとか、下馬銀杏だとか、三角銀杏、清元銀杏などの唱えがありました。畢竟髷の型が銀杏の葉のようであるから名称になったので、銀杏葉型の髷という意味に受取ればよろしい。また老人のチョン髷は頭髪が薄くなりますから、小髷と申しまして、小銀杏よりもっと髷を小さく結います。前にも申した通り、毛が短かいので元結が存分に掛りません。この二点、子供のチョン髷を入れれば三点だけで、その他はチョン髷ではないのでございます。チョンという言葉が、実に巧妙に掛けた元結の有様を言い現わしているではありませんか。「あげ巻助六」の正本に、「二ツ元結のにくてらしい男、其上にねぢ上戸」という台詞がございます。二ツ元結と申すのは、根の元結を三本掛けるのが普通で、身分のある武家などは十本も巻きます。その根の元結を好んで二本にすることをいう。根と申すのは髻のことでございます。髻を執って堅く元結を掛ける、ここの元結の多少は根の堅い軟い、締る締らぬという関係になります。生締（なまじめ）という髷のあるのも、この髻の元締から来ることと思われます。執った髻を折り曲げて掛ける元結を二の元結と言い、これで髷が出来る、二の元結から先を引こいて刷毛になります。この二の元結を深くかけるか、浅くチョンと掛けるか、チョンと掛けたのがチョン髷なのです。

手代の給料と服飾

男もそうだ。まず自分を見せたいのである。〔略〕「曾根崎心中」の平野屋の手代徳兵衛の拵えを見るが好い。「糸八丈ぬきつむぎ、肌に日野の檳榔子を着かさね、帯は花色繻子の中幅、中沓の雲斎足袋、よしはら雪駄を引ずり、紙は延をやめにして小半紙、古銀手の紙入に反故染織のたばこ入、蜀江の煙管袋に銀の二朱きせるは奢りなれども、上林の赤手拭持たが病にて、一尺六寸の白ぼしの脇差、長門の一の印籠迄、好い図ばかりをものずきける」（心中大鑑）無論髪は伽羅の油に江戸元結、月代は三日剃なのである。江戸では安永の頃までも銀の煙管持った者はなく、御蔵前の札差が銀煙管を持ち出したのを、過分の贅沢だと眺めもした。遅れたと言えば江戸は大阪よりも、六七十年遅れている。またその頃の若い者が緋縮緬の長筒に煙管を入れるのに目を聳てた。旦那株には錦の布れの煙管入はあっても、蜀江の錦などの袋は江戸をおわるまで、手代級の所持品にはならなかった。

江戸ッ子の半纏

明らかに江戸ッ子を語っているものは半纏着という言葉です。半纏着では吉原へ行ってもも中流以上の店では上げない。江戸ッ子というと、意気で気前がよくって、どこへ行ってももてそうに思われるが、半纏着だと、銭を持っていても女郎さえ買えないんだからひどいものです。この連中は普通の人の着物を長着という。羽織は見たこともない手合いだから、長着は持っていない。持っているのは半纏股引だけだ。もし長着があるとすれば単物（ひとえもの）に三尺位いのものでしょう。

ふんどし考

越中ともっこ褌　鳶魚「越中褌、寛政改革をやった白河楽翁侯が越中守であったので、それに附会した最も甚だしい愚説もありますが、その前に延宝年中に、木村屋又次郎の抱え、越中という太夫が、自分の客が湯に入るのを見掛けてあの褌を拵えて与えた、それで越中が与えたから、越中褌と言ったことが『澪標』（みおつくし）などに書いてあった。これは当てにならないと思いますが、『松屋筆記』の中に越中褌のことを書いて、『甲州真樹歩騎必用口伝』が引いて書いてある。そうすると、延宝よりは古くあったものと思います」若樹「越中という言葉がありますか」筑波「延宝八年板『福原ひんかかみ』に『ふんどしや越中前司負相撲、作者不知』というのがありました」共古「鎧下の褌で以て、そういうものをしなければならぬのでしょう、昔から」鳶魚「成程、越中褌という名はない。ただ越中と言ったとみえます。『歩騎必用口伝』兵具の部に、『肌帯当時越中と云ふ有り。是を可用の条に、布縮緬の内も心に任すべし。先一幅のさらし三尺二三寸、一方は乳袋にぬひ、くけ紐を通し、腰を廻す。たれの両はしにひぼを付て襟にかけ大小便の用とす。又常の褌のしめやうにてよし』ここにいう越中は製作が余程違って、垂れへ紐を付けて襟へ掛けるのだから随分変な物です。しかし越中という名は江戸以前からあったと思われます」共古「越中褌と畚（もっこ）とは違います。武家のやるのは畚褌です。畚というのは両方に紐が付いている。越中褌は片方だけで、片方には紐は付いていていない」

赤褌の効用　鳶魚「『緋綸子の犢鼻褌』（ふんどし）〔註・「好色一代男」巻の八中の言葉〕七歳で褌をはじめて締める時、桃色の褌をする。緋縮緬の褌は、勇み肌の若い衆がやっている」仙秀「漁師の茜木綿の褌は御呪いだと言いますな」春蓋楼「魚が寄って来る、というんでしょう」鳶魚「結局あれは装飾だよ」若樹「褌は裸の遺風だからね」

風呂褌は宝永まで　京伝の「骨董集」に寛永古図を出して、風呂褌として入浴する時には、常のふんどしに結び替えたることを言い、その風の宝永のころまでも打続きたるを云えり。その頃は貴賤となく風呂褌を用いて入浴し、決して無褌の入浴者なかりしが如し。畢竟当時の銭湯は男女混浴なれば、貴人ならずとも憚る所なきにしもあらず、概して着褌せる謂れもありとせん。

足袋

町人は皮足袋　鳶魚「この時分〔元禄〕足袋を穿くなら、普通は皮足袋だが、木綿足袋は礼式用だったとみえる」南陵「町人は足袋を穿かないでしょう」若樹「何しろ夏ですからね。儀式だから穿いたんでしょう」

足袋の文尺　共古「それから足袋に限って文尺という」鳶魚「そうですな。文尺（もんじゃく）は普通の尺にすると、どういうことになりますか」共古「八文といえば文銭を八つ並べただけになる。外はどうですか、甲州ではそう言います」楽堂「私もそういう風に聞いています」

服装余録

手拭の種類と寸法　手拭の寸法は三尺、四尺、五尺の三種あって、単に三尺と呼んで職人体の帯になり、三尺帽子と名づけられて頭をつつんだのも共に手拭である。六尺手拭はほほかぶりの手拭とも言われた。紫の六尺手拭は助六の鉢巻、力弥の頰かぶりに残っていても、あれを手拭だと思わない者も、今日では多いだろう。それもその筈、木綿か麻かであったものが、縮緬に化けてもいる。

印伝の皮財布　印伝皮は甲州の名産です。甲州から江戸へ出したものです。今も甲州には印伝屋が軒をならべてあります。けれども詰り江戸の火事羽織の古いのが甲州へ廻って行くのです。

江戸の火事羽織は皮の羽織です。火消屋敷或はその外大名の皮羽織があります。町人の皮羽織があります。それの古いのが皆甲州へ年々沢山行っております。彼方で印伝の法を伝えているというのが甲州にあります。それは皮羽織は多年着ているから皮が柔らかくして、いつまで経っても皮が切れなくって、財布や何かに極くよろしいです。（「膝栗毛」輪講中、山中共古翁談）

夜着と蒲団　楽堂「夜着と言えば袖がありましょう。蒲団は角なのを言います。私の国（和歌山）でも、昨今はごちゃごちゃになっていますが、もとは夜着と蒲団の区別がちゃんとついていました」鳶魚「東京では夜具ですな。夜具蒲団という」蘆舟「夜着は、士がよく使ったもののようですな」鳶魚「初めはそうだったんでしょう」

鳶魚副書――「明良洪範」に「文左衛門事、若州へ来りて三四年の間は臥具なる物更になし、夜分寝るには有合せし綿服を引掛けて臥ける。五年程も経て、漸く夜具を拵へけるに、世に用ゆるとは異様にして、其製四幅にて、半は袖なくして敷物後口片身に袖有て夜着とす。是は昔し戦国弁用の製にて、片袖の夜着と号す由也。権現様にも此片袖の夜具を御用ひ有しと云ふ」これは丹後田辺の京極の家来で、寛文六年同家が潰れた後に、酒井忠勝が二百五十石で抱えた草野文左衛門という大阪両度の陣に働いた老功の武士である。その草野の夜着のさまがこの文で知れる。「備前老人物語」に「夜寒のころにて軍勢みな具足の上、或はよるの物を着、或は小袖を着たるに、その中に名字をば忘れぬ、その名は長兵衛といひし兵、具足の上に蒲団をうちかけて居たりけり」とある。これは秀吉の九州征伐の時の記事だが、よるの物というのも夜着らしい。着というので袖のあるのが想像される。「三河後風土記」の「三成風気なれば、御ゆるし有るべしとて、広袖の大夜着を着し、綿帽子をもとらず」というのは、慶長三年の記事だから、三成の妾が夜着を持っているのも不審はないが、二百五十石の草間の事で見ても、夜着が一般に使用されたものでないのは明白だ。しかし「讃嘲記時之太鼓」には四つ袖のある夜着が描いてある。「色道大鑑」には太夫その他の夜具のことが書いてある。そうした場所では、勿論一般の話ではないが、寛文、延宝度には使用されていた。いずれも大変贅沢な品として見られたに違いない。

箱枕と投扇興　共古「箱枕は四角なものではないでしょうか」鳶魚「普通のものでしょう、箱枕という」共古「弁当箱のようなものではないか。枕箪笥というのがあります、あれに入るのです」若樹「それは古風なものです。投扇興などはあの形を取ったもので、最初はあの枕の上に銭を紙に包んで載せ、それを開いた扇子を投げて落したもので、一体閨中の遊戯から起ったものです。箱枕は箱にはなっているけれども、抽斗も何もない、ただ木枕の形を無垢で拵えたものではないかと思う」

江戸言葉

始まりは宝暦　一体江戸言葉、江戸訛、関東べい、東訛というようなものは、中流以上の人の言葉には聞かれないもので、これは早く昔の人も言っている。江戸だからといっても、上等の人々は、ちっとも言葉に変りがない。日本国中押し通したものだ。殿様なんていう人達になれば、奥州大名も西国大名も話がわからないようなことは決して無い。それほどでなくても中等以上の人であれば、武士にしろ、町人にしろ、御互いにわからないような言葉は使わない。ところが民間の言葉になるといけません。何にしても江戸は諸国の人の集って来るところだから、どうしても方々の国の言葉をまじくったようなものになる。下司下郎という畠では、随分滅茶々々な言葉を使っている。江戸のうちでも僅か二十町も隔ると、もう言葉が違っています。例えば「お前見なすったか」というのが「おめえ見なったか」という風になる。江戸のうちでさえ、それだけ違っているのだから、江戸の言葉が滅茶々々であることは、江戸の言葉を最もよく写した式亭三馬も言っています。それでは江戸の言葉がいつ頃から出来たかといえば、まず宝暦の頃で、もう天明時分になりますと、田舎言葉々々々々と言って、他地方の言葉を一切嫌って、その詮議がやかましくなっている。やがて言葉の上の江戸ッ子が出来ている。ましてそれが化政度になっては、中本の上で見てもなかなか甚しい。といって自分達の使う言葉が正しいものかといえば、片言やら、略言やら、訛やら滅茶々々なものでありますが、それでも江戸言葉だというので、大力みをしている。

略言と訛りの実例　西沢一鳳は、江戸の言葉は方々の寄せ集めみたいなものであるから、本当に江戸にもとからあった言葉は甚だ少ない。江戸の言葉というものは、関八州の言葉を取合せたもので、それを江戸言葉と言っているのだが、大体から言えば京大阪の言葉を詰めて短かく言っているように思う。それに略言が多い。例えば大阪で「日本橋」（にっぽんばし）というのを江戸では「日本橋」（にほんばし）「気障」（きざわり）というべきものを「気障」（きざ）「桐油」（とうゆ）を「トユ」という風になる。鍛治も火事も皆「カ」で、「クワ」とは言わない。医者と石屋の区別がよくわからない、河岸（かわぎし）であるべきものを河岸（かし）という、といったような詰め方をする、略する方では「ぶら提灯」を「ぶら」で済ますようなのがある、と言って指摘している。また神沢其蜩などは訛の例として、「俳諧」というべきを「ヘエ、ケエ」という、これは開口が悪いからで、「借りてくる」と「買ってくる」とが、ごっちゃになっているといって指摘しております。

あたじけねえ　鳶魚「あたじけねえ、はどうでございます。『ナニぜんてへ手めへがあたじけねへからこんな恥をかくは』〔註・「膝栗毛」後編乾中の一節〕という」竹清「つまり吝ん坊だからということでしょうね」鳶魚「吝ん坊を『あたじけない』と言うのはどういうのでしょう」鼠骨「辱けないではないか。勿体ない勿体ないというので、京都あたりでは何でもつつまやかにする、それではありませんか」鳶魚「そうかも知れませんね」共古「そうするとつまり勿体ないという」鼠骨「勿体ないと吝むためではありませんか」

五　やくざと非人

1　俠客

六法者の意義

享保の頃まで名残りをとどめたのが、吉弥組だとか、大小神祇組だとか、鶺鴒組だとかいう手合いです。万治、寛文にも六方組というのがありましたが、この六方というのは無法のことで、御（五）法破りの無（六）法者という意味です。

俠客の発生

割元の任俠　小普請奉行が石高に従って家々へ人夫を割当てる。その命令を皆旗本等が受け取るのですが、それを割元が引受けて、そうして自分の手許に寄子（よりこ）といって若い者を沢山持っている。それに割合せて差出すので、その請負料は百石に就て二朱、二百石に就て一分位いだったといいます。高割人夫に対しては幕府から定扶持として、一人に現米二合五勺ずつを日給します。これは昼扶持で、それを受取るだけですから、その他の食料、賃銀は旗本から割元の方へ取る。この外にまだ請負賃も取れるので、請負賃というものは割合に高いように見えるけれども、百石に対して高割の人夫というものは、一年に二三人出す位いのものですから、それがために正直に自分の家来として、余分に人を抱えて置くことを考えると、請負賃が少々高くても、割元に頼んだ方が都合がいいし、人も揃う。割元の方からいえば、旗本等は自分の家来を出すべき筈のところを、請負って自分の手の寄子を差向ける。割元の手にいる寄子でありますけれども、それを幕府の工事に差し出すとなると、何の誰それという旗本の家来のわけで出す。武家奉公人の扱いになっているわけですから、もし不調法な事があったとすると、幕府は割元を処分せずに、名義人の旗本を処分する。またそういう事があった時には、割元は旗本等に対して責任を持たなければならない。それですから旗本等も割元を信用しなければ、なかなか請負わせるわけには行かない。安心して自分の家来の顔をして出しておける人夫を、割元はきっと持っていなければならないのだから、旗本に対して十分信用を得るだけの者でなければならないと共に、どんな人間が入っているかわからない自分の手許の人夫ども、それらに決して間違いをしでかさぬ圧力を持っていなければならない。そういう意味合いでありますから、ただの請負とは違って、信用の代金が請負賃の中に含まれているので、なかなか安いわけには行かない。大島〔註・大島一平。初期の男伊達で、大鳥一平組と称せられた〕が率いていた武家の奉公人は、現在も過去も武家の奉公人でありましたが、〔幡随院〕長兵衛の手許に寄っている寄子というやつは、種々雑多な人間でありまして、その多くは民間で成育した者どもである。こういう者を集めて恩威並び行われるには、人情に厚く義理を重んじ、腹もある男でなければ、大勢の人間が心服してゆくわけにはいかない。旗本の方からも寄子の方からも信用される人間でなければならないし、またそれを手際よく引廻して行く手腕もなければならない。つまり割元というものは、男伊達（おとこだて）の資格を持っていなければならなかった、ということになるでしょう。

割元の消滅　それが寛文度になりますと、小普請の人達の義務は人夫で差出すのではなく金納ということになりまして、百石に就て小普請金一両ということに定められましたから、割元業というものもなくなってしまった。江戸に割元業のあったのは、慶安から寛文まで、凡そ三十年ほどの間であります。従って割元業を致しておりましたものは、長兵衛一人ではない。まだその外にもあったのですけれども、彼は自分の手に持っていた寄子の数も多く、出入り先も多く、従って取扱う金も多かった。それがまた俠名を高くするわけでもありましたろう。長兵衛が割元業者であったという事はかえって伝わらないで、その人の職業でない町奴という任俠の柄行きの方が知られている。

割元以後の中通り組　幡随院長兵衛の商売は人夫を請負うのであったが、寛文になって小普請金上納に改まり、人夫で割当てずに、百石に何程と金納することになったから、割元業というものも無くなってしまったが、その後も諸大名が足軽以下を江戸で召抱える、すなわち武家奉公人の請宿はあった。これは中間小者の世話をするので、元文三年に市中の人宿組合が定められても、その外に陸尺宿と言って格別になっていた。陸尺といえば主として駕籠の者のことであるが、寛保二年から陸尺宿を一般の請宿組合に入れて、その別立を許さないことにした。陸尺のみの請宿を禁止した。そこで中通り組は手廻り陸尺として、表向きの周旋業をつづけたらしい。手廻りと言えば徒士若党のことで、これは陸尺とは違ってとにかく帯刀する奉公人であるから、民間の慶庵で扱うべきものでない。陸尺専門周旋業は禁止されても、手廻り陸尺の周旋ならば禁止された陸尺専門の請宿でなく、また手廻りの世話をするのだから、一般の請宿の外に立っている。こういう考按から法網を潜る趣向だったのであろう。手廻りにしても陸尺にしても寄子と言って、自分の手許に集めて置いて、それぞれ箝め込むのであるが、主人取りした後も寄親との関係を続け、親分子分でゆく。これは幡随院長兵衛の人夫請負にしても、寄親寄子の関係は同様であって、彼等が多数の子分を持ち、或る勢力を持つわけはここにある。中通り組が幡随院のような勢力のないのは、各個の人物が劣るからばかりでなく、寄子の数が少ないことからも来ている。それに長兵衛などが思いも寄らぬ法律の裏をゆくなどという根性があった。さすがに時代である。

侠客からやくざへ

侠客と言えば、江戸時代の何時でも同様だと思うほど無頓着でなくてもいい。時勢は些少の仮借もなく彼等にも変革を与える。〔略〕「御府内雑話」（この書は寛政元年に書いた筆者不詳の建言書であるが、今は暫く写本に書いてある標題に従う）に当世の事情を述べて、

博奕打の頭分のある町方は、自然と其悪党ども常に心易く音信する故に、見のがしにする心より大小共に相止まざる所もあるよし。右博奕打のかしらと申ものに上中下三段も四段も有之事に御座候。たとへば御蔵前にては誰、西河岸にては誰、小田原町にては誰、品川にては誰、吉原にては誰、亀島にては誰などと申すは、大通とも通り者とも白むくでっくわとも申すものの頭分の者共なり。常に相互に驕にくらして、黒羽二重を着し、元来極文盲故、茶の湯俳諧をすこし稽古いたし、遊女芸者にふけり、美味をくらひ、常に不埒、其うへ人の前にて申わけも無之不届き成る事を業として渡世いたす故に、不如意の砌はさまざまの悪智を催し、町家の若き子どもを引込み、種々の悪業を教へ、又御武家方御あそび好きの殿様方へ入

込み、種々悪道御すすめ、終に御家を亡す事も有之よし、惣て年若き町家の子どもなどは是をよき人と羨み、便りを求め近づきになりたきと申もの候。夫より子分とも兄弟分とも相成、遊所悪所へ誘引して、終には例の博奕に引込、数代の町人も終には宿なしとなる事多し。此類の悪党に付添居る俳諧師茶人太鼓持、惣てはよほど数多き事也。此悪党共御退治被成下度もの也。右の分は上の博奕打なり。又茶の湯も知らず、俳諧も知らず、只博奕のみにして一向悪事も仕らず、正統の男を建て、子分親分と申事沢山にて、賭場と唱へし博奕打場を持ち、是東西南北共に有之候よし、先年も有之候おぞう吉五郎、金看板など、申すものの類、是中の通りもの也。又其手下の内にても頭立候もの、岡売女有之場所防ぎと申候て、品川にては誰々、深川にてはたれ、霊岸島にては誰、氷川にては誰と申事あり。是も相応に子分の親分のと、右売女屋より上まへを取、大勢暮すもの多し。然ども此中下の方は密々には悪事も有べけれども、又喧嘩口論惣て物毎に取静め、又は此もの手下にて盗人御吟味等の御一助にも相成候事も有之よし。尤も彼等は悪党と申義、表向きにして何も御府内の風俗にかかはる事なし。只今にも被召出候て被仰渡候共、如何様にも可相成候事、直に御自由之事には、只前文申上候、上の白むくでっくわと申類の悪人共は、諸方の御役人方へも御出入いたし、其権をもってさまざま悪事いたし、御府内町家風俗も此者共より悪敷成候事多し。

とある。白むくでっくわという無頼は元文、宝暦の名物であろう。〔略〕高等な無頼者の白無垢鉄火は隠密に悪い事をする。下は深川森下の小女郎源四郎などの類で、大橋にあった私娼地域の利けものだった。中は無頼を表面に出している、即ち札附きの無頼、看板を掛けた無頼なのである。公然と無頼を標榜したところが白無垢鉄火に比べて男らしい。

キホイ組

小普請方の鳶　江戸の歌舞伎を男伊達で賑わしたのは、宝暦以来のように思われる。一体江戸の遊俠というものに、時代々々で変化がある。決して何時も同じではなかった。「下手談義聴聞集」（宝暦四年版）に、「今狂言にする男作（おとこだて）といふは、なるほど悪体を第一とつくり、穴といふあなを謂はする」といひ、「返答下手談義」（宝暦四年版）に「男伊達がいんぎんになく、がさつなによって非礼なる喧嘩口論のもとひとなる、おれらがわかざかりの男伊達は、悪口雑言かっていはず、丁寧にあった」という。これは享保元文の頃から盛んになったキホイの風俗なのだ。キホイ組の最初に知られた者は神田の竿竹十兵衛、白山伝兵衛などで、彼等は小普請方の鳶の者の頭なのだが、民間の土木工夫とは違って、幕府の小普請奉行に附属した者共である。しかし彼等は多数の部下の人足を請負う故に、常に沢山な人夫を手につけていた。それは御用の人足だけに民間の日傭取りとは違って、威張れもした。この風俗が影響して小普請方の工夫でない者共までが、キホイ組に附和雷同し、喧嘩やら暴れ込むやら、勿論江戸の悪対を進歩させたのもこの連中の功績だが、悪対に興味を持たせたところなどは一種の文学とも眺められるものの、市中を困らせたことは実に容易ならない。

おキャンと達引　ところでこの勇みという言葉に向い合った言葉でキホイという言葉があります。このキホイという言葉はもう少し古いのでありまして、享保、元文以来からあるのであります。これは幕府の御普請方といいまして、小さい仕事、お庭廻り、お座敷廻りというような局限した小さい普請を引受ける者を御普請方という。それに属している鳶の者共が市井を威張って歩く。これらは侍でも何でもない。扶持人ではありませぬ。御手当をその時その時に貰っている御普請組の常雇い、これらが市井の無頼漢共と一団をなして、中には巾着切なぞがいたということもありまして、大騒動を惹起したことがありました。そういう様な者と一緒になって、そうして市中を暴れ廻ったりなんぞした。もっとも元気が悪くちゃできない。元気の好い者共だ。大阪では「男伊達」という。そうして喧嘩か何か事があるのを「出入り」と言いました。だから鉄ヶ嶽の浄瑠璃にも、「此出入りは……」と言うのは喧嘩のことです。江戸では「競い組」といい……「達引」という。私共が覚えている時分には、自分の買っている遊女に支払いをさせる事を達引かせるなんて言う。そうじゃない、喧嘩のことをいうのであります。それでこの大阪の男伊達というものは、出入りについては静かに事を捌く風があったけれども、江戸の競い組の達引きは嵩高かになって、理窟を言ったり拳骨を振廻したりするものであったということがこの時分の記録に書いて、江戸の風はまことに思わしくない厭な風であると言っているが、こいつも一つ考えて見なければならぬのです。一体江戸には侠気がある。何かといえば幡随院長兵衛なぞを持出しますが、旗本奴、町奴と言って、「奴」というものがあった。その次に侠客が出来て、その次に競いが出来て、その次には「俠」（きゃん）という奴が出来て……このキャンは今でもいます。旧式の人間でなくては言いませんが「あの娘はキャンだ」とお転婆、お跳ねのことを言う。今は娘だけになったが、昔は男にもおキャンがあった。その次には今申上げたイサミ、その次にイナセ

——大方こういう順序で、それに今江戸趣味と皆が言っている中の引合いに出そうなものが勇みとイナセという奴である。

2　博徒

博奕打の発生

田舎にはびこる理由　侠客と言えば博奕打のこと、博奕打すなわち侠客ではないにせよ、博奕打の中からのみ侠客が出る。幡随院長兵衛から金看板甚九郎あたりまでは、武家を相手の口入業の内から出た男伊達、男伊達と侠客とは同じもののように思われながら、上方は知らず、嘉永以降の侠客はめっきりと畑を替え、しかも江戸にはなくてどれもこれも田舎もの、憚りながら江戸ッ子たる者が田印を感心仕る。当時の言葉でいう銭廻りの悪いのが祟って、一衣一食の恵みも幅のない江戸生活からは差し渋る。勘定ずくになっては大きな喧嘩も出来ない有様、田舎の暮しは江戸よりたしかに余裕があったのかと言えば、きっとそうではないものの、田畑を控えているだけに食う物の心配が少ないと思っても、思われてもいた。幕府が八州廻りといった関東取締出役を置いたのは文政二年、今更のように勘定奉行の管下の治安を心配し出して、地方警察の大拡張を行ったのでも、江戸に容れられない浮浪無頼の徒が何処へ流れ込んだかが知れよう。比較的に人は少なく舞台の広い田舎、江戸では武士の力味（りきみ）が衰えて、田舎では金持までが土地での威張りは愈々盛んになる。一衣一食の恩恵は泥坊をも義賊と言い、侠客と交雑しそうな世の中に、泥坊はしない博奕打、銭廻りは賭場へ湧くのを右へ左へつかうのだから好いにきまっている。大前田英五郎、国定忠治、小金井小次郎、勢力富五郎、祐天仙之助、実録体小説にないのを省くと、侠客は天保前後に限られる。或は半ドロ半バクなのもあり、押詰めてみると義気の、侠気の、というよりも、江戸を忘れたというか、時世を超越したというか、脱線放埒な彼等の生涯の元気の好い、世知辛くないところを喜んだらしい。

上州の長脇差　この長脇差は上州方面が一番多いので、それが党を組んで大勢子分を養っている。捕方が向っても抵抗する。とても八州取締出役の手に合わぬ場合があるから、その時は領主地頭に知らせて、足軽を出させて捕えろ、ということを達している。どうして上州にそんなに悪い奴が多くいるかというと、元来上州は人気のよくないところで、博奕の好きなやつが多い。金銭の融通のいいところだから、他国から人が入込むし、温泉場などの多い関係で、方々から人の寄りが多い、ということになっている。然るに融通の悪い、便利でないところは、何処でも人間の数が減ってしまう。荒地が多くなる。副業の無い地方、農業以外の仕事の無い地方は、どうしてもそういう風になる。関東の中でありましても、常陸は親王の任国で、昔は上等な方であったのですが、それが悪くなった。上野なども次第に土地が荒れて、潰れ百姓が多くなった。けれども常野の両国にしても、家康公が入国されてから、家綱将軍の頃までは、なかなか豊饒な土地だったので、悪くなったのは百年この方である。ここで百年といえば享保の頃になります。土地柄で人気が荒くて、妙に強がるような風儀のあるところである上に、村入用というものが年々に増加して行って、年貢より多くなっている。夫役といって助郷を当てられることも多くなっている。それが副業のない地方を余計弱らせることになるので、潰れ百姓が多く出来て来るわけである。そういう場合になると、本百姓で田地を持っている者よりも、水呑百姓の方がかえって暮しいい。水呑百姓の元気がよくなって、あばれ廻る。景気がよければ博奕を打ったり、女色に耽ったりする上州に対して、下野、常陸のようなところでは、やけ半分になって、やはり無頼漢が出て来る。

博徒渡世

商売往来にない商売　随分世の中にはいろんな商売がありまして、四民の生業の種類はかなり沢山ある。百姓、町人の外に賤民などもありますが、その中で町人の職業は商売往来に、御百姓の方は百姓往来に挙げてある。それが昔の寺子屋の教科書だったのですが、どんな商売往来を見たところで、博奕打なんていうものは無い。すなわち博奕打なるものは、商売往来に無い商売で、無職渡世である。私どもの子供の時分までそういう風に解しておりました。

素人に対する作法　あの人達というものは、どんなえらい親分でありましても、博徒以外の人に対しては御素人衆、旦那方、という。もしそういう人と同席しなければならぬような場合が出来ると、私どもは御座敷が違いますからと言って必ず避ける。どうかいうことで普通の家に参りましても、座敷の外にいて丁寧に挨拶して用を足す。多くは座敷へ上らずに、腰掛けていて用を足したものです。そこでは話が出来ない、上って行ったらよかろうとか、此方へ通んなさいとかいうことを申しても、なかなか通らない。いいえ、御用はここで承りますとか、御話はここで申し上げますとかいう調子でした。それ位い身を持つことが厳重なものだったのであります。

賭場の模様　私の田舎に小門というところがありまして、そこに蕎麦屋の爺さんというのがありました。明治三十六年頃に六十余でしたろう。これが山手前、というと小仏峠から東ということになりますが、小仏から四谷までの間で、ただ一人の男と言われた男でありました。その跡目が曲七という男で、爺さんの縄張りを貰って相続したのですが、この爺さんというものは、仲間内では、遠国他国まで響いておったらしい。この男の様子を一つ申し上げようと思う。この爺さんの縄張りは、三多摩をはじめ七郡あったそうですが、その中で一番有名な、関東に幾つも無いと言われたのが山博奕です。これは八王子から一里ばかりある子安というところの奥の山林でやるので、八王子に六斎の市が立つ、その六斎市の日にやることになっている。三間盆と言いまして、本当に畳を三間繋ぐ、二枚ずつ合せて鎹（かすがい）を打ちます。そうしてその正面のところに賽と壺皿を持った者が立膝をしている。張る人は両側にいるので、畳の竪一畳目一畳目のところに子分の目の利いたやつが一人ずついる。三間ですから、片側に五人位いることになりますかね。無論野天博奕です。こういう博奕になりますと張る方もナマで張る。壺皿は目籠の底を深くしたようなやつを、紙で張って渋が引いてある。賽は一寸角もある、鹿の角の大きなやつです。これを二つ打込んで壺皿をポンと伏せる。丁方、半方はきまっていますから、丁の人は彼方、半の人は此方に分れる。草鞋穿きの人もあり下駄穿きの人もありますが、盆の上へは上りません。皆しゃがんでいる。畳の境にいる若い者は、尻端折りで膝をついていますが、壺皿が伏せられるのを見ると、張ったり張ったりと言う。丁方も半方もどんどん張るので、札もあれば銀貨もあり、随分複雑しています。それを境目にいるやつが見ている。両側互いに向い合って頷き合うような様子をしていますが、それがずっとしまいまで行くと、「勝負」と通し声をかけてあけるのです。丁方に張ったのが百両あれば、半方に張ったのも百両なければいけない。それを金へ手をつけないで勘定して、両方が合わなければ、何とかして同じようにする。大勢いますから、造作なく平均することが出来る。この張った金を直ぐ勘定出来るやつを、盆が明るいというので、反対にそれが出来ないやつは、何だこの盆暗野郎と言われる。ボンクラという言葉は、博奕の盆から来ているのですが、今の人は恐らく知らないでしょう。私もそこではじめて聞いたので、これはよほどの学者でもわからないに相違ない。山博奕はたった一日ですけれども、こういう風で三千両、五千両とテラ銭の上ることがある。

仲間の仁義

勝逃げはせず　あの人達は、素人の内会へ行くと、多くは張らない。手を出さずに見ています。そうしてテラ銭だけ貰って帰る。義理博奕と言いまして、仲間同士が寄合いをして、そのテラ銭で何かするというようなことがある。そういう仲間だけでやる博奕でありますと、場の寂れないように成るたけ長く立たずに、最後まで残るようにする。勿論勝逃げなどはしない。平生も勝逃げをするようでは、到底えらい親分にはなれない、ということになっております。例の鼠小僧が評判がよかったのも、絶対に勝逃げをしなかったからで、勝つと根が生えて何時までもいる。負ければ銭が無くなるから帰って行きますが、勝っている間は帰らない。勝った者がそこを退くと、どうしてもその場が寂れる。それでは他の者に義理が悪いというのです。この辺は博奕打の義理堅いところであり、潔いところを見せもしたのです。

子分には負けてやる　私の郷里には二三博奕打がおりましたが、どうも親分というものになると、あまり勝ってはいけなかったようです。勝ちたがる心持があってもいけない。せいぜい負けないようにする位いのところだ。カタを振るなんていうことをやってもいけない。賽に癖があって、丁目勝ちになるとか、半目勝ちになるとかいう時には、わざと丁半をチャンポンに張る。この賽は丁が出るし、己も当っているから、もう一遍丁を張る、なんていうことをやってはいけないのです。これは対等の者に対しての話ですが、目下の者とやる段になると、今度は負けなければいけない。ぶらりとそこへやって行って、親分頼みます、と言われたら、逃げるわけにはいきません。のみならず負けてやらなければいかんのだから、自分の懐ろを考えて、もし銭が足りないようなら、うちへ取りにやってでも間に合わせる。子分のものを張取りにするような根性では、野立てるものではない、と言われておりました。

渡世人の挨拶〔補〕

渡世人の挨拶も戊辰となっては少し変っていたけれども、大体昔の型通りで、まず笠をとって入って来ると、右手を拳にして、これを敷居につき「御免なさい」とやる。家のものは直ぐに「旅人お出でなさいました」と返す。この一言ずつのやり取りで、互いに相手の貫禄というものを見抜いてしまう。この笠は少し前までは手ばやく左脇下へ抱えたものだが、この頃は自分の横手とか、手のすぐ前とかへ置いた。旅人「お控えなさい」こちらがまた返す。これを三度位いやる。双方互角位いならば五回六回にも及ぶ。旅人は遂に「御仁義になりませんから是非ともお控えなさい」というと、はじめて「ぎゃくいとは思いますが、お言葉に従い控えますから御免なさい」とこちらがやめる。「かよう不様にて失礼ですがお控えなさい。自分ことは中山道は板橋隣村江古田にございます。渡世につきまして、親分と申しますは孝平の若いものでございます。名前の儀は勘五郎と申しまして、しがないものでございます。きょうこうお見知り合って御引立ての程をお願い申し上げます」と一息にやるのである。こちらは「お言葉に申し遅れまして御免なさい。自分ことは当所でございまして××と申します」と返して、一と先ず御仁義が終る。言葉につまったり、言い損ねたりすると、それっきりその家では相手にされなくなる。〔戊辰物語・東京日日新聞社・江古田甚左衛門翁談〕

3　物貰い

世間師とせぶり

物貰いには三種あるので、第一は非人から出るやつ、第二は乞胸（ごうむね）から出るやつ、第三は願人坊主、この三種からいろいろなことになっております。まず非人から出る物貰いから申しますと、非人から出る物貰いにもまた二種ある。一つは「せぶり」という、これはどんな字を書くか知りません。もう一つは世間師、これはどういう違いがあるかと言いますと、「せぶり」というのは代々の非人で、これは良民に還ることが出来ないものです。この「せぶり」は胸に袋を懸けて、袋の先を括って三角形にするのがしるしになっている。物貰いの中ではお歴々のわけです。この連中は野宿をしますから、一人前の「せぶり」になる頃は歯が白い。世間師の方は身を持ち崩して、自分で乞食の群に落ちたやつで、足を洗えば何時でも良民に還れるのです。世間師の方は野宿が出来ない。もし野宿をすれば「せぶり」がひどい目に遭わせる。私刑を加えるわけです。ですからおあしがあれば木賃宿に泊る。さもなければ堂とか、社とかいうものの下へ行って寝る。新非人だの、菰被りだの、宿なしだのというのは世間師の方です。よく吾々の子供の時分に、そんな事をすると今にお菰になるよ、なんて言われた。それも世間師の事なのです。非人小屋というものは、寛文以来ずっとある称えでありまして、文化三年頃の記録には御救小屋と書いてある。もう少し前のところを見ますと、天明四年に小網町の米問屋の兵庫屋が粥施行をやった。その時に小屋を二つ建てて、一つは非人小屋、一つは素人小屋と分けております。物貰いでも腹からの者と、おちぶれた者との二つに分けたので、素人というのもおかしな話ですが、素人といっている。窮民とか、罹災民とかいう意味なのでしょう。勿論非人の仲間には入っていない。新非人というのも、一時貰いという心持があるらしいですが、新非人という言葉が記録になくなったことは、実によろこばしいと思います。

仲間六部とゴマの灰

ここで序でに言って置きますが、仲間六部というものがある。本当の六十六部は納経のために歩くので、信心から起ったものです。六十六ヵ国に国分寺がありますから、それを廻って御経を納める。千箇寺参りなどというのも、やはり法華寺を千箇寺廻るからの名です。これらは本当に廻国するのですが、仲間六部の方は六十六部のなりをして物を貰う。江戸にいながら廻国するような顔をしているやつで、いかさまものです。千箇寺参りでも本当に千軒廻るには、どうしても廻国しなければなりませんが、そうでなしに、ただ千箇寺参りといって物を貰って歩くだけのがある。仲間六部と同じく、千箇寺参りの方にもいい加減ぶしのがありました。これがもう少し古くなりますと、鳩の飼（はとのかい）というやつがある。いい加減ぶしな人間のことを鳩の飼というので、熊野の本宮、新宮の事を言い立てて、そこの鳩の飼料にするという名義で銭を貰う。その実ちょっとも熊野へなんぞ行きはしない。いい加減ぶしのものなのです。護摩の灰というと、今では泥坊の事のように思っていますが、元来はそうじゃない。大概真言宗の坊主上りがやったので、護摩を焚いた有難い灰だと称して、それを丸薬に丸めて病人に呑ますとか、灰のまま振りかけると災難を免れるとかいうわけで、怪しげな灰を授けて歩いた。いい加減ぶしの甚しいもので、今では泥坊のように思われているけれども、はじめは一種の乞食だったのです。

乞胸

芸をする物貰い　その外にもう一つ、これは江戸でいうと橋本町、山崎町あたりから出る物貰いがある。これは芸なんぞをして物貰いに来たりする、裏店に住んでいる物貰い乞食ですが、これは町並の人別に載っていて、良民の戸籍に入っている。そこで前の「宿なし」に対して、「宿ありの門めぐり」と言っております。

乞胸仁太夫　それから面白いと思うのは、鳥追笠一つに就て何程という役銭を、非人頭から乞胸仁太夫のところへ出していたことです。乞胸の配下には芸のある物貰いが十二通りあった。絹の着物を着て物貰いに出る連中は、皆乞胸の方なのですが、その頭の仁太夫なる者は、やはり弾左衛門の配下になっている。これは苗字は中山氏で、山崎町に住んでおった、お品のいい方のやつです。何か芸をして銭を貰うやつに対しては、乞胸仁太夫から鑑札を出す。そうして揚銭を取立てておったのです。

乞胸の十二種　乞胸仁太夫の配下に属する連中は、十二通り皆わかっておりませんが、大方は記録したものがあります。第一は綾取、これは手に糸をかけて、いろいろな形を拵えて見せる。今でも子供がやっている、あれです。次は猿若、これは天保位いまでありましたろう。両国の広小路には仕方能というものがあって、河原崎権之助なんぞも、はじめこの中に入っておった。猿若というのは檜舞台の許可を得ない芝居なので、そういうものがあるから、三芝居の許可ということが、大変やかましいものになるわけなのです。辻能というのは真面目な方、草芝居というのは滑稽な方、と見れば間違いない。それから江戸万歳、これは今のと同じようなものです。宮芝居というものが九ヵ所もあったのを、正徳四年に差止められた。その後宮芝居のあったのは、芝の神明、湯嶋天神、市谷八幡、牛込赤城明神、小石川牛天神の五ヵ所ですが、それがまた自然に減りまして、宮地三芝居という、芝、湯嶋、市谷の三ヵ所だけ残っておりました。その中には香具芝居と言った、香具師の手でやる芝居――香具を売る景物に芝居をやるのもありました。宮芝居と乞胸仁太夫との関係は大分面倒で、オデデコ芝居なんていうのは非人の方のものでありますが、あれにも何か引からまっているようです。辻浄瑠璃、辻説経、辻放下――放下というのは、手妻とか、籠ぬけとかいう類のものですが、天保少し前のところから、善七の手下の非人どもが多くやるようになって、乞胸とは筋が違うことになった。声色、物真似も非人がやる。豆蔵の芸などは乞胸の方に属すべきものであるのに、やる人間が非人が多かったものですから、自然善七にくっつくようになりました。それから辻講釈、辻ばなし、なんていうものがある。一体乞胸の方には門附がありません。居なりで物を貰っているのですが、それには乞胸仁太夫の由緒書なるものがある。これはあまり信ぜられぬものですが、しばらくそれによりますと、仁太夫の先祖が上方下りで、辻で芸をして暮していたのが、やがて葭簀張りの小屋になり、木戸銭を取るようになって、遂にその筋目を支配するようになったのだ、と書いてあります。その年代から考えますと、慶安以来、浪人が江戸にいるのを禁じられた。浪人も無商売ではいられないから、やむを得ず乞胸の配下になったので、その時の様子は西鶴の「永代蔵」の中にも書いてあったと思います。オデデコ芝居、香具芝居、乞食芝居なんていうようなものは、乞胸の支配でなければならぬのに、役者に非人出が多かったから、非人の方になってしまったのか、その間のことはよくわかりません。オデデコ芝居は両国の広小路にあり、乞食芝居の方は浅草寺の境内にありました。葭簀張りの小屋でありましたが、何方にしても縄衣裳、縄を編んで袖の形にする。鬘は大森鬘と言って、襤褸で拵えたやつ、それも大勢でするのではない、一人でやるのですから、顔を半分ずつ男と女にして置いて、向きを換えてやる、といったようなものだったのです。

4　非人

非人の成立

非人の定義　放蕩無頼な少年が、親戚や何かから見放されて、何ともならないで乞食をするようになり、賤民の仲間入りをしまして、小屋掛けをして大勢そこに集っている、これが非人です。これらの者は親兄弟から見放されて、勘当されているのですから、帳外の者になっている。生れ在所の人別から省かれてしまって、良民としての戸籍はありませんけれども、非人の仲間に入っているから、非人の方の戸籍には載っているわけです。

非人の人別帳　それではどうして非人になるかというと、非人には非人の方に戸籍がある。松右衛門なり善七なりの手許にある人別帳に書き載せると、それではじめて非人になるわけなのです。

二つ名の異名　江戸時代の人は、二つ名のあるやつといえば悪党にきまっている、と考えたくらいのものですが、この非人どもも、あかがしらの八十郎でありますとか、ひげの七兵衛でありますとか、カピタンの伊右衛門だとか、かたびらの伝助だとか、からざけの次郎吉だとかいう風に、皆名前がついています。これが二つ名前のある、異名を背負っているやつで、どうしてこういうことになったかといいますと、非人どもの数が大勢で、同じ名のやつがいくらもあるから、諢名でも上へ載っけて言わなければわからない。それから起ったことなので、遂に一般に及んだものらしいのです。

種類と組織

小屋者と無宿　そこで非人というのはどんなものかといいますと、抱非人、野非人、無宿（やどなし）――これは字はムシュクというのと同じですが、非人の場合はヤドナシという。ヤドナシというと賤民になるので、ムシュクの方はまだ良民なのです。それからもう一つ、宿あり門廻りというのがある。これらを一括して言えば、乞食ということになるのであります。抱非人はまた小屋者ともいいます。小屋者というのは、何町の誰々の小屋誰々、という風にいうので、これは小屋についている。だから抱非人ともいうのですが、つまり非人頭についているやつなのです。

町抱えの非人　もう一つ申して置きますが、町抱えの非人というものがありました。髪は結うことが出来ないから、皆ザンギリ坊主にしている。ザンギリは非人の頭だから、昔はひどくザンギリを厭やがったものです。明和以来、この町抱えの非人というものがあって、表の掃除をするとか、飲料水を汲ませるとか、路地の夜番をするとかいうことをやらせておりました。またその筋からの命令があって、横目非人というものが探偵の下働きをやった。諸大名からも松右衛門、善七に頼んで、捜し物をして貰うようなことも随分ありました。

非人頭と非人の数　江戸の非人頭というのは善七と松右衛門ですが、まだその外に深川の三十三間堂に善三郎という者があって、これは本所、深川の方面を受持っていた。また代々木に久兵衛という者があって、これは山の手の受持ちになっている。江戸の非人小屋と申しますのは、浅草見附から南、新橋から北にある小屋なので、これが嘉永度に調べたものによりますと、百三十戸ありました。これは皆善七の支配したものです。非人の総数はどの位いかと申しますと、三万余人とある。しかしこれはちと多過ぎる。どうも概数までのものじゃないかと思います。明治四年八月に非人という称えを廃して、皆平等なものにする時に調べました数でも、二万三千四百八十人ということになっておりますから、享保九年の調べはどうも数が信ぜられない。享保十年に調べましたのでは、四千八百四十九人、そのうち三千二百八十七人が善七の手下、九百六十五人が松右衛門の手下、三百四十九人が善三郎の配下、二百四十八人が久兵衛の配下、という内訳になっている。けれどもこれは小屋についている者だけの数だろうと思う。これでもちょっと少ない。寛延四年に吉宗将軍の年忌をした時、施行がありまして、この時調べたのでは、総数一万八百五十五人ということになっている。そのうち六千八百七十一人が頭のある非人で、三千九百八十四人が寄非人ということになっております。まずこの辺のところと見て、いいんじゃないかと思います。

非人の階級　江戸には非人頭が四カ所にあって、浅草の善七、品川の松右衛門、深川の善三郎、代々木の久兵衛、この四人の者が支配することになっている。その中でも更に江戸を二つに大別して、南の半分を松右衛門、北半分を善七が支配するのですが、人数から言えば善七が一番多いので、非人を代表するのは善七ということになっておりました。今の四人の頭の中でも、善三郎は善七に附属し、久兵衛は松右衛門に附属していたのです。この四人の頭の下に小屋がありまして、小屋頭というのが三四十人いる。小屋頭の下に又小屋があって、その小屋には小頭という者がいる。

役目と服装

法定のザンギリ頭　そこで大岡越前守が考案したのだと伝えられておりますが、非人というものをよくわかるようにする方がいい、それには髷を結わせてはいかんから、元結をはねてしまって、頭を散切りにしてしまう。雨降風間のような時や暑い時には、手拭を頭へ載せて凌ぐ、かぶり笠をさせることはならぬ、面体を隠したり、頭を隠したりすることはならぬ、彼等の手拭は丈八寸で非常に短い、非人の女は歯を染めてはいけない、眉を剃ることもならぬ、ということにしたのです。だから今そこへ非人が往ったとか、此方へ来たとかいうことが目立つ。従って犯罪などをやるには不便でもあり、皆も注意しておりますから、自然警戒にもなる。〔註・非人の断髪令は享保八年十二月〕

役付のみは蓄髪で黒元結　その後寛政八年九月になりまして、非人の取締方を達せられましたが、それは非人頭善七、松右衛門、小屋頭善三郎、久兵衛、その手下の小屋頭の百二十九人は、役筋を勤めているから、これまで通りの形でよろしい、その他六百四十五人の頭どもは黒元結で髪を結うように、というのです。普通結髪の際は皆白元結を用いるのですが、それは許されない。役付の者だけは髪は結える。散切りでなくてよろしい。六百四十五人の頭どもは、髪を結うことは出来るけれども、白元結は用いられない。黒元結で結わなければならなかったのです。女非人の場合も同様で、元結も黒、丈長の紙も黒くして使え、櫛も木の櫛の外は差してはならぬ、というきまりでありました。

非人の公務　善三郎は善七に附属しており、久兵衛は松右衛門に附属しておりますが、この両人には御役が無い。御役を勤めるのは善七と松右衛門に限るのです。囚人の取扱い、例えば引廻しがあるような時に警固に出る。囚人を馬に乗せたり下したり、晒し者を引いて往ったり、引いて帰ったりするようなことをする。獄門がありますと、上番人、下番人といって、上番人は弾左衛門の手から出るので、これは「谷の者」(やのもの)という。〔註・前代までは穢多非人と続けて呼んだが、江戸時代には非人を分離した。皮革業その他の独占権を与えられている代りに、死刑執行などの公役を課せられた〕「小屋番」といって善七、松右衛門の手から出るのが下番人です。まだいろいろ役廻りがありますが、そういう役目をするのは善七と松右衛門の輩下に限る。善七の手下誰それの小屋にいる誰、松右衛門の手下誰それの小屋にいる誰、という風になっているのは格のいいのです。小屋者で最も位置のいいのは、善七や松右衛門の小屋にいるのですが、その外に小屋頭と称して、方々にある小屋を預っている者があります。

引廻しとモッコ担ぎ　さてこの役付と申すのが、非人どもの中では幅の利くやつでありまして、引廻しの罪人などがありますと、山谷の弾左衛門の手下からも出ますが、非人の手からも警護に出ます。これに就てはいろいろな弊害があって、引廻される囚人がいろいろなことを申します。あの娘が綺麗だから、あの手から茶を一杯飲まして貰いたい、というようなことを言う。囚人がこう言ったところで、ついて歩いている非人どもがそのままにして、ずんずん行ってしまえばそれまでなのですが、またそこをつけ目にして、姐さん、ああいうものだから、一杯茶を持って来てやって下さい、というようなことを言うのです。しかし普通の家の娘は、囚人の茶の給仕などを致すものではありません。承知しないというと、何の彼のと言って、いつまでもその店先を立ち去らない。娘はどこかへ逃げてしまう。家の者は始末に困りますから、非人にいくらか摑ませて、立ち去って貰うようにする。娘ばかりではない、ざまのいい女房などを見かけると、同様なことを言って、銭を強請るようなことが屢々あったそうであります。それから畚（もっこ）かつぎに出る。伝馬町の牢屋に病囚のありました場合は、品川なり浅草なりの溜へ担いで行くので、これも小屋者の仕事の一つになっておりました。また横目役人の下につきまして、彼方此方と悪者の踪跡を探索致します。非人を探偵のような仕事に使うのは、吉宗将軍の時に起ったのでありますが、白河楽翁公がまた恐ろしい隠密好きなお方で、従来目付、小人目付等が隠密方面の用を足しておりましたのを、その方面の人数を増し、非人まで使われた。これは楽翁公の時に一層盛んになったのです。病監から囚人を運ぶ役を勤める人間ですから、役付といって幅を利かせるところへ持って来て、探偵方面の仕事を与えられるのですから、物貰いである筈の非人の間に、芸者、職人、司役（つかさやく）という言葉を生ずるに至りました。芸者というのは物貰いの中に芸のあるやつがある。これが人気を得ますと、なかなかいい銭になった模様であります。職人も例の雪駄直しをはじめ、いろいろあります。横目役人の下の方の仕事をやりますのを司役という。すなわち隠密御用で、これも場合によって案外な収入がありました。そんな風になって参りますと、彼等の小屋と申しましても、瓦葺きの立派なものがあったので、その小屋を一つ持っておれば、世間の中人以上の暮しが出来るわけなのです。

溜の模様

浅草の溜　善七の由緒書の中に、こういうことが書いてある。延宝四年正月二十三日に、町奉行宮崎若狭守の命によって、川流れのあった時に、その死体などを収容する役を命ぜられた。これは時々川船を出して、その辺を見廻るので、その他に臨時に探偵の用向きを言付けられることもあるのです。牢屋向きの用事は前からやっていたので、浅草の溜は天和二年二月七日に、町奉行北条安房守から目玉権兵衛、はだかり安兵衛という者を預った。また同じ年の五月二十日に、町奉行甲斐庄飛騨守から、伊勢五兵衛という者を預っている。貞享四年十月には火付盗賊改の井戸新左衛門、それに引続いて同じ役の中根主税という人から、ずっと囚人を預って来た。その時には自分の囲いの中に、二間に五間の溜を拵えて、仮監獄にしておりました。ところがだんだん御預りの人間が殖えるので、元禄十二年七月十一日に増地を賜わりまして、一の溜が三間に七間、二の溜が三間に十間、合計五十一坪の仮監が出来た。女の溜は二間に四間のものが出来ましたが、宝永七年に壊れてからは、増地の方でなしに、旧来の自分の囲いの方へ建てて、これは後々まで此方にありました。この時から加役方の方へ、町奉行同様、人夫や手下を差出すようになり、同時にまた寺社奉行や勘定奉行の方からも、町奉行や火付盗賊改から預るのと同じように、囚人を御預りするようになりました。こういう調子で浅草の溜は幕末までずっと続きまして、その方の御用は車善七が持っておった。四人いる非人頭の中でも、車善七が一番大きなものでありました。
品川の溜　松右衛門の方は新橋から南、六郷川から北の非人の支配をすることになっております。品川の溜は貞享四年の九月二十六日に、火付盗賊改の井戸新左衛門が囚人を預けたのに始まったので、浅草の溜よりは新しいものです。元禄十三年までは、松右衛門の囲内にある自分の手下の小屋を、溜に使っておりましたが、その年の七月十一日に、溜の敷地として五百二十三坪余を下附されまして、そこへ溜を拵えました。これはだんだん囚人の預りが多くなって来た為であります。この品川の溜というのは二間に七間の建物で、浅草のと違っているのは総二階であったことです。それが十五年の二月十日に焼けまして、再度新築した時分には、二間に五間半の二階建の溜を二ヵ所拵えました。それがまた享保四年三月十三日に焼けまして、今度建てる時分にはじめて浅草と同じような平家になりました。この享保に建てた溜は、二間半に七間半の溜が二ヵ所で、これがずっと後まで残っておりました。品川の溜は享保の火災で焼けた後に、火付盗賊改の方から囚人を預ることがなくなりまして、寺社奉行、勘定奉行からだけ引続き預っている。この溜の世話をするのが松右衛門の仕事でありました。その他に川廻りという役もある。これは正徳三年八月、将軍様が浜御殿へ御成りの時に、町奉行の丹羽遠江守から言付けられて、松右衛門の役になりました。善七の方にある役と同じものですが、あれは両国川だけの話です。これで水上の御用は半分々々とまでも往かないが、三分の一ぐらいの範囲で、水面の流死人や不浄物を取除ける役廻りを、松右衛門が負担したわけになります。

奇習三種

市民に返る足洗い　しかしながら非人は元来窮民なのですから、資力さえ出来れば、いつまでも非人にしておくわけのものではないので、非人には「足洗い」ということが許されている。心中の仕損いとか、不義密通というような事の末に、非人に落ちました者などは、親戚故旧から入用金を出して、良民に立戻らせるようにしてありました。これが「足洗い」の法なのです。もっとも親族故旧からそういうことをさせないでも、本人が勤勉で長い間に或資力を得れば、良民に返ることが出来る。どういう風にして足を洗うかということはわかりませんが、偶々「観延政命談」という写本の中に、非人が足を洗って良民に返ることが書いてある。如何にも珍らしい文章ですから、ここへ附載しておきましょう。

此非人、足を洗ふに作法あり。まづ着類は時々の物を二ツこしらへ、尤下帯まで也。大だらい二ツ、同手桶、はき物、大鍋一ツ、剃刀、櫛、油、元結に至る迄、みな残らず新らしき物を求め、扨町家の者を多分の金銀を出し、先は三人ほど頼み、時に其小屋をはなるる事五間にして、地に塩をまき、清らかにいたし、爰へ荒ごもをしき、其かたはらにて切火にいたし、薪も新たに清めて湯をわかす、則大鍋也。さて一ツのたらいに水を入、是へ東六（とうろく）（幕府の低級武士の子に生れ、放蕩のため非人の仲間入したる者）を入、町家の衆取掛り、頭よりして総身を清め、其後に湯を外のたらいに汲入、またよく東六を洗い、塩をふり、おわりて髪形をつくろひ直す、しかふして其座を引取る時に、小屋の者みな一統に出て土下座をなす。

此時たとへ親子兄弟、又は朋友の懇意たりとも、言葉を掛ける事けっして成難し。斯いたし小屋を出るを足を洗ふといふ。

新任の火付盗賊改に挨拶　火付盗賊改が新任されますと、その祝いに松右衛門、善七が押しかけて来る。そういうことは他の御役には無いことです。その来た時の様子が、津村淙庵の「譚海」に書いてありますから、それを出しておきましょう。

江戸にて火事御役（十人火消）加役（火方盗賊改）など仰付らるる時は、堺町葺屋町等の三芝居の座本太夫祝儀にまいる例也。庭すぢを劃して界をたて置、品川浅草の乞食の長、松右衛門善七たちつけ羽織にて、玄関の左右の土間に坐し、式台に手をかけながら、此度は結構なる御役儀蒙らせられ、恐悦に存じ奉るよしをのぶる。用人玄関に坐して礼をうくる。扨詞儀畢りて、三芝居の者共御祝儀に参上致候よしを相述、松右衛門善七左右にわかれ、向ひ坐する時、勘三郎羽左衛門勘弥等麻上下にて、門のくぐりより入、土間の界をたて置たる所に坐し、同様に祝詞を述、退出する事なり。

いろいろ役向きや扱いに就て変ったこともありますが、その中でも非人頭が挨拶に来るということは珍らしいと思います。

非人除けの切札　同じ非人の畠でありましても、女乞食の群と来ると、これまた大変な代物でありました。彼等は物貰いに出ますために、わざわざ穢いボロボロの着物を着て、髪もひッ散らしたまま、油も何もつけない。この手合いがゾロゾロと押廻して「遣って下さい、お遣んなさい、遣っておくんなさい」と口々にわめき立てる。もし遣らなければ様々の悪口雑言を並べまして、いつまでも店先でウザウザやっている。どうにも始末がつきません。この様子のよく出ているのが、三馬の書きました「船頭部屋」であります。しかし誰の家にしても、こんな女乞食に大勢押しかけて来られては困りますから、仕切札を貼ることになっておりました。これは肩に松右衛門とか、善七とかいう名が書いてありまして、黒い大きな判が捺してある。こいつを門口に貼っておくのです。毎日乞食にやるのを何程と見積って、その家の屋台骨と釣合せまして、半年でいくらというものを非人頭の方へ遣りますと、この仕切札を貼ってくれる。そうして置けば半年の間は、乞食は決してやって参りません。「船頭部屋」にも女乞食がさんざん悪口雑言を並べたあとに、「見世のものはもてあましている所に、小ぞうしきりの札がとんでゐるのを見つけ出して見せるゆへ、みなあやまってチヤホヤと立ちさる、あとは大わらひとなる」と書いてありますのはこの事なので、仕切札が剝がれて飛んでいた為に、うるさくねだられることになったのです。江戸八百八町の表店全体から、この仕切札の銭を貰うとしますと、それだけでも善七や松右衛門の収入は、大したものだったわけであります。

5　鳥追女

歌と服飾

艶歌全文　松飾りに栄えた町家の春、青陽の第一声、梅にも春と唄われて、鶯よりも一足お先へ、正月の女太夫、「若水汲みにくるま井の、音もせはしき鳥追や」とお出なさる。音もせわしき撥音は、正に若春の気分を弾き出すかと思われた。唄は大概半分位いしか歌わない。淳朴な風味のあるものだ。せめて湮滅しないうちに伝えておきましょう。

やんらめでたや。やんらたのしや。せぢやうやまんぢやうの鳥追がまゐりて福の神をいはひこめ。しらけもよンに洗ふ。真しらしらげもよンに洗ふ。よにあらふがしやうには。福と徳まゐりて、宿からうと申す。宿借りさむらへば。殿も栄えさふよのふ。まちもさかえさむらふ。さかいでかじやうには。大御門小御門。お長者のみうちおとずるのは誰やらふ。右大臣に左大臣。関白でんの鳥追。さらば追へ聞かふよふ。聞召さば追ひまんしよう。西田もよせん町。東田もよせん町。壺の中のまちの雪をば。にちやうじや定めて。一年の月の数を。かぞへてかぞへてまゐれば。十月に剰る二月。十にぐはちの月をばおとう月と定めて。十ぐはちの月をば。太郎月と祝ふた。長者さまへ大つごもりが御坐りて。松飾りをするとのふ。飾り物はなになに。遠やまの裏白。奥山のゆづり葉。ささい山の姫小松。伊勢のやうだのちよさけが注連縄。七五三となひさげ。にゃしやんと飾らせ。ちよう者様へさんがにちが御坐りて。さんが日の間に飾りしものなになに。一にこぶ。二なんさに大根。よう豆腐。五いり豆。六いも。七うどに八わらび。くぐたちにはじうごばう。じうにざうのなかより。いちをとるはくろ米を。がしやうむしやうたき。ぜんまひやひらきまめや。つかひまめをまゐらしやう。歳徳のえはう年男がまゐりて。さいのよねをまいては。ふく池に立よりて。若水に向ひて。おてうづなんぞすまひて。お心にまかせ。よもてをねろかどの手をねろか。ねりてがしやうには。これより恵方に。朝日輝く百つぼのお坐敷。高麗べりのたたみと。錦べりの畳と。しきや並べさふよのふ。御一門に御兄弟。車坐に居なびて。末広のをしきに。らう白を敷かせて、まいかかみと祝ふた。くちば色のかはらけ。お盃と定めて。長柄の銚子に、いづみの御酒をだぶだぶとつがせて。一献まゐれさふよのふ。二こんまゐりさふのふ。五ども十どもまゐるこそはご違背。長者様へお肴をまゐらしやう。山の物にとりては。山鴫田鴫。峯を走る小男鹿。谷を駈くるうたぬき。けんちゆほろにほろほろうつは雉子まる。上ないまめうてば。亥の子とりもさふよのふ。鶴もとる。雁のつまとりかやうなものまでも。をとり揃へて。お肴をまゐらしゆ。川のものにとりては。淀川の鮒こ。桂川のあゆこ。あいときくやうと。いせ鯉と鱸と。ごよはめでたい鱒のいをなんぞ。をとり揃へてお肴とまゐらしやう。海の物にとりては。いそまつ小鯛。にしにさざいに。鮭にさはらに。ひげながのえび丸。足ながのかざみ。いかのくるみ。章魚の手。烏賊の手もやつあれば。たこの手もやつある。合せまうして十六の御手を取揃へて。お肴とまゐらしゆ。さんがにちも祝ふて。五日も過ぎさふ。七くさがござりて。摘む菜はなになに。ごぎやうたの草。すずぐさはこべ。春田のなづな。かやうな若菜を。摘みあつべさふらうて。福いけにすすいて。徳いたにのせて。からい庖丁。日本ンの鳥とうのとりと。わたらぬ先にてしりてうと祝ふた。七くさも祝ふたが。十五日がござりて。赤の粥をたくとのふ。これさまにさふろう。四石入の上釜に。しらげのよねと。大納言の赤豆と。九分目にゆり立よの。ざう木でゆたゆたにたて。にたてのはつうをお年神にさしあげ。鞍馬のごわうを。くらもとにおすとのふ。大峯のお札を。かどもとにはるとのふ。せどひまはりて。ならずの木には花がさけば実もなる。うまずめのこんによう房しやう。はらむめこ梅。ござんなれやさんなれ。さきはとつすとひらき。御代のさかりとは。これさんまのお祝ひ。

といふのである。

二人連れの艶姿　鳥追の姿は清新で艶麗なものであった。冠った笠の紐が紅鹿子の絞り、白い白い顋に結んで、瀟洒な木綿中形の着附、帯も木綿だが凝った中形を選んだ、それを引掛けに結ぶ。水色の脚絆、白足袋に日和下駄。化粧を淡泊にしていた。身体につけるものは概して木綿であるが、袖口半襟だけは縮緬を附ける、それが妙に引立つ。鳥追は老若二人ずつ組んであるく。後から米袋位いな麻の袋を担って親や本夫がお供をしている。中には「明店の前で鳥追乳を飲ませ」（安永柳樽）のような塩のからいのがないでもない。鳥追には何がなる。非人の娘や女房が女太夫といって、銭貰ひに出る。平日は町家の門に立っても一二文にしかならぬが、勤番侍などはお小屋の窓下へ呼んで、五十文百文と余分にも与える。花見時分には女珍らしいさんぴん殿が、盃を取替えさせて興がることさえあった。それも女太夫に美人が多かった為めである。この女太夫が元日から十五日を限って鳥追に出る。編笠を冠れば鳥追、脱げば女太夫である。

身分と収入　しかし非人と言ってもなかなか階級が厳重だ。江戸の非人頭車善七を第一として、浅草の溜（拘留所）を預り、松右衛門は品川の溜を預る。その他になお三四人の頭があった。善七の配下は刑場等へ出て、官署の公用雑務に服する、これが非人中の上流である。これらの家族は女太夫に出せば人柄が悪くなると言っていた。女太夫の親や太夫は、市中を徘徊するデイ〳〵

屋であった、女太夫は三味線の稽古もする、着物も手綺麗なのが入用だから、多少余裕のあるデイ〳〵屋でなくば、出したくも出せないのである。賤民の事であるから絹布を着用させぬ。それでも花車な打扮がしたいのは女の心では無理がない。そこで一種の呉服屋が、分限のない女に向くように、木綿中形の染めを工夫して、凝った物を売出した。夏冬共に味な反物を次から次へ拵える。幕末には照降町（日本橋区）の伊勢屋、明神下（神田）の沢の井が盛んに供給した。その頃一反の代は二朱であった。意匠の抽ん出ただけに普通反物の価格に比して三四倍の値段であった。年毎に嶄新な中形木綿を裁ち卸した春衣を鳥追が着る。鳥追姿を清新にしたのは、女太夫の美形であった外に、呉服屋の恩眷をも勘定に入れぬわけにはいかぬ。鳥追の収入は年柄によって一様ではないが、よい時には松の内に二両二分位いの貰いはあったという。

江戸のみで京阪になし　鳥追は大阪や京都にはない。全く春のお江戸の景物の一つであった。女太夫はこの鳥追に出るために、その俤を画中のものにして嬉しがられる。さればこそ女太夫を、芝居や小説に取込んだ趣向も段々ある。それは如何にも棄て難い風姿のものであったからであろう。

附　瞽女

女の盲目で三味線を弾いて世渡りをする者がゴゼで、瞽女だと言う説があるが、そうかも知れません。瞽女（字音）は特別の組合があって、諸方を歩いている。江戸の瞽女とこの辺の伊勢あたり、尾張あたり、駿河あたりにいる仲間とは、みんなそれぞれ国の持場がきまっている。いわば縄張りを侵すと言うことの出来ないのが瞽女の規約であります。瞽女は嵯峨天皇の第四王女の相模の宮様を祖としております。このお方は加茂明神を深く信じなされたそうで、瞽女は例えば駿河の府中にいる者に三派がある。単に瞽女と称するものもあり、かしは派と称するものもあり、なぎの派と称するものもある。それで、同じ江戸でも豊島町に瞽女の頭がある。槙野、松野と言う二人があって頭をしている。そういう風に地方々々に瞽女の頭があって、方々へ出稼ぎに子分を送る。その送り方は、駿河の府中は二月から、東は岩淵西は藤枝を限ってある。そうして五月三十日までに府中に帰って近辺を働く。九月になると遠州、三州及び甲州郡内の方を廻って、十月の下旬に帰って来る。そういう風に諸方でも極りがある。いまこの辺を歩いている者は何処から来ますか、江州からも三河からも出ますが、ここのはどこ。〔註・「膝栗毛」第四編下。東海道宮の宿の一節〕江州であろうか、或は大和であろうか、とにかくそういう受持ちがあって来ることになっております。江戸では瞽女の三味線は三下りを弾いた。始終ペンペコペンの三味線を弾く。「鈴木主水という士は」というのは槙野或は松野の配下の瞽女です。

六　女人総記

1　分類江戸女

身分と呼び方

呼称総覧　人妻ということにも、いろいろな種類がありまして、称えもまたいろいろございます。京都の御公家様などは大分様子が違いますが、江戸には御公家様がおいでにならない。その江戸にも様々ありまして、将軍家では、御台様、御台所、御三家、御三卿は御簾中、将軍の娘なり養女なりで、諸大名のところへ嫁に行った方は御主殿様と申しました。大名になりますと、十万石以上のところは御前様と申したようです。その次が奥様、その次が御新造様、もう少し略して御新さんという。町家ではおかみさん、山の神、カカア、このカカアの劫羅を経たやつを任官すると言いました。任官して何となるかというと、カカア左衛門尉ということになるのです。これは劫羅を経た山の神でありまして、なかなか恐ろしいものであったのです。もう少し造作の無いところでは、シタバという。亭主が上歯で、女房が下歯ということらしい。もっとひどいのになると、化ケベソという。それらが皆人妻であって、すべて女房というのであります。なかなか今日のような簡単なものではない。今日は誰でも構わず夫人という。大臣の夫人、八百屋の夫人というわけで、上も下もない。人妻であれば誰でも構わず夫人にしてしまう。また女偏の婦人と書いたのもありますが、昔は夫人というのは位のある、立派な御方の事で、婦人というのは士以上ということになっておりました。ですから足軽なんていう階級では、婦人ということも言わない。今日は奥さんと言えば夫人、夫人と言えば奥さんで何が何やらわからぬことになっております。もっとも昔でも、中から下のところになりますと、他人から言う時には妻女、もう少し柔かく言えば御内儀という言葉がありました。自分の方から言う時は家内、愚妻なんていうことを言った。側から言えば、それ等を通じて誰の女房と申したのであります。一体、奥様という言葉は、武家の住居から来ている。武家の住居というものは、表と奥とに立て分れておりまして、表は男ばかり、奥は女が主になっている。そこで表の事と奥の事と二つに分けて、表向、奥向という言葉も出来たのであります。奥様というのは、その奥向の大将という意味なのですから、奥も表も隔ての無い生活をしている人では、奥様という言葉は無いわけである。それが何の間違いからか、ごちゃごちゃになってしまって、別に御話申したように、味噌漉奥様などというものが出現するようになりました。昔は武士でも中から下のところで、同輩の間では、どこそこの誰さん、という風に所と名を呼び合っておりました。町人の方に致しても同様なわけでありましたが、そこのところがごっちゃになって、ただ奥様と言っただけでは、どういう分限の御人かわからぬようになってしまったのであります。広い意味で女房という時は、皆人妻の意味ですが、誰々の女房、彼処の女房という使い方を致します時分には、自然これが町家の妻ということになって来る。町家の妻にもいろいろありまして、一様ではありません。おかみさん、山の神、カカア、シタバ、化ケベソ、というような称えがあって、それぞれ身分相応な言葉を以て、冷やかしたような意味もあり、玩具にされたような意味もあったのです。

武士の妻は何女　崋山が考えながら歩いていると、長男の立（りつ）が「おとうさま！」と言って袂に取りついた。〔註・藤森成吉氏作「渡辺崋山」の一場面。ここはその考証〕「おとうさま」というのは近頃の言葉で、昔は言っておりません。「おかあさま」もありますが、これも同様いけない。「細君のたか子」とも書いてある。地の文章だから細君でもいいけれども、「たか子」はいけません。武士の妻女は何女とは書くが、何子とは言わない。これは御新造さんというところで、奥様とは言わなかったろうと思います。

何子は公家のみ　明治に女学校が出来まして、女の子に本らしい本を読ませることを始めましたのは、何と申しても、跡見花蹊さんでしょうが、この跡見という御婆さんは公卿の青侍の子供であります。この人が東京に於て新しく女の教育をはじめた。その御利益の最も顕著なものは、女の子の名前に子をつける。キナ子にアン子にウン子といったような調子で、遂には芸者の名にまで子をつけるようになった。これはどういうことかと申しますと、公家の方ではどんなおかしな女の子でも、または身分の低い者でも皆子をつける。それから始まった話で、これがそういう風にひろがったのであります。それまで武家では何女、町家でも女は妻であると娘であるとを問わず、皆何女と書いて来ている。その中へ持って来て、新しい教育を授ける女学校が、キナ子、アン子の流儀で、東京を構いつけないで、どしどし西京風を振り廻した。

町家に奥様は間違い　本郷元町の山岡屋という呉服屋へ、青梅の裏店の七兵衛という者が訪ねて来る。〔註・中里介山氏作「大菩薩峠」の中の一場面。ここはその考証〕そうして山岡屋の小僧に向って、「旦那様なり奥様なりにお眼にかかりとう存じまして」と言っている。また奥様だがこれはいけない。「旦那なりおかみさんなり」と言わなければならぬところです。町家で「奥様」というのは、絶対あるべからざる事で、この近所にいくつも「奥様」という言葉が出て来るが、そんな事は江戸時代には決して無い。

上方のお家様　竹清「お家様というのは東京の何に当りますかな」鳶魚「お上さんです」

娘の呼方四種　今日では呼称に無頓着だから、総べての娘が令嬢、総べての妻女が奥様であるが、末期になってさえ江戸時代には、それぞれ区別された。娘、お嬢様、ひい様（姫というのを半分節約したもの。おひい様ともいった）お姫様とまず四通りに呼ばれていた。町人の家でお嬢様と呼ばせることは極めて稀れだ。それもその筈、民間の最高生活者に限られたからだ。お七の家は加州家の御台所御用の八百屋だったというけれども、自分の家作ではあったが、地借りで、決して大町人ではない。しかし美人でもあり、気品の高い娘として、お嬢様らしい様子を見せた。西鶴の五人女以来、いずれの作者もお嬢様らしい風格にお七を描いてはいるものの、何としても日常振袖を着ていたとは思えぬ。お嬢吉三にしてもその風采がお嬢様らしいので、真のお嬢様なのではない。

刀屋なら娘御　「以前本町に刀屋を開いておいでになった彦三郎のお嬢様」ということが書いてある。〔註・「大菩薩峠」の一節〕刀屋を開いている、なんていう言葉も、この時代に不相応なものだ。お嬢様もお娘御と改めたい。

女の言葉

甘すぎる「わ」と「よ」　この女は「ぞんざいというのはわたしの言うことよ」と言っている。

〔註・「大菩薩峠」の一節〕二十八九にもなっている女が、武家奉公をしたことがある者にしろ、無い者にしろ、そんな今の女学生みたいな言葉を使う筈がない。この「わ」だの「よ」だのというのは、すべて幼年の言葉で、それもごく身分の低い裏店の子供のいうことです。たとえどういう身柄の者にせよ、二十八九にもなる女が、そういう甘ったるい口を利くのは、江戸時代として受取ることは出来ない。

「わ」と「よ」の伝播　たとえば今日淑女令嬢がお使いなさる「いいわァ」語尾に添えたワや、「よくってよ」のヨは、昔の幼女のみが使用した、それも裏店の幼女に限った。それを子供らしく見せたいために、雛妓（おしゃく）（そこから出身してもいる）が襲用し、さらに芸者が冒用して、相応な身柄の方々まで御使用なさるようになったのである。

江戸女気質

イナセを騒ぐ女　ベランメーの江戸ッ子は、女が何で珍らしい、日本半分は女だといい、女に甘いと言われるのを恥と心得た。従って婦女を手荒く取扱わない者は男じゃないように思っている。その邪見な疎暴なところが、イナセだとか、イキだとか言って騒ぐ女が多くなった。こうした気分が江戸の末期には拡大した。

博奕とおめかし　下等な方になると、御長屋の附合いなどというのがあって、井戸端会議につらなる連中でも、奢りっこをするとか、花見に行くとかいうようなこともある。また下等な女の社会でも、紋カルタとか、メクリとかいう博奕めいたことを、寄集ってすることもある。よく外へ出ますから、裏長屋の嬶までがすり磨きをする。「めかす」という言葉が、上下の階級に行渡ったのは化政度でありまして、それまで香料は薬屋ばかり売っていたが、文化からは化粧品専売の商人が出て来た。「花の露」とか「江戸の水」とかいうものも、やはりその頃から出て来たものであります。

ポットリからオチャッピイへ　この時分に「オチャッピイ」という言葉がひどく行われた。享和以来の言葉として、オチャッピイを代表するところのものに、お多福半四郎と言われた四代目半四郎、これは小浪とか、お軽とか、お七とかいう娘役をするので評判だった役者ですが、その子供で五代目になったのが、やはり親譲りの芸風をやっている。このオチャッピイという言葉が起ったのは、五代目の半四郎の時ですが、その行き方というものは、四代目から引続いたことである。何でありましたか、長唄の文句に「口まめどりのおちゃっぴい、にくてらしいほどかはゆらし」という文句がある。この文句でお茶ッピイの意味がよくわかると思います。〔略〕この時分には温厚慎重の風が廃れてしまって、前には「ポットリ者」と言えば褒める言葉であったのが、ボイヤリとなり、ボンヤリと言いかえられて、誹る言葉になって来ている。落着きのある主婦という風は一切廃れて、切って廻して行く世話女房の風が好まれるようになった。世話女房というのはどういうものかというと、材木屋の女房のようなものです。材木屋のことだから、荷主が来れば饗応に連れて行く。いずれ花柳の巷に出入りするのですが、女房は自分の亭主の通う先方の花魁によろしく頼んでやる、という往き方をする。そういうのが気の通った女、気の利いた女房とされておった。自分もまた荷主を上手に扱うというのが、男まさりであるように言われていた。

だから嫁に来た当座だって、袖を銜えてシナをしているようではいけないし、御客があるのを見かけて奥へ逃げ込むようなのは大時代として扱われてしまう。蓮葉者、お転婆者、それを詰めて「お天気」と言う。はしゃぎ者、跳ッ返り者といった按配である。小さい子供を「お茶さん」と言うのは、オ茶ッピイを略したのです。よく笑って元気がいい、賑わしいものになる。だから大口をきいたからといって、顔を赤くしているようなことは無い。あべこべに張込みと言って男を困らせる。そういう弁智、態度で男を上手に扱う。子供の時からそういう風なので、「口才者」という言葉は、寛文頃の遊女評判記にも見えております。普通はよく「小才」と書いてあるが、これは口才の方がよろしい。小才から「小才覚」になり、また「猪口才」ともなる。これらは男に言われる言葉のようですが、もとはというと女の方から来ている。

年齢による分類

新造と年増　鳶魚「御新造様、御新造というのは身分ある人の妻女の称で、年少の婦ということではない。その次の階級にある細君をば御新さんと言って、御新造様とは言わぬ。娘を指して新造という。御新造と新造と同じようでも意義が違う」竹清「貞丈の説というのは、『四季草』の『人の妻の事を御新造という事、昔よりいう事也。蜷川殿中日記にも見えたり。〔中略〕よき人は妻を迎へるには必ず妻の住居すべき家を新しく造作するゆゑ、御新造といふ也』とある、あれでしょう。ところが、すでに元禄の浮世本に、『夫の親、彼人をむかへんために新に居間をしつらひて住せる故に御新造とはいふなり』とありますから、貞丈よりはこっちが古い。しかしその次に『夫婦彼新宅に入て欠（あくび）もおならも思ふままにせらるる故部屋とはいふ也』とあります。貞丈の説なんてものはここいらでしょう」若樹「まだ他にありましょう。若いお嫁さん同士の間でも」鳶魚「また花柳社会でも新造というのがあります。まさに進水せんとする方だ」扇松「年増と新造とは幾つ位いの区別がつきますか」鳶魚「無論年増は二十を越しています」共古「今の丸髷でも島田でも区別はあとでありますが、何しろ若い女を指して新造と言うのは、嫁に行くべき者を指す言葉で、それで新造という一つの言葉が起って来たのでしょう」鳶魚「それが分らぬようだ」共古「ずっと少女でも無さそうです。嫁入り前なのでしょう」鳶魚「頭に関係はない」共古「今のところ島田の者を新造と言う。年増とは言わない」鳶魚「それだけれども十七八位いで丸髷に結っている若い細君を見て年増と言うでしょうか」仙秀「年増ということが昔と今日とは違った」鳶魚「それは違いません」

年増は元服以後　鳶魚「年増は二十四五の女でよろしうございましょう。もう少し若いのもありましょう。元服すれば直ぐと年増でございます」共古「眉だけ落した半元服というのもあります」鳶魚「早く元服した奴はやはり年増ですか」共古「そうです」

娘は十八九まで　江戸時代には二十歳位いからは年増といって娘とは言わない。娘というのは十二三から十八九までであった。

囲い者

妾の流行　安政六年八月の町触れにこういうのがある。

市中住居の女は囲者とか唱へ月々金三両より五六両迄手当取候者は其囲主一人にて古来有之の処、近来安囲と唱へ或は三分一両位の手当うけ候囲者は囲主三四人づつも有之、売女同様の所業に及候。

市内の女どもで人の囲い者になって、月々三両から五両位いまで取っている者がある。それは囲って置く者が一人なので、そういうのは古くからあるが、この頃のは安囲いと言って、三分乃至一両位いのところで、三四人の男から囲われている。まるで遊女と同じようなものだから、そういう者を吟味しなければならぬ、という町触れなのです。これと見合すべきものは、町奉行引継書類の中にある雑件録という記録でありまして、その安政六年のところを見ますと、こんなことが書いてある。こういう安囲いというようなものが出来て来たのは、天保改革以来、武家町人、または諸国より年中出府している地方人が、それぞれ囲い者をするので、風俗がだんだん甚しくなって、近来は相当な商家の年頃の娘達でもそれをやっている、というのです。いわゆる旦那取りというやつで、貧民とか細民とかいうような、その日暮しの人々でなしに、小商いでもしている家の娘、それがそういうことをやって、下女奉公などに出るよりも割がいいと言って、囲われ口をせり合う有様であるというのです。

自宅に置く半囲い　一体安囲いは半囲いの変化らしい。囲った女をそのままに父兄の家に置き、囲った者が通うのだから、カチ合わないようにやり繰りをすれば幾人でも旦那が取れるのだ。その半囲いは僧侶の堕落から発生したものらしい。「明和秘録」（寛政元年）に、「是迄は寺方に囲女或は人の妻娘抔を半囲ひにいたす類ひ多し」とある。寺へも連れ込めず、一家を持たせても人の目に立つ。それを避けるためにそのまま自宅に置いたのであろう。

御番衆の妾は米一斗　宝暦頃になりますと、相当な商人の娘や妻が、親や夫と相対づくで、御番衆の家来に囲われるようになりました。前は殿様だけだったのが、今度は家来にも囲われるようになった。これが安囲いというやつで、その扶持方は毎月貰う。その多寡は女の縹緻次第ですけれども、極上々が米一斗五升、その次が米一斗、その次が米八升というようなことになっている。そうして月に六日ずつ通う。こんなに少ししか貰わないのですから、相手もいいのでなく、客を取る女もいいのではない。しかしそんなものでありましても、これくらいな米ではとても立行かないから、一人の女が男を四五人ずつ引受ける。

安囲いの値段　寺門静軒の「江戸繁昌記」は天保以前の様子を書いたものですが、まるで落語のようなことが書いてあります。これは少し下等の方の話で、小僧上りでまだ番頭にもなれぬような商家の若い者が、安囲いの女を持っている。手軽であって安いから、そういう手合いまでがそんな真似をしたのです。それでは上等はどの位いしたかと言いますと、二月縛りで金五両から、四両、三両、二両位いまであったと言います。天保十一年の「花筐」に二月縛りで三両とありますから、一両二分が並みだったのでしょう。「花の朧夜」という人情本には、足入金と言ってははじめて行く時が三両、あとは月々二両ということが書いてある。これらは上等の方なので、安囲いの女は一人で大概五人くらい男を持っていた。それが日をきめて出かけるのですから、女郎買いに行くようなものだったのです。

京の月囲い　けれどもこの安囲いというものは、京都としては宝暦度からあったのです。またその時分になりますと、月囲いというものがはじまっている。京都へ遊山か何かに行った人があって、借座敷と言いまして、逗留中或る部屋を借りる。これは小さい家みたいなものです。そいつを幾月と言って借りる。宿を取らずに、自分の家にいるような調子合いで暮す。その逗留中に妾を置くので、一月に何程という女があるのです。こんなのは妾というけれども、次から次へと移るのですから、まあ女郎のようなものだ。前の安囲いにしたところで、四人も五人も相手を持っているのだから、女郎のようなものであるのに変りはありません。

上流の妾探し　楽堂「これから後は、人置が女を連れて来ることの、当時の実際の寸法を説明しているので、『捨金』は前に『一代男』の時に説明がありました。〔註・「一代男」では鳶魚翁が、支度金、手付金と述べている〕その捨金百両に対して十両の手数料を取り、その十両のうちからさらに銀十匁を下請の嗅が取る。目見得の女が然るべき衣裳を持っていない時は、借衣裳が自由に出来る。そういうような衣裳から、乗物布団まで、目見得に必要なものを一切揃えて、一日銀二十目で貸すのである。約束が出来れば成功謝金に銀一枚取る。卑しい者の娘だと、仮親というものを拵えて、小家位い持っている町人の娘に仕立ててやる。この仮親には得があって、先方から御祝儀を貰うばかりでなく、そのうち若殿でも産めば、御扶持米の出るのが仮親の所得になる。奉公人もよいところへ行こうとすると、目見得もそれにつれて面倒になって、小袖の損料が二十目、陸尺二人の乗物が三匁五分、これで京のうちならば、どこまで行っても同じこと、すなわち均一制度になっていたらしい」不倒「一円タクシーのようなものですな」楽堂「小女六分、大女八分、これは基本料金ですかね。その二度の飯は雇った方で食わせる。こうして折角目見得をしても、成功しないと二十四匁九分の損になる。さて次の文は別の場合で、大阪や堺の町人達が、嶋原や四条河原の遊びのあいまに、太鼓持の坊主を西国の立派な人に擬し、町人達は皆取巻きのように位置を入替えて、前文の如く女を抱える体で、京中の女を集めて慰みにする。取巻きの町人達は京大阪の人だけれど、ここは西国から女を求めに来たようにする必要がある。そうして目にとまった女を引きとめて、そっと亭主に、臨時にどうかしろという註文をつける。女の方ではそういうことは思いもよらず、口惜しく立帰ろうとするが、それを周囲からいろいろうまく言われるので、つい欲にひかれて、二歩位いの金で身を切売りする、というようなことがいくらもある。しかしそれはあまり貧しくない人の息女だと、そういうわけにはいかない、ふりきって帰ってしまう」不倒「妾を抱える方にもこういう傷物がある。見立てておいて、しまいに一晩慰まうという、まあ一種の詐偽ですな」鳶魚「小女、大女は、目見得に行く時、供に連れて行く女でしょう」

女中

屋敷奉公の目的　町人の娘が武家を仮親にして屋敷奉公をすることは元禄以降の新傾向であって、実は町人の贅沢の結果である。然るに江戸市民の資力はだんだんに拡大して来て、驕奢は弥増しになったところから、天明の頃には色々な貪縁（るいえん）を以て商人の児女は続々として大名の屋敷へ入込むことになったのである。それ故に奥女中というものは、（一）親の家が貧乏で是非なく奉公に出て、ゆくゆく立身して親の養いをする者（二）親のためというではないが、兄弟も沢山でそれぞれの片付きも行届かねば、年頃まではまず奉公に出る者（三）別に差支えもなき身柄なれども、親の手許に育ちては憂い辛いが知れない。世間を見せておかねば嫁入りしてから納まりも案じられるというので奉公させる（四）夫の不如意から相談の上で双方辛抱して時を待つというもの（五）縹緻のよくないためとか、縁遠いとか、出戻りとかいうような者が一生独身で暮すつもりで、一生奉公といって住み込む者とがある。ところで（三）の意味は天明以後、著しく拡張された。もとよりこの類の奉公は教育の意味を持ってはいたのであるが、殊更に上品な人柄になりたいという希望を以て嫁入りの準備として貴族の生活を見学させることが普通のようになって来た。商人でも融通のよい家では婚礼に地白、地赤なんどの衣類を借用するまでに華麗を競った時世には、花嫁は勢い町人生活では相応しないことになる。すでに屋敷姿であるのだから、士人の真似をせねばならぬ。そこで屋敷奉公は今日の学校通いと同一に考えられたのである。屋敷奉公は嫁入りの条件であった。世間でそう思っているから、本人は屋敷奉公をしなければ恥のようにしていた。親は不相応な資本を掛けて屋敷奉公をさせて誇ったのである。

女中にも階級　民間でも同じことですが、上女中というものがある。上づかいとも言います。主人の側の用事をしているのが上女中、上づかいで、それから仲働き台所働き——はした、という順序ですが、仲働き以下を一緒に致しまして、下（しも）の女中という。上の女中に迎えて、下の女中というのです。この下の女中を省略したのですから、下女という時には仲働きまで入るのが普通のようになっている。

上女中の仕事　上の方は世間で言い慣されている言葉で言えば腰元ですが、あれは武家にはない言葉です。始終主婦の側におって、外出の時はお供をする。お使にも行く。お客があればちょっと取持ちにも出る。それより少し年が長けて、腰元と台所の真中を働く奴が仲働きですが、この腰元とか、仲働きとかいうものになると、相当条件がある。ただ力強く働くだけじゃ用が足らないのです。それはどういう条件かと言いますと、洗濯、張物、縫物、というような仕事がある。縫物も木綿は縫えるが絹物は縫えないとか、重ね物が縫えるとか、縫えないとか、そういうことが条件の中になる。〔略〕こういう仕事の外に厄介なのが作法応対、もう一つ厄介なのが口上です。昔の女は主婦になる年齢でも、手紙を書いて往復することは滅多に無い。大抵口上で用を足します。昔の女の口上というものは長いので、使に行く側の女は、その長い長い主婦からの口上をおぼえて行かなければならぬ。それればかりじゃない、先方の返事もまたそれに相当した長いやつが来る。それをちゃんとおぼえて帰って復命しなければならぬ。これは容易なことではありません。

下働きは武家になし　下働き上働きというのは町家のことで、大小となく武家屋敷に、下働きの上働きのという女はいません。

女中の証文　請状の書き方は大体きまったもので、いろいろなものにありますが、「用文章」に出ているのを一つ挙げておきましょう。

奉公人請状之事

一此誰与申者生国より能存知、慥なる者に付、我等請人に相立、当何の何月より来る何の何月迄給金何程に相定、貴殿方江御奉公に差出申候処実正也。御取替として金何程、唯今御渡被下、慥に請取申候。残金之儀は追々に奉公人江御渡可被下候。若此者御気に入不申、御暇被下候はば、右之金子返進致、御暇申請べく候。相定の内、此方より御暇申請間敷候。

一御公儀御法度の儀は申すに及ばず、御家の御作法相背かせ申間敷候。取迯欠落仕候はば早速尋出、貴殿江少も御損毛御苦労相懸申間敷候。長病相煩候はば、人代にても給金にても御差図請差出可申候。

一宗旨の儀は代々何宗にて何町何寺旦那に紛御坐なく候。寺手形請人方江取置候間、御入用の節は差出可申候。惣て此者儀に付、何様の六ヶ敷出入等出来いたし候共、我等引請急度埒明、貴殿江少茂御苦労相懸け申間敷候。此者相定之外、何ヶ年御召仕被下候共、此証文を以我等請人に相違御坐なく候。後日のため請状仍て件の如し

何町何丁目誰店
請人　誰
人主　誰

誰何屋何左衛門殿

なかなか面倒なものです。はじめの何の何月というところへは、その年の干支が入る。「御取替」というのは前借のことです。この請状は町家の場合ですが、第一に身許、宗旨、給金、前借、あとの支払いのこと、という順序に書いてある。中途で暇が出た時、弁償する方法が二つあって、金で返すのと、人代りを出すのとになっている。明暦、寛文あたりには、ここのところが少し違っていまして、欠落ちした場合にはとにかく捜し出す。人代りを出すという場合は、請人自身か、或は自分の倅、妻、娘を差出すことになっていました。また当人に不都合があった場合は、請人

に言って下さい。請人がなお御満足の行くように取計らえなかった場合には、当人同様の処分を受けます、ということでありました。

雇入れの届書　もう一つは雇入れた当時に、その者の請人の家主に、雇主から届ける証文がある。この家主というのが、落語でお馴染みの大家さんです。

　　御店の内誰ト申者請にて男女奉公人
　召抱候、御届として此の如く候。御支配方えも御帳面たのみ入候。
　　　月　日　　　　　　　　　　　　何丁　何や誰

店というのは、その家主の支配下のことで、御支配方というのは名主のことです。もし何事かあって出訴でもするという時分に、相手方の家主に知らんと言われては困るから、請人の家主宛に出して置く。享保以来、法律の世の中になったので、証文もこまかく精しくなった。「何の中でもきまりはきまり」というのも、その時分からの諺だろうと思います。

2　生活と容姿

女の外出

店へ女の出る商売　商家では店先へ女を出さないのが、江戸の仕来りでありました。小売店でも女房や娘を出すことはしなかったのですが、ただ或る商売になると、そうも行かなくなる。殊に天保頃になりますと、絵草紙屋なんていうものは、多く囲い者や、岡ッ引などの女房が、女のいいのを見せつけるような風になりましたし、看板娘と称して店先に綺麗な娘を出しておく、ということも、宝暦頃から少しはあったのです。けれどもそれはいかがわしい商人として、軽蔑される風があった。それが珍らしくないようになりましたのは、ずっと後――文久以後の話で、薩州さんが江戸であばれ散らすようになってからのことです。それから続けて行けば、明治の初頃まである。甚しいのは、筆屋の娘が、一々筆の先を嘗めて売ったので、「なめ筆」と言って名高いのが湯島にあった。また本所辺に「出し下駄」と言って、下駄の鼻緒を上さんがたててくれる時に、際どい様子を見せる、というので名高いなんていうのがあった。帳場格子の中に算盤と帳面を控えて坐り込んでいる、という風なのも、天保以後のことでありまして、当時は珍らしかったが、それが珍らしくなくなって来た。もっとも女の子供が算盤の稽古をすることは、宝暦以来ぽつぽつあったことです。船宿の上さんでありますとか、料理屋の上さんでありますとか、水茶屋の上さん、引手茶屋の上さんというようなものになると、これは前からありますが、こういうのは別物である。

女の夜歩きは享和から　真暗な江戸、市街でも提灯なしで往来は出来なかった。まだ夜にはならぬ夕刻にすら、婦女はかりそめにも外出は許されぬ。物騒だから、危険だから出なかった。父兄から禁ぜられるばかりでなく、自身にもそれ程の警戒はしたのだ。やむを得ない用事での外出も、婦女の身にしては全く冒険であったのだ。それが享和の頃には稍々遠く、涼みがてらに娘たちが縁日夜見世に出かけるようになり、父兄もそれに心配なく、当人も不安を感じなかった。寄席などというものが出来たのも、文化からと申してよかろう。江戸市民も段々夜ふかしをするようになる、それは明るい暗いという事から来た。

女の元服

民間の女の元服というのは、眉を剃り落し、歯を黒く染める。半元服は眉だけ落して白歯でいる。明治の初年に妾宅へ半元服の女を住わせ、それを権妻といって大いに流行した。流行に乗じて権妻でない女も半元服に黒縮緬の羽織を着たものだ。

結婚まで

大商人に見合いなし　無論昔は相当なものの婚礼には、見合いを致すなどということはないので、見合いを公然やるようになりましたのは天保以後からだそうで、それより前には無かったことだと言います。それ以前には、物見遊山その他にしめし合わしておいて、向うの娘の出かけるのを余所ながら見る。嫁の里方のものも、その時に婿を見る、というようなことが町人どもの間には行われていたらしい。けれども宝永の頃あたりまでは、町人でも大きい相当なものでは、さようなことも一切ない。ただ筋目素姓を聞き質すという位いがようようのことで、娘のひととなりとか、容色とかいうものは、その家に出入りするものによって内聞する位いのもので、嫁さんも婿さんもどんなものか、当人同士は一向知らない。いよいよ来てしまわなければわからない。

上方では盛んな見合い　上方の町人達になると、そんな事はありません。その辺は捌けたもので、早くから見合いということをやっておりますし、町人仲間では随分恋愛結婚もやっておったらしいのです。縹緻望みで嫁を貰うという事も、江戸よりは大分早く、元禄以前から盛んにやっておった按排であります。柳里恭などは武士の結婚を嘲って、穴の内の貉の値段をするようなもので、顔も見なければ心もわからぬ、と言っておりますが、上方の町人社会には早くから見合いの風があったので、縹緻望みということも盛んに行われておりましたから、若い女には着飾らせ、御化粧をさせて、物詣でとか花見とかいう場所へ出かける、若い男も出かけるという風でありました。京都あたりの寺々、浄土宗の方の御忌とか、本願寺の方の御講なんていう時には、やはりそういう趣向で、見合いとは言わずに見合いが出来たようなこともあるのです。

十三歳の適齢期　昔から結婚というものにはいろいろな筋道がありましたが、それはしばらく措いて、まず江戸時代に於ける実状に就て申しますと、十三歳以上の男女であれば結婚を許すということになっておりました。これは江戸の始まりからそうですが、享保あたりのところになりますと、十三歳以上ならば結婚を許すということになっておりましても、御公家さんや田舎の百姓などはそんなに早くない。大体二十歳以内で結婚する、という工合いになっていたようです。それよりもう少し後の江戸浄瑠璃——安永、天明頃のものなどを見ますと、女の子は二十歳までに嫁にやらなければいけない、という風に書いてある。当時の脚本類を見ても同じことで、女は二十歳を越してから結婚する者は少なかった。

初夜に花嫁の身代り　鳶魚「それから見当違いかも知れないが、『遊女などかりそめの契のやうに』とある。〔註・「好色一代女」巻の四中の一節。ここはその輪講〕今の人だと、女郎買いに行っても乱暴にやるんだが、僕等がいくらかうすらおぼえのあるところでは、女郎に対するると、妻に対するのと違って、何だか窮屈なような、真面目なようなもので、工合いが悪かったものです。『かりそめの契』だから何でもないようだが、実際はそうではなかった」楽堂「こんな話は『胸算用』か『永代蔵』かにあったと思うが、とにかくこれは、初夜に介添女へ婿が手を出す常例があったことを書いたのでしょう」臨風「成る程、そうですか。標題〔身替長枕〕と『我に近寄たまはず』というので、それがわかる」鳶魚「だから『恋の外さまざま心のはづかしき世間気』と言ったんですね」楽堂「当時そういうのが大多数だったからでしょう。つまり、嫁に対しては初会の遊女のような扱いをして枕を並べず、その代理を介添女が勤めた」若樹「それで『身代りの長枕』だ」鳶魚「この時分のお嫁さんは、年が行かなかったから、その点もあるでしょう」楽堂「それだから、たまに一軒花嫁の首尾がととのったのを、一代女はさもしく見た」鳶魚「これは僕は今まで気がつかなかった。正に未曾有の大発見だ」若樹「町人だからこういうものを雇うんでしょうね」楽堂「何しろこんな専門家があったのだから驚く」

遊芸の普及

踊りが魁　踊子がどうして宝暦以降に多くなり、明和、安永に盛んになったか。それが後に女芸者、江戸芸者となって、益々盛んになったのですが、これは元文、延享にかかったところでは、表店でも持っているような町人の娘達には、踊りの稽古をする者がない。いずれ店借りの娘で、親父はその日暮しの者が多い。そういう娘達が踊りが上手になった為に、大名の奥へ連れて行って芸をさせる。そうして相当な御礼が出るようになり、それで抱えられるようにもなった。思わぬ出世が出来、思わぬ金が儲かるところから、これが殖えたのです。それは素人出の女で、元禄のは玄人仕立てである。けれども玄人仕立てにした踊子が、大変景気がいいので、自分の苦しい中から踊りの稽古をさせて、飯の種になりはしないか、という風になったから、延享、宝暦の間に素人仕立ての踊子が大分出来た。その成績がよかったので、だんだん拡がって来る。ただ金儲けに娘を食うという意味でなく、それが世の中の流行物になるから、寛政度になりますと、相当な町家どころじゃない、武家までが踊りを習わせるようになった。江戸中の娘で踊りを習わぬ者は、殆ど無いと言っていい位い殖えた。そうして稽古させると、娘の芸を自慢にして、資本を入れて御祭の屋台へ出す。お浚いも多くなって、そのお浚いにも相当資本を入れて出す、という風になって来る。その芸自慢が嵩じて、芸を申し立てて諸大名へ奉公に出る。無論貰った給金なんぞはあてにしない。踊りや三味線を自慢にして、諸大名の奥に勤める。御殿奉公をしない者は、肩身が狭い。御殿奉公をしたということが、嫁入りの条件になるし、御殿奉公の時には、芸の無い者は奉公が出来ない、という有様でありましたから、それが名聞であって、いい娘だから是非御殿奉公をさせなければならぬと言うと、親も子もその気になる。相競って遊芸の稽古をするわけだ。まだ十歳か、十歳未満でも、踊りが上手でありますと、諸大名へ「お心切り」と言って出た。あなたのところの御子さんは、縹緻がいいし、芸も上手だから、お心切りにでも出したら如何です、と言えば、それがお世辞であるようになった。お心切りというのは蠟燭の心を切ることで、子供にも出来る仕事です。もう少し古いところなら、お茶小姓と言ったのと同じことで、身分に構いなく、御心切りにも出られるし、奥勤めも出来る、ということになって、愈々それが盛んになった。

踊りの師匠事始 一方に芝居の方は寛政度から真世話狂言といって、益々ジミな方へ走って行った。地芸を専らにするようになって、しきりに写実するのを喜ぶ風があった。だんだんそれが追目になって行きますから、化政度には愈々所作事が盛んになって、町々の踊りの師匠が立派に成り立って行くようになりました。

常磐津の師匠 「格子が開いたので、富士春も、人々も、大提灯のほの暗い陰の下に立った人を眺めた」と書いてある。〔註・直木三十五氏作「南国太平記」の一節〕稽古屋なんていうものは、格子をあけると直ぐそこが土間で、土間の上に芸名を書いた——ここなら「常磐津富士春」という——提灯がついている。それはきまりきったことだが、大きな提灯なんぞが入口にあるわけは無い。小さい提灯です。

顔について

瓜実顔から丸顔へ ベルツ博士が、日本人の美人は不自然な型で、病的体貌だと言ったのは、瓜実型のことである。それは「母親気質」にさえ「昔より瓜実顔は、気のかた病に多く、遠月の眉は遊女めくべし」と言ってもある。丸顔の持主は全体の権衡上、衛生美人に出来ている。実は愛嬌こそあれ、美人らしいのは瓜実顔なのであるが、元禄期のみならず、時々丸顔が流行って来る。流行の理由はいつも同一ではない。明治の初めからは丸ポチャという名で、衛生美人が跋扈しているが、丸いのを元禄期に当世顔だと言って賞美したのは、肺病に対する恐慌からである。大名が卒先して自分のために、且つは子孫のために妾の選択条件の第一に、衛生美人を推奨した。薬喰いと称する食養は寛永から起っているが、それが普及拡大すると共に、医者の方剤に対抗するほどに有力にみなされもした。元禄期に於て仮名書きの医書の多く出版されたのも、一般の衛生思想に影響を与えておろう。妾を買う程の者は、大名のみならず金持までも、衛生美人を採用する。従って高価な女は必ず丸顔ということになる。丸顔でなければ高価には取引きされない。〔略〕百両女の丸顔は需要者が多いから、瓜実型に勝って当世型とみなされるほどの勢力を占めた。

程よく丸い当世顔　西鶴のいう当世顔は丸いのであった。これがこの頃の新美人らしい。従来は瓜実顔が喜ばれ、ほっそりとした姿が嬉しがられたのに、天和の頃から丸顔の肉勝ちでない、程好い肉附きの女が美人と見られるようになった。西鶴の好みは新しい中にも新しい、走りとでもいうべきものだが、誰にも概して肥りもせず痩せもせずという肉附が望まれ、軽羅にも堪えないといった細い女も排斥され、また肥満しては「河豚の丸焼、福島の雀ずし」（好色十二人男）などと、猛烈に罵倒されもした。

お雛様も丸顔に　鳶魚「普通に女子は九文、男子は十文ということになっている。〔略〕足の小さいのは支那でも日本でも喜ぶので、それがために支那では纏足までするようになった。それからこの前も、この後も、美人は長顔が多いが、ここでは丸顔を要求している。そうして少し太り身がいいという。長い顔のものは、どうしてもすらりとしている。そういうことは立ち入った方の関係もあるのですが、この頃〔元禄〕肺病が大変はやったから、衛生的美人が所望されるようになったのかも知れません」不倒「元禄あたりから、肉体的美人が喜ばれているようですな」鳶魚「お雛様でも、ごく古いところは丸顔です」

美人の眼　延宝以来美人の眼についての註文を少々点検しようなら、眼少しはっきりと黒眼勝ちに（諸分店颪）めもとしほらしく（好色訓蒙図彙）目附涼やかに（一代男）目の張り強く（二代男）目はほそからず、大きからず、すずやかにして（傾城請状）目に利発顕われ（東海道敵討）など、それこそ枚挙にいとまあらずだが、「一代女」の目は細きを好まずというのと、「一代男」の眼の色微かに青み入りといったのとは、大いに注文の全体を明白にするものである。

江戸美人は中期以後

鳶魚「関東女がひどく評判が悪いが、『万文反古』にも『あづまそだちの女の足の鍬平（くわひら）がなおるにもあらず』ということがある。鍬平足は甲のないやつでしょう」楽堂「何かに足の甲の高いのを褒めてありましたね」不倒「関東女は東夷、百姓女ということになるんでしょう」楽堂「江戸の女が綺麗になったのは、中期以後じゃありませんか」鳶魚「寛政以後でしょう。だから皆地女を歎息している」不倒「歌麿以後ですかな」

柳腰の流行

元禄度の円腰（まるごし）は濃艶なものだけに、享保にあっては、瀟洒な型が喜ばれ出した。「親子草」に「六十四、五年以前（享保十九、二十年）新橋八官町通などに、売女比丘尼有之……

何れも比丘尼風俗、臀は無きやうに細く候由、常に腰より臀へかけて帯にて〆付置也。後ろの風の能ものにて、柳を欺候よしに候」

内股に白粉塗って濶歩

近松の「国姓爺合戦」に「何と日本の女子見てか、目も鼻も変らぬがおかしい髪の結ひ様、変った衣裳の縫ひ様、若い女子もああであろう、裾も褄もほら〳〵ほら〳〵とパッと風が吹いたら太股まで見えそうな、アア恥しい事じゃあるまいか」とあるが、「新吉原つね〳〵草」の「裾蹴出し外八文字肩据えてひねり腰、是を道中とて見る……此道すがらの姿を見て諸人おもひつくなれば、大事に掛けらるべき恋のはじめ也。ひぢりめんの内衣（ゆぐ）ひるがへるやうにしかけて、白き足くびちらりと高ももの移り見し時は、明日首切らるる銀にても、手前にあらば遣ふべき事ぞかし」という、この遊女風俗が元禄の当世女の伊達姿に移って、はでな小袖を一ッ前に着て、八文字に歩行して脛もあらわに往来するのが流行した。江戸の女も明和安永の頃に、内股へ白粉を塗って、大道狭しと濶歩するのを自慢したから、久米の仙人が落ちて来ますよと揶揄する文句もあったのだが、それとても一時の流行で長く保たない。

「小股の切り上った女」解説〔補〕

「小股の切り上った」というのは〔略〕女がソクで立つ場合に、内輪の足つきは、足先が両方からつくに反して、踵は双方離れる。――この間にすき間が明いて「小股が切り上る」のである。

と僕は解釈する。——触目する限り、これについての確たる文献や、前人の説は、寡聞で今まで聞知しないから、僕は間違いを述べ兼ねないけれども、ただ間違っていないと信じられるので多少安心してこんな書きものにも書いていられる僕の拠りどころは、前時代のイキと云われた風俗・その美徳が、初めてこの「小股の切り上った」女の体格の上に成立つ、という現実を見ることである。もう一息、断言しても良いと思うのは、その体格以外の足つきにはイキは成立たないということ。——「小股の切り上った」というに対する解釈は、僕の云った以外にもまた有るかもしれないにせよ、「イキ」の美感が此の体勢の上でないと成り立たないとする断定は、絶対動かない。例えば此の足に、裾長いキモノがかかって、それが内廻転に運ぶ足さばきのスクリュー故に、如何に歩毎にイキで美しい姿がそこに出来るかを、思い玉え。〔続現代風俗帖・木村荘八著〕

3　化粧と化粧道具

薄化粧

踊子の「すりみがき」　「すりみがき」という言葉を、私が見かけましたのは、

外面へ出るには、俄にすりみがき（宝暦版続人名）すりみがきにばかり隙が入って、御亭主とのちんちんに気をとられ（安永九年版阿多福面）

などが古い方で、これより新しいのは沢山ございましょうが、江戸のものでは宝暦以前のを存じ

ません。この「すりみがき」と申すことは「都風俗鑑」（延宝九年版）に「顔のしだいは、てんでの物ずきに拭ひきりて、或は底びかりを出し、つやなどには梨のしる、玉子の白肌・兵部卿、花の露をぬるもあり、ははやをもってつや付けたるもあり」と言い、「娘気質」（享保元年版）に「お風呂にいらせられ、小豆の粉に麝香入たる洗粉袋・糸瓜うりのをかしげなる取そろへ持まゐれば、白きが上の身の中を、二時ばかりかかって洗はせられ」という。これは上方のことを書きましたのではございますが、「すりみがき」という言葉の説明になります。遊女が燕脂白粉のない顔、油気のない髪であったのは浮世草紙には見えます。それより遅れてはおりますが、踊子が色気のない子供の姿で現れ、ピンシャンとした様子を売物にするには、濃厚な化粧では釣り合いません。淡白も淡白、いわゆる小綺麗なところに限ります。彩色なしの美しさ、その拵えには、ぜひ「すりみがき」より外に仕方がございますまい。〔略〕元禄に突起した新しい踊子が、鈍重な極彩色に目慣れた美人を蹴って、軽快な風姿で横行したことも忘れ、世の中には系統した屋敷風、上方風のあるのをも他所に、美人よりも佳人、真個にいい女は生地から出て来る綺麗さ、すりみがいた美しさのものだと、一般に思っていたのでございます。また文化文政ほど踊りの流行したことも前後になく、屋敷方も下方も娘という娘が踊らないのはないのでした。当時一般の娘は稼業にはしなかったのだが、皆踊子であったといってよさそうです。踊子風俗が世間に拡がってまいりましたのも、無理のない仕合せと存じます。

渋皮のむけた女　「すりみがき」より少し早く「渋皮のむけた」という言葉がございます。この言葉は私の覚えでは、宝暦からと存じますが、それも踊子風俗あって以来なのは申すまでもない。

「ちょっと渋皮のむけた女房は、傾城をまねて、素面で面（おもて）をきってあるく、皆己が顔自慢」（宝暦二年刊・教訓雑長持）この後には沢山ございます。この言葉も上方では大分以前から使われたらしく、西鶴の「一代男」にも「しぶ皮のむけたる女」の外にも見掛けます。またその註釈にあてたいのは、

幼よりしぶ皮のむきたるを、小豆の粉・小麦糟に、其の母がみがきを入れ、何れつまはづれおかしく舞子風（貞享三年刊・三代男）

在所からきた時は、脚布にさへつぎをあて、髪は猩々の如く、針はもとやらすゑやらのおのれを、きもせいやいて、やうやうしぶ皮がむければ、もはやいたづら心（元禄九年刊・忘花）

この二つで、渋皮のむけると、すりみがきとの連絡関係も諒解されます。またこの両語が江戸と上方と同じ意義で通用いたしましたのも知れます。

三都化粧比べ

「堀田甚兵衛記」は弘化三年に書いたものだが、その中に江戸の女の化粧について、妓婦遊女の如くに白粉の薄きを学びしが、歌舞伎より出でたる鼻の上のみ厚化粧をするをよしとす。

また西沢李叟が嘉永中に書いた「皇都午睡」では、江戸のお化粧を論じて、

上方の如く白粉べたべたと塗る事なく、至って薄く目立たぬをよしとす。元来女は男めきたる気性ある所の故なるべし……町家婦人薄化粧したるもあれど大かたはせぬがち也。京、江

戸、御所方、屋敷方には老女に至る迄、粧ひはすれど、京、江戸とも一体化粧は薄き方也。大阪ほど化粧する所は他国にては珍し。見物所にて野辺鏡取出して、自慢らしくせらるるは実に見苦しき物也。三都の遊所にても大阪は全体拵はで也。京、江戸は目立たぬ様にするを風儀とせり。江戸の女は右いふ如く質素なる故、器量よき者は、それでよけれど、不器量の上にあたまがじみなる故、若い女か、婆々さまか、少しくらき所にては取違へるよう也。

とうとう三都の比較にも及んだが、李叟も懐中鏡の持出しを嫌った。

倹約令とお化粧

しかし江戸の薄化粧は相応に歴史もあることで、文化文政を跨いだ話がなければならぬ。〔略〕

「守貞漫稿」（天保嘉永の間に随録したもの）は、

江戸の近年、薄化粧になりしは、天保府中に美服及高価の諸物を厳禁す。此時自ら白粉を用ふる者これなきは、人目に立つを厭へる也。此以来漸々に復するに似たれども濃粧廃す。

と言った。水野越前守の天保改革の時に厳重な法令で、世間を恐怖させた。その恐怖がいつまでも残っているというのだ。これは我等も古老から聞いている。

身分による白粉の濃淡

そうしてその前は何とあった。〔註・前項を受けて、天保改革以前をいう〕「守貞漫稿」は、

江戸白粉の粧、文化頃は甚だ濃く、近年平日素顔多く、又晴褻（はれふだん）ともに白粉を

粧もあり、又式正にも素顔もあり、所詮近年は淡粧を専とす、然れども濃粧もあり、人々随意、唇紅も准レ之。

大体に李叟と同様に見ている。こうして薄化粧は天保以後に多いと言い切れもしまい。概してヤボな屋敷方は濃く、イキな町風は薄いのだ。遊女殊に芸者などは、厚化粧の極彩色を嫌った。「当世医者風流解」（文政三年版）に、

化粧はうっすりと紅白粉に極りしものを、化粧下とて、玉子やら、ふのやきやら、又しやうゑんじやら和尚やら、首筋はふじの山、或は二本足、三本足、四本あし、毛だもののやうに思ひ、耳のうしろをするやら、けづるやら。

文政にも厚化粧のヤボを嘲って、当時盛んになって来た白粉下の使用をも滑稽に眺めた。

襟白粉と早化粧

それと共に襟足の型に言い及ぼしたが、襟足は襟白粉と交渉があるから大いに考えさせられる。いかな薄化粧も襟足のために襟白粉は濃い。「寝の夜のすさび」に文政十三年の流行物を列挙して、

近年女中がたも、ゑり元は別して白く。

また「続飛鳥川」にも、

女子のゑりへ白粉を厚く附る事、上方風俗にて、文政八年頃より始。

とある。この襟白粉のために後々は浴場化粧を便利とするようにもなった。大体薄化粧であって

も、最先に言った鼻の上と襟元とはぜひ濃く塗ったのである。鼻の上と襟元と顔面と、化粧に濃淡のあるようになったのは、江戸にしては文政以降の事らしい。文化十年の「上方版化粧秘伝」を見ると、

近頃顔の化粧を薄くし、首筋より耳際咽喉に至りて、濃く施すあり。是其源は遊女の客をむかへて化粧せんに隙とり、又兼て化粧を施し置かんには、其時に臨んで損すれば、客をむかへしに臨んで、顔の粧ばかり施ば、暇取らずして新に施したるに当る。然るを此化粧、町家の婦人に専ら施す人あり。其人其顔によく似合、恰好よく見ゆれば賤しとも謂べからず。其顔容によりて恰好よく作るこそ肝要なり。

これは上方の花柳界で、早化粧のために起ったこととしてあるが、同書も鼻筋、襟元を好く見せるための化粧法を説いている。江戸は正しく上方風を学んだらしいが、早化粧のためよりも鼻筋、襟元を好く見せるためであったらしい。

お化粧虎の巻〔補〕

「容顔美艶考」解説　化粧術が最も研究された文化十一年の刊行に「当世化粧容顔美艶考」がある。著者は江戸演劇の大立物で、並木五瓶の師匠に当る並木正三。四季の化粧、舟遊、芝居見物の時の化粧、女房、腰元、女中の化粧から、長顔丸顔、さては高頬、低鼻、たれ目の化粧法に至るまで、当時としてはかなり真面目に、科学的に書かれている美粧学の入門書である。資料として役立つ部分を次の三項に引用しよう。

結婚初夜の化粧　嫁入りの夜の化粧は濃うなさるがよし。其の故は、嫁入の夜の晴のお小袖の白無垢より色直しは、縫箔をまじへ金入の織物をめすにより、薄き化粧にては取合わるし。扨て第一のお心得は、両耳の中と耳の前後を、ずいぶん丁寧に白粉をなさるべし。其の夜はぜひ恥しうおもふものゆゑ、とかく横向きに成りなされるゆゑ、耳の中が人の目におもにかかり、又いづれ上気するものなれば、耳や頬のあたりが真赤になりますれば、何ぶん厚き化粧がよし。扨て又お心得の第二は、婿君も一所におしづまりのとき、婿殿よりはすこし引下って横におなりなされて、向ふから見おろし、手前よりは見上げるやうになさる時は、鼻の穴が見えぬゆゑ、お顔の恰好がよく見えます。又袖にて顔をおほふも、鼻の穴を見せぬ為とおぼして、かならず鼻の穴の見えぬやうになされかし。鼻の穴が見えるのは、はなはだ見とむなきものなり。又身仕舞のひまなき折ならば、耳のうしろ鼻のあたりを、刷毛にて薄くはき、口紅をきっぱりと付けるがよろし。

湯化粧のコツ　常に風呂へお入りなさるる時、蛤貝に白粉の塊を少し入れて持っておはいりなされて、全体に温まり来しとき、右の白粉を手の中にてよくとき、手水をつかふがごとく、首筋から顔は勿論身内中へ擦込み、しばらくありて湯にさっと洗ひ落し、右の通りに毎度なさるれば、生地に白粉が染み込みて、常に白粉をせぬ人にてもよく白粉がおちつき、つねづね身仕舞せぬ人には、薄化粧が出来ぬものなれば、その時には勝手よし。風呂にてお使いなさるる白粉は、灰汁（あく）のつよき安白粉がよし。化粧になされるは随分よろしき白粉がよろし。扨て常に湯に入るにも、羽二重の小切にて顔をおすりなさるれば、肌理（きめ）が美しくなる。尤も唾にてするべし。糠袋、洗粉の類を直々顔へすり付けると、顔があれ或は又かぶれができ、身仕舞なされがたし、御心得なされかし。

白粉の用いよう　白粉を用ひなされるに、どなたにても大方灰汁出しに最初より掻交ぜ、灰汁を出しなさるるは大きによろしからず。灰汁だしをなさるるならば、先づ白粉を皿へ入れ、そのまま水を入れかならず掻廻すべからず。そのなりに一夜置きて明朝、上水をよくしたみ掻交ぜてしばらく沈ませ、其の水をもよくしたみ、三度目の水を入れかへて、後にお使ひなさるるがよし。此の通りになされてお用ひなさるれば、お顔が白粉にてあれることなし。又白粉なまずなど出来ることなし。尤も白粉も紅粉（べに）も、雪水か寒水をのけおきて是を遣ふべし。若し又二色の水がなくば、川水をつかふべし。金気水又は塩気のある水は、白粉の色が黒味て悪し。扨て又白粉の中へ極上のはらや〔註・水銀粉、伊勢おしろいともいう〕を一分通りと、極上々の葛半分通りまぜ合せてお使ひなさると、落付きがよく顔に光ありて美はし。扨て又白粉を洗ひ落すには、初めより湯を使ふことはわるし。先づ濡手拭にてよく拭きとり、さっと顔も首筋も濡らし、其のまま糠袋にて磨きたる後、湯をつかふべし。右のごとくなさるれば、顔にうるおひありて格別よろし。常の洗ひ様では顔に染込みたる白粉が浮出で、粉のふきたる如くになりて見ぐるしくわるし。

化粧品

評判のよい「京の水」　鳶魚「それから『京の水』いうのは昔の化粧下です。どういう製法か分らないが『京の水』という化粧品があります。鴨川の水は色を白くするというところから来たのでしょう」共古「やはり鴨川の水で洗うという意味と同じです」若樹「元染物の方から来ているのではありませんか。京の水では晒しがよく出来る。晒しという方から来ているのじゃないか……綺麗になる……」共古「京女の綺麗ということは、京の水の綺麗の方で、染物だけじゃないでしょう」仙秀「京の水という白粉が出来ております。鴨川の水が綺麗だというのでこんなことになったのでしょう。これに対比してみるのは三馬の店で売った『江戸の水』でしょう。もっともこれはおしろい下ですが」鳶魚「それから『江戸の水』が出来たに相違ない」

大当り「江戸の水」　そのうちに故主の西宮の世話で、仙方延寿丹という薬店を引受けることになりました。これは京都寺町通り五条上ル田中宗叔という人の店で、潰れ同様になっているのを引受けたのです。式亭三馬が延寿丹主人などと書きますのは、この店を引受けてからの話です。三馬はこの店を引受けると同時に、本町二丁目へ移ったのですが、翌文化八年閏二月二十五日に、「江戸の水」を売出しました。当時江戸には化粧料というものがなかったところへ、これを売りひろめましたので、大変当りまして、従来あった看板の延寿丹よりは、江戸の水の方が名高くなってしまいました。一体三馬という人は、目の着けどころが違っておりまして、売薬は京伝も馬琴もやっておりますけれども、三馬のは少し違うところがあります。歯磨に致しましても、特に砂を用いずと断って、匂入りの箱入を拵えています。匂袋の「蘭奢待」というのを売ったり、毛生薬や癪の黒薬などを売っておりますす。いずれにしても婦女を目がけておりまして、「ふり出し婦人万病飲」というのも売りましたが、白粉などでも、御かほの薬「あらひこ白粉薄化粧」というのを売出しました。この広告文の中を少し引いておきましょう。これは年取った人の隠し化粧に使うものだったのです。

あつ化粧をきらひ給ふ御方、うす化粧があだでよいと、くちべにばかり、ちょいとなさるが当世ふう、或は四十歳以上の御女中様方、けばけばしいけはいするも、ふさうをうぢやとおぼしめす方などは、かならず御用ひ御ためし可被遊候。

この辺のところなどは、随分油断のないものだと思いますが、三馬が商いにかけてのねらい、才智というものは、著作の方の働きにも増したもののように見受けます。

安白粉パッチリ　若樹「土白粉は鉛も入っていない、石灰みたいなものじゃありませんか」鳶魚「しかしパッチリは安いんですよ」楽堂「パッチリよりも安い白粉ですかな」若樹「『なんべんかぬりくり』〔註・「好色一代女」巻の六中の一節〕とあるでしょう。だから本当の鉛白粉でなしに、擬白粉（まがいおしろい）じゃないかと思うのです」鳶魚「パッチリのことを土白粉といったと思います。鉛が無ければつきますまい」楽堂「どうせ昔の白粉は鉛分が沢山入っていますが、精製品は原料を幾度も水に融いて、重い荒い部分を底へ沈澱させ、上層の軽い細かい部分だけを採ったもので、鉛分は比較的に少なく、これは小豆大の円錐形をしています。『パッチリ』はそういう精製を加えない、もしくは精製品を採った残りの下層の沈澱部分を集めた粗製品で、四分玉くらいの球形に作ります。この方は鉛分を最も多量に含んでいるため、粒子が重いので能くつくわけです。そこで本文の『土白粉』の『土』というのは、原産のままの意に解して『原料白粉』とでも訳すべきでしょう。すると、まだ『パッチリ』までにも行かない、すなわち粗製品の部にも入らないほどの、原料のままの白粉かも知れませんが、まず『パッチリ』とさして選ぶところはありますまい。また当時『パッチリ』程度の粗製品を『土白粉』と言ったものとも取れます。

いずれにしても、通常の白粉と全く別な材料ではないだろうと思います」

描き眉　眉の置墨は「女用訓蒙図彙」巻三に「眉は貴賎おしなべて今は墨をひくなり。是遊女のうつしなり。それ眉のかかりは、ほのかなるを遠山の霞に比し、或は青陽の霞の間に弓張月のいるにもたとへしなり。此こころは、ゆふにほのぼのとして、きはきはしからぬをよしとすと見えたり。然るを墨をいたくこく、又はふとくすぐなどにひかるるあり。やさしきめもとの、此眉の墨にてかどあるやうにみゆるも侍り。女はわきてめもとを第一とこそし侍れ、めのふりにおふじてつくりたまはんことかんやうなり」とその用意を記している。水島流の「化粧伝書」にも、あまりこきは見にくい、といましめている。〔「好色一代女」輪講・仙秀追記〕

おはぐろ　涅歯（でっし）は後鳥羽天皇の時に在朝の官人もしたことであるが、それは女の方が先口である。「源氏」の「古代のをば君の御なごりにてはぐろめもまだしかりける」や、「紫式部日記」の「歯ぐろめなどはかなきつくらひす」や「堤中納言」の「はぐろつけねばいとよづかず」などを引張り出すまでもない。我国でも早くから有夫の女が鉄漿を含んだのは朝鮮と同様である。これとても檳榔子を咬んだ蕃習が遺伝したのだとは怪しからぬ話で、「日本にては女は歯を染る事必ず婚礼定りての事なり。黒色は変ぜざる故に夫婦の間もかはるまじとの義也。上代には女のみに限らず、武人も歯を黒色にす。忠臣二君に仕へずと云ふ心也。彙用集に見えたり」（新井白蛾牛馬問）という意味なのである。

結婚と歯と眉〔補〕

今世〔天保・嘉永〕も前に云へる如く染レ歯て始めて嫁するを本とす。然ると雖ども、民間に至りては、京阪の女二十歳、江戸は二十未満の少女も未レ嫁ずして歯を染むる者甚だ多し。京阪の未婚、或は既に嫁すと雖ども、二十一二歳以下は歯を黒めて髪を改めず。尚島田髷等に結ぶ。江戸も吉原の傾城は同レ之島田髷にて歯を染むる也。京阪既に嫁して歯を染め、髪の改らざる女も姙娠して大略五ヶ月頃に至り始めて髷を改め、両輪等に結び眉を剃る。江戸は未婚、既に嫁する女も歯を染むる者は専ら髪を丸髷に更め、眉を剃る也。江戸も武家の新婦は歯を黒め、髪を丸髷に結べども眉を剃らず。二十三四歳に及んで始めて眉を剃る。京阪の新婦若し二十一二歳に至りて姙まざる者は孕まずと雖も髷を改め、眉を剃る。京阪にて歯を染め、眉を剃るを顔を直すと云ひ、江戸にては元服すと云ふ也。又江戸にて歯を黒めて眉を剃らざる者を半元服と云ふ。又武家の妾婢は夫なしと雖ども、大略十六七歳以上の者は皆必ず歯を染め眉を剃、髪を改む。京阪の遊女及び芸子ともに専ら歯を染むる也。蓋島田髷にて眉を剃らざる也。彼徒は年長と雖ども眉を剃らず髷を改めず、又十一二歳の女と雖ども芸子は疾く歯を染むるを誉とす。是其徒祝レ之ことありて、其費を供する客を得ざれば歯を染むること難きが故也。江戸は吉原の遊女のみ歯を染むるを良とす。歯を染むる妓は万事自費を以てす。未レ染妓は主人の費を以てするに法あり。吉原も芸者は長じたりと雖ども歯を染めず、此行京阪に反せり。非官許の遊女芸者ともに皆必ず歯を染めず、年長ずる者も猶皎歯のみ。〔守貞漫稿・喜田川守貞著〕

髪と髷

幼女から結婚まで〔補〕　どうやら自分の着物は縫うことが出来、自分の髪もまとめられます、というのがその頃の娘の嫁入り資格でしたから、髪は十二三から、一人で結う稽古をし、互いに結い合いをして、ひとの髪も結えるようにします。女の子は、六七歳までは、前髪と両鬢を切ってさげ、「おたばこぼん」か、小さなチョン髷に結っていました。それからお稚児の時代を四五年経て、桃割れ、唐人髷、銀杏返し、そのあとが島田となります。そして奥さんともなれば、たとえ十五六にせよ、自分で丸髷が結えなければなりません。銀杏返しまではとにかく、島田や丸髷を、人前へ出てもおかしくないように自分で結うには相当稽古をしなければなりません。腕がだるくなるほど髪を結ったり、ほどいたりして、どうやらまとめても、初めのうちは見っともなくて外へは出られず、ほかの人に結い直して貰うのでした。器用、不器用でいろいろですが、中にはひとに結ってもらっても、なかなかそうはできないほど、美しく、好い恰好に自分で島田や丸髷を結いあげている人もあります。御祝儀とでもいうような場合は、どこそこのお嬢さんなり、奥さんなりはおぐし上げがお上手だから、というので、特に頼んで結ってもらうこともありますが、本人やうちの者が上手なら、それで間に合わせました。〔武家の女性・山川菊栄著〕

櫛巻き　その中に「櫛巻お藤」という女がいるのですが〔註・林不忘氏作「大岡政談」の一節〕櫛巻という髪は浅草の茶屋女にあって、それが評判になって以来、多くなったということを聞いている。このお藤もろくなものじゃないけれども、浅草の茶屋女が櫛巻で名高かったのは宝暦度の話で、それ以前に櫛巻をしていた女は、身分の如何に拘らずあったという話を聞かない。

後家の切髪〔補〕　当時の習慣で、女は夫に死なれると、根元から髪を切り落し、その半分を夫とともに葬ることになっておりました。〔武士の娘・杉本鉞子著〕

髪の道具

玳瑁と鼈甲　髪の物の方で申せば、玳瑁などというものは、江戸の初めには国主大名の奥方でなければ、さしたりすることはできない。民間の者などの持っているものじゃなかった。それがだんだんひろがって来るようになりましたから、一般の需要を差止めますと、今度は同じものを鼈甲という名で輸入して来る。どうしても制しきれない。鼈甲の一匁は六十目から百目位いする。金の目方一匁はその時分二十二三匁のものですから、鼈甲はちょうど金の三倍、五倍ぐらいのものになるのです。そういうものを民間の誰彼が皆さすようになっている。珊瑚、瑪瑙、琥珀も平気で愛用する。

髪飾りの流行　本邦の木彫が檜材によって発達したように、それとよく似た効果を、近世婦女粧に示したものに玳瑁がある。玳瑁を髪飾りにすることは琉球の風俗なのだ。玳瑁の櫛などは明暦年中までは大名の奥方でもなければ持っておられなかったが、元禄には民間婦女の髪飾りとなり、寛保には水牛のまがい物さえ現れた。しかしながら遊女が玳瑁を髪飾りにすることは、案外遅く、殊に江戸では「新吉原略説」にもあるように、

享保の頃は木の塗櫛をさし、其後いく程もなく朝鮮鼈甲の櫛弁行われたり。寛政中に至りて

は、皆真の玳瑁ささぬはなかりしとぞ。もと櫛一枚、簪一本、笄四本、耳搔の外多くさゝせまじき定めなりけるを、後にはみだりに夥しくさしよそほふこととなりて、又々櫛二枚、笄、かんざし、耳搔とも七八本に限る由定められし也。

遊女の服飾髪飾りも時々の法令と交渉がある。それにも緩緊があって、風俗と消長して往く。「酔間漫語」は寛保寛延の頃に、象牙蒔絵の櫛笄が行われたと言い、安永天明にも新造や禿は象牙の櫛笄であったと言っている。玳瑁の髪飾りが盛んになったのは寛政以後なのだ。だが遊女の髪飾りは寛政に展開した。「隣の疝気」が「今の風は髪は油がため、櫛は足駄の歯の如くなるを二三枚さし、かんざしとて色々もやうしたるを七八本さし散し」というのは、宝暦の扮装を伝えたのである。髪を高く大きくする外に、頭上へ伸長拡大を櫛、笄、箆で援助することが開始されて来た。髪飾革新の勢いは随分猛烈であったと見えて、寛政七年の「新吉原定書」改革で名高い松平越中守定信の時代にさえ、遊女の髪飾りは櫛一枚、笄一本、簪四本、耳搔二本の外は差させない筈であるのに、近来はみだりになって来た。向後は櫛、笄、簪、耳搔共に七八本限りさゝせることにせよ、とある。その制限された七八本という数が、既に過多な髪飾りではないか。しかも七八本以下に制限しなかったのは時勢であろう。かくの如き形勢を馴致したのは、金銀珠玉を以てする髪飾りの発達では、如何にするもこれほどに威力を増大し得られまい。玳瑁のあの潤いのあるやわらか味と透明な照りとは、真黒な髪毛と好い配合に施彩される。のみならず髷の高さやら、粧い立てた身長やらを参酌して、その櫛、笄、簪の大きさを存分に増しても、何の差支えもないだけでなく、かえって扮装を富贍にし、更に外観を立派にする。これは他の材料にない、たゞ玳瑁のみの特色だろう。故に享保以後に於ける玳瑁髪飾りは、また本邦婦女扮装上の一区劃をなすべき時期だと思われる。決して遊女だけの話ではあるまい。一度寛政に制限した遊女の髪飾りは、文化文政になって盛り返し、それこそ捲土重来の勢いを以て流行を引き起した。玳瑁について一般婦女の讃仰も容易ならぬものであったが、遊女の頭上はその時代の流行を代表するものであった。「遊京漫録」（文政三年）に、大阪新町の花紫が、二枚櫛に左右六本ずつの簪と定っているのを、今年は三枚櫛に二十本簪で出たといい、「筑紫紀行」（文化三年）に長崎丸山の子歌が、玳瑁の笄のはば一寸、長さ一尺二三寸、玳瑁の簪八九本、銀の簪二本さしたというように人目をひいた。鼈甲で拵えた熊手のような頭をしている遊女は、文化文政からの逸品なのである。それを山東京山が「さしかざるかんざしは、昔にまさりて大きになりしなり。天明の頃は如何にも細く軽げなり、されば今（弘化）の如く、馬蹄は頭にのせざりき」といった。化政を中心にして前後を見渡せば、たしかにそうであったろう。櫛、笄、簪の長さ太さ、それが何の材料で作られていたかをあわせて、歌麿、豊国の絵画が明白にする。「太平楽府」（明和六年）の「八寸長簪、脚鼈甲、真鍮耳搔今不ㇾ新」を引合いに出すまでもあるまい。

玳瑁の偽物牛角と馬蹄　そうして玳瑁は往昔一旦制禁ありしを、その禁綱のゆるみを伺い、鼈甲と名づけて互市を始め、遂にその玳瑁なることを知れども、知らぬ振りにて公然たることになりたりと聞く。（草茅危言）この禁制は多分正徳六年であろうと思うが、鼈はスッポンなのだから、スッポンの甲は美しいものではない。玳瑁と鼈甲とは違ったものなのに、今日でも鼈甲にしてしまっている。その鼈甲の細工も、寄せ継ぎなどという巧妙な仕方を生じて、明和以後は斑を自在にし、梳くところのみを寄せるなどの手際をみせた。鼈甲が流行するので、朝鮮牛の角の肉付きのところが透きであるのを、まぎらして鼈甲に拵え、朝鮮鼈甲といって嘉永の頃まであったが、輸入が少ないので、早く天明からバヅが行われていた。バヅは馬の爪の肉付きの所を細工したので、だんだん擬製が上手になって、嘉永度には鼈甲を薄くして、バヅの上へ貼付し、両三年は変色しないようにも拵えた。京山が馬蹄を頭上にしないといったのも、このバヅのことなのである。

水牛の櫛　二葉「水牛の櫛はよほど古くからあったでしょうか」鳶魚「『商人職人懐日記』に、『水牛の角の曲りを、鉄鋏を以て焼き延して櫛に引かせぬ』とあります。だから宝永位いからあったのじゃありませんか。それから安永の『踊子歌仙』の中に『大き過ぎたる水牛の櫛』とあります。『近世女装考』を見ますと、朝鮮の水牛で櫛をこしらえたのを、日本で朝鮮鼈甲と言っておったと書いてあります。水牛はこの頃盛んに行われたでしょう」

銀流しの簪　竹清「ぎんながしのかんざし――といっても本当の銀ではない。錫めっきだ」鳶魚「私等は覚えておりますがね。老人等の言葉に、あの野郎は銀流しだ、といったものです」竹清「だけれども、あなたの言う銀流しというのは水銀をかけたものでしょう。今は無いけれども、前に私の子供の時分には、大道で粉を売っておったものです。水銀の入っている粉を、真鍮や何かにこういうことをして銀鍍金をする者に、彼奴は『銀ながし』だと言っていましたよ。今は無いようだけれども……」

武器になる平打の簪〔補〕　その頃は十四五にもなれば嫁入り盛りで、縁談の口もちょいちょいかかって来る位いでしたから、島田に結っても不思議でなかったのです。髷のうしろには必らず銀の平打をさしました。平打といえば今でも日本髪にはさすかも知れませんが、さきに小さな耳かきがつき、次に銀貨のような平たい丸板、それに二本脚のついた銀のかんざしですが、これは単なる装飾ではなく、不意に襲われるようなことのあった場合、とっさにそれをぬいて、二本脚で敵の両眼を突きさすようにと教えられ、つまり護身用の武器を兼ねていたもので、実際にこれで身を護った例もあるそうです。〔武家の女性・山川菊栄著〕

櫛箱と鏡台

共古「櫛箱というのはどういうものですか。これは櫛笥（くしげ）とは名が違うからどんなものだかな」若樹「鏡台の意味ではないですか」共古「鏡台なら鏡台と言いそうなものです。〔註・「膝栗毛」後編乾の中〕下等なのは『たとう』みたようになって、それを開けると黒い油紙で以て出来ている。櫛笥は立派なもので、こんな所に使う気づかいはない。これは下女か何かの使うようなものです」扇松「この位いのもので抽斗のついているのがありますが」共古「立派なものですか」扇松「立派なものじゃありません。縦五寸横一尺、高さ四寸、かぶせ蓋になっていて、上へ元結やら根掛けなぞを入れ、下が抽斗で、この中に櫛が入っているという体裁です」二葉「私の国でも百姓の娘などが家中へ下女奉公に来て、使っているもので、四五寸に尺以下の長方形のかぶせ蓋の箱で、抽斗が二つ付いて、上に櫛を入れ、下に鬢附油だとか、元結だとか、頭に掛ける物なんかを入れ、これを櫛箱と申しておりますのを、私の子供の時分見たこともございました」鳶魚「天保二年に書いた『宝暦現来集』に『安永之頃迄は女の櫛箱高さ一尺余、横同じ位、見込六七寸にて、かぶせ蓋引出付、上に一つ下に二つ、黒のかき合塗、鏡立は別に用、塗も同断、外にたとふ紙片折、此三品、女の髪結ふ所の道具、国々済たる物、今時の如く露色塗、或は木地露色（きじろいろ）などと云ふは中人以下には不用、上立人は鏡台とて、又は櫛の台など有りし。今も上立人は用ひける。安永後に至り、今有る所の箱に成、鏡立を刎蓋え付け、かき合塗はなく、露色又木地露色などと奢りに長じ、昔の櫛箱はたまには老人など持しも有るや。近ごろはさらに見掛けず』といってあります。鏡立は祖母のを覚えております。木地露色でございました。鏡台は刎蓋で、それへ鏡立を取りつけます。引出しは上が一つ、これへ櫛を入れます。次は並んで二つ、白粉や油などを入れる。下のが深い引出し一つ、これへ髪掛や元結などを入れたということを母が申しました。これは櫛箱とは申しません。母の『櫛だとう』と言うのは、黒い紙で出来ていました。母のところへ来る女髪結いのは渋が引いてあったと思います。母は本年〔大正十五年〕七十になりますが、鏡台の外に櫛箱というのを知らないと申しますから、『宝暦現来集』に『近ごろ〔天保二年〕は更に見掛けず』とあるのが成る程と合点がまいります」

懐中鏡

宝暦四年の前句附に「なほしこそすれすれ懐中の鏡女中の楽屋也」というのがあるけれども、それは古い、ふる過ぎる。宝暦四年といえば今日〔昭和四年〕から百九十年前になるから、余り古いのでもない。我等の祖父は上方の芸子が、酒の席へ出ていて客の前で頻りに顔を直すのを嘲罵した。江戸の芸者は決してそんな間抜けた事をしない。当時の人は我等の祖父のみならず、誰にも上方芸子はんの懐中鏡を出しかけるのは、イヤミに見え、気のきかないように眺められ、「上方は上方さ」という冷語を加えるための好い資料になった。これは安政以後の話であるが、江戸版の宝暦四年の前句附に対しては、悪く言えたものではないのに、何の遠慮もなくお笑い草にしていた。宝暦と安政、これがまた百年余りもかけ隔っている。京大阪と言わず、江戸にしたところで、度々懐中鏡を出さなければならない事情があれば、間抜けに見えても、イヤミであっても仕方がない。

匂袋「梅花香」

また「梅花香」のことも「女用訓蒙図彙」巻五に「匂袋之方　梅花」として、

一こうじ　　一匁五分　　一びゃくだん二分
一大ういきゃう　二分　　一せうのふ　一分
一松の木のあかみ　一分　　一かやの木　一分
一しゃうもつかう　五分　　一梅のはな　二分
一かんしゃう　二匁　　一じゃかう　二分
一りうのふ　　三分

右十一種きざみあはする也。かほりすずしく艶にやさしきゆへに梅花香と名つけ給ふとかや、
或御所方の名方なり。

と記している。梅花香の雫というから、そんな匂いを髪の油にまぜたものであろうか。

4　服飾

上織物

織物の進歩　一体織物のことは、天正年中に堺へ明人を招き寄せて、そこで伝習した。その後には南蛮の方の織り方をも合せ得た。それが西陣の方へ行きまして、京の織物は今織と称して、外国風のものが出来るようになった。慶安から天和までの間に、ずんずんと進歩しましたが、享保以後になりますと、内地の養蚕奨励に成功したので、生糸がどっさり出来るようになった。そこで織物は益々発生し、結構なものが京都で出来るようになりました。外国の織物としては、羅紗がいい例だと思いますが、昔は槍の鞘袋、あれは国主大名でないと出来なかった。それが後には万石以上となり、三千石以上ということまでになった。三千石未満ということは遂に無いのですが、町人が羅紗の羽織を着ることは、元禄頃にもうありました。化政度になると、それを下駄の鼻緒にして穿いている。猩々緋でありますとか、つづれ織でありますとか、錦襴でありますとか、こういうものは武具、馬具に仕立てて、戦場の晴れに着ておった。すなわちそれで武者振りを飾ったものだったのですが、いつの間にか家庭向きになって、女どもが無造作に着用するようになり、しまいにゴロフクなどは、町家のちょっとした家の娘が帯にするようになったのです。

女服禁令の初め　幕府は夙に女の衣類の華美になって行く事を心配して、寛文三年の十月に、女院姫君の分は一表五百匁、御台所同じく四百匁、御本丸女中同じく三百匁より以上の衣装を止め、上流の衣服に向って制限した。貞享三年には小袖一表二百匁から二百五十匁限り、縫いのある衣類を禁じた。それからその前の天和三年二月には下女は半襟、裾まわし、上下帯、頭巾、手拭、鼻紙、巾着には木綿麻の外を用いてはならないと令し、同年閏五月には、縫いや金紗の衣服は持合せておったのであっても着てはならないという法令を出した。で、これから考えてみると、贅沢な衣服というものは、上流ばかりではなく、中流以下でも法律で差止めなければならない程、我儘になっておったのがわかる。

ゆかた

年代と好み　ゆかたといえば直ぐに「猫じゃ〳〵」を思い出す。それは寛政の頃の流行唄だから、今日〔昭和十六年〕からは百五十年前のものだ。「猫じゃ〳〵とおっしゃいますか、ねェこゥか足駄はいて絞りの浴衣で来るものかオッチョイノチョイ」浴衣の好みなどは、江戸以前にあることじゃありません。江戸も、寛政の頃からの話でしょう。洗い髪の浴衣すがたは、仇っぽいものだ、新内から脱け出したような。あの極彩色の御殿女中が、錦絵から脱け出したようなものに対して、これは女ッ振りを乙なものに見せた。

ゆかたと単衣の差　ゆかた地というのがあるので見れば、それが浴衣なのは知れている。しかし江戸でも東京でも、単衣との弁別がない。浴衣とひとえものとは同じように見られ、同じように扱われることが多い。ゆかたはその名の通りなのに、別に湯あがりがある。男は身分人品にもよるが、昼間は一般に浴衣掛けということはない。夕景から門涼みとか散歩とかに浴衣を着る。

婦女は浴衣で店さきへさえ出ない。勿論外出はしなかった。だが美人は格別、普通の女は白昼に白地を着ては引立たない。夜分に紺物がいけないのと同様です。娘たちのみならず、綺麗なところを売り物にする女が、白の勝ったのを着ているのは、単物で、浴衣ではありません。一体衣類にはきっと襲ねのあるものです。簡単に生活する人々でも、襦袢があり肌着があって、素で着ることはありません。素で着るというのは、襦袢も肌着もなく、素肌の上へ着ることです。然るに浴衣は入浴の際のものですから、これのみは総べての衣類の例と違って、素で着ます。単物と浴衣とは素肌へ着るか、着ないかで別けても混雑しない筈です。

羽織の意義と年代

宝暦には女の羽織が問題になっておりますが、あれは男子の用います外套なので、勿論礼服ではありません。元文以降の女性が羽織を着たのも礼服の積りではなく、異性粧の心持なのです。元文度には女性は羽織を着ないようにという察度もあったのですが、流行はなかなかやみません。東京にならない以前から、女の羽織に紋附が出来ております。

帯の高低

「女重法記」にある通り「中より下は衣装の染模様なり帯のむすびやう迄、時行風（はやりふう）というは皆かぶきの女形風をまなび、極めてはで也」というように、一々芝居から見習って来るのに忙しかった。「西鶴伝授車」に「長太夫、染之助など美しい顔つきして尻のちひさい女方」

とある。「たんぽぽ土筆の可笑しげなるを摘む人は、加賀笠深く袖下長く、後帯の様子はいづれも念者のありそうな面影に立留りて見れば、幕の内より老女出でて、これは藤様およしさまと呼ぶ声聞きて、さては人の小娘」〔本朝若風俗〕流行も流行だが、風姿から見ては男女の弁別も容易でない程にもなった。延宝には女の帯は下り過ぎたる程が好いと言ったのに、享保には胸高になったのを気にする者さえ少なくなった。尻つきを見せようとする風になったからである。

被布は女隠居

被布は天明の末に、尾上松緑が岩藤の役をつとめる時に、舞台で被布を着た。松緑はどういう風に使ったかというと、髪を結う時に使ったので、それが当時の流行になり、後家さん達は被布を着なければならないような有様であった。被布は女隠居のきまった着物というほどになったそうです。

武家の女性に長襦袢なし

「大久保小紋の正月着」〔註・直木三十五氏作「南国太平記」中の一節。ここはその考証〕芸者や女郎なら正月着ということも聞いているが、低い身分でも士の女房に「正月着」というのも変なものだ。「浮織帯」なんていうのも書いてあるが、これはどんなものだろう。「小太夫鹿子の長襦袢」……「小太夫鹿子」なんていうものは、よほどお古いところで、江戸末には無い。長襦袢などというものを、武家の家族が着たものか、着ないものか。これは化政度あたりに、音羽の私娼が着はじめたものと聞いている。いずれにもそうした向きの人が着るもので、武家や何かには無論ありません。

前かけ

由来と形 後には前掛というものは、衣服を汚さぬために掛けていると思う者が多くなり、前掛をかけている婦女自身も、そう思っている者があったようですが、それは間違いでありまして、茶汲女に致したところが、御客の前へ茶を持って出るのですから、襤褸隠しにも綺麗な前掛をかける必要があったのです。「太平楽府」は明和六年に狂詩を集めて出版したものですが、あれには晒しの前垂が、半分桔梗と半分鼠の染分けになっていたことが書いてあります。安永度になりますと、茶汲女にいいお客がついて、前垂を拵えて配らせるなどということも出来ました。水茶屋で新しい茶汲女、すなわち新子を出す場合には、紋所だの名所だのを染めて配るようなことも出来て来た。寛政度には紺絽（こんがすり）を前掛にすることがあって、下の方に白い糸で山道なんぞが縫ってあった。今の人は紺絽の前掛などというと、造作もないように思うかも知れないが、昔は前掛地と言って売出すのでなく、一反のものを前掛だけに切るのだから、なかなか高くつく。安物の絹のきれ地よりは、前掛だけの紺絽の方が、かえって高い位いのものだった。けれどもそれが一時はやったのです。享和度には桟留になって、その時から幅も広くなり、三布にして後で合せるほどの広さになった。前掛に裏をつける——袷になったのもこの頃からです。天保度になりますと、広桟留の類を締めるようになり、茶汲女などは丈の長いのは締めません。丈は短いけれども、紐は縫付けませんで、別に縮緬の類の、大変伊達なものを幅広にして、きれの上から結ぶようになった。こうなって来ると、もう木綿に限りません。縮緬などが多くなり、夏になると麻とか、縮とかいうものを締めるようになったから、前掛にも夏冬の別があるようになりました。そうなった時分には、茶汲女だけの話ではなく、だんだん一般の婦人の上にひろがって来ております。何にしても実入りのいい水茶屋女――勿論場所によることではありますが――などは、文化度から縮緬を用いることが珍らしくなくなって、紋をつけたり、模様などを染め出しているのがいくらもある。その頃は前からの衣裳法度もありますから、衣服の方はあまり立派なものは着られない。まず木綿物に限られておったのですが、前掛の方は種々さまざまで、前掛が水茶屋女のお晴のようになっておりました。

前掛の普及と装飾化　当時一般の婦女としては、前掛をかけて自分の家から外へ出るということは、恥かしいように思っておりましたが、文化度になりますと、誰彼なしに前掛を締めるようになり、遂には前掛にも不断のと、余所行きのとがあるようになって来た。もう前掛というものが、小料理屋や水茶屋などの女の風俗ではなくなったのです。それがまた弘化度になりましては、広桟留や唐桟、結城紬、縮緬などというものが、珍らしげもないものになって、紐もなかなか変ったのを選ぶようになり、紫鹿子などをつけることがはやるようになる。夏になると、ただの縮では面白くない。越後縮でなければいけない、という風になった。下女なんぞのような給金の安い人達でさえも、紬や縮にはあきて、縮緬や上布の前掛をかけるようになり、着物よりも前掛の方が価の高いものになって参りました。また天保の末から弘化へかけたところでは、絹にも木綿にも前掛地を織出すようになって、自分の締める前掛というものが、自分の趣味、嗜好を現わすように眺められる。どんな前掛を締めている女がどうであるとか、こうであるとか言って、女の評判を前掛からするようにもなった。水茶屋女が江戸に残した風儀、それは文化度から最も著しくなって参りました。前掛の普及した有様というものが、一番目立ったことのように思われます。けれどもこれはさすがに武家屋敷の方には無いことでありまして、主に民間の話であります。民間といたしましても、前掛は失礼なものだといって、すこしましな商家では台所限りのものとしてありました。お上さんは前掛をかけません。下女その他の者もお客様の前へ出るときは前掛をはずして出ましたが、中から下の女――裏店の嬶ァなどになると、帯を締めずに前掛ばかりで外を出歩く、というような者が、だんだん多くなって参りました。それから、ちょっとした進物には、前掛地を持って行くというような習わしさえ生じて来た。

腰巻

赤腰巻事始　見ぬようにしても目につく緋縮緬、誠に動かない見附け処だと思う。一体婦女の肌の物は、上下貴賤とも絹綿の品こそ変れ、ひとしく白色で、褻物なのだから他人の目につかないように短かくなっていた。延宝度に或る俳優が、女めかしくしたいために緋の二布（ふたの）を考案して創用した。その時分は俳優が大体男色をかせいだ。新しい趣向は当時の嫖客に喜ばれて、緋の二布は遊女等も襲用するようになり、元禄頃には一般の婦女も緋の二布を着けた。裾間にヒラヒラと緋縮緬が動く。そこに注目させられるのは、下劣だというのは我等の頭の古いためで、宇受売（うずめ）が文化の神なのに対して申訳もない。特に太夫の道中、外八文字の濶歩に足首の白いのと、長い二布の緋縮緬と紅白入乱れた風情は、この金を使えば首が飛ぶと思いながら、揚屋へ往ったと浮世草紙に書いてもある。

蹴出しの流行　世間から少しも心附かれない程に、一般に普及してしまった蹴出しが、舞台風俗から奪い取ったものであることを見逃せまい。安政五年版の「出放題」二篇目に、流行のあべこべとして、

新造のくすんだなり、お店もののいせ風、年増の赤いけだし。

と列挙した。その蹴出しについて「嬉遊笑覧」（文政十三年の自序あり）は、

また近頃は老幼をいはず、なべて其年頃相応の染色模様付きたる湯具めくものを裏付けて合せに作り、湯具のうへに巻きて野路ならぬ道も、夕暮より袖の裾を高くはせ折、かの腰巻のみ出してありく。中より下つかたの者は日暮に及ばず、家を出づるより其姿なるも多し。この腰巻を蹴出しと名づく。おもふに歌舞伎の女形が用ひるものより思ひよれるか。

蹴出しは褻物でない。人に見られて差支えないよりも、更に進んで見せる方の趣向なのである。従って直ぐに肌へ締めない。その方は下帯とか、肌の物とか言いわける。女褌としては二布という。これはその名の如く二幅の布で拵えてあるから、漸く膝に届く程の短かいもの。膝に達するほどであるから、上方では脚布とも呼ぶのであろう。その上へ蹴出しを着けるのだ。

日傘の流行

この青傘の流行は何から起ったかと言えば、元文度に江戸を賑わした踊子風俗から発生したもので、踊子の中にも顕著な美人であったおもん、おてる、おゑんという三人は、いずれも髪形に意匠を凝らし、櫛笄に贅を尽すばかりでなく、その頃には珍らしかった銀の簪も挿した。この頃まで婦女は加賀笠つづら笠を頭上に戴いていたのに、かの三人の美しい踊子は、笠を冠っては髪をこわしていけないといって、お揃いで青紙で張った黒塗の柄のついた日傘を使用し始めた。その青傘が十年ばかり経つと一般婦女の流行になり、それからまた十年ばかりの間に、江戸の流行が四方に拡張して、明和安永には日本中の婦女が青傘を持つようになった。然るに男性の方では、医者か坊主の他に日傘を使用しない。武士も平民も日傘を持つようになったのは、文化九年の夏からだという。チョン髷には笠も余り邪魔にならないから、男性の日傘は女性よりも遅れたわけだ。流行物として落首に作られた宝暦六年から、男性が日傘を持つようになった文政九年までは七十一年の距離があり、それだけ日傘には男性が遅れたのだ。

七　風俗備要

1　遊楽

四季の遊覧

まず初日の出。元日の高輪や洲崎が賑やかだった。初富士。この富士を見るということは、関東には山が少ない。何にしても関八州の平野でありますから、山らしい山が無い。富士なんぞは何よりいい眺めに相違ありません。だから富士見町というのがあり、富士見坂というのは二三ヵ所もあります。神田の社地、小石川、谷中、根岸、こんなところで鶯を聞く。亀井戸、寺島、杉田、蒲田の梅。桜は稍々多くなって方々にある。もう江戸ッ子の力む文化、文政度になると、一本の桜を賞翫するということは無くなって、並木桜を賞翫する時になっている。並木桜を賞翫するというのは、花見が団体的になった為です。桃は中野の桃園は、もう衰えてしまいましたから、大分遠くまで踏み出さないと見られない。躑躅霧嶋は日暮（ひぐらし）、大久保、染井。それから海の方では汐干とか、鱚（きす）釣りとかいう楽しみがあった。夏になって杜鵑（ほととぎす）。牡丹は寺島の百花園、北沢の牡丹屋敷。燕子花（かきつばた）が吾妻の森や寺島の蓮華寺。藤が亀井戸、坂本の園光寺。花菖蒲は堀切。それから両国の納涼、花火。谷中、王子、高田落合、目白、目黒、吾妻の森、隅田堤の蛍。橋場、佃島、寺島、根岸の水雞（くいな）。不忍、溜池、市谷御門外、牛込御門外の蓮。それから朝顔は入谷をはじめ、方々の植木屋で見せた。秋になって月見、虫聞き、吉原の燈籠なんていうものがある。けれども吉原まで行くには、江戸の真ん中からだと、二里乃至三里ある。何しろ皆遠いのです。萩寺の萩だとか、巣鴨、染井、後には団子坂になった菊細工。海晏寺、滝野川の紅葉。冬になれば雪見というものがある。が、秋から冬の方になってからのものは、日が短かいので遠い道を往返することが出来ない。従ってつい見物に出られないようになる。

花見

上野と飛鳥山　江戸の桜では上野の花が早く知られている。そうして一番盛観でもあったが、寛永寺には宮様がおいでになるので、境内では三味線が禁ぜられ、山同心が巡廻してもいた。夕暮には人を払いもしたから、花見小袖さえ拵えて、一年一度の行楽につどう市民も、実は多少の窮屈を感じなければならない。吉宗将軍が飛鳥山へ桜を植え、中野の桃園を拵えられた用意は、郊外で心置きなく市民を楽しませたところにある。殊に飛鳥山は元文三年三月に御用地になり、桜樹を植込んで直ぐに金輪寺へ附与され、山の下へ水茶屋五十四ヵ所、楊弓場三ヵ所、音無川の土手へ水茶屋九ヵ所が許された。

花見の変遷　天保前後、当時は花見の場所として、全盛を極めたものは、上野、飛鳥山、向島、小金井等であった。その以前は、こうした場所よりも一本桜を喜んだものである。一本桜とは大きい桜の樹であって、江戸には卅三桜と言って卅三の名木があったが、今は殆んど全部なくなってしまって、一本だけ御厩谷と言った英国大使館の脇に残っていた。この樹は佐野善左衛門の邸にあった名木であるが、先年の地震後はどうなったか知らない。一本桜で古いところ、人のよく集ったのは、柏木の右衛門桜と、同じく柏木の常円寺の糸桜であった。これらの名木は皆周囲が三間以上もある老樹大木であった。そこへ人々がよく集って賞翫したのである。ところがそれが文化の末、文政の初め頃から、一本桜の賞翫が衰えてしまって、上野や飛鳥山へと移って行った。無論、一木桜の賞翫時代にも、上野や浅草へ人は出て行ったのであったが、この頃から特に並木桜の方へ花見の人が集るようになったのである。これはどういう訳であるかというに、その頃から団体的花見が多くなったのと、花を見て花を賞翫するよりも、花見の際の娯楽が発達した為であって、そのためには一本桜のような少ないものでは、それと釣り合いがとれなかったのである。それだから自然、団体的花見、花見に就て発達した娯楽と釣り合ったものをやらなければならなかった。それには場所が広くなければならない。人が大勢集って来ていなければならない。そこから当然、一本桜の賞翫が衰えたのである。これだけ考えても、すでに天保以後の花見を想像することが出来る。文政の末頃からは踊りのお師匠さんが大勢のお弟子を揃えて花見に出る。踊りのみならず三味線の師匠もそういう風になる。そこへ明和、安永以来は茶番が非常に発達した。この茶番こそ本当の民衆娯楽だと私は思う。

夜桜は向島　当時一般ではなく、真に一部の人は夜桜を多く見に行ったものである。これは時代を言えば、天保前後からの話であるが、京都では古くから夜桜が盛んに賞翫されていた。ところが江戸の人気から言うと、夜桜はしんみりしているだけに、あまり向かない。夜桜を見るという手合いになると、町人でも少し金のある若旦那の人々である。そういう人は、まずぶらぶら歩いて行くか、そうでなければ船に乗って出かけ、向島の料理屋に行って夜桜を見る。夜桜の場所は向島に限っていた。こうして一通り夜桜の心持を楽しむと、取巻連をつれて吉原へ繰込む順序になっていた。これが一部の人の間に行われて、明治の初年頃まであったようである。

廿六箇所・卅三桜　享和三年の一枚刷「年中所々祭礼並に参盛場」に挙げてあります花見の場所は、

本所すみだづつみ、道灌山、飛鳥山、上野山内、高縄御殿山、品川来福寺、青山仙寿院、同竜がん寺、浅草くわんおん。

の九ヵ所です。小金井はこの一枚刷が出る時分から漸く知れかけまして、だんだんに人足がついたので、嘉永になって時の幕閣の首班阿部伊勢守正弘等が遠馬を試みた頃から賑かになりました。ここで特に花見の話に享和の一枚刷を持ち出したのは、本所すみだ堤すなわち向島が、江戸の花見の第一の場所としてあるからなのです。天保十三年に寛政の話を書きました「昔ばなし」に、「花見は上野、日暮、飛鳥山、わけて日暮賑ひ申候。夫れ故そのころは歌、浄るり、俳諧、狂歌抔の会は、多分日暮にていたし候。今の如く向島へは人まゐり不レ申候」とあります。日暮の景気がいいものですから、寛政度に青山へ新日暮というのが出来まして、それに引続き十二社（じゅうにそう）も新日暮と申しました。文化、文政には日暮も、青山、四谷両所の新日暮も花見が群集しておりましたが、それに先立って人気は向島へ移って来たのであります。文政六年に出しました「未年花の枝折」は、「江戸名所図会」の著者斎藤月岑の祖父県麿が拵えたものですが、それには、

東叡山、感応寺（今の天王寺）日暮里、根津権現、神田明神、駒込白山、吉祥寺、同神明社、飛鳥山、王子権現、滝野川弁天、護国寺、角筈十二社権現（十二社、即ち新日暮）柏木円照

寺（右衛門桜）池上本門寺、大井西光寺、同弘福寺、同浄蓮寺、同来福寺、御殿山、渋谷八幡、永代寺、隅田堤、同木母寺、浅草観音、奥山。

の二十六カ所を算えております。これで見ましても、花見の場所は江戸の東よりも北に最も多く、西乃至南にも沢山ありました。それが多数の景勝を圧して、向島が人気を独擅し、江戸の末になりましては、都門の春はただ江東の長堤にのみあるように思わせることになってしまいました。江戸の春が北へ廻るにつけて、桜の場所の盛衰が考えられます。「花の枝折」に挙げた中には一本桜が大分あります。一本桜の賞翫は糸桜の周囲五間以上ある大木に限るということで、そうした桜が三十三本ありました。この三十三桜というのは、文化六年に石上宣続の書きました「卯花園漫録」に出ているので、左の通りであります。

鳴子の浄円寺、麻布の長谷寺、小石川の伝通院、大塚の護持院、駒込の海蔵寺、小石川の蓮華寺、御厩谷、谷中の延命寺、広尾の天眼寺、早稲田の五智堂、牛込の保善寺、谷中の養福寺、小石川の牛天神社頭、目黒の祐天寺、高田の穴八幡、谷中の経王寺、東叡山慈眼堂、同願王院、同等覚院、青山の梅窓院、東叡山護国院、千駄谷の仙寿院、青山の最勝寺、牛込の光照寺、東叡山寒松院、同清水、駒込の吉祥寺、滝の川弁才天、雉宮の八幡社頭、田端の与楽寺、根津社頭、湯島の天沢寺、広尾の光林寺。

このうち御厩谷というのは英国大使館の脇で、例の佐野善左衛門の旧邸です。

雛祭り

大奥雛の拝観　当日千代田城の女中の出入りをいたします七ツ口という処を開け放しまして、そうして御台所に附いておりますー番上の女中、すなわち年寄と申しました人達の雛が飾ってあるのを拝見させます。これは女中方に使われておりますもの及びその縁故のある者は女でさえあれば拝見が出来たのであります。その高級な女中の中に最高級とでも申しましょうか、京都からお公卿様の娘が柳営へ来て奉公をしておりまして、それを上臈年寄と申しました。このお上臈などは殊更雛を立派にお飾りになったものです。外間から拝見の出来ました分は、このお上臈及びお年寄のお部屋に飾ってある雛だけであります。このお年寄の飾りまする雛でも内裏様はありますが、五人囃はありませぬ。その代りに能人形が置いてある。

雛の種類　さてその三段の一番上の段がお内裏様、このお雛様を幾組も幾組も飾るのでありま す。そうしてその中心になりますのは御小直衣雛（おこのうしびな）と申すもの、これは直衣というものがありますが、小さい直衣と書くのであります。そういうお装束を召したお雛様、そのお装束の名でお雛様を呼ぶわけなのです。この小直衣というものは束帯に次ぐ位のものだそうでありますから、将軍も時々これを着用されることがありましたのです。「田舎源氏」の光氏さんが、御小直衣を着ております。このお雛様は［大奥のみで］民間にはないお雛様であります。それから次郎左衛門雛、これはお装束は本当のお装束を着ております。この次郎左衛門雛は冠を被っておりませぬ。極めて丸顔のお雛様、この次郎左衛門雛というのは、京都の人形師の名前でありま す。そしてこの雛は元禄以来行われた雛であります。上野の博物館へいらっしゃるとこのお雛様があります。それから高倉雛、これは享保以来はやったお雛様でありまして、装束雛とも申します。高倉家の考案になったものだそうで、故実を質した大変むずかしいお雛様であります。

民間雛と大名雛の相違　こういうお雛様を取り並べまして、この上段のところに飾るのでありますが、上段に飾られるお雛様は民間のように台の上にのっているのではありませぬ。お二人ずつ並ぶるような褥を敷きまして、その上にのせてある。その褥は金襴の縁に中が緋縮緬の鏡蒲団が敷いてある。二段に楽人、笙、篳篥（ひちりき）火焔太鼓などが置いてあります。楽人は七人立ちのものが三組、人形の数も合せて二十余あるのです。そうしてこの楽人の傍にお雛様のお道具は置かない。雛段の端におかれる。お膳を上げますのは、この二段のところへ上げるのでありま す。民間のように五人雛だの官女などは、大名以上のお雛様にはないのであります。

最高の雛と諸道具　江戸時代に三百有余の諸大名の中で、取り別け芸州侯のお雛様は著名なものであった。その浅野侯爵家に昔ながらの雛が保存され、殊に天保四年十一月、十一代将軍家斉の娘末姫が、同家の十一世斉粛へ入輿があって、霞ヶ関御住居と称せられた。このお住居様の雛が今日も保存してあると聞いて、侯爵家の允許を得て、そのお雛様を一見する（昭和三年十月、広島へ出掛け）ことが出来た。〔略〕昭和二年三月、広島の浅野観古館へ出陳された時に、同館の担任者小堺尋という人の書いた泰栄院様（末姫の法号）御雛道具控がある。これもその全部ではないが、大略を考えるには足りる。

泰栄院様御雛道具控

御束帯　壱組　大形　女官両大臣付

同　壱組　小形　小直衣　弐組　中形

御直衣　参組　中形
御狩衣　弐組　中形
　以上内裏御雛様九対
御所人形立居自在　御夫婦様　大形
　御召物御狩衣御袿袴付
右同　右同　小形
　御召物前と同様
御所人形大形　参人　一組
　翁、千歳、三番叟
御所人形中形　参人　一組
　大名、猿引、小児猿
御所人形中形　参人　一組
　玄宗皇帝、楊貴妃、童子
御所人形　孔明
御所人形鷹匠　参人　一組
御所人形兎引
御所人形　六人　小形
管絃楽御人形　七人　一組

御屏風　八叟
　桐つぼ　住吉内記筆
　若葉　住吉内記広尚筆
　藤のうら葉　柳雪匡信筆
　みをつくし　桂意広寿筆
　住吉まうで　桑川中信筆
　花のゑむ　洞益成信筆
　朝がほ　狩野了斉筆
　紅葉の賀　住吉内記広尚筆
　以上金地に金の雲がすみ極ざいしき
御所人形石橋（しゃくきょう）二人　一組
御燭台雪洞付　五台
　御三棚物唐草に御紋ぢらし
御厨子棚
御黒棚
御書棚
　右之御小道具弐拾九個
御台火鉢　壱対

御客用煙草盆　壱対
　朱じくおきせる八本付
御輿
御千台（おせんだい）　壱対
御大傘　壱本
　緋羅紗白御紋おほひ付（御輿のおほひも同じ）
御筒守
御長刀　御台付
　緋羅紗白御紋付おほひ付
御茶弁当　一荷
　緋らしゃおほひ付
御はさみ箱　一荷
御銚子銀製　二組
御手附煙草盆　二組
御みの箱　二
御簞笥　二棹
御長持　二棹
御つづら　一荷
御になひ　一荷
御餅桶　一荷
真塗御台子
　御皆具（かいぐ）銀製付
御衣桁
御貝桶
御喰籠　壱対
御広ぶた大小いれこ
御琴
御三味線
御炭斗（おすみとり）
御ちりとり
御机　御硯付
御硯文台
御砧
御硯ぶた大小　二枚
御手拭かけ

御耳だらゐ
　銀製御耳盥付御小道具
御角盥（おつのだらい）
　御木碗台付
御湯桶
御湯盥
　御湯桶付
御立鏡台大小　二ツ
御鏡並に家付大小　二ツ
御手附煙草盆　壱対
御鼓枕　壱対
御薫籠
御碁盤
御将棋盤
御双六盤
御冠台
御花台　二
御刀掛
　御大小刀付
御剃刀台（おかみそりだい）
御櫛台
御書棚唐木製　牡丹まきゑ
御燗鍋　壱対
御脇息
御見台
御かつら台
御三重御手提
御高槻　牡丹唐草まき絵
御神酒徳利　壱対
　御紋毛彫入
御三宝　五個
御四重箱
御食籠　壱対
御ギヤマンコップ　二個
御ギヤマン徳利ひさご形まきゑあり
御コップとりまぜきりこ　十個

御徳利小金まきゑあり　二個
御蒔絵コップ　一個
御猪口いろギヤマン　二個
御ふた物大小ギヤマン　四組
御小徳利ギヤマン　八個
御丼ギヤマン　五個
御さらギヤマン　六個
大御菓子器ギヤマンふた付
御染附ふた物四重若松もやうあり
御地がみ形蓋物
御文房具陶器　四個
御三ッ盃陶器　壱組
御染附梅もやうどびん
御蓋物　四重
御瀬戸物大小御皿唐草染付　百枚
御瀬戸物猪口唐草染附　八十個
御菓子器提重
紅葉形提重、銘立田

御菓子器亀形青貝にて松竹梅もやうあり
銘蓬萊
御菓子器　鰹魚形
御蠅帳附御菓子器
御高槻七宝に牡丹蒔絵
御広間用
御提重牡丹蒔絵
御広間用
御数寄屋用御本膳附吉野蒔絵
御本膳用四ッ椀
但し向付き平皿染付
御二の膳大小御吸物椀　二個付
外に御猪口一個付
御三の膳高槻小吸物椀
外に染付平皿付
御飯器
御湯桶
御銚子

御盃朱塗唐草まきゑ
右之吉野椀は此度は御十人前となし、外は全部出し不申候
御掛盤
御本膳　参拾人前
御二の膳　参拾人前
御三の膳　参拾人前
右本膳は入れ込みに相成居申候
御本膳之部　五椀揃ひ
御二の膳付　大小御吸物椀
外に染付平皿付
御三の膳付　御吸物椀高槻
外に染付猪口付
御引菓子器丸形台付　参拾人前
御燗鍋　五対
御引盃朱塗金唐草蒔絵　参拾人前
御湯桶台付　五対
御塗銚子　五対

御汁つぎ台付　五対
御飯器台付　拾五個
御三宝　拾五個
右御本膳並に御椀器等は、すべて参拾人前にして、いまだ出さざる数は知れ不申候
御振袖白着き付
緋縮緬金糸四季花もやう総縫ひ緑色縮緬
金糸水に菊縫ひとり
御殿様用御夜着
水浅黄縮緬松竹梅もやう総縫ひとり
御前様用御夜着
紅梅縮緬七宝総縫ひとり
御夫婦枕（是は長枕のこと）　大和錦
御小夜着　しぼり紫縮緬
御敷ふとん　緋縮緬四枚
御かけぶとん　大和錦もみ裏二枚

御こたつがけ　　　山まゆ縞縮緬　　　さ付四本
御蚊帳もえぎ色　　壱はり　　　　　御釣手かむ　　　四個金焼付松竹
御釣手つれ　　　　緋四組、打緒ふ　梅毛彫あり

右は今年御かざり申上候ものにて、御道具はすべて金蒔絵唐草に御三ッ葉葵御道具一揃ひと、おなじく金蒔絵にて唐草に鷹の羽御紋章散しと、ふた様に御座候。全部御道具は御長持拾壱棹にて、此度は六棹だけを御かざり申上候。外の五棹の御長持の御雛様はいかがにや拝し不申候。いづれ後年に又御伺ひ申度御座候。以上。

川開きと花火

花火概説　両国の花火は二百六七十年前から名高いものであっても、毎年一定した時日があったのではない。元来は涼み船が出ると、その周囲に花火を売る船が集って来て、涼み船へ花火を売った。それを涼み船の客が座興に揚げさせたのだから、涼み船の季節には雨さえ降らなければ、毎夜花火が揚ったのだ。しかし随意に揚げる花火なので見れば、他人に見せる積りもなければ、群集を誘うほどの大仕掛けのものでもなく、勿論時日の定まる筈もない。それが今日のように大規模なことになったのは、涼み船の人達が自分自分の財布で座興に揚げさせるのでなく、船宿や料理店が醵金して涼み客を集める手段に利用するようになったからである。そうすると群集を誘うことが必要にもなり、時日を一定しなければならなくなっても来る。我等は陰暦五月二十八日より、八月晦日まで、両国広小路に夜店の許可される例であったのを知っているだけで、それが

いつから始まったのか知らない。そうして嘉永四年版の「東都遊覧年中行事」には五月二十八日、両国夜見世のはじめ大花火とある。元禄三年版の「江戸惣鹿子」に、六月中より八月末まで、三ツまた両国橋涼み船出る、ともあるから、相応に古い極めでもあるらしいが、その第一日に大花火を挙行することは、古いものでは一向見掛けない。「聞之任」の嘉永四年の条には「五月廿八日例の如く両国夜みせ初まり花火あり。近年涼み船花火を揚げる事廃れたり。当年水茶や花火もなし、如何なる故か」とあって、「東都遊覧」の記載と矛盾している。けれども例の如くというので、嘉永四年以前から五月二十八日の両国川開きに花火のあったことは認められる。ただ当年だけ花火のないのが知れよう。〔略〕明治七年からは両国川の花火は江戸よりも一ヵ月おくれて、六月二十八日ということになった。六年から太陽暦が採用された為に、この頃は何でも一ヵ月送りにする風を生じた。江戸が東京になり、陰暦が陽暦になって、五月の両国の川開きが、六月になったが、年中行事の一個として相変らず大花火は継続されているのである。

自まえ花火の時代　船宿や料理屋が出し合いで催す川開きの花火のその以前は、花火に定日がなかった。江戸には寛文年間から花火法度がございまして、市中で大きな花火を揚げることは禁制されておりました。その上に色々な制限もあって、花火の種類や打揚げる場所が厳重に規定され、僅かに許されたのは涼み船期間に、市街に遠い水上で打揚げるのでしたから、涼み船の一番多く集った三つまたの水面が江戸の花火場所として名高かったと申します。それ故に月見の夜の八月十五日が、享和以来の五月二十八日のように取り囃されました。その後段々涼み船区域が変化して上手へ移動もいたしましたが、涼み船の花火は各自の財布から出しているだけに、盛んに

ポンポン打揚げたあとは、急に懐中の淋しさを感じる者も多かったでしょう。「五元集」に、

一両が花火間もなき光りかな

とも見えます。一両どころか景気よく揚げれば三両や五両ではすみません。その頃は花火を売る船が、涼み船を取巻いて争って買わせもしました。「相合傘」（享保版）にも、

ねつがさめ花火屋の書出しが来

突きつけられて花火の代金に驚くような大尽もありましたろう。

人寄せ花火への変遷　驕奢とか豪遊とか申したところが、算盤を放せない町人なのでございます。一度買えば子孫に譲れる、百年たっても変りのない貴金属や宝石類とは違って、花火は音がして、光れば跡形のない全くの消耗品です。ほんとうの贅沢とは花火のようなものでしょう。大尽気分というのはその辺でございましょうけれども、宝暦前後からめっきり涼み船の花火がなくなり、遂に船宿、料理屋の出し合い花火が始まったのでございましょう。天保嘉永の頃までも、まだ涼み船の客が一分（一両の四分の一）出して、花火を揚げさせる風が残ってはいたものの、既に資金が限られておりますので、何程のこともなく、勿論それが名物になる筈もない。一分と限ってお客の註文を取る、元来腹を見透した行き方で、二両三両と誂えて揚げさせる者もない。それでは船宿、料理屋の出し合い花火とは比較になりません。ただしみったれの証拠になるだけのこと。

花火の種類

将軍家の花火　鍵屋の亭主の話に、浜御殿の花火を見て一流を工夫したという。その浜御殿は

近い頃まで浜離宮と申したところ、そこでは将軍を慰めるために、鉄砲方の田村、井上その他砲術家の門人等が拵えたものを打揚げるので、狼烟を主としたのです。これは打揚げ花火といい、竪の花火なので武家の花火は横を専らにしない。玉屋鍵屋の花火は、機巧（からくり）花火といい仕掛け花火といい、流星や虎の尾のような竪のものではないけれども、横を専らに趣向して竪を主としない。ここに軍用によって起った武家の花火が打揚げを本とした竪の花火であり、美観奇巧を宗とした町人花火が、仕掛けに技倆を尽して横の花火になる、その分岐点があるのでございます。将軍の見物される浜御殿のだけでなく、川縁に邸宅のある諸大名は、随分花火を揚げましたが、いずれも武家花火なのですから、主に竪の花火でした。江戸の中で横の花火と言えば、玉屋鍵屋のものに限り、武家の方で町人花火に抵抗する積りで、仕掛けたものを拵えないでもございませんでしたが、何分にも立脚地が違うためか、玉屋鍵屋に凌駕することが出来ませんでした。

川添い諸侯の花火　江戸時代にはその川開きの花火に続いて、田安、清水、一橋、御三卿といわれた徳川家の最も近い親類筋の諸侯の花火がありまして、それから諸大名の花火もありました。それでずうっと昨日も今日も、川沿いに邸宅を構えた武家の屋敷で、一晩百両も二百両もの花火を打上げました。将軍も無論、これは幕府についている鉄砲方が承っていまして、お浜御殿――ついこの間までありましたあの水交社のある処で花火を御覧になった。これ等は無論料理屋や船宿が銭を出し合って上げる花火を涼しい顔をして眺めているようなものではない。皆自分の銭で花火を揚げるのである。花火というものはドンと言っただけで十両や二十両は直ぐに煙になるから、沢山揚げれば一晩に百両や二百両はわけもなく揚るのであります。

仙台侯の花火　涼み船が町人のものになった後に、両国川の花火は、料理屋や船宿の資力でなければ揚げることがないようになったが、貧乏しても大名だ。まだ自分の屋敷で花火を揚げていた。だから昔の人はお大名は豪勢なものと、こう言っておった。その豪勢なお大名の中でも仙台様は花火で名高い。それは仙台河岸で花火を揚げる。それはなかなか名高いものであった。安永度には仙台河岸の花火が大評判であって、万年橋の欄干が折れて人死のあったことがある。というのは仙台河岸の花火が名高いものではあったが、毎年はない。仙台様も貧乏である。先代萩で言うように、五十四郡の御主人である事はあっても、貧乏であって毎年花火を揚げることが出来ないから、たまにしかない。たまにしかないので、有名なものであるから、安永度に万年橋の欄干が折れるような大見物を集めることが出来たのである。そうしてこの名高い仙台河岸の花火は毎年ないために、これはまた宝暦度の話でありますけれども、今年は仙台河岸の花火がある、しかも今晩ある、こう言って触れた。それからみんな伝馬船などに乗って見物に出かける。そうするとお屋敷の都合で延びて明晩になった。また明晩行くとまた明後晩になったというので二三度そういう事があって遂に花火がない。これは不思議だと言ってみんなが噂とりどりしておりますと、実は江戸橋の船持ちの上総屋三右衛門というものが、船宿と内談して全く嘘の風説を拡げて、そうして見物船を出し二三度も瞞して少なからぬ銭儲けをしたという話が残っております。その位い仙台河岸の花火は名高いので、嘘をついても金儲けが出来るほど名高かったのであります。

玉屋と鍵屋　鍵屋弥兵衛の話に、祖先が大和の篠原村から万治元年に江戸へ出て、御浜御殿の狼烟方の打揚げを見て、玩具花火を拵え、享保二年の水神祭の夜に、余興として献上花火を打揚げました。これが後の川開き大花火の起源になったという。元禄版の「重宝記」にさえ、花火の製法が書いてある程ですから、割合いに早く花火の工夫が種々なされていたものと思われる。鍵屋はその頃一流の工夫に成功していたかに見えます。鍵屋と並んで、江戸の双璧と言われた玉屋市兵衛は、六代目の鍵屋の番頭清吉を別家させたので、その玉屋も天保十四年五月十七日の夜、両国横山町市兵衛宅より出火、半町ほども焼けました。その時は家慶将軍の日光御社参中でありましたので、玉屋は追放の処分を受け家名が絶えまして、花火の褒め言葉にのみ、玉屋鍵屋と呼ばれるのを、その名残りとしなければならない成り行きになりました。

打揚げ花火と仕掛け花火　将軍や諸大名のは皆鉄砲方の者が担任するのであります。軍用の狼烟を応用するのでありますから、この方は打揚げ花火というのです。流星とか虎の尾とか星下りとかいう打揚げ花火。町方になると仕掛け花火。この仕掛け花火という名は寛文十年七月の法度には見えておりますが、その発達したのは、寧ろ宝暦以後、涼み船がだんだん町人のものになってから後であります。かの玉屋、鍵屋が名高くなりましたのは宝暦以来とのことであります。

川開きに芸者は休む

柳橋の芸者は江戸時代では一番良い芸者だと思われておりました。その良い芸者は川開きの日には出ないというのが極りであったそうであります。これは土用の丑の日に鰻が売れる。それであるから鰻屋の大きい有名な家ではその日を休んだ。これは江戸時代だけでなく、きょうびになっても明神下の神田川とか、鉄砲洲の大黒屋とかいう店は休んでいる。柳橋の芸者が川開きに休むというのも同じゆき方なのであります。これが大量生産でお安うございますとか、薄利多売でございますとかいうようなことを言う者に比べてどんなに思われるか、また江戸の問屋向きでは、資本の少ない小売人が品物を買いに来る。いずれも半端に仕入れをする。その時に数が少ないからこの値で上げます。数が多ければこの値では上げられませぬ。こう言って商いを致しました。これ等はみんな同じ行き方なのであって、こういうことが江戸の命でもあるように思われもしていたので、柳橋の芸者が川開きに出ないということも、江戸の一つの自慢であったのであります。

涼み船情緒

浅草川の涼み船は今〔大正十四年〕の高等工業学校の裏手の処から、永代橋までの間を漕ぎ廻ったので、御座船といったのを、元禄の中頃から屋根船と言い替え、明和、安永には少なかった屋根船が文化には全盛になって来た。「吹けよ川風揚がれよ簾垂、中の小唄の主みたや」と唄ったのが、屋根船情緒には「中のお客の顔みたい」と唄わなければ似合わしくなくなって来た。菱川師宣の筆に描かれた月並みあそびにある涼み船の花火の図では、大尽自身が花火を手に持っている。自分の財布で揚げる花火であるから、勝手な時に自由に花火を揚げて見物した。規模は川開きの大花火に比べられないにもせよ、日時を極められた見物とは気分が違う。それに、俺の花火を見せてやるという気張りもある。沢山揚げて見せつけもしたろう。それをワイワイと他の涼み船から見物する。そこに大尽振りの凄まじいところがありもした。従って涼み船の処へは、花火船といって花火を行売する船が来ていた。大尽は花火を買って自身でも揚げ、花火船に命じて揚げさせもする。

隅田川舟遊の水域

花見船、涼み船、踊船、月見船、いずれにしても、江戸の舟遊山はただ一筋の浅草川、両国橋がその中心になる。其角の句（続五元集、元禄十三年）に「大橋をこさぬうちなれ屋形船」というのがある。この大橋というのは永代橋のことだ。戸田茂睡も「紫の一本」に「両国ばしのうへ、御蔵前のあたりより、下は三股を限り」といった。又こうもいってある。「三股、両国橋と崩れ橋（今の箱崎橋）の方と向島の方と、三方に水汐わかれたる故、ここを三つまたと名付けたり。初め夏むきの遊船ここにかけて、殊更月の夕べは清光の隈なき事を悦び、酒に対してうたい、月に乗じて吟ぜし所なり」師宣は度々この涼み船を描きもした。その盛況は「江戸名所記」や「江戸雀」その他に詳しく書いてある。

涼み船の種類と変遷

屋形船の盛衰　「御当代記」元禄九年の条に、「船には柱をたて覆ひをし、家の形をしたるを御座船と、此以前はいひし、今はやかた船といふ」とある。屋形船という名前は古い唱えではない。慶長の頃浅草川へ涼みに出たのは平田舟へ屋根を作り掛けたまでのものであったそうだが、追々立派な身柄の人が涼み船に出るようになり、船型も増大して五間六間になり、構造も従って変化した。屋形船の構造は吉原町の遊女が、定例で伝奏屋敷へ呼ばれる往来に乗る舟が、苫覆いをして幕や簾を掛けてあった。それが原型になったのだという説もあるが、何にせよ承応になっては屋形船とは言わなかったけれども、その型式を具備した。その時は涼み船が盛んにもなったのだ。明暦三年の大火があって、その年は花見も涼みもあったものでなく、翌年は柳営及び諸大名等の普請のために、船という船はことごとく建築材料の運漕に収用され、その後三四年を経て世間の景気が直り、万治の末、寛文の初めに涼み船が浅草川を賑わすようになった。この時は船型が益々大きくなって、船室も九、十、十一を算えた。船の名の山一は八間（やま）と一間（ひとま）熊一は九間（くま）と一間（ひとま）あることを示したので、十一丸も同様だ。前後度々の禁制もあるが、寛文八年三月、「遊山船金銀の紋、座敷之内、絵書き申間敷事」というのだけでも、屋形船が随分華美になって来たのが知れよう。屋形船は寛文延宝にその盛りを極め、しかも大屋形船の二艘を繋げて踊り船にする有様であった。そこへ大老堀田正俊が天和改革を断行し、綱吉将軍の初政を激烈ならしめた。江戸中は忽ち火の消えたようになったが、天和二年七月、屋形船に制限を加え、

舟長さみよし際より戸建迄四間三尺
表の梁間四尺六寸
胴の間、梁間六尺五寸
　但中舗居にいたし仕切可申候
靫（うつぼ）の梁間五尺五寸
表の小間長さ一間三尺

筒の間長さ一間一尺二寸
屋根の高さ板子上より棟下の下端迄五尺
軒の高さ舟ばたより三尺七寸
軒出端一尺二寸
間数、胴の間、筒の間、此二間の外は仕間敷候

この規定を超過することを許さない。天和改革は極度の倹約を官府のみならず、民間にも強制したが、遊船などに対してはなおさら仮借する筈もない。新しく船内に二室以上の構造ある船を許さないのみならず、規定に違った借し屋形船を繋留して置いてもならぬと達し、元禄二年六月には屋形船の数も多くすべからず、大型なるを造るべからず、三艘を一所にもやうべからずと命令し、宝永三年九月には屋形船の総数を百艘に限定、正徳三年三月、規定された屋形船百艘に対して、毎船一枚ずつの焼印札を交附し、この際武士及び支配違いの向きから預った屋形船は、速やかにその持主へ返してしまえと命じた。諸大名には船宿から返された屋形船を破却した者もあったという。これで定数以外の屋形船は無くなった。この後に屋形船の好況はまたと来ない。踊り船で賑やかであった延宝度が、屋形船の全盛話に残るだけだ。何につけても元禄といえば好い事ずくめのように思われているが、屋形船などは著しい衰頽を見せている。三股、両国、駒形等へは多数の屋形船が集って、時々に別な世界が水上に出現し、物売船が群がりもしたのに、同じ処へ二艘掛けてはならぬとあっては、延宝度の景気を夏にも見られない。それでも「雨夜三杯機嫌」（元禄六年版）に「武陽舟遊興」と題した狂詩がある。

遊宴頂上隅田溶、屋形冷搆舟幾千、艶艶幔幕黐二碧水一、爛々花火輝二九天一、艫唱レ雅那辺腰本、舳弾レ琴其町御前、味線語出栄閑節、小鼓張揚観世遷、弁当斗樽遣颯々、饅頭西瓜頭顛々

などという有様、踊子は当時のはやり出しでもあり、目立っても見える美形を連れて新らしがり、または昔ながらの野郎帽子色鮮やかな少年俳優とたずさえて羨ましがらせるのも一興、屋形船にはシンネコはない。天下晴れて五人十人の綺麗なところを乗せている。如何に衰えても「吹けよ川風、揚がれよ簾垂、中の小唄の主見たや」の模様はある。後の屋根船になっては、吹けよ川風に相違はなくとも、揚がれよ簾垂に相違はなくとも「中のお客の顔見たや」と唄う。それだけ屋形船とは趣向が違う。

享保年間の屋形船　宝永正徳の厳制を受けた後の屋形船は、享保十五年の調べでは九十九艘になった。その所在、船名を「柳営秘鑑」後編に載せてある。

水道橋　亀山丸、鎰吉丸、大野丸、松菊丸、井筒丸、宝珠丸、計六艘
昌平橋　花市丸、相模丸、計二艘
和泉橋　高砂丸、川市丸、柳丸、桜丸、吉野丸、湊丸、大福丸、計七艘
江戸橋　恵比須丸、布袋丸、川西丸、尾上丸、千秋丸、桜丸、計六艘
浅草橋　玉吉丸、吉野丸、太田丸、川市丸、明石丸、若吉丸、柳丸、岩戸丸、永楽丸、若狭丸、松本丸、福市丸、計十二艘
駒形　大和丸、玉市丸、四目丸、若徳丸、計四艘
木挽町　吉川丸、川武丸、林丸、湊丸、加羅市丸、歓喜丸、大黒丸、本市丸、宮市丸、計九艘

南八町堀　和泉丸、川市丸、夷丸、若宮丸、計四艘
北八町堀　松市丸、明石丸、総丸、利徳丸、計四艘
芝金杉　延喜丸、川吉丸、明石丸、四国丸、計四艘
牛込　玉世丸、虎丸、吉屋丸、川吉丸、四国丸、和泉丸、高雄丸、高砂丸、計八艘
両替町　蓬萊丸、堀吉丸、延喜丸、坂井丸、小市川丸、計五艘
土手蔵　浪吉丸、永代丸、猩々丸、吉川丸、福市丸、今市丸、衣川丸、万吉丸、市川丸、計九艘
本町河岸　大和丸、東国丸、本町丸、福吉丸、徳市丸、山田丸、今吹丸、計七艘
後藤河岸　大黒丸、田村丸、太田丸、薄丸、滝丸、計五艘
鎌倉河岸　鎌倉丸、金沢丸、計二艘
本所二ツ目　福市丸、計一艘

屋根船の全盛期　享保の改めの後、二十七八年過ぎた宝暦七八年には屋形船が六七十艘しかなかった。その中に吉野丸が一番大きく、続いて兵庫丸、夷丸、大福丸、川市丸等の大屋形があったが、また五十余年たつ間に大屋形は全く無くなって、文化の中頃には二十艘内外の小屋形があるだけになってしまった。その時猪牙船は七百艘もあり、屋根船は五六百艘あった。屋根船は涼み船にもなるが、猪牙船は足労を省く効用に過ぎぬ。けれども人力車が創案され、それが大いに行われると、屋根船が忽ちに滅亡してしまったのを見ると、従来何の役廻りを受持っていたかが察せられよう。屋根船は日除船というのが本名なのだ。安永天明の頃には江戸の川筋に総数五六

十艘しかなかったものが、文化になっては十層倍になった。この四五十年の間に屋根船の時代が造り出されたのである。梁の低く狭い構造だけに、多人数を乗せて大酒宴など思いも寄らず、また何としても昔の踊り船の様子は見られぬ。頭のつかえる諺に福禄寿を屋根船に乗せたようだという。頭の顱の長い福禄寿が坐っているにも窮屈なのである。普通の人間でも屋根船の中では立ってはいられない。自然と浅唱低酌の気分になってゆく。

誤り易い屋形船と屋根船　「屋根船」なんていう名前が元禄頃にあるか、無いか聞いてみるまでもない話だ。大川を通る――後で申せば舟遊山ですが、そういう舟は吉原通いに専ら使われた猪牙舟とは別なので、これは初めに「御座舟」と言い、後には「屋形船」といわれた舟です。それでは古いところには簡単な遊山船がなかったかというと、「日除船」という舟があった、それがだんだん進化して後の屋根船になったので、荷足舟の上に覆いをかけたようなものだったらしい。それが百艘もあるようになったのは寛延二年の話で、それ以前には二三十艘位いしか無かった。この「日除船」がその後屋根船の形を具えるようになって、だんだんとはやって来たのは、どうしても明和以降のことでなければならない。宝暦度にすらまだ屋根船という言葉はなかった。無論屋根船の恰好をしたものも無い。

武士の船享保以後槍を立てず　享保になっては武士も涼み船に槍を立てない。それでは町人と同様だ。〔註・それ以前、武士の乗る屋形船には槍を立てて威勢を見せた。その状況は「昔々物語」に「大身衆是に乗って弁当色々美を尽し、人数十人なれば槍十本両の簾に添えてかけ並べ、十二人なれば十二筋なり」とある〕

猪牙船〔補〕　この猪牙船は気の利いた船で、細くて長い。船首のちょっと立った船で、そしてたった一人しか乗れない。前に煙草盆を置いて船の縁に手をかけて乗る。櫓を漕ぐと船がゆれる。この猪牙船の中で堅くなった奴は、船に乗ったことのない奴だと言って馬鹿にされる。〔江戸は過ぎる・河野桐谷編・高村光雲氏述〕

「ちょろまかす」の語源　共古「ちょろまかす、というのは、『ちょろ』という伝馬船の小さいのを言うので、これは極めて速い。『ちょろまかす』というのは、『ちょろ』よりも速い。つまり素早いのである。主に人の物を取ることを、ちょろまかしてしまうと言う。それでその速いちょろ船より速いと言うところから来たのであろうと思います」若樹「実際伝馬船の小さいのを『ちょろ』と言いますか」共古「そういうそうです。今は伝馬の速いのを『ちょき』という。その『ちょき』よりも速いのです。『ちょろ』というのは極めて速い船だということになっております。多分『ちょき』と同じことでしょう。その『ちょろ』よりも速く、素早く人の物を取るという意味でしょう。そんな説明はありませんが、私はここではそう思います」若樹「その『ちょろ船』を負かすというのは、競争で負かすのですかね」共古「それで愈々速いわけでしょう」若樹「話がうま過ぎますね。もしそうだとすると昔の『ちょろまかす』は気がのろいね、今よりも」鳶魚「今ならば飛行機負かすとか、自動車負かすとか言うだろう」

舟遊さまざま

月見船　秋になっては何処だって、月見ほどのものはない。だが芋名月、豆名月といっては、田舎らしい。大都会の月見は、それほどに閑寂な筈もありません。船で出かける隅田、綾瀬、三股、それだけの趣向でなく、洲崎、鉄砲洲、芝浦、高輪、品川、不忍池等は、いずれも水辺の月見で、江戸の名所に数えられていました。居ながらに我が家で、畳の上の松の影と洒落れる者が、もとより多かったには違いないが、江戸人は出かけてでないと、月を見た心持になれなかったらしい。屋形船に供船をつけて押出す三股の月見は、菱川一派の絵にも残っており、その舟には沢山な踊子をのせて、凄まじい景気なものであったことは、山東京伝の踊り船の考証で知れます。そんな古いところでなく、屋根船へ町芸者を入れて隅田、綾瀬を漕がせたのは、明治の初めまで続きました。

屋根船と首尾の松　江戸の涼みといえば大川らしいが、海苔の話は古過ぎもしよう。鯉と白魚は久しく浅草川の名物であった。鰻も御米蔵の米の落ちたのを食うからと言って、ここのを通人たちが嬉しがったという。この河面に浮ぶ屋根船、梅見花見と向島を訪問するのみでなく、首尾の松へ繋いで置くのは涼みだろうか。いずれ柳橋のが乗っている。

月明り見れば朧に舟のうち、意気な二上り爪弾きの、思い合ったる首尾の松

洒落者の行止りのように言っていた。かの為永春水の「辰巳の園」の序に「縁の橋間や桟橋にもやひし舟の仮枕、それさへ人目がうるさいから、御蔵の裏手の首尾の松」今日の高等工業学校の裏手に一番堀から五番堀まで、舟入りの溝渠があって、その岸に松樹が植えてあった。その向うは御船蔵、全く人目の外にある。屋根船の障子は奇妙に冬でも二枚しか立ててなかったそうだ。祝儀の加減で船頭が不足の分を出してくれた。そうして船頭がお蔵の脇から岡へ上ってしまう。

万事は心得ている。祝儀次第でその場を外すのである。そう聞くと乙なようでもあるが、或る人情本の挿絵には、屋根船の一隅に二つ枕が常備品になっているのを見た。それを珍らしそうに話して、江戸の残物から勤番侍でも知っていることだと笑われたことがある。それ程に屋根船の中の趣向は世間周知のことであってみれば、別に乙な訳もない。そうなら恋愛も相思もあったものでない。随宜に販売された生洲の鯉鮒、変った味があろう筈もない。それをそう言ってしまわずに、飛んだ逢う瀬を船の中、おかしな首尾を嬉しがらせたところに情味を持たせたのが江戸らしいかも知れぬ。その首尾の松は、一本の名ではない。御蔵の裏手に茂っている限り、総てが呼ばれる名であろう。この松の補植は札差共の担当であって、彼等の延喜を祝ったものと思われ、毎年新春の集会に出す屠蘇盃の三ツ組にも、上に首尾の松、中に御蔵蜆、下に積俵の蒔絵をするのが吉例であったとか。もし丸出しに年金恩給立替屋の高利貸共の植えた淫売松といったらば、江戸趣味とやらに恭悦する連中が何というだろう。それを何か名木ででもあるように、先年も首尾の松の枯れ木で煙草盆を拵えて分配した粋人もあった。

吉原通いの山谷船　同じものでも山谷船は、大抵柳橋から二挺立、真土沈んで木末に乗り込む今戸橋、吉原へ急ぐのであった。猪牙船に乗る人は編笠をかぶったので、船宿には必ず編笠が吊してあったそうだが、文化頃から屋根船が多くなって、編笠が不用になった。桟橋まで送って来た船宿の女房が、舳先へ片手掛けて、御機嫌よう、お近かい内に、と押しやるのをキッカケに、若い者が竿を突っ張る。細い腕の女房の力が何とあろう、けれどもその機会に船が河岸を離れるのだ。竿が三年、櫓が三月、今、東京中に屋根船を漕ぐ者は一人しかないそうだが、ひと突っ張りで船を河岸から離し、も一ッ突っ張って川中へ出し、竿と櫓と交替するのだそうだ。

屋根船の船頭

また一人船頭一人芸者の御沙汰というのも屋根船でないと意味がない。その一人船頭という七之助は屋根船の船頭でなければならぬのに、番附には小船乗小猿七之助とある。〔註・新作「小猿七之助」の主人公。その劇を考証している〕船頭といっても荒波を渡る親船もあれば、渡し船の水ッ湊もある。気の利いたのは屋根船の船頭に限る。それを山谷の小船乗と申したのでしょうか。〔註・屋根船の船頭を小船乗と言ったことは、その後鳶魚翁自身が確かめている〕七之助の浅黄の股引も目に立つ。年中空ッ脛でいるものであるのに、なぜ田舎臭い浅黄を穿かせたのでしょう。

船の構造

華やかな屋形船　大名旗本の船でも踊れば、町人の船でも踊る、それに見物船も出る。夜も昼も両国橋を中心に、御蔵の前から三股まで懸け並べた踊り船の数々。物々しい大名も、猛々しい旗本もいつも気圧される。町人も皆な一様に景気立つ踊り船、ただ賑わしい川面に、漸く戦国時代を離れた気分が多少とも認められて来た。

其頃九間（ま）一丸、八間（ま）一丸といふ船あり。九間一は幅三間に長さ十一間、八間一丸は十間に幅は三間なり。八間一を楽屋にして九間一を踊り船となす。八間一より九間一へ厚板を渡し、左右を幕にかこふ。九間一には揚幕をして踊り出る。凡そ踊りの数は十五番、一番々々に装束をかへる。踊り一番過て独狂言芸を尽して入る。又踊り有て囃子三番……夫より浅草藤屋といふ大茶屋へあがり、踊り独狂言囃子、此三品の遊興済て二の膳までの料理を出す。踊りには三味線三挺、小弓小鼓（こきうこづつみ）二挺拍子、この一日の費そくばくなり。くれ〳〵より又船に乗て両国にて踊る。小田原町の踊りの出たる日といえば船のかりちん常に倍せり。（柳亭筆記所引有磯海）

延宝の踊り船の形勢はこの文で概観される。

武士に限る屋根船の障子　幕末の浪費者津の国屋香以の刷り物に、丁巳とあるから安政四年のだろうが、柴田是真の筆で雪中の屋根船、冬だのに女が簾垂を揚げた図面、我等は屋根船の簾垂というものに初めて気がついた。それまではただ夏だから簾垂が掛けてあるのだとのみ思っていた。障子があるのに何故に簾垂を掛けるのか、夏は障子をのけてあるから簾垂の必要もあろう。一人で考えては考え切れぬ。早速ある老人に聞いてみた。すると町人の乗る屋根船には年中障子がたてられなかったから、いつでも簾垂を掛けました。障子を建ててあればその障子を隠すために簾垂を掛けておかなければならなかった。けれども武士が一人でも船の中におれば障子を建てる。従って簾垂は掛けぬ。障子をたてた屋根船は武士に限ったもので、町人には許されなかったと聞いて、階級制度が江戸時代に遍満していたのを諒解した。通貨にも階級区分があるほどだから、駕籠にも階級別けがあった。それだのに船が除外される筈はない。

屋根船の簾垂　屋根船のすだれについては天保十三年四月、雨雪の時または波立つ時の外は巻き上げておけ、橋間へ船を繋いではならぬと法度にした。これは「辰巳の園」の序文にもある通り、「縁の橋間や栈橋にもやひし船の仮枕」意気の事のようにも聞えるが、屋根船の常備品として枕が二つ宛あるのを定式とすることになっては、誠に取締りも容易でない。首尾の松へ繋げるのも一方は御蔵（幕府の米蔵、今の高等工業学校の裏手）対岸は向島で、人目離れた場所なのだ。屋根船の障子の数はいつも不足していて、ちゃんと建ててはなかったそうだ。首尾の松などに繋げさせた時、客の祝儀の出しようによって、船頭の者は取っておいた障子を持ち出してすっかり建て切りもすれば、その場をはずして陸へ上ってもしまった。

屋根船の構造と乗り方　屋根船は頭勝ちで横にふりますから、お酌も一杯につぎません。六七分目につぐ。お客も芸者も心得ていないと初中（しょっちゅう）ぶれですから、注ぐことも受けることも出来たものではない。面白いのは屋根船の乗り方で、慣れない者は頭から乗ろうとしますが、船が揺れるので容易に足が入りません。仕方なしに屈んで小縁へつかまって乗る。慣れた者はちょいと屋根裏へ手をかけて、膝から先に入ります。芸者などは手際がいい。鴨居へ両手を逆にかける拍子に飛込みます。屋根船には敷居、鴨居がある。常に障子が立つからです。しかし本来は日覆船といいまして、屋根は許されておりません。障子があっても平常軒先に簾が下げてありました。これは申訳までのものなので発着の際だけ下げて、航行中は捲きもせずに、そのまま屋根の上へ抛り上げておいたのです。畢竟町人は屋根船に乗れないので、もし武家が舟の中におれば、簾は下げないでよかったのであります。舟の中に一人二人というのは少ないのですが、特に男女二人というのがある。その時は夏冬共に船頭が手早く障子を一枚、板子の下に隠して、一枚足りな知らん顔で漕いでいます。簾は撥ねてあるし、男は彼方此方と障子を立てつけるが、いのですから、どこかあくので困る。そこで船頭に、障子を一枚どうしたのだというと、ハイいりますかねという。どうか立てたいものだねと頼む。すると船頭は、障子を一枚お貸し申すと、あとで舟を浄めなければなりませんと出る。百も承知だ、どうか貸してくんな、というわけで、漸く船頭が板子の下から持って来るのです。もっと手際のいいのは、首尾の松あたりへ繋がせて、船頭に握らせると、何もいわずに障子を立てて、船頭は上陸してしまう。それもその筈で、屋根船には吉原枕が二つずつ常備されておりました。

二つ枕は天保以後　屋根船で発向したのは、化政度のことであって、その中が芸者の転ぶ場所になってしまった。だから船の中に枕が二つあるというようになったのは、天保以後のことです。

船賃〔補〕

「守貞漫稿」の生業の部に屋根船及び猪牙船の運賃が出ている。天保、嘉永年間の価だが、柳橋より山谷堀に至る片道、屋根船は船頭一人乗りのもの三百文、二人乗りのものは四百文。同じく猪牙船は百四十八文とある。

船宿

店の模様と女将〔補〕　その頃船宿というものがあったが、今日で言えば網船みたようなものです。もとの船宿は、川岸に猪牙船とか網船がつけてあって、店の飾りはちょいと一段高く造ってあり、突当りの店頭に、大きな縁起棚を飾ってあって、長火鉢のところには、粋な女将さんが坐って、お客を待っていたものです。冬は雪見などに出かける人もあったが、夏は実に愉快でした。そしてまた船宿の前には、出かける人を見る人も多かった。芸者がしょっちゅう船宿に来て待っていた。夕涼みになると、三味線で流して隅田川を上ったり下ったりして遊んだものです。竹屋の渡しの所、花川戸、それから此方に来ては、たしか駒形の所に、川松という大きな鰻屋があったが、そこのところから少し来ると、今でも駒形堂があるが、あすこの所に二軒ばかり船宿があった。柳橋が一番多いようでした。〔漫談明治初年・同好史談会編〕

粋な女将は安永から　船宿のおかみさんの気の利いたのがあるようになりましたのは、安永、天明度の話で、何としても宝暦以前にありようは無い。

船問屋と船宿　花川戸というのは今の吾妻橋のところで、そこに船問屋、島屋、藤屋の二軒があった。〔略〕問屋といえば荷物を主として扱う。船宿といえば乗客のみを扱う。

素人芸の流行

狐拳　八百八町の市民を戦慄させた水野越前守が退職して、流石に厳厲苛酷な天保改革が破れた後を引受けた阿部伊勢守の緩和政策は、火の消えたような江戸の人気を急に引立てた。「あの阿部さん、いい阿部さん、御趣意がちっとなほって、はかりにかけたら十万石」と謳歌され、物見遊山が賑わしく見えて来た時、弘化四年正月十二日から開けた河原崎座の所作に「笑門俄七福」を出した。その中で拳を打ちながらの文句、

酒はけん酒、色品は、かいる一トひょこ三ひょこひょこ、蛇ぬら〳〵、なめくじ参りやしょ、

ソレじゃん、ジャカジャカ〳〵じゃんけんな。ばさまに和藤内がしかられた。虎がはう〳〵、とてつるてん、狐でサアきなせ。

というので、結末のトテツルテンが名に呼ばれ、トテツル拳が大流行になった。拳の流行は久しいことであったが、支那伝来の本拳の外に、文化文政には虫拳、石拳、狐拳、虎拳を派生していた。それが恰もこの頃は春の家草丸によって、狐拳が藤八拳と改称され、漸く流行しはじめ、後には拳といえば狐拳藤八拳のことのように思われるようにもなる、その機先なのだ。またこのトテツル拳が影響して、おいでなさい、ともせともせ、ちょんぬけ等が出て来たのである。トテツル拳の文句に蛙や蛇を持ち出しているのは虫拳で、狐で来いというのは狐拳のこと、けん酒は拳酒、酒間に拳を打って、負けた者が飲ませられる趣向なので、ここで打つ拳が狐拳だったのも知れよう。

茶番　茶番が江戸の民衆娯楽の有力者になれたのは、明和以降のことで、両国連、小田原町連、吉原連、深川連、浅草連、下谷連、神田連、芝連、山の手連などと、各方面から多数の人を集め、自分も楽しみ見物をも楽しませて、久しく江戸の感興を持続するのであった。滝亭鯉丈も斯界の巨擘（きょばく）であったが、「八笑人」「和合人」を出して滑稽物の別天地を開いた。あれは全く茶番小説というべきものである。「明月余情」の跋に「廓中に物あり、首は茶番、尾は祭礼、足手は踊りの如くにて、啼声芝居に似たるものは何じゃ何じゃ、是則ち俄（にわか）」とあるが、明和の吉原の俄も芝居の茶番でなく、上方の俄でもなかった。その後になって文化、文政の茶番はまた風味が違って来た。八笑人の飛鳥山、花見の場所へ仇討を持ち込んだ趣向は、かつぎ茶番というのを拡大したので、茶番の特徴である景物を忘れ、野外では演じない例にも外れている。茶番の歴史も随分珍妙なものであるが、滑稽な事におかしくない説明を加えるでもなかろう。しかし茶番の興味はすでに局限されなくなった。到底或る席だけでは狭くてならぬ。「八笑人」も「和合人」も茶番小説で、作者の空想虚構に成ったには違いもないが、曾て井上頼圀翁はモデルのあったことを話され、その中の四五人を知っておられるとも聞いた。従って飛鳥山の仇討なども、あのままを直ちに事実とは見られないが、かつぎ茶番の趣向を或る機会に持ち出したこともあったろう。

素人新内　新内流し、二上りの高音は、随分遠くから聞えます。本職の流しもありますが、中には素人――旦那といわれている人も、芸自慢から流しに出る。素人でも上手なのが沢山ありました。これは三味線弾きと二人連れで、この撥音だけでも江戸の夏の夜のように思われるといって、皆嬉しがったものです。

声色屋　声色となりますと、素人が洒落に出るものの方が、稼業人より多いくらいでした。大概三人連れで、その中の一人が銅鑼を持っておりましたが、あっぱれ色男のつもりで、身なりも小綺麗にしておりました。化政度にはめいめい得意の役者の名を取って、団十郎松、三津吉、梅幸熊といったように、自分の名をつぎ合せて芸名を拵えたそうですが、江戸の末には、話家の気取りで昔のような芸名はつけなかったといいます。

遊興の果の逃避地

駈落者は八王子　道楽息子の逃げ場所が銚子であるように、八王子は駈落者の落付場として、人情本にも書かれている。いうまでもなくこれは文政以後八王子の機業が著しく発達して来たので、労銀が得易く、従って生活が容易だった為めである。も早やこの頃では八王子の織物は農閑の仕事ではなく、専業になり始めていたのである。

数寄者の隠居地　それから「下手談議」に八王子の臍翁の話があるが、この頃は洒落者が都会を離れて田舎へ引込むことが流行したらしい。江戸から目黒へ引込むのは享保からのことで、その以前は葛西、本所深川等であった。そうした気取りから宝暦には八王子が選ばれもしたのであるが、勿論多い例ではない。

動植物園

大阪の孔雀茶屋　蜀山人の「葦の若葉」に、天王寺へゆく道すがら、瓦屋町の右側に植木屋が多くある。その中に見出した孔雀茶屋、

孔雀茶屋といへる暖簾かけたる大きなる茶屋あり、立入って見るに錦雞白鷴、灰鶴、孔雀〔二雄三雌〕などあり、大きにひろき籠にいれたり。高麗雉、かかる籠の内に黄楊の木など植へて隠れ所とす。籠の前なる欄の中に羊を飼ひ置けり。奥の方に池あり。杜若、萍蓬所えがほなり。葭簀張の茶屋たちつづけて人々憩ふ。江戸の花鳥茶屋に似たり。

とあって、動植物園が公衆のために開かれていたのが知れる。これは今日〔大正十四年〕から百九十三年前の享保元年に書いた大阪見聞記なのだ。

江戸の花鳥茶屋　江戸の花鳥茶屋は何時何処にあったのだろう。「魂胆夢輔譚」に「昔は浅草上野山下には花鳥茶屋とて珍らしき鳥獣をあつめ置きて、見せたる茶屋ありしとぞ」とある。この書は弘化元年の版だが、昔あったというので当時はないのだ。しかし「粋興奇人伝」の序に「文化の初っ年の水無月、下谷広徳寺前なる花鳥茶屋において落語の夜講あり」とあって、この時から三題話というものが始ったという。東叡山の正面が広小路で、向って右手を山下と汎称したから、広徳寺前にあった花鳥茶屋をも、山下の花鳥茶屋と言った。今日からは余程変にも聞えるが、現に「魂胆夢輔譚」に浅草上野山下と書いてある。さてこれで所在がたしかになったばかりでなく、江戸の花鳥茶屋も大阪のと同様に花鳥茶屋と呼ばれたのが知れた。そうしてその茶屋が集会に利用されたことも知れた。いかにも「堀田甚兵衛記」に山下の賑わいを叙して「名物茶屋のおもてに後むきて鳥の名ども、高やかにいひたるなどあり」といい、文政九年に松浦静山侯が浅草邸の途上で、花鳥茶屋の看板に四足の鶏を描いて出してあるのを見て、見物を引寄せるために虚偽な看板を掲げたものと思って、家来を見物にやったところが、四足の鶏というのは嘘でなく、信濃産の畸形鶏で、二脚は普通に生え、二脚は臀の左右の尾毛の下にある。これは天然の物で贋作変造ではないと「甲子夜話」に書かれた。花鳥茶屋は文化文政に江戸で著名なものであったらしいけれども、鳥の方は珍らしい四足雞をさえ見せたものの、花の方は何とあったろう。それに大阪を真似たのか、江戸を真似たのか東西の花鳥茶屋はいずれが早いのか我等は知らない。天保の末になって山下の一部を寛永寺の囲い地にした。それと共に浅草上野といわれる場所の町並みが改められ、三四十年の名物であった花鳥茶屋も撤退しなければならないことになってしまった。

富士登山の流行

江戸の町々では、六月（陰暦）になると、富士講中の登山出立で、大変賑やかでした。市中には数十の富士講がありまして、一講には少なくて五六十、多くて二百人をかぞえる講員を持ち、どの講にも先達といって行者があり、講元という主宰があり、世話人と称して斡旋する者が数人ありました。八百八町のいずれにも富士講に加入した者のいない町はありません。御山開きと申して、六月一日から登山が許されます。講中の出立はその前日から始まるのですが、出立はいずれも夕刻でした。その町、かの町から五人三人ずつ、便宜の場所に集合して、四五十人ほどの団体になります。各自は町内を挨拶して廻りますと、懇意な人は集合場所まで見送ります。出立する講中の行装は、白木綿の行衣、同じ色の手甲脚絆に草鞋掛け、白布の鉢巻、手襷に掛けた大数珠、講名を標記した菅笠を戴き、八角に削り上げた金剛杖を突き立て、振り立てる鈴の音勇ましく、業々しい有様なものでした。この富士講の登山隊は、享保以来、江戸の年中行事になっておりましたが、明治の中頃までは盛んなものでした。従って市内に富士、浅間の祭祠も多く、巌石を積んで仮山を拵え、これに上って登嶽に代える習俗をも生じました。その中にも駒込の富士、高田の富士などと申して随分参詣がありました。それに続いて浅草砂利場、深川八幡社内、同一の鳥居、同森下町神明宮、鉄砲洲稲荷内、茅場町天満宮境内、池の端七軒町、柳原柳森稲荷内、神田明神社地、神田松下町、小網町たうが堀稲荷内、下谷小野照崎明神内、高輪如来寺内、本所六ツ目、目黒行人坂等の登嶽代用の仮山にも相応な参詣がございました。

2　祭と迷信

山王祭

祭の盛衰　祭礼を将軍が見るということは元禄の初年からで、その頃から華美なものになったのである。屋台もその時に出来た。そして吉宗公に停止された。元禄よりも正徳の方が盛んであったらしい。家宣公の時代、大奥に絵島などという剛の者のいた時代、特に令して吹上物見の前へ練り込ませて、将軍が女中と見物したのである。神田祭は元禄から城中へ練り込むようになったので、その以前は入らなかった。山王祭は将軍も氏子であるのみならず、別段の由緒があるから、元和以来城中を経過する定めであった。江戸祭礼と大奥女中との関係は頗る注意すべきもので、千代田城中に豪婦傑女のある時は、大概お祭は盛大であったことを忘れてはならぬ。吉宗公がこの祭に抑損を加えられて後、松平越中守定信、水野越前守忠邦が察度したのみで、その他の執政は放任或は大奥の内意を承けて奨励したのであった。それゆえ積勢に駆られて、お祭というものは年々華美になるのみである。屋台は宝暦に復興して、寛政にも天保にも遂に廃絶しなかった。

馬鹿囃子と娘自慢　お祭に一時期を劃すべきは、葛西に於ける新芸術の発達である。馬鹿囃子は享保の頃からあったが、江戸の祭礼に「せなァ諸君」の参加するようになったのは、実に宝暦十二年の山王祭からである。その上に踊り屋台、市中の児女が三味線、舞踊の稽古に、誰彼の別なく一般に励んだ文化文政、町内の栄誉、娘自慢、公私に掛けた衒気は、景気を煽って踊り屋台の上に駆り出す。踊り屋台へ出た娘、当時のハイカラ、忽ち江戸中の評判になる。それが終身の誇りである。その中でも抜群なのは一枚絵になって、絵草紙屋の店頭に陳列される。これが江戸のお土産となって全国へ伝播する。虚栄は今日に限った名物ではない。天保年中の話に、麴町辺の一商家の娘が山王祭の踊り屋台へ出た。その後西丸大奥の某老女から、部屋子に差出すようにと親許へ内談があって、その娘が御奉公に出たという。当時少女の高等教育と言えば、大名へ奉公するのであった。それさえ容易に奉公するわけにいかぬ。町家からはなかなか採用しない。よい手蔓が必要である。申立てる一芸がなくてはならぬ。希望者が多いから採用試験の体である。それを大名でない将軍の奥へ、たといお小僧にせよ、お犬にせよ、先方から召されるのだから無上の名誉に相違ない。こうした事が踊り屋台へ出る候補者を多からしめたのである。

山車と附祭　山王祭は六月十五日と極っていて、かつて変更したことはない。当日は未明に山下門を入り、日比谷門堀端を桜田門の前を左に取り、黒田屋敷の南番附坂（ここに祭礼の番附札が建つ。永田町一丁目と三丁目との間、支那公使館前の坂、本名茱萸坂という）を登り、山王社の前を右へ、永田町梨の木坂を下り、堀に沿うて半蔵門より内廓へ入り、竹橋門を経て大手前に達し、東面して常盤橋を出で、山王練物は退散するのであった。さてその行列は、

小旗、大旗、長柄槍、太鼓二つ持人十一人、拍板二人、田楽二人、〈獅子頭〉二持人廿四人、社家騎馬、飾鉾三本卅二人、社家騎馬、神馬、社家騎馬、神馬三匹、御太刀負社家騎馬三人、〈一の宮〉供奉（大伝馬町、南伝馬町）社家騎馬、伶人二人（鼻面面かぶる）素袍着四十人、御

幣持二人、造り児一人、大拍子持三人、神輿、舁人五十人、御膳持二人、神机持六人、社家騎馬、〈二の宮〉供奉（小舟町、堀留町二丁目、堀江町）社家騎馬、町人麻上下卅人、素袍卅人、御幣持二人、造り児一人、大拍子持二人、神輿、舁人五十人、御膳板持三人、御机持八人、〈三の宮〉供奉（南伝馬町）社家騎馬、素袍卅人、御幣持二人、造り児一人、大拍子持三人、神輿、舁人五十人、御膳板持二人、神机持六人、社家騎馬、衆徒十騎（俗に法師武者という）別当四方輿、神主轅、長柄槍。

これは神輿行列で、番組以外の定例である。山王祭の獅子頭は天下一品で、家光公の手習いされた反古で張抜きにしたものだと伝えられ、その通過に際して一同に総下座をさせられたという、珍無類の獅子頭であった。それから〔天保五年の〕番附順にいうと、

〈一番〉大伝馬町吹貫鶏太鼓。〈二番〉南伝馬町吹抜猿。〈三番〉麹町一二三丁目笠鉾男猿、同四五六丁目笠鉾馬乗人形、同七八九十丁目笠鉾応神天皇武内宿禰、同十一、十二、十三丁目笠鉾雪転人形、同平川町一二丁目笠鉾八幡太郎、同平川町三丁目山元町笠鉾鍾馗、新肴町弥左衛門町、本材木町一二三四丁目万度持一人、神楽師一人、猿田彦一人、獅子舞二人、曲太鼓打二人、囃子方四人、総人数太平踊おどり、神楽台一荷、町人四人、世話役四人、荷ひ茶や一荷。〈四番〉山王町、南大坂町、丸屋町、水車の出し。〈五番〉小舟町、堀江町、堀留一二丁目、初穂奉納。〈六番〉桶町、松に羽衣の出し。〈七番〉本町四丁目、岩付町、金吹町、本葦屋町、弁才天の出し。〈附祭〉同上、三番叟の学び、引抜き、男形かん（十六）女形はな（十五）後見やす（五十三）きん（十九）浄るり富本豊前太夫、同伊呂波太夫、同八百太夫、

同名尾太夫、囃子方十四人、太夫三味線ひき日傘さしかけ六人、世話役廿人、町人十三人、警固二人、鉄棒引四人、荷い茶屋三荷。

ここで附祭〔註・花車に添えて出した踊り、練り物、曳物を指す〕ということを説明しておこう。隔年の本祭に十五ヵ所乃至三ヵ所に対して輪次に附祭をさせる。一ヵ所から一種乃至三種の屋台地走等を出させる。これを年番といった。天保五年には附祭十ヵ所から各一種ずつ出させてある。附祭の多少や出しものの数は屢々変更されている。いずれも町奉行を経由して、江戸三町年寄へ内意を通ずるので見れば、市民が任意にしたのではない。内意の出ずる根源は申すまでもなく、大奥である。手酷いのは祭礼区域でない町内へも、附祭を命じたことがある。文化文政には御雇祭と称して、特に出しものを申附ける。予め趣向を立て、書面に認め、町奉行へ差出し御内意を伺う。その中から選択されて、いよいよ命を伝える。もっとも三町年寄はその費用をも書いて出す。これならば何程、彼ならば何程と明細に勘定書を添附する。地走りが四十二三両から五十両前後、屋台は五十両から八十両までであった。畢竟請負のようなものである。費用は直に下附されるものの、雑費はその町方の負担になる。御雇祭は如何にも当該地の栄誉であるから、衒気を出して勤めるが、実は多分の失費をした。祭礼の費用は町内の積立金から出す。その積立金は小間割で地主家持が支出するのであるから、衒気の多い住民は景気立って騒ぐが、財布方の公民は渋面をつくっていた。

〈八番〉本両替町、駿河町、品川町、同裏河岸、北鞘町、春日竜神の出し。〈附祭〉志渡浦と書いた幟二本、鎌足一人、白丁供大勢、竜人の形十人、猟師一人、海士一人、唄三味線、張

抜きの玉を三宝にのせ二人にて持つ。町人十人、世話役廿七人、鉄棒引三人、荷い茶屋二荷。これは地走というのである。屋台もしくは底抜屋台を用いず、拍子木を合図に行列を止めて、所作をする。

〈九番〉本小田原町、瀬戸物町、伊勢町、静人形の出し。〈附祭〉妹背中花の今様、義経かな（十五）静いえ（十四）長唄、吉村幸次郎、岡安喜平次、松永勇次、岡安喜兵衛、後見そめ、囃子方十五人、町人五人、世話役廿五人、警固六人、鉄棒引四人、荷い茶屋二荷。

世話役はいずれも若旦那の類が出掛けたものであった。踊り屋台は破風屋根か雨障子屋根で、四柱を立て廻欄があって、四面を篗（いとわく）で組んだ肩輿である。踊子は芝居でするような扮装をして正面に腰を掛けている。これが上覧場その他で卸担をして演芸をやる。囃子方はそこぬけ屋台、名の如く底がない。屋台は舁がせているが、銘々は屋台の中に入ったまま歩行している。これは変なものであった。

〈十番〉室町三丁目、本町三丁目、裏河岸、安針町、本船町、加茂能の出し。〈附祭〉岩磐石千歳草摺、五郎たけ（十六）舞鶴もん（十五）後見女二人、長唄富士田千蔵、同吉四郎、同新三郎、囃子方十四人、町人八人、警固六人、世話役十九人、鉄棒引四人、荷い茶屋二荷。

町人というのは名主以下町役人、警固も町内の文句のある人間である。

〈十一番〉本石町四丁目、十軒店、一来法師の出し。〈附祭〉頼政菖蒲の前、頼政小徳（十六）あやめきく世（十六）後見三津世（十九）みね（十七）長唄岡安喜代八、富士田勇蔵、岡安喜太郎、囃子方十四人、町人十八人、世話役廿五人、鉄棒引七人、荷い茶屋四荷。

この踊り子は良家の処女らしくない。けれども舞踊卒業生、いわゆる名取りの多かった時代であるから、これらも卒業生であったろうと思う。

〈十二番〉西河岸町、武蔵野の出し。〈附祭〉和藤内凱陣の学び、ねり物、猛虎退治とかきし唐轍一人持、大木刀一人持、竹のつくり物一本ずつ二十人、和藤内の母一人、張抜きの虎を腰に附けしもの一人、赤毛の木槍二人、管絃唐人打扮十六人、和藤内一人手輿に乗る。町人二人、世話役十五人、鉄棒引三人、割竹六人、荷い茶や二荷。

これは練り物である。練り物というのは今日の仮装行列と同一の物である。

〈十三番〉本銀町四丁目、元乗物町、新革屋町、新石町一丁目、石台に牡丹の出し。〈十四番〉鍛治町同上、鍋町同上。〈十五番〉須田町、連雀町、通新石町同上。〈十六番〉鎌倉町、三川町一丁目、月に薄の出し。〈十七番〉小網町、網打人形の出し。〈十八番〉新材木町〈十九番〉新乗物町〈二十番〉堺町一本、葺屋町一本、住吉町、難波町、高砂町一本、以上月に薄の出し。〈廿一番〉新大阪町、田所町、通油町、竜神の出し。〈廿二番〉富沢町、長谷川町、熊坂長範の出し。〈附祭〉鞍馬山の練り物、牛若一人、稚児一人、供奴一人、僧正坊一人、天狗十三人、女子供囃子方、斧、羽扇、天狗の面、杉の立木、いずれも一人持、町人四人、警固卅人、世話役廿五人、鉄棒引四人、荷い茶や四荷。

これは男の子が出たのである。世話役も袴を着けたのが少ない。家主の出が多くないためであろう。鉄棒は町内の消防夫の勇みなのが、何処でも引受ける役廻りだ。

〈廿三番〉銀座一二丁目、分銅の出し、槌の出し、同四丁目分銅の出し。〈附祭〉歳男豆蒔、男形こと（十六）女形ふじ（十五）後見やそ（十八）長唄岡安喜久三郎、同国三郎、同喜与助、囃子方十三人、町人三人、稽古十六人、世話人十五人、鉄棒二人、荷い茶屋二荷。〈廿四番〉通四町、呉服町、元大工町、神功皇后の出し。〈附祭〉舌出三番叟、人形つかい吉田いと（廿五）西川やす（十八）後見吉田冠三、黒子吉田国五郎、同新五郎、長唄岡安喜三郎、同喜之助、同喜太郎、同喜四郎、囃子方十六人、警固十四人、世話役廿三人、鉄棒四人、割竹六人、荷い茶や三荷。〈廿五番〉上槙町、月に薄の出し、檜物町、羽衣能の出し。〈附祭〉宝物の引物、綱引卅人、警固九人、世話役廿人、鉄棒二人、割竹八人、荷い茶や一荷。〈廿六番〉本材木町一二三四丁目、棟上人形の出し。〈附祭〉業平小町の学び。業平役に小原女ぶん（十三）小まち役に仕丁よし（十三）後見かね（十七）長唄吉住小四郎、同正三郎、同新五郎、同小八、囃子方十三人、かつき日覆一荷、警固十八人、世話役七人、鉄棒三人、荷い茶や二荷。〈廿七番〉青物町、万町、元四日市町、鳳凰の出し、左内町、浦島の出し。〈附祭〉出雲八重垣の引物、綱引卅二人、警固八人、世話人四人、鉄棒二人、荷い茶や一荷。〈廿八番〉大鋸町、武蔵野の出し、本材木町五六七丁目、月に薄の出し。〈廿九番〉長崎町、霊岸島町、東湊町同上。〈卅番〉平松町、新右衛門町、榑正町、南油町、川瀬石町、小松町、音羽町、猟船人形の出し。〈卅一番〉武蔵野の出し。〈卅二番〉本八丁堀五丁目、月に薄の出し。〈卅三番〉本湊町同上。〈卅四番〉南紺屋町、西紺屋町、弓町同上。〈卅五番〉竹川町、出雲町、芝口一丁目、西側同上、〈附祭〉西宮睦月の遊、踊り子久良吉（十六）後見扇芝（廿三）清元佐登美太夫、同喜代太夫、同理尾太夫、はやし方十六人、かつき日覆一荷、町人五人、警固廿二人、世話役廿六人、鉄棒六人、割竹十人、荷い茶や四荷。〈卅六番〉弥左衛門町、新肴町、斧鎌の出し。〈附祭〉士農工商練り物、士農工商にかきたる幟一人持、縫ぐるみ鬼の形三人、為朝に扮せる（娘）一人、雑色の形二人、百姓女（娘）二人、同（男）五人、大工に扮せる（男）三人、同（女）四人、海士（娘）一人、（男）三人、縫ぐるみ章魚一人、人形つかい（男）四人、手遊売（男）二人、町人四人、警固十人、世話役廿六人、鉄棒六人、荷い茶や三荷。〈卅七番〉本材木町、具足町、柳町、水谷町、頼義出し。〈附祭〉頼義奥女中の学び練物、桜の造物一本、花槍（娘）二人、桜枝（娘）二人、花駕二人持、三味線を持ちたる女子供四人、縫ぐるみ神馬（男二人）同猿白丁二人、管絃女子供五人、大拍子、大鼓四人持、警固十一人、世話役廿四人、鉄棒四人、割竹二人、荷い茶や二荷。

花籠には造花百様、一年四時の花を飾り、錦繍を蒲団として、綾羅を衣として、四五歳位いの女児を坐せしめて舁ぎ廻るのである。〔略〕

〈卅八番〉南鍋町、山下町、宝船出し。〈附祭〉矢根五郎、歌米次（十五）後見哥仙、ひで、大薩摩文太夫、長唄岡安喜三八、同喜久蔵、囃子方十二人、町人六人、警固十八人、世話役廿五人、鉄棒六人、荷い茶や三荷。〈卅九番〉数寄屋町、茶臼引人形出し。〈附祭〉高砂丹前、尉ふじ（十五）姥よし（十四）後見らく（十八）長唄富士田吉太郎、同新太郎、同吉蔵、囃子方十二人、町人一人、世話役六人、鉄棒二人、荷い茶や二荷。

後見女は踊り師匠が多い。中には踊り子の姉さんが出掛ける。それは少ない。江戸の踊匠の風俗は、これは瀟洒なもので、実に無類な女風俗であった。

〈四十番〉南新堀町一二丁目、霊岸島塩町、同四日市町、箱崎町一丁目、同北新堀町、大川端町、八乙女の出し。〈附祭〉豊作出来秋の練物、豊作とかいた建札一人持、鍬一人、老婆の形一人、子守女一人、庄屋一人、神主一人、坐頭一人、老人一人、稚児一人、医者一人、瞽女一人、田舎娘一人（これだけは娘）土手に秋草の造物一荷、町人七人、警固廿一人、世話役十二人、鉄棒六人、荷い茶や四荷。〈四十一番〉五郎兵衛町、北紺屋町、武蔵野の出し。〈四十二番〉元飯田町同上。〈四十三番〉南大工町同上。〈四十四番〉常盤町、僧正坊牛若の出し。〈附祭〉安宅の関の練り物、安宅の関とかきし幟二本、草刈童七人、弁慶の形男一人、螺貝の作物背負うもの一人、大扇同一人、張抜き松一人持、警固十二人、世話役六人、鉄棒三人、割竹二人。〈四十五番〉霊岸島銀町、月に薄の出し。

行列の道順〔補〕　未明出し練り物山下御門を入り、日比谷御門の御堀端に添て、桜田御門の前より左の通りを黒田家御やしきの南番附坂を（この所に祭礼の番づけ札あり）登り、山王御社の前より右へ永田町梨の木坂を下り、御堀端通り半蔵御門より御内廓へ入り、竹橋御門を出て、大手前酒井家御屋敷、小笠原家御屋敷に添て、常盤橋御門を出る。出し、練り物は是より退散す。神輿は行列を乱さず、夫より本町一丁目二丁目より十軒店右へ、本石町三丁目四丁目より左へ鉄砲町を廻り、鉄砲町と大伝馬町の間を右へ、大伝馬町一丁目を廻り、同二丁目田所町右へ、堀留町二丁目一丁目より左へ、小舟町通り小網町を通抜け、湊橋渡り右へ、霊岸橋渡り、茅場町通りより御旅所に至る。此所にて奉幣あり、神饌を献ず。夫より海賊橋渡り、青物町より通一丁目へ出、大通りを尾張町まで、右へ山下町より山下御門を入り、元の道筋を通り御本社へ還御あり。〔東

都歳時記・天保九年刊〕

屋台と花笠の初め　この附祭の費用、小分けにして申せば、万燈の如きものも、天明前後には七八寸角の九尺程の長さのある柱を立て、その柱の上に横板を置いて、その上に飾り物をのせる。なかなか大きなもので目方も重い。それを力自慢の者が持ち歩くのですが、これは禁ぜられたので、それから後は引万燈と言って、車につけて綱で引くようになっております。警固に出る者が花笠をかぶることも宝暦以来ですし、屋台も享保頃からありましたが、初めは担いで歩くものだったのが、宝暦以来は車にして引き歩く、綱をつけて大勢が引張るようになったのです。踊り屋台は無論引く方ですが、これもだんだん金がかかるようになった。宝暦頃までは御祭衣裳というものさえ、別に新調しませんで、女の着物を借りて出るという風だったのですが、明和度から大したものになった。そこぬけ屋台は天明以来のもので、また天明以来お祭が華やかになったのです。

神田祭〔補〕

宵宮の情緒　神田祭礼の前日なり。世俗夜宮又ねりといふ。祭礼勢揃あり、行列を揃へて、近辺をねりありく、是を見んとて遠近の貴賤街に充満す。今日道筋の武家町家等は賓客をむかへて饗応し、明くるを待つ。街の賑ひ筆紙に及び難し。社頭にも参詣群集す。祭礼にあずかる町々は軒提灯をかけ、大幟を街に立て、酒樽蒸籠を積み、神酒所等補理す。〔東都歳時記・天保九年刊〕

山車の行列　今日往来人留にて猥りに通行をゆるさず、脇小路は柵を結ひ、諸侯よりは長柄槍を出され、神馬を索せらる、供奉行粧尤厳なり。産子の町数六十四、番数三十六番、各出しねり物に善美を尽し、壮麗鄙人の目を驚かしむ。出しの内例年たがへずして出すものは一番の鶏、二番の猿、三番の翁人形、四番の和布苅竜神、六番の花籠、八番の関羽周倉人形、九番の熊坂人形、十番の僧正坊牛若人形、十三番の二見浦、十六番の素戔烏尊（竜神管絃ねりもの）並に猩々、十八番の稲穂に蝶、廿番の竜神、廿三番の大国主神、廿四番の靍が岡放生会、廿七番の三条小鍛冶小狐、卅番の雉子、卅一番の武内宿禰人形、卅二番の仁田四郎人形、卅五番のえびす神等なり。其外にも毎年出るものあり。出しは何れも牛車にて曳くなり。この外におどり、ねりもの曳物数多く出る。

〈行列並番組次第〉太鼓、御幣、榊、社家騎馬、神馬、社家騎馬、長柄、小籏十本。〈一番〉大伝馬町〈二番〉南伝馬町〈御雇祭〉太神楽、本材木町四丁目、弥左衛門町、新肴町〈三番〉神田旅籠町一丁目〈四番〉同二丁目〈五番〉鍋町〈六番〉通新石町〈七番〉須田町一丁目〈八番〉同二丁目〈九番〉連雀町〈十番〉三河町一丁目〈十一番〉豊島町、同湯島町、同金沢町○神輿一の宮行列、長柄槍、社家騎馬、太鼓、獅子頭二、田楽、社家騎馬、御鉾、社家騎馬、神馬、社家騎馬、御太刀、社家騎馬、御太刀、社家崎馬、長柄槍、伶人（鼻高面）御幣、素袍着、大拍子、神輿、神几、社家馬○二の宮行列、伶人（鼻高面）御幣、素袍、大拍子、神輿、神几、社家騎馬、白張素袍、神主轅、社家騎馬、長柄槍、突棒、以上。〈十二番〉岩井町〈十三番〉橋本町一丁目〈十四番〉同二丁目〈十五番〉佐久間町一丁目、同二丁目〈十六番〉同三丁目、四丁目、同富松町〈十七番〉久右衛門町一丁目、二丁目〈十八番〉多町一丁目〈十九番〉同二丁目〈廿番〉永富町四丁目〈廿一番〉竪大工町〈廿二番〉ろうそ

く町、関口町〈廿三番〉明神西町〈廿四番〉新銀町、〈廿五番〉新石町一丁目〈廿六番〉新革屋町〈廿七番〉鍛冶町一丁目、二丁目〈廿八番〉元乗物町〈廿九番〉横大工町〈卅番〉雉子町〈卅一番〉三河町四丁目〈卅二番〉明神下御台所町〈卅三番〉皆川町二丁目、三丁目〈卅四番〉ぬし町〈卅五番〉白壁町〈卅六番〉松田町○神輿二基ともに古来は卅六番の後に渡しけるが、天明三卯年神主願によりて、十一番と十二番の間に渡す事とはなれり。〔東都歳時記・同〕

行列の道順　当日桜の馬場を繰出し所と定む。未明御茶の水河岸通昌平坂を上りて、右へ本郷竹町へ曲り、本郷通へ出、本社の前湯島の坂を下り、旅籠町、夫より仲町と加賀原の間を筋違御門へ入り、（この旅籠町の内、一祭おきに道筋少し違ひあり）須田町、鍋町より西へ曲り、同西横町、横大工町、三河町三丁目を左へ曲り、同一丁目の河岸、神田橋、御堀端通（古来はかんだ橋より入る）本多家御屋敷に添て、護持院原北側を過ぎ、夫より飯田町魚板橋を渡り中坂を登り、田安御門より御曲輪内へ入る。竹橋御門を出、一ッ橋御館前へ出る。神輿は御やかたの内へ入て奉幣あり、当社の旧地なりしゆえなり。夫より大手前酒井家、小笠原御屋敷に添て、松平越前侯御屋敷前より常盤橋を出る頃は、晩景に及んで各群を乱して退散す。神輿のみは行列を揃へ、本町通り石町、鉄砲町、大伝馬町、堀留町、小網町、小舟町河岸より、瀬戸物町、伊勢町河岸、本船町、小田原町河岸より日本橋を渡り、通一丁目より京橋迄、夫より北詰東の河岸、炭町、本材木町七丁目より一丁目河岸まで、四日市より日本橋へ出、室町一丁目より通町、筋違、昌平橋を渡り、湯島の河岸より聖堂脇の坂を上り、本社へ還輿あり。此夜産子の家々より軒挑灯をはづし、竹の

先につけて路次を供奉する事夥しく、神輿のいさましきに目を驚かしむ。〔東都歳時記・同〕

天下祭の祭日と氏子〔補〕

山王祭は六月十四（宵宮）十五日（本祭）、神田祭は九月十四（宵宮）十五日（本祭）で、延宝九年以後は両祭を交互、隔年に行った。すなわち山王祭は子・寅・辰・午・申・戌年、神田祭は丑・卯・巳・未・酉・亥年が本祭で、他の年は陰祭とした。両宮の氏子は日本橋の川を境に西南（南は芝、西は麴町、東は霊岸島、小網町、堺町辺を限り、西は神田まで）を山王権現、東北（神田及び日本橋の大部分）を神田明神の氏子とした。

番附売

番附売は手拭で頰冠りをして、小風呂敷を背負い、尻を端折って盲縞の股引、草鞋ばきという拵え、「お祭番附、山王様御祭礼番附」と美声で呼売りをしたものである。

盂蘭盆

お盆風景　江戸の盆は陰暦七月のこと、初秋の袂涼しい時分だけに、魂祭りも心淋しい一種の情味に相応しい。今日では陽暦の七月、陰暦にすれば六月の初めなのだから、余程勝手が違っている。舞台で見る「四谷怪談」の蛇山庵室にしても、見物のすべてが自分の家々で、軒の涼風に揺らぐ盆燈籠を眼前に見て、さてお岩の亡霊が揺ぐと見えた盆燈籠の中から出る、蛇山というのは今の本所番場町なのだけれども、江戸の夜は下町でも真ッ暗であった。夏が過ぎては急に淋しい秋が来る。その淋しさを暗い軒端に薄ぼんやりと蠟燭火の白張提灯、三界万霊なんという文字でなく、手軽い絵を描いたにしても十分凄味はある。気のないような提灯の動き方や、戦いたような蠟燭の火影を勉めて形容し、別に幽霊下地を拵えずとも、盆燈籠の凄味は、岐阜提灯の持っている涼味と紛れる筈がない。〔略〕江戸の盆の嬉しいのは陰暦の七月であったからだ。

燈籠のいろいろ　百人町の星燈籠、菱川師宣の絵本、月並の遊びに描いてある高燈籠は、長さ五六間もある杉丸太の先へ三角のイラカを結びつけ、杉の葉で包み四手（しで）を切り下げて、屋根のある燈籠を掲げるのだ。これは新しい仏のある家々では、七月の晦日から朔日まで、三カ年続けて点揭する例であったが、享保の末には大分廃れ、僅かに寺院だけに高燈籠は残った。その外には吉原の玉屋山三郎方で、毎年高燈籠を点じる例だったのが名高かった。然るに鉄砲組同心の住む青山の百人町では、家毎に年々この高燈籠を掲げる。それが屋根つきの燈籠だけに雨中でも点出された。暗い中空に高く高く掲げられた高燈籠は、耿々（こうこう）として星のように眺められ、殊にしとしとと降る雨の夜は何とも言われぬ情景を呈した。従って青山百人町の星燈籠は江戸の名物でもあった。これは明治以後全く見られない江戸の名物で、我等の夢に通わない情景だが、それを目覩した山中共古翁のお話では、この町の高燈籠は吉宗将軍のために点ぜられ、何代かの将軍が上覧なされたこともあるように承わった。高燈籠は殆ど町家には点ぜられない。まず武家屋敷だけのものと言ってよかろう。それで一般が盆供に点じたのは、切子燈籠、船燈籠、花燈籠、影燈籠、折掛燈籠、廻り燈籠などであった。廻り燈籠は子供の玩弄物とのみ思うのは間違いで、盆中精霊の供養に点じたのである。玉菊の追善にともしはじめたとかいう、新吉原の燈籠は、江戸の年中行事に算えられたが、延享四年の細見には、廻り燈籠を飾ったところを挿絵にしてあるが、吉原で廻り燈籠を飾ったことは余り話されていない。

草市の場所　処々の草市精霊棚は十三日に飾られる。冥土からの来客は、十四日の卯の刻（午前六時）に来て、十六日の午の刻に還るという。棚を飾る材料のために、年々一定の場所に草市が立つ。その中でも、

十二日の吉原仲の町、深川櫓下、小石川伝通院前、本所四ッ目、根津門前。

十三日の日本橋南北、京橋伝馬町、尾張町、両国広小路、人形町、今川橋北、筋違御門外、神田松下町、上野広小路、浅草茅町、同駒形、同雷門前、本所中の郷、深川森下町、本郷通り、白山、牛込通り寺町、市ヶ谷谷町、麴町、四谷御門外、同天王横町、飯田町中坂、麻布四ッ辻、本芝、品川、青山辺

などは大分賑やかであったと聞く。この草市は如何にも秋らしい心地のもので、そこで売る枝なりの青ほおづきから、四里四方をにわかに涼しくしてしまうような気味が感ぜられた。

寺参り

唯一つの娯楽　元禄の頃までの江戸市民は物詣で、すなわち神社仏閣へ行くことの外、いくばくの行楽をも持っていなかった。堺町、葺屋町の諸芝居や新吉原は必ずしも一般の娯楽と交渉があったとも言えない。〔略〕それでも江戸年中行事は祭礼法要から展開して、物見遊山へだんだ

ん拡がってゆく。この展開の経過を逆に推及すると、祭礼法要に押詰る。そこで祭礼法要が早くから民衆の娯楽を孕胎していたのが知れる。公園というものはなくても、神社仏閣の境内地がその用をみたしていた。

鬼やらい 江戸年中行事で顕著なのは、亀戸天満宮、下谷五条天神、雑司ヶ谷鬼子母神堂の追儺、特に浅草寺の節分会であった。観音堂で豆を打った後で、外陣の左右の大柱へ高さ一丈ほどの棚を吊っておき、二人の下男がその棚の上へ登って、祈禱札三千枚を撒く。その札を平等に撒くために、下から二人の下男が大団扇で煽ぎ、方々へ飛び散るようにした。参詣の群集は祈禱札を拾おうとして大騒ぎをやったという。拾った札は各々持ち帰って門口に貼附したが、この祈禱札というのは疫病除けなのである。この日神田の明神でも疫神斎の札を出した。年越という。陰暦では十二月、陽暦では正月になるが、立春の前夜に貴賤尊卑の別なく、家毎の戸口に鰯の頭を柊（ひいらぎ）に貫いたのを挿し、例の福は内、鬼は外で煎豆を打つ。この鬼とは何だ。正暦五年〔九九四年〕六月に、疫神の祠を船岡山へ、それを長保三年〔一〇〇一年〕の五月に紫野今宮へ移した。この時疫癘が流行して夥しい患者を出したので、こういう建祠さえあったのだ。その今宮へ遷座の頃から、疫病のまじないとして豆打ちが始まったという。従って鬼というのは疫鬼なのである。今日でもヤッキ運動というと凄まじいものだが、躍起などと書くから正体が知れない。実は疫鬼なのだ。疫鬼の凄まじさ、病勢猖獗を極めたことは、年代記で見ても知れよう。軍書に如何なる天魔疫神も面を向くべきようもなしとある、疫鬼となられてはたまったものでない。手近いところで金平浄瑠璃の中には、疫病のことが反覆され、如何なる剛勇の者もこの病気に敵し難いとし、さらにまた金平の剛勇は比較すべきようもない。ただ疫神の如くであって、恐れる者はないとも書いてある。天和、貞享度の肺病は伝尸虫（でんしちゅう）という虫によって伝染すると思ったが、正暦、長保以来の熱病は疫鬼疫神によって流行すると信じた。これは平安朝からの伝来を因襲したとのみも言われぬ。疱瘡も疱瘡神があると信じていた例もある。その疫を払ったことや、疫神退治が金平浄瑠璃に仕組まれてあるが、その前に能の狂言の節分では、今夜は節分だといって日本で豆を打つから、その豆を拾って食おうと、蓬莱の島から鬼が出て来て、家々を覗き廻ると、門口に挿してある柊で、鬼が目を痛めたことがある。それから辛くも忍び込んだ家の女房の美しさ、鬼は有頂天になり、遂にその女房に透かされて、持っている宝ものの隠れ笠、隠れ蓑、打出の小槌を取り上げられ、急に豆を打たれて追い出された。今日流布する狂言は和泉流のものであるから、室町時代の物とは変革があろう。何にせよ疫鬼らしくない、妙に色気があって古女房にもせよ欺かれる程の甘さだ。こうした鬼なら骨を折って追払うまでもあるまい。亀戸天神の追儺にも二本角のある四ツ目の青鬼赤鬼が出て追払われるが、狂言の鬼のように小唄までうたって惚れた女の御機嫌取りをせぬだけで、尋常に神官と問答をする。何にも凄まじいところはない。それにただ鬼というだけ、何の鬼だか知れぬところは狂言のと同様である。〔略〕さて鬼やらいは疫病除けであるのを忘れ、ただ節分に豆打だけを伝えたから、別に疫神送りが始められ、厄除け魔除けの意味で時ならぬ正月の松飾りなどをする風をも出した。

伊勢参りの交接禁止

久七の言葉で、私もつねづね御参宮をしたいと心がけていたが、これはいい連れだから一緒に参ろう。荷物は私が持とうし、路用も幸い有り合せがあるから、私が賄って不自由はさせません、と言う。〔註・「好色五人女」巻二中の一節で、ここはその輪講、鳶魚翁の発言個所〕久七は実はおせんに下心があるから、こういう風に言ったのです。嗅は顔つきをかえて、女に男の同道というのはよくない。「此神」というのは大神宮様で、そういうことをお嫌いになるから、平におよしになる方がよかろう、と言った。伊勢参りものは、道中で身を慎しまなければならん、と言い伝えているので、「恥さらせし人見及び聞伝へしなり」というのは、その神罰を蒙ったものを指しているのです。「御入部伽羅女」に怪しからぬ見世物を挙げてある中に、「大きなる枕絵書、女はふり袖、生国は備後の福山、歴々なる人の娘、参宮の道で仕そこなひ、男は二十五、見ぬ事は話にならずとゐいや〳〵の大見物」そう書いてあって、その禁を犯して動けなくなったものを、懺悔のために見世物にすれば、罪障が消滅して離れることが出来る。そういうことが言い伝えられているから、こんな見世物が出来たわけなのです。「聞之任」天保元年の処にも「春より伊勢神宮へお蔭参りと云ふ事流行……何国の者にか、参宮の男女途中にて交接したるが、犬のつるみたるやうにて離れず、せんすべなく長櫃に二人を入れて国許へ送る路すがら、数多の人見たりとなん語りつたふ」とある。また「御入部伽羅女」よりも三年前に出た「美景蒔絵の松」（宝永四年版）にも「今の戸板は哀やと泣出すを、是はいかな事、死人でも生酔でもない、あれは御影でぬけて、てんがうかいてぬけぬのじゃわいなふといへば」とある。

水の苦行

向両国の垢離場　向両国の垢離場（こりば）という俚称も、今日では全く忘れられてしまったが、そこを本所元町というよりも、回向院の門の前といった方が分りがいい。そこには大勢の丸裸の男女が、乳のあたりまで両国川に浸って、手に手に藁で拵えた銭緡（ぜにざし）を持ち、口々に「さんげ〳〵六根ざいしょう、おしめにはったい、こんごう童子、大山大聖不動明王、石尊大権現、大天狗小天狗」という文句を唱えて垢離を取る。これを水垢離とも千垢離ともいう。利生を祈るために、川水を浴びて身心を清める。七日の千垢離といって、一度に千回、始終七千回、川水を浴びるのだが、百度を踏むというのと同じことで、一々川を出たり、入ったりせずともただ身を屈めて立てば、それで一回すんだわけで、その数をかぞえるために銭緡を持っているのだけれども、銭緡は一度一度に川へ流す。ズンズン流れれば大願成就、淀んで流れないと不吉だと信ぜられた。幾群れともなく押寄せるのだから、随分垢離場は賑やかなもので、今日の海水浴に見る形状に似ている。まして大勢で「さんげさんげ六根罪障」と呶鳴る、その声の凄まじさ。深い処へは出ず、河岸沿いに浅いところにいたから、川向うへは大抵聞えなかったそうだが、両国橋の上へは聞えた。この千垢離は元禄の末からのことで、江戸には久しい習わしであった。

王子の滝の気狂療法　王子には名主の滝、稲荷の滝、弁天の滝、不動の滝、権現の滝、見晴の滝、大工の滝というのがある。これを王子の七瀑といって土地の名物になってもいるが、七瀑の中で名主の滝が一番世間に知られている。この滝は安政年間に当所の名主孫八が拵えたのであるから、名主滝と呼ばれる。大工の滝も古くはない。七瀑の中で水の綺麗なのを賞玩される。不動の滝は泉流の滝ともいう。この滝ゆえに正受院は滝不動で通っている。正受院の不動堂の後方は坂道になっていて、川端へ出ると左手に泉流の滝がある。箱樋で仕懸けた滝で、四五間四方の岩組の間から落ちて来る。その高さは一丈余、目黒不動の滝よりも細いけれども、滝口が高いので水勢は強い。冷たいことは氷のようだ。滝壺はおよそ九尺四方で、三四尺も掘り窪めてある。底は一面に切石が敷いてあり、水抜きの小溝があるから、落ちて来る滝の水は、直ぐ川へ流れ込んで滝壺に溜ってはいない。水のない滝壺の切石へ、勢い鋭く落ちて来る滝の水が当って、強く反撥されて四辺へ真白な噴霧がむくむくと絶えず拡がって行く。ここは一帯に岩窟であって樹木が繁茂しており、足もとに流れがあり、川向うはまた岡山で、殆ど日の目を見ない。極暑の時でも暫く休んでいれば寒くなる。それにここへ来た者は、滝に打たれて身体を冷やす。近年は乱心、逆上性、頭痛、痃癖、痰症を滝に打たれてなおすことが流行で、都鄙の男女老若が日々に群集して、婦女は浴衣着ながら髪は手拭で包んで滝に掛る。元気のいい壮者は一日に五七度もかかるが、体質の弱いものや老人は四度を限りとしている。当所は近頃大繁昌、寺の本堂客殿は湯治場の座敷のようだが、何程の効験があるのだろう？　と文化度の人は書いている。滝に打たれて病気を癒すという流行は、文化文政の頃に甚だしかったらしい。

呪い人形の作り方

この調伏の証拠品というのはどんなものかというと「素焼の泥人形」だ。これには一行に「島津寛之助、行年四歳」と書いてあって「その周囲に細かい梵字がすっかり寛之助を取巻いていた」とある。〔註・直木三十五氏作「南国太平記」の一節。ここはその考証〕けれども「島津寛之助、行年四歳」と書いてあったなんていうことは、まるで無いことです。普通一般の呪人形や、加持などにします時は、大概名前はありませんで、干支——寅とか、丑とかいうことと、年が幾歳ということと、男性か女性かを書く位いなもので、名前を明らかに書くなんていうことは、すべての御祈禱にしないことです。

幽霊調べ

全身足有り時代　延宝版の宇治加賀掾の正本「義経追善女舞」の挿絵で、曾我五郎が亡父河津三郎の幽霊に扮して現われた姿だが、本文で見れば五郎は幽霊の扮装のままで、襲って来た梶原平五を斬り、その死骸に自分の着ていた死装束を着せたとある。そうならば幽霊扮装といって今日のように特別な扮装があるのではなくて、死人に着せる白い着物、白い脚絆、額に当てる三角紙と、頭陀袋に杖といったものなのも知れる。元禄版の正本「金屋金五郎浮名額」の金五郎の幽霊も同じ扮装に描いてある。能と同様な全身足有り式の幽霊は元禄以後もなお続いて出るけれども、恰もこの時分には半身足無し式幽霊も見かけている。〔次項参照〕一体誰もお目に掛ったことのないものでもあり、型式のあるべき筈のないものだけに、幽霊の型式は極めて自由に拵えられそうなものだが、意匠するにも手掛りのない幽霊には、何処といって着想する場所もない。対象が怪しいのみならず、類推すべき材料もありはせぬ。それ故にただ死人に纏綿して、何等かの構想を加えようとしたものが死装をさせた全身幽霊なのである。それは死装束というだけ、能よりも型式が新しくなった迄だ。

出だけの足無し時代　誰も知っているあの「舟弁慶」の幽霊、あのいかめしいなりで「是は桓武天皇九代の後胤平知盛の幽霊なり」と、自ら名乗って出て参ります。無論、両足がちゃんとあって、どんどん足拍子か何かで出て来る。今日でも能の幽霊は、知盛のみならず、皆足がありますす。生きている人間と同じ形で出て来る。能ばかりではありません。古浄瑠璃の方でも皆足がついている。これは今に残っておりますす正本や狂言本などにも見えます。ただその中に、挿絵で見ますと、全身あるものばかりではない、半身に画いてあるものもありますが、実際舞台の上に於ては両足がちゃんとある。「浅間ヶ嶽」の浄瑠璃の挿絵などを見ますと、奥州が起請を焼いた、その煙の中から現われて出ます。ちょうど下半身が煙で、その中から出たように見えますので、足が画いてありません。けれどもこれは「出」だけの話で、出てしまえば舞台を歩くのですから、無論足はある。

半身足無しは文化から　松緑は足無しにしたと申しましても、これは文化からの話であります。そうして、松緑の工夫に起って、その子の菊五郎と二代がかりで幽霊の形式、幽霊の趣向というものが出来上ったわけであります。

足無し幽霊の元祖　幽霊の元祖と言われますのは、後に尾上松緑になりました尾上松助、及びその養子でありました三代目菊五郎になった、この親子が芝居の幽霊を得意に致しまして以来、怪談というものが、江戸の民間に頻りに面白がられるようになりました。松緑が幽霊の元祖といわれますわけは、足のある幽霊を松緑の工夫で足の無いように致しました。これは人魂からの思いつきで、人魂が通りますあとにすーッと長く足を引きます。あれから思いつきまして、幽霊の足をすーッと細くするように工夫したのが松緑でありました。

孕女の幽霊　鳶魚「孕女（うぶめ）〔註・「好色一代女」巻六中の文字〕は化物づくしにある」楽堂「一体あれは赤子を抱いている産婦の幽霊で、誰か勇士の旗印にもあったと思う」若樹「流産で死んだ人がなると言いますね」仙秀「絵などにも子供を抱いた姿がかいてある。雨のしとしと降る晩なんか出て来るらしい」楽堂「胎子が生れる時に産婦が死ぬと、それがうぶめになるんでしょう」仙秀追記「『声のあやぎれもなくおはりょ〳〵と泣きぬ。是かや聞伝へし孕女なるべし』〔註・「好色一代女」巻六の一節〕との事は、山岡元隣の『百物語評判』巻二の『第五うぶめの事』に、又問ていはく。世にかたり伝ふるうぶめと申物こそ心得候はぬ。其物がたりに言へるは、産のうへにて身まかりたりし女、其執心此ものとなれり。其かたち腰より下は血にそみて、其声おはれう〳〵となくと申しならはせり。人死して後、他の物に変じて来る道理候はば、地獄の事も疑はしく存ぜられ候、如何に候やらんと言へば、先生のいへらく。迚の事にかたり侍らん。まづうぶめと申すはもろこしにも姑獲鳥（こかくちょう）又は夜行遊女などと言へり。『玄中記』には此鳥鬼神の類なり。毛を着て飛鳥となり、毛をぬぎて女人となれり。是産婦の死して後なる所なり。此故にふたつ乳あり。このみて人の子をとりて、己が子となせり。凡て小児の衣類など、夜は外にをくべからず。此鳥来りて血を付けてしるしとしぬれば、其児驚感をやめり。荊州に多く有りといへり。又本草の説には、此鳥に雄なし。七八月の頃、夜出て人を害すと言へり。本朝にてはいつ出るといふ事も侍らねど、かく申しならはし、又もろこしの文にもくはしく書つけたるうへは、思ふに此物なきにあらじ。其はじめ、産婦の死せしからだより、此ものふと生じて、後には其類を以て生ずるなるべし。もと生ずる所の気、産婦なれば鳥となりても其わざをなせるにこそ侍れ。或はくされる魚鳥より虫のわき出、又は馬の尾の蜂になり申す類、眼前に其物より他の物わき出れば、産婦のかばねより此鳥わき申すまじとも申しがたし。是形より形を生ずれば、さも有るべし。地獄の沙汰とはなぞらへがたし。気化形化の名義はおの〳〵かねて知り給へばかたるにおよばず云々。

と見ゆ」

3　四季の風物

縁日と夜見世

夜見世、縁日、いずれも露天の売物。縁日なら植木屋が必ず出ている。これは鉢植えにしても、小さな植木にしても、見るから多少の涼味はある。だがきまって魚燈を燃すカンテラ、または薩摩蠟燭、その煙は濛々と真黒に立昇る。小型な煙突が林立しているようだ。〔略〕寺社の縁日が夜の賑わいになり、取持観音、色薬師などという諺が出来たのは、享和の頃からと思われる。今日からは百五十年以来のことで、夜見世の繁昌も大方同様であろう。婦女の外出も、縁日や夜見世によって促進された。それは必ず淋しい処でなく、賑わしい場所であったからでもあるが、夜商人は夏を専らとする。縁日夜見世が暑い時分に人出が多く、商売も多いからなのは申すまでもない。

夏の夜の売声

辻占売の声は澄み切って快く聞かれました。深川名物カリン糖というのには声のいいのがなく殺風景でした。辻占売も「淡路島通う千鳥、恋の辻占」というのと「瓢箪山なにとやら」というのとありましたが、淡路島の方が意気に聞えました。辻占の文句まであっさりして、かえって余韻嫋々というところがありました。辻占の文句に都々逸を書いたのさえ妙でないので、「嬉しいね」とか「待ってます」とかいう風に、片言隻語の機転が珍重だったのです。辻占売の提灯は大きいのにきまっておりました。「豆ヤー枝まァめェ」といって売りに来るのは、女に限っておりましたが、この枝豆売の売声も一種の情味のあるものでした。子供を背中に負って、世帯やつれのしたのもありますが、貧乏人には相違ないものの、かいがいしい様子の者もありました。枝豆を立ちながら食うのは、中洲繁昌の頃からだと言いますが、それならば明和の頃です。枝豆売なるものは、その前からあったのでしょう。市街の夏の夜の気分は、この「豆ヤー枝まァめェ」の声の中に溢れておりました。「おい、なりィさァん」という稲荷鮓は遅くも来ますが、まず宵の口のものです。夜が更ければ夜鷹蕎麦なども来ます。「そばうは、うゥい」という売声の末は、チンリン〳〵という風鈴の音になる。如何にも更け易い夏の夜の忙しい気持を、この売声に感じたものです。「白玉ァおしるこゥ」と呼んで、天秤棒で荷箱をにない、真赤な行燈の目立った白玉汁粉売や、横行燈にスイトンと書いてあるスイトン売は、折角の夜涼を暑くしてしまう。

虫の音

虫聞きの場所は、真崎（まっさき）、隅田川東岸、王子辺、道灌山、飛鳥山辺、三河島辺、御茶の水、広尾の原、関口、根岸、浅草田圃等が知られておりました。中でも道灌山は松虫が多く、飛鳥山は鈴虫が多いということでした。この松虫、鈴虫を弁別した論著が幾種か行われております。畢竟虫聞きはまず知識階級などという方面に拡がっておりましたので、そんな著書に注意する者の少なくなかったのが知れます。虫聞きの場所は、すべて市街地から離隔したところにありまして、いずれも静かだというよりも寂しいところなのです。そこへ持って行った莚や毛氈をのべ、重箱の肴で瓢簞酒を傾ける。

十三七ツの唄

竹清「お月様のとしで、追分あたりでも十三七つと言いますか」共古「それは気をつけておりませんが、所によっては十三九つも、十三一つも十三六つもあります。けれども十三七つが普通です。江戸でも十三七つ」扇松「それは能く御説明を願いたい」共古「『お月様幾つ、十三七つ、まだとし若いな、アノ子を産んで、この子を産んで、おまんにだかせ、おまんどこへいった、油買いに茶かいに、ちゃかい山から谷底見れば、瓜や茄子（なすび）の花盛り』『おまんどこへ行く』

より次の如く言うのもある。『油屋の前で、すべってころんで油一升こぼした。その油どうした。次郎どの犬と、太郎どの犬と、みんななめてしまった。その犬どうした。太鼓にはって、あっちむけてドンドコドン、こっちむけてドンドコドン』」扇松「われわれが子供の時分は、太郎どんの犬の方を唄ったものです。高い山から谷底というと、鉢巻をして浮れ出すようですな。ところで一つその、十三七つということが伺いたい」共古「それは分らない」鳶魚「十三夜のお月様で、旧暦十三日の月の出るのを見ると、午後三時二十分に出る。そうするとそれを昔の時刻に当てて見ると、八ツ半が三時、七ツならば四時だ。丁度時刻から来ておりはせぬかと思います。十三夜の月の出が七ツという意味だろうと思うのです」〔略〕静方「何屋か分らぬが、十三屋というのがあります」鳶魚「それは櫛屋だ」竹清「それは九と四で十三」

魚釣り

百本杭の鯉釣り　私どもが覚えてまで、百本杭の鯉釣りというものがあった。両国橋の東の袂から、少し上へ寄ったところに乱杭が打ってあって、よく古い下駄なんぞが浮いていたことをおぼえている。だから穢い下駄を穿いていると、百本杭に浮いているような下駄だ、などと言ったものです。ここにいつも釣師がおりまして、鯉を釣るのだということでした。私は釣ったのを見たことはありませんが、時々は釣れるんでしょう。これが東京中で一番いい鯉で、ここで捕れたのは大変高かったのです。古いところで見ますと「江戸名所記」に「此川の鯉は名物にて、其風味すべて淀鯉にまさされば此川ばたに売とかや」と書いてある。「此川」というのは、浅草川のことです。「紫の一本」は天和に書いたものですが、「駒形堂の鯉を高砂屋の味噌にて吸物にし」とあり、「浅草の川の面の船遊び、こひになりつつ身も躍るなり」という狂歌も出ております。其角にも「鯉の義は山吹の瀬やしらぬ分」というのがあって、旨原の書入れに「綾瀬ノ辺、御留川ナリ、山吹ノ鯉トテ名物ナリ、川守ニ少ク金子ヲアタへ、魚ヲカウナリ」と書いてある。紫鯉と言って、ここの名物だったのです。

釣場案内　天明の頃、すでに婦女が釣舟に乗って出た。さすがに沖までは出なかったかも知れないが、陸釣りでは満足しなかったとみえる。〔略〕

諸釣時釣場按内

一、春の彼岸より鮒くひ出す也。尤彼岸に限らず、水暖まり水垢浮かむ節、鮒たなご喰ひはじむる也。

一、八十八夜よりきすくひ出す也。東中川出洲辺、五月末、六月中通りささみよ辺とも釣をする也。又流し釣、立込づりをする也。但しとも釣といふは、舟のおもてを繋ぎ、ともの方へ出、手棹いっぱいに抛げ出しつる也。二人ならでは釣り難し。但し一人は尚よし。物音せぬやう静に釣るべし。

一、鰻釣は鮒同断也。鯰は少し遅し。鮒くひ出し、二十日ほど過ぎ釣れるなり。

一、五月中よりおぼこ釣れる也。はじめ餌につかざるもの也。其節はごかいにてつる也。喰出し岡えさと替ふべし。別に捨竿というて、大きなる針にごかいを沢山かけて、うけおくべし。其まわりにて岡えさにて釣り出上也。あやまりて釣落したる時、出しざほあればいなちらず。

一、沙魚前釣は六月の中よりよし。出来はぜは今だ細く、八月九月沖釣もっともよし。西風強く吹たる後、はぜ沖へかたまる也。其節手釣にて深みを釣る也。前川三枚洲をもに喰吉、本所深川の仁は沖にても棹にて釣るなり。

一、根釣は江戸前は九ヶ所、大師河原新根、かな川の根、いずれも昔石船の沈みたる所也。年月立て海草はへ候。それにきす、あいなめ、かれい、もいを、ふぐ、色々の魚つく也。是を釣るには三月中より八九月迄の間よし。春は神奈川まで日帰りになる也。冬は一晩泊りならでは参り難し。

一、かいづ釣りは五月中より釣れる也。鉄砲洲石垣。七月高輪、秋は品川ひびにて、出来かいづつれる也。

一、せいごは、中川は七月節喰出す、永代八月頃まで、又水あか付たるもと船の掛りよろしく、中川は棹釣、永代に手釣なり。

一、さば鯵は浮き魚にて中針にて釣れる也。雨降らず、水かれ、水にあかみつきたる時、ともえさにて釣れるもの也。

一、かれい、ごさいかれい、七月より十月まで、永代橋、南佃渡場近所にて手釣にくふ也。

一、あなご釣りは、八九月頃闇の夜よし。月ある夜は喰ひあしく候。

一、いか釣りは三四月の頃よし。是は二才を釣る也。八九月頃もっともよし。

一、河豚かけえさはこのしろ、四月中の頃よし。

一、手長海老つり、五月の節よし。

一、春なは三月也。
一、五月をぼこなめ。
一、五月なは赤えびを釣る也。かれいは六月の節にいりて、夜はいこむなり。
一、かちつき、春彼岸よりかれいすに上るなり。六月の節に入るまで、殊の外よし。六月の節より赤えいあがる也。赤えいの針にて突かるる故、足へ竹にて脛当をつくり、はきてはいる也。秋の彼岸に入ると、赤えい外へ出るゆへ秋は夜はま也。
一、鰻縄、本所川、中川、高縄、築地の川、もっともよし。春の彼岸より霜月頃までなり。夏の内は別してよろしく。
一、せいごなわ、中川つくだ島辺、永代橋迄の内よろしく。
一、はぜなわ、八月より十二月初迄也。
一、鯰のたたき釣、本所木場辺、夜にいり、蛙を糸にしばり、竹にゆひ付、川の縁通りを叩き、蛙のおのれと飛ぶやうに打ちて行也。鯰下より出て喰つくを釣上る也。節五月より八九月頃までよろし。

この記載によって百三十四年前の釣魚状況が知れる。

釣堀りの初め　釣堀、あれは何時頃からのものか、恐らく文化以来の流行ものではなかろうか。

「十方菴遊歴雑記」に、

今藪の内の屋敷の奥には百堀と号して、大なる池二ツ三ツ堀開き、潮水を引き、川水を堰入れつつ、鯔（ぼら）海老、鯇（はえ）の類若干をそだて釣らしめ、又鯉、鮒、鯎（うぐい）の類を釣らする。池も広ければ、功者なる人は、此頃大鰡三本まで釣上げしと、巷談まちまちにいひあえり。

とある。この藪の内というのは、深川霊巌寺の後通りの川向うだと書いてあるが、現在のどの辺か、入場料百文ずつ取って釣らせたのであろう。

4　生活と用具

井戸と水道

掘井戸以前　武蔵野の時代からの井戸の様子を眺める。戸田茂睡が天和年中に書いた「紫の一本」の中には、井戸が九つあげてある。〔略〕

〈極楽の井（いど）〉小石川　山清水〈蜘の井〉　山清水〈堀兼の井〉牛込〈麹町の井〉神田、ロチサク底ヒロシ〈亀の井〉同上、ロチサク底ヒロシ〈亀井戸〉〈油の井〉芝　山清水〈策の井〉四谷〈野中の清水〉谷中

この九つの中で、清水——ひとりでに湧く水を井戸にしているものが七つまであります。九つに対する七つ、湧水を多く使っていたことが考えられる。このうちには、もう知れなくなってしまったものもありますが、明治の初めまで残っていた古井戸は、小石川の極楽井、鮫橋仲之町の旭の井戸、津の守の策（むち）の井戸、市谷船河原町の堀兼の井戸などでありました。これはい

ずれも湧水でありまして、策の井などは猿頬を投込んであって、水を汲み出して飲めるというほど、水が沢山上の方まで出ておりました。

掘抜井戸の初め　江戸の掘井戸の発明者は誰だというと、神田の白銀町に五郎右衛門という代々の井戸掘りがありました。その五郎右衛門が享保八年に、馬場先門内の竹姫様の御用邸内へ、新しく井戸を掘った。この竹姫様というのは、綱吉将軍の養女で、享保十四年六月に薩摩の嶋津へ御輿入れなされた御方です。その御用邸へ井戸を掘ります時に、掘抜きではない、中水の約束でありましたけれども、なかなか水が出ない、それから五郎右衛門は親父に相談してみた。どうしても水が出ないが、何からまい方法はなかろうか、といって相談した。すると親父がいうのに、掘って行った底がどんな土であるか、その土質によって竹の管を深くさし込んで見たら、或は水脈へ届くかも知れない。そうしてみるがいい、ということであった。そこで五郎右衛門は大きな竹の節を抜いて、そうして今まで掘って来た井戸へ下して、どんどん打込んだ。十間ばかり打込んだと思うと、いい水が出て来た。これが江戸で掘抜きの方法に気がついた最初である、ということになっております。それから三年ほどの間に、五郎右衛門は二十ほどの井戸を掘った。当時の井戸は八両ずつの約束だったが、掘抜きの場合には十七両貰うことにした。これからだんだん掘抜井戸というものがはやって来たのですが、これは本当の掘抜井戸ではありません。が、享保八年に五郎右衛門が井戸の新しい掘り方を工夫したということは、江戸の鑿井上に大きな影響を与えたことだったのであります。

名井二十二カ所　享保度の名井は「江戸砂子」に尽してあるように思います。「江戸砂子」の二十二井というのは、〈小路町の井（いど）〉神田明神の内横小路にあり、西町という、北の奥に井戸がある。外に杉浦出雲守屋敷内にも呼び名の同じな井戸があります。〈野中の井〉又の名を柏木の井という。三崎の内の町屋の裏にある。〈山伏の井〉これは浜町の堀家の裏通りにある。〈亀の井〉連雀町の金田丹波守の屋敷にある。〈御水屋敷の井〉立大工町。〈主水の井〉白銀町の大久保主水の屋敷。〈柳の井〉神田冬青（もち）の木、酒井家。〈譲の井〉桶町にあり、その処不詳なのです。また「古鹿子」に、日本橋より京橋をきっての名水で、夏になると一杯を一文に売った、それで金持になって、子孫にその水を譲ったから「譲の井」というともある。この頃の掘抜井戸はまことに少ないもので、これだけである。この井戸は前の柳屋の井戸らしいですが、ここではその所在がわからぬとなっている。この「古鹿子」というのは、元禄版の「江戸総鹿子」のことを申したのです。〈姫が井〉又の名を桜が井ともいう。山下御門と幸橋の間の土手際にある。〈封の井〉これは桜田内にあるが、その場所はわからない。同じ名の〈柳の井〉が又ありまして、これは三浦志摩守の屋敷、虎の門内、〈桜が井〉井伊家の表門の下にあって、車の三つついた釣瓶で汲む。〈若草の井〉同所の辻番の下、御堀の上のところにある。〈策（むち）の井〉新宿の追分の西、松井源次郎中屋敷、これは津の守のことです。〈蜘蛛の井〉瘤寺境内、瘤寺というのは自性院のことです。また〈封の井〉というのがある。青山因幡守の屋敷。〈玉の井〉堀ノ内妙法寺の内。〈御福（ごふく）の井〉浅草六角堂地蔵の下にある。また〈桜が井〉これは浅草新寺町の東陽寺の内にある。〈堀兼の井〉牛込逢坂下。〈真間の井〉真間弘法寺の内。〈朝比奈の井〉品川松平土佐守下屋敷、こういう風に書いてある。

掘抜井戸の普及　一体江戸は飲料水に乏しい処なのだ。百四十年前迄は、掘抜井戸は二百両なければ仕上らない。〔総工費の意味であろう〕それ故に大抵な武家屋敷には掘抜井戸がない。無論民間では富豪の外に掘抜井戸を持っていない。寛政の頃に、上方から鑿井工夫が来て、大阪掘りという新しい方法で、掘抜井戸の工費が金三両二分で済むようになったので、文化、文政度から急に市中に井戸が多くなったのである。安政の地震に副生した火事に対して、この井戸の増加していたことは、何程利益であったか知れぬ。

お茶の水の地点　殿様の飲料水ということに就ては、掘抜きがだんだん出来るようになっても、なかなか吟味されたものでありまして、お茶の水――この名称の起りは、聖堂の西に当って名水がありまして、将軍家のお茶の水に汲用されたからであります。これは慶長九年に、元神田からここへ転じて参りました高林寺の境内の井戸で、この寺は明暦三年の火事後は駒込へ移りました。あの名井は万治の神田川掘割の時には、水際へ僅かに形跡を残しましたが、享保の河身改修で全く水底に没してしまいました。その後に昌平橋外の加賀原にあった加賀の井、また本願寺の井とも申しました。これは慶長年間に本願寺があった処だと言います。すなわち神田の旅籠町三丁目の汁粉屋の裏に、御膳水というのがあって、これが江戸中で一番いい水ということであった。維新前は将軍の飲料水は、この井戸から汲んでいた。その傍に茗荷屋という家があって、阿部様の小買物をするのを内職にしていましたが、本職はその井戸の番をするので、それで生活を立てていたのです、と「神田の伝説」にあります。

吉原の井戸　「洞房古鑑」を見ますと、新吉原の掘井戸の水というものは、皆いけない水であって、砂利場竹門の脇にある井戸の水がよいので、日々そこから汲ませて、水銭としてその井戸の持主に、月々集め銭をして贈っておった。それが享保年間になって、揚屋町の尾張屋清十郎のところではじめて井戸を掘った。そうするといい按配に水が大変湧出した。この湧出する水があまり分量が多く、且ついい水であったので、見物が集るほどであった。それから廓のうちの町々でも、井戸を掘らせることがあって、竹門から汲ませることはやめになった。

上水道

水道創設と江戸ッ子の自慢　水道の水を産湯に使ったのが、何よりも江戸ッ子の自慢であった。日本六十余州の中に十三里という長距離を持つ水道が、また一つとありはしない。彼等は唐にも天竺にもないものだと心得ていたから、ベランメエの弾力を添えて、遮二無二威張りつける突先へ、玉川上水を持ち出すのであった。それもその筈、徳川一世が飲料水に乏しい江戸のために上水計画を樹て、僅かに大久保主水によって神田上水を始め、三代将軍家は祖父の遺業を完成したいと、随分骨を折られたらしかったが、畢生の志業は酬いられず、四代目の家綱将軍の時になって漸く玉川上水が竣工した。徳川氏は祖父から曾孫、四代かかり、五十余年の心労によって、水道計画を完了したのであった。

両水道の水源地　幕府は江戸市民の生命に懸る大切なものであるから、上水奉行を置いたこともあり、さなくも上水方という目見以上の役人がありました。市民は水道の水を飲料の外に費さない。雑水は鑿井によった。

江戸中に井戸はあれど、飲み水は上水を用ゆ。玉川上水の源は甲州より出て、六合の渡りに至り海に落つ。麻布、赤坂、市谷、四谷門外、桜田、芝辺、此水を用ゆ。神田上水は猪の頭より流れ出、淀橋辺にて玉川上水と落合、小石川、本郷湯島、神田、下谷辺、此水を用ゆ。(江戸自慢)

江戸末の給水状態はこういう有様でした。

上水道と使用法　江戸時代の水道の状況を考えてみると、紀州の医官某によって書かれた「江戸自慢」、これによって安政度の水道の様子が簡単に見える。「江戸中に井戸はあれど、飲み水は上水を用ゆ」というので、ここに玉川上水と神田上水と二つの上水があって、それからの給水状況が書いてある。そうしてこの上水というものは、飲料水だけに使っておった。我々どもが知ってまでも、雑水と称えて、飲料水以外の水は皆鑿井から汲んで来ておった。鑿井のうちでもなかなかいい水の出る分は、無論飲料水にしておりました。〔略〕明治十五年に書いた「空おぼへ」などを見ますと、やはり神田、玉川の両上水で、江戸時代のままを襲用したのであることが知れます。この時まで——これよりずっと後までとおぼえていますが、江戸時代と同様な状況で給水されておりました。その給水線路が委しくここに挙げてあります。

水筋小日向より小石川、内神田一円、日本橋、両国、八丁堀辺、京橋向は御堀端通り、南へすきや町河岸まで通ずる。元吉原に水道尻といふ所有り、是水道の終りなり。

しかし一体江戸の上水というものは、神田と玉川との二つではなくて、その他に綾瀬川の水を取入れた白堀上水、玉川の分水と石神の三宝寺池の水とを合せた千川上水、まだもう二つほど上水があったのでありますが、これは享保年間に、幕府が費用を出すのに困って廃してしまった。

時の呼方

昼夜の十二時　昔の一刻（とき）というのは今の二時間です。それ故に一昼夜のことを二六時中と申しました。昼夜十二時なのです。時の字を音で読まずにトキと読みました。それを今の時刻に割当てると、大体次のようになります。

暁七ツ　寅（午前四時）　七ツ半（午前五時）
明六ツ　卯（午前六時）　六ツ半（午前七時）
朝五ツ　辰（午前八時）　五ツ半（午前九時）
昼四ツ　巳（午前十時）　四ツ半（午前十一時）
　九ツ　午（正十二時）　九ツ半（午後一時）
　八ツ　未（午後二時）　八ツ半（午後三時）
夕七ツ　申（午後四時）　七ツ半（午後五時）
暮六ツ　酉（午後六時）　六ツ半（午後七時）
宵五ツ　戌（午後八時）　五ツ半（午後九時）
夜四ツ　亥（午後十時）　四ツ半（午後十一時）
　九ツ　子（午後十二時）　九ツ半（午前一時）
　八ツ　丑（午前二時）　八ツ半（午前三時）

一昼夜十二時（とき）を八ツに分けたので、そのうち昼というのが三時、夜というのが三時、その他は皆一時ずつになっている。時の数で申しますと、昼夜で九、八、七、六、五、四と繰返すのです。

上・中・下刻　昔の武士の心得方を書いたものの中に、今暁というのは子の上刻から寅の下刻まで、すなわち午後十二時から午前五時まで、というふうにきめてある。これは二時間を三つに分けて、上中下にするので、辰の上刻とか、巳の下刻とか言えば、自ら時間がはっきりして来る。〔略〕この筆法で行きますと、今朝というのが卯の上刻から辰の中刻過ぎまで――午前六時から午前九時まで、今昼というのが巳の上刻から未の中刻過ぎまで――午前十時から午後三時まで、今夕（或は今晩）が申の上刻前から酉の上刻まで――午後四時から午後六時まで、今夜は酉の上刻から亥の下刻まで――午後六時から午後十一時まで、ということになります。それにまた附記して「上刻は其時打候を上刻と唱申候」と言っている。これは時計ばかりでなしに、鐘も撞きますし、お城には太鼓もありますが、そういうものを鳴らすのが上刻になるわけです。それから半刻打ちが中刻で、その次の刻を打つ直前までを下刻という。

夜の分け方　それから「子ひとつ、丑三つ、寅の一てん」なんていうことを言います。これは一刻を上中下の三ッに分けるやり方の外で、夜だけに言うことです。昼の方にはありません。すなわち夜を五ッに分けて、戌の刻を初更、或は初夜という。初夜の鐘というものは、この時に撞くのです。二更が亥、三更が子、四更が丑、五更が寅、ということになるのですが、この各一更を五点に分ける。夜が五ッに分けてあるのだから、全部で二十五点になります。一更は一刻、すなわち今の二時間ですから、百二十分です。こいつを五ツに分けると、一点は二十四分ばかりの勘定です。

時の鐘

江戸では最初は御城で太鼓を打つだけだったのですが、それだけでは民間の者にいかぬというので、本石町へ鐘撞堂を拵えることになった。これは寺社の境内にあるのでない。時を知らせるための鐘撞堂です。これを家康公が拵えられたので、その跡を追って城の中に鐘楼の残っているところがある。川越なんぞには今でもありますし、岡山の城なんぞもそうです。太鼓よりは鐘の方が遠くまで聞えることは間違いない。けれども寺社でなしに、特別に鐘を撞いて時を報じるのですから、その撞く者に銭をやらなければならない。そこで棟割銭を取ることにして、永楽銭一文ずつ毎戸出すようになった。〔略〕本石町の釣鐘の聞える範囲をきめて、その間に家のある者は永楽銭一文ずつ出す。永楽銭がやめられてからは、四文ずつということになった。永楽銭一文が寛永通宝四文に当るわけですが、とにかく一戸から一年四十八文取るのですから、本石町の釣鐘は大変儲った。その次に出来たのが本所入江町一丁目の時の鐘、これは後に鐘撞堂と言って、江戸通の大いに喜ぶ岡場所——四軒とも言います——になった。この本所の鐘の聞える範囲で、町家はもとより、武家、寺社からも銭を取った。武家は高割であったそうです。但しこれは年に一遍しか取らなかった。もう一つは芝の切通し、愛宕下のところに鐘撞堂があって、これは年に四度銭を集めたかと思います。戸田茂睡の書きました「紫の一本」には、上野大仏下の鐘、赤城、市谷八幡、赤坂田町の円通寺等を挙げておりますが、その後出来たものを見ますと、目白の不動、巣鴨の稲荷、浅草の弁天山などがあります。幕府が丹精して拵えましたのは、寺社以外の鐘撞堂でありますが、その後に出来たのは大概寺社の境内で、しまいには新宿の天竜寺の鐘なども出来ました。

夜警の時打ち

拍子木の打ち方　拍子木の時打ち、これは例の夜廻りです。武家屋敷なら中間がやりました。町方だと夜番がやります。古いところの例で見ますと、宵には四、二、三と打ち、夜には六、三と打ち、明方には五、三と打ち、何か不時な事が出来た場合には、四、三、六、二と打ちます。時を打つと言うけれども、時の数を打つのではなかったのです。ところが水戸の黄門さんという人は、なかなか勘定高い人で、同じ打つなら時の数を打たせる方が、人の重宝にもなるだろう、ということを言い出したものですから、水戸の屋敷が卒先して、時の数を打つようになった。これは何時頃かわかりませんが、「桃源遺事」に書いてあります。それが他の武家屋敷に及び、ひいては民間でもやるようになった。

大阪と田舎は太鼓　若樹「割竹の音、時の太鼓〔註・「膝栗毛」八編巻之上の中の字句〕というのは、割竹は火の用心ですか」華洲「そうです」若樹「だって時の太鼓を何処かで打つのですか」華洲「廻るのでしょう」仙秀『街能噂』（ちまたのうわさ）に『大阪にては夜のときを知らするには太鼓にて廻る。此太鼓の役は自身番よりのさしづにて日雇を出すなり。但し大阪にては番太といふものは里丁のたぐひ也』とあります」共古「これは太い竹の先を割って置いて、地面へひびかせて鉄棒の代りにするのです」二葉「割竹の後かも知れませんが、鳴子を振って歩いた事がありま す。やはり火事の事も、大阪長町あたりで、これは歌川国松君の話でありました」仙秀追記「司馬江漢の『西遊記』に、『時は太鼓を打つ。又は鳴子を鳴らす』と見ゆれば、それも古きことなるべし」華洲「九つの数とありますから、それを打ったのかも知れません」竹清追記「ここの話とは別なれど、田舎では太鼓を打って廻ることあり。一軒々々に門（かど）から名を呼んで『火の用心はいいかね』と言いあるくので寝られなかった、という笑話あり。九鼓は十二時なり」

夜食の時間

子供の時分に老人等が江戸は夕飯が早い、燈をつけて食うのは田舎者だというのを聞きました。これには色々な事由があるのですが、今日は夕食と夜食を同じに思う人もあろうと考えるから、少し言っておきましょう。まあここでいう夕食は今日の昼食と思って宜しいでしょう。「武野燭談」に「夕飯は暫く休息し、申刻（午後四時）より文談せらるる事」「堀部金丸遺書」に「殿様（浅野長矩）夕御膳被召上、未中刻（午後二時）伝奏屋敷に御引越被遊候」「尾張敬公行状」に「未の刻（午後二時）にも膳を進め」「後見草」にも「夕御膳出、七ツ時（午後四時）済」。「諸分店颪」にも「も早今日は七つ過であらうが……夕めしいづる」これで大概に夕飯が午後二時見当だったと知る。夜食はまず午後八時頃らしい。

燈火

行燈と燈心　普通は燈心二本で、少し明るくする場合は三本にする。しかし用事でもすめばすぐ一本にしてしまいます。この一本、二本、三本の燈心の明るさは、私どももおぼえがありますが、どの位い暗かった、どの位い明るかったと言って、口で説明することはむずかしい。「立身大福帳」に「とうしん一筋にて冬の夜のありあけきへぬ油をと、あぶらやへうけ合せて買へばてぬきならず」と書いてありますように、一般の家では行燈をつけて寝ることはありませんが、少しましな家になると、一本燈心にして有明をつける。その時になっても灯が消えぬということは、澄んだいい油である証拠で、「立身大福帳」は物勘定のいい人の考えたことが書いてあるのです。この時分の江戸としては、一軒の家で半夜燈を二ツつけることはむずかしかった。そうすれば往来の暗い、明るいは二の次として、家々の内もあまり明るくなかったことが知れましょう。

行燈の貼替え　二本燈心などという普通の行燈では、燈蓋皿の中に朱を塗って使うと明るい、ということでしたが、真鍮の燈蓋皿をよく磨くと明るいとも申しました。併しその位いの事では、薄暗くて仕方がない。行燈の紙が古くなると、赤みがついて暗くなる。真白な紙でなければいけないというので、行燈の貼替えと言って、始終貼替えるようにしておりました。

燈油の種類　鳶魚「鯨油は津村淙菴の『譚海』に、千代田城の燈火のことが出ていて、鯨油は地震があっても揺れこぼれない。普通は菜種、綿実などを用いるのですが、魚油といえば鯨にきまっている。取っときのいい明りのことでしょう」若樹「そうじゃない。鯨油は悪い方でしょう」青果、楽堂「鯨油は臭いので、値段も安いように聞いています。いい油というのは、河豚じゃありませんか」鳶魚「そうでしたかな。それじゃいかん。今のは取り消します。『譚海』にあるのは河豚の油でした」

提灯の年代　提灯のことは「筠庭雑考」に考証が書いてありますが、この時分〔慶長〕には提灯は無い筈です。提灯を使うようになったのは、大方寛文頃だろうと思う。この時分に使えば行燈です。「松の葉」の中にも「雨もふらぬに高足駄、簑着て笠着て棒ついて、行燈さげてどんがらり」という唄がある位いで、慶長度に提灯があるはずはない。提灯と言えば中は蠟燭でなければならぬが、行燈ならば中が燈蓋皿で油です。御茶の方では炉路行燈と言って、提げて歩く行燈がある。その行燈でさえも、辺鄙な片田舎では、油の供給というものが容易でない。まして蠟燭なんていうものになりましては、とても供給される筈はないので、従って提灯などを容易に持ち歩けたものでないのです。この時分の田舎とすれば、まず松明をつけて歩くのが普通で、家の中でも油火ではない、松のシデを焚いて明りを取るような有様でしたろう。

器物一束

天水桶の年代　家々の門か、道端か、そういう辺に天水桶を出しておいたということは元禄の仕来りではない。もっともっと後になった話で、恐らく寛政以後のことでなければなりますまい。

遠眼鏡の発達　遠眼鏡は伊賀越の芝居でのお景物になっている。阿蘭陀流行の当時だけに利口らしい。けれども「駿府記」に、長さ一間程の眼鏡、六里これを見る。慶長十八年八月にイゲレスが大御所へ献上した。また幼将軍家綱の逸話に、天守から遠眼鏡で瞰下することを拒んだとある。それは明暦前後のことであろう。延宝になっては六年版の「もえぐひ」に「筑紫の海より富士の山を心がくる、びいどろのめがねとや申さん」とあり、西鶴の「一代男」（天和二年刊）近松の「一心五戒魂」（貞享二年作）では飛んだ透見に遠眼鏡がつかってある。「宝永千歳記」（宝永二年版）には「近年工夫して仕出したる重宝、雨夜のたいまつ、懐中挑燈、はやおぼえ石筆、杖にしかけし遠眼鏡、是等の工夫は後までも用を達し、すたるまじき物なり」とある。おいおい供給も多く、新案も加えられた。享保三年版の「猿源氏色芝居」には「京かまくらの芝居のかぶきを、目がねにて、こまごまと見物いたし」というから、オペラグラスというところまで行渡ったらしい。郡山の与三次は西鶴、近松の後に、遠眼鏡を相場通信に利用したのだ。玩弄物としてのみ扱われていたものを、実用にしたところが彼の創意であり、才分でもある。けれども太田三楽が天正年中に武州松山城で、軍用犬を使ったのに比べれば、与三次の知恵も余り褒められない。

朽木の草鞋　共古「これは一足で江戸から京都に行かれるという草鞋で、丸の内の朽木屋敷の門番が売っていたので朽木草鞋という。価は七十文或は百五十文だということは、可なり古い時分の文政頃の説でありますが、随分高い草鞋である。二十四文出したら上等の草鞋の買える時分に、七十文或は百五十文というのは高い。もっともその草鞋は節をぬいてしまったもので、幾ら長途を歩いても足を損ずることがないというので、これは丸の内の朽木の屋敷の門番が売っていたということです」鳶魚「朽木草鞋はもう一つ見つけておきました。『江戸塵拾』の五に『朽木土佐守の屋敷の中間作兵衛と云ふものが造出せり。かもん沓と等しく、岩石茨の中を踏むとも其難なく、遠路旅行等にも草臥れることなく、足の病むことなし。道不達者なる者も千里薬を用ひずして、此草鞋を穿いて行けば、足の軽きこと妙なり、時代知らず』こう書いてございます。『江戸塵拾』には文政六年の種彦の跋文が附いておりますから、ちょうど『膝栗毛』時代のものであろうと思います」

石筆　亀松「世之介が『鼻紙に石筆』〔註・「好色一代男」巻七中の字句〕というのは何ですか」鳶魚、若樹「今の石筆みたいなものがあるのです」楽堂「家康なんかしょっちゅう使っていた。一体鉱石の筆なんだから石筆というのが当然で、鉛でないものを鉛筆という今日の方が誤っている」

すずりぶた　共古「長方形の平ったいお盆みたようなもので、それに何か酒の肴になるものをのせるので、大抵九年母（くねんぼ）か蓮か牛蒡か、そんなものを甘く煮たものが載っている。普通のお肴は蒲鉾がついている位いのものでしょう。その肴を言うのです。口取肴をのせてある平ったいお盆みたようなもので、それから取り分けるのです。今のように銘々に盛るということはその時分には決してないことです」仙秀「弘前の方では硯蓋というと蕎麦屋の台みたようなもので、それに銚子、盃なんかを載せて出すまでの道具で、今伺ったのとは違います。広蓋とか硯蓋とかいうのは、そういう大きなお盆で長方形のもので、座敷に物を運ぶまでの道具です」共古「江戸のはそうではない、直接入るのです」

瀬戸物は夜食用　夜食の時の道具は瀬戸物を使うのです。柳営の話などを聞いても、後々までも朝昼はお椀で、瀬戸物は「お夜食茶碗」と言って、夜食だけに限っている。

八　花街と岡場所

1　吉原

沿革

吉原事始　元和三年三月、庄司甚右衛門の出願に対して、本多佐渡守正信が傾城町の創立を許可し、後世に元吉原といわれる、あの長崎町（葭原）の二町四方の敷地を下附した。その翌年十一月から娼家は開業し、公娼が成立したのである。我が国で公娼私娼という区別が、この時から判然としたと共に、制度の上に娼婦なる者を認めたのであった。

元吉原時代　庄司又左衛門が「落穂事跡考」の著者である柏崎永以に対して、直かに話したことが記録してある。〔略〕まずその本文をここへ出して置きましょう。

宝永のなかば頃、高井立志といふ俳諧宗匠の許へ、百韵興行の連衆として罷越時、二階座敷上り鼻へ可然様子の町人、五十歳計の男連候間、誰ぞと尋ね候へば、吉原江戸町代々の名主西田屋又左衛門と申者也といふ。予もとより旧き事を好み候癖性故、百韵満座の後彼者に傾城町の来由を尋ね候処、委細に物語いたし候をここに記し置く。併享保十年の頃かの町より其来由書上げ候とは少し違ひ候様なれども、惣而の事公界と内証とはあたりさはりと申ものある故、公界へは内証のごとく実伝は十分に書出さぬもの也。〔註・享保十年十月に西田屋又左衛門こと庄司又左衛門が町奉行の命によって吉原の由緒書を提出している。「御府内備考」などもその由緒書を載せていて、一般では吉原の起源をこの書に求めているが、公辺への文書に内証のことは書かぬので、真実は伝えられておらぬとこの筆者は言っている〕今ここに彼ものの直談を以て記し置也。又左衛門が先祖は庄司甚右衛門と云ふ。慶長の始の国元吉原宿駅たりし時、其旅店の亭主廿五人打より相談いたし候は、江戸御城下朝日の輝くごとく御繁栄のよし、何と思ふぞ、各かかへをく旅人の足あらひ女ども召連罷下り、遊女宿となり候はば、抜群の豊饒の身となるべしといふ。扨もよき相談と皆々一同して、女共を召連江戸に下り、御城下に入り候は御とがめ恐入候間、今の荒井宿の浜辺の出町の地を借て、表に紺の木綿の三尺幅に仕立たる長のうれんの端に鈴を付置、客来りてのぞくと其儘鈴鳴る様に致したるに依て、客来りのうれんを動かすと鈴なるを合図に女ども出候を見たて、其宿に思ひ思ひに客上りしゆへ、此所を鈴の森と名づけたるよし也。森とは尤此所の入口に大井社の森あればなぞらへいふ也。神君品川筋御鷹野御成の筋は、此所の浜辺に牀机（しょうぎ）を置せられ、夫に坐し給ひ、彼遊女どもに茶をはこばせ被召上、且又洒首（しゃれこうべ）の盃にて御酒被召上候事御座候。其後右廿五人の者共御願ひ申、今の京橋具足町の東葦沼の汐入を拝領し築立候。其地取丸く致し、一方口に仕、南の片側をすみ町、北のかた側を柳町と名づけ、中一筋の通りを中の町と名付、此筋に表にかまどを出し茶釜をかけ置、入来るに茶を売候。是を茶屋と申候。然して両町の内又南北の通りを付候ゆへ、その町十文字になし候。丸き中に十文字の町あるゆへに、あだ名を轡町と申候。其ぐるりも通にして、下品の女を置候て、是を河岸傾城と呼候。さて其町の内に揚屋（あげや）と申て、かの客へ女をまねきあそぶ宿是あり、これはもはや繁花（はんくわ）に成ての事に候。然るに其頃遥後までも、町人の類なかなか此所に至ると申事は決して無之、悉く御家の武士、諸家の陪臣等、とかく武士たるものならでは通はざる事なりし。其揚屋の勝手の方に馬屋を立置き、馬五六疋づつ飼置、暁客の帰る時に其馬に鞍置、牽せてのせ送りし也。按ずるに此事は至て古風の事なり、曾我物語に大磯の遊女虎が許より十郎祐成かへる時、彼亭主の馬にて帰りし事あれば殊勝の体也。然して其揚屋はたちばなやといふ最上のもの也。依之其頃正月の始猿引その揚屋を祓ひいたしに来る時、まづ橘屋が馬屋より猿を舞始めし也。依之末代揚屋に馬は飼ざれども、今年に至るまで、毎歳正月始て猿引吉原にいたる時、先揚屋町橘屋が方より舞始る也。橘屋代々相続の者にて候。然るに日を追ひ年を重ねて遊女宿ここかしこに出来、糀町（こうじまち）などにも有之候。彼庄司甚右衛門分別の上、今の堺町の東に於て葦沼の谷地（やち）拝領致し、江戸中に散在したる遊女宿一所に罷在度由願ひ候処、其中分のごとく谷地被下置候間、彼柳町角町の本店を始、所々により集り候もの共をよせて、其町五丁に座立、其名を尤吉原町と申候。其五町は京町角町江戸町同二丁目揚屋町都合五町、一方口の門を大きく作り候間、大門口と呼、其内とをりを中の町と唱へ候。されば今に大門通りの古名かの門筋に残れり。其始駿河の元吉原より下り候廿五人のもの、各廿四五歳に過ぬもの共也。其内庄司甚右衛門四十五六歳計りにて下り候。依之其一列の内にて甚右衛門をつねづねおやぢ〳〵と呼び候。然るに此五町に作りし町の一二町西方、殊の外葭沼の汐入にて路次あしく、客人通ひかね候間、甚右衛門世話をやきて水を吐き、橋をかけて往来せしめ候。親父せわをやき懸候とて、其橋の名をおやぢ橋と呼び候より、橋の名と成りしと也。其始轡町とあだ名したるより、其亭主をも永く轡とよぶ也。右五町に取立てし吉原に至りて、公儀よりも厳重に被仰付候書付ニ通被下置候。其文医陰両道の輩の外、乗物にて出入不可仕候義一通、何方にても遊女抱候もの有之候はば、其女可召取候、悉く被下置、其名主年寄家主急度曲事可被仰付旨一通り、右之通被下置候。然るに明暦三年正月の大火事に、其両通焼失いたし候。此類焼後吉原町遠所からけて有之、先今の本所弥勒寺の所、其頃いまだ荒地にて候ゆへ、暫彼地に移され、夫より今の浅草観音堂後内千束といふ田地へ移され候、此時引料として公儀より金子三千両とかや被下置候。また其後惣かこひ外廻りの大溝水吐普請料として、公儀より金八百両とかや被下置候、然して彼大火に焼失いたし候御書付両通、二たび被下置候様に奉願候へども、不相叶候に付、今程は高札二枚に右御書付を記し、大門の入口堤の北方に立置候、然して今の所に移す頃に至りては、遊女も数多く成候ニ付、町数を増し、江戸町二町且角町京町揚屋町伏見町堺町新町中の町と建立いたし候。伏見町新町堺町は後ニ割合出来いたし候。此地に移りて以後新吉原と申候と云々。

この庄司又左衛門の直話については、いろいろ言うべきことがありますけれども、まずここで読者の注意を喚起して置きたいことは、明暦の大火後に吉原町が浅草へ移転するときに、本所弥勒寺のところへ仮越をした事、これは「吉原町由緒」や「洞房語園」に見えないことで、いずれも元吉原から直ぐに新吉原へ引越したように書いてある。「庄司家譜」などは新吉原の普請の出来る間を、今戸、新鳥越、三谷の三箇所へ仮宅していたと書き、それが吉原仮宅の先例だという説の根拠にさえなっております。従って本所仮越の方は「落穂事蹟考」だけのものになっていて、昔から吟味した人もないようです。

元吉原の位置と地積　元吉原の地域は今〔大正十三年〕の難波町、大阪町、住吉町の処であるが、〔註・難波町のみ浪花町として古名を残している。元吉原は今日の人形町一円に当る〕当時は一帯に葭葦（よし）の茂った場所で、旧来の村落は大名の邸宅にあてられ、埋立てた処が新市街で民家が出来た。その民家の外の沮洳（しょじょ）たる地積へ新しく遊女町が開かれたので、葭原という俗称をも大体は首肯されよう。当時この遊女町へ夜間は人が通わなかったという。距離ばかりではなく、場所柄が市街から余程僻遠であったのだ。〔略〕元吉原の地積は「洞房古鑑」に、

惣堀東北の間は浜町通の内堀を用ひ、西北の間は大門口の左右は材木堀に続くなり……江町一丁目の川岸、堀向は芝居（葺屋町）に隣り、京町一丁目裏は青山大内蔵様御屋敷、同二丁目の裏は高藪也。角町より江戸町二丁目裏迄は、浜町通り、此内は堀大学様御屋鋪有、入口は大門通と号す。

とある。惣堀を四方にめぐらすことと、一方口にすることとは、廓を創立する時に命ぜられた。特に一方口に就いては、

遊女町行帰りに往来の者縦令へば何用にて何方に参り候抔申訳無之ゆへ、御歴々の御方は御遠慮あるべきため一方口に仰付られ候。

と記録されている。袋町にしておけば、遊びに行く者の外は出入りをしない。通り抜けだと嘘をつく奴があるから一方口にしたのである。惣堀は隔離の意味だが、一方口は更に多い意味があろう。

吉原の替地　三百年間に幕府の思う通りに代地政策を行った適例は、明暦の遊女町移転すなわち新吉原、天保の芝居町移動すなわち猿若町取り立てなどであろう。

仮宅の始め　〔藤枝〕外記が〔大菱屋の〕綾衣を千束村の百姓家へ連れ出す。何処から連れ出したのか、新吉原の廓内からは容易に洒落られるわけのものではない。相応な加担者が無くては、決して出来上らないに極っている。然るに外記は他の幇助を待たなかった。それは申渡書の中に大菱屋のみならず、廓の者は一人も罰せられないのでも知れよう。前年〔天明四年〕四月十六日水道尻〔新吉原廓内。水道末端の意味から来た地名だが、実は水道はここまで入っていなかった〕からの出火で、廓内一軒残らず焼亡して、向両国回向院前、浅草並木駒形黒船町等へ仮宅した。新吉原の仮宅というのは、明和五年四月六日の大火事に、百日を限って仮宅を許されたのが最初であろう。中洲の仮宅や深川の仮宅のような景気は無かったらしいが、何時も仮宅といえば極り切った廓内とは違った模様であるから、物珍らしげに人の足がそこへ向うので賑々しい景況を目立たせた。天明五年初春の細見を見ると、大菱屋久右衛門の処に「両ごく」と註してある。田圃の中の一廓、しかも一方口の新吉原とは違って、両国は四通八達の街衢、殊に遊女をたずさえて近所を歩きもするのであったから、脱出するのに最も便宜が多かったのである。

天明の仮宅　仮宅というのは新吉原が火災に逢った時、普請の間を他処で営業することで、天明四年四月十六日の出火の後、中洲へ仮宅した。その繁昌は久しく江戸の話草になる程のこと、今日でも洒落本の中に、中洲の仮宅気分が浮動しているように思われる。

文政の仮宅　同じ深川の仮宅でも、文政度より弘化度の方が賑わしく、それよりも安政以降の方が更に盛んであった。

天保の仮宅　深川の仮宅といっても、天保八年十一月十九日江戸町二丁目からの出火に、三百日の期限で、山の宿、花川戸、深川八幡前と別れて仮宅した。これが深川へ仮宅した最初であろう。

弘化以後の仮宅　弘化三年の春に流布した「仮宅色里十八個所順礼御詠歌」を見ると、仲町（二朱——三歩）松葉町（百文）常盤町（二朱）佃（二朱）世継（百文）鐘屋敷（二朱）長岡町（百文）等の中品、下品の私娼が続々蜂起して、水野内閣の掃蕩以前の嫖況に盛り返して来た。〔註・弘化二年十二月五日の火災により、二百五十日間、花川戸、山の宿、本所、深川へ仮宅〕けれども仮宅の期限が満了したので、弘化三年の九月には原地へ移らなければならなかった。新吉原から来た公娼は引揚げたが、仮宅の時に出来た局見世と称する廉売店は、吾妻長屋、関本長屋、永続長屋、三長長屋、稲毛長屋と改名して跡に残った。いうまでもなく内容は公娼と私娼と交替したのである。この後は江戸を終るまで、深川の仮宅は、継続した。すなわち、

安政二年十月の地震に依って日数五百日〔東仲町、馬道、田町、本所、深川へ〕の仮宅が許され、期限を経過して、同四年六月限り原地へ復帰すべき命令を受け、結局六百日目に引払った。

約三年を隔て、万延元年九月二十九日の火災に依って〔本所、深川、根津へ〕仮宅が許され、同年十一月二十四日新築落成して引払った。

その後二年置いて、文久二年十一月十四日の火事に依って、七百日間〔本所、深川〕の仮宅が許され、原地の工事も漸く竣功したのを、元治元年正月二十六日の失火で焼いてしまった

から、更に仮宅の許可を得た。ここで仮宅は四年間連続することになったのである。然るに中間一年置いて、慶応二年十一月十一日の火事で、二年間〔深川〕仮宅の許可を得て、新旧政府を跨いで、この仮宅は明治三年まで延長した。

弘化二年の仮宅から、最後の慶応の仮宅まで二十二年の間に、六回の仮宅があったので、特に万延以後は殆ど仮宅が連続したようなものである。それに万延には仮宅の地域から浅草を除き、根津を加え、文久には本所、深川だけとし、慶応には深川のみに限定してしまった。

仮宅と廓の違い　新吉原は一廓をなしておって、遊女は廓外へ一歩でも踏み出すことを厳禁されておるのに、仮宅の所在地は廓でないから、附近へ遊歩する自由もあった。錦絵その他に狎妓とたずさえた嫖客の散策が、多く描写されているのを見ると、この御景物は勧業債券の当籤を僥倖する比でないのが知れよう。

新吉原の支配

元禄までは両支配　吉原は両支配といって、土地は代官に属し住民は町奉行に属していたのを、元禄から全く町奉行の管轄に移した。これは没収連坐の新法度と相まって、暗娼政策の完成に向わんとする規模である。道程から言えば遠く市外にある吉原を、意味に於て隔離したのでないことを表明したものと見られる。すなわち隔離主義でなく封鎖主義なのである。

町奉行支配の飛地　新吉原は代償として下附されたのであるから、土地も居民も町奉行の支配なのは疑いもない。けれども当時の江戸市は浅草御門までである。新吉原町の周囲は代官支配地、ましてその間に浅草寺領すなわち寺社奉行の支配地が介在している。飛び地であるから、江戸市に属してはいるが、自然に別個な市街地になった。故意であったか否かは知れないものの、惣堀一方口以上に隔離された事実は歴々たるわけである。江戸市民の光栄とする柳営の御能拝見、それが延宝八年八月十日綱吉の将軍宣下のお祝の能から、吉原町が除かれるようになってしまった。すでに年頭及び御代替りの参賀を失った吉原町は、この特典をも奪わるるに忍びないので、爾来非常に運動したが、遂に回復されずにしまったのである。

遊女の呼称

遊女と和尚　江戸文学に密接した御伽草紙に従えば「和泉式部と申してやさしき遊女なり」とある。この遊の字は、万葉集に遊士と書いてミヤビオと訓（よ）ませた、あの遊の字で、ミヤビの女という意であろう。従来も公娼、しかも最高級者だけを遊女と言ったので、その余は総べて売女（ばいじょ）と言わせた。熊野（ゆや）や千手（せんじゅ）は遊女であって売女でない。それに比べては江戸時代の公娼を遊女というのは僭称である。奥様にも山の手奥様、みそこし奥様があるようなものだろう。遊女は畢竟恋愛主義者であって勉めて媚びを売らぬ。殺風景、没風流な対手をするものでない。それ故に何時も都雍閑雅な貴紳とのみ定情するのでもあった。武家の婦女のように貞操を執守するのとは違うが、ミヤビの女は容易に許すものでもない。故に一度相逢えば、情人に対する仕向けは後世とは大いなる懸隔があった。江戸時代の最初に太夫は一年の用度を轡〔註・「江戸砂子」には江戸町、角町と十文字に割った廓の形が轡に似ているのでこの称ありとし、また京都六条三筋町に遊女町を作った原三郎左衛門が、もと豊臣秀吉の馬の口取りだったことから起ったともいわれる。単に廓の訛りだとする説もあるが、とにかく廓のこと、さらに遊女屋の亭主を指す場合にも用いられる」の主人に預けて置いて、我が意のままの勤めであったというのは嘘である。それだけの余裕があれば廓に入らない。けれども昔のミヤビの女の模様を語り伝えたものだとすれば首肯される。江戸の吉原を開いた庄司甚右衛門の姉は小田原に名高い遊女であって、舞いが堪能であったからでもあろうが、和尚と呼ばれている。和尚というのは当時物の指南をする者の呼称である。千手や熊野のような昔の遊女に比べられはしないが、江戸の初期までも彼等は和尚様と呼ばれたのだ。和尚＝太夫＝おいらん、これが娼婦の最高級者の称呼である。

遊女と売女　江戸時代には公娼を遊女、私娼を売女と申しました。売笑婦は元和三年三月に元吉原の遊廓地が許可され、女郎屋が店開きする前からおったのですが、遊女、売女の差別は、元吉原が出来ましてからのことで、申すまでもなく、公娼というもののございませんうちは、皆私娼なのです。

傾城は最高級　浄瑠璃にある君傾城、芝居でいう傾城買い、あの傾城という言葉は、最高級の遊女に限られましたので、一般の公娼には言わない例でありました。

傾城は太夫のこと　江戸時代最高の遊女は太夫でありまして、吉原にこの最高級の遊女がなくなったのは宝暦の末年と思われますが、それまで公娼の階級は八つだったのです。浄瑠璃や歌舞伎の傾城は太夫を指して言ったので、江戸時代のみならず、明治以後にも太夫に匹敵するほどの勢力のものはありません。

花魁は宝暦以後　「玉葉太夫」というのが出て来ますが、〔註・三上於菟吉氏作「雪之丞変化」の一節〕吉原に太夫というものが無くなったのは宝暦の話で、それから後はみな花魁です。何として天保、弘化の頃に、玉葉太夫なんていうものが出て来たか。

遊女の階級

時代別の八階級　江戸で公娼私娼の別ちがついたのは、元和三年三月、庄司甚右衛門が吉原町創開を許されてから後のことであり、最初の公娼は、太夫、格子、端（はし）の三階級になっていた。寛文に散茶（さんちゃ）という第三級を生じ、貞享、元禄の際にむめ茶という第四級が出来たので、太夫、格子、散茶、うめ茶、局（つぼね）の五階級となり、局も五寸局、三寸局、なみ局と三分されたから、詳しく言えば七階級、享保になって局の下に次（つぎ）というのが増加して八階級になった。

実例による八階級　坂田藤十郎の傾城買いは当時に顕著なものであったばかりでなく、演劇史の上に長く令誉を止める程な妙技であっても、今日の見物からは想像もされぬ。現在の舞台で見られる揚巻助六、あの揚巻は江戸町一丁目大上総屋治左衛門抱えの第三級女である。大尽舞の文句にも唄われ、紀文、奈良茂の両成金が盛んに豪奢を競うその標的になった「きてう」も、燈籠やら河東節やらで名高いあの玉菊も、散茶であって太夫でも格子でもなかった。仙台騒動へ出る高尾は、紛れもない太夫なのだけれども、舞台で見る風俗は決して最高級の遊女でない。現存する脚本は大概宝暦以後のものと言ってよかろう。そうでないのがあっても新しく手を入れてある。

従って舞台の上に太夫の全盛であった俤は伝わらぬ。太夫の衰亡は宝暦に突然逢着した運命ではなく、早く危機に瀕しながら辛くも持続していたのである。寛永度には七十余人あった太夫が、新吉原になって万治三年の二十五人、寛文七年の十八人、延宝三年の五十人を絶頂として、元禄には二人にさえなったが、宝永六年には四人になり、享保に入っては十人前後にもなったが、寛保以来二三人に固定してしまったのである。

花魁の権式　花魁というものを醜業婦としては決して解釈されない。故に吉原と花魁とは現今の人々に諒解されないものである。芸者よりも花魁の方が戯れ憎く、狎れ難かった。品性識見は全く良家の妻女と違わない。或はそれ以上の資質を持っていた。今日の若い人のいう娼婦型は、見ず点芸者かバァの女などの私娼風体で、昔の花魁型ではない。

太夫の学識　天和改革以前には大名旗本等の歴々が来た。太夫は大名道具だと言われて、民衆の使用すべきものとは考えられていない。町人が買うのは僭上の沙汰だと信ぜられた。太夫は容色だけではその資格に不足であった。声曲のみならず、茶儀や香合や立花その他の雑芸を嗜み、和歌にも文章にもはた手蹟も善くなければならなかった。「八代集」や「源氏」「竹取」を手放さないのや、無点の漢文の読めたのがいた。「評判記」にも筆を持てない者は遊女でないと叱ってある。武家にも公家にも太夫だけの教育を受けた婦女はない。時代の最高教育を受けた者が、最高級の遊女である。もし今日の考えで太夫を醜業婦扱いにしたら、大分な方角違いである。性欲を満足させるために買おうとするならば、それこそ大恥を播かなければなるまい。売りものに買いものだとはいえ、先方は相応に趣味もあり知識もある。これに対して飽くまでも殿様たり大尽たる体面を保たなければならない。餓えた虎が肉を喰う忙しげな態度は見せられぬ。自然と大名気分になれる仕組みにもなっていた。その鷹揚な悠鴨なところが、早く太夫の滅亡を見る理由でもあった。

格子〔補〕「洞房語園」に曰く。格子は太夫の次、京都の天神と同じ。大格子の内を部屋に構え、局女郎より一際勿体を付ける。局に対して紛れぬ様に格子という也云々。宝暦十年の細見には、江戸町一丁目玉屋山三郎抱格子（六十目片三十目）清花（けんじ、てうじ）同丁山（いその、はまぢ）引舟一人宛と見えしが、是又安永天明の頃に至りて絶えたると見えて、細見にその職の女は見えず。寛政の頃は⩕の印に改まりて、揚代金六十目とあれば、則元の格子也。寛政末の頃の細見には、角町松葉や半蔵抱松村、京町一丁目大文字屋市兵衛抱一もと両人也。文化五年の頃には、松葉屋半蔵抱粧い、並に大文字屋市兵衛抱一もと両人也。当時至ては松葉屋粧い松村両人其職の遊女也。〔北里見聞録〕

散茶〔補〕古細見には夜計一分と有り、後に⩕さんちゃ昼夜三分、⩕さんちゃ昼夜金二分と有りしが、年を経て今は⩕⩕座敷部屋持の印と改る。「洞房語園」に曰く。寛文年中端々の隠遊女御穿鑿の刻、茶屋遊女屋とも吉原へ降参訖言申すに付、其段御訴訟申上ぐれば、御慈悲を以て御免有、所々の茶や遊女持共吉原へ入込みけり。此遊女持の内に、多くは先年御停止ありし風呂屋の者共成りし間、彼の風呂屋の家持を用い、局見世を広く構え、大格子を付けて庭も広くとり、ギウ台とて暖簾の側に三尺四方計りの腰懸を付けギウというものを付置て客をひく。〔略〕始めは土手〔日本堤〕の方を表に取り、片側の町なりしが、冬は北風吹下ろして寒く、殊に局々へ吹

入りければ、行燈の灯を吹き消すゆえ、翌年に向を直して南側に町造りたり。〔北里見聞録〕

散茶は私娼上り　魚油をともして遊女が店を張る。これは散茶と申しまして、太夫、格子に次ぐ第三級の遊女でありました。散茶は寛文以後に起ったので、風呂屋女――私娼を収容したものです。当時の遊女は昼を専らにしたのですが、私娼等は風呂屋女ですから、勢い夜を専らにする。風呂屋女の事は、大道寺友山の「落穂集」に書いてありまして、彼等が昼間は湯女の仕事をする、夜になってはじめて娼婦になる、その模様がよく書いてあります。

散茶の語源　散茶というのは洒落でありまして、常用の煎茶に、ふって出すのと、ふらないのと二種ある。ふらない方を散茶というところから、振らない女郎を散茶といったのです。その振らないということについて、宝永五年版の「野傾色競馬」などは「当代はやらぬ振などといふしかたか、散茶がふっては、餅屋の看板出して、膃肭臍を売るやうなもの」と書いておりますが、この譬喩が如何にも面白いと思います。これはたしかに振らないということを、客を振らない方に解釈したのですが、延宝天和のものにも同じように解釈して、しかも振られたのを不審がったのがある。その後にはなお更多く散茶女郎に振られた話が見えております。何にせよ散茶女郎は客を振らないからの名称だと解釈されたので、またその方が娼家のために利益でありましたから、江戸で最も宣伝上手な吉原だけに、是非そう解釈させるようにも仕向けたのでしょう。〔略〕もっとも振らないのに相違もないので、散茶は階級が低いだけに、ずらりと並んで店を張りまして、客を直ぐ二階へ迎える。彼等は太夫、格子のように、茶屋で客に接するのではない。従って道中ということもない。廓名物の八文字とは全く没交渉なのです。私どもは振らないというのは、道中をしないことと思います。客を振らないのではない。道中を振らないのである。故参の遊女が振らない人達を散茶女郎といったのは、如何にも洒落れた嘲りなのです。言いかえれば、彼等は道中をしない、張見世をする女だというので、散茶の低級なことも含蓄されております。

むめ茶〔補〕 古の細見には十匁と言って、金一分也と有り、後に◐むめ茶金一分、片しまい二朱と有り、今は𝕄∧の印、部屋持の印に改る。近き頃まで江戸町一丁目巴屋源右衛門家作、むめ茶作りにてありしが、表惣格子にて廓（みせ）は壁の方と跡尻（あとじり）の方二方に女中居ならびて、籬の方にギウ、同座は其籬と表の格子の間を三人程あけて落間（おちま）有り、ギウ是より出入りす。さて客格子にて女郎を見立てギウを呼ぶ時、ギウ落間より来て客に応対して、客をば其格子の間に露路有り、夫より誘（いざな）いする也。客を見世より直に上ぐる所もあり、又露路より直に勝手に入り、当時のごとく二階へ上ぐる所もありける。家によりてまがきの外、今のギウ台昔は三尺に六尺成りし。夫にやりて居て下の腰懸にギウ居たるもありし。〔北里見聞録〕

局〔補〕「洞房語園」に曰く。寛文の頃まで揚代二十目成りしが、散茶にされて一分となり、古細見には●印をおしてなみのつぼねとあり。当世局見世の事にて、局女郎というも又しかり。〔北里見聞録〕

引舟 引舟というのはいつも太夫についている女で、太鼓女郎ともいう。後の吉原では、振袖新造とも言い、別に番頭新造、略して番新とも言うものがある。まあ太夫の秘書、もしくは副官みたいなものだ。

禿〔補〕「洞房語園」に曰く。禿（かぶろ）は未だ簪せぬ少女当然の名也云々。一説に曰く。古は太夫格子は禿二人も三人もつれけるが、散茶は一人ならではつれぬ掟なりしが、宝永年中新町中近江屋の都路といえる散茶女郎二人禿をつれたるを咎めけるに、一人は妹女郎の禿というて済しけり。それより後世の例と成りて今の世は此事も正しからず云々。又宝永年中のはやり唄に、

　行て見よ、禿は袖の振りはじめ、とめし姿は揚屋の初もん日、いよちょいく

といいたりしとかや。当時また引込禿（ひきこみかぶろ）という有り。是は禿の内にて、年頃十四五以上にて、名目かたちすぐれ、全盛近きを云う。是等は姉女郎の手をはなれて、傾城屋の亭主女房などの傍に有りて、惣じての諸芸をならわしむ。故に引込の名あり。然れども若し客来りて好む時は、客へも出す事也。禿の名ある故に、後帯にして名なども常の女のごとく、おの字を付けて呼び、源氏名を呼ぶ事なし。かく諸芸など仕込み置て後、突出し（つきだし）とて見世へ出して客を迎える也。〔北里見聞録〕

妓品の記号　「大門を這入る茗荷に出る生姜」銭を撒かずに遊ぼうとするのは場違い野郎である。そんなら吉原の空気を濁した尾上という女は、江戸破壊の罪人である。〔註・芝居「尾上伊太八」に取扱われた吉原の心中未遂事件。男は津軽藩江戸詰祐筆原田伊太夫、女は新吉原江戸町一丁目太右衛門店太四郎抱尾上で、両人とも日本橋に三日間晒しの上、非人の刑に処せられている〕篤と正体を見届けたい。おおそうだと「細見飛鳥川」（延享四年四月）を繰って見れば、江戸町一丁目中の町より右がわと書き別けて、その二軒目にたま屋九郎右衛門とあって、

　⋀⋀小しきぶ　⋀⋀きよたき　⋀⋀みよし

⋀⋀

ふたば　もみぢ　花ぞの
∧わかまつ　∧やまのゐ
をのへ　わか紫
とみ山　みやこ
やりてぎん

江戸壊しのフンバリもいる。江戸町一丁目と言えばこの玉屋であろう。判決書に太四郎抱とあるから名前は違うが、恐らくは九郎右衛門の相続人が太四郎であろうと思われる。この玉屋は前から営業をしているが、尾上の名は前年（寛保三年）の細見に出ておらぬから、尾上は延享元年の新玉と見るべきであろう。玉屋は大店ではない。尾上も新造位の処で、昼夜一分、片仕舞二朱という女であろう。⋀⋀は座敷持（散茶揚代三分）の印、∧は部屋持のしるしで、印のないのは誰かの部屋に居候をしている女郎なのである。尾上の名の上に印のないのを見て妓品を知ることが出来る。してみると尾上は端た女郎で、それほどに資本の入る訳でもなかろう。

遊女の揚代

慶長から明暦まで　吉原町草創当時は最高級の太夫どころは金一両、第二級が銀三十匁、その次が銀二十匁乃至十匁を一夜の価とした。浮世一分五厘といって、一日五合積りの米代が銀一分五厘であった時代に、三匁あれば一ヵ月の米代が十分なのから考えて、最下級の遊女の価さえ庶民生活と何程の距離であったろうか。

寛文・延宝時代　元和改革以前に端（はし）という最下級の遊女の中に青暖簾と称して一匁の廉売店を出し、然らざるも五匁の嫖価であった。第二級の格子は二十六匁と定められていた。当時の江戸の太夫は若干の価であったか知らぬが、京阪では五十三匁であった。寛永度の第一二級の嫖価に比べて、多少の下洛を見せている。寛永度の値段を持続しても、爾後の物価から考えると安いのに、かえって下落を示したことはすこぶる考慮を要する。何故なれば元禄以降の嫖価は時々に騰貴して低減したことはない。諸物価と忠実に随伴したのに、寛文延宝の際のみ変態なのが不審に堪えぬ。中間の記録がないので突然延宝の嫖価を見て、寛永を顧みるので訳が分らないのか、或は女舞、女歌舞伎禁制で逸品が消滅した時に、残物の凡娼の評価が低くなったのを襲った結果なのか。それから一方に廉売の開始されたのは、段々町人その他が入り込んで来る、廓通いがおいおい拡張されて、廉価な嫖遊しか出来ない者までも、遊女を欲求するようになって来る。得意満面な豪遊階級のみの吉原でなく、少数者の歓楽から多数者の廉遊にも賑う色町になって来るのを拒み難い。その豪遊気分を打破する第一着は、散茶という妓品を生じたことである。寛文八年に私窩主五十余人、私娼五百余人を吉原に収容し、江戸町二丁目の裏通りを割いて、新たに堺町、伏見町を開いた。この新しく収容した私娼を散茶と綽名し、嫖価は金一分（一両の四分の一）であった。

元禄の嫖価　「吉原細見」に嫖価を金貨のみで表記し始めたのは、元文からであるが、太夫の嫖価は元禄の初めに七十五匁、宝永、享保には七十四匁、宝暦には八十二匁から九十匁になった。この嫖価から太夫と民衆との距離を測定することが、江戸時代の最高級遊女を説明する捷径だと思う。そうして誰にも目安い元禄度で計算してみましょう。勿論嫖価だけですむものではない。当時太夫を買って遊ぶには何程の資金が入用であったか、「五箇津余情男」には「身世歴々にして、たしかに二百貫目現銀にして、商する人は、月に十度は行まじき所にあらず、銀慥かにしてから、利走りして暮す人は、月に三度ばかりは尤なり」と言い、それ以上は身代をやぶると戒めた。当時一般の金利は概して年三割（十両一分という）であった。二百貫目の利子は六十貫目になる。銀相場六十目を金一両に換算すると六百両である。確実な利廻りと言えば普通の貸附けではあるまい。暫く法定利率の一割半と見て三百両、三百両の年収の者は毎月三日以上の太夫遊びをすれば破産する。この頃で通貨の一番多かった正徳三年に総額二千五百二十七万二千九百四十三両と言われている。千両（六十貫目）からは金持であり、万両（六百貫）なら分限であるのも、この通貨の総額に対して首肯されよう。一割五分の利廻りでならば千両持っても百五十両にしかならぬ。まだ月に三度高級遊女を買う資格がない。もし手代の年給金五両（三百匁）から勘定すれば、七十五匁の嫖価だけでも五つは払えない。料理人の日給四匁からは十八日働いても七十二匁にしかならぬ。日雇人夫は二匁五分であるから七十五匁を得るには三十日掛る。この計算が簡明に高級遊女と庶民との距離を教える。

法律上の遊女

人身売買は厳罰　徳川氏の治世になりましては、疾くに人身売買は法度になっておりました。大阪落城の翌年である元和二年十月の法文に、一人売買之事一円停止たり、若売買濫之輩者、売損買損之上、売られたる者は其身の心にまかすべし。併勾引責に付ては売主は成敗、うらるる者は本主人へ引渡すべき事。

と人身売買の事が規定されております。人身売買の状況に就ては、もっと遡ったところから、調べて行かなければならぬのですが、ここでは江戸以前の事柄は後廻しにして、江戸時代の事として考えてみますと、この元和二年の法度以来というものは、人身売買は成立たぬことになっております。それというのが売買が無効になるのみならず、目的物であるところの奴隷は直ちに解放される。これは主人もしくは親権者が売った場合ですが、勾引（かどわかし）すなわち誘拐者の場合には、略売者を成敗する。成敗というのは死罪のことです。誰が売っても、その売買は無効になって、本人は主人もしくは親権者に返される。後々までも人主（ひとぬし）というものに対して、売られた者を引渡すということが、法度の眼目になっておりました。

年季の制限　江戸時代の人身売買禁制は、元和以来でありますが、幕府は人身売買を厳重に、手厳しく禁じております。そうすると長年季ではどうも〔結果が紛らわしくて〕工合いが悪い。どうしても年季を立てさせなければならぬ。これは已に元和二年十月に於て、

一年季三ヶ年を限るべし。

但三年を過ぐれば双方の曲事たるべき事。

と言って期限を切っておりますから、ここでは前の規則を回顧すればいいわけです。然るにその後十一年目の寛永三年四月には、

一男女抱置年季事、十ヶ年を限るべし。

十ヶ年過れば曲事たるべき事。

と改めている。前に三年に限ってあったものを、十年に延しているのです。十年年季という言葉が通語のようになったのは、この時の規定によるもので、年季奉公と言えば、まず十年ということが、殆ど通例のように思われていたのであります。ところが元禄十一年十二月になりますと、今度は寛永の年季制限を撤廃しなければならぬようになりました。

一永代に召抱候下々男女並永年季奉公、前々より制禁たりと雖も、延宝三卯年諸国洪水不作に付、免許の上は卯年召抱候者、人売買並年季背に成間敷事。

一奉公人の年季、前々より十年を限候処、向後は年季の限り無之、譜代に召仕候とも相対次第たるべく候間、其旨存すべく候。

年季制限というものは、人身売買を禁じた結果として、定められたこと勿論でありますが、それは奉公人を保護するためのものだったのです。けれどもこの奉公人なるものは、農村から江戸へ出て来ている人達でありまして、この法規を厲行することが、その人達に不利益であった場合には、改正したところが一向差支えない。もともと人身売買を防ぎたいための年季なのですから、ここで改廃を見たので、この時はたしか地方が大の不作であったのです。そこで当人の利益によって、任意に雇傭の期間を契約させるようにしたらしい。これから以後江戸を終るまで、法令を以て年季を拘束したことはありません。

禁制の抜道・養女　その上に、賤民の子を良民にしたいというような、気の毒な心持から、親知らずという案外な事が出来て、自分の子供を人にくれ、或は奉公に出す。その結果が、人身売買は禁止されておりながら、人身を私有するかに見える、まぎらわしい状態が出て来たのです。これらは皆享保前後のところに於て出て来る事柄であります。それは養子、養女にしてしまう行き方で、ただの奉公人ということでは、どうしても人身売買というような問題を惹起して来る。だからそれを我子のようにして、そうして手段方法を加える、ということになった。

年季と前借の実例　寛政七年の規定になりますと、

年季の儀は前々申合の通り、廿ヶ年以下を限り可申事。

とあって、元禄にあった十年年季の制度を抛棄しております。しかし遊女には譜代はありません。二十年というのが最大であったろうと思います。誰も知っている栢筵の句に「九年なに苦界十年花の春」というのがありますが、十四から二十五までの十年を「年一ぱい」と言っておりました。子飼いと称した芥子坊主の禿、あの間は遊女奉公の勘定には入っていない。勤めをしない間も勘定に入れたら、二十年にもなりましたろう。それに二枚証文ということがあって、雇い継ぎなら一向差支えない。しかし二十年というけれども、遊女のすべてが子飼いでもなく、雇い継ぎでもなかったのです。それはぐっと新しいところでも、ちゃんと行われていたらしく、大体二十五明（あき）二十七明だったようであります。天保八年から十二年五月までの遊女抱入帳、吉原のものであることは明かですが、惜しいことに何屋のだかわからない。けれども江戸末の遊女の年季は、大凡これで見ることが出来ます。給金も書いてあれば、年齢及び年季も書いてある。これによると短かいので二年、長くても十三年位いであったようです。

キン、十二、十五年、十三両（廿七歳年明き、勤め十三年）〇せい、十一、十七年（アシカケ）

十四両〔廿八まで、勤め十四年〕◯たま、十三、丸十四年、八両〔廿七まで、勤め十三年〕◯いち、十四、丸十三年、十両〔廿七まで、勤十三年〕◯ゆき、十二、十五年、七両〔廿七まで、勤十三年〕◯やす、十六、十一年、四十三両〔廿七まで、勤十一年〕◯まさ、十二、丸十五年、九両〔廿七まで、勤十三年〕◯よし、九、丸十八年、五両〔廿七まで、勤十三年〕◯ぬい、十八、丸六年、四十両〔廿四まで、勤六年〕◯こう、廿一、丸二年、十五両〔廿三まで、勤二年〕〔略〕

これで見ますと、江戸の末になりましても、大体十三年、二十七までを限度としていたように思われます。

花魁道中

八文字の二種　八文字に二種あって、内八文字を島原風と言い、外八文字を江戸風という。今日は内八文字の行歩を見物するのだ。〔註・京の年中行事、島原の太夫道中を、鳶魚翁が実見した時の記録〕同じように爪先を詰めて踵が開く八文字型でも、足を外から廻し込むのが内八文字、股を割って踏み出すのが外八文字なのだ。内八文字は廻し込んで引足をせずに二の足を踏み出すと、姿勢が崩れる。内八文字には必ず引足がつきものだのに、いま目の前を練って往く十五人の太夫の中に、引足の心得のある者は二人しかなかった。それもその筈、姿勢の整った者は一人もない。いずれも腰が据らないので皆浮いている。引足の心得がある者さえ腰がふらふらなので、姿勢は引足の心得のない者と御同様だ。昔は正面切って脇き目をせず、笑い顔を厳禁にしたというのに、今日の道中は妙な流し目もすれば、嫣然たる一笑に嬌艶を振りまくのがかえって得意らしい。気の毒な太夫の今昔、ふらつくのも決して腰だけではなかろう。「俗つれ〳〵」に「揚屋の昼を勤めて、身仕舞に帰る道中ゆたかにして、左右の対の禿、歩みながら眠れるほど、静に位を取って憎い処なく」と言い、「好色貝合」には「前へ行くやうでも、一町のうちにて十間は跡へ戻る算用、お出遅しと待つ上からは、悉皆蛞蝓（なめくじ）の江戸行也」といってある。内八文字はこういう特殊な行歩で、極々沈着なものであるから、腰のふらつくために一歩々々動揺して、態度を不安にすることは何よりも禁物で、全体の調和は忽ちに破壊されてしまう。

江戸の外八文字　その模様は「新吉原つね〳〵草」にある。

客あれば身拵へして銘々好みの衣裳づくし、小紫着そめて江戸鹿子といふ物、世にひろまりし、裙蹴出し外八文字、肩居（かたすえ）てひねり腰、是を道中とて見る人、武蔵野に山の如し、宿より揚屋町まで、わづか一丁たらずの所を、此のごとく物静にもあゆまるる事ぞ、秋の日には一時あまりもかかりぬ。気の短い客を亭主も慰めかねる程の隙入なり。此道すがらの姿を見て、諸人思ひつくなれば、大事に掛らるべき恋のはじめ也。緋縮緬の内衣（ゆぐ）飜るやうに仕掛けて、白き足首ちらりと高もの移り見し時は、明日首切らるる銀にても、手前にあらば遣ふ事ぞかし。

内八文字は半円を描いて足を廻し込むのだが、外八文字は踏みひらくのだから股が割れる。緋の二布（ふたの）に鉛のオモリを附けて、ヒラヒラしないようになっていた。それが如何にも返りの好いようにして、足の運びに依って高股を見せる仕掛けらしく見えたかも知れぬ。元禄という時世が淫靡な頃だったので、吉原も大分ネバネバしたのかも知れないが、一体外八文字は男性らしい寛濶な行歩で、この際の緋縮緬も潔く眺められたろう。〔略〕大いに威張った武士の往き方を模倣したものである。内八文字は慎重なもので、恐らく公卿衆の練足から転化したのだろうが、外八文字は濶達な擬勢を見せたもので、内股が見えるの、二布が飜るのと、女らしい遠慮をする筈もなく、湯屋覗きでもしそうな根性で見るべきものではない。

内外八文字の対立　勝山が外八文字に濶歩した。その以前には島原も新町も吉原も皆一様に内八文字なので、島原風も江戸風もあったものではない。勝山が出てからも〔註・承応二年八月〕下り女郎といって、京から吉原へ輸入した遊女は内八文字であったらしい。けれども島原や新町へ奴風な遊女が輩出して、張り臂の外八文字が江戸だけでなくなった。そこで島原風、江戸風と八文字の内外が対立することになり、吉原の廓内には内八文字が消滅した。

花魁道中の練習　あの高い下駄を穿いて、衆人環視の中を行くのですから、誰にしたところが、俄かに出来るわけのものではない。遊女は道中をするに先だって、引込新造と申しまして、長いこと姉女郎について、いろいろなことを教えられます。第一に稽古しなければならぬのは歩き方で、道中というのは京町と江戸町――狭い廓内でも東海道の五十三次の起点と終点とがあるからだなどと言いますが、これは勿論こじつけでしょう。つまり見世へ出るまでに、そうした準備をすることを引込というので、この引込の間に道中の稽古をする。女郎屋の二階には長い長い廊下があります。そこがこの稽古場になるので、よほど練習しなければ、あの妙な一種の歩き方が出来るものでありません。この歩き方を習うについては、遣手婆や妓夫にも世話をかけなければならぬ。天和元年刊の「吉原あくた川」に「道中善悪評判」が記載してあるほどで、高級な遊女に取っては、大事なことの一つになっておりました。

遊女風俗

大げさな髪飾　「新吉原略説」にも「享保の頃は木の塗櫛をさし、其後幾程もなく朝鮮鼈甲の櫛笄行はれたり。寛政中に至りては皆此玳瑁ささぬはなかりしとぞ。もと櫛一枚笄一本簪四本、耳搔の外、多くささせまじき定めなりけるを、後には妄に夥しくさし粧ふことになりて、又々櫛二枚笄簪耳搔とも七八本に限れる由定められし也」という。その一櫛一笄の定めは何時の事か知らないが、万治版の「吉原鑑」の挿絵を見ても、一櫛もしくは無櫛に描いてある。して見ると半太夫節の「吉原袖几帳」に「大振袖のやつくちをふくは美し二つ櫛、比翼の櫛のかたそぎ」というのは、江戸は江戸でも余程後の遊女風俗であろう。二枚櫛は遊女風俗だと言ったところが、江戸のではない、土佐掾の浄瑠璃の通り大阪では三枚もさしている。畢竟二枚櫛は京の遊女の風俗なのである。「傾城請状」（元禄版）に「曲輪の風をとんと捨て、先づ指櫛（さしぐし）も只一枚、笄髷に結ひ慣れねば」というのが、遊女から町の女になった簡単な説明になると共に、二枚櫛が遊女の表示なのも知れよう。

遊女の紋の始め　万治元年に書いた「東海道名所記」に「今はこと更に太夫がたに衣裳の紋さだまり、名におふ花わちがへに桐の紋は八千代とかや。島原一番の太夫ぞかし。桔梗の紋は藤江也」とある。八千代は慶安二年二月に十五歳で島原の太夫となり、万治元年十二月に二十四歳で廓を出た。藤江は万治二年六月に二十五歳で廓を出た。この両人の時が遊女の紋の附け初めであろう。この八千代が花輪違と桐と並べて附けたのが、比翼紋の早いのであろう。それよりも承応四年の「島原評判記桃源集」（島原を音で通わせたもの）には紋がなくて、明暦二年の「新町評判記まさりぐさ」には紋がある。これと前に言った明暦四年版の屋敷附に紋のあるのと対照して、流行の徴候をさとる。承応が一二三、四年は改元されて明暦元年であって、その明暦が一二三、四年は改元されて万治元年である。明暦元年の「桃源集」が紋なしで、二年の「まさりぐさ」は紋ありなのだ。屋敷附へ大名の紋を附け始めたのが、明暦二三年（明暦元年のには紋なしであるから）のは、未見で何とも言われないが、万治元年のにはたしかにあるので見れば、その距離が甚だ近い。

遊女と役者の紋　さて「野良虫」で見た最初の俳優の紋所、寛永に創始した中村座の俳優等は、元来浪人を糾合して演芸団を組織したのであるから、各自の家に伝来する定紋はあったろうが、俳優としての紋所はなかった。故に俳優としての紋所の発表は、まず「野良虫」を最初のものと見て、大過のないことと思う。遊女にしても素姓に依って家の定紋を伝来した者もあったろう。百姓町人から出ずに、浪人の娘ならば必然そうでなければならぬ。しかし明暦に極めた紋所は、遊女として使用する紋所で、家柄や素姓と懸け離れたものである。「まさりぐさ」と「野良虫」とを比較して見ると、遊女の方に伊達紋が多く、俳優の方に据紋が多い。坂田市之丞の桔梗三つ、山本万之助の洲浜に葉付の竹、山本金太夫の楓葉繫ぎ、吉田雅楽之介の㊔玉村吉弥の㊘の字、後の吉弥は文字を蔭にし、隅切角を附けた。これらの紋所でも勉めて形を整えようとする傾向がうかがわれる。成るべく丸とか角とかを輪廓にして据紋の体裁に習おうとする。遊女の紋は毫も勉強した形跡はなく、紋の自体に任かせた、極めて自由らしい様子が見えている。

伊達紋・据紋と比翼紋　「都風俗雛形」に従えば、丸もしくは角の如き整形のものを「すえもん」と言い、不整形のものを「だてもん」と言っている。八千代の花輪違と桐と並べた紋所は不整形であるから「だてもん」の筈であるが、並べて附けるのは後来比翼紋と名附けられた。

遊女の紋は相伝せず　高尾の十代をはじめとして、勝山、薄雲、瀬川など数代続いた名妓はあっても、高尾の外は一向知られもせず、たしかに代々襲用した紋所があったか否か不明である。上方の妓名を幾代か相続したのがあっても、紋所を相伝しなかったことは「色道大鑑」が相伝した方を称揚したので知れる。妓名をついでさえ相伝しないのだから、妹女郎が姉女郎の紋を襲用しないのも無理はない。それは同時に同廓同家に同じ紋でうるさいばかりでなく、古いよりは新しいのが喜ばれるのは何事によらず、何時と言わず、人情の常であろう。

妓品による夜具の違い　鳶魚「『ふとんふたつになし』〔註・「好色一代女」中の一節。ここはその輪講〕これは花魁の後にいう三ツ蒲団なので、そうでないのは二つ、ひどいのになると一つしかない。太夫でないと三布団じゃない」鳶魚副書「太夫と天神とでは寝道具も違う。三ツ布団は太夫に限る。『色道大鏡』の新艘〔造〕出世用意の事の条に、太夫は広袖小寝巻二或は三、夜物三、外に染夜着二……布団三、敷衾一、天神は広小袖の小寝巻一、夜物二、布団二、敷衾一とある。遊女の格下げ格上げともにある。太夫下りは天神になる。天神上りは太夫になるのだ」若樹「こんなに待遇が変るものですかね」鳶魚「そうらしいです。江戸では、まざり店でも花魁は三布団でした。花魁でないと、決して三布団は使わなかった」

遊女の入墨　寛永の頃に、大阪の野間屋の作弥という遊女、これは太夫ではありません。天神という第二級の遊女でありますが、この女に七郎右衛門、七兵衛という二人の客がありまして、作弥は肩先へ「七さま命」と彫って、二人のお客を喜ばせたそうです。また京の或る遊女は、肩から腰へかけて男の本名、替名と、仇文句とを長々と彫らせた。太夫では小藤という女が左右の腕に彫るのは古いといって、指の股へ男の名を入墨にしたなぞという話がありました。それが延宝度になりますと、彫り入れる形も略々一定いたしまして「髪、指、爪のみつをきり、入ほくろのいろをかへぬ」ということが、心中立ての最も凄じいものにされておりました。「諸分店颪」にも、「此中あはんす心中のよき女郎とやらんに、如何様なこともさせて悦ばしゃりませ。入ぼくろはいいてぢゃが、首丈の男にあひます。ちとあやからさんせ」というようなことが書いてございます。この頃は「入痣」（いれぼくろ）とも申し「掘入」（ほりいれ）とも申しております。が、何にしても、入痣は遊女の深い思入れを示すものでありました。最初は男の方から所望して彫らせることはありませんでしたが、後には男が望んで彫らせるようになりました。その彫らせる文字も、他の客を寄せつけないように、我物であることを見せかけようとしては、あらわな文字を彫り込ませる。また他の客へ障らないようにという心持から、マブとでもいったような人は、わざと隠し言葉などで、ちょっと知れにくいように入れさせました。この頃の彫り物には、絵というものはありませんで、皆文字でありました。男に書かせて、その筆蹟を遊女が自ら彫る――というのは大分凝ったやり方のようになっておりました。それは、

勘兵衛というものに　カンサマ命

徳右衛門というものに　　トクサマ命
九郎兵衛というものに　　クロサマ命
川というかえ名ある人に　　カハサマ命
重というかえ名ある人に　　シゲサマ命

という風に、男の名の頭字を命という字と続けて彫り入れる。また模様を替えては、

十兵衛というに　　二五命
九兵衛というに　　三三命
三右衛門というに　　山　命
藤兵衛というに　　フヂ命
平兵衛というに　　ヒラ命
清右衛門というに　　キヨ命

という風に彫り入れる。この命という字を添えるのは「命に替えて」――または「命限りに」といったような心持の表示であります。

塗下駄の始め　身長に顕著な効験を与うる高下駄も、余り古く使用されていたらしくない。菱川師宣や英一蝶の書いた太夫道中の画面には、藁草履を穿かせている。その頃は江戸のみか、京も大阪も藁草履か、藺金剛（いこんごう）か、さもなくば雪駄であって、丈高い穿き物はなかった。それでは何時からあの高い塗下駄が始まったろうか。遊女の塗下駄は六条の廓の時からだという説がある。京の六条三筋町といえば慶長七年以来で、寛永十八年に今の島原へ転じたのだから、

もしこの説に従えば新らしいことではない。けれども「廓中一覧」（享和三年刊）に塗下駄を大阪の新発明にして、こうも言っている。「元禄の頃茨木屋某、所由ありて薄台（今べったりと言う）を草履下駄に代へ、又新造など長（たけ）の高からんやうにとて、二歯の下駄を踏ましむ。近頃は異体の仕出し下駄発行し、年数の多少によらず、身の高低の差別なく、二歯下駄となりぬ」だが元禄と言われると、「二代男」（天和二年刊）に、「塗下駄の音静かに、さしかけ傘洩れて降る雪」と言い、「一代男」（貞享元年刊）に、「さる太夫様、塗下駄の道中ゆたやかにありしを、これは見物と待つかひなく九軒の横切れ」とある。我等は何時を起源と断定するべき資料を持たないが、塗下駄が道中に使用されて、太夫の扮粧に有力なものになったのは、元禄以前からだと思う。〔略〕江戸としても、「新吉原つね〴〵草」（元禄二年刊）に、「元日のありさま、太夫格子の初小袖、せったの音高く、姿つねと格別なり」ともあれば、「隣の疝気」には、「昔は揚屋女郎（太夫格子）が爪隠し草履であったのに、今は天気のよい日も下駄がけだ」と、原武太夫が宝暦から享保を顧みて歎息した。そうならば元禄享保までも草履雪駄の新吉原だったと見える。到底江戸の遊女の塗下駄は享保以後のものだろう。

妓品による下駄の高さ　「守貞漫稿」はまた吉原遊女下駄の条に「半四郎下駄の高き物也、表打を専らとし、或は表なしもあり。必ず黒塗緋天鵝絨緒を専らとす。高さ五寸五分より八寸に至る。妓品一級五分宛の差ありて、八階に分つと也。晴天用也」とある。現在の島原でもはた芝居でも表のない下駄だが、表の附いたのもあったと見える。黒塗も宝暦明和に描いた絵では側面だけを塗って台は白い。現在のは表のないためか全部黒い。

三枚歯の年代　宝暦九年の江戸版「暗夜訓蒙図彙」には、黒塗下駄の三枚歯が書いてある。そうして駒下駄の最初は角町菱屋の芙蓉だと伝えられたが、この芙蓉の時代は知れぬ。仮りに芙蓉を元文宝暦の女としても、「廓中一覧」のいう近ごろ異風の仕出し下駄を使用したのではない。「暗夜訓蒙図彙」の挿絵では六七寸の高さとは見えぬ。未だ低くかったのであろう。亨和になって江戸一越前屋の和国が、三枚歯を古風だといって、角な塗り下駄にしたという。これは二枚歯であろう。嘉永に書いた「守貞漫稿」に「三都とも二枚歯を専らとす。三枚歯、今も用ふるか。三都とも絵にのみ見る」といった。しかし文久の一枚摺「東都名物花長者」には、おいらん道中、三つ歯駒下駄とあるのみか、錦絵にしても当時花魁絵を、得意にした渓斎英泉は、二枚歯のみを描かずに、三枚歯も描いている。

焼杉の下駄　二葉「焼杉の下駄、これは吉原では無論古くからはいているものでしょうが、やはりこれはあっち〔府中。現静岡〕ではいたものでしょうか」共古「そうでしょう」仙秀「後で『焼杉の下駄を買って呉れ』ということがありますが〔註・「膝栗毛」後篇乾中の一節〕それは必ず廓の女の穿くべきものになっておったでしょうか」二葉「どうも吉原しか無いようでございます。これは吉原のお茶屋の女中が穿いたようです。女中でも、もっともおさんどん側の者でなく、お客を送迎する女中が穿いたようです。真面目な素っ堅気な新造衆とか、何とか言われるようなものは決して穿いたものでない。焼杉のキャシャな下駄を素足で穿くのは非常に粋なものになっていたように聞いております」共古「焼杉の下駄というのは畳は無く、唯木目を出しただけのものです」

三枚重ねの艶書　三枚重ねの文は、例の熊野の牛王（ごおう）の起請です。これも七枚、九枚、三十一枚などと段々あるが、三枚は一番少ないものである。

起請文の実例〔補〕　遊女と客の間に取りかわす起請文とその書き方について「恋文集」（西村新編）は左の例を挙げている。

〈女より男へおくる起請〉

ふとしたる御事より、深くも御なじみ申し、つねづね御志しの程も忘れやらず、かねがね御かたらひにも、末は女夫（みょうと）となり候御約束、こなたことも其の心に少しもかはり御座なく候。たとへ親兄弟のうち何と申し候とも、この御約束決してたがへ申すまじく、若しまた外に心を通はす誓ひをもどき候御事御座候はば、いかやうとも思し召し次第に被成度候。殊に日本（ひのもと）の神々の御罰をうけ申し候。かしこ。

時次郎様　参る　　浦里

かくの如くしたため、女の名の下と、また文段のうち、誓ひをもどきといふ所とか、罰をうけといふ所へ、女の右のくすりゆびをつき血を出し、その血をぬりて男へおくるなり。

〈男より女へ遣わす起請〉

そもじ事深くなれそめ、志のほども忘れかね候に付き、かねがね約束いたし候通り、ゆく末は夫婦となり候事違へ申すまじく候。若しまたこの誓ひにそむき、不実なる事いたし候はば、伊勢石清水、その外出産（うぶすな）をはじめ、日本の神々の御罰をうけ候。かしこ。

はや衣どの　　　　　　　　　　喜之助
かくの如くしたため、是は左のくすり指をつき血を出し、それぞれへぬりて女へつかわすなり。

遊女の出身地

太夫は遠州以東から出ると言ったのは、万治寛文以来のことで、舞台に立って天女のように思われた太夫は、いずれも上方種であった。また吉原の京町は六条から移って来た娼家を一所に営業させたのに由来する。京大阪とは違って江戸の遊女は、殆ど武士のみが相手なのだから、温柔な気に富んだ上方産では向きが悪い。意地とか張合とかいうことが、主として町人の通う吉原になっても因襲的に喜ばれるのであった。それ故に東国産の幼女を多年教養して、最高級遊女にするのが定例のようになりもした。貞享元禄の吉原は町人の世界であって、市井に住む無刀の人間も大名気分を出さないでもないが、実行主義の傾向は鮮明になって来る。僅かに夜の吉原にならないだけが僥倖であった。その頃急に繁昌を増した山口、三浦、この二軒の娼家は盛んに上方産を輸入し、粘力の強いのと面貌の美しいのとで売った。〔略〕だが精神気魄に乏しい京女、綺麗なばかりで人形らしい彼等に満足されなくなるのも是非がない。ただ久しく京女の賞玩は習慣になっていたといっても好かろう。貞享四年作の「吉原源氏五十四君」にも、都の粋が乗り移ったといって弱い遊女を非難してある。同じ太夫でも上方産と東国産と立ち並んでは、上方産がいつも気押されてしまう。町人でも自分の馴染んだ太夫の引け色は嬉しくない。まして太夫には大名道具であった因襲がある。しかし町人の世界になっての新傾向は実行主義なのだから、享保になっての細見にも、下りと肩書きした遊女が絶えなかった。それは太夫よりも第三級以下に多い。だが下りの太夫は宝永頃から寥々たるものであったらしい、のみならず宝暦の細見には、太夫九十匁、京下り太夫六十匁とある。下り太夫は三分の一安い、お気の毒な相場附けをされるように成り果ててしまった。

里訛り

「口くせを知ったか玉屋、おっす松屋、だァす扇屋、ざんす丁字屋」（享和二年版「青楼小鍋立」）これは里訛りなのだが、家々で違っている。何故家々で違うのか分らない。この家々で違うことは、自然の訛りではないように思われる。そうならば、家々で何か註文があって、殊更に拵えたのであろう。一体里訛りというものは、

「北女閭起原」に曰く。総て廓と号（なづけ）る所には、里訛りとて外所と違ひたる詞有り。わきて武陽の北廓なる里訛りは、ひときは耳だちたる事多し。或老人のいへるは、ここなる里語は、いかなる遠国より来れる女にても、此詞を遣ふ時は、鄙の訛りぬけて、元より居たる女と同じ事に聞ゆ。此意味を考へて、いひならしたる事也とぞ。【なんせ】【みんす】【しんす】抔を初めとして、余国に聞かざる詞多し。奇語ともいふべし。なほ娼家には其家々にて行はるる言葉ある事又一風なり。なまりの一つ二つをここに記す。【さうざいます】さようでござりますといふ事也。【なんざんす】何でござりますといふ事也。【おっせん】ござり

ませんといふ事也。〔略〕

芝居でいう誂えの鳴り物ではないが、此処のは誂えの訛りらしい。たしかに註文がついている。近松の書いた「りんす」も「御座ンす」から「御座りんす」になって、その上略されたもののように聞える。京伝の「傾城訛」（天明八年版）の「松丁玉扇四家言語解」にも、

○松葉屋言

【おす】ございますといふ事也。【さっしておくんなんし】【わっちといへば、かたつき――つかわす】かうしてつかわす、ああしてつかわすといふ所に用ゆ。【これこれ】万事物をしてこれこれでおすなぞ云う。【きいした〳〵】来た来たといふ事也。【出しきって】げびぞうを出しきって、うぬぼれを出しきって、なぞいふ所に用ゆ。すべて出しきって、やこしきって、うらみきってなぞ云ふ也。【しのびをこめる】ひそかにといふことばにあたる。【じれったふす】ようすともに、じれったふございます。ようございますといふりゃくご也。おすを又おのじをりゃくしたることば也。

○丁字屋言

【ざんす】よふざんす、わるふざんすなぞいふ所に用ふ。【三味せんばん】毎夜みせの三みせんをあづかる、しんざうをいふ。かわり〳〵に此役をつとむ、尤ふり袖のやく也。是は家々に有り。丁字やにかぎらず。【きついぶしゃれやうだ】【わっちゃァいや】【どうともしなんし】はぐらかすことばなり。【いいむしだっけね】【つれへのふ】【何ざんすか】なんでござんするといふ事也。でのじとごのじをりゃくしていふ。【きれい】通り言也。【おたのしみ】

上に同じ。【きちげへじみた】上に同じ。【何とでもおいいなんし】なぶられる時いふことば。【ちょっとみな】ほめられる時ぢらす言。【いいあめだっけね】ゐつづけのきゃくをなぶることば。

○角玉屋言
【こんな〳〵】是な〳〵といふ事也。人をよぶとき用ゆ。【はなしが有るよ】はなしのないときも用ゆ。【あきれけへるよ】ことばの内に是を多く云ふ。【こんたァの】茶やの男などをさしていふ。こなさんといふ事。【ぼち〳〵】もてた事也。【ちゃきちゃき】ふられた事也。【おまへさん】【にくらしい】

○扇屋言
【ほんだんすかへ】人のはなしをするあいさつにいち〳〵是をいふ。【だんす】はばかりだんすなぞといふ所に用ゆ。【わたくし】【あの人さん】名の知れぬ客をさしていふ。【きふう】きいたふうという事。いのじたのじを中りゃくしたる言也。【きさんじなもんだね】いけねへもんだね、しゃれたもんだね、なぞと云ふ所に用ゆ。【ひねる】おもむきの有る事をさして云ふ。

とあって、通言を混じている。その中で訛りという訛りは「御座ンす」の分化したものらしい。何だか訛えの里訛りは、京移りの言葉ぐせに註文を附けたもののように思われてならぬ。勿論里訛りのある言葉は、遊女だけが遣うので、女芸者にせよ、遣手婆にもせよ、遊女以外の者は一切使用しない。それも長屋（ながや）という、最低級の遊女は使用しない。その一例を言えば、もしへ、おいらんで、こっちへはいって、雨をやめなんしとおっせへすから、こっちへおはいんなんしへ。〔天保二年版「秋雨夜話」〕

という按排なものなのだ。これは根岸の寮にいるオイランが、俄雨を避けて門外にたたずむ人を、禿に言いつけて呼込ませる、その禿の言葉なのだが、今日の耳には随分妙なものに聞ける。当時にしても別段なものに違いない。

吉原の遊興

元吉原は昼の遊び　本来吉原は夜往く処ではない。夜店の出来たのは明暦大火の後に仮宅（鳥越、山谷、今戸）を拵えた時からである。それでも昼の方の客が多い。朝から廓は賑やかで、享保の頃までも物売りが出ていた。万治の仙台侯、寛保の姫路侯でも知れる。そんな上流な嫖客でなくとも、この里へ入込む多数の豪客は、青天白日のもとに御愉快と出掛けたのである。夜間の潜行ならば何しに編笠をかぶろうぞ。

夜の商売は宝暦以後　まだ新吉原も夜の世界にならなかった元禄の初め、こうした客は昼過ぎから午後二時頃までに来る例でもあった。そうして夜に入って帰る人は少なく、多分は夕刻に帰って往くのである。いずれも青天白日の豪遊なのだ。宝暦以後の遊女と比較して話にならないのはここだ。百目蠟燭で何程煌々とさせてみたところが、夜の世界に住む闇の女である。それとは違って元禄の傾城は薄曇りもない晴れに晴れた白昼の女であった。

遊興の順序と作法

第一段の呼び出し　吉原へ参りますと、仲ノ町の両側に引手茶屋というものがありました。揚屋町にもありますが、揚屋町の裏にあるのを裏茶屋と申します。御馴染は勿論のこと、はじめて行く者でも、娼家へ行く場合には皆茶屋から案内されて行くのです。これが太夫のある時代でありますと、揚屋へ行って揚屋に遊女を呼んで、そこで遊ぶわけなのですが、揚屋がなくなってからは、茶屋に案内されて女郎屋へ行くようになりました。この女郎が散茶というやつで、太夫格子でない女郎は、皆自分の家へ客を連れて行くのです。太夫格子でない女郎は、抱えられている娼家で商売をする。太夫格子は揚屋で商売をしたから、娼家は置屋（おきや）でありましたが、揚屋のない女郎は娼家で営業するより外はない。もっともこれより低い娼家に遊ぶ場合は、引手茶屋を経ずに、娼家へ直接行くことがないでもありません。これが、「ふり」の客、つぶさに言えば「ふり込」の客です。ふり込というのは奴さん、大名行列の槍持奴のように、手を振って大股に威勢よくやって来ることなので、中流以下の娼家にはありますが、上等な見世には無いことです。どうかすると物数寄な人があって、高級な女郎のところへ「ふり」で来ても、大見世では相手にしない。十分相手になれるお客であっても、「ふり」だと断ることにきまっておりました。そこで全盛遊びをする者は、第一級の遊女を買うわけですが、これは一両から一両三分の女です。そういう人達はどんな遊びをするかと言いますと、まず茶屋へ行って一杯飲んで、芸者の一組も揚げる。一組は二人ですから、これが三味線に二挺鼓、笛太鼓というようなもので、賑やかに酒宴を開いている。その間に茶屋の方から、御馴染があればその御馴染を、なければ誰さんがよかろうということで、先方の都合を聞きにやります。この第一級の遊女を「呼出し」と言い、また「仲ノ町張り」とも言いますが、こういう女は自分の見世には出ません。同じ家でも低級な遊女は見世を張りますけれども、「呼出し」と称する第一級の遊女は、決してそういうことをやらず、仲ノ町の茶屋へ出て行きます。よく芝居でやりますが、遊女が縁台に腰かけて煙草を吹かしている。あれが茶屋へ行っているところなので、これは茶屋と遊女との馴染があって、気心の知れたところへ出て行くのです。無論一人ではありません。新造、禿というような自分の眷属どもを大勢引連れて、毎日夕方から出かけて行っては、五ツ時位までそこにいる。客が来なければ家へ戻って来ますし、客が来ればその客を連れて、やはり自分の家へ戻って来ます。今の縁台に腰かけている間に、見立てることがあるので、もし客が「あの女が気に入った」と言えば、直ぐに茶屋へ参りまして、何屋の誰を呼びたいという。茶屋の方からは娼家に口をかけて、御差支えがあるかないかを尋ねます。御差支えというのは、今日来る客がきまっているか、或は現在来ているか、そういうことを聞くのです。その場合、客がありましても、本間でなくてよろしければ、ということもある。本間というのは自分の部屋のことで、他の部屋でよろしければ、という挨拶なのです。また都合よく誰も来ていませんから御出で下さい、ということもある。それで愈々よろしいということになりますと、その女郎は番頭新造、振袖新造を二、三人、禿が二人、提灯持の男、若い者四、五人という同勢を引連れて迎えに来る段取りになるのです。

茶屋での遊興 それから暫時酒盛りをして、娼家へ送られるのですが、この時は遊女が先立になりまして、茶屋の亭主、芸者が二人、三味線箱持、茶屋の女房娘、下男下女、大変な同勢になって参ります。この賑やかなところが全盛遊びの引立って見えるところなのです。この揚代が大抵三分、芸者二人で二分、芸者新造が一分、茶屋雑用――これは引手茶屋の入用ですが、仲ノ町の茶屋は客一人について二朱ずつですから、客が多ければ雑用も多いわけです。大門を入って右側の山口巴から駿河屋までを七軒というのですが、この七軒は客一人につき二朱ずつ雑用の外に、別に亭主に祝儀と言って一分出す。なかなか大変なことで、お客一人で一分ですから、四人いれば一両になります。そこで一分笑い、二分笑いという故実というのも大袈裟だけれども、まあそんなものがありました。亭主へ一分やる時には、並の祝儀も一分出す。これが一分笑いというやつで、そうすれば自然扱い方も違って来ます。この言葉はちょっと面白いと思います。そこで今度は台の物を言いつける順序になるのですが、これまででもう二両かかっているわけです。そうすると送り肴が出る。これは二種で、吸物に取肴位いのものです。今貰った御祝儀に対して、御礼の意味で持って来るのですが、これですむかと言いますと、なかなかそんなものではない。太鼓末社を大勢引連れておりますから、それにも手当を出したり、祝儀をやったりしなければなりません。その上にそれぞれ女郎を買ってあてがいます。それですから同勢によっては、その方だけでも十両や二十両は飛んでしまいます。田町の茶屋から行く場合、これは編笠茶屋というので、昔の嫖客は素面で廓へ入りません。編笠を冠って面を隠して入る。その編笠を田町の茶屋で借りて入ったのです。後に素面で出入りするようになっても、編笠茶屋という名前が残って、編笠を吊して置いた。それも廃れて編笠を吊して置かないようになっても旧称を伝えておりました。昔はこの茶屋へ茶代百文でよかったのが、化政度の話だと菓子やお酒が出ますから、ここで一朱出さなければならない。田町の茶屋は株式になっておりまして、どの茶屋からでも送り込むことは出来ません。編笠株と称した、その株のある者だけが送り込むことが出来るので、編笠茶屋からでも「ふり」ではない、茶屋付だったのです。土手にあります葭簀張りの水茶屋、これが百六十軒ほどありましたが、やはり株になっておりました。提灯株というやつで、手前の家の紋のある丸い提灯をつけて、お客を娼家へ送り込む。この提灯には紋がついておりますけれども、仲ノ町で始終使う箱提灯ではない、丸い提灯だったそうです。田町の茶屋と言いますが、田町に八十軒、竜泉寺町に四十軒、土手のが百六十軒、山谷堀に六十六軒あったと言います。また野引（のびき）と申しまして、以上の茶屋の外に吉原居廻りの者が掛茶屋を出していますが、野引は紋のある提灯で客を送り込むことが出来ません。このお客は登楼しますと、直ぐ野引の女に金を渡します。これも「ふり」ではありませんが、そのお客は、小見世だけで、大見世へは行かれぬことになっておりました。

娼家の等級と規模　娼家は上中下の三通りに分れております。第一が惣籬（そうまがき）で、これは見世先が正面ばかりでなく、残らず格子になっている。この脇土間の横手にある格子を籬というのです。惣籬は大見世で、ここには一分より安い女はおりません。惣籬は横手から出入りが出来ませんで、後の襖を明けて出入りする。コソコソと出入りしない、鷹揚に構え込むのが身上なのでしょう。半籬というのは中見世（ちゅうみせ）で、交り見世（まじりみせ）とも申します。惣籬の四分ノ一位いのところが明けてあって、そこから出入りが出来るようになっている。惣籬になると、横からは入れません。昼三というのは昼夜三分の女で、昼三の中で見世昼三というのは、仲ノ町張りをしないで見世にいる。仲ノ町張りは見世を張らない。前に申した「呼出し」です。見世昼三の方は一分の座敷持ですが、その半額の二朱の部屋持というのもある。これが番頭新造、振袖新造というような者と一緒に見世を張っております。いい女郎と悪い女郎と一緒だから、交り見世というのです。交り見世には毛氈が敷いてありますが、その毛氈の上にいるのが昼夜二分の座敷持で、夜ばかり買えば一分になる。これが花魁のわけです。座敷というのはどんなものかと言いますと、上の間（かみのま）と次の間と二間ある。その自分のいるところが本間なのです。番頭新造一人、振袖新造一人乃至二人、それに禿二三人、これが座敷持の様子です。花魁というのは座敷持のこと、部屋持では花魁とは言わない定めです。それが部屋持になりますと、座敷は一つしかない。次の間がつかないのです。禿も一人しか使いません。見世では部屋持は壁の方――すなわち籬の反対の方に坐っております。そのうしろや籬の処に縮緬の衣裳を着ているのが番頭新造、略して番新という。花魁の世話をする役です。「呼出し」についている番新はお客へ出ませんが、そうでないのはお客へも出る。また花魁の後に振袖を着ているのが振袖新造、略して振新という。これは二朱の女です。新造にはきまった部屋がありませんから、新造を買うやつは何処の明き部屋でも泊るわけです。夜具蒲団もあてがい物で、そういい品じゃない。楼主の方から出す物も、吸物に硯蓋ぐらいのささやかなものです。大勢女郎のいるところでは、居余ることがありますから、そのいる場所に拘らず、毛氈の上にいるのが一分の女、毛氈を敷いていないのは二朱の部屋持ということになっている。交り見世の説明はなかなか面倒です。

惣半籬と小格子　惣半籬は小見世で、上の方が半分明けてあって、下の方半分は格子にしてある。上の方が自分の家の方、下の方が往来の方になるわけです。半分だけが籬になっていて、あとは何もありません。そこの女は皆二朱ですが、壁の方にいるのが上座で、籬の方にいるのが下座になる。上座の一番とッ先にいるのがお職女郎です。どこでも筆頭の女郎はお職のわけですが、大見世や中見世では、お職という言葉はつかわない。小見世に限った言葉です。お職女郎から五、六番目のところにいるのが新造付、芸者付で一分に売る女です。新造というのは腰元のような用事をするのですが、芸者付は線香一本ですから、どんなしみったれでも一本ではすまない。直さなければなりませんから、もう二朱はどうしても散財することになります。そこで三ツ蒲団の話が出て来る。二朱だと二ツ蒲団ですが、一分だと三ツ蒲団になる。三ツ蒲団なら一分以上の女でなければいけないのです。大町、これはダイチョウと読みます。江戸町一丁目、二丁目、京町一丁目、角町で、大町が四丁あるわけです。そこらになると小見世でありましても、通るお客を無理に引張り上げるようなことはやりません。もっとも小見世の中には若い者が見世先に出ていて、遊興を勧めるようなこともありますが、それ以上のことはない。然るに鉄漿溝（おはぐろどぶ）に沿うた東河岸、俗に羅生門河岸というあたりになりますと、無理に引張り上げて、もしそのお客に銭が無い場合は、翌日袋叩きにするなんていう無法なことがありました。同じ鉄漿溝に沿うたところでも、西河岸の方はそんなにひどくない。この辺には小格子というのがあって、格子先で女を見立てるようになっておりました。

初会の模様　もっとも茶屋から参りましても、吉原中を巡見して、見立ててきめる人がありまして、そういう場合はやはり格子先に立って見歩くのですが、この時は茶屋の若い者がついております。こういう人は気に入った女があれば、案内されるのを待たずに、ずんずん二階へ上ってしまう。娼家の造りは表から直ぐ二階へ上れるように出来ておりますが、まず引付座敷へ連れて行きます。そこでどの女が気に入ったと言うと、若い者は心得て下へおりて行く。入違いに禿が茶と煙草盆を持って来る。下へおりた若い者が盃と硯蓋を持って上って参ります。これを客の前に据えると同時に女郎が来て、客と対坐するわけですが、この場合決して正面に坐らず、少しはすッかけになるように坐るものだそうです。嫖客は女が坐ると、盃を若い者に渡す。これを引付の盃と申します。この引付の酒は客も女郎も飲まぬことになっている。すなわち客は手にある盃を若い者に渡す。若い者はその盃を盃台に載せて出す。女郎は飲む真似をして客にさす。それだけの運びは皆若い者がするのです。それだけのことがすみますと、「お召かえ」と声をかける。女郎は下へ立って行きます。そこを見はからって、言いつけた台の物が来る。台の物が来ると、酒を飲む。芸者も飲む。これは廓の芸者を呼ぶのです。芸者がちっとばかり三味線の音をさせる。それをきッかけに、女郎が今までは見世を張っていた時の仕掛を着ていたのですが、部屋着――今度は常のなりで出て来ます。しかしまだ側へも寄らず、客と話もしない。酒も飲みませんし、肴も見ているだけ、いくら盃をさしても前に並べるだけです。客の方はもう飲んだり食ったりしますから、だんだん座敷が賑やかになって来る。やがて若い者が「あちらへ」と言って案内する。その女の部屋なり座敷なりへ行くわけです。これは其処を片付けるためなのですから、「あちらへ」と言うのをきッかけに、ついて来た茶屋の者も、そこで呼んだ芸者も、「御機嫌よろしう」

と言って引き退る。二、三人一座の時は、まず一番上席の女郎の部屋へ引取って、それから面々の部屋へ別れて行くことになっておりますが、これを床（とこ）が納ると申しました。床が納る前に台の物を言いつけて、めいめいの寝ている部屋へ持込ませるようにする。一度上立った女のところへ集って、めいめいの部屋へ別れたのが、ここでまた一つのところへ集って来ることになるのです。それから今来た台の物を食べる。これを食べずに突出して置くと、客が寝てから女郎どもが食べるということもあります。揚代その他の入用は、床が納った時に若い者に渡してやる。引手茶屋から行きました場合は、翌日になって茶屋に渡すのですが、そうでない場合には、野引なら野引の女、若い者なら若い者に渡してやるのです。台の物は大台が一分、ただ台といえば二朱です。これにには酒付、飯付の区別がありまして、酒付はその酒を飲む。飯付はその飯で腹を拵える。これが初会（しょかい）の当り前のことなのです。

御馴染は三会目から　二度目に行きますと、裏祝儀ということをする。これは若い者に祝儀を出すことなのです。二度目には女郎も直ぐ部屋着に着替えて出て来ます。そうしてお客の側にも坐れば話もする。二、三杯飲んでから、酌に出ている禿に言いつけて、若い者を呼びます。この時若い者に盃をさして、裏祝儀をやるので、二朱の女なら二朱、一分の女なら一分ときまっておりました。若い者はそれを貰いますと、お客に礼を言い、女郎にも礼を言い、盃を返して下りて行きますが、間もなくお返しと言って、菓子か、蕎麦か、鮓か、そんなものを持ってまいります。三会目からが愈々御馴染ということになるので、二度目はまだ御馴染になれない。この時は酒が始まりますと、禿に言いつけて遣手婆を呼びます。この遣手にまた、裏の時に若い者にやったと同じ祝儀をやるのですが、遣手婆はお返しをしない。ぶッたくりきりです。床花を出すのも三会目で、二朱の女郎で三分位い、新造付一分の女なら一両、座敷持だと一両二分ぐらいです。茶屋付は「つけ金」と申しまして、床花を貰うと茶屋へ祝儀をやる。お客へもお返しと言って、紙入とか、煙草入とか、鼻紙袋とかいうものを、女郎からくれます。「ふり」のお客だと、つけ金などはありませんから、丸々女郎の懐ろへ入って勝手がいいのですが、前申した通り、いい見世では「ふり」の客を相手にしないので、女郎に取っては都合が悪いわけです。これについて「つけ金配り」ということがありました。つまり一々に送りませんで、五節句とか、歳暮とかいう時に、そのお客の来る茶屋へ、糊入を二つに折りまして、上にのし、下に何屋たれと書き、左の方に上の字、何屋御うちへと書く。これは茶屋の名です。それを袱紗に包んで、持たせてやる使が面白い。なるべく小さい禿を選んで、その頭へ姉女郎の櫛、笄、簪、あるだけの髪の物をさしてやる。それが一つの景物になっていたようであります。

御馴染の効能　さて床花がすみますと、お馴染ということに確定致します。それまでは主さんとか何とか言っていたのが、はじめてお客の名を呼ぶようになる。お箸がきまって、箸箱に誰さまと名を書いて置く。川柳にいわゆる「三会目心のしれた帯をとき」ということになるのです。これまでは仮に居続けをしてみたところで、顔を洗わせようとはしませんが、三会目位いになると、顔を洗わせるようになる。この話を私は祖父から聞いておりますが、まず嗽茶碗(うがいぢゃわん)の大きいのに水を入れて来て、歯を磨くための塩をくれる。左手の甲に載せてくれるそうですが、この場合楊枝は使いません。その塩を指へつけて歯を磨く。嗽をした残りの水で顔を洗うので、半挿（はんぞう）は勿論ありますけれども、嗽茶碗を手に持っていて、それで顔を洗うのですから、どうしても水が飛びます。水が飛べば無粋なお客だとか、気が利かぬとかいうことになる。寝床の上でする仕事ですから、水が飛んでは困ることも困るのです。そういうお馴染になりますと、朝帰りの時は女郎が新造どもを連れて、大門まで送って参ります。これは小店にはないことで、交り見世以上の話です。小見世の女郎は送っても来ないし、お馴染にならなければお客の名を呼ばぬなどということもありません。ただここに例外として、座敷がいいということがあります。お馴染になる以前に、言葉はかけないが笑って見せるぐらいのことがある。これを座敷がいいというのです。座敷はいいが床が悪いということもあり、座敷は悪くても床がいいということもある。この辺はなかなか微妙なところです。文（ふみ）を出すのがまたそうで、初会文といいまして、はじめて来たお客に文をよこすことはまずない。ただ女郎の方からぞッこん参った場合はこの限りにあらずで、そんな文を貰う者があれば、それこそ飛び上るくらいによろこんだものです。また気取ったやつは、三度通って取持ちを受けるまで待っていられませんから、裏馴染といって、二度目に往った時に、遣手や若い者に祝儀を出し、床花もやる。すべて次の分まで散財してしまうのです。つまり一回端折るわけで、それだけの金を出しさえすれば、それでもよかったのであります。

芝居ぶりの「すががき」 鳶魚「すががきは、新吉原に限った事のようにも聞いたが、ここ〔註・東海道府中の遊廓を指す。「膝栗毛」輪講の一節〕にもあったと見える。『すががき』は古い所では唄があったらしい。ところが中頃からは全く三味線だけで、唄無しで唯音をさせるだけであったようです」二葉「すががきのことは長唄の例の『みせすががきに引きよせられて、ついゐつづけの朝の雪』というのがあります。全体は三田村君のお説の如く唄無しに三味線を弾くのだと言ってありますが、ずっと古くは琴を奏でたもので、古語にある菅掻（すががき）というは琴を奏したものでありますが、それが段々と後世に至って唄無しに琴は廃りまして、三味線を弾くようになっても、やはり『すががき』と言って、古くから吉原に行われたようです。それから終いにはこの『すががき』ということは、吉原の花魁が店に出る時に弾く三味線の事となり、花魁に附いている新造が二、三人、三味線を取ってチャンラチャンラ〳〵という調子に、唄は歌わずに一つ調子を連続して弾くのを言う。その『すががき』について、大勢の花魁が定めの席につく様は、何となく心の浮き立つもので、ちょうど芝居の下座と同じ格で、筋書には何等の関係も無く、下座が無いと役者の出に間が抜けると同じように『すががき』を店で鳴らすのが例になっている。これは多くは撥で弾いたものであるが、店に依っては刷毛で搔き鳴らした所もあったと言います。また家風ではチャンラチャンラ〳〵の調子を強く早めて弾くのもありましたが、普通は静かに優しく弾くのを常としてあったようです。そしてこの例がやんだのは明治五年に娼妓取締規則が出てからで、一時は浮き立つような音もやみ、後またその真似事は近くまで行われていました」

遊女の二重売り　横を切らせるやつを、江戸では茶漬を喰わせる、と言いました。遊女が二重売りをすることとです。

閨房の塩茶　鳶魚「塩湯を飲むこと、これは閨房では必ず飲みます」鳶魚副書『虚実見聞記』に、太閤様の御示しという歌がある。『薬に成る者、朝起や不淫少食塩湯がかり、師親塩茶に塩酒ぞかし』、『新増犬筑波集』にも、次のように見える。
君ゆえに腎虚せんこそ望みなれ、しほちゃのわけも下されよかし

紋日

遊女野遊の旧例 「紋日」にもいろいろな説がありますが、「物日を訛ったものだと私は思います。「色道大鑑」に「紋日、同物日の事なり」とある。「洞房語園」には「節句祝の日をいふ、紋日と云ふ京言葉にて、吉原にては物日と云ふ」とありまして、実は同じ言葉なのを、妙な慣例になって、別なもののようになっています。延宝九年の「嶋原紋日朱雀諸分鑑」に次のようなものが見当りましたから、ここへ引いて置きます。

紋日を人に尋ねらるる事

或田舎の人云ふ。嶋原の詞に、もんびといふは何たるわけぞやといへり。答えて云ふ。是を知らぬは野火なり。むかし六条に遊女のありし比(ころ)は、遊女の身持きままにて、洛中洛外にもたやすく徘徊せしなり。さるゆへに揚屋の参会気づまりな折りは、春はさらなり、夏秋の比も祇園林なんど、所々のはなもみぢのもとに、幕はりまはしてあそびけるなり。ことに朔日節句なんど、よしある日にはなを出でけるなり。其幕には女郎が転々の定紋を付てうちたれば、女童迄も、あれはたれじゃとよく知りけり。誠に余情に花麗な事なれば、女郎の出る日を紋日といひければ、今に至って分て敵州御げんの日をかくはいひならはし侍るなり。〔註・吉原に遊女野遊の習慣はない。三月に花見の一日と七月十三日に遊女の休日はあったが廓

内での遊びであった〕

紋日と年中行事　「江戸惣鹿子」のは、

正月　朔日、二日、三日、四日、五日又六日七日まで、十五日、廿日、此内に節分あれば又その日に入る。

二月　初むま、十五日。

三月　節句、十五日、隅田川参詣帰り、十八日、くわんおんまつり。

四月

五月　節句。

六月　四日、三輪村天王祭、十五日、山王祭。

七月　七夕、盆内、十七日、十八日。

八月　朔日、名月。

九月　節句、名月、十五日、明神祭。

十月　いのこ、廿日。

十一月　十五日。

十二月　八日、十五日。

紋日物日を列挙したまでのもので、「青楼年暦考」に宝永度の新吉原年中行事を聞き伝えたといって記載したのも全く同じ物である。〔註・紋日には吉原の故実によって娼家の飾りつけや遊女の扮粧をあらためたりしたが、この日嫖客は無条件で昼夜の揚代金を支払うのを例とした〕

遊客諸相

大名は享保まで　太夫は大名道具と言われ、町人百姓の手にあうべきものでないようにも思われ「近代日本に二三人の大名にも、遊女の腹にやどり給ふ人なきにしもあらず」（長崎土産）と言われ、大名の遊里に潜行することは、享保の頃までも、続いた。

万治寛文の旗本時代　明暦後になりましては万治寛文であります。これはその当時はやった土手節のみならず、「淋敷座之慰」の中に収めてあります唄、ぬめり唄というやつです。「ここにかいてのとんてき者、ながひ刀に長脇差をぼっこんで、日本堤をずんよいよいずんずとぬめりあいて」とか「大門口にもあみがさよ、だて羽織金鍔大小差しちらし、あげや町へぬめった」とか、こういう文句の摘出によってもわかるように旗本奴と称する連中が目立ちました。これは寛文の末から延宝の初めにかけて、だんだん処分をされまして、だんだん無くなって行きましたが、まだ武士の吉原通いが目立ったものであった。けれども、この万治寛文度になりますと、旗本奴と称するあばれ者は、もう銭無しになっておりますから、吉原を賑わすことは出来ても、それはただ賑わすだけで、とても廓の潤いになるものではなかった。明暦度とは旗本手合いの懐工合いがよほど違っております。

天和までは代官時代　田中丘隅の「民間省要」を見ますと「昔は官吏国々の御年貢を年々に取立て公辺へは三年五年宛段々追送りに勘定有りしゆへ、大分の金銀我が物の如くにして、此人々専ら北里に名高く、えもいはぬ驕りに長じ様々美麗なる事も有りし。いつしか上みより正されて、其人々身亡び失ひたり。其後ただ小普請方の竹杖の官人、金銀を芥の如くしたりしを聞きし」とある。これは丘隅が実験で昔語りを書いたのです。廓の為になる、銭をつかう方の客は、これによるとお代官。お代官というと地方官である。その頃は大分代官の引負（ひきおい）ということがありまして、引負というのは租税の費消であります。それをよく証拠立てるものは、大老堀田正俊の天和に著名な代官戒飭の達し文であります。戸田茂睡の「御当代記」にも、使い込み代官の処分が沢山書いてあります。これから考えると、万治寛文から延宝天和へかけまして、使い込みの代官が沢山あって、それが吉原を賑わしていたのである。この連中は堀田正俊が大分手をかけて始末しました。引継いでこの綱吉将軍の時代には、いろいろと法則を設けて、そういうことの無いようにしました為に、後には絶えてしまった。丘隅の文章を見ても、だんだんさようなことがなくなり、さような士がなくなったと書いてあります。それではこれに替るものは何かというと、前に言った「小普請方の竹杖の官人、金銀を芥の如くしたりしを聞きし」これは幕府の普請方の役人である。どうして使い込み代官が処分されてしまったあとに引続いて建築の方の役人が洒落れていたかというと、貞享頃からは、綱吉公が普請好きな人でありまして、普請をする分には、何程金を使っても、それは直ぐ民間に返るから、決して幕府の損にはならない、人民の損にもならない、そういう信念の下に、盛んに普請をされた。それで小普請方の景気がよかったので、これと結託して、不正商人が沢山出ました。これが普請方の役人が贅沢を尽す根本原因になっております。

町人は元禄から　その次が元禄から享保に至る時代、これも「民間省要」がかようなことを言っている。「元禄は彼の衒商の輩、又夥しく驕り出て、此所——此所というのは吉原のことです——を持しより、此等の金銀を此所にして遣ひ捨つる事水の如く芥の如く、其品一々絵に書くよりも更に及ぶ限りあらじ。今は——これは享保です——衒商北里に誘引して欲レ傾二金庫一事、其品異なりといへども、其理以て相同じ」もう享保になっては、今度は方面の違ったものを引張り込んで、金儲けをしようとしている。引張り込むものは違ったが、わけは同じだということが書いてあります。前には金を使ったのは普請方の役人だったが、今度はそうでない、元禄の半ばを過ぎましてから、町人の吉原になってしまいました。〔略〕衒商というのは御用商人のことで、丘隅が「今は」という享保は、紀文、奈良茂の徒が盛んに吉原へ出入りをした時代であります。これは元禄、宝永、正徳——正徳になっては幕府が大いに衒商に制圧を加えましたので、その盛り返しをしようと思って、幕府の役人を引入れたのである。紀文や奈良茂は何も自分の贅沢のためばかりに遊んだのじゃない。そういう御馳走政略を用いたので、外にもこういう横着者が多いから、自然吉原の賑わいになり、これが目立ったわけであります。

天明の札差時代　さてその次に目立ったお客は、安永度で、ここで目立ったものは津村淙庵の「譚海」に、鳥山検校が瀬川を落籍して大評判になり、安永七年に処分を受けたことを書いて「すべて一両年来検校勾当のくつわやにあそぶ事平日の様になり、公然として人の目を憚らず。松の内、五節句、月見等までおほかたは座頭の客人なりといひあへり」と書いてある。この盲目どもはどういう盲目どもかというと、その当時に名高かった高利貸で、最も残酷な貸方をする高利貸であります。武士を相手に金を貸しつけて、非常に悪辣な事をする者共であった。それと相並んだものが天明度の十八大通、こいつの大多数は蔵前の札差で、こいつは今なら恩給年金立替所と言ったもので、それがひどく暴利を貪りまして、町奉行から著しい察度を受けている。天明度の有名な高利礼金ということで、一の疑獄が起っております。

安政以降は職人時代　その後寛政、天保の二度の改革がありまして、天明以後には格別目立つお客もありません。安政以後は仮宅が繁昌しました。この仮宅に集ったものは職人の群がりでありまして、何しろものが小さいから、大したものではないが、数が多いために、相当潤いにもなり、賑わいにもなったようです。これは安政の大地震、大海嘯があって、そういうことで職人どもの景気がよくなって、俄かに沢山通ったのであります。

遊客の例外　この頃の吉原を「昼は極楽の如く、夜は竜宮界の如し」といったのは、江戸人だけの話草で、上方と比較しては、元禄の吉原が安閑たるものであったのは止むを得ぬ。のみならず格式が崩れ、規模が立たなくなったと歎息される程であった。大名が来なくなれば大名道具の必要がなくなるのも不思議はない。少数者よりも多数者によって賑わうべき道程にある吉原は、大名向き武士向きの代物よりも、お手軽な散茶という夜の遊女の売れ行きが好くもなる。そこへ享保の末、元文の初めへかけて、尾州侯の宗春卿と榊原式部太輔政岑（播州姫路十五万石）が飛び込んで来たから、また番狂わせが出来た。姫路侯は高尾、尾州家は春日野を買った。高尾は太夫だが、春日野は太夫ではなかったという。吉田冠子が宝暦七年に作った「薩摩歌妓鑑」（さつまうたげいこかがみ）は、例の小万源五兵衛へ榊原の傾城買いを書き込んだ浄瑠璃である。尾州侯は押込隠居になり、榊原は越後の高田へ国替えになる騒ぎを拾げた傾城買いだけに、世間の評判も高く、落首落書も沢山あった。薩摩歌――薩摩歌妓鑑――置土産今織上布――春花五大力と、丸本から脚本系統を造り、大近松から並木五瓶まで持越す趣向の橋梁にもなった。元禄二年には三十六軒あった揚屋が十六軒になってしまった。吉原通いが夜ばかりになったのは明和度だといらが、享保元文の際に原武太夫〔御留守居与力で三味線の名手〕などは、昼間に廓へ出入りするのに編笠を冠ぶる例を破って、顔もあらわに廓へ往ったという。太夫を買うには揚屋でなければならぬ。揚屋が減少したのは太夫を買う者が減少したのである。編笠もなく往来したのも面体を知られて困るほどな身分でない上に、町人に似合わないものだけに、編笠がかえって武士を目立たせもする。旗本以下の原武太夫の連中が編笠を失敬したのは、ただ彼等の濶達であったことのみを理由として見るべきことではあるまい。大名が出入りしなくなって五十余年を過ぎた吉原は、全く町人どもの世界になっているところへ、案外に大諸侯が二人も往ったから、廓だけが慌てただけでなく、世間も騒いだろう。幕府も目をむいたろう。けれども真に一時のことで、彗星が出たようなものなのだ。それから遥かに後であった。太夫は久しい以前に無くなっていた天明八年三月に松前侯の若殿章広が、松葉屋の瀬川を五百両で落籍された話もある。だが、その前の瀬川は千五百両で、越後屋の手代が引かしてしまった。こうなると財力が問題であって、遊女の階級は余所にもなる。しかし太夫は大名旗本に対して、階級によって存在するわけのものであった延宝以後の吉原には、太夫の需要がなくなって、惰力だけで宝暦まで持続したのである。

武士一刀の廓通い　後々は武士も町人風に装って吉原へ往くようになったが、享保に編笠なしで大門を出入りする最初の武士になった原富〔本名原武太夫〕は、時人から注意されなかったけれども、素面だけでなく、すでに一刀だけしか帯びていなかった。両刀は何よりの身分表示であったのに、編笠のみならず大刀も差さなかった。「何事ぞ花見る人の長がたな」ぐらいなことは先刻承知していたのであろう。

半纏では登楼できず　江戸ッ子の衣服は半纏股引の外にはない。しかるに新吉原の半籬（中等の娼家）では半纏を着た者を客にしない例であった。「べら棒めェ、通貨（かね）に二通りがあるもんか」と、ベランメー氏は憤慨しながらも、遊廓の慣例からみればやむを得なかった。その多年の憤慨を仮宅では快く消散することが出来た。なぜならば仮宅では慣例をすてて、半纏着が半籬の客になって、一分（一両の四分の一）の女が買えたからである。天明に賑わった中洲の仮宅でも、その後の仮宅でも、いつでも仮宅にベランメー氏が群集した。

坊主は羽織で　お寺が繁昌するにつけて猥りがましくなって、夜は羽織を着て行く。羽織を着れば、似た風俗のものに医者が沢山いたから、これは幕末までも、江戸にいくらもあったことです。羽織に着替えるのは、廓へ通う便宜のためなのです。

役者は花魁を買えず　「雪之丞はもとより廓内に足ぶみを公けに出来ぬ役者の身」ということが書いてある。〔註・三上於菟吉氏作「雪之丞変化」の一節〕けれどもお客の供でもして、吉原へ行く分には別に差支えはない。チョンチョン格子や何かの安い女郎なら、買うことも出来たのです。ただ花魁を買うことは出来ない。それから中等以上の女郎屋では、役者をお客にしない、という廓のきまりがあった。これは公けの制度法律じゃありません。従って役者を廓へ連れて行くのは、役者を遊ばせるのではない、連れて行く客の贅沢なのです。

吉原の景況

大門は明放し　「もう客止めの大門は閉じられていました」〔註・佐々木味津三氏作「旗本退屈男」の一節〕といゝほどな作者に、吉原の話は無用だ。吉原の大門（おおもん）はあけっ放しなのを知らない。

楼名は天明以降　角町に淡路楼というような娼家があったように書いてあるが〔註・同「旗本退屈男」中にある〕元禄の新吉原に楼名をつけた娼家のないことは、当時の細見図で明白に知れる。楼名は天明後にならないと出来て来ない。

名物・植木の始まり　この桜については「洞房古鑑」には仲之町鉢植として、

寛延二年巳二月、茶屋頭共、五町名主へ申入候は、当月花盛りの内、小さき鉢植の物、店先に差置申度候。尤一様に出し候へば、気も宜しく賑わいのためにも罷成べく候旨申来り候に付、五町相談の上、石台又は鉢に植え候共、木の大なるは無用に致すべく候。唯今迄物干などに差置候、鉢植又は石台物など店先へ出し置候は、勝手に致すべく旨申渡され候。同月より仲の町茶屋共、家の前へ桃或は桜を植え、根に石台又は花壇をこしらへ、手擢を付、山吹つつじの類をあしらい、一様に仕立申候。

桜は寛延以後　吉原仲ノ町、それが元禄だというのに、「ちらりほらりと花の便りが、きのう今日あたりから立ちそめかけた」〔註・同「旗本退屈男」中の一節〕廓内の桜が元禄に見られたという珍な有様、いうまでもない、吉原で桜を植込むようになったのは、寛延以降の話であって、元禄と寛延の間は五十余年の隔りがある。

景物の燈籠　切子燈籠から箬挑灯、廻り燈籠となり、元文には段々趣向立っても来れば、燈籠見物も群集するようになった。こうしたことも吉原を夜の世界にしてしまう道程だったのである。

燈籠は享保から　吉原の燈籠は、遊女玉菊の追善に起源すると思われているが、喜多村筠庭は早く非追善説を主張した。万字屋の全盛玉菊の歿したのは享保十一年三月二十九日であって、江戸町一丁目の名主竹島仁左衛門の録存には、享保十七年七月に茶屋どもが切子燈籠をともしている。これを七回忌だと言えば、それまでの話だが、一般の盆燈籠をお揃いにして吉原の茶屋が点じたのではあるまいか。その成績がよかったので、毎年の事にもなり、また玉菊のことを附会したのではあるまいか。

吉原への道筋

口も八丁手も八丁　浅草観音の横手、例の馬道から行くのと、小野照神社の先のところを曲って大音寺前へかかるのと、吉原通いの道はこの二つになっておりましたが、古くは箕輪口の方が多い。これは何故かと申しますと、山の手から通う者が多かった為です。箕輪から山谷まで十三町、大門口から箕輪の入口までの六町余——これは土手の上だけの長さですが、この通う道が変って来たのは、山の手からやって来る武士どもが減ったからであります。古いところでも、白い馬に乗り、小室節を唄って馬道を通ったなんていうのもないではありませんが、これも下町近くにいる士衆の話で、武士の吉原通いが減るに従って、こういう通い手も無論衰えてしまったわけです。この道筋が違い、その町の繁昌が違って来たということは、畢竟吉原へ士が往かなくなったからのことで、普通に下町と申せば町人どもの話です。この手合いは多く観音様の横手から馬道を通って行く。例の助六の台詞に「通ひなれたる土手八丁」というのも、この馬道からの行程を指すので、馬道からかかって土手の上を大門口まで行くと六丁半ある。それをどうして土手八丁というかと申しますと、「江戸砂子」の初版に間違えて書いたのが起りのようです。この言葉が一転して「口も八丁手も八丁」ということになりました。しゃべることもよくしゃべるが、働くこともよく働く人のことを「口も八丁手も八丁」というのは、この大門口まで八丁、土手の上八丁というところから来ているように思います。

待乳山への舟行　吉原通いというと馬道だけが知られているが、船で待乳山（まっちやま）の下まで往くのもある。

吉原の刻の打ち方

奇抜なのは吉原の引け四ツ、これは拍子木の方ですが、子の刻（午後十二時）の拍子木廻りが、四ツの時を打って通って、帰りに直ぐ九ツを打つのです。いくら別世界の吉原にしたところが、今十時を打って通ったやつが、帰りに十二時を打つなんていうことがあるわけのものじゃない。吉原には鐘四ツと引四ツとありまして、鐘四ツは、普通に十時の時を打つんだけれども、拍子木の方はそいつをすっぽかしておいて、十二時と一緒に十時を打つのです。これは吉原の夜見世の関係――今日の人は吉原を夜の場所とばかり心得ているから、ちょっと話がわかりにくいが、あれは本来は昼のもので、それに対して夜見世が出来たのです。その夜見世なるものが暮六ツから四ツまでのものなので、四ツでおしまいにしては早過ぎて商売にならぬから、四ツは承知していて打たず、九ツの時に四ツをうつ、という苦しいことをやった。そこで吉原には鐘四ツと引け四ツとあるようになったのです。十時が引けで十二時が大引け、或は中引け、本引けとも言っておりました。「マブは引け過ぎ」なんていうのは、大引けの方です。

2　私娼

岡場所

遊廓との違い　公娼の住む遊廓に対して、私娼のいる巣窟を岡場所と言った。深川は元文度からの岡場所で、寛政の掃蕩にも取残され、天保の改革まで、無慮百余年間継続したのである。洒落本で見ても知れるが、岡場所の嫖客は、中等以下に限ったもので、深川は岡場所の第一位に在るとは言え、決して上等な嫖客の往く処ではなかった。町人の驕癖が増長して出来たあの十八大通（だいつう）なども深川などへは往かない。

お構場の意義　私娼のいるところを御構場と昔は言っております。深川には六カ所とも言い七場所ともいうのですが、それは仲町、入船町、向土橋、表裏櫓、裾継、大新地、新石場、古石場、常盤町、網打場などです。またその外に品川、千住、板橋、内藤新宿、音羽、小塚原、根津、谷中、市ケ谷、赤坂、松井町、入江町など、多い時には江戸中でその場所を四十カ所近くも数えたことがあります。〔略〕然るに全く黙許されていない場所、本当の売女御構の場所になりますと、「御構」という言葉は昔は禁制の意味ですから、娼家も料理茶屋とか、煮売茶屋とか、水茶屋とかいうことにしてある。

暗娼政策

寛政の取締り　寛政四年江戸府外の暗娼処分を、所在の代官に委任した。幕府の故格として、大名でない者には司法権がない。代官には警察力が乏しい。故に幕府の所領及び旗本の采邑にある暗娼は、江戸から捕吏を差向け、逮捕して町奉行へ逓送するのであった。この費用の過半は暗娼所在の町村の負担になり、また逓送の径路に当る町村の出費をも要する。警察力が乏しいから当該町村の訐発に待つところが多いのに、当該町村は失費を恐れて暗娼を黙殺する。代官に委任して失費を減じ、それから訐発を強制する順序を立てた。代官は抱主の田畑家屋敷を押え、五年間小作にする。女は村役人へ引渡し、引取人の有無に拘らず、女の少ない村方を見立て、随宜に嫁入らせることを命じた。強制帰嫁は人情にそむいたらしく聞えるが、飛んだところで鰥独を医し、曠夫を滅却すると共に暗娼の畢竟処置を見出した。治体を重んずる精神から個人の情を忍ぶ。その無理らしいところに定信〔註・寛政改革を行った老中松平定信〕一流の理論が宿っている。寛政二年以来、江戸の暗娼は逐次掃蕩され、府外に逸出するのを見掛けて、御定書第四十七項の末章に活解をつけ、暗娼自身の落着に着目したのである。故に定信は市街の暗娼を駆って村落の婦たらしめようとした。

天保の弾圧　天保十三年三月十八日まず〔隠売女の〕商売替えを命じ、その期限を六ヵ月とした。町奉行の意見では、なお幾分か期限を長くしたいが、この猶予期間は暗娼公許のさまになるのでみれば、忍んで八月限りに転業させなければならぬというのであった。〔略〕その猶予期間を経過した後は、一切再犯を以て論ずる内議であった。暗娼の住替、窩主の転居について、吉原町の者どもは、総て便宜をはかれと令し、一般町役人等へは多く正業に就かしめ、吉原町へ移住する者を寡少にせよ、娼婦は勉めて引渡人を拵えよと達し、吉原地域の拡張は許さぬと附言した。

〔註・水野越前守忠邦による天保改革。水野の失脚によって徹底しなかった〕

自由廃業の勧奨　御定書第四十七項末章を見ると、隠売女（かくしばいじょ）を誘出しても罪にはならぬ。女は心のままに誘出者の処へなりとも、他所へなりとも勝手に往けという明文がある。〔略〕吉宗将軍は、隠売女が情夫を拵えて駈落をする、勿論前借は踏み倒す、他の雇人ならば相当な刑罰があるのに、本案については明らかに無罪と定めた。畢竟駈落によって暗娼が一人減じる。そしてその女の処置がつく。すなわち道行の果てはわれわれ鍋にとじ蓋だ。粋を通した法文、しかも天然に暗娼自治を策したのである。

岡場所の盛衰

夜鷹の始め　夜鷹というやつは、元禄以来のものと聞いていますし、またそう書いたのもあります。慶長の江戸に夜鷹なるものはいなかった。私娼と言ってもああいう「街娼」形式のものではない。茶屋構えで、その中にいたのです。

江戸初期の私娼　天正十八年徳川一世の入部により二十八年を経て、市街整理、居城修築を了し、ようやく庄司甚右衛門の出願を許可した。これまでは娼家が市内に散在しておった。やや集っていた麹町、鎌倉河岸の両所に十四軒、常盤橋内柳町に二十軒余、その他は二三軒ずつであった。柳町は原三郎左衛門という者が天正中にはじめて娼家を開き、自余の娼家も江戸の者どものみであった。慶長十年江戸城修築のため、本誓願寺前に移転を命ぜられた。庄司甚右衛門は柳町の住人で、本誓願寺前に転じた後に遊廓創設の許可を得たのであるが、それまでにも屢々出願した者があるが許可されなかった。この許可によって江戸の娼婦は明確に区別されることになった。従来は総べてが暗娼で、一として認可されたのはない。

築地の暗娼　明暦四年に木挽町の海手と、小日向の方の築地を仰せつけられた。木挽町の築地奉行、佐久間宇右衛門の任命されたのは、万治三年の事と思います。〔略〕築地の遊里というものはなかなか名高いものだったに相違ないけれども、明暦とか、万治とかいう時代のことです。江戸の私娼の歴史からは、この築地の遊里というものは著名なものでありまして、「懐硯」「西鶴置土産」というようなものにも、この遊里の模様が書いてある位いで、誰も知っているものなのです。

坐り夜鷹から立夜鷹へ　江戸の夜鷹譚は我等の知っているところでは宝暦以降である。夜鷹は辻君の別称であるが、坐り夜鷹と言って外出せずに売色したのもある。これが長屋、切見世と言われるものである。岡場所の繁昌を説くようになっては、夜鷹とは全く違うものの如くにも思われるが、実際坐り夜鷹の発達したのに相違ない。それ故に立夜鷹と坐り夜鷹とはたしかに差別されない場合もあろう。〔略〕宝暦には「凡て鮫ヶ橋、本所、浅草堂前、此三ヶ所より出て色を売り、此徒凡て人別四千に及ぶと云ふ」（武野俗談）ので見れば、随分目立ったらしい。ただ多数というのみではない。その中の優者は評判された。そしてその人を彩色するために、歌なり俳句なりを代表して、吹聴する者も出て来る。あたかも徳川八世の享保改革から約四十年後、民心ようやく倦怠し、世態やや沈滞する時、夜鷹が頭を抬げて来た。

いろは長屋は私娼窟　西鶴が「清水町のかくしよね」と書いた私娼も、土地の寂れるに従って「いろは長屋」になった。これは「五十雑」（ごじゅうぞう）と言われたもので、九六勘定の五十文は四十八文でしたから、いろは長屋の名称が起ったものと見えます。これは坊主専門の娼婦なので、いろは長屋の名は宝暦度から雑俳の上に見えると言いますが、真のいろは長屋は宝暦以前の状態で、その後は四十八文でもなかったでしょう。感応寺（谷中、今の天王寺）の富突は享保に入って創開され、景気回復の端緒に就きましたから、蕭条を極めたのは元禄、宝永、正徳へ掛けた二十余年間と思われます。洒落本時代のいろは長屋は六百文、四百文で、五十余カ所あった岡場所の中等に位しております。宝暦以後富突の回数が増加して、谷中の光景が賑わって来ると共に、いろは長屋も坊主の独占を許さなくなりました。

安永には万年町　深川万年町の中島隆碩〔註・町医。その僕直助に殺された〕の宅址は、直助屋敷と言って私娼の巣窟となり、安永度に名高かったが、寛政の改革に掃蕩されてしまった。万年橋に近い所であったらしい。

弘化に出た「夜鷹細見」 弘化二年の三月下旬には「東辻君花の名寄」という印刷物をさえ売り廻った。これは夜鷹の細見だから珍品である。この夜鷹の細見には、名前、年齢、出現の場所が記載してある。その記載に従えば、東両国が五人、浅草御門内が九人、場所不定が二人、筋違御門が四人、永代橋が四人、御厩河岸が六人、芝の切通しが四人、同南の方が四人、本所二ツ目が四人、久保町の原が四人、木挽町の釆女ヶ原が四人、赤坂御門外が四人で、総計四十九人になる。夜鷹の細見は直ぐに発売を差止められたけれども、夜鷹の方は一向検挙されなかったので、さてこそ御免の夜鷹だと、ますます評判が高くなった。

安政の岡場所 安政三年の「開笑古事附年代記」には二十四所を掲げてある。寛政天保の両掃蕩、殊に天保の掃蕩から十五年目の安政三年には、公然門戸を張った暗娼がおった。二十八〔註・天保の改革で掃蕩された箇所〕と二十四、殆ど回復した状態である。「かくれざと」が、天保に廃せられた地区として掲げたのは、

仲町、新地、表櫓、裏櫓、裾継、古石場、新石場、佃、網打場、常盤町、御旅所、弁天、松井町、入江町、三笠町、吉田町、吉岡町、堂前、谷中、根津、音羽、市谷、鮫ヶ橋、赤坂、市兵衛町、藪下、三田

であって、試みに安政の「古事附年代記」にくらべて圏点をつけて見ると十五ある。その外に表櫓裏櫓と二ヵ所に算えてあるのを、単に櫓下（表櫓）のこととし、古石場、新石場とあるのを石場（古石場のこと）とした。近接した地域でもあり、かたがた総称したのかも知れない。これを総称したものとすれば、その内容によって二十に数えなければならぬ。その上に寛政に廃れた土

橋（深川東仲町）が回復され、三田は同朋町と三角（芝田町）と二カ所になって、新たに神田塗師町代地が出来た。こう数えれば三十三カ所で、かえって天保に掃蕩した場所よりも増加している。

私娼窟の模様

切見世の構造　江戸の私娼の巣窟を岡場所と申しましたが、切見世は岡場所の下等なので、露天で売色する夜鷹より少々いいというに過ぎません。岡場所でも深川などは、公娼の吉原に対してあまり遜色のない体裁をしておりましたのに、切見世となりますと、路地の両側に長屋を建てつらね、各戸一室しかない陋屋の内に私娼がおりますので、嫖客があれば表の戸を閉じ、客が帰れば戸を明ける。一ト切ずつの売色で、泊って往く客はありません。

引っぱりの実況　夜鷹は清元の文句にも「夜たかといへば、錦絵に歌麿さんの筆の文（あや）」と唄い、また「夜たかは夜の花すがた」という文句がある。弘化度に夜鷹の番附を売り歩いた。芝居にしても吉田町（本所）から出るのは、白木綿の手拭の端を口にくわえ、鮫ケ橋（四谷）から出るのは手拭をかぶらない。江戸の夜鷹に二流ある。それを仕別けて見せてもいる。夜鷹の出る場所は、両国、柳橋、呉服橋外、護持院原（鎌倉河岸）、愛宕下等〔註・安政の地震後〕で、小屋掛けさえしていた。時世は辻売女の上にも推移する。新派の引っ張りが景気立つと、旧派の夜鷹も皆引っ張りになってしまう。いずれにもその場所として柳原土手は有勢なのだ。白いお化けは土手の上へ出て来て、柳の蔭から往来の人を引っ張って、土手を川端へダラダラ下り、積んである材木の間へ連れ込み、やがてまた送り出して来る。

湯女

売色の始め　「そぞろ物語」には天正十九年の夏頃、銭瓶橋のあたりに銭湯がはじめて出来たと言い、

今は町毎に風呂あり。びた十五銭、二十銭づつにて入るなり。湯女といひてなまめける女共、二十人、三十人ならび居て、あかを掻き髪をすすぐ。さて又其外にようしょくたぐひなく、心ざまゆうにやさしき女房ども、湯よ茶よといひて持来り、たはぶれうき世がたりをなす。かうべをめぐらし、一たびゑめば、もののこびをなして、男の心をまよはす。さればこれを湯女ぶろと名づく。

浴室で斡旋する湯女（ゆな）の外に、美しいのを蓄えて置いたのである。

湯女風呂の盛衰　銭瓶橋の辺に風呂屋が出来たのは天正十九年の夏の頃であったが、ようように風呂屋が増加すると共に、湯女の淫売も盛んになった。暗娼を許さぬ幕府もこれに対して断乎たる処置をせずに、風呂屋一軒に湯女三人と限定した。然るに風呂屋の繁昌は湯女をして猖獗ならしめ、殆ど法度を念とする者もない。犯者を寛永十三年三月、大門口で磔殺した。慶安四年二月、風呂屋の看板売買を制限し、親類兄弟に譲り渡すにも町年寄の差図を受けることにした。新営業者はもとより許可されぬ。また承応元年六月に、一軒三人制の厲行を達し、各風呂屋が湯女を融通することを禁じ、特に鉄砲洲の風呂屋には一人も湯女を置くことを許さぬと定めた。湯女法度は二十余年間、一擒一縦、種々に手加減をしても効果がない。遂に明暦三年六月に、当月十

六日限り禁止令を下すのやむを得ざるに至った。

江戸一の丹前風呂　風呂屋女は方々におりましたが、いずれも一ヵ所に一軒や二軒ではなかったらしいので、その中でも麴町が一番盛んだったように見える。けれどもそれより名高いのは、例の丹前勝山を出したので有名な――丹前風呂という名で知られている神田の風呂屋です。神田の滅多町というのは、震災前まで青物市場として知られていた多町の辺でありまして、風呂屋はいくらもあったのですが、その中でも丹前風呂が名高かった。〔略〕「江戸惣鹿子名所大全」によりますと、神田のうちで本名四軒町と申したところ、その東が堀丹後守の屋敷のあったところで、雉子町の西に当ると書いてある。これは明治五年に雉子町に編入されたのですが、「江戸名所図会」では、丹後殿前は雉子町の北となっている。〔註・丹後殿前を詰めて丹前風呂と呼んだ〕

名店と名娼　新しく流行した風呂屋女というのは、江戸市内の風呂屋にいる髪洗女なのであったが、今の神田雉子町にあった紀伊国風呂の市野、勝山、采女、山方風呂の幾夜、追手風呂の淡路等は最も知られた唄い手であった。夜の吉原が閉された〔寛永九年、治安上禁止〕後は、最寄りもよりにある風呂屋が賑わい、傾く夕日の影をそこに建てられた金屛風に受けて、湧きたつような絃歌の声は、誰をも物珍らかなこの温柔郷へ誘った。この風呂屋も髪洗女も、明暦の大火の後に吉原町を山谷へ移転させるために与えられた利益条件の一として、幕府の厳令の下に明暦三年六月限り禁令されてしまった。それよりも五年以前の承応二年閏六月十六日に、神田雉子町の風呂屋の前で、御旗本、御家人衆入り交りの大喧嘩という椿事が起り、そこの紀伊国風呂、山方風呂等が廃業しなければならぬことになった。紀伊国風呂にいた勝山は、その年八月から吉原の太夫になって山本芳順の家に入り、采女も三浦屋から太夫として出た。この勝山が有名な丹前勝山なのである。

明暦後のもぐり営業　しかし明暦に潰された風呂屋は、看板だけを変更して、娼売は続けていたのが多かったらしい。それに種々の圧迫を加えて、遂に寛文五年三月、抱主五十余人、売女五百十二人を新吉原で従業させるようにするまで、随分当局を骨折らせた。

湯女築地へ移る　寛永、明暦の江戸中に多かった風呂屋女は、神田雉子町を本場のようにしておりましたが、寛文の茶立女は鉄砲洲の茶屋町を中心にしておりました。明暦と寛文とは僅か数年の距りですが、私娼の名称も風呂屋女、又は髪洗い女というのから茶立女と変り、その居る所も風呂屋から茶屋に転じました。もっともこの時分の風呂屋は蒸風呂で、今日の浴場のような水風呂ではありません。風呂屋女のことを垢掻女と申しましたのも、蒸風呂に限られた名称でありオす。風呂屋がなくなったのは風呂屋禁止の法令のためでしょうが、私娼の中心が神田から築地へ移ったのは、明暦大火のためと思われます。

飯盛女

黙認の始まり　万治二年に東海道宿々の遊女を禁制し、その翌年にまた「遊女置き中間敷候。若し置き候はば、其の女、其所の守護人代官へ申出すべく候。此方より改め出し候はば、彼女も曲事に行はれべく候」と布達した。これは江戸時代の公娼政策の大変革であって、公娼私娼の中間の者を認定するのだ。幕府は遊廓を限定してのみ娼婦を認めたのに、この時から遊廓以外の遊女を認めるのである。それで東海道各宿駅の遊女は、自身に当該官吏に申告する形式であったが、この形式はその後に変革されながらも、娼婦と公称せざる娼婦、すなわち飯盛女、洗濯女という名を以て、旅店で売笑するのを認定していた。無論娼家であるのに旅店と言わせもした。江戸に近い新宿、品川、千住、板橋の娼家は、東海道、中山道等の宿駅と共に旅店と称して、遊女でない、飯盛女を貯えていたのである。万治のこの変革は、禁じ尽せない宿駅の娼婦に就ての窮策であったろう。

四宿の女の数　享保七年には品川の旅籠屋九十四軒に対して、飯盛女五百人を許し、宝暦十四年には品川五百人、千住、板橋各百五十人の飯盛女を許し、明和九年に内藤新宿にも百五十人を許した。

一軒に女は二人　一軒二人制は承応元年六月の風呂屋女に一軒三人制を令した外、延宝六年四月の茶屋給仕女一軒二人を許してより、享保三年十月に各駅飯盛女一戸二人と令したのも、いずれは同じ範疇である。「吉原徒然草」の「一軒に飯もりと名づけてふたりづつ数さだまりてのおきてにこそ」とあるのも、好個の証左であろう。この書は正徳中の著作である。後新宿はやがて一軒三人になった。元来承応三年の三人制も、宝永十四年の令を厲行したもので、江戸のみならず「わきて難波の大湊、茶屋一軒に女三人ならしにして、茶屋数二千八百十七軒、女合せて八千四百五十一人」(御入部伽羅女)とあるから、宝永までも大阪では、三人制が行われていた。しかし四宿の飯盛女は何故か二人制であった。

抜け道の陰見世　宿場では一軒に何人限り女を置くというきまりがあって、余計に女を置いている家では、店先へ出して置くのはきまりだけの人数にして、その余は陰見世といって、表見世の裏の方にすわらせることにしていました。この方は黙許されているのですから、格別に人数の制限を超過しない限り、また何か特殊な出来事でもない限り、その筋から手を入れることもない。殊に品川などになりますと、飯盛女を持っていない旅籠屋を平旅籠と言います。

新宿の名店　文化になりますと、なかなか気取ったお客が入って来て、新宿の宿場女郎を買うにも、「政田屋の玉をならべ、山崎屋の料理で、国田屋の座敷で遊びたい」と言ったものです。この政田屋と山崎屋は上宿、国田屋は中宿でありました。政田屋には女の美しいのがおり、山崎屋の料理は大分よかった。国田屋はまた普請がよかったので、本当の遊女場である吉原に比べても、一向恥かしくない位いであったそうです。この時分はもう新宿の全盛の時で、文化五年の調べを見ますと、新宿の旅籠屋の総数が五十軒、引手茶屋は八十軒限りということになっておりました。四宿のうちで引手茶屋のあるのは品川と新宿だけですが、それもこの時分は品川よりも多かったようです。宿場のことでありますから、娼家ということは出来ず、旅籠屋といっており、遊女といえず、飯盛と言っていたので、引手茶屋があるわけはないのですけれども、時の勢いは恐ろしいもので、吉原と同様、引手茶屋が新宿にも出来たのであります。

品川女郎の値段　品川の女郎は橋〔註・中の橋。この橋により品川宿を南北に分つ〕手前の方が上等、橋向うの方が下等なのですが、橋手前は十匁ぐらい、橋向うは四六といって、昼四百、夜六百の相場です。

源氏名とありんす言葉　原作の四幕第一場が三幕品川妓楼相模屋二階と改められた。珍らしく脚本の修正掛というものが出来たこの芝居は〔註・「井伊大老の死」を考証している〕大分品川通を振り廻された。品川の女郎には源氏名がない、ありんす言葉も使わないと言って修正をやったのであるが、この相模屋は土蔵相模と呼ばれた。土蔵造りであったからである。相模屋だけは吉原風で、源氏名をつけたし、ざます語も用いたと聞いている。〔略〕けれども宿場気分を現わすには、修正した方がよろしい。品川らしい感じを出す方便も見捨て難い。とは言え、品川のみならず新宿、千住、板橋、四宿と言われた場所に幇間がいましたろうか。それは浪士らが連れて行ったと見なすのでしょうか。宿場に芸者がいましたろうか、これは何処から湧いて出たのでしょう。

宿場女郎の住替え　仙秀『この間木曾街道の追分から来た女郎衆が二人ございます』〔註・「膝栗毛」沼津の宿の場面〕という。この頃でも女郎は随分遠くから来るものですね。こんな宿場女郎でも、そう住替えして歩いたものでしょうか。身代金などはどんなものでしょう」鳶魚「飯盛女は女郎と違うから、飯盛として往来するのだから……」仙秀「つまり、そうすると、転々して来るのですか」鳶魚「随分流れ渡りをするようですね。大阪辺の者が四国九州まで行ったということが、前にも書いてあったようです。だから花魁というものとまるで性質が違うのです。下女奉公みたようなもの、茶屋女、酌婦——今の酌婦といえばいいのです。だから身代金といったところが極く少々です」

比丘尼

奇異な扮装　比丘尼は江戸のみではない。何処をも勧進して廻った。万治の頃からは到る処で盛んに売笑したけれども、江戸の売笑比丘尼が一番盛んであった。宇治加賀掾の浄瑠璃にも、江戸の比丘尼が出て来る。浮世草紙にも江戸の比丘尼の全盛、誰彼と名前まであげてある。復讐に江戸へ出て来た大石良雄が、赤坂の比丘尼に浮かれた話もあり、「紫の一本」で見れば、天和には小袖に繻子の幅広帯でいた。それが宝永には太夫をまねて道中をしたほどの有様。頭を剃っているだけに帯幅は広くても、結ばずに巻いていた。「好色訓蒙図彙」などで見ると、比丘尼の帯は前にも後にも結び目はない。それが比丘尼道中の画を見ると、前帯をしかと結んでいる。しかし幅の広い帯を活用して、腰から臀を緊縛した、落語でいうスウスウ屄（けつ）が出来上っているわけである。

由来と出現場所　大石内蔵助は二度目に江戸へ下りまして、然も、もう討入りの差し迫って参りました元禄十五年の十月の下旬、赤坂裏伝馬町の比丘尼、十八になる山城屋一学というものに通っております。それはめった町と申しますから、今の多町、あそこに比丘尼がどっさりいまして、あそこから赤坂へ出ます。当時の江戸に比丘尼で名高い町が七八ヵ所あった中で、赤坂が一番繁昌したらしゅうございますが、天和以来、殊に貞享度から賑わしくなって、揚屋のようなものが二軒あった。比丘尼というのは、最初は地獄の絵図を持って歩いて、悲しい声をして物語りをしていた。それが万治の頃から、美しい哀れっぽい声を悪用して、歌などを唄うようになり、遂に売淫に陥ったのである。この頃では比丘尼というものは、遊女と同じようになってしまって、丸太などと言って、坊主頭の遊女、よほど変ったものだ。その図は「好色訓蒙図彙」などにも出ているが、その珍らしい、今から考えれば実におかしなものであるけれども、当時江戸では「比丘好き」という言葉さえあって、坊主頭の私娼が非常にもてはやされたのである。

3　接客婦

芸者

芸者の称の始め　女芸者の事を昔はおどり子という。明和安永の頃より芸者と呼び、「者（しゃ）などとしゃれたり」と大田南畝の随筆「奴凧」にある。芸者という唱えは明和以前にもあったが、それは一体の事ではない。深川は最も早く、吉原はその後である。

芸者三派の起源　一体踊子が芝居町を追われて後、橘町へ寄り集ったのは、料理茶屋というもののなかった時分だけに、彼等の出先は春先から秋へかけて、両国川の遊山船を主とした為であろう。無論呼ばれて武士町人の邸宅へ往くこともあるのだが、それよりも船へ往く方を稼ぎの表としていたとみえる。遥か後のものではあるが「守貞漫稿」に、

町芸者、江戸芸者と云ふは、吉原及び品川より市中を指して云ふ言也。両国柳橋辺、葭町甚左衛門町辺、堀江町辺、京橋辺多し。

と言ってあるのは、橘町の踊子を起源として彼等の沿革を考えさせるものであって、遠く江戸芸者、廓（なか）の芸者、深川芸者と三つの派別を成す基本である。

明和・寛政の分布　芸者は明和に神田の台、四ツ谷、赤坂、麴町、深川、本所、浅草、下谷に

分布されたが、寛政以後に柳橋、同朋町、本町、日本橋等の根拠地を造った。

弘化以降の黙認　仮宅〔註・弘化二年十二月五日の出火で新吉原が焼失、二百五十日の仮宅を許された〕よりもひと足お先の八月十九日、町芸者は淫売をしてはならぬ、また多数に芸者を抱えて営業してはならぬが、親兄弟を養うために芸を売る、色なしの者は差支えない、それは一軒一人に限るという町触れが出た。さあ芸者が公許されたと深川では大喜び、大黒屋などは大道具、大仕掛けの二階座敷を拵えた。戸棚の内に座敷があるやら、押入の中に寝床があるやら、床の間を押すと廻転するやら、掛物を除けると抜け穴であるやら、折角の色なし芸者を発展させる機関は遺憾なく整頓した。両国に女芸者が二十七八人出来たのもこの時である。これが柳橋芸者の起源で、それは天保の深川退治に一時潜伏した娼力の発現なのであった。猿若町（新しい芝居町）へも二十七八人、女芸者が出た。形勢を観望していた岡場所も、こうなっては徐々に頭を拾げかける。この頃では根津や谷中も、普請をはじめた。

深川羽織芸者の始まり　天保の頃から木遣が流行し、詞曲に著しい影響を与えもしたが、人情本に描かれた仇者にマソヒスムスの影のささない婦女はない。かの深川風の婦女、天保以後の深川の趣味は、仮宅気分の漲ったもので、公娼だか私娼だか見別けられない。深川は岡場所といって私娼所在地であって、羽織芸者で名高かった。それは勿論公娼らしくない。さりとて私娼の臭味も少ないものだったのが、火事に遭っては吉原の公娼が深川へ仮宅することが度々あると共に、深川の売笑婦は或る公娼（高級なのでなく、二三級のもの）の風俗に感染して、女郎らしい芸者に見えることになって、芸者らしい女郎であったのがこの度で顚倒してしまった。この仮宅へ群がるお客は職人と言われる階級の人達で、ベランメーの江戸ッ子である。

扮粧の変遷　大田南畝は天明の頃まで橘町薬研堀の芸者が、座敷へ出るに振袖を着て来て、留袖に着かえ、また帰る時には必らず振袖を着たものだが、文化には振袖を着る者がなくなった、寛政の末から柳橋、同朋町、本町、日本橋と芸者の住所が移り変って、眉を落し歯を染めた芸者が多くなったという。為永春水の「三日月おせん」(文政八年版)の序に、歌妓は元服して増々愛せられともある。この眉の青い歯の黒い芸者は寛政からあったので、昔の女は十五六になれば元服するといって、眉を落し歯を染める。但し未婚者だと猶予される。〔略〕奥向に仕える女小姓などは、年齢次第で二種になり、眉のあるお小姓及び元服お小姓と呼ばれていた。いずれにも元服すれば振袖を着ない。天明の町芸者が座敷へ来ては留袖になり、往き帰りには振袖だったというのは、元服すべき年齢を娘姿でいるからのこと、そうした者が多くなり、過渡期の二重服装を過ぎて、眉の青い歯の黒いのに到着すべき途中なのが知れる。振袖は深川、吉原で見られまい。それを脱ぐことが町芸者の特色を失うわけでもあろうけれども、年長者の増殖して来る以上は是非もないわけである。

年代別の線香代　彼等の収入は一日一分二朱(一分は一両の四分の一、一朱は一分の四分の一)とすれば、三十日休みなしに稼いでも九両二分余の勘定、「源平浮世息子」(宝暦十一年版)に、「此湊の妓婦ども残らず線香なしの切遊びになされ」とあるから、「当世坐持話」(明和三年版)に「芸者は線香を時計とす」というのも新しいことではない。同書に線香一本を二朱(一両の八分の一)十二匁(一両の五分の一)或いは百匁(銀六十匁を金一両に換算する)と定めた。同じ線香一本でも甚しい料金の懸隔がある。当時の揚代は金二分で、線香二本ほどの間だともいう。天保の頃には線香一本が金一分で、午前六時から午後十二時までを五本、金一両一分とし、午後六時から十二時までを三本、金三分とする。昼夜仕廻いは十八時間で五本、夜だけとすれば六時間、三本の計算になる。

武家の禄と線香代の比較　「世事見聞録」は文化十三年に書いたものでありますが、その中に、芸者踊子は米三俵五俵の代を一日の間一座に貰って行く。だが侍は一俵の米も命がけでなければ貰えない、ということが書いてある。それからまた芸者、踊子の一日の所得と、武術者、儒者などの一カ年と同じ釣合いである、ということも書いてある。

芸者の権兵衛名　遊女のふる外八文字は、奴の風を模擬したので、「奴の真似とて道中を大またにありかば則ちやっこ也」（吉原徒然草）女々しくない風俗、活潑な動作を靚装に添えたものと解釈したい。芸者が権兵衛名を附けたのも、男らしい心持を見せるためで、灑洒淡泊な風姿にかなえたのである。

見番の創始　従来の男芸者は皆娼家の外に住んだ。女芸者が増加して娼家に抱えられたものの外に、置屋に抱えられたのや自分稼ぎのが、娼家の外に住居するようになった。そこで大黒屋正六〔註・俳名を秀民と言い、十八大通の一人〕が男女芸者の数を百名と限り、見番を設けてその取締りをすることにした。これは安永八年の事である。〔略〕見番の出来た翌春（安永九年）の細見に従えば、男芸者が十九人、女芸者は娼家の抱えが四十人、そうでないのが四十八人ある。総べての芸者は悉く見番の支配であって、特に女芸者は遊女の本職を犯す嫌いがあるから、格別厳重

な取締りを必要とする。見番創立の際の規定は知らないが、寛政の規定には、

芸者共勤方並身持不埒有之候ては、吉原町一同商売体の障にも相成候に付、兼て正六方より厳重に申付候得共、猶以相慎、衣類の儀も御法度の類は着用いたさず、髪飾なるほどかうとうに致し、櫛一枚簪二三本に限り、格別目立候儀無之様いたし、茶屋より芸者を雇ひ、門外に連れ参るべくと申候客有之候とも差出申さず、並女芸者組合を相定、其組々に世話人相附、万一客に通じ合、不埒の儀有之候はば、遊女屋の妨に相成候訳に付、不埒の筋合無之様、組々吟味致させ、且又男芸者、遊女と通じ合、或は遊女馴染有之客を外遊女に取持など無之様いたし、若し男女芸者共相背候はば稼業差留め申すべく事。

女芸者と客との間を遮断し、遠出によって廓外での犯行を懸念して、大門から出さないことにした。そうしてその処罰は営業禁止と定めた。その上に茶屋に媒合容客等の行為があって、女芸者の中宿に紛らわしく見えた場合には営業を停止する。その両隣の茶屋も連座させて休業を申しつけるとある。

待合の前身は船宿　新橋停車場建設のために、汐留一帯の船宿が取払われた。明治五年九月十三日からは横浜への岡蒸気が通う。汐留の船宿が引払われた後に待合というものが始まった。待合のない頃は船宿がその役目を勤めたので、媒合事務一切を担当した。江藤新平の小清、西郷従道の桃太郎など、その例は余り多きに過ぎようが、皆船宿の斡旋によっての収穫だ。しかし屋根船あっての船宿である。

水茶屋の女

水茶屋の始め　水茶屋という名称は、江戸では享保以前に何程遡って言ったろうか。腰掛茶屋が余程古い。腰掛茶屋は日覆をした小屋掛けで、日中だけの営業なのだから、夕暮には店を片付けて住宅へ帰って往くのである。それが居附きになったのは、木挽町河岸芝居の前の茶屋が享保九年の火災で芝居が焼け、新築の劇場は防火のために土蔵造りになった時に、茶屋どもが土蔵造りにしたのが始めであろう。浅草寺境内のお福茶屋、二十軒の茶屋という、あれも先から居附きではなかった。この茶屋の女共が門に立って、お福の茶をあがれ〳〵と呼び込んだので、お福の茶屋とも言ったのが、目黒の不動で売るお福の餅と共に、御仏供の茶、お仏供の餅であって、お福ではないのだが訛ってしまって訳もわからなくなったのであろう。このお福の茶屋で最初に鳴らした女は湊屋のおろくであった。

茶屋の種類と年代　行商や辻売、或いは店を構えているにしても、煮売屋よりもたちまさったのは茶屋であります。茶屋というものにもいろいろあって、出茶屋や掛茶屋は居つきでない。朝出て晩には引込む。これは腰掛茶屋とか、水茶屋とか言われるやつです。序でだからここで言っておきますが、引手茶屋というのは案内するのが本職なので――引手茶屋の名は後に起ったのだけれども、暫く吉原の話で言いますと、その中に出茶屋でなしに居付きになっているのがある。それと、寄合茶屋の化けたのと船宿とがゴッチャになって今の待合になったのです。寄合茶屋には食物の設備がありませんから、前以て言っておかなければ御馳走は出来ない。そこで何時行っても何か食える様になっているのを料理茶屋という。これは料理の支度が出来る茶屋です。その面影が残っているのは即席料理という言葉で、普通は前以て言っておかなければ料理が出来ぬから、一方にこういう言葉を生じたのであります。在合料理というのは立場の風で、これは前から言わないでも用が足りる。江戸の町方にあります茶屋及び料理茶屋は、在合料理ではなかったのですが、後には板を持って来て、そのうちから望んでもらうようになった。これは立場風なので両方がごちゃごちゃになったのです。立場風というのは街道筋の茶屋の趣向で。その他に一膳飯を売る飯屋というのがあり、芋酒屋なんていうのもある。これは享保以来のものです。居酒屋は宝暦以来、茶漬屋も随分はやったもので、江戸の市外になりますが、安永度に成子の婆々の茶屋というのがあって、これが一番早かったということになっています。江戸の方々に茶漬の店が出来る様になったのは天明以来で、寛政以後、特に盛んになりました。

蔵前の寄合茶屋　御蔵前のは二階建であった。今も残っている植木屋などのように広い間はありはしなかったが、二階に八畳十畳ぐらいの座敷が二つ三つはあった。腰掛茶屋の発達したもので、町内寄合や商人仲間の参会にこの茶屋を使用する。水茶屋とはいうものの寄合茶屋であった。江戸の最初の寄合茶屋は並木の藤屋だそうである。浅草寺境内の水茶屋は居附きのも葭簀張りのも大和葺きのも、遊観者の休憩を目的とするものだったけれども、参詣所や遊覧場以外の水茶屋は、自然に寄合茶屋となり、料理茶屋となる、至当な発達を見せている。

両国の水茶屋　享保十八年に嵯峨のお釈迦様を江戸へ持って来て、回向院で開帳があった。元文四年には信州善光寺も回向院で開帳しております。この両度の開帳によって、両国の川端へずっと水茶屋が出来るようになった。それから広小路の方にも大和茶屋が出来る。これが市街の中に水茶屋の出来る二番手でありまして、同朋町にいた源七という上方者が目論んだことから起ったようであります。上方には早くから出茶屋もあり、居付いている茶店もありましたから、それを江戸へ移したものでしょう。だんだん町の中に出茶屋でない水茶屋が出来て参りましたのは、宝暦以後のことで、町々の然も通り筋に、一町のうちに五軒も七軒も水茶屋があるようになったのは、化政度になってからであります。

上野の水茶屋　化政度の上野広小路は、どんな有様であったかと言いますと、それは十九冊本の「我衣」によく尽しております。

下谷広小路の水茶屋へは文化丑年御触有りて、見世のかかり大造（たいそう）に致すべからず。女を差置くとも、十三以下、四十以上を限り、美服等着すべからずとぞ。其当座は相守るよふにもみへしが、年月のたつに随ひ、又々遣りすごし、茶汲女多く絹を着し、或は黒繻子の帯などにて、其美麗大そふ也。十二文か、十六銅の茶代を置きては見向きもせず、ただ田舎武士、或は山の僧など彼が口車に乗せられ、酒食三味線にうかれて、深夜まで遊びたはむれ、其外よからぬ事のみ多し。一体此水茶屋にて召抱ゆる娘も、一ケ年一両二分か、二両の給金なれば、さのみ美服は着する事叶はず、皆彼武家出家などをたぶらかして着する也。今年の春（文化六年）さる水茶屋の女、尤広小路にては名取なるが、年始に出たる衣裳、髪の飾り、中々金十七両と見えたり。小女一人、羽織着たる若い者一人供に連れたり。そもそも是はいかなる事ぞや。供に連れたる小女も此家の召仕也。己も召仕なり。其主人はただ銭をまうくる女なるを以て娘の如くあしらふ。是は渡世なればゆるしもすべけれど、己が召仕ふ下女に又下女をつけたるはいぶかし。水茶屋の女などは下賤の甚しきものなるに、二人迄供を連れたるは天下の法を弁へざるとやいはん。

不忍池畔の出合茶屋　江戸時代の不忍池畔はそれだけで、東京へ推し移ったかと言えば、明和安永度に暗い景物が一つあった。他でもない出合茶屋、昔の自由恋愛の転がり込む場所なのだ。それは「柳樽」の好題目になりもした。三つ四つ御披露すれば、

出合茶屋あぶない首が二つ来る
はちす葉の濁りに後家はしみて来る
池の汀に鶴を折り待って居る
出合茶屋あばたッつらが金を出し
二人して出すとはけちな出合茶屋

また場所を言った句には、

出合茶屋忍ぶが岡は尤もな
出合茶屋庭に池水を湛へつつ
すっぽんが居やすと顔を二つ出し

などと言ってある。

美人揃いの深川の茶屋　それから深川の方になると、八幡前というのがなかなか名高い。深川の八幡様は寛永四年に建立されたもので、だんだんに繁昌しても来ましたし、明暦元年九月から

大茶屋、小茶屋いろいろ建つようになった。その時分は何にしても江戸とかけ離れたところだから、所が繁昌するようにというので、法度が弛められまして、社の手前二三町のところは、表店の茶屋に女が大勢置いてある。この法度が弛められるということは、なおさら三味線、小唄で御客の相手をした。鳥居の内は洲崎の茶屋と言って、寛文四年五月に、すべて茶屋構えをしてあるところに女を置いてはならぬ、という法度があり、延宝六年四月には、一軒に二人より多く女を置いてはならぬ、その他は妻、嫁、娘であっても、客のところへ出してはならぬ、という法度がある。それを場所の悪いところだから差許す、という意味になるのです。戸田茂睡の書いたところによると、深川八幡前の茶屋女の優美なことは、山谷の遊女も爪をくわえ、塵をひねる程である、とある。

目黒と高輪の水茶屋　目黒も早くから名高かったけれども、ここには振った女が出ない。高輪も他と同じく、天和改革で片づけられたのですが、元禄六年四月、湊屋長助の願いにより、また水茶屋が出来まして、長助の娘お玉がちょっと評判になりました。その時は四阿屋建（あずまやだて）に青暖簾をかけ、街道筋に向い合って綺麗な女がいる、というので評判でありましたが、話を残すほどのこともなかった。その後は品川の引手茶屋が兼営することになりましたから、どれほどのこともない。

水茶屋の店構え　町中の水茶屋というものは、大概表が落間（おちま）になっていて、そこに床几や腰掛が出してあり、その上に絵筵を敷いて、座布団が出してある。店の真中のところには、綺麗にした朱塗の竈があって、真鍮の鑵子（くわんす）がかけてある。その耳のところの鐶を渦巻にして、三尺許りも持上っている。暖簾に軒提灯、片方には角行燈がついている。こういったのが町中の茶店の様子でありました。奥の方には無論座敷があり、多くは二階建になっていたようです。神田明神でありますとか、湯島でありますとか、愛宕山などもそうでありますが、不忍池などは、宝暦度、文政度に彼処へ土手を拵えまして、その新土手に水茶屋が出来て繁昌したことがあった。それも僅かの間で、直きにやめられてしまいましたが、そういう展望のいい場所にはよく水茶屋があったようです。いずれも寺社の境内にあるのは出茶屋で、神田明神のは後々までありましたが、懸崖造りで丸太の柱に葭簀囲い、展望にいい場所ですから、遠眼鏡など置いてあった。暖簾も模様のある花やかな暖簾で、軒提灯なども綺麗なものだった。敷いてあるのは薄縁（うすべり）ですから、大したことはないけれども、上には毛氈や毛布が敷いてあって、なかなか綺麗に出来ておりました。これは勿論二階建などは無い。酒などを飲むことも出来ないことはないけれども、そういうところですから、腰の瓢簞が出て来るというわけ。

茶の汲み方　いずれにしても天保以後の水茶屋では、お客さんを見かけて茶釜の中の煮くたらかしの茶を酌んで飲ませるようなことはない。まず香煎とか、ユカリとかいうものを持って出て、暫時にして御煮花という順序だったようで、場所によっては随分名茶も出しますが、大抵は狭山（さやま）の茶が多いのです。狭山の茶は直きにパッと出る。二番は利かないけれども、最初は匂いも高く色合いもいいから、多くこういうところで使いました。〔略〕水茶屋には江戸ッ子なんて言われるよりは、幾分ましな人達が入込んだので、ところによっては町の旦那株の人、若旦那と言われるような人も行った。これらになるとお茶もわかる。なぜ一番先にお茶を持って来ないかというと、お茶を出す以上は煮くたらかしを出すわけにいかない。だからいい茶を出すところほど、先にお茶を出さないで、香煎だの、ユカリだのを使う。その後へ茶が出て来るので、こうやれば二重になる。二重に出した方が、御茶代の取りいい関係もあります。が、ましな茶をのませようとすれば、客を見かけて直ぐに出せない。煮立った湯を汲むが早いか、ザアッとやって持ち出せない。そこで手早い熱湯で差支えない香煎やユカリを出しておいて、という段取りにもなるのです。それほどの茶を出すのでなくても、勿体をつける気味もあったのでしょう。

行燈の文字と茶代　寛政以前にあっては、行燈に「一ぷく一銭」と書いておく位いですから、置く茶代もきまりきった話でありました。並木五瓶がここ〔註・蔵前の青我という水茶屋〕へ通う時分は、もう文化度でありまして、懸行燈にも「御休所」と書くようになっておりますし、殊に町中の水茶屋ですから、八文や十六文置いて行く者は無い。どんなに少なくても五十か百、場合によれば一朱も二朱も置いて行くことがある。

給仕女の給金　「我衣」の文では、水茶屋に抱えられる女は、一ヵ年一両二分か二両のように言ってありますが、実際はそうではなかったらしい。いずれも水茶屋女は、十五歳以上まず二十歳どころと押えて、三十歳位いまでの女ですが、一年にすると五両から七両位いの給金を取ります。それが二三年という年季になれば、三十両から五十両、或はそれより上のもあったということです。そうしてみると、吉原へ身売りするよりも、年季が短かくて金が余計取れる。それだから水茶屋の方に出る女が多かったことも考えられます。

売淫による収入　水茶屋の女が月囲いでいくらという相場が出来ていた時代、五瓶が蔵前の水茶屋で浮かされている頃〔文化度〕芝の宇田川町へ若鶴、白滝という水茶屋が二軒出来た。ここなどは大分烈しいので、ちょっと転ぶのが三分、月囲いが五両ということになっておりました。水茶屋の姐さんだか、私娼だかわけがわからない。ちょっと転ぶのが三分などというのは、随分高い値段で、入山形に二つ星という吉原の一番上等の花魁が一両一分、その次の入山形に一つ星になりますと、三分位いなものである。然もこの位いの花魁は、吉原にそう沢山いるわけではない。一枚絵とか、花魁絵とかいうやつで、世間へ出てもいれば、相当に名も知られている女なのです。水茶屋のチョンの間三分の連中などは、無論そんなものじゃなし、何という女だか、名前も知れていない。けれども正札のついている花魁の方は、上等のでも割合に安いのに反し、水茶屋の女は、それほどでもないのに、割高に売れるということになる。

矢場の女

楊弓場の盛衰　文化文政には幾分か楊弓場があったけれど、水茶屋に代ってここの賑わいになったのは幕末からであろう。そうして楊弓場の盛りは明治の前半ではあるまいか。明治十五年頃が極盛期で、二十七八年戦役後からが衰頽期であろう。「ならび」と万盛庵の横手とに踏み止まった二軒の楊弓場は最後のものらしい。それは四十年頃まであったと思う。明治三十年には五区（奥山）江崎写真店の裏手に二十八軒、六区（新開）に二十八軒の楊弓場があり、銘酒屋は六区に七十六軒、五区の方は十軒内外であったろう。やがて楊弓場と銘酒屋と代謝してしまうのだが、すでに三十年には銘酒屋の方が優勢になっていると共に、銘酒屋は六区に、楊弓場は五区に割拠し、六区が東京の顕著な土地になる頃は、奥山の楊弓場は殆ど消滅したということから何かの意味を喩した。それが直ちに楊弓場と銘酒屋の柄行きをも考えさせる。いずれは化粧の者の怪しくないのはないにしても、一様でないことは百鬼夜行の図に昔から明白に描かれている。肉の相場は水茶屋よりも楊弓場は下落し、銘酒屋となればまた下落したものである。それが時代で分けられる。楊弓場時代にも、奥山略して山と言い、また「ならび」といった場所が、まず第一流で、俗に「かけ」と言った花屋敷通りや、当時は新開といった六区は二番手であった。

店の模様と矢場女風俗　楊弓店の女は看板主、これは鑑札の名義人であって、娘か養女かお袋かなのだ。看板主は姉さんと呼ばれる。娘でなくお袋が名義人であれば、おっかさんという。お次ぎが看板女、これが客を引きつける美形なのだ。多くの場合、看板主すなわち看板女なのであるが、たまには何かの事情のために給金を貰っている看板女もあった。その店の金箱なのだから大事にされることは娘以上だ。しかし自分に資力があって、相応な御面相をしていて、年頃ならば、鼻の下を延長させた資本家が捨ててはおかぬ。看板女が長く看板女でいないのも極った事である。その次ぎが雇い女、これを矢返しという。矢を拾い集める役廻りの女なのだ。矢返しが矢を拾っている間も、お客は手を休めてはいない。特に矢返しが客の方へ尻を向け、的前（まとば）に散っている矢を拾うのを、悪戯の強い連中は、的でなく矢返しの尻をねらって射掛ける。楊弓の矢は鏃（やじり）が金属装置なのだから、重ね着の冬季でも射附けられれば痣になる。夏場の浴衣の上へあたった日には、真に大痛事である。的前を四ツ這いに這いながら、両足の指と膝頭との加減で、巧みに悪戯の矢を避ける、のみならずチラつく赤褌を応用して、目尻の下った連中を誘うだけの余裕がないようでは、一人前の矢返しとはいわれない。尻を射られて痛がるような者はまずないのである。これがために彼等は多年見学もすれば、習練もしなければならなかった。それともう一つ左引きの稽古が、矢返しの緊要な資格である。お客が楊弓を射る時に、モン台というあの矢箱を載せた台に斜に向う。その相手に並んで引く矢場女が、右勝手に坐れば客の方へ臀が向く。そこで女は極ってモン台の右端へ来て、右に楊弓を持ち左で引く。そうするとお客と向い合いになるから、体裁が好い。けれどもこれは逆な事だけに、随分稽古をしなければ出来ない。矢場女と銘酒屋女と違うのは、こうした素養を必要とする辺りからも生じる。矢返しは十五六から二十三四までという中に、十八九、二十が多数である。この外に客分の女がいる。これは年増の美人で、芸者で言えば自前稼ぎというところなのだ。腕もあれば顔も好い。立派に看板主になれるのだが、好い人のために悩んで、他人の看板の下に屈んでいるのだ。そこに泊っているのも通いもある。古い江戸の言葉で言えば出居衆（でいし）という奴、給金を貰うのではなく、収入の分合いを取るのだ。〔略〕いずれの矢場にしてもお袋の指揮の下に経営されているのだ。親父のいる家は真に少ない。親父といえば、刑事の下働きをするデカとか、遊び人の古いのとか、妓夫（ぎう）の新しくないとかで、お袋の手にあまった出来事があると出て来る。親父は非常準備として必要なのであるが、この取って置きの働き手がない家では、必ずお袋の好い人というのがある。

凄まじい呼込み　楊弓場の女は、前を通る人を呼び込む。せわしない彼等の声は、燕のように雀のように聞える。「チョイと、御様子のよい旦那、お寄んなさい、お茶を上っていらっしゃい」

その呼びかけに奇抜なのがあった。「眼鏡の旦那」「お髭の旦那」という格で、口を衝いて出る中に、一言以てその人を掩うのがある。随分傑作があったものだ。

店の構造と奥通りの客　新若松〔註・浅草新開の楊弓店。明治初期〕の奥は六畳に四畳半に二畳、それに一坪の台所、裏手の路地から奥へ通れば、客と客と顔を合わせないのみか、外間からはさらに知れないのである。奥で火鉢の向う前、お若〔看板女〕の顔を眺めるには、本人がいつも店頭にいるので勝手が悪いけれども、身分によって世間を憚る矢場遊びには、新若松は都合が好い。奥通りのお客はただのお馴染みの見世だけのとは違う。素姓の知れた上に、相応にお馴染み賃を支払ってからの特別待遇である。

閉店と追出しの鐘　矢場は午前八九時から店を開けて、弁天山の午後十二時の鐘が鳴ると、客を帰して戸締りをする。弁天山の鐘を追出しというのも、矢場の客を追出すという意味なのであろう。

ラシャメン

洋妾事始　万延元年六月、横浜本町二丁目文吉娘テウが阿蘭陀領事某の妾になった。これがラシャメンと称せられた最初の女だという。外国人の妻になったのは、慶応三年五月、神奈川奉行水野若狭守が、英国領事に対して、爾後条約国人は差支えなく、尊卑の別なく、双方出願許可の上、婚儀を整うべき旨回答した以後でなければ、外国人と公然夫婦にはなれないはずだ。

鑑札入用の妾　横浜の廓と致しましては、長崎丸山の例を用いて、遊女を唐人口と日本口と二通りに分けておいた。長崎の例を見ますと、日本口の売れの悪い者を唐人口へ、唐人口の売れのいい者を日本口へ廻すことになっていて、どの遊女もはじめから唐人向きという約束はしてないものだそうです。そこで横浜では、外国人向きの遊女というものは、三両からはじまって二分までであったそうですが、これもまた長崎と同様に、その遊女が外国人の方に参って勤める月雇いという風になりますと、月二十両、十五両、十両と三等になっていたそうです。この時分ラシャメンと申して、外国人の妾になります者は、やはり遊女の鑑札を受けて、遊女屋の抱えということになって、外国人の居所に行く。長崎と同じことにしておった。実際遊女でなくても、鑑札を受けて外国人の妾になるのです。

4　関西の色里

三都の比較

廓の称の相違〔補〕　遊女町、島原（京）新町（大阪）吉原（江戸）の如き、官許にて廓をなすものに花街の字のありて、また祇園、島の内以下、上方にて外町（そとまち）と云ふ。特に京人は祇園町等を指して河東（かわひがし）と云ふ。阪人は島の内、坂下等を指して南と云ふ。江戸にては深川以下を岡場所と云ふ。かくの如く非官許の遊女町に柳巷の字をあつ。京阪俗言には官許、非官許ともに遊女町を「いろまち」と云ふ。江戸俗称は官許、岡場所ともに「あくしょ」と云ふ。

悪所なり。〔守貞漫稿〕

三都遊女くらべ 江戸の太夫は延宝の頃までも、顔に紅粉の粧いを施さず、髪に油を附けなかったという。それよりは多少遅れた土佐浄瑠璃の「通俗傾城三国志」に、三都の太夫が出会った模様を述べて、江戸の小紫は洗い髪に一つ櫛、紅綸子の打掛けの下に地白を着て出で、京の花月は黄小袖に緋繻子を重ね、三つ笄二つ櫛という髪附き、大阪の梅が枝は二つ笄三つ櫛の兵庫髷とある。略々同時に江戸の太夫の態度を書いた「三所世帯」は「初会は恋をはなれてむづかしく、上方の仕掛とは格別にかはり、さのみ大臣を思ひつかする身振もせず、此つとめは縁次第といはぬばかりの顔附」というのも、その扮粧と釣り合っている。その頃の京の太夫は、遊君傾城らしくない身持ちを専一とし、歌舞は太鼓女郎や幇間に委ねて、茶の湯とか連俳とか、妙にすまし込んだそうだが、大阪ではお品ぶらずに、笑い声で座敷の賑わうようにした。江戸では技芸に怠らぬ外に、太夫自身も程々に歌いも舞いもしたらしい。上方では目の張り涼しく唇薄く、小鼻の筋の通った柳腰に絖肌(ぬめはだ)、歯並びの揃った、指先の細い、爪の薄い、足の拇指の反った、髪際の濃くない、などという条件が、太夫選定の先決問題であったけれども、江戸ではそれらにきっと拘泥したらしくもない。

京の色里

変遷のあと 京の遊女町は柳町廓＝万里小路二条が天正十八年から、三筋町＝六条坊門(今の五条)が慶長七年から、島原＝朱雀野が寛永十八年から、都合三度場所替えをしている。最後の寛永の転地がすなわち現在の〔島原の〕場所だ。

大門と登楼の次第　楽堂「丹波口は、丹波方面に向いている島原の出入口」木村「大尽が駕籠で島原へゆくときの様子は『人倫訓蒙図彙』巻七を見ると『島原の茶屋。丹波口のちゃ屋、ここは色里にかよふおのこ、三まいがた、四まいかたのおろせにあしをはやめ、そらをとぶがごとくにかけり、茶屋近くなりぬれば、六尺ひとり先へはしり、茶屋のおもてとをりさまに、たれさま御出とつたふれば、内よりよう御出といふよりはやく、焼印のあみがさもち来りぬ。大臣は衣紋の馬場にて駕籠よりおり、しのびあみがさふかくかむり、朱雀かの野辺のほそみちあゆみ、大門に入りぬ。入口の茶屋にて、又それ様のおこしといへば、はやうござりましたとこたえつつ大じんのしりに付てあげやへいりて其座をしめやかにつとめ、酒などたべ、おくりむかいする事をつとめとす。内の茶屋にては、はし女郎を一尺一寸にてもてなすはしげいせいのあげやなり。夜のきゃくはせぬとかや。はしつぼねへかよふなる者は、大門口のばばか茶屋にて、三銭五銭の価にて、笠をかり、火おけやりたやすみそえてと、はな歌うたふも又おかし』とあります」鳶魚「おろせ、は駕籠屋です。『ぬき足のぬめり道中』は内八文字で、内足に歩く方です。内足の八文字を島原風と言い、外足の方を江戸風という」

遊女の等級と嫖価　第一級の太夫は五三の位ともいうから、一日の嫖価は五十三匁であろう。第二級が天神、二十五匁であったから、北野の御縁日と洒落ていったものだが、延宝度には二十八匁になっていた。第三級のカコイ、囲とも鹿恋とも書く。西鶴は十五と書いている。これはキンゴというカルタの打方があって、十五で勝負をする。（これは西洋骨牌の二十一に似たもの）一つ足りないが十四の数になった時、そこで伏せておくのをカコイという。カコイは骨牌から出た言葉なのだ。いうまでもなく十四匁の女なのである。

伏見の撞木町

さて大石内蔵助が放蕩したその中で、一番噂されているのは、伏見の撞木町（しゅもくまち）、ここへ通う人を白魚大臣という。この撞木町というところは、いい遊女はいないので、太夫だの天神だのという上等の遊女はいない。鹿恋（かこい）といって十八匁の女、それも半夜といって売り分けますから、一晩九匁である。もっと悪い一匁とか、五分（ふん）とかいう女もいます。悪い方はあるが、いい方は無い。京の大仏前から駕籠に乗って、撞木町まで来るのに駕籠賃が五匁二分かかる。九匁の女を買うのに、五匁二分の駕籠賃がかかる。駕籠が高い。白魚の竹籃（かご）と同じようだというので、撞木町へ通う大臣のことを「白魚大臣」といった。伏見は夜船の出るところで、ちょっと賑わしい。それればかりでなく、四季折々の眺めもあるし、所変れば品変るで、新町や島原で遊ぶのとはまた違った趣きがある、といって、京からばかりでなく、大阪からさえ来た。その上に女が安い女であるだけに、入用が少ない。京都で使い過した大臣や、中から下の人の遊び場所にまことにいいというので、元禄七年頃からなかなかここが繁昌した。撞木町というのは、大分古くからあったところではありますが、ここが最も繁昌するようになったのは、元禄七年頃からで、寛政時分にはもう淋れて跡形も無いようになってしまいました。撞木町のはやったことを考えると、天明の江戸で内藤新宿がはやったり、嘉永、安政の江戸で小塚原がはやったりしたようなもので、かえって吉原で遊ぶよりも、ここの方が乙であるとか、洒落ているとかいって皆通った。ごく上等な人はそんなことは言いませんが、あんまりたんと銭を使わない方で、ひねった遊びをする人が、わざわざ内藤新宿だの小塚原だのというところを選んで出かけたのである。そういう心持は、京で撞木町がはやったのと同じようなもので、そういう風でありますから、由良之助のうきさんも、うき大臣とは受取れない。大臣というのは、廓の一番いい遊女を買う。太夫を買うものが大臣である。

大阪の公娼

夜の色里となった年代　京、大阪、江戸ともに遊廓はその原始時代に於ては夜の世界でない。江戸は明暦三年八月、山谷仮宅の時から夜見世を張った。大阪では延宝以来、正月から十月晦日まで夜間営業を許された。一年中昼夜営業になったのは享保以後のことである。〔略〕「寿門松」は享保三年の作だが「難波潟梅に名を取り松繁り、紅葉の錦昼さへや夜見世を新たにお許しと、疾しや遅しと見に廓、四筋の町の軒深く、燈火星の如くにて、三五以上の月の顔、さす潮影のわけもよき、局々の手拭は、濡れぬ隙こそなかりけり」この時十一、十二月の夜業を許されて、新町は漸く昼夜を顚倒せんとする根源を生じたものの未だ享保には廓を夜に限った世界だと思う者はなかった。唯だ珍らしげに夜間の景況をのべている。

新町名物の大反り　二葉「引舟の大反りというのは、盃事がすんで太夫が帰って行く。太夫の後には引舟が附いておりますが、太夫が客に後を見せて、今や座敷を出ようとする時に座敷の境の所に来るとグッと一反り反って見せるのですが、その反り方が畳に頭のつく位いに反るのを大反りと言って、それが非常に巧みなもので、初めて見るものは角兵衛獅子の再来かと驚きます。これがこの土地で一つの名物になっていて、新町の大反りと言うのだそうです」若樹「文化時代にもそういう大反りということがありましたろうか。よしあったとしても、それは特別な事ではありませんか。特別の祝儀が出た場合ではありませんか。普通にやっていては目が廻ってしまうでしょう」二葉「皆やるのだそうです。一人や二人ではない。その席へ借りられたものは、一々この芸当をやって引下るらしいです」

大阪の私娼

茶屋の所在と数　大阪中の茶屋は古株と称する延宝二年に許可されたのが二百二十九軒、貞享三年に追加されたのが十六軒、元禄に堂島、安治川新地に百二十五軒、堀江新地に九十八軒許可されて、都合、四百六十八軒になる。然るに「御入部伽羅女」は、

わきて難波の大湊、茶屋一軒に女三人ならしにして、茶屋数二千八百十七軒、女あわせて八千四百五十一人、昼夜五人ならしの客代、毎日百三十貫目（六十匁を一両として換算すれば二千百六十六両二分三朱弱、客の数四万二千二百五十五人、一人当り三匁七厘強）の内外、揚代のみで此金高、年中に四万六千八百貫目（金七十八万両）余也。積りもなき事、大阪見ぬ人は虚言とも思ふべし。畳屋町、太左衛門橋、六軒町、道頓堀、川裏町、同土壇町、南堀江、北堀江、竪横筋かい、新地曾根崎、蜆川中町、よこ町安治川、新河、両むかひの外、蘆分橋の辺

まで吟味せしに、いかなる茶屋にも二人、三人、五人ならし客をつとめぬ女もなし。とある。すべてが概数見積算用でもないらしい。公許された茶屋の外に煮売屋が新旧で二百軒あるから、双方で六百六十八軒になる。けれども例の洒落本でお馴染みの江戸の岡場所と同じものなのでみれば、公許された何の看板も持たない私娼屋もある筈だから、このおびただしい二千有余の数も、実際数えられたかも知れぬ。

太夫を真似る髪洗女　風呂屋は十四軒、湯屋の古株は二十二軒、新株の堂島、安治川が三軒、堀江が五軒、曾根崎が一軒許可されている。湯屋には湯女はない。風呂屋には毎戸髪洗女二、三人ずつ置くことを規定されていた。だが風呂屋の時代は去っている。「金屋金五郎浮世額」の額風呂（籠屋町）の小さんは島の内の綿屋へ、「生玉心中」の扇風呂（天満四丁目）のさがは、伏見坂町の柏屋へ転じた。この二人は髪洗女と公称され、洒落れては風呂の呂の字を取って呂州、湯の縁でぬれ衆とも呼ばれた者であるが、小さんもさがも、風呂屋を引いて、茶屋の山衆（やましゅ）の仲間入りをしたのである。揚代から見ても呂州は七匁、茶屋女は四匁であるのみならず、この頃は風呂屋の連合で大寄（おおよせ）などという趣向もあって、十二人一組でお望み次第に能狂言まがいの芸事をさえ見せた。〔略〕呂州の中宿は道頓堀あじろ、天満甲斐塚、秋田などであったというが、浮世小路には一俵、大気、花善などという家が、呂州の揚屋になって「料理に気を附、花車もそれめき、小娘を禿の心に返事をながくひかせ、二階座敷に箱ばしごを仕かけ、炬燵まで自由して客をもてなし、折々はづみかける大臣には水際立た絹夜着きせるもうるさし」と言い、また廓に似せて紋日を拵えたことも「傾城仕送大臣」に書いてある。この頃の色里は大尽の豪遊に賑わうのでなく、嫖客の数がおびただしいだけに著しく下漸している。太夫めかしく、揚屋めかしく威張ったのよりも、ささやき合う煮凝式（にこりしき）の遊びに堪能したい連中で、繁昌するのか雑沓するのか、容易に判断されない景気で、新地新茶屋が流行したのだ。

蜆川の茶屋女　当時の大阪で新地と申しますれば、蜆川（しじみがわ）か新中町筋かでありまして、元禄十六年、おはつ徳兵衛の心中で名高いあの天満屋は、新中町筋でありました。淡路屋おはつの方は蜆川で、蜆川というのは「紙治」でよく人におぼえられております。あの辺は皆私娼でありまして、新地新茶屋といって、当時の大阪ではなかなかの流行物でありました。これは従来は茶屋一軒に女が一人で、もし五人三人もお客がありますと、鬮取（くじとり）で一人ずつ床入りをする。それを茶屋念仏講といって、ふざけたものにされておりましたが、元禄のはじめからは、だんだん茶屋女も多くなりまして、客一人に女一人、相方をきめるようになって参りました。元禄十四五年の頃には、蜆川に二十一軒ほどの茶屋がありまして、いずれも私娼がおりました。ここの女どもは三匁の女で、新町の太夫になりますと六十二匁である。これが大阪の売女で一番高い。新町にも五分（ふん）取り、一匁取りというような安い女もおりましたが、短く切り遊びなどを致す、手軽に安い女で、小器用に遊べますので、新地新茶屋が大そうはやりました。

島の内と曾根崎　「南の風呂の浴衣より今此新地に恋衣」というから、小春〔註・芝居「心中天網島」の女主人公〕は島の内の垢掻女、垢掻女では冴えないようだが、当時の島の内は柳風呂、額風呂などというので、青楼の全部が浴場の体裁であった。従って娼婦を垢掻女と言ったのである。大阪では新町が公娼の所在として許され、北の新地がその次に開発され、島の内は久しく私娼の窩窟として残された。この関係は北地（曾根崎）の女を白人と言わしめ、島の内の娼婦もそれに同ぜしめたのであるが、北地は早く唱え、島の内は後に唱える次第をなさしめたのであろう。

新地の白人は深川並み　白人（はくじん）という名前は、遊女芸子を「くろうと」というに区別して「しろうと」と言ったのが、後には島の内と北の新地（曾根崎）での通称になってしまった。元来が私娼という意味なのであるが、江戸で言えば岡場所の娼婦、それも深川見当の売女なのだ。白人は今日なら高等淫売という辺であったろうと思われる。太夫天神と比較すれば劣るに相違ないが、囲店女郎よりは上等であった。島の内や北の新地の娼婦を概して白人というのではなくて、その中の優秀なのに限ったのを見ても、最初から安直なものでなかったのが知れよう。芝居見物でも桟敷でなければ往かなかったし、朝迎えには必ず駕籠に乗るほどの見識はあったのである。

九　各種の興行

1　芝居

初期の歌舞伎

芝居の語源　芝居というのは操も相撲もみなその場所は芝居であるのに、演劇の意義に聞かれるのと同様に、最初こそ芝居であったが、劇場建築はどしどし進展して芝居どころではないのに、なおその旧唱を因襲し、芝居の最盛の者が演劇であるために、看物の総べてを引攫って、一番繁昌な演劇が独占してしまった。歌舞伎も最初に於て一番景気の好いものであったから、総べてのものを日陰にして、自分の名だけを顕著にした。芝生の上に坐って見物するのでなくても芝居というように、歌舞伎でない演劇をも因襲のままに称呼する。けれども芝居といえば直ぐに演劇と解されるが、演劇の外に見る物がないのでもなく、相撲もあれば操もあり、その他の見せ物もある。かえって芝の上に坐って見物することがなくなっただけだ。

お国歌舞伎　歌舞伎芝居へ系統を引いたお国歌舞伎は、当代一般の模様とは違った異風なもので、新傾向の様式であった。実は天文の頃から軍陣の間にカブキ踊が盛んに行われた。それは武士が踊るのであったが、お国は男装して或る武士風俗の新傾向を写したのである。それは慶長期に「此ごろかぶき踊と云ふ事有り。是出雲国神子女（名は国、但非好女）仕出し、京都へ上る。たとへば異風なる男のまねをして、刀脇差衣裳以下、殊に異相、彼男、茶屋の女と戯るる体有りのましたり。京中の上下賞翫する事斜めならず」という通り、かぶき者の真似をして踊ったのである。後世に歌舞伎物真似というのは、早くすでにここから因縁づくになっていると共に、お国の総べての演技が歌舞伎ではない、念仏踊は念仏踊、やや子踊はやや子踊、かぶき踊は、かぶき踊なのだ。然るに一番名高いかぶき踊に掩われて、彼の演技のすべてが、隠れてしまった。

観劇料に米持参　やや子踊（出雲のお国の演技種目の中にこの名あり）の見料が、永楽銭十文であったというので考えれば、「甲斐国志」の一文一合の勘定にして一升になる。熊本で女歌舞伎の見物が米を持って来たというその分量が想像される。道頓堀の芝居に一升札が行われたのも一串して眺められる。

芝居町と芝居小屋

寛永の中村座　中橋〔註・日本橋と京橋の中間〕に中村座の出来たのが寛永元年、それが禰宜町（ねぎまち）へ引越して、それからまた堺町になるのです。

三座の移転〔補〕　江戸では寛永元年の猿若勘三郎座（中村座）をはじめとして、寛永十一年に村山又三郎座（市村座）寛永十九年に山村小兵衛座、万治三年に森田太郎兵衛座が出来たが、山村座は江島生島事件に連坐して失格し、結局堺町の中村座、葺屋町の市村座、木挽町の森田座が江戸三座の大芝居として公認されていた。堺町は「江戸雀」に、又禰宜町とも云ふ、とあるが、禰宜町は元吉原の隣、後に長谷川町と言ったところで、明治初年の地図ではその北西に堺町が別にある。いずれにしても現人形町、堀留町に当るだろう。葺屋町は堺町の西隣、木挽町は現在東銀座という。この三座は前記の場所でずっと繁昌を続けたが、天保改革によって浅草の猿若町へ一括移転を命ぜられた。移転開場は天保十三年。ここで明治初年まで、猿若三座と呼ばれ、独特の芝居町情緒をただよわせたのである。猿若町は現在、浅草公園裏手にその名をとどめている。

芝居は昼興行に限る　正徳四年三月九日の法令に「狂言暮へかかり、あかりを立て候儀堅く無用に致し、七ツ半時分（午後五時）に仕舞候様可致候事」とあって、夜間の開演は早く禁制されていた。市村座は宝暦十一年に七ツ（午前四時）より七ツ半（午後五時）まで、森田座は明和四年に明六ツ（午前六時）より夕六ツ（午後六時）まで開場し、天保十三年には舞台で蠟燭、カンテラ等を用いてはならぬという禁制のため、明六ツ半（午前七時）から夕七ツ（午後四時）まで開演したが、暗いので大切の時分には役者も道具建も見えなかった。上記の如く十二三時間も芝居をした例はあるが、蠟燭、カンテラでは、舞台面が見えはしない。法律が禁じなくても、江戸時代には、夜芝居は成り立たぬ。

舞台の美化は享保以来　文政からはやり出した人情本の色男色女に、綺麗でないのが無いと共に、その容貌風采を一々俳優に引き合わせて説明した。中には眼が誰、鼻が誰と、部分々々を算え立て、美男美女の一人を形容するに、数人の役者の名を呼ばなければならないのもあった。当時の劇場の勢力は実に凄まじいもので、元禄宝永の状況とは到底比較にはならぬ。その頃の江戸の市民はただ舞台の上を眺めて、歓呼喝采するより外はない。世間は芝居の景気に酔って陶然たるばかりである。それというのも、延享からは演劇の一切が綺麗になって、衣裳も道具も花やかに美しくなり、役者も娘方から立役が続々として出て来る有様であったので、舞台の上はいよいよ目も鮮やかになった。役者の美しさは益々加わって、文政天保になってこの舞台はさながら錦絵を展べたようにもなった。

京の芝居町 芝居は四条鴨川の東にあり、永禄年中に江州の浪人名古屋三左衛門という者、出雲のお国という風流女と話し合い、歌舞伎と名づけて男女立合いの狂言を仕組み、北野の森、祇園の南の林、五条河原にて興行し、その後中絶して承応二年に、村山久兵衛という者、四条河原中の島にて再興し、また縄手四条の北に移し、ついに寛文年中に今の地に移して常芝居となる。

京は女の出方 二葉「古くは煙草をのむに火縄でのみ、劇場内でも火縄を売りましたもので、その後江戸では劇場で煙草盆を用いるようになっても、これを火縄と称しておりましたから、これを売る出方（でかた）などを火縄と略して申しましたので、その出方も江戸では男がやっておりますけれども、京大阪では女がその役をしている」〔略〕鳶魚「成程そうだな。この時分、中売り殊に煙草盆や酒など扱う奴は、火縄と言ったですな。火縄番衆と言った。それを略して火縄と言いますかな」二葉「この時代も江戸言葉で言ったかどうか分りません」若樹「今から十五六年以前までは、京都にこの芝居の引込み女があったそうです」二葉「京都の方では女が附いて来ます。この女を何と申しますか」鳶魚「茶ノ子、相撲では茶ノ子と言いはしないか」鼠骨「我々はやはり仲居と言うがな」〔「膝栗毛」輪講中の発言〕

狂言

四季の極り狂言 昔の芝居は新春が「曾我」年末は「忠臣蔵」、三月狂言が「鏡山」と、殆ど極ったようであったのは、いわゆる御殿女中が三月（やよい）には宿下りをする、今なら試験後の休暇で帰宅するのを見当てにしたのである。

時代物と世話物　天保前後の芝居道では、四つの世界ということになっております。第一が王代物で、これは禁中とか、公卿とか、すべて堂上の事を綴る。浄瑠璃でいえば、大友真鳥、妹背山の類、歌舞伎でいえば伊勢物語、または菜種の供御の類です。第二は時代物で、北条、足利、菊池、大友などの軍記に基づいて、歴代の武将の名を借りるもの、第三が御家物で、これは一国の騒動です。時代でもなければ世話でもない。中庸を用いるので、先代萩、鏡山、伊賀越、忠臣蔵のような趣向ですが、御家は更に二つに分けて、騒動と復讐とになっております。第四が世話物で、これは説明するまでもありますまい。男伊達、相撲取、または心中物で、いずれも農工商に関するものです。こういう風に大体を定めまして、時代は鎧が出るのと出ないのとで、新古の二つに分ける。世話の方も半二までのものを古世話とし、南北以来が真世話（まぜわ）ということになります。いずれにしても公卿の武士に混じたのが王代、武士を中心にしたのが時代、町人本位なのが世話のわけでありますが、御家は時代と世話とが交雑して、町人百姓が多少入りこみます。

芝居のオチ　共古「女中達が見物してじゃが、一番落をとる気はねえか。〔註・「膝栗毛」七篇巻之下の中の一節〕この『落』はどういうことですか」鳶魚「落を取る、又ドッとくるという、芝居の通言です。ワル落というのは見物が失笑するのです。オチを取るとは今なら拍手とか、喝采とかに相当する」

芝居の諸法度

女歌舞伎の禁止 女歌舞伎禁制の厳しい法度に依って、舞台の上の女を剿滅した。若衆歌舞伎には婦女を混ぜてはおらぬ。それでも男形女形と肩書して、紛らわしくないようにせよ、と幕府は命令した。この命令は寛永二十年であるが、当時はそれほど女形が発達していたろうか。婦女に扮した男優が女優の勤める女形と紛らわしく見える程であったろうか。女歌舞伎が得意であった男装にしても、若衆歌舞伎の中に混じて、弁別し兼ねるまでのものではあるまい。それでも幕府は油断なく警戒を加えた。言うまでもなく女歌舞伎の凄まじさ、それに対する熱狂さ加減の恐ろしさ、その取締りに手のゆるめられなかった事情もお察し申す。

男女優混演の禁止 若衆歌舞伎は少しでも女歌舞伎に紛れない用心が必要であった。法令は手強くそこを取締るのでもあったから、好んで若衆歌舞伎という称号を採る理由があるけれども、実際に若衆に人気もあり、若衆を中心とした演技でもあった。男女混合の興行を禁じたのも、女優と売笑とは離れられぬものと見ているから、かくもひそかに女優を登場させておらぬかと疑われた為らしい。それは男形誰、女形誰と肩書して、明らかに男優であることを表示すれば、とにかく許可されたので知れる。紛れると言ったところが、地芸ではない、舞踊だけのことで見れば、真に男装女装というばかりの程合いに過ぎぬ。

能役者との関係 昔から歌舞伎の舞台に能衣裳を使用したことがない。それは芝居町の法度にあるのみならず、能衣裳は御能役者以外には売渡されなかったからである。然るに七代目団十郎は富沢町の能装束用達柳屋関岡長左衛門を頼み、〔勧進帳、弁慶の〕能装束を譲り受けたという。我等が聞いているには、古装束の引解きというので衣裳のままではなく、全部解き放したものを渡し、七代目が受取って、附いている縫い目折り目を辿って仕立てたという。柳屋も一方ならず能衣裳を歌舞伎役者に渡すことに気兼ねをしたが、またそれ程の忌諱を犯してまで七代目が所望した心持をも考えなければならぬ。その前に七代目は御能役者某太夫に取入り、その型を知ろうとした。当時の制規では、幕府の御能役者が団十郎を弟子にするわけにはいかない。またみだりに教えることも出来ないが、七代目の熱心に動かされて、安宅の話をして聞かせるということになって、委細口授したけれども、もし舞台上の所作が何流と見別けられれば、当方で教えたことになり、何様の迷惑になるか知れぬ。そこを逃げ、ここは外して、当流と見定められないようにせよとさえ註文した。

役者諸相

立役・女形の発生　寛永二十年からは俳優全体を立役、女形と区別するようになり、慶安に入って右近源左衛門が女の真似を上手にして、女形の起源だとさえ言われた。その後に女形の俳優は少しの滞りもなく、ずんずん進歩発達を続ける間に、承応になって若衆と言われた、少年俳優の前髪を剃除することになった。これは若衆歌舞伎停止の結果で、俳優は一同に野良頭（やろうあたま）にならなければならなくなり、いわゆる野良歌舞伎になったのである。立役も女形も月代があるようになっては、勢い鬘の使用が促進せられざるを得ない。女形はその時から剃り落した前髪の跡の青い月代を掩うために、染色の帛（きれ）を額上に巻いた。それが野良帽子で、野良帽子に種々の様式もあったが、あの紫帽子に行き止まるまで、相応な変化を見せたものの、いずれにしても、女形の可憐な風姿を粧うのに多分な効果があった。

役者の紋と家系　遊女には系統が立たない。襲名によって世代を算するものの、襲名するのは稀れなことで、大体は襲名しない。姉女郎、妹女郎といっても、先輩後輩というだけで、師弟の関係でない。それとは違って俳優の方は、師弟の関係である。梨園に師弟の関係がつまびらかになったのは元禄以降のことであるにもせよ、彼等は技芸を以て家を立て、血統を以て相続するのも少なくは無く、世代をかさねると共に家筋も著明になり、門葉も繁栄しておびただしい旁系をも具備した大系図を構成する。俳優の紋が系統のまま分布され、世代をかさね門葉の加わるままに、定紋と替紋とを生じて来る。遊女に替紋のないのは、定紋さえきまらない位いであるから、替紋の出来ようはずがない。偶然ではあるが、系統に因循する俳優の家の紋が、定紋の形式を追う据紋になり、遊女の紋がそれを外れた伊達紋の形式にかかるのも面白い。

役者の屋号　町屋に住めば、商売をしなければならなかった。浪人とか医者、儒者とかの外は、その住む町で商売をしない者を許さない。役者全書にある、室町一丁目横町に、中村数馬の冠髪香、谷島主水の麴町四丁目の店、水木辰之介が浅草並木町の焼杉箱の売店は元禄度開業だが、木挽町五丁目の二代目団蔵の煎餅店、嵐音八の人形町の鹿の子餅、木挽町の沢村喜十郎の遠州おこし、坂東又太郎の長谷川町の売薬店、玉井香十郎、市川団十郎、萩野沢之丞、松本繁巻、中村伝九郎、中村源太郎、神崎香流、鈴木三四郎、沢村宗十郎、松本幸四郎、市村羽左衛門、佐野川市松、尾上菊五郎、瀬川菊之丞、中村里好、大谷広治、市川門之助、市川八百蔵、山下金作、坂東三津五郎、尾上松助等が各々香具、油店を開いている。享保以来急に斯く売店を開き、一方では商家の主人になった。しかし彼等が市街地に住んだのは、享保度からのことではなく、その以前から住んでいたものであるが、彼等は売店の利益を目掛けて開業したのではない。自分の手でするのではなく、人任かせの商法なのだから、採算に堪えないのは、初めから知れている。彼等が賤良争議〔註・役者は河原者として、非人頭弾左衛門の支配下になるか、または演技者として一般良民であるかで、両者間に争いが起ったが、宝永五年六月、評定所の審理によって弾左衛門の支配外、つまり良民なりとの判決があった。俳優の身分はこれによって長く保証された演劇史上の重要事件〕に勝った後、実際住居するしないに拘らず、芝居地域たる三カ町以外の市街地に自宅を拵えることを競い、我勝ちに新居を営んだのは、市街地に住める良民の分限なるを誇示したいためだったらしい。そうなると、無商売の者をその町で住わせない。是非とも店舗を開かなければならなかったのである。店舗には屋号がなければならぬ。元来が誇りかな訳なのだから、その屋号を芝居町へ持って来て、舞台の内外へ振りまわす段取。従って弟子共も師匠の屋号を襲用する。故に役者が店舗を開いて商売をしたのは、良民分限の誇張に他ならぬ。

役者は外出に編笠　三斎は奸商どもと一緒に柳橋へ行って、そこで雪之丞を呼んで酒を飲む趣向になっている。〔註・三上於菟吉氏作「雪之丞変化」の一場面〕「はねてから、柳ばしの川長で、一献さし上げたい」などと言っているけれども、こういうことは決して出来ない。殊に天保改革の後は、役者と一般の人と同席することがひどくやかましくなった。重い柳営の女中や旗本の隠居などが、役者を呼んで酒を飲むなどというのは、とても出来た話じゃありません。この時分に八代目団十郎でしたか、編笠をかぶらずに往来を歩いたというだけで、罰せられている位いのものなのです。役者は顔をあらわにして往来をあるくことが禁ぜられていました。外出は必ず編笠をかぶらなければならなかったのです。

玄冶店は芝居者横丁　玄冶店というのは新和泉町の南側、住吉町との新道を入ったところで、「寛天見聞記」に「新和泉町に玄冶店といふ大裏あり、是は昔御医師岡本玄冶老の拝領せる町屋敷也とぞ。横竪にいく通りも路次あり。此処に役者、芝居者多く住居す。則四方と云ふ酒屋の本家の裏なり」とある。「江戸町独案内」（嘉永三年版）にも、

　新和泉町
　　さかい町の東つづき
▲南うしろの大路次を玄弥店といふ。

とある。天保十四年以前、まだ浅草の猿若町が出来ない時分には、芝居が堺町、葺屋町にあったから、この辺に芝居者が多く住居したのである。

緞帳役者は明治から　「緞帳」ということがありますが、これは明治時代によく言った言葉です。櫓を上げていない芝居は幕を引くことが出来ないので、上から緞帳を下げる。花道もつけられない。そういう芝居へ出る役者を緞帳役者と言った。今日では立派な歌舞伎芝居でも、緞帳を下げておりますが、昔はそうでなかった。けれども緞帳芝居といったのは明治のはじめであって、そこから中村菊之丞のように檜舞台へ出ることは、決して出来なかったのです。この外にいくらも

「上方の緞帳役者」と書いてあるが、〔註・三上於菟吉氏作「雪之丞変化」の考証〕明治の言葉なのだから、ここでは工合いが悪い。

観客

一泊見物の不便　婦女の看劇が困難であったのを考えなければならぬ。明七ツ（午前四時）から暮七ツ半（午後五時）まで、十四時間の興行である。堺町葺屋町の時代でも、前夜は寝ずに支度をして、見物をすませた夜中に帰るのだ。まして浅草へ転地してからは、道中が一層長くなった。芝居茶屋へ一泊するか、或は親族故旧の家に世話になり、三日掛りの騒ぎをやった。その上に今日とは違って、一年に十回とは興行されない。芝居好きな男女共に満腹することが出来ない。

女客の増加は元禄から　野良歌舞伎に婦女が群がる。芝居見物は元禄の頃から婦女の方が多くなって、若衆歌舞伎の時代からみると全く違ってしまった。もう男が主たる見物ではなくなった。それは婦女悉く機会均等主義になったのではなくても、婦女の物見遊山が自由になって来た為でもある。従って芝居から発生した流行の勢力や範囲が、集ってゆく婦女の種類や分量を教えもする。遂に流行は芝居からでなければ発生しないかと思われるまでになった。

附　色若衆

男娼の盛衰

寛永度に女歌舞伎が風俗壊乱の罪科を以て禁制され、承応度に若衆歌舞伎が停止された。女歌舞伎に代って興ったものだけに、この少年俳優も風俗壊乱者であった。そこで少年俳優の前髪を剃除することを条件として辛くも興行を許されたから、彼等の風采は著しく変化した。前髪を剃除した額口は真青な月代を残し、野良額（やろうびたい）という例の体裁にならなければならなかった。これからは野良歌舞伎と言われもした。少年俳優は若衆と言われないで野良と呼ばれる。美しい小姓姿はもう見られない。そうして元文になっては蕃風蛮習が著しく廃れた。運慶、丹（これは湛の誤り）慶、安阿弥の作〔註・安阿弥作の仏像に似た顔の意〕という流行言葉を生じたのは、若衆歌舞伎の停止される二三年前の事である。男色は何も慶安や承応の初物ではないが、若衆歌舞伎以前には売り物の男色はなかった。売り物の男色が珍らしい、それが大いに景気を煽ったのである。そうして標語の中でも呼び声の高いだけに、安阿弥の作というのは、売物の男色の最優等を意味する標語だったのだ。それが万治になって遊女のように揚代が一定し、遊女と併行する売色になった。更に延宝天和になっては大いに異性化し、寛文には半井卜養が「女かと見れば男の（村山）万之助、ふたなり平のこれも面影」と言ったのが、天和には松尾桃青が「梅柳さぞ若衆かな女かな」と詠じた。すでに中性というより女性に近くなって来たらしい。

扮装　帯刀禁止　若衆歌舞伎が同性愛の中心であったと見えた時、さすがに武門武士の好尚から世間に拡大したものだけに、少年俳優の若衆風俗なるものは、武家の小姓の体裁を模擬していた。しかし武門の若衆、お侍を旦那に持った者は両刀を帯びたが、俳優の若衆は民間の人間であるから、両刀を帯びるわけにはいかない。けれども一刀を忘れることは出来なかった。それが寛文八年三月町人の帯刀は一切禁制された為に、その後の少年俳優は小姓めいた姿が出来なくなって、無刀の若衆でなければならなかった。「例の紫帽子をいただき幾世染めの大振袖、八条の羽織に白茶の袖口、わざとならぬ丸腰に、編笠は紺のだいなしにもたせて、ゆるぎ出でたる有様、女とも見えず男なりけり朧月」（西鶴伝授車）は、其角の句と共に彼等の風俗の武士放れを明白にした。

客の変遷　万治寛文は武士や僧侶が主たる華主（とくい）であったが、延宝天和と勢力が下漸して、貞享元禄に至っては段々町人の世界になって来る。権力と金力とが分離したばかりでなく、黄金の光は著しく四民の間に輝いて、大尽の声望はあたりを払う景況になって来たと共に、彼等のお客も武士でなくなる順序である。相手が豪商大賈にもせよ、武士でなくなれば、町人の生活、町人の好尚に副う方が利益である。投合し易いためにも小姓風でない方が宜しい。寛文天和の禁刀令がなくとも、丸腰野良になるべき道筋でもあった。

嫖級と揚代　その当初の嫖価一歩（銀にして大略十五匁）であったのが、太夫子という嫖級が出来て、その倍額の二歩（銀にして大略三十匁）に売った。万治二年、明暦三年からは中一年を隔てて、十五匁売りであったのが三十六匁に騰貴した。凡そ十四割も高くなったのである。この際の太夫子の嫖価は書いてないが、無論同様の割合で相場を引き上げたであろう。野良の売色は野良歌舞伎と共に、すこぶる急激に発向し、正札附から忽ちに等級をさえ生じ、太夫子、舞台子、蔭子と品次されるようになったのも、僅か二三年の間であったらしい。かく男色の三級制は万治に定まった。その頃は京の島原でも太夫、天神、囲、江戸の新吉原でもまだ散茶はなくて、太夫、格子、局の三級であった。

男娼街と役者名義　男娼〔売物の同性愛〕については、元禄特に享保度にきびしい法度があって、大いに蕃風を抑損したが、更に寛政に厳禁していよいよ衰微させ、その上に天保改革の際に猛烈な制圧を加えたので、殆ど撲滅の状況に立ち至った。勿論法律のためのみでもない。時勢はすべての人間を文化の外に置かないからである。けれども明和度にはなお変態性欲の耽溺者も少なくなかった。そこで元禄以来、俳優の多くが男娼であった因縁から、男娼は法規を潜るために悉く俳優を粧う風を生じた。〔略〕三町〔堺町、葺屋町、木挽町〕の男娼が三座太夫元の抱え名義になっていたのも、男娼制禁を回避する第一の方策であった。従って葭町などの男娼も、中村とか荻野とか瀬川とか、名前だけ聞けば俳優らしいものになり、それらは各座に雇傭されなかった失業俳優、当時の言葉にすれば浪人役者の体裁でいたのである。

京宮川町の男娼　鳶魚「紫ぼうしの野良共が見える〔註・「膝栗毛」七編巻之上〕というと、昔は宮川町に男色もありましたか」二葉「祇園と続いているのでしょうから、俳優どももいたのじゃありませんか」鼠骨「川端に近い方で、四条から五条へ鴨川へ沿うている南北の町で、祇園町は東西の町です。宮川町は川縁を北四条の橋から南、それから東は祇園町とこうなっております」若樹「宮川町に蔭間でもいたものでしょう」鳶魚「いたらしく見えます。ここには古いところじゃ、宮川町に鞍馬女というような醜業婦が沢山おった。アンニャがおったけれども、この時分に男がおったとみえる。紫ぼうしとありますから男色がいたのでしょう」

2　寄席

寄席概観

意義と条件　寄席というのは人を寄せるというだけの意味でなく、一定の場所が専用されていることと及びそれが民家に雑処していることを条件とする。落語にしたところが、露の五郎兵衛のように大道で演技したのや、鹿野武左衛門のようにお座敷を主とした者は古くからあった。そうして寄席とは交渉がない。八人芸や浄瑠璃も芝居町の定小屋へ出たのでは寄席芸人とは言われぬ。寄席が人を寄せるというだけの意味でないのはここである。

寄席の盛衰と諸芸　寄席と書くのは新しい言葉で、寄せ場と書かれ、下略して寄せという。その寄席は、文化十二年に江戸中に七十五軒、文政の末に百二十五軒となり、天保十二年には七十六軒に減じ、同十三年の春には水野越前守（忠邦）の大改革で、三十年以前より在り来りの寄せ場十五軒を存し、その他を取り潰したという。天保十三年から三十年前といえば文化十年であるが、寄席は享和からあったらしい。誰も知った通り「寛天見聞記」に「今の噺し家とて、落し咄しする者は、寛政の頃は稀にありし、竪川の談洲楼焉馬、又は可楽夢楽などいふ者ばかりなりしが、夫々に昼は家業有りて夜ばかり噺しする。其時分は今の寄せという場所も定まらず、芝居休みの頃、二町まちの茶屋の二階、又は広き明るき店など五六日づつ借受けて咄す事なりし。寄せという場所なき故、軍書講釈も手跡の稽古所、又は明店にて夜講せしを、今は一町内に二三ヶ所づつ、よせと号し、看板に行燈をかけ、咄しに音を入れ、役者の声色物真似、娘上るり、八人芸、浮世ぶしなど、芸人を集めて外に家業もなし、人寄せをのみ業とする家あまたあり」とある。〔略〕今日の寄席の如きものの出来たのは、如何にも文化以来であろう。

講釈

種本としての軍学　一体軍学と申すのは、軍奉行（いくさぶぎょう）が戦闘に於ての功罪を論ずるに就いて、武道吟味というものがあった。この武道吟味というものは、武士の風儀の上に後来大なる影響を与えてはおりますけれども、何にしても一番首、一番槍の詮議、それの甚しいものであって、主将の仕事ではない。大きな仕事ではないのであります。その軍奉行のやった仕事を学問に取り立てて、軍学と言って行われたのであります。軍学に就いての批評などはとにかく、この軍学というものも、いくさ話をしたり聞かせたりする働きを持ち、後来軍談ということになって、講釈師が読み立てる種本との関係は大変にあるのであります。

講談の始め　講談の最初は御伽衆に次いで軍学者であるが、将軍とか大名とかを離れて、辻講釈、大道講釈になって、厳めしい邸宅から露天へ出て来たのは、延宝以後、元禄へかけてのこと、西鶴は「武道伝来記」や「本朝永代蔵」で、路頭の太平記読みの風采を伝え、その後に近松も「大経師昔暦」の中に赤松梅竜を描出した。

昼夜二興行となる　宝永正徳になって変った様子になって参りましたのは、品川町の武藤源兵衛、これが従来真面目に七書というような、支那の古い時代の兵書を講義することはあったのですが、それを「漢楚軍談」とか「三国志」とか「呉越軍談」とかいうものにひろげて来て、それらを面白く読みました。民間のものとしては、まだ「太平記」とか「源平盛衰記」とかいうものしか無かった時代に、源兵衛が支那の戦記を講じた。これだけ新しくなって来たのです。これと一緒に源兵衛はまた謡の講釈をしました。ここで謡の講釈を一緒にしたということは、民間の講釈が興味を取り、面白がらせるようにしてはあっても、まだ後のものと比べてみると、よほど勝手が違っているようであります。けれども今ここでは、よほど趣味嗜好というものを考え、注意しているやり方であったということが知れます。それからこの時になりますと、辻読の方は昼でありますが、源兵衛は夜講釈、夜間だけであります。そして野天でなくて、自宅とか、明家というようなところを借り受けるとかして、幾晩か続いた夜講釈をやるのです。同時にまた伝馬町の田丸佐右衛門も夜講釈をはじめた。この頃は諸所に夜講釈があった按配ですが、野天でやる方と違いまして、この方は新しいものとか、或は「徒然草」のような軽い国書類をも講じたので、少し重味があるように思われます。この屋内の方を町講釈と申しまして、一方の辻講釈と対立致します。そうして夜の興行と昼の興行と二つ様式になります。この頃はまだ浪人稼業らしい俤がよく見えております。

浅草の太平記場　浅草見附御門脇、もうただ今では場所が知れなくなっておりますが、まず浅草橋に向って右の川縁とでも朧気に言っておくより仕方がありますまい。そこに京都から願い事があるとか言って来ておった名和清左衛門が「太平記」を講じました。その時は元禄の末で、その場所は永く太平記場と申しまして残っておりました。後にはその脇の方へ講釈の席が出来まして、明治の五六年まで、それが続いておりました。もっとも清左衛門の子供はこの近所の家主になって、相変らず「太平記」を読んでおりましたし、後には席亭の主人になって百余年間も続きました。これが江戸の講釈のはじめであるといわれている。

俗談・評定物の登場　享保度になりましては、一番名高いのが神田白竜子、これは日夏繁高の甲州流の軍学に奮抗して、盛んにこれに抗弁しております。自分もまた軍学者の心得で、著書も多少ある。この人は大名旗本に招かれて参って講談を致しましたが、民間のとは交渉がありません。だがその読物は、戦国以来のいわゆる御当家物等を主として、また御家騒動から享保時代現在の出来事まで、幅広く及んでおります。端物（はもの）と申します民間の俗談、評定物と申した御家騒動などは、この白竜子の講じた中に、その萌芽を認めることが出来ます。

宝暦後の進歩　講釈というものは古くからありましたが、宝暦以来だんだんと上手が出て、講釈が盛んになりかけて参りました。宝暦度にはまだ捌物（さばきもの）という名はありませんが、板倉さん父子――伊賀守勝重と、周防守重宗の御二人の裁判話が沢山出ているようです。その時分、そういう話の上手と言われたのが森川馬谷、これは後々になっても類の無いほどの上手でありました。その弟子筋になるのが、名前に馬の字のつく講釈師で、つい先年亡くなりました宝井馬琴なども、馬谷の筋であります。近頃では馬琴位いのものでしたが、私の幼年の頃までは、馬の字のつくのが大分おりました。それがだんだんはやりまして、寛政度になると、大きな評定物が出て参りまして、いろいろな調べもするようになりました。当時としては事実をその儘に読むことは出来ないけれども、話としては大分立派な筋の立ったものになった。

寄席講釈と辻講釈　昔の両国広小路にも葭簀張りの講釈があったが、秋葉の原でも同様で、演者は一段高い牀上に膝隠しを置き、扇を持ち小さな拍子木一本、それで膝隠しを叩いて読んでいた。江戸時代でも席亭へ出ている講釈師と、葭簀張りの先生と、辻講釈とは芸風が違っていた。野天仕込みの連中は、何よりも達者なのが手柄である。半日位いは一人で立てつづけに読んで平気なものだ。味のある芸では勿論ないが、寄席のように端物や評定物を読まなかったが、それでも相応に聞かれる演者もあった。

娘義太夫

女義売り出す　安永四年版の「爰かしこ」を見ますと「女義太夫の声も男の癪のたね」と書いてある。洒落本には、それより前から、遊廓には義太夫の女芸者があったことが見える。宝暦では義太夫の太夫に関東生れのものはありません。然るに明和には太棹が婦女の芸になっていたのです。江戸町奉行牧野大隅守が、明和五年に女義禁止令を出しているとも聞いております。この牧野の退役後、天明度に盛り返して、女義が景気づきました。その頃に初代芝桝が売り出したのです。当時は寄席というものがありません。諸大名の奥向きへ呼ばれる。諸大名の奥向きは男子禁制ですから、女義に限らず、女芸人が呼ばれたものです。それから諸旗本の座敷となると、大分怪しくなる。往々にして芸だけでなくなりもする。ましてその他の出先となれば、風俗上おもしろくないのが多い。特に明和以来、囲い者ということが流行し出した。素人女さえ追々旦那を取る風になって来る。女義も特別収入を確定させるために、新しい流行を追わずにはいなかった。

芸と年齢　それでも芸の方は油断しなかったらしい。もとより男性の太夫とは比較すべきでない。女義のは何としても御座敷浄瑠璃です。文政の番附にも、座敷女浄瑠璃とある。それが天保には娘義太夫と呼ばれた。その頃の女義の連中には、十六七歳の者もあったが、二十歳というのが多く、中には四十歳の者さえいるのに、平気で娘義太夫で通した。

二度の禁令　文化二年九月に出た女浄瑠璃禁止の法度に、社地宅地寺地または日限を極め出語りなど称する女浄瑠璃の興行は罷り成らぬとある。これは御座敷から一般公衆の前に進出しようとする女義を防遏したのです。明和の禁制が天明にゆるんで、だんだん女義の人数が殖え、御座敷だけでは供給過剰するのと、特殊の人に限られた娯楽を羨やみ、誰彼なしに面白がろうとする気込みとが、都合よく出合って、女義は一般の需要を目掛けて興行に移ろうとした。然るに再度の禁令のために、進展を阻止されたから、重ねて供給過剰に悩まなければならなくなった。ところで文化十年に稚浄瑠璃（おさなじょうるり）竹染之介が現われた。染之介という少女が、老母養育のためというわけで許可を得て、江戸市中の寄席で毎夜出語りをする。

軍書講釈太夫大いに行はれ、竹染之介といふもの、十二歳にて出語りす。所々に夜じょうるりありて、歴々の太夫も及ばぬ大入也。又ひい子といふ者、六歳にて三段づつ語り是も繁昌す。（十九巻本我衣）

看板にも稚浄瑠璃と書いたそうだが、これでは子供義太夫という方がよろしい。再往の禁令のあるのに染之介の興行が許可されたのは、老母養育という名目も名目であるが、何よりも子供の演技であるからだ。風俗上の掛念がないためだ。染之介は寄席興行の最初の女義なのですが、寄席というものがこの頃から段々出来てきた。それが女義の景気を煽る究竟な便宜なのだ。寄席へ出演するようになっても、相変らず座敷浄瑠璃といってはいましたけれども、歌舞伎にも人形にも使えない芸の持主は、高座へ上るより外に公衆の前へ出る機会はない。寄席芸人になって始めて大きな人気を拵え出せたのです。

若衆姿に魅力　染之介は若衆姿で帛紗上下（ふくさじょうげ）をつけて登場しました。この風は明治三十幾年まで、いや、女義の衰え切った今日でも同様なのです。

文政の全盛期　染之介の景気が豪勢であるから、一般の女義も引立っては来ましたが、中年義太夫や年増義太夫ではその筋の睨みが心つかえであるから、子供を先へ立てる。子供から娘へ移る。珍らしいのが身上の子供芸では飽きが来る。色気もあれば、芸も何程か芸らしくもなっている娘を看板にするようになって来る。寄席へ出るようになって女義の景気は一時に引立って来た。文政十年、十一年の女浄瑠璃番附に、百七八十人の名前をつらねてあるのを見ても、形勢は知れる。天明寛政には初代芝桝の外に幾人、江戸に知られた女義があったろう。勿論寄席もなかったのだが、公衆の前に進出しなかった時代の女義と、文化文政に寄席へ出る女義との違い方は、如何にも甚しい。興行によって江戸中の人気が女義に集り、寄席もお蔭で繁昌する。

全盛から弾圧へ　「その頃女の義太夫語り大いに流行して、凡そ席といへば十にして七八に過ぎたり。余の昔ばなし講釈などは御触の如く来る者なし。ひいき連中より、後ろ幕、翠簾（みす）、見台等に悉く連名を記して贈ること山の如し。進上のびらは張るに所なし。また送り連とて、巴れん、竹染連などと花やかにしるせし提灯をつらねて、宿所まで送る者組々を立てて夥し」（わすれのこり）あたかも雲右衛門の盛時に、寄席の大部分を浪花節で塞げたように、文政を中心として暫時は女義の勢力が猖獗を極めた。手許にも座鋪女浄瑠璃（ざしきおんなじょうるり）の番附が三枚ある。文政十年の分には百九十人、同十一年の分には百七十五人、天保九年の分には百八十九人を掲げてある。女義は寄席に出演し、且つ招聘に応じて御座敷を勤めしゆえ、売女に紛らわしいものに成り行った。天保十二年十一月二十七日、女義三十六人を捕えて手錠に処し、席亭を江戸払いにした。

嘉永の女義と娘新内　天保の女義検挙から間もない嘉永三年の高名五幅対には、

太棹娘　巴の助、春秀、市勇、長喜代、津賀伝

の名が見え、さらに、

娘新内　加賀八、滝亀、若の助、加賀登女、若祖摩

の名が見える。女義は寺社境内の小屋から寄席へ進入して、一度優勢を占めてからは、その筋の手加減次第、いつでも突撃して来たらしい。娘新内の如きも天保の頃から両国の小屋へ出ていたが、これもいつか寄席へ出掛けて来たと見える。

3　見世物

場所と小屋

火除地と両国・上野　江戸の末まであった両国の広小路、上野の広小路は、見世物で賑わった。その他火除地（これは防火のために設けた広い空地なのだが、いろいろ変遷があって、時々新設されてはやがて消滅する）や寺社の境内で種々の興行があった。その中で両国は広小路と向両国と双方で、盛んに興行した。この場所も火除地なのである。一体は空地でなければならない区域なのだ。両国のみならず火除地の興行は、必ず小屋掛けでなければならぬ。常設の建物で興行したのは、中村、市村、森田の歌舞伎三座、肥前土佐の浄瑠璃二座、及び市ヶ谷八幡、芝神明、湯島天神の宮地三座だけであった。浅草寺境内の興行物もすべて小屋掛けのみであったが、新門辰五郎の手で、文久の頃から半永久的な建物になったのが今日の常設に到達する端緒なのである。故に常設の見世物小屋は古いものではない。

規模と組立て　小屋掛けと言っても、軽業とか曲馬とかいう類いの興行物には、高小屋と称するやや規模の大きいのもあった。大規模の小屋掛けは、回向院の相撲が一番凄まじい。それでも上部を藁莚、下部を駄板で囲って、栈敷は丸太と駄板とを縄で結びつけたものであった。大概な見世物小屋は、板囲いでない、栈敷などあるのもない、竹沢藤治の曲独楽が大評判であった時分には、板囲いの小屋で栈敷もあったが、そうした興行物は甚だ少なかった。見世物のためには興行地を与えなかった。小屋掛けを条件として興行させたのは、いつでも取払うぞという意味を持っているのだ。葭簀囲いで縁台を並べるまでのものにすぎない小屋であるから、夕暮には並べた縁台を片隅へ積み上げて、囲った葭簀も巻いて取除けてしまう。跡には丸太の柱が立っているばかりだ。

入場料の有無　晴天だけの興行で、雨が降れば休場するのは相撲のみでなく、一般見世物が皆同様なのであった。下足を附けないだけでなく、木戸がないのもあって、入場料を取らないのが多かった。入場料を取らない代りに、演技中に見物人の間を銭貰いに廻る。見物人は随意に寛永銭なり文久銭なりをやるので、それに何程という極りもない。この種の興行物は午前十時頃から夕景まで演技していた。木戸銭を取るのは切りがあって、見物を追出したけれども、入場料のない方は全く見物が勝手に出入したのである。入場料のない興行は講釈、祭文、新内などであった。興行地域を限らないから、便宜に開場させるのに都合が好い。小屋掛けなのだから設備費が少ないので、入場料を取るにしても取らないにしても、見物の負担は軽い。改めて見物に出かけようと準備するまでもなく、時間の余裕を考える必要もない。勝手次第に見るなり聞くなりして来ればよろしいのだ。町家の丁稚小僧が何よりの道草になったこの簡易興行は、直ちに民衆の自由な娯楽だったと思う。

鷹御成りと小屋の取払い　両国の広小路は将軍が鷹狩りに出かける時に乗船されるので、橋を挟んで御上り場が二カ所あって、鷹御成りの当日はすべての小屋は綺麗にとり払われる。とり払うといっても小屋掛けなのだから、前日中に柱にしてある丸太までも抜いて、跡へ箒目をつけるのに余り骨も折れぬ。

見世物各種

軽業の始まり　壬生狂言は慶長以来のものであっても、その起源が新しくないだけに、田楽との交渉は大いに注意すべきものがある。壬生村から村役で出たという祇園会の棒振舞、赤熊の毛鬘に袖なしの襠裲、括り袴に筒袖でいでたった。それと獅子舞との関係もまた研究を欠き難い心持がするのみならず、二十四種の壬生狂言の内に、猿、鵺（ぬえ）、羅生門の図は綱渡り、竿上りの状を描いてあるが、「諸国遊里好色由来揃」には、「蜘舞之出所」という項目の下に「蜘巣をかけて、心やすく軒より軒につたふごとく、軽きわざをなすゆえに、蜘舞と名づけし也。それよりして竹の獅子、れんどひ、籠ぬけなんどと其品をわけて、飛鳥のごとく自由をなしけり。此道の名人早雲長吉、政之助、連之助、やくわうくはん、次郎兵衛とかや」とあるので、軽業という演技の一般も知れる。壬生狂言に軽業が入っているのもたしかである。「亭主が雲舞、くわしゃがれんとび」（風流夢浮橋）なども、茶屋の夫婦が客を取り持つ動作を見立てたのであるが、野良（やろう）は小屋でほんとうの軽業を演じた。「野良虫」に「れんとび権之助内加川右近を出し、二代目団十郎の父の恩に、竹田源之助、軽業に品あり。猿がへりといふ事、源之助ひとりなるべし」と附記して出してあるばかりでなく、「役者画づくし」に中村、市村、山村、森田四座の俳優と打込みに、軽業の連中を浄瑠璃太夫や人形つかいと一緒に描いてある。興行物のすべてが芝居であるからというのみではなく、演技者がいずれも妙年であるから、共に野良として同一に見たばかりでもなく、劇中の一部分に軽業をも含んでいたから、両者の間が特に接近していたらしく思われる。彼等が売色者であって、その方面から同一に見られ、同一に扱われるのみではなく、蜘舞連飛（くもまいれんとび）から演劇者になってしまったのである。勿論一時の出演者もあったろう。「二代男」に「伊藤小太夫……染川林之助が乗初めし二つ綱を一筋にしてわたり、都人の目を覚しける」というのでも、演劇の素養として軽業を学んだ者もあろう。そして堪能もしたろう。「二代男」の記載によっても、伊藤小太夫は綱渡りの上手であるのみならず、その技芸の革新者であるのが知れよう。演劇者であって軽業師でない小太夫は、専門家よりも優秀な技倆であったろう。河原崎権之助等の芝居能が変化して、所作事は漸々に成長してゆく。蜘舞という名の起った、二本綱を渡り二本綱の間を甲地乙地する動作よりも、一本綱の離れ業が目ざましく見え、その上で所作事を演じるようになった。それが宝暦になって下方（したかた）が整備し、舞と踊が分明に立ち別れ、本行（ほんぎょう）と所作事と言い別けもする。蜘舞連飛のみならず、軽業の一切はケレン事として避けられるようにもなった。

曲馬の始まり　曲馬という技芸は、天和二年に綱吉将軍が、来朝した朝鮮人の演技を見物してからのものであるが、嘉永にはとうに曲馬は見世物になっている。

手品師の豆蔵　若樹「豆蔵というのは大道でやる手品師でしょう。元は人の名でしょうか、それが大道手品師の代名詞になったのでしょう」竹清追記「宝暦八年刊『俳諧俗説』巻三に、『貞享元禄の頃、摂津国に一人の乞士あり。名を豆蔵といふ。市町に出て常に重き物を捧げて銭を乞ひ、又一人の小児を梯子に登らせて、其身は楊枝をくわへ、梯子を楊枝の先へ立て、起居（たちい）

ゆく事心にまかす。小児もまた馴れて怖れず、或は長き槍を鼻の先へ、さかしまに立て行く。または藁のしべ一筋を鼻の先へ立て其のしべ倒れず、唯練磨のみと云ふ。また外に人あり。腹の上に大きなる臼を置きて仰いで杵にてつかしめ、或は凳（くらかけ）を腹の上に置て人二人、それに登って躍ると云ふ。請身といふ類ならんかと云ふ』とあり」

物真似の忠七　忠七は「皇都午睡」三の中に「忠七を豆蔵又おでで子とも云ふ」とある。同じ本の初の上には「軽口物真似とて性もなき馬鹿口をたたき頤（おとがい）をはづさせ、劇場俳優の物真似をするを東都にて豆蔵声色と云ふ。浪華にて忠七身ぶり物まねと云ふ。豆蔵忠七は、小屋主座元の名也」ともあります。

吹矢の楽しみ　鳶魚「吹矢は私の子供の時にもありましたよ。上に人形が飾ってあって、紐が引張ってありましてね。四角な的が附いているのを紐へ引掛けてある。環みたようなものが附いて、それに当ると外れる。そうすると上から人形が下るのです。からくり的というのですね」若樹「当るとこれが外れるのですな。すると上からにゅーっと下るのです」鳶魚「つまり人形が出るのはお慰みなんでしょう。景物をくれたかどうか、それは判りませんがね」二葉「景物は出たようです。もっともこの時代〔註・「膝栗毛」刊行の享和、文化年間を指す〕はどうだったか知りませんが、私の祖母がよく話しましたには、私の家に奉公していた中間の万蔵と申す者が、浅草観音に参ると、いつも吹矢でいろんな景物を取って来たと申しました。その話では当時なかなか盛んであったらしく思われます。私の家が江戸詰めから城附きになりましたのは安政の初めですから、その頃には確かに吹矢で景物を出したものとみえます」

化物屋敷

先代の目吉〔註・諸寺社彩色師の泉屋吉兵衛。目が大きかったので目玉の吉兵衛と言われ、略して目吉。後に怪談の道具を芝居や寄席へ提供した〕よりも二代目の目吉の方が製作もだんだん上手になりまして、後にはこれが回向院の門前へ移転を致しました。そうして天保九年の三月に、回向院で井ノ頭弁天の開帳がございまして、いろんな見世物がありました中に、二代目目吉は変死人の人形を見世物に出しました。土左衛門の様子でありますとか、獄門首でありますとか、女の生首をその首に生えております髪の毛で木の枝に吊して、生血がぽたぽた垂れますのや、棺桶の中から亡者が首を出しておりますところや、木に縛りつけられて虐殺されている男が、無念の形相をしているところなどが大評判でありました。大変な見物人が集ったということであります。これがあまり評判だったので、いろいろ目吉の真似をした変死人の見世物が、諸所へ出るようになりましたが、そのはじめは二代目目吉であります。〔略〕二代目の目吉が回向院へ見世物を出しますよりも九年前、天保元年に東大森に化物細工を見せる茶屋が出来まして、そこへ目吉が細工物を出しました。無論この大森の化物茶屋と申すのは、銭を取るために、また人を多く集めるためにしたのではない。ほんの物数寄でやったのであります。見る人があればそれを拒むわけではないので、その茶屋も接待茶屋であった按配ですから、公開でないわけでもないが、よほど模様が違っております。この大森村へ化物茶屋を拵えましたのは、林屋正蔵に頼まれて目吉が拵えました幽霊の小道具の評判がいいために、東大森に医者の瓢仙という者がおりまして、それが物数寄に自分のうちの奥庭へ、座敷の天井から壁などへ化物の絵を描いて、その中に化物の人形を飾った。そこへ接待茶屋を拵えて置いたわけであります。それがなかなかの評判で、わざわざ江戸から見に行く人さえあったと申します。こういうこともまた江戸の人が何ほど幽霊好みだったかということを考えるのに、いい材料だと思います。これを思い立った瓢仙もそうですが、わざわざ江戸から大森まで見に行くというのも、随分思いやられることであります。当時化物茶屋につきましては、幕府のお代官の中村八太夫が、この東大森村を支配しておりましたので、その手附のものからその筋へ申し立てまして、人寄せ、銭儲けのためではないけれども、あまりいい思いつきでもない話だから、接待茶屋をやめさせ、人形も取除けさせることを命じた方がいいというので、忽ちこの年の五月に取除くことを命ぜられました。この茶屋はそれでおしまいになってしまいました。

4　相撲

江戸相撲の沿革

勧進相撲事始　江戸の勧進相撲——おあしを取って見せる相撲はいつ頃からあったかと言いますと、普通の説では寛永元年に明石志賀之助が、四谷塩町三丁目の笹寺で晴天六日の興行をした、それがはじめということになっているのです。然るに喜多村筠庭は、志賀之助という力士の年代から考証して、寛文の誤りであるということを申しております。京都の方では寛永元年より二十年ほどおくれた正保二年六月に、千菜寺八幡の再建のため、下鴨で十日間の興行をした。それは八幡様の再建のために催したものなので、志賀之助が笹寺でやった方が本当の勧進相撲——銭を取って見せたのです。

初期の法楽興行　「そぞろ物語」の元吉原の条に「勧進舞、蜘舞、獅子舞、相撲、浄るり」、「色音論」に「禰宜町に左近が歌舞伎舞相撲」とあるので、慶長から寛永に及んで市中で興行されていたのが知れる。「色音論」はまた湯島天神の条に「若者あまた集りて、西三番の勝相撲、武蔵の江戸にあり。あいと名のる声こそしたりけれ」と書いた。これは勧進でない、法楽興行であろう。慶安元年二月及び寛文元年十二月、同十三年五月の法令で、勧進相撲、辻相撲を禁止した。この法令の効果によって、江戸の市中では相撲の興行がなくなった。何故に慶安の禁令を寛文に繰返して相撲を厳しく禁制したか。「色道大鑑」(延宝六年)に悪性と題する数首の歌をあげた中にも「風呂相撲芝居兵法男だて三味蕎麦切にばくち大酒」とあるように、相撲を好む連中は強い強いが何よりの自慢で、乱暴狼藉な者が多かったからだ。

興行化は元禄から　祭の相撲を神事法会の際に行うことは、貞享度において、七月十五日の浅草蔵祭、同十六日の雑司ヶ谷法明寺、享保度には五月五日の目黒の大鳥大明神祭、七月十五日の小塚原蔵王祭、寛延度には七月十五日牛島弘福寺、同日麻布雑色善福寺蔵王権現の祭、同日小塚原蔵王権現祭、同十六日雑司ヶ谷法明寺、九月九日目黒大鳥大明神祭、二十七日品川戸越村八幡祭と、その数を増している。これらが草相撲か否かは俄かに断ぜられない。相撲が技術になり専門の芸能になり、相撲取が商売になりかけたのは元禄度である。享保や寛延には江戸に相撲の定場所もなく、また巡業などもなかった。元禄からは特に相撲の興味が加わり、格別上手も輩出したので、見物を引きつけるようになったのは疑いもない。だが四里四方という江戸御府内、詳しく言えば市部と郡部、江戸を大別すれば御町中と御府内とになる。御町中が江戸市なのである。それは芝口御門から今の万世橋、昔の筋違御門までなので、沾涼（てんりょう）も方二里といっている。相撲が誰からも面白がられていながら、江戸の御町中でない郊外の神事法会にのみ行われたというのは考えてみたい事柄であろう。

貞享の復興前後　勧進相撲と申して、有料の相撲興行は、慶安元年二月以来、数度の禁令で厳しく差しとめられておりました。それゆえ神社仏閣への寄附を除いて、二十四年間相撲興行は中絶いたしましたが、漸く貞享元年五月、深川八幡で勧進相撲、すなわち有料興行が許され、その時に条件として営業的相撲団体の設立、力士の統制方を命ぜられました。これから年寄が力士統制に当り、部屋々々の組織という段取りに成行きました。久々で相撲の有料興行が許可されたその場所が、なぜ深川八幡であったであろうか。五代綱吉将軍は、しきりと当所の繁栄を望まれ、元禄六年に新大橋を架し、同十一年には大渡しといって、船渡しであったのを、特に永代橋を拵え、洲崎の築立ても、元禄の初めから着手し、十四年にはその業を終り、同所の弁天に、別当吉祥院を設けられ、浅草にあった三十三間堂をも引移されたのは、亡き父、家光将軍が富岡八幡を造営した寛永の由緒をしのび、その遺志を慕うつもりがあって、交通の便その他いろいろと計画されたらしい。その先頭に久しく絶えた勧進興行を、この昔懐しい深川八幡にえらんで、許したものと思われる。その後も深川八幡で相撲の興行はあったが、本場所というのが極っておらず、興行の季節も足らず、随時処々で興行した。久しい間、寄附興行のみ続けた関係もあり、寺社の祭礼法要に、年中行事になっている相撲会もあるために、相撲興行は神社仏閣の境内地に限る慣例を成してもいた。それにしても、場所を一定しておらない。貞享に勧進相撲が再興して、百三十余年後の文政度の記録にも、春秋の興行、晴天十日、場所不定とあって、

芝神明、御蔵前八幡、両国回向院、茅場町薬師

の四ヵ所を書し、その中の一ヵ所で開場するとみえ、この四ヵ所は本場所というべき位置にあるが、本場所と言いもせず、またその中のどれと決着してもいない。その上に「此外折々花相撲、所不定」、花相撲は勿論場所の一定すべきはずもない。

深川八幡、西久保八幡、神田明神

その他にもあったろうが、この三ヵ所に花相撲が多く開帳されたとみえる。だがもう文政には、相撲興行の場所として、すこぶる有力であった深川八幡も主位に立てなくなり、今は客位に就かなければならなくなったらしい。深川八幡の相撲は、大方宝暦の頃までで、明和、安永にはだんだんすがれて来たようだ。これは相撲の見物人が変って来た為でもある。

晴天十日　江戸では安永七年三月二十八日から、深川八幡で十日興行したことがある。これが晴天十日興行のはじめのように言われております。江戸で相撲を十日にしたのは、これが最初でありますが、それからずっと十日興行だったわけではない。この時だけの事だったのです。それでは何時から十日興行になったかというと、天明元年十一月の回向院の興行からで、それまでは

八日であったのを、これ以後十日ということに改めた。それからつい先年まで、十日ずつ興行ということになっていたのであります。

興行の実際

年寄制の意義　勧進相撲は条件附きで許可された。その許可から一年置いて貞享三年に、遊俠の徒の多数が流謫されたのが注目される。「延宝年中、町奉行渡辺大隅守殿へ相撲興行之義を出願に及びたれども、願不叶、北条安房守殿より伝奏御屋敷へ伺願可仕旨、彼是願中飢饉に罹り、遂に貞享元年正月、願を上げ、寺社御奉行本多淡路守殿御寄合にて晴天八日、勧進相撲御免に相成、深川八幡社内に於いて勧進元雷権太夫興行致し、同年冬相撲、久世大和守殿に願ひ、勧進元鳥居権平興行の際、上の御沙汰として静謐打続き、力士共集り来るは吉例とありて相撲浪人共之義、以来外渡世の存せず露命可ㇾ繋様無ㇾ之、老年之者共を相撲年寄と改め、万事相撲取締り可ㇾ致旨被㆓仰渡㆒四季に相撲興行御免相成候事」（相撲書上）寛文以降寺社の再建増営を口実に、時々その境内で興行し来ったのを、因襲のままに制度として寺社の境内地を限定して、勧進相撲を許可した。年寄というものを立てて相撲団の統括を命じ、彼等を一種の営業者に仕立てようとした。

勧進元と元方・寄方　貞享元年の冬になりまして、またぞろ深川八幡で勧進相撲を催しました。今度は日数が延びて、晴天十日ということで、勧進元は鳥居権平でありました。この鳥居権平から五代目が玉垣額之助ということになっております。雷、玉垣というものは、相撲年寄の中では最も有力な家で、玉垣の方は今は絶えておりますけれども、雷は今日まで続いている。久しく絶えていた勧進相撲を貞享に願いおろした、この時の勧進元ですから、相撲の方では有力な家ということになっていたらしいのです。この鳥居権平が二度目の許可を得ます時分に、更に勧進相撲をよりよりに催すことの出来る許可を得たいというので、奉行所の方へもいろいろ願い立てをしまして、更に条件を加えるようになりました。その条件によりますと、何時でも勧進相撲を許可する。この時、四季の興行免許、すなわち四季のいつでも、興行することが出来る免許を得たので、一般の相撲の人達は、年に四回興行することを許可されたように申しておりますが、実際はそうでない。許可はやはりその都度々々に受けなければならぬのです。この時の条件として、相撲の中で年功の者を年寄として取締らせる、ということになりました。取締がなければ許可しない。興行毎に定められた勧進元なるものは、興行中に出る相撲だけの取締でありますが、今度は相撲取全体を一つの団体と見て、取締がこれを統轄する、という意味合いになって来た。それですから相撲部屋というほどではないが、その相撲団に対して、いつでも取締が監督の位置に立つのです。興行の主催者は勧進元でありますが、興行のときは自分の手の相撲ばかりではない。勧進元に合体するものは皆元方であり、方々から寄せ集める寄方の方にしましても、そこに集って来ている間は、やはり取締の指揮を受けなければならぬ。これがやがて西と東に立分れることになるのでありますが、古くは元方だけあって、寄方は随時に集める方法が多かったようで、元禄度になってもまだ同様でありました。それも勝手に集るのでなしに、元方の者が寄方を集めるのです。取締りの上からいいますと、寄方は元方の募りに応じたのだから、当然その支配を受けなければならぬことになる。それが享保度になりますと、相撲の部屋というものが出来て、幾人もの年寄が組合って元方を作る。寄方の方も、その年寄が世話をして集める。この時分には元方、寄方の外に屋敷方から大名の抱相撲を頼んで来るので、元方、寄方、屋敷方の三つになっておりました。しかし大名から抱相撲を借りて来たところで、やはり元方の年寄の支配を受けなければならぬのです。この屋敷方の相撲取を町の興行に貸して下さるということは、元禄の半ば以後にはじまったことで、享保以後はずっとそういう風でありました。

上方の相撲興行

上方の特色　京都の方でも江戸から申せば十六年おくれた元禄十二年に、岡崎村で興行いたしましたが、勧進元その他の名はわかりません。大阪では元禄十五年四月三日から十日間、高木橋筋で興行いたしました。江戸では最初の貞享元年の深川八幡の興行が八日でありました為、それから後も暫くの間は、八日というのが興行のきまった日取りになっておりましたが、大阪では頭から十日と打出しております。この大阪興行の時には、幕府の相撲取締りの精神が、如何にもよくその番附に現われているように思われる。東の大関が筑紫磯之助、西の大関が両国梶之助、勧進元大山治郎左衛門、願人袋屋伊右衛門とあります。大山というのは貞享の頃になかなか名高い相撲取ですが、この人は商売人ではない。大阪の紺屋の亭主で、有名な吉岡兼房斎の後とか言われております。相撲は強いが、町人です。しかし素人ではあるが、名高い人ですから、相撲全体の取締として責任者の地位に立ったのでしょう。願人の袋屋伊右衛門は全くの町人で、これが資本主、本当の興行主のわけであります。江戸では後にこれが指添という名義になっております。

この時の興行から勧進元といって相撲取締りの責任を持つ者と、資本主と二人名前を出すことになりました。江戸ではまだそういう風にならぬうちに、大阪では元禄十五年の高木橋筋の興行から、こういう風に分れて来た。町人が出資して相撲を興行する。これより前にも相撲の金主はありましたが、利得を目的としたものではなかったのに、これからのは儲けづくです。町人が相撲取を抱えておくのにも両様あって、相撲好き、強がりからの物数寄と、興行者としての都合からのとある。後者は、年寄に取締らせる意味に背く。前者は風俗上おもしろくないから、双方とも制禁されたのです。

木戸銭と興行収入　京都の勧進相撲公許は、所司代松平紀伊守信庸が、元禄十二年に岡崎村の興行を許可したのが最初であります。大阪は堀江川の工事が竣功しました後、土地繁昌のためというので、袋屋伊右衛門が金二千両上納して、元禄十五年四月三日から十日間、高木橋筋で興行したのに始まるのです。江戸に比べますと、京都は十六年、大阪は十九年おくれております。この大阪に於ける勧進相撲の第一回の景況が「筆拍子」に書いてありますが、土岐伊予守が御城代であった時分に、高木屋橋通り東に於て、相撲場所を四十間四方と定め、木戸札が元禄銀で三匁、桟敷が四十三匁、畳一畳が金百疋であった。木戸口で弁当に水を入れて持参することを留めたが、この運上が金五十両、朝六ツ時から見物に来る。定められた十日間に、諸銀子の上り高が合計百八十六貫目余りあったそうである、とあります。これで相撲の盛んだったのは丹後守の時代でなしに、伊予守の時代であったこともわかりましょう。

禁令と取締り

寺社奉行の支配　寺社の再建経営に藉口して勧進相撲が境内地で興行されることになった。それがまた後来に因襲されて、寺社のためでない興行も寺社の境内が選ばれ、ついに相撲は町奉行でなく、寺社奉行に支配されるようにもなったのである。

在方相撲の禁令と届出　本場所の相撲でも草相撲でも、相撲場に喧嘩が絶えなかったということは、宝暦頃まで例を引くに堪えぬほど沢山あります。金王八幡（渋谷）の草相撲というのは、八月十五日の祭礼の日にあるのですが、享和の何年でしたか、定例の御祭に相撲をやった。その時大変な喧嘩がありまして、負傷者を沢山出したのですが、土地の者ではどうにもならない。寺社辺のことですから、寺社奉行の脇坂淡路守へ訴え出た。そうすると寺社奉行の方からは、相撲を興行するのに、どういうわけで此方へ届けずにやったか、という御尋ねがある。これは江戸ばかりではありません。江戸廻りにしましても、相撲の興行は一々御届して、寺社奉行の許可を得ることになっているのです。そこで村方の者が実はこれは御祭についての相撲で、永年の間御届けせずに興行する慣いになっております、と答えたところ、ああそうか、今まで届けをせずにやっておったか、そうか、そうかと言って、そのまま下げてしまった。それ以来喧嘩があろうが、怪我人があろうが、死人があろうが、一切取り上げない。喧嘩御免ということになりました。これは享和度の話でありますが、この脇坂は有名な寺社奉行です。村方なんぞの相撲の喧嘩について、一々訴えを聞いていたら数限りもない、というところを押えて、こういう取計いをしたのでしょう。とかく取締りの鈍いところで相撲を興行すれば喧嘩が多いのは当り前だ、という意味合いで、こんなことをしたのです。それですから八州取締などは、村落での相撲興行を禁じております。市街地なら格別、村落では許さない。こういうことから考えますと――まだ他にいくつもの事柄がありましたろうが、主としてその場所に起る喧嘩が厄介であり、取締りのついておらぬ場所ではなおさらのことですから、村落の相撲は許さなかったものと察せられます。

辻相撲の禁止　江戸で辻相撲の禁ぜられたのは、寛文度であるから二百五十年前である。この禁止の理由は他にもあろうが、大都会の往来の頻繁な路面だけに免がれぬ法度であったろう。

相撲術

組打から発達　武士の間に相撲がはやりかけたのは永禄以来の事でありますから、剣術より少し早い。槍術とほぼ時を同じうして起ったわけである。それがなかなか長く続きまして、戦国の半ば過ぎから寛永、正保の頃まで、相撲というと芸者組として召抱えられました。元来あれは武芸のわけで、古くから取手というものがあって、取手居合（とりていあい）と一口に申しました。だから相撲を取るというのです。組討の練習というような事から取手は発達したのですが、次いで柔道が行われるようになってから、従来の取手だけでなしに、柔（やわら）の方が入り込んで来まして、それが混合して一種のものが出来た。新しい相撲術というのはこれであります。

相撲と柔術　柔術を万治二年に渡来した陳元贇が伝えたというのは請取れない話で、「悔草」（正保四年版）に「我などはやはら取手や棒などをならはまほし」とある。取手は「源平盛衰記」

にもある通り相撲の手のことで、やわらは柔の訓で音にも訓にも呼ばれた。陳元贇の渡来以前から柔が習われていた証拠はこの外にもある。「浮世物語」に「ゆくゆくは渡り奉公、歩わか党にもなさばやと思ひ、居合やはら兵法なんどおさなきより手なれさせ」というので、明暦万治の頃には柔の普及する様子が見える。その柔が相撲に影響したのが余り遅いようなのは、相撲が戦場の組討の型だとみなされて、鎧を着た者には当（あて）の効用がない。柔は平時に鎧を着ていない人を拳で痛めるところに妙がある故に、相撲は戦時の用、柔は平時の用として認められている間は、決して雑揉混淆するはずがない。「大山次郎右衛門故障の事は、津国長柄渡場にて、堀田弥五兵衛といへる体術者出合ひ、ふと弥五兵衛、刀の小尻、大山にあたる事あり。大山、弥五兵衛をとがめたり。弥五兵衛は五尺に足らぬ小男なり。互ひに口論に及び、船着くと大山こらへず、彼弥五兵衛を引つかみ、砂地へ打込むと見えけるが、弥五兵衛はその打込むはずみに、大山が股ぐらへ入るぞと見えけるが、大山は逆様に砂場へ落ちたり。弥五兵衛は無事にして其場を帰りける。大山漸く起上り、互ひに無言にして帰りけり。むべなるかな此弥五兵衛は気当流（きとうりゅう）の元祖なるよし、取方の名人なり。天満一統の流儀なりといへり。其後大山六骨痛むといへり。或人のいふ。此流に当（あて）るといふ事なし。変は変を以てふせぎ、不自由なき流儀といへり。まさか戦場にて組打になりては、此流儀敵の気先（きせん）をば取り、ただ幾度も投げて置く流儀と見えたり。当時の相撲用ひて然るべき流儀なりといふ人あり」（相撲今昔物語）とも見え、「元禄歳中、大山時代は人気あらく、小気味悪い時代にて、諸国へ行くに体術者ありて、往々は大敵といへば心味ふる事多しとなり」（同上）ともあって、当時相撲取と柔家（じゅうか）

との交渉が知れる。実は元禄頃の話に気当流が、相撲に応用せらるべきものだなどというのは、迂濶極まった考按であろう。我等は軀幹膂力を超越した新しい相撲術は、すでにすでに柔の影響を受けているのを疑わぬ。「悔草」にある通り、取手やわら、相撲と柔とは併習連行されていた。大山の時代よりも前に柔を学んだ者が、寄相撲に押掛けたでもあろうし、元方にもやわらの心得のある者もあったろう。暴漢を防ぐために正保度には、元吉原にさえ柔の名手がいた程でみれば、その後の伝播普及は、万治寛文に至って愈々盛んであるべきは時勢の当然である。相撲が専業となった貞享以後に、武士たり、武士たらんとする希望を持っている者が体術家として構え込んでいた。相撲は技術に依る勝敗になっても、柔にのみ依頼せずに体量は相撲取の分限だと信じ、二俵の米を抬げるのが相撲者たる資格だと思っていた。それは因襲のままに守られたのである。体術家と相撲取との差別を、なおその他に求めたならば、登場して競技をするか、せぬかということと、痛めてはならぬのと痛めても遠慮のないとだけであろう。

仕切りは立ったまま　立合（たちあい）と言っても、仕切りが今日のとは全然違っていた。「大人雑話」にも「享保のころの相撲は今の如く下に居て立つのみにあらず。互ひに立合居て、行司団扇を引くとひとしく取組む事なりし」とある。いまだ享保までも古風が残っていた。「相撲伝書」にも立眼相（たちがんぞう）居眼相（いがんぞう）の図がある。それで下に居ない仕切りの様子がよく知れる。

技術の進歩は寛文から　寛文から勃興した相撲は従来の膂力本位のものでなく、新たに相撲術の発達を認むべきものであった。古い相撲は膂力次第であるから、素人玄人の別があるわけがない。腕腰本位の力競べにすぎぬ。そうならば勝負もほとんど予想推測される。奇捷を奏することなどは少ないというよりも、むしろ無いはずである。それでも競技者各個の興味は十分であろう。自負心を満足させるには不足もないだろうが、見物する方から言えば、大概輸贏の想像し得られる競技では面白さも多くない。膂力の外に芸相撲は、技術に依って雌雄が決せられる。その技術は習練を要する。習練が素人玄人の別を判然させる。そして、素人は玄人に対抗が出来ぬ。それが相撲団を造り出す根拠である。

「待った」の年代　江戸の相撲は、安永頃まで「待った」を言いません。寛政三年六月十一日、近世相撲史の上に於て長く記憶さるべき吹上の上覧相撲があった時、三代目の谷風梶之助の声で立ったのを、相手の小野川喜三郎がどうしたものか「待った」と言った。そうしたら行司が谷風に団扇を指してしまった。声を聞いて「待った」というのは、気負けであるというので、とうとうこの時の相撲は小野川の負けになりました。〔略〕江戸の方では手を下げて仕切ることはあっても、「待った」をやるのは遅かったので、いい力士になるほどやらなかったようです。

一般の力士

横綱と千両役者　元禄には横綱と千両役者が無かった。千両役者は享保の団十郎がはじまりということになっていますが、この方は実際千両出さなくても、太夫元と役者とが話合いで出したことにすれば、それで差支えはない。役者と太夫元との間の話で、一般見物と役者乃至太夫元との関係でないから、まだいいが、相撲の方の横綱となると、どこに強いやつがいるかわかりません。飛入りに負けるような横綱では困る。相撲団がちゃんと出来てからにしても、横綱はその中の覇者ということに見物が見ているから、太夫元と役者がツウツウで千両役者を拵えるようなわけにはいかない。従って芝居よりは相撲の方が後れるわけであります。明石志賀之助、丸山権太左衛門を横綱の先頭に置くのが定説のようになっておりますが、これは文献の上に何も証拠立てるものがない。文献の証拠の立派にあるのは、寛政元年十一月十九日の谷風梶之助の免状がはじめで、その後のものならあるけれども、それ以前には記録も何もありません。小野川喜三郎が横綱になったのは、それより後だとも言い、或は谷風と同時だとも言う。それさえ立証することが出来ぬ有様であります。

服装の変遷　延宝の末には力士の羽織が木綿であったのに、天和には加賀絹になり、元禄の中頃には丈の短かい蝙蝠羽織になったかと思うと、元禄の末にはお抱相撲は黒縮緬五ツ紋、紋の大きさも二寸ばかり、お抱でなくても幕の内辺の力士は竜紋奉書紬（りゅうもんほうしょつむぎ）になった。

しこ名の変遷　正徳三年版の「百姓太平記」これは相撲気分が変った表徴に、名前がずっと柔らかになっております。

障子の内に女の声して、さてもさても浮舟様はうかぬ顔、有明様はけさ迄おきてゐたやうなねぶたそうに、ちと十五夜さまのやうに、はっきりとさしゃんせ。きり嶋さま、大夫さまさきから待てじゃにといへば、大之助さては此内に傾城が大ぜい有りとみえし、と障子のあくをまてどもあけず、よしや情のらうぜき、しからばしかれ、それこそ恋のよすがならんと、石をひろい障子にはたとあつれば、神鳴のおつるやうな声をして、何やつじゃ、ほつこしもないと、とんで出るを見れば、仁王のやうな男共、おびとけひろげにどんすの下帯、女郎にあらで勧進ずもふの男共なり。傾城のやうな名をつけば、聞きちがへしもとがならず。

或大名の若殿が御忍びで播州室の女郎屋へ行かれる。それを案内する者が誤って、相撲取の止宿しているところへ出かけて行ったという話なのですが、もう正徳度になって参りますと、浮舟とか、有明とか、霧嶋とかいう名をつけまして、前のような、不動だの、鬼だの、施餓鬼だのというような種類の名ではなくなっております。相撲の名が醜名（しこな）とは言えないような、すべて穏やかになって来たことがわかるのです。もっとも相撲と申しましても、まだ半素人、半玄人と言った時代ですが、概して、その名が優しくなっている。

抱力士

諸大名のお抱　宝暦以後の景気は民間景気でありまして、諸大名が相撲に力瘤を入れたのは宝暦以後ではない。元禄以前の方が大名の御抱にえらい相撲もおり、大名衆の力の入れ方も強かったように思います。民間景気が最も強くなり、盛んになったことは、十一代十二代と将軍が二代続いて相撲を御覧になったことによるので、それがためにいい相撲も出来れば、民間にひろがる上にも大きな力になったのです。

抱相撲の面目　当時〔万治〕尾張侯、仙台侯を初め、諸大名に抱相撲があって、相撲見物は諸侯特有の興趣であった。まして他家へ出かけて、抱力士の技倆を所望して見物したり、両家もしくは三四家が申合っての競技があったりして、晴れがましいことになると共に、各藩の武威を相撲によって表示するようにも思ったから、諸大名は奮発して力士の抱入れを争ったらしい。遊戯らしくもあるが、その勝負が外見外聞を飾るのでみれば、力士としても後世のように番附の高下や給料纏頭のみのことではない。見物の方も殿様も家来も、拍手喝采ですむのではない。天下の諸侯の面目、闔藩の栄誉に関係する大事なのであるから容易な話ではない。

身分と扶持　大名も折角驍勇な力士を得ても、自分だけの感興ではまだ十分でない。同列と申し合っての競技、それよりも一般公衆の前に出して、天下晴れて自分の抱力士の凄まじさを、自家の外聞にした方が快心なはずである。紀州の白山などは屋敷へ出入りする時は袴を着け両刀を佩び、家来二人召連れたというが、白山でなくても、誰でも御抱になれば、武士なのだから俸禄相当の格式があるけれども、従前からの慣例もあって、勧進相撲へ出す都合もあるので御抱力士の邸外住居を許し、武士の格式を附与せずにもおかれた。御前相撲は勿論、勧進興行の出場によって、大名の栄誉を煽る御抱力士、鳥取侯が両国を紀州で抱えようとするのを妨げたり、牧野備後守（成貞）が大山治良右衛門を抱えようとしたのを断わるために、牧野の死去（宝永六年）まで、大山が登場せずにいたという類の執拗な要求さえ発生した。「両吟一日千句」（延宝九年）の、

相撲取名こそ流れて果てにけり
　十人扶持を棒にふられた

という相場でなくなるのも、需給関係から必至なこととなり、以前は特別破格と思われた禄金も、勧進相撲公許後は普通の話になってしまう。一度抱えになれば、弟子を養う扶持まで貰える。登

場して技を売らずとも何の差支えもない。それに八日の興行に八十両、五十両という高給も取れた。

町人の抱力士は禁制　正徳元年六月の令に、町人が相撲取を抱え置くやの聞えがある。それは事実ではあるまいが、万一にも左様な事があってはならぬとある。当時の法規では大名の外に相撲を抱えるのを禁じてあった。けれども中之島の豪家備前屋権兵衛、上田三郎左衛門、新町の娼家木村屋又次郎などは相撲を抱えていた。禁制であったから町人が相撲を抱えたことを書いたものは甚だ少ない。従って江戸も京も一向にその消息が伝わらぬ。

行司装束の変遷

八代目木村庄之助の文政書上を見ると、先祖は真田伊豆守（信幸、松代十三万石）の浪人で、寛永度から寺社造営のため勧進寄相撲を創始したとあるが、彼が当初から行司であったことは見えぬ。漸く五代目から熊本の吉田追風の門に入って、寛延二年八月に免許状を受けたという。勿論、貞享元禄には吉田家との交渉がない。相撲故実などという詮議はなかった。「相撲大全」に「古代行司装束は侍烏帽子を戴き、素襖を着し、露（つゆ）を結びてたすきとし、揮（ざい）を以て相撲を合せしもの也。中古風流になり、ゑぼしをとり、茶筅髪にして、すほうを陣羽織に替へ、裁付（たっつけ）をはき、揮を団扇に換へたり。此出立漸々久しかりしに、享保年中より又装束転じて、着ながし小袖の上に上下を着し、股立を取って立出で」というに対して、喜多村筠庭は、素襖烏帽子の頃も弓を用ひしなるべし。揮にはあるべからずという。また唐うちわを用ゆるは、猿楽狂言相撲の体なり。裁付を着け、団扇を持ちし行司は、延宝頃京師四条の図の古画にも見えたり。又同じ頃の一枚画に明石志賀之助の図あり。これには行司木村喜左衛門、上下にて股立とり、唐うちわを持ちたり。江戸の風は異なるにや。されども其の後は彼唐人出立の筒袖の服裁付はくことはいつとなく廃れたりと見えて、「類柑子」の闘雞発句合に「裁つけの足に覚悟や錐袋」という句の判に、「たちつけの田舎行事と見えたり」といっている。上下、股立、唐団扇という扮装は、早く寛文の古図にもあるので見れば、「相撲大全」のように享保年中から一転した行司風俗とは言われまい。それを何時からと年代を限られもしないが、いずれも大名抱えの相撲に参与する家士に由来するのであろうから、江戸時代としては早くから、行司の扮装はそうであったろう。

相撲の変種

しょっきりの始め　明和の頃から相撲は見世物になっております。相撲が見世物になるというのはどういうことかと言いますと、相撲の興味が相撲場の外に溢れ、世間の中にひろがったからそうなるのであります。それと共に世間はその調子合いを外すものでなく、その上に乗りかかって来ますから、おどけ相撲というようなものも出て来る。これは後々まで花相撲の時によくやる「しょっきり」というやつで、芝居で言えば「そそり」という調子合いのものです。「しょっきり」は玄人相撲の話ですが、見世物の方でおどけ相撲と申しますと、盲の相撲、女の相撲、盲と女の相撲と言ったようなもので、それに続いて可愛らしい子供相撲なども出て参りました。

見世物相撲　明和六年の三月十八日から浅草寺の開帳がありました。日数は三十日でしたが、あまり繁昌するので、二十日間日延べを致しまして、六月八日まで続いたのです。その時に奥山の見世物が出来た。その目録を書いたものを見ますと、盲と女の相撲、盲ばかりの相撲があったようです。盲ばかりの相撲、女ばかりの相撲は前からありましたが、盲と女の相撲というものは、この奥山の見世物がはじまりで、明和六年以降のことらしく思われる。少なくとも江戸としてはこの時がはじまりのようであります。

女相撲の禁令　女の裸相撲は「色里三所世帯」京の巻、近松の「関八州繋馬」にもあります。いずれも特殊の人の格別な慰みであるが、延享になって江戸で見世物となり、明和には大流行を来たし、天明になって、風俗上に面白からずとあって禁止になった。

相撲番附の語源と年代

鳶魚「この『番附』は一体、一番目二番目でしょう。あれから来たのでしょう。番組の書附で、相撲もそうでしょう。一体、取組番附でありまして、誰と誰と取組む、出す時の取組、一番最初に誰と誰と取組むという附け出しでありましょう」共古「番附という称は寛政頃、相撲番附が始めでしょう」鳶魚「そう、芝居の方は、絵草紙と言いました」

力士と博徒

天保十三年の関八州取締触書を見ますと、百姓の子供が相撲執心であった場合、次男三男ならまだしも、相続者たる長男を相撲の弟子にしてはならぬ、ということがあります。つまり相撲になる者を制限したのですが、この制限はなかなか意味深長なものがある。俗に八州様と申した関八州取締出役なるものは、御代官手代が勤めるので、この役は文化二年から出来たのです。それまでは御代官警察ともいうべきものは備っていなかった。農村の状況も宝暦以来次第に変化して参りまして、化政度には無頼の徒が目立って多くなっております。近頃侠客と称せられる博奕打、あの人達が殖えたのは天保度ですが、その他にも無頼の徒が多く、素行の修らぬやつが激増しました。相撲の落ちこぼれが村々へ行って、博徒の群へ入って強い勝ちの姿になる。侠客の話の中に相撲が出て来るのは化政度からの話で、それ以前には聞いたことがない。勿論この手合いが、どの地方でえらい親方になったということもありませんが、大兄哥程度の者になってあばれたことはあるようです。

一〇　地誌・景観

1　江戸総説

火災と都市計画

明暦の火事による変貌　明暦三年正月十八日午前八時、本郷丸山の本妙寺から起った火災は、二十日午前八時まで焼け続けた。この火災のために四十五年掛りで仕上げた江戸を全滅したのである。本妙寺火事の前に大火といわれた慶長十九年二月二十五日、寛永九年十二月二十九日と二度の被害とは比較にならない。大川で流失した死体の数は算えようがないが、本庄〔本所〕へ収得した死体だけが十万七千四十六人（この数に異論があるにせよ）あった。そこへ回向院が建てられたのである。災後三日、江戸中に米がなくて大飢饉の体でもあった。しかし二月の中旬には曲輪外に小屋が建てられ、九月十月にはとにかくに町並を作ったが、千代田城の回復工事は足掛け三年目の万治二年の冬に至って漸く落成した。この時大名旗本等の屋敷地は全く移動を命ぜられ、特に大諸侯の邸宅はいずれも曲輪外に移された。木挽町、赤坂、牛込、小石川、小日向等の地先を埋立て新地を開き、八丁堀、矢之倉、馬喰町、神田辺の寺院を、深川、浅草、駒込、目黒等へ転ぜしめた。白銀町へ高さ二丈四尺、東西十町余の土手を築き、万町、四日市間へも高さ四間、川端に沿った北向きに東西二丁半の土手を拵えた。日本橋と京橋の間に三ヵ所の広小路、鍛冶町、桶町間の長崎町全部の民戸を除いて広小路を造った。六間道路を十間に拡げもした。これは今度の被害に考慮して、防火設備のために計画されたのである。この外に芝、浅草の両新堀を鑿開し、神田川の拡張、江戸川の附替え、両国橋の架設、竪川、横川、十間川の鑿開も行われた。市街地収用の代償が霊岸島、築地、本所で与えられた上に、寺社が移転してその門前の民家も附いて往った。屋敷地が開放されて新しい町屋を形づくれば、曲輪外に屋敷地も出来る。明暦の災後は江戸の繁昌が曲輪内のみでなく、曲輪外にも、十分認められるようになった。

天和の火事と火防地　明暦の大火から二十八年目に天和二年十二月二十八日午前十一時、駒込片町大円寺から出火し、翌三年正月四日まで六日間消えなかった。江戸の大火は大抵二十時間内外で鎮定する。この天和の火災は時間を算えただけでも、実に空前絶後の椿事なのが知れよう。そうして明暦の如きおびただしい死者を出さなかったのは、前に計画した火防地や広小路等の効力を十分に示したものと思われる。この際の経験によって、大道路の外に数多の新道が造られた。元禄元年に一時水難のために本庄を放棄したのを、ここで再開して旗本の邸宅を移し、同十年に麹町一二三丁目の北側より三丁目谷を限り五番町一番町、田安門外もちの木坂まで、それから雉子橋、一ッ橋、神田橋間の堀端二十四万坪の屋敷地を撤して火防地とした。その代地を麻布、赤坂、青山、千駄谷、大久保、四谷、小石川、駒込、本郷、浅草、本所で与えた。それはいずれも新屋敷といったが、今もなお新屋敷の唱えが残っている所もある。天和火災の普後策は余り大掛りでもなかったようだが、それでも完成までは十六年を費した。〔略〕天和災後の計画も曲輪外を賑わすことになる。人家はしきりに増加して往く。正徳三年に江戸廻り民戸二百五十九町を町奉行支配に移した。正徳に移管した町々が深川、本所、浅草、小石川、牛込、市谷、四谷、赤坂、麻布なのを見て、江戸の新しい繁昌地域が考えられる。〔略〕享保三年から十八年までの頻々たる火災に火防地が続々設備された。すべての市街地に空地を置くことにもした。新設火防地が采女ケ原、浅草門外河岸通り、神田堀通り小伝馬町、上町、塩町、日本橋坂本町、南北八丁堀通り、西神田鎌倉町、佐久間町、浅草蔵前通り、芝、四谷、市谷、麴町、牛込辺にあるのを見て、曲輪外の繁昌が知れる。それと共に火防地に収用された代地が給与されて、曲輪外の賑わいはだんだん御城から遠く拡がって往く。

江戸最終の変革　寛政四年から同十一年までに既設の火防地、埋立地、河岸地に建造された民家を取払った。田沼内閣が許可して、空虚であるべき土地に建造した分を悉く撤廃せしめた。〔略〕天保十三年に百姓地、寺社地を厳重に制限し、濫造した屋家を取払い、市中の道場巫祝の住宅を移し、芝居町を転ぜしめ、岡場所を禁じた。

江戸の発展

初期の膨脹　家康が江戸へ入部したのは天正十八年八月一日であった。当時は城も本丸だけで、城下といっても八代洲河岸と麴町とに僅かな民戸があったに過ぎぬ。西北は曠野遠く、東南は内海を控えて蘆荻の繁茂した塩入りであった。まず番町が開かれ、麴町と常盤橋外に町割りして初めて市街が造られた。これが江戸の地形の第一変だという。それから慶長八年に大修築工事が起され、城の前面の沮洳地を埋め立てた。この土功によって西丸下と日比谷から呉服橋までの曲輪を拵え、両国の手前から内神田、堀留以東浜町、日本橋以南南八丁堀、京橋以南芝口乃至増上寺附近に三百町の市街を獲た。これが第二変である。同十三年に千代田城改築を開始し、本丸、二丸、三丸、西丸が建造され、内曲輪の沿濠も成就した。この第三変で、城だけは小規模であった北条氏の旧観を脱した。それから元和二年になって小川町駿河台を開き、江戸川、小石川を神田川に導き、神田川の南北に新市街を生じた。これが第四変である。寛永十一年諸大名の妻子が江戸に住居することとなり、新たに邸地を与えられた者も多く、旗本等も同様で割渡しを受けた。武家屋敷地の拡大すると共に、それを顧客とする商家も増加し、すこぶる殷賑を致した。これが第五変である。同十三年に千代田城の外廓たる総曲輪が築かれ、山下、幸橋、虎門、赤坂、四谷、市谷、牛込、小石川、筋違、浅草の郭門が構えられ、外濠も掘り廻わされた。この時に曲輪内が整理され、屋敷も寺院も町家も移転したのである。曲輪内というのは総曲輪内のことで、丸の内だけをいうのでない。神田川以南、芝新橋以北、四谷門以東、大川以西をいうのである。また三十六見附と言い慣らされているが、後来加設した郭門を合せても二十六しかない。江戸の何時にも三十六の郭門があったことはないのである。それから総曲輪の外が江戸廻りまたは地廻りと言われた。これが第六変であって、天正十八年の創造から、寛永十一年に至る四十五年を経て、はじめて整理され、総曲輪によって府の内外を経界した。その時は徳川三世家光が征夷大将軍になってから十二年目である。かくて漸く江戸は大都会の体裁を見せた。〔註・江戸の発展につき年代を追って見るには次の順序による。「初期の膨脹」「明暦の火事による変貌」「天和の火事と火防地」「門前地の特殊性」（後出）「江戸最終の変革」。原著ではその順序に記されているが、ここでは事項別とした〕

江戸の繁華郊外へ伸びる　内藤新宿が再興されたのは明和九年のことである。旧に依って旅籠屋五十二軒、飯盛女百五十人が許可された。当時山の手繁昌策は種々に講究されたものの、俄かにその目的を達し得なかった。堀の内妙法寺のお祖師さんも、山の手繁昌策の一として、懸命に流行させたのである。それも安永には優勢なものではなかったが、十一代将軍家斉公の日蓮宗帰依に到って、とみに好況を呈することになった。一体江戸市民は元禄にも郊外に行楽せぬではないが、いまだ野趣を賞するまでに市街が発達していない。安永天明には人口が追々増加して、家屋が稠密になったので、漸く郊外の野趣に対して興味を深くしたのである。故に文化文政に入って、江戸は始めて四里四方に拡大し、八百八町の昔とは別天地の観をなして、市民の生活も元禄、安永の二向上期を経過して、いよいよ趣味を貪愛する風を生じ、深く郊外一日の清遊を快とした。勿論多大な衒気から、繁華が鼻につくというような顔色を勉めてするらしくもあった。「堀の内詣で」は洒落れに往くので、新宿の嫖遊も乙なことをしに出掛けるのである。こうした場合に、十二社も賑わしくなった。堀の内詣での途上にある常円寺の彼岸桜の如きも、稀有の大木で、花の咲いた時は壮観であるが、化政以前には、市民の一顧をも得たものではない。

江戸の面積

三浦浄心の「曾々路物語」に「見しは今、繁昌ゆゑ日本国の人のあつまり、家つくりなすによりて、三里四方は野も山も寸土のあきまなし」と言い、「備前老人物語」は「今程は御城下二三里四方、家々軒をならべ」といった。慶長の江戸は三里四方と見られていたのである。それが延宝八年版の「江戸方角安見図鑑」の序文には「四隅連接之都、方二十余里か」とあるから、江戸の四至は明暦の火災後に方二里だけ拡大したのかとも思われる。「御当代記」の元禄六年の条に

「江戸五里四方の猪鹿山犬狩り仕、鉄砲を以て打殺し申すべし」とあるので、いよいよ江戸が五里四方らしくなって来るが、享保三年六月の法令を見ると、江戸五里四方御拳場に住する浪人の由緒書を出させ、今後浪人を差し置く者は届け出ろ、とある。御拳場というのは将軍の狩猟地のことで、五里四方とは江戸の周囲の御拳場を含んだものなのが知れる。そうなら真の江戸の輪廓はといえば、享保二十年に刊行された「続江戸砂子」の凡例にも「江府は凡そ四方四里余、其内府内と称する所、方二里、中央に金城あり」これが江戸の正味なのだ。三里四方、四里四方、五里四方と言うけれども、実は千代田城を中心に方二里しかなかったのである。だが府内という以上は府外もあるはずだ。四方四里というのは府内府外の総面積なのである。

江戸の呼称

御府内と御町中　「慶長見聞集」には「江戸町のあとは大名町となり、今の江戸町は十二年以前は大海原なり」と言い、今の江戸町に註して「今の下町なり」とある。また「江戸町わりは十二年以前のことなり」ともある。これは慶長十九年から言ったのであるから、同八年を指して言ったのだ。慶長には内とも外とも言わずにすんだ。江戸町とだけで足りた。延宝八年になってさえ、若干の旗本を追放するのに「江戸中は御城下に候間退き申すべき由仰せ渡さる」と達している。これで江戸中と江戸町と地域の同じなのが知れ、また御城下の町、すなわち下町が江戸町でもあり、江戸中なのが知れよう。そうして江戸町、江戸中の意義で単に江戸とのみも言われ、或は町中とも言われた。この町中というのは方二里の地域で、「続江戸砂子」に府内と言った場所なのだ。然るに明和二年に千代田城の外廓をめぐった四里内外を府内と定め、天明八年に品川、板橋、千住、本所、深川、四谷、大木戸より内を府内とすると令し、さらに文化十三年に東は砂村、亀井戸、木下川須田村、西は代々木、角筈、戸塚、上落合、南は上大崎、南品川、北は千住、尾久村、滝野川、板橋までを朱引内と称せしめた。こうなれば江戸はいかにも四里四方であるが、同じ府内でもこの府内は「続江戸砂子」の府内でないのみならず、彼は市街地をのみ言うのであるのに、これは田畑原野をも府内とする。同一の文字で同一の意義を持たない。府内という言葉が直ぐに分らないものになってしまった。それ故に寛政度に書かれた「御府内雑話」に「南は芝口新橋御門、北は筋違御門、西は四谷御門、東は浅草御門より大川通りを限り、是を御曲輪内、誠の御府内と唱え候」と言って、四里四方の大府内と御曲輪内の小府内とを弁じてある。畢竟市内と市外を合せて府内というから訳が分らなくなりもする。ここで御府内が二つあるようになった。小府内は江戸町または江戸中に相当するもの、大府内は江戸外をもとり入れたものなのである。

八百八町とお郭内　江戸四里四方とか、五里四方とかいうのは、江戸まわりの御鷹場までつっ込んでいったので、江戸御町中なるものは二里四方ぐらいしかありません。後にはだんだん町が殖えて来ましたが、八百八町というのは、八百万神と同じく概数で、一つ二つと勘定したわけではない。はじめの頃はいくらあったかおぼえませんが、江戸の末には千三百幾町という数になっていたはずです。郭内というのは御町中よりもっと狭いので、外堀のある線から内ということになります。

江戸前の意義　江戸前というのはどういうことかと言いますと、これは江戸城の前面という意味なので、大川より西手、御城から東手に当るのです。この江戸前という言葉が、宝暦以来鰻のために繰返されておりまして、江戸前という言葉は、鰻によって出来たのかと思われるくらいであります。〔註・江戸前の鰻〕

特殊地域

武家地に丁目なし　「本郷妻恋一丁目」なるものは、明和どころじゃない、幕末になってもありはしない。あそこは武家地でありましたから、何丁目なんていうものはないのです。

門前地の特殊性　江戸では士民となく神社仏閣の所在が遊観地域であった。寺社の建築美がこの都会を装飾するのでもあった。それらの境内には娯楽せしむる設備もあった。誰でも安永天明の名物、あの洒落本を見て、岡場所といった私娼窟の盛んなのを知っている。その私娼等が寺社の門前地に巣宅し、三十余の岡場所の大半がそこなのにも気がついておろう。けれども何故に岡場所が門前町に多いのかと考える者は或は少ないかも知れぬ。私娼等は延享以前に、寺社奉行の取締りの行届かないのに乗じて、早くから安全地帯として門前地に寄生したのである。幕府の私娼処分にも随分沿革があって、私娼処分と共にその住宅と敷地とを没収したこともあり、或る年限だけ住宅敷地を差押えたこともある。この差押えは幕末まで現行された。門前地は寺社を保護するために幕府が与えたものであるから、一私人の所有のように取計いかねる場合が多い。結局幾分かの手加減がある。天和、享保、寛政、天保の如き大掃蕩の場合の外は余程の楽があった。

一私人は覿面な差押えを受けなければならないのだから、私娼に住宅を提供するのは大冒険である。寺社は建物をも所有しておったところが、一私人のような目にはあわない。大体門前地では検挙されることが少ない。

横町と新道　市街地は大通り、新道ともに皆商家で、道路に面したところは、暖簾だの看板だのいろいろなものがあり、屋号もよくわかるように出ておりますから、誰も迷う心配はありませんが、武家地になるとそうはいきません。ここで横町と新道のことを申した方がいいかと思いますが、新道は地主だけのもの、横町は公認されたものという相違がある。地主と地主との相談づくで拵えたものですから、新道の方は地主の勝手に出来る。ただそれを町会所が認めて、彼処は通路がなければならぬということになりまして、奉行に申立てれば、はじめて公認されたわけになるのです。もうこうなれば地主の勝手に潰すことは出来ません。横町の方は最初から公認されているので、普請などもその町の住民に割付けて負担させますが、新道の方は一切地主の負担です。何故地主がそうやって新道を拵えるかと言えば、地面を貸しておく者の便利を図るだけではない。新道が出来れば自然商家も店も開くようになり、棟割長屋ばかりでなしに、町並みの地代が取れますから、そういうことをやったのです。

2　繁華街

上野界隈

幕末の賑わい〔補〕　広小路一帯は今日とは大分違い、袴腰がもっと三橋の上へ延び、黒門と袴腰の所が広々としていた。山下の方には、大きな店で雁鍋がある。この屋根の箱棟には雁が五羽漆喰細工で塗り上げてあり、立派なものでした。（雁鍋の先代は上総の牛久から出て池の端で紫蘇飯をはじめて仕上げたもの）隣りに天野という大きな水茶屋がある。甘泉堂（菓子屋）五条の天神、今の達磨は元岡村（料理店）それから山下は、今の上野停車湯と、その隣りの山ノ手線停留場と、その脇の坂本へ行く道が、元は下寺（しもでら）の通用門で、その脇が一帯に大掃溜であった。その側は折曲って左右とも床見世で、講釈場、芝居小屋などあった。この小屋に粂八なぞが出たものです。娘義太夫、おでんや、稲荷ずし、吹矢、小見世物が今〔昭和四年〕の忠魂碑の建っている辺まで続いておりました。この辺をすべて山下と言ったものです。停車場の向側は山下町、その先の御徒町の電車通りの角に慶雲寺がある。この寺は市川小団次の寺で法華宗です。山の上では今常磐花壇のある所は日吉山王の社で、総彫物総金の立派なお宮が建っていました。その前の崖の上が清水堂、左に鐘楼堂。法華堂、常行堂が左右にあって中央は通路を跨いで橋が掛り、これを潜って中堂がありました。此所が山中景色第一の所でした。〔光雲懐古談・高村光雲著〕

広小路の景況　一体上野の広小路というものは、元文度に火事があって、その場所が火除地というものになりましてから、賑やかな場所になって参りました。水茶屋などはそれ以前からあったのですが、広小路が出来てからは、さらに繁昌して参りまして、山下の水茶屋のみならず、山下中が景気づいて来たのであります。

不忍池

歴史と情緒　寛永度に東叡山の草創された後、叡山の下に琵琶湖のあるのに擬して、池の中へ島を築かせ、弁天様を祭らせ、あくまで琵琶湖気取りなのだから、道や橋を拵えさせずに、天海僧正の註文で船で弁天へ参詣させるようにしておいた。弁天祠の前面の道路や石橋は、寛文の末に出来たので、寛永寺建立の後五十年近い間、弁天参詣のために東岸に小舟が一艘ずつあったという。この頃までも葭葦の茂った下谷の村々の用水堀であった俤が残っていた。谷中千駄木の谷々から流れを受けたたえたこの池を環る長い長い堤があったので、長い堤と呼ばれたのを、斎藤実盛に附会して、長井堤とも覚えられて、享保の穿鑿家を考えさせもした。不忍池畔の賑わいは天和二年の大火の跡、仲町の裏手が整理されて新道が開通し、吹貫横町も出来、その時に池の渚へ石垣が畳まれ、周囲の通路も修築された。この新道へ花見帰りが落ち込んで、化粧の女さえ住む有様、蓮ッ葉芸者や待合も、思えば遠い天和から系統を引くのである。と言ったところで、何程の繁華でもない。「紫の一本」の頃は「霜月八日の夜なるに、風も絶えて池の面静かなり。西に傾く月の影も朦朧としてさだかならざるに、池のこなたの汀のさざ浪、蓮の枯葉の浮びたるが見ゆれど、西の方は霧にやあるらん打くもりて家居も山も見えず、池水よりつづきて空もひとつになり、辻番の火ばかりほのかに見ゆるはいざり火かと疑わる」と、天和の冬の夜の不忍池を書いている。

名物の蓮と水茶屋　不忍池が蓮で名所になったのは享保からで、夏の花見に人出がある。涼みにも来る。宝暦四年に仲町裏から根津茅町の裏手へ築出して新地を拵え、弁天堂の背面から茅町の方へ四つ折りにした橋を架け、それが池へ映って八ツ橋に見えるというので評判になり、新地の料理茶屋、楊弓場、講釈場までが上景気だった。ところでその夏の旱が強かったから池の鯉鮒が大変死んで浮いた。それが上野の御門主の御耳に入って、早速取払いを命ぜられ、大騒動をして復旧させたから、折角の景気も散々なことになってしまった。それから御無沙汰つづきで六十六年過ぎた文政二年の春から不忍池の浚渫を始め、その土で仲町裏へ土手という名目で築き立て、中間に三間幅の溝渠を穿ち小橋を架け、悪水を池へ入れずに三橋の際へ落ち口をつけた。三橋際にあったドン〳〵はこの時の遺物である。そうしてこの新土手の上へ南向きに料理屋、水茶屋が建ち、蓮飯を呼び物にした。場所だけに四時の遊覧によろしいから、何時も人の足を引いて賑わしさは年毎に加わって往った。

浅草界隈

幕末の地理〔補〕　まず雷門を起点にして、現今〔昭和四年〕の浅草橋（浅草御門と言った）に向って南に取って行くと、最初が並木（並木裏町が材木町）それから駒形、諏訪町、黒船町、それに接近して三好町という順序、これを更に南へ越すと、蔵前の八幡町、森田町、片町、須賀町（その頃は天王寺とも言った）茅場、代地、左衛門河岸（左衛門河岸の右を石切河岸と言う。名人是真翁の住居があった）浅草御門という順序となる。観音堂からここまでは十八町の道程です。観音堂から堂へ向って右手の方は、馬道、それから田町、田町を突当ると日本堤の吉原土手となる。雷門に向って右が吾妻橋、橋と門との間が花川戸、花川戸を通り抜けると山の宿で、それから山谷、例の山谷堀のある所です。それを越えると浅草町で、それからは家が無くなってお仕置場の小塚原……千住となります。花川戸の山の宿から逆に後に戻って馬道へ出ようという間に猿若町がある。ここに三芝居が揃っていた。観音堂に向って左は境内で、淡島のお宮、花やしき、それを抜けると浅草田圃で、一面の青田であった。観音堂の後がまたずっと境内で、楊弓場が並んでいる。その後が田圃です。ちょうど観音堂の真後ろに向って田圃を距てて六郷という大名の邸宅があった。そのも一つ先になると、浅草溜（あさくさだめ）と言って不浄の別荘地——これは伝馬町の牢屋で病気に罹ったものを下げる不浄な世界——そのお隣りが不夜城の吉原です。溜に寄った方が水道尻、日本堤から折れて入ると大門、大江戸のこれは北方に当る故北国と言った。それから雷門に向って左の方は広小路です。その広小路の区域が狭隘になった辺から田原町になる。それを出ると本願寺の東門がある。まず雷門を中心にした〔慶応以前の〕浅草の区域はざっとこういう風であった。〔光雲懐古談・高村光雲著〕

浅草田圃と花魁の寮〔補〕　それから溜を通りこすと、吉原の水道尻と称えましたが、ちょうど吉原の大門が北に向っているから、吉原のおけつが南に向っているわけです。今の千束町になっているところがそれですが、西の方を見るとずっと田圃で、浅草田圃から入谷田圃に続いています。この浅草田圃から入谷田圃の方へかけて、女郎屋の別荘が処々にありました。この女郎屋の別荘というのは、女郎屋の花魁が保養に来るので、吉原の何屋の寮と言いましたが、そこに花魁が保養に来ました。これをまた控屋（ひかえや）とも言いましたが、芝居などで見ますと、直侍と三千歳の狂言に、入谷田圃で捕物になるところがございますが、まあ、あんなぐあいに田圃でした。〔江戸は過ぎる・河野桐谷編・高村光雲翁述〕

日本堤考　「通い馴れたる土手八丁」たしか「鞘当」の台詞（せりふ）だと思う。土手の日本堤なのは言うまでもない。元和六年八九月の両月の間に、幕府が在江戸の諸大名に命じて、この堤防を修築させたから、日本総掛りで拵えたという意味で日本堤と名付けられた。この説はどうだろう。それ程の工事だとは思われぬ。また一説には日本堤はもと二本堤と書いたので、聖天町から山谷堀の方へ、なお一筋の堤があった。二筋になっていたから二本堤という名で呼んだのであるという。この方が穏やかな説明ではあるが、あいにく一本の堤が廃れて証拠が湮滅してしまった。それを「洞房古鑑」で見ると、正徳元年五月の調べでは、御定杭より東方、西方寺下り口まで長さ京間三百八十五間とあるが、享保十三年十月の調べによると、御定杭より東の方聖天町木戸際まで、堤の長さ京間四百二間一尺あると書いてある。十七間長くなった。思うに二本の土手の末端を併合した、すなわち廃れた方の堤の尻が十七間残ったのであろう。「北里見聞録」に「江戸繁昌に付、山を平均し川を掘りなどせしより山谷の堤は跡なくて、日本堤と書替えたるは遥か後の事也」という。一本堤になったのは、正徳享保の間らしい。古い江戸図に当れば訳もなく知れそうに思われる。坐右の享保十九年の「吉原細見」にも、土手の東口を二本つつみとしるし、箕輪口を八丁縄手としるしてある。この二本つつみと書いたのが嬉しい。それは好いが、二本堤という名は聖天町から衣紋坂までの処に唱えられるので、あれから西へ箕輪へ通じた線には言われない名前になる。吉原通いの道筋は、下町から来る者は馬道から二本堤へ出たが、山の手からは箕輪を経て西向に衣紋坂へ進んだのであるが、聖天町から積れば土手八町ではなく、正徳には六町二十五間（六町二十五間二尺）享保には六町四十二間一尺ある。いずれにしても一町以上も足らない。土手六町半では口調も悪い。だが西方寺（道哲）の前――聖天町からも金竜山下からも――へ出て来るのみではなく、箕輪からも通ったことは、大阪で出版した天和貞享以来の浮世草紙にも書いてある程で見れば、二本堤の西端からの通路も顕著なものである。それゆえ土手八丁も箕輪から大門口までの距離かも知れぬ。

吉原土手の高さ　吉原土堤は今とは大分違う。享保には田町裏では一丈余、江戸町二丁目裏では八尺余あったという。

神田明神下

元禄の江戸というものは、新橋から筋違見附までのもので、それを越えれば――今日の郡部なのです。明神下と申せば神田の明神下ですが、とてもあの辺に棟割長屋なんていうもののあるはずがない。〔略〕またあの辺が妾宅などのあるような気の利いた場所になったのは、維新後の話で、それ以前はそうした場所ではなかった。

護国寺と護持院

間違い易い両寺院　護国寺は天和元年に建てられ、その後元禄十年に観音堂その他が増築されたのでありまして、その総奉行は秋元但馬守でありました。その下奉行として護国寺の方を負担していましたのは、前田八右衛門、境野六右衛門の両人であります。護国寺と護持院と併合されて一緒になりましたのは、享保二年正月に護持院が焼けまして、それから後のことなのです。元禄十年には、護持院は神田橋外にあったので、音羽にあったのではない。

一寺二名の合併　護持院は江戸騒がせのお婆さん桂昌院（綱吉の生母）が発起したもので、神田橋外に七堂伽藍いかめしく、彫金鏤玉の装成した巨刹であった。これが享保二年正月二十二日に焼失したので、徳川七世は寺号寺禄を挙げて、音羽の護国寺へ与えて以来、護国寺は一寺二名の観をなした。

柳原土手

浅草橋から筋違橋まで　岩本町は柳原土手よりも低く、爪先上りに土手へ出た。土手の柳は神田川に沿った片側、浅草橋から筋違橋までの間、一帯に柳樹が茂っていた。

土手の柳の由来　当初の柳は何時植えたか。「慶長見聞集」に「江戸にいにしへより細き流れただ一筋あり。此水神田川岸の柳原より出るなり」と言い、慶長十一年の春、玄仍という連歌師の発句「青柳の梢より湧く流れかな」をあげている上に、「柳森神社記」に「往昔武蔵野なりし頃、長禄二戊寅の歳、太田備中守持資入道道灌在城の節、城廓鬼門除けのため、数株の柳を此辺十町ばかりへ植えられし広原なり」ともあるので、柳原という名称は道灌の栽えた柳樹の繁茂したのによるとし、江戸開府以前に遡ったことと見られ、柳森稲荷は今も河岸側にあるが、その旧地は柳屋敷といって、佐久間町一丁目にある。また玄仍の句は土手の西寄り、柳森神社と筋違橋との間に、清水山という小丘があって、神田川に向って洞穴があり、そこから清水が湧出していた。細くはあったが、それが神田川鑿通以前から流れていたと解され、万治二年、神田川堀割の土で築かれた堤塘に、かの柳が移植されたといわれている。明暦三年の大火で柳が焼けてなくなったという説もあるが、土手の柳は万治以来のものであるから顧みられない。また神田川堀割前後に松を植えたが、元禄十六年の地震に倒れて枯れたから、早く繁茂する柳を植え込んだので、柳原という地名を生じたという説もあるが、柳原という地名は元禄以後の唱えでない。「武蔵志料」などには、従来なかった柳を享保の初めに吉宗将軍が植えさせたとし、馬勃の句に「柳原七百二本立つや春」とある。それを山岡浚明が、宝暦元年に算えてみたら、二百八十四本あったといっている。享保以前は全く無かったとは思われないが、それほど多かったとも思われない。吉宗将軍が大いに補植されたものと見たい。

土手見世の風儀　町奉行能勢肥後守が、筋違橋から和泉橋までの土手見世を許したのは、元文年中のことで、押続けて浅草橋まで拡張されて、柳原の土手一帯に店が出たようだ。店といっても間口九尺、奥行三尺の床店（とこみせ）で、畳床、また雨店（あまだな）ともいって、そこに住居は出来ない。別に住宅があって日々通って来るのだ。日々といっても雨天には店を開かない。天気のいい日だけの商売だった。それは七分通りまで古着屋であったが、後々までも柳原物といって、怪しげなものばかり売る。風の悪い商人のみなのであった。勿論古着屋だけではなく、ガラクタも売っていた。大連や奉天で見た盗人市のようであったろうと思う。「柳原の土手に、麁筆の三社の詫や、威勢のない不動の紙表具、舟板の名号と、肩を双べてつるしありし辻見世」（宝暦二年版「教訓雑長持」）などはまだいい方であって、「柳原の土手で、山売の薬買ふ者に、そばから色々な悪がうな事いふて」（宝暦四年版「教俗里談銭湯新話」）などは、床店さえなく、立売りで得体の知れない薬を売っていたのだ。昼の柳原の土手のこうした状態は久しく続いた。

飯田町の商店街

九段坂の上も下も武家屋敷だから、飯田町へ小買物に出るんだね。番町辺は麴町の通りへ行く。今と違って飯田町は一小商業区域だったのです。〔若樹氏の「好色一代女」輪講中の発言〕

新宿界隈

四宿の中の新宿　東海道への最初の宿場が品川、中山道のは板橋、奥州口の千住、甲州道中では四谷新宿、これを四宿と言った。四宿の内で繁昌なのは申すまでもなく品川が第一で、その次が新宿であった。宿場にはお定りで飯盛女がいる。「四谷新宿馬ぐその中で菖蒲（あやめ）咲くとはしをらしい」と唄うのは「潮来出島の真菰の中で菖蒲咲くとはしをらしい」を改造したのだけれども、肥料の豊富な方から農家に取っては結構であろうが、馬糞の中と言っては折角の菖蒲も一向咲き栄えがせぬ。だが昔の新宿に馬糞が多かったのは事実である。そうして南瓜（かぼちゃ）の産地だった。南瓜に四種ある中の内藤というのはここの特産であった。しかし、菖蒲の咲くのは俚謡だけであって、新宿で菖蒲の花見などあった話じゃない。

宿場概要　「江戸砂子」には「新宿、江戸よりの馬継の宿なり。江戸より二里、高井戸へ一里半」とある。「再校江戸砂子」（明和九年）には、

内藤宿、もと右にいふ内藤家やしき也。後町と成り、元禄の頃、江戸より高井戸まで里余の行程長くして、駄馬人足難儀に及ぶのよし、土人共訴え申すにより新駅を立てられ内藤新宿と唱ふ。しかるに享保のはじめ、故ありて新宿忽破壊せらる。

内藤新宿、甲州街道馬次、日本橋より二里、前版の如く享保のはじめ退転せしを願ひて明和九壬辰年二月ふたたび御免ありて一宿再興す。高井戸へ二里の馬継也。

とあって、内藤新宿の興廃は、大概知れぬでもないが、元禄の頃とか、享保のはじめとか期間のたしかでない記載である。

二段階の発展　内藤新宿は元禄十一年に開站して、享保三年に廃駅となった前新宿と、安永元年に復興した後新宿と、その歴史を二段にしている。

前新宿の模様　前新宿の開站を元禄十一年とする本拠は「新編武蔵風土記稿」に、

内藤新宿は、甲州道中宿駅の一なり。御打入の後、内藤大和守に給ひし屋敷の内を、後年裂きて上地となりし頃も萱葭原なりしを元禄十一年、江戸浅草阿部川町の名主喜兵衛及浅草の町人市左衛門、忠右衛門、嘉吉、五兵衛と云ふ者、願上て今の如く幅五間半の街道を開き、左右に宿並の家作をなし、喜兵衛は喜六と改め、五人共に移り住せり。元内藤氏の屋敷なりしゆへ、其儘内藤新宿と名付、江戸より多摩郡上下高井戸宿まで人馬継立の駅亭とせしが、享保三年宿駅を止められて、御料の町場となりし。

とあるに依る。

後新宿の繁昌　それから後の新宿、これは安永元年二月〔明和九年に同じ〕に再び駅を置いた。この時の模様はなかなか宿場女郎がはやったと見えて、洒落本にもいろいろ書いてある。立行かなくて潰れたほどの宿場が再開して、相当盛ったというのはどうしたのか、その附近の村々や甲州街道がどんなに変化したかといえば、甲州街道は別段変化しようもない。隣近の村々も著しい変りはなかったのですが、例の田沼主殿頭の都会政策で、江戸を賑わす仕方が行われた。この都会政策というものは、早いところでは尾張の宗春卿が計画されたことで、遂に熱田の繁昌を名古屋へ奪ってしまった。田沼の都会政策より後れて実行したのが、水戸の烈公の兄さんの斎修で、これは江戸仕懸といっている。この江戸仕懸によって、水戸の下市というものが大変繁昌した。水戸にはじめて芝居が出来たのもこの時だ。これは田沼の得意の政策でありまして、立行かなかった新宿も、この附景気でなかなか盛んになった。安永九年の「当世見立三幅対」に「結構に成ったもの、駿河台ノ坊ン様、四谷新宿、紅葉山」と数えてある。それから天明元年の「三ッ物」には「大き過ぎました、新宿、松平伊賀守、ハルシヤ」とある。新宿も最初のところでは、そう立派な建物も無し、大きな娼家もありませんでしたが、安永六、七年からだんだん立派な娼家が出来るようになって参りました。明和年代には、ちょうど今日で申しますと、博覧会とか、展覧会とかいうものが、先年来の東京にありましたように、開帳師といって神仏を方々持歩いて、景気を煽り立てるものがありました。明和元年に堀之内妙法寺の深川出開帳というものがあった。これが大変当りまして、それから堀之内が急に繁昌し出しました。何にしても明和、安永、天明へかけましては、人が何をして遊ぼうかということを考えるのに、骨を折ったという位いの時勢でありまして、一方では飢饉があるの、百姓一揆があるのといって騒いでいる中に、一方の者は非常に気楽であった時です。そういう機会でありましたから、江戸廻りの西の方が、いろいろな目論見をするようになって参りまして、十二社などが出来ましたり、また新日暮（しんひぐらし）が出来ましたり、大分後ではありますが、銀世界という花屋敷などが出来る、という風にだんだん開けている。文政の初めに家斉将軍が遠御成（とおおなり）で西口へ出かけられた時、妙法寺で御小休をなされた。実は参詣されたのでありますが、明和以来なかなかはやっていた妙法寺へ、将軍が参詣されたというので、一層人気が立って、その繁昌は容易ならぬものでありました。江戸の人達が郊外へ野駈けに出るのに、ちょうど妙法寺あたりまで参るのが、道のりの具合もよし、ひどい山坂も無し、まことに気散じでいいというので、なかなかはやって来た。この堀之内道というものに就いて、人々の興を催すことが多かった証拠には、中本で「馬方蕎麦」というのがあり、「堀之内詣」なんていうものが出来ております。一時は少し大き過ぎるようにも思われた新宿が、寛政以来はそうでなくなって、だんだん家数も多くなり、集る人も多くなって参りました。文化、文政と申せば、新宿の景気の最もよろしい時であります。そういう風に繁昌して参りました新宿は——後の新宿には限りません、前の新宿でも、宿を三つに切っておりました。大木戸から大宗寺までの間を下宿（しもじゅく）大宗寺から追分までのところを中宿、追分から宿外れまで、この境が鳴子になるのですが、そこまでを上宿（うわじゅく）という三つになっておったのです。女郎屋は上宿と中宿にいいのがあって、大木戸の入口にはあまりいいのがなかった。これはずっと後の話ですけれども、江戸の洒落者が辺名の桜を見に行く時分に、途中で三晩泊る。それがいずれも宿場女郎のあるところで、最初が新宿、その次が府中、その次が八王子ということになる。女の無い宿屋には一晩も泊らずに、三日の旅が出来るというので、八王子在の乙津というところにあります辺名の桜を見に行くことが、ひどく皆に面白がられて「乙津な処に辺名の桜」という通言さえ、その時代にはあったほどであります。なかなか幕末まで、新宿の宿場女郎というものは名物でありました。

新宿繁昌の特色　しかし寛政以前にはどんなであったかというと、後々のような洒落者が行くというわけではありませんで、番町辺の旗本の小士や、医者の書生どもが大勢行った。それがために宿場に不似合な漢語がはやった。これは医者の書生が大勢行くから、そういう流行があったのです。その頃の小咄を見ると、新宿の女郎が「品川は下品だ、船頭が相手だもの、ねえ馬子どん」といったオチのついたのがある位いで、小士や医者の書生が上の口の客、その他は馬子なんていうものが多かった。けれども寛政前の新宿が一概に悪かったともいえないので、安永年中に新宿の大木戸に藤白屋という掛茶屋がありましたが、そこの娘が新宿小町といわれて、毎日茶代が六七貫文ずつも上ったというので評判になった。日一両の商いがあるということは、山の手の商売としては、よほど後になっても自慢の話だったのに、この掛茶屋は一両以上の収穫が毎日あったというのですから、新宿の繁昌したことも想像されます。

大宗寺と鮎歌　一番新宿の盛んであったのはやっぱり文化文政の頃であって、大宗寺の山開きといえば江戸中に誰知らぬ者もなかった。あの名高い閻魔の賽日、正月と七月とに後園を開放する。それが山開きなのである。大宗寺の庭は今日〔大正十四年〕でも、さすがに幽邃な趣きを残して昔のおもかげがしのばれるが、維新前は大きさも現在のようではなく、四境遠く市街を離れ、古木老樹の茂みに奥深く、泉石の苔滑らかな様子は、いかにも閑寂を極めたものであって、夏の暑さもここでは忘れてしまったという。従って正月のよりも七月の山開きに人出が多く、随分群集したというが、それよりも新宿の名物は鮎歌であったのだ。「六樹園飯盛」（りくじゅえんめしもり）の文にも「若鮎の荷に小うたぶしもおかし」といったが、陰暦の四五月になると玉川で鮎がとれ出す。とれた鮎をかついで夜通し四谷に来る。あたかも新宿へ着くのが払暁なのだ。「甲駅夜の錦」（洒落本）に「あけはやく魚の市場（大木戸にあった）へいそぎ行く、若鮎荷なううたの声、あゆはナア引あゆは瀬にすむ、鳥ヤア引木にとまる、人はなさけの下にすむ」とある。この唄は古いもので、天和の頃にはやったものだ。無論文句はこれに限ったのではない。途中で狐に憑かれないためだといって、鮎の荷をかついだ人夫は夜通し唄い続けて来たものだ。

牛込の古着屋街

旧市内に古着店（ふるぎだな）と俚称するところが二つ三つあったようです。しかしその俚称も忘れられ、その町の様子も大体変ってしまいましたのに、今日も当業者の数は減りながら、昔のままに商売を続けておりますのは、赤城下から服部坂下、古川橋へ向って両側がずっと古着屋です。山の手で改代町と言えば、古着屋町だと直ぐ合点されるほど、そこは通ったものでした。古着屋には付き物の紺屋と上絵師、処がらちゃんとその幾軒かもそこにありました。「御府内備考」にも「町内中通り往還を古着店と相唱申候。右は両側に古着商売いたし候者住宅致候に付、俚俗相唱候由」と見えますものの、何時の頃から改代町に古着店と俚称するところが出来たのか知れません。しかし「続江戸砂子」(享保二十年版)を見ましても、

牛込改代町（ふる川町の辺、古道具見世多し）

まだ享保の末には古着屋でなく、古道具屋が多かったとすれば、古着店などという俚称の出来ましたのは、それより後のことでなければなりません。これは古着店などと言われておりません。改代町よりも遅れて出来たところのように存じますのは、四谷伝馬町三丁目の裏通りから、忍町、須賀町一帯の古着屋で、昔の様子を今日に残しております。市谷田町の片側が古着屋ばかりでございましたが、これは全く跡形もなくなってしまいました。その外にも田町の片側と運命を同じくしたのもあろうと思いますが、その中に牛込と四谷の両所が旧態依然としているのが面白い。それが今日に旧態を持続される理由を考えるよりも、これらの古着屋町が、特に山の手に発生したことが、御家人生活の最もよい説明であるのが、何よりも珍重だと存じます。

3　隅田川周辺

土手と橋

隅田堤と桜の起源　大江戸は花のお江戸であって、桜の多い都会であったから、東京になって

も持ち越して、桜さくらで春を堪能したものの、名木大木も一本桜で、並木と言えば上野の桜、浅草の桜、それを天和貞享の栄えとした。享保十九年に浅草観音の奥山へ千本桜を植え、元文二年に飛鳥山を開いて、桜の名所の数が殖えた後、寛政元年の冬から、二年の春へかけて、中洲の取払いと一緒に大川筋の川浚いがあった。その時に浅草川の泥土が隅田川の土手普請に使われた。「屋根船も屋形も今は御用船、ちつつんは止み、つちつんで行く」という狂歌は、その際である。「隅田川の堤より桜の並木をうへしも此頃の事也。むかしは此堤高からず、三囲稲荷（みめぐりいなり）の鳥居並木の堤の上へ出たりし也。三股、中洲の新地とりはらひになりし時、其土を以て高く築上げたり。さるゆへに今も此辺をゐがくには堤の上より鳥居見ゆる図あり。是にておもひはかるべし」（後見草）というのも、隅田堤の栽桜は寛政二年なのが知れる。桜のなかった頃の隅田堤は「安永の末までは梅若辺至って田舎、王子亀戸辺とてもいり菜の平汁なりしに、今はいずれも料理屋ありて繁昌す」（明和志）今というのは文政のこと。青山録平という関東支配の代官が、老後の思い出に「明和志」を書いたのであるが、隅田堤は文政に至って江戸の名所になった。もう植え込んでから約三十年も経っている。

隅田川四大橋　江戸の橋は従来三大橋と言われておりましたが、安永三年に大川橋――今の吾妻橋――というのが浅草に出来たので、両国、大橋、永代と合せて四大橋というようになった。その中で両国橋は本普請ですが、他の三大橋は当時皆仮橋だったのです。永代橋の位置も現在とは違っておりますけれども、この橋は元禄九年三月、綱吉将軍の五十歳の御祝に架けられたので、誰の句だか忘れましたが「有難やいただいて踏む橋の霜」などという句がある。その後同十六年に修繕を加えましたけれども、それだけの事でありました為に、享保四年四月には危険で人の通過も危ぶまれるほどになった。しかし幕府では架け替えるだけの費用が出せなかったので、廃橋するということになったのですが、それでは深川の町々の者が甚だ困る。また大火でもあるような場合は、江戸の市民の逃れ場に困るようなことがあってはならぬというので、深川の者は勿論、川手前の者も申立てまして、以来この橋は幕府の手を離れて町がかりとなり、橋銭を取ることになりました。この当時までも享保以来の仮橋を架けて来たので、文化四年の落橋〔註・同年八月十八日深川八幡の祭礼の混雑で落橋、千五百人の溺死者を出した事件〕に就きましても、町々の橋掛の者が処分を受けたり、いろいろしていますが、仮橋であったのはそういうわけからなのです。

両国界隈

繁昌は宝暦から　両国橋は万治三年に架け渡されたので、承応には橋がない。この橋の附近の賑わしくなりはじめたのは漸く宝暦の頃からである。

両国の歓楽境　相撲の場所を江戸向へ引つけたのは、両国広小路の繁昌からですが、万治三年に出来た両国橋も、天和元年には掛替えなければならなくなり、その工事が停頓して、元禄元年まで十五年の間は仮橋であった。その後に元禄十六年に大火があって、橋手前へ避難民が溜り、後ろから猛焔が迫り、前は人数が嵩んで橋が渡れず、沢山な死傷を生じた。それではならぬと、早速に両国橋と新大橋の間の川沿いに防火線を設けたのが大川端なるもので、やがて橋手前へ広小路を拵えた。火除地なのだから、広小路へは建築物を許さないばかりか、小屋掛けでも夕方には取払える分に限って許されたから、その日その日の存在という訳。けれども安永天明度には江戸随一の熱鬧地域になり、見世物の繁昌も当処が無双の景気を示した。その小屋にしてもとうとう大掛りになって、条件つきでは都合が悪い。そこで河岸を替えて向両国に集る。江戸の全盛を頌すべき文化文政度には、向両国の殷賑は凄まじいものになった。すべての娯楽が両国に糾合されているようでもあった。

米河岸

河岸八町の景気　江戸の民間の元気のいい手合いは、伊勢町、小田原町、米河岸、魚河岸、この連中が目立ちました。河岸八町と申しますと、本船町が三丁、伊勢町が二丁、小網町、小船町、堀江町で八町になるので、ここに本米問屋という下り米を専ら扱う商店、地廻り米の問屋というのもありまして、大体二つ分れになって商売をしておりました。奥州米が寛永九年から江戸へ入って来るようになりまして、一時は江戸の米は三分までも奥州米であるといわれたほどでありましたが、だんだん後になりますと、地元と江戸の相場の開きが少なくなって来たのみならず、元禄の頃から大廻しの米が多くなって、大阪の方へ行ってしまうようになった。こういうことで米河岸の景気は大分下火になり、たまに入って来る奥州米も、大阪商人が蔵元になって、その手を潜って入って来るようになりましたので、米河岸の繁昌というものも、元禄以前のように行かなくなってしまいました。

伊勢町の米問屋　江戸での大商いは米穀、材木、呉服と、その時々に推移したが、伊勢町米河岸は米問屋が軒を並べ、巨資を擁した町人のお揃いであった。彼等は延宝天和の頃までも、黄金を輝かして市井に威力をふるった。元禄になっては昔の余勢に過ぎないのであったが、それでもなお凄まじいものだったから、彼等の全盛期が思いやられる。

魚河岸

河岸の繁昌と大名御用　魚河岸の方は申すまでもありませんが、本小田原町、本船町、安針町、長浜町、室町にわたっておりまして、そのうち南通りの方が魚河岸であります。まだこの外に字(あざ)を申せば、芝河岸、地引河岸、高間河岸、木更津河岸、蜆河岸などというのもあります。魚河岸は寛永度からこの辺のところにありましたので、だんだんにそれがひろがって、五町にわたるほどの大きなものになったのであります。寛永の頃までは、魚屋が大名の御用を勤めるのを面倒臭がりまして、勤めないのが一般の姿であり、掛売りということもありませんでしたが、天和頃から大小名ともに御馳走沢山になり、魚の御用もだんだん殖えて参りまして、自然貸売りをするようになった。この貸売りが一月送りの勘定で、魚屋が物書きを置かなければならないようになり、金高も大きくなったので、魚問屋の羽振りがよくなりました。そうなって参りますと、諸大名への出入りを魚屋の方から望むようになりましたが、その頃から諸大名の払いが悪くなって来た。

新場と魚の入札　それから新場というのがあります。これは延宝年中に相模の浜方と申合って、京都商人が資本を出し、それで本材木町の方へ分れたのが新場なのです。当時は幕府の御肴御用を魚河岸で二十日勤めれば、新場で十日勤めるという風にしておりました。この新場に中村太郎右衛門という者がありまして、これが御次肴の値段を平均三割半引けで、一手に引受けるようになりました。ところがこの金がうまく払って貰えないので、その滞りのためにこの家が潰れてしまいまして、それから後は入札ということになった。五年なり七年なり一定値段で納めることにして、入札できめるのですが、その切替える度に安くなるので、中村がきめた定値段から見ると、わずかの間に六七割も納め値段が安くなる。とてもこれでは勤め切れない、ということになりましたから、寛延二年から御膳肴も御次肴も、小船町と四日市の町役にすることになってしまった。この諸大名の方は幕府とは違いますから、中村のきめた定値段で享保以後も納めておりました。この方は利益があるはずだけれども、御払いが悪いのでやっぱり利益が取れなかった。

小田原町の魚問屋　元気な華でな巨商大賈を集団とする伊勢町の敵に小田原町があった。小田原町は江戸の古い魚問屋なのだ。其角の「雞合」（とりあわせ）に、

伊勢町、小田原町雞犬ともに中あしく、木戸を限って取合なし、童僕の心も亦然り。たま〳〵独り遊びをすれば、皆々のなぶり者とす。年比日頃の意趣を含みて、呉越の名主を煩わしめたり。

というほどであっても、当時の市井を制圧する後世のような魚河岸の景気ではなかった。ただ江戸町人の権威は伊勢町の米屋によってのみ振われた。

初鰹の至急便　寛永には鰹は民衆の食膳には上らなかった。鎌倉ならば元来民衆の箸の先に掛けられていたもので、上流の人々が賞玩するのが事新しかったが、足の早い鰹を夏季に運搬する、

江戸への輸送が困難であった為に、鎌倉の昔とは違って江戸では民衆の口へ入るのが遅くなった。僅かに芝肴（しばざかな）のあるばかりの江戸、海で漁った鮮魚の珍らしい土地で、しかも鎌倉からの輸送も少ないだけに鰹の賞玩が競われたのである。そうして鰹が上等なものでないにも拘らず、民衆に先き立って上流の口へ入ったわけなのだろう。もし芝浦で鰹が漁れたならば、品も多く価も安く、因襲もあるから誰も別段珍重はしなかったろう。上流の人々がよし賞玩したところで、「徒然草」の記載の如く全く物数寄に過ぎない。従って民衆の歓呼を起しはしまい。其角の「馬舟とわかる鰹やけいば組」という句も、相模の海で漁った鰹を、神奈川から馬の背に八里、夜通し江戸へ送って翌朝の入荷になるのと、船路を廻して新場の夜鰹にするのとあることを言ったので、漁獲の時間によって運搬も水陸の異を来す。そして運搬を急ぐさまは競馬のようであった。芭蕉の「鎌倉を生きて出けん初鰹」も「類柑子」にある端書（はしがき）で見ると「初字に一朝を争ひ、夜字に百金を軽んじて、まだねぬ人の橋のうへにたたずみあかすままに、一片の風帆をのぞんで、早走りを待て公門に入る時、鬼の首をとる心ちしけり」。時間にかかわらず先を急いで持ち込む初鰹夜鰹の景気、江戸でそれを待つ、実に様子も凄まじい。

川向うの発展

五代将軍は親父が慕わしい心持から、親父の仕残しておいた仕事に意を致されたように思われる。勧進相撲の許可なども、その辺の意味があって許可されたのでしょうし、深川方面のことも、元禄以来だんだん繁昌するように仕向けられております。洲崎の弁天なども、以前はさほどのものでなかったのを、元禄初年に築立ててかなりのお宮にしました。汐干狩も古いところは品川よりも洲崎の方が賑やかだったし、初日の出とか、月見とかいう場合にも、皆洲崎へ出かけるようになった。それでもまだ慊らず、元禄十四年には護持院の隆光僧正を開山にして、別当吉祥寺をつけております。三十三間堂を深川に移したのも元禄年中ですし、新大橋の出来たのも元禄六年、大渡（おおわたし）と申して渡船であったところに、永代橋を架けたのが元禄十一年、綱吉が深川の繁昌を心がけられたことは、これらで略々わかると思います。それが文政度になりますと、もう深川はそっちのけになってしまいましたが、それでも、回向院が本場所ときまったのは大分新しい。天保四年の冬からのことです。

深川の繁昌

眺望に富む遊楽地　「俳諧種卸七種」（安永十一年正月）に料理茶屋を列挙して、深川竹市、同洲崎升屋、同塩浜大藤屋、同八幡二軒茶屋、芝口春日野とある。深川に高級な料理店の多かったのは、元禄には辺鄙であった場所が、明和安永には好い市民の遊び場になった。元文には潮干にばかり知られた洲崎が眺望に富んでいるというので、四季の遊覧地だと言われるようになった。これは江戸の人口家屋の密度の加わるに従って、嫌やでも応でも空気の好い処へ出たくなるのは人間のお定まりである。八幡社内の茶屋は展望の好い処へ料理茶屋と出かける。升屋の如きもその一軒であった。望汰欄というのは楼上の欄に依れば、上総の望汰郡が見えたからの名称である。今日は埋立て埋立てで升屋の跡も明白でない。「江戸砂子」（明和九年版）に洲崎弁天（今の洲崎神社）を記して「当境内は海岸にさし出、東は房総の遠山、浪をひたし、南は羽田、鈴ヶ森、乾は江城うづたかく、いづれの山と問はざる高根の雪、北は筑波根のかすかにして佳景の地なり」とあるのでも、当時の様子は知れる。

深川八幡の賑わい　深川八幡の一の鳥居というのは、今〔大正十五年〕の富岡門前仲町のそこでは名高い大野屋足袋舗の辺なのである。「江戸砂子」〔享保十七年版〕には「一の鳥居、社より三四丁西にあり、ここに永代寺の函丈あり、この鳥居より門前也。町屋茶屋町」とあるが、紀文が引込んだ〔隠退の意〕正徳の頃は、実に荒涼を極めた場所だった。元禄六年に出版した「西鶴置土産」に「深川八幡の茶屋ものは、本所、築地よりは格別見よげに、京の祇園町のしかけ程ありて、鳥居の内は二人一歩、外は三人一歩と極め置きしもおかし」とある通り、一の鳥居の外にも、内にも綺麗首を並べた茶屋が賑やかな渡世をしていた。英一蝶筆の深川八幡社頭の図に、茶を喫る浮かれ男をさえ描いてある。決して淋しい場所ではなかったのに、元禄十六年の地震火事に最もひどく祟られたのは深川であって、一時はほとんど人家がなくなったのである。南を流れる川岸まで葭葦が茂って、夜間の往来は全く絶えていた。そこに草葺の屋根の幾つかが見え出したのは宝永三年からのこと、その後に土橋の荒神堂の向うへ茶店が一軒立ったのは正徳三年であったという。

深川情緒　深川の世界は洒落本から人情本へ持って廻る程、江戸では艶分に富んだ場所柄であった。この八幡の祭礼は寛永二十年以来と聞いているが、「仇は深川いなせは神田、人の悪いは麹町」とうたわれるほどな土地だけに、お祭も江戸の二大祭と称せられた山王、神田の景況とは違って、深川式の趣向を見せた。人情本の外題にかぶせた「春色」という文字で現わすあの情味は、深川七場所の妓女の雰囲気なのである。「夏は娘に越後（上布）を着せて〳〵繻子の帯なら気を付けてしめてやれ、ヨヲヲイ〆てにならしゃんせよ」妙に色っぽい。芸者の手古舞を祭に出したのも江戸中で深川が一番先きであった。神輿も三つ出た。深川と霊岸島と総計三十六ヵ町から出す出し屋台、練物の賑わしさ、美しさ、八月十五日は年中行事の中でも、のぼり祭と言われた深川八幡の祭礼——異彩を放っていた。娼家や料理屋が中心になるお祭ゆえ、祭礼当日のみならず前日（宵宮）の景気もほとんど比類のない賑わしさであった。

凄まじい極盛期　弘化二年十二月五日の火事で、新吉原の娼家は二百五十日の期限で、花川戸山の宿、本所深川へ仮宅した。勿論仮宅の中心は深川である。文政度の深川仮宅は、岡場所へ新吉原を合併したようなものであったが、弘化には岡場所が滅亡した後だけに停電後の点燈のようにも見えた。停電中の暗さ加減はつぶさに「天言筆記」に書いてある。

天保十三年三月中の御触に、所々の岡場所茶屋当八月中迄に新吉原へ引移り売女渡世致し候由に付、追々引払、其内にも根津谷中は焼原にて建家無之、狐狸之住家と相成、あはれ無情の事共也。其内にも深川は家居続き候故に、引払後も野原ともならず住居致し、少々の隠売女有之由にて、其後に至り弘化二年十二月二日、坐り夜鷹と称し切見世出し候得共、是も早速取払に相成、其後嘉永元年春より、少々ゆるみ候とて、又々深川八幡前に料理人にて小亀といふ者、芸者元締致し、やぐら下大黒屋といふ鰻屋、中村屋といへる茶屋へ、堅き御客の来る時は芸者をすすめて、大酔の上にて其所へつッぷし寝る故に、此茶屋をつッぷし茶屋と称して大繁昌致し元の深川同様に相成、客は大群集して大繁昌致し、後には名代の料理茶屋平清、平虎にて是を致し、日本橋川岸の魚も皆深川へ引けて仕舞、江戸中の魚売は、からはんだいかつぎて帰る様に成行、女芸者は三十七八人も出来たり。衣裳金銀をちりばめ、北廓（よしわら）の昼三も及ばぬ程なり。されば北廓はこれがために大い衰へ、売家など出来たり。

これに引替え、深川は益々大繁昌なり。

さしも水野越前守の私娼掃蕩も、遂に全く深川の叢窟を剿滅し得なかったと見える。移転命令が行われた後も、なお幾許かの闇の女が潜んでいた。弘化二年といえば四年目月にすれば三十八カ月を経て、坐り夜鷹という新しい私娼が現われた。何にせよ、坐り夜鷹とは珍な名称である。

深川の木場

材木町の始まり　寛永の頃は江戸草創のことであるから、建築は頻々たるものであった。御用の材木を供給する都合によって、本材木町の地を営業者に下附せられた。その後に新材木町を以て当業者の売場と定め、置場を深川の木場に選んだのである。新材木町で寛永の頃に地面を割当てられたまま今日まで場所も変えず商売を永続しているのは、川村市左衛門氏（新材木町十二番地）一人であるが、享保までは江戸の材木商の大多数はここにおった。草分け居附き地主というので幅を利かせたものである。

売場と置場の合体　売場と置場と合体して木場の繁昌しはじめたのは明和以後と思われる。八丁堀、鉄砲洲等に売場を置いた当業者も少なくない。明治初年までも神田川沿岸に材木と薪炭を兼業している店があった。材木屋で薪炭を売るのは古風が遺ったので、寛永当時は兼業であったのである。

女房の材木商気質　神田川その他の材木商は小物を専らとする営業振りで、大工が駈けつけて不足の材木を買って来る程のものであるが、木場や新材木町のは建築全体の用材を供給するわけで、殊に元禄以降、建築の請負をしたから殷富な商人が多く出来た。それに材木の荷主、山方という者は出荷して半年目に仕切るので、相場を極めずに品物を材木問屋へ渡す慣例なのだから、利益は自由に得られるし、また半年間は山方の資金を融通していられる、極々都合のよい商法である。しかし山方が出荷してくれなければ問屋は破滅する。山方を引きつけるのが商売の極意としてある。時々江戸へ出て来る荷主に対して、御馳走政策が思い切って行われる。亭主は得意廻りその他で荷主の接待にばかり出てはおられぬ。そこで女房はすわっている外交家たらざるを得ない。山方援引の運動は、女房の外交家が腕を見せることになって来る。材木屋の女房連中が待合や料理屋の女将と同じような気分になって、或時は先立ちで芝居花見に赤毛布を引廻す。金銭を至るところに撒き散らして、我面白の馳走振り、派手で気がさな風儀は自然と発生して来る。亭主も御用という処から大名旗本へも出入りして、身分ある士人とも交際する。お世辞遊びの茶屋酒も臓腑に沁みている。相手が広い。社会の上下に交際するだけに、贅沢も量見も一般の町人とは違う。問屋は株になっていて、新規開業はほとんど出来ない。競争というものはない時世であるから、増長するには適当である。すなわち紺暖簾式の御家騒動さえも往々起した程なのだから、大名気取であった模様もうかがわれるではないか。

千住の繁昌と馬鹿囃子

馬鹿囃子は金町の鎮守香取明神の祠官能勢環という人の工夫に成ったもので、享保中に村内の若い者に教え、近村の祭礼にも馬鹿囃子を持出しておった。その後は村外の若者も追々稽古するようになり、遂に金町の馬鹿囃子という名物になったのである。然るに宝暦三年の秋、幕府の鷹匠が飼付と称して、郊外に出没し、往々千住の駅に一泊する者もある。そこで旅籠屋共は透かさず、御鷹匠御泊りの節、給仕女に差支えるという口実で、給仕女雇入れを出願に及ぶと、給仕女百五十人を限度として許可された。旅籠屋共は大願成就と恭悦がったのも腹の底の知れた話で、翌四年の春になると揃って女郎屋に変業した。千住の繁昌は驚くべき有様になる。新しい女郎屋が繁昌するのを見て、腕を組んだのが代官伊奈半左衛門である。早速に葛西の村役人を小菅の代官所へ召集し「各部落の壮丁が神事に心掛け、逐々馬鹿囃子稽古に出精いたし候段、奇特の至りに存ずる。今後は囃子仲間に加入いたさざる壮丁なき様、其方等より心付ける様に致せ」と命じ、稽古道具及び費用は代官所より支給すべしと申添えた。村役人は御代官様御指図とあって、村々を勧誘するから否も応もない。連合村立馬鹿囃子稽古所が出来るは〳〵、伊奈代官は夜々西葛西数十カ村を巡視し、茶菓を与えて慰労し、或は賞詞を与えて激励する。四五年の間には各村とも上手な囃子方が出来た。伊奈代官はここが大切なところだというので、江戸の町奉行やら肝煎名主やらに向って、大斡旋を試みた結果は、宝暦十二年の山王祭には葛西の馬鹿囃子が参加するようになった。次年には神田祭の花車三十六本の中、十一本まで葛西の「せなァ」〔註・葛西の田舎言葉〕が乗っていた。時はあたかも両大祭上覧に際会したので、豆絞りの手拭を鼻の先へ結んで、オワーイとかすれる調子以外に、テケテンドン／＼の技を以て天下祭に参与し、公方様の御聴に預る、牛太夲左衛門の栄誉、一生の晴れと喜び勇んでいる。馬鹿囃子のない時代、葛西の芸術家の来ない頃には、花車も不景気なもので、ただ大太鼓ばかりドン／＼カッカと思い切り間の抜けた有様。それに引替えて宝暦の末からは、大太鼓、締太鼓、チャンギリ、笛というもので囃し立てる。囃子八枚後には予備員共に十二人、葛西式合奏の貢献によって、江戸の祭礼は未曾有の発展を来した。〔略〕かくの如くして千住の青楼は、彼等に対して有れども無きが如く、葛西の風儀とは没交渉なものであった。

向島界隈

武家に多い向島の寮　文化文政に江戸の市中を騒がした連中は、当時の言葉で言う寮を郊外へ拵えた。役者に限ったことではないが、舞台の人では蛇山の彦三、常盤町の芝翫、永木の三津五郎などは本所深川方面の閑静を愛したのである。同時に隅田川沿岸の寮が多くなった。殊に向島方面は武家が多く、中にも顕官名士が住った。天保までに本所深川の寮がなくなって、根岸が繁昌し出した。本所深川の閑居というものも化政度の特徴と見られる。

桜と寮は寛政以後　向島の桜というものは、何としても寛政以後のものである。戸田茂睡の「紫の一本」などを見れば、江戸の何処と何処に花見の場所があった、ということがわかる。元禄時分に向島が花見の場所でなかったことは、何の本を見ても直ぐにわかるはずだ。それから彼処に別荘が出来かけたのも、やはり桜の向島になってからのことで、それ以前には別荘とか、寮だとかいうものがあったのではない。

埋立ての新地

鉄砲洲の成立ち　慶長度の吉原町というものは、鉄砲洲の辺であろうと言っているのですが〔註・三代目一九の書いた「花柳古鑑」に「古き江戸絵図に鉄砲洲、今の明石町辺、江戸町といへる町名残りてあり、これ彼のよし原の江戸町ありし跡の証とするに足れり」とあるを指す〕ただ今の鉄砲洲というものは、本湊町、舟松町一二丁目、十軒町、明石町の総称でありまして、万治元年三月に起工致しました木挽町海岸の埋立てによって、これだけの町が出来たのですから、慶長度には無かったはずです。今の鉄砲洲と昔の鉄砲洲とは違っている。寛永の頃に井上、稲富両家が大砲の試射をした場所だから、鉄砲洲の名を得たというのは、今の鉄砲洲ではありません。

寛文頃の鉄砲洲　寛文三年十一月二十六日、鉄砲洲茶屋町の売女を摘発しました時には、吉原から小道具屋の九右衛門という者を玉に下げた。当時の鉄砲洲は西国、四国の船着でありまして、江戸へ来る親船という親船がここへ着き、新堀三叉から日本橋へ漕ぎ入れるのもあれば、霊岸島の方へ往くのもあり、なかなか繁昌な要港でありました。まだ料理屋のない時分で、酌取女とは申しません。茶立女と言っておりました。

中洲の繁昌と料亭　「大橋（永代橋）をこさぬうちなれ屋形船」という其角の附け合がある。永代手前で浅草川、新堀、霊岸島へ大川の水が流れ別れるから、そこを三股といって久しい江戸の船遊山の名所であったのを、安永元年に馬込勘解由が埋立てを出願し、同六年に中洲富永町という新地が出来た。ここの料理茶屋は四季庵をはじめとしてすべて十八軒、明和の呼びものになった洲崎の升屋は、江戸の料理屋の最初のものと言われたが、安永には深川の竹市、塩浜の大藤屋、山の二軒茶屋、芝口の春日野、向島の葛西太郎、真崎の甲子屋など二十余軒まで世間に知られるようになった。しかしどこにも中洲のように料理茶屋の集合した所はない。これだけでも中洲の繁昌が知れる。そうして中洲のみでなく料理茶屋の数が多くなることは、芸者の出先が増加するのだから、彼等には何より都合がよい。

船宿と中洲芸者　また船宿が十四軒、あの重苦しい殿様臭い屋形船が片付けられて、手軽で快い屋根船が明和から目立って来る。芸者が水辺から離れられなくなるのも、屋根船への出が多いからで、船宿で遊ぶのも中洲時代からの洒落と思われる。中洲の船宿玉松亭のぽっとり娘お幸は常盤津文字継といって、その評判は二十七八人あった中洲芸者を圧倒する勢いであった。このお幸の後に船宿の娘から続々怪物が現われた。実に彼はその優先者であった。ついでに二十七人の芸者の名を点検すると、二十人までも千代吉、歌吉、若吉、鶴次、繁次、豊吉、初吉などの権兵衛名であって、おの字名のおぬい、おてるなどというのは僅かに七人である。その癖ここは七転八倒の芸者どもで、「指面草」（さしもぐさ）は芸者のちょんのまに鬢そそけずと際どいところを指摘しているほどだのに、色なしがりサッパリがって、頻りと権兵衛名に耽ったのが、滑稽らしいではないか。中洲の繁昌、中洲芸者の風儀は町芸者に強い影響を与えて、吉原芸者の堅いのが権威になり、深川芸者のキャンが名物になったとすれば、江戸の町芸者は意地のない堅くない、ヘイ〳〵ハイハイのものになったと見なければならない。

4　京阪資料

京の七口

蘆舟「京の『七口』というのはどこかわかりません」鳶魚「五条口、三条口、今出川口、出雲路口、蓮台野口、七条口、東寺口です」

淀川の夜船

夜船なる理由　松吏「淀川の夜船はどうして夜にきまっているのですか」鳶魚「夜間の利用、宿賃を助ける意味でしょう。昼は荷を積んで来た船が、次は人間を積んで往くのでしょう」松吏「悉く大阪の船ですかな」共古「つまりこれは三十石船であります」〔略〕二葉「淀川辺で綱を曳いておりますのは、上りも下りも綱を曳くのでしょうか」共古「上りだけでしょう。つまり川下へ行くのですから……」松吏「淀川の夜船は小説や浄瑠璃に色々な処に引いてありますな」〔註・伏見より大阪まで九里の街道沿いの淀川を夜行する舟便。ここは「膝栗毛」六篇巻の上を輪講中の発言〕

夜船めあての商い船　二葉「商い船の来るのは、ウロ〳〵船のようなものでしょう」鳶魚「伏見の天王寺屋長右衛門の先祖、越後浪人只右衛門が通い船を拵えて淀川の夜船へ饂飩蕎麦切を売りはじめたことが『立身大福帳』〔元禄十六年刊〕に書いてある。越後騒動で浪人した男なのですから、天和貞享の話でしょう」

貸切りの胴の間　仙秀「この時『胴の間の三人前借切』とありますが、その前にどんどん乗客が押詰めて来るからと、今のうちに工合好くしないと困るというと、一人前とか二人前とか借切りというと、その間だけは他の乗客の席と間が隔っているわけで、いわゆる上等の間とでもいうのでしょうか」竹清「そうでしょう」

所要時間と終点　共古「伏見の昼船」若樹「朝出るから昼船じゃありませんか」二葉「夜船と昼船と二つある」若樹「朝出た船は晩に着く、夜出た船はあけ方に着く。それから八軒屋へ上って、ここに〔弥次郎、北八が〕東西を知らず南北を弁えざれば、という位いですから、八軒屋あたりに沢山宿屋があったそうですが、まあ行けばここへ泊らなければならんわけだけれども、ここは、ずっと紀州街道の方の便宜を持っている」

大阪の淀川べり

難波の津は海外に秀でたところの都会であった。諸国の商い船が木津川、安治川の両川口から出入りをして、ここに錨をつらね、ここに色々の荷物を輻湊して揚げ卸したり、或はまたここで売買の取引きをする繁昌な地である。誠に花の春は淀川に棹さして、淀川べりの桜の宮で遊山をした。この桜の宮に桜は今はそう無いそうですが、もとはなかなか桜のあった処だそうであります。綱島は淀川べりにある処で、鮒卯というのは今〔大正五年〕もこの料理屋があるそうです。

これはなかなか好い料理で、東京で言えば、ちょっと柳島の橋本と言ったような、まあ意気を兼ねたところの料理屋で、すべて変った料理だったそうですが、今ではすべてあたりまえの料理屋になっているということでございます。夏は御承知の難波新地の納涼に、ここにも今はそう蛍狩りなどはどうか知りませんが、もとはずいぶん蛍が出たので蛍狩りをしたのだそうです。〔「膝栗毛」八編巻之上の輪講中、二葉氏の発言〕

大阪の繁華地

民衆の街長町　長町、これは貧乏人の大勢いる処で、町並としては余りよいところではないが、非常に賑やかな処だそうです。〔註・「膝栗毛」輪講、同前〕

長町の賑わい　鼠骨「長町は近松の『長町女腹切』のあった長町でしょう。余ほど古いものです」鳶魚「何だかちょうど東京の馬喰町のような旅人宿で、御安直なところらしい」竹清「『浪華の賑』第二篇日本橋の条に書いてあります。『此道は北詰より北を堺筋といひ、南詰より南九丁を長町といふ。紀州泉州よりの喉口にして、往来常に繁く、両詰には旅舎軒を並べ（中略）長町九丁目の間にも旅舎多く、就中瓢簞河内屋、分銅河内屋などいへる大家有りて数百人を宿す。此町筋に傘を製する家多くありて浪華の名物とす』とあります」筑波「今でも分銅河内屋はあるそうですけれども、今はこんなわけじゃない。元は道者宿で大きな家だけれども今は……」

難波新地の納涼　難波新地の納涼というのは、この難波新地は一体享保八年から出来たのだけれども、その周囲は久しい間野原でありましたのを、明和の元年二月からその周囲を開発した。

それから文化の六年に能の定舞台が出来、その年に大相撲の興行があって、その翌年、相撲の定場所になった。それから人家も建揃って賑やかになった。そこにまた深川移しの切見世も出来て来た。

解船町と桜の宮　鳶魚「それから解船町（ときふねちょう）は『大阪町鑑』によると若狭堀の南浜に在りと書いてございます」若樹「松川半山の『浪華の賑』に『解船町、此地は阿波座堀の南側にして、瀬戸物町の南にあり。河海の古船を解きほどきて其板、柱等を商ふ家軒をならぶ。是他邦には少なき活業なり』とあります。それから桜の宮ですが、同じ『浪華の賑』に『当社は旧野田の小橋故、大和川の堤、字を桜野といへる処に有しを後世此処に移す。故に旧地の名を以て桜野宮と申せしが、何時しか社頭の傍に数百株桜を植ゑしより今は桜の宮と称して花ゆへ名づけし如くなるも、いわゆる名詮自称なるべし』と見えます」

浮瀬の茶屋と貝殻盃　若樹「秋はうかむ瀬」竹清「新清水の坂の下にあった風流の宴席であった。これは『浪華の賑』の二篇にあります。その通りに書いてしまった方がよいでしょう。『此遊宴の楼は新清水の坂の下に在りて風流の席なり。遥かに西南を見渡せば海原往来（ゆきか）ふ百船の白帆、淡路嶋山に落かかる三日の月、雪の景色は言ふも更なり。庭中の花紅葉の木々、春秋の草々を植えて四時共に眺めに飽きざる遊観の勝地なり。名にしたふ浮瀬幾瀬の貝觴（かいさかずき）を初め種々の珍觴又七人猩々の大盃等を秘蔵す。浪華に於て貨食家（りょうりや）の魁たるものなり』とあります」〔略〕鼠骨「浮む瀬は蕪村が句に詠んだ盃というのがありましょう。その貝盃が三四重あって、大きい貝から段々あって、一番大きいのは七合五勺入る。『うかふ瀬に遊びてむかし栢莚が此処にての狂句を慕ひ出て其風調にならふ』という前書のついた『小春凪真帆も七合五勺哉』という蕪村の句がある。沢山そういう人達が名所として遊んで、そうして発句など作っているそうです」鳶魚「一番大きい盃は、鮑貝の十二穴のある奴です。十二穴ある物でないと七合五勺入るものでないということです」仙秀追記「司馬江漢の『西遊日記』(天明八年)に、八月二十日、天晴、此日伏見より六右衛門参る。共に浮ぶ瀬(大阪)という茶屋へ来る。此処は年々和蘭人此の茶屋へ来る由。大座敷二間あり。山岸に家を造る。向ふは畑見えるなり。赤前垂の中居数人出で酌を取る、と見ゆ」

砂場の蕎麦　仙秀「砂場というのは新町の西口の南にある町の名前で、『和泉屋』というのは」鳶魚「『大阪繁昌誌』に書いてあります。『砂場在㆓新町西㆒南北に店あり。饂飩に名高し』」共古「砂場蕎麦の本元ですな」若樹「安永六年版の評判記『浪速名物富貴地座位』に『和泉屋の饂飩蕎麦、砂場々々とうたはれていさましげなり。賑はしきを風味として』とある」鼠骨「砂湯饂飩というのは饂飩で大きいのではないでしょうか」鳶魚「そんな特別なのがありますか」鼠骨「少し大きいのですよ」

出典一覧表

〔旧版〕

(一) 綜合随筆（短篇随筆を集録せるもの）

江戸ばなし(一)(二)	昭和一八年大東出版社
江戸の流行ッ子	同良国民社
江戸時代のさまざま	昭和四年博文館
教化と江戸文学	昭和一七年大東出版社
江戸の珍物	大正二年聚精堂
鳶魚随筆	大正一四年春陽堂
江戸の実話	昭和一一年政教社
上野と浅草	大正一一年崇文堂
芝と上野浅草	大正一四年春陽堂
鳶魚縦筆	昭和一七年桜井書店
江戸の噂	大正一五年春陽堂
お江戸の話	大正一三年雄山閣
江戸の風俗	昭和一六年大東出版社
江戸の生活	同
江戸雑話	昭和二年春陽堂
足の向く儘	大正一〇年国史講習会
江戸百話	昭和一四年大日社

(二) 特殊講述（一つのテーマにより一冊を成すもの）

江戸の女	昭和九年早大出版部
公方様の話	大正一三年雄山閣
大名生活の内秘	同早大出版部
お大名の話	同雄山閣
横から見た赤穂浪士	昭和九年叢文閣
御家騒動	昭和八年早大出版部
娯楽の江戸	大正一四年恵風館
自由恋愛の復活	大正一三年崇文堂
江戸ッ子	昭和一八年早大出版部
江戸生活のうらおもて	昭和五年民友社
御殿女中	同春陽堂
江戸の白浪	昭和八年早大出版部
捕物の話	昭和九年同
瓦版はやり唄	大正一五年春陽堂
江戸年中行事	昭和二年春陽堂
元禄快挙別録	明治四三年啓成社

(三) 歌舞伎論（芝居評と史実・考証）

史実より見たる歌舞伎芝居	大正一二年崇文堂
鳶魚劇談	大正一四年春陽堂
芝居ばなし（一）（二）	昭和二年宝文館
芝居と史実	明治四四年政教社
芝居風俗	昭和三年宝文館
芝居うらおもて	大正九年玄文社

（四）江戸文学輪講

（山中共古翁らと共に作品を輪講せるもの）

好色一代男輪講	昭和二年春陽堂
好色一代女輪講	昭和四年同
好色五人女輪講	昭和五年竜生堂
東海道中膝栗毛輪講（上）（中）（下）	昭和五年同
武家義理物語輪講	昭和九年早大出版部

（五）小説評（時代小説の考証）

大衆文芸評判記	昭和八年汎文社
時代小説評判記	昭和一四年梧桐書院

〔新版〕昭和三一年〜三四年・青蛙房

史実と芝居と	武家の生活
吉原に就ての話	泥坊づくし
江戸の女	市井の風俗
実説芝居噺	捕物の世界
侠客と角力	将軍と大名
江戸の衣食住	女の世の中
御家騒動	加賀騒動実記
四季の生活	江戸の史蹟
徳川の家督争い	人さまざま
赤穂義士	町人と娯楽

〔各輪講出席者〕

南方熊楠	和田曼子	山崎楽堂
佐藤鶴吉	藤井紫影	松本亀松
山田孝雄	真山青果	木村仙秀
笹野葵園	舟野源五郎	嶋田筑波
林　若樹	勝峰晋風	鈴木南陵
服部普白	森　銑三	池田孝次郎
間　民夫	柴田宵曲	山中共古
水谷不倒	吉田里子	夏秋園子
野々村蘆舟	笹川臨風	山口　剛
鶴岡春盞楼	笹野　堅	広田華洲
寒川鼠骨	角　松更	斎藤扇松
大野静方	荒浪煙崖	

江戸時代通貨表

金貨

発行者	大判	小判	一分判金	二朱判金	二分判金	一朱判金	五両判金
家康	慶長六年（慶長大判）	慶長五年（慶長小判）	慶長五年				
綱吉	元禄八年（元字大判）	元禄八年（元字小判）	元禄八年（元字金）	元禄十年			
家宣		宝永七年（乾字小判）	宝永七年（乾金） 正徳二年				
家継		正徳四年（正徳金）					
吉宗	享保十年	元文元年（文字小判）	元文元年（文字金）				
家斉		文政二年（草字小判） 天保八年（保字小判）	文政二年 天保八年（保字金）	天保八年（保字金）	文政元年 文政十一年 安政三年	文政七年	天保八年
家定					安政三年		
家茂	万延元年（万延新金）	安政六年（正字小判） 万延元年（万延新金）	安政六年（正字金） 万延元年（万延新金）	万延元年（万延新金）		万延元年（万延新金）	

〔備考〕年号は発行年。括弧内は通称。

銀貨

〔備考〕年号は発行年。括弧内は通称。

発行者	丁銀	豆板銀	五匁銀	二朱判銀	一朱判銀	一分判銀	二分銀
家康	慶長六年	慶長六年					
綱吉	元禄八年（元字銀）	元禄八年（元字銀）					
家治			明和五年	安永元年			
家宣	宝永七年（二宝丁銀）	宝永七年（宝字銀）					
家継	正徳元年（四ツ宝）	正徳四年（新銀）					
吉宗	元文元年（文字銀）	元文元年（文字銀）					
家斉	文政三年（草字丁銀）天保八年（保字銀）	文政三年（草字銀）		文政七年（文政二朱）	文政十二年（文政一朱）	天保八年（保字銀）	文政二年
家慶					嘉永六年（嘉永一朱）		
家茂	安政六年（正字銀）			安政六年（正字銀）	安政六年（正字銀）		

銭貨

発行者	種類	鋳造年	適要
家康	慶長通宝	慶長十一年	
秀忠	元和通宝	元和元年	
家光	寛永通宝	寛永十三年	官鋳に倣らい、諸国に造幣を許す
家綱 吉宗 家治	宝永通宝 文銭 鉄銭 元字銭 当四銭	寛文三年 元和三年 元文元年 寛保年間 明和五年	鉄銭の始め　俗称鍋銭 真鋳銭の始め この他にも寛永通宝は種類多く、年号、作者、銭質、地名によって名称を異にしたが、すべて一文銭であった
綱吉	宝永通宝	宝永五年 明和五年	一個で十文に通用 一個で四文に通用
家斉	天保通宝	天保六年	一個で百文に通用
家茂	文久永宝	文久三年	一個で四文に通用

〔備考〕銭貨は寛永通宝を主なるものとし、後世鋳造するものも銭文には「寛永通宝」とした。

江戸風俗年表

〔出典略語解〕

[実紀]……「徳川実紀」
[武江]……「増補武江年表」
[武家]……三田村鳶魚「武家事典」
[生活]……三田村鳶魚「生活事典」
略語なきは編者の補足

将軍	年号	年・月・日	武家（事件・制度・武家風俗）	民間（経済・地理・庶民風俗）
江戸以前	天正	18・8・1	家康江戸に入城 [武江]	
		18		京の柳町に廓出来る [生活]
		19・夏		江戸銭瓶橋に始めて銭湯出来る [生活]
	文禄	2	八王子に千人槍同心定住 [武家]	
家康（一代）	慶長	3	家来に対する自分成敗を禁ず [武家]	
		5	始めて京都所司代を設く [実紀]	
		7		京の廓三筋町に移る [生活]
		8		お国歌舞伎江戸に来る [実紀]
		8		石見銀鉱発見 [実紀]
		9	一里塚作らる [実紀]	佐渡銀鉱開発 [実紀]
		10・9	公家諸法度・武家諸法度制定 [実紀]	
		10・10	初めて書院番を置く	

将軍	年号	年・月	事項	事項
秀忠（二代）	慶長	10	南蛮渡来の煙草を禁ず	
		11・3	江戸城修築始む	
		11		伊豆銀鉱開発〔実紀〕
		12・2		お国歌舞伎を公許
		12・3	道路交通規則発令〔実紀〕	
		12・4	殉死を禁ず〔実紀〕	
		12・12	駿府城出火全焼〔実紀〕	
		12	初めて老中を置く	
		13・9		小石川伝通院造営〔実紀〕
		13	江戸城ほぼ落成〔生活〕	
		15	諸大名臣従の誓詞を奉る〔実紀〕	琉球より入墨伝来（定説に非ず）
		16・6	駅伝運賃の制定る〔実紀〕	
		16・7	切支丹を禁ず	
		19		京都の織工綸子・天鵞絨を織り出す
		慶長年間		江戸三里四方・町数三百町〔武家〕
		慶長年間		江戸市中民家に二三階のもの始まる
		慶長元和	武家では二食主義〔武家〕	
	元和	1・6・15		山王祭礼花車練物初めて城内に入る〔武江〕
		1・6	武家に軍役定まる〔実紀〕	
		1・7	武士の私婚を禁ず〔武家〕	
		1	高家が正式の官職となる〔武家〕	

秀忠（二代）	元和	2・10	人身売買禁止の令出る［生活］	
		2	初めて駕籠者に湯島に組屋敷を賜る［武家］	日光東照宮造営始む
		2		神田明神社、神田橋内より湯島へ移る［武江］
		3		東海道に三度飛脚始まる
		3		庄司甚右衛門遊女町の官許を得［生活］
		4・11		葺屋町の遊女屋揃って開店。元吉原［生活］
		4	大奥法度制定［武家］	
		6・8		日本堤完成す［生活］
		6		浅草御米蔵初めて建つ［武江］
		8・2	駅馬駄賃を定む	
		9	諸士の市民と雑居するを禁ず［武家］	
		元和年間		女歌舞伎を禁ぜられ男歌舞伎となる［武江］
		元和年間		京都にて天麩羅流行す［生活］
家光（三代）	寛永	1・2・15		中橋の中村座で初めて歌舞伎興行あり［生活］
		1		寛永寺建立［武江］
		1		四ッ谷塩町にて相撲の初興行［生活］
		2・3	武家宅地の制定まる［実紀］	
		2・8	関所の制定まる［実紀］	
		2・9	町人の長脇差を禁ず［実紀］	
		2		霊岸島埋立成る［実紀］
		3・4	雇人の年季奉公を十ヵ年と法定［生活］	

家光（三代）

寛　永

3・5	大名及び物頭の結婚許可制となる [武家]	
3・7	大阪城番の制定む	
3	中宮法度制定、禁裡附武士の初め [武家]	
4		深川八幡建立、附近繁昌し始む [生活]
6・2	初めて辻番を置く [実紀]	
8・4・2		浅草寺炎上 [武家]
8	諸政引締めで法度の衣類取上げを命ず [武家]	
9・12	大目付役を制定 [実紀]	
9	大番組十二組、これが定数となる [武家]	
9	向井将監船手頭就任、以後世襲 [武家]	
9	お茶壺道中始まる [武家]	
9	吉原の夜の営業を禁ず [生活]	中村座が中橋より禰宜町へ移る [武江]
10・3	初めて若年寄を置く	
10	旗本の軍役定めらる [武家]	
11	諸大名に江戸屋敷を賜る [生活]	葺屋町に市村座出来る [生活]
11		山王祭備わり大祭礼となる [武江]
12・11	初めて寺社奉行を置く	
12	参観交代の制を定む	
12	駿府在番始まる [武江]	
13	江戸城外濠掘られ見附門出来る [生活]	高田馬場出来る [実紀]
15・夏		伊勢へのお蔭参り始まる [武江]

家光（三代）

年号	年月	事項（上段）	事項（下段）
寛永	15	出雲松江藩のお七里役所出来る [武家]	
	16・8・21	江戸城本丸焼失 [実紀]	
	18		京の廓島原へ移る [生活]
	19・5	諸侯の参観交代始まる [武江]	
	19		山村座出来る（後江島事件で失格） [生活]
	19		三十三間堂初めて浅草に建つ [武江]
	20・8	新番組新設さる [武家]	
	20・8		深川八幡の祭礼始まる [生活]
	20		俳優に立役女形の別起る [生活]
	寛永年間	女歌舞伎停止さる [生活]	魚河岸始まる [生活]
	寛永年間		手紙の冒頭に「一筆啓上」と書始む [武江]
	寛永年間		江戸で美顔水「花の露」を売始む
	寛永まで	上士の家で花嫁手木に乗って行く [武家]	丹前の湯女風呂繁昌、丹前風起る [武江]
	寛永まで	拷問の糞問い行わる [武家]	
正保	1・2		鉄砲洲干潟に漁家建ち並び佃島と命名 [武江]
	1・頃		大阪米市場立つ [生活]
	2・6		京都で初の勧進相撲行わる [生活]
	5	町人の大刀・大脇差を禁ず [武家]	
慶安	1・2	治安上より勧進相撲禁止 [生活]	
	1・4	大名旗本の供揃いの制限を発令 [実紀]	
	3・9	武家の男色を禁ず [実紀]	

将軍	年号	年月	事項	事項
家光（三代）	慶安	3・10	猟師以外の鉄砲所有を禁ず 実紀	
		4・2	銭湯の株売買を制限 生活	
		慶安年間		中村座禰宜町より堺町へ移る 武江
		慶安年間		右近源左衛門により女形生る 生活
		慶安年間		旗本の小普請人夫引受けの割元業起る 生活
		慶安年間		青物町に始めて両替屋出来る 武江
家綱（四代）	承応	1	湯女風呂一軒に女三人と制限 生活	
		1	歌舞伎者を追捕	
		2		江戸に高原焼始まり陶器普及 武家
		2		玉川上水竣工 武江
		承応年間	武家大身の舟遊盛んとなる 武江	少年俳優の前髪禁止で野良帽子の発生 生活
		承応年間	御貼紙値段の掲示始まる（定説に非ず） 武家	勝山髷始まる。丸髷の初め
		承応年間	幕臣を庇い貸借訴訟の不受理を令す 武家	水瓜渡来、普及す
	明暦	1・10	姦通者の即時成敗を可とする令出る 武家	
		1		深川八幡前の水茶屋繁昌 生活
		3・1・18	江戸大火。20日まで焼続く。死者十万 武江	
		3・1・18	江戸城全焼。金の鯱鉾焼けその後無し 生活	
		3・1・23	桜田口・和田倉門外に下馬札立つ 実紀	
		3・3	諸事節約のため倉庫の外屋根瓦を禁ず 実紀	
		3・6	湯女風呂を禁ず 生活	
		3・8		遊女町山谷へ仮宅、初めて夜店を張る 生活

家綱（四代）

年号	月日	事項	事項
明暦	3・8		遊女町浅草へ移転、新吉原として開業 [武江]
明暦	4	武鑑に大名の紋所をつけること始まる [武家]	木挽町海手の築地私娼街となる [生活]
明暦	大火後		大火時の死者を葬り回向院建築始む [武江]
明暦	大火後	用部屋を伝奏屋敷に移す。評定所の初め [武家]	
明暦	大火後	湯島の駕籠者組屋敷春木町へ移転 [武家]	大火の経験により穴蔵出来始む
明暦	大火後	火事羽織を用い始む	
明暦	明暦年間	大阪に諸大名の蔵屋敷建つ [生活]	江戸の町数五百余となる [武家]
明暦	明暦年間	王道元捕手ヤワラを伝う(定説に非ず) [武家]	白銀町より柳原まで土手を築く [武江]
明暦	明暦年間		初めて山谷通いの猪牙船出来る [武江]
明暦	明暦末年		遊女各々紋を定めること始まる [生活]
明暦	明暦万治	ヤワラ術一般に普及 [生活]	
万治	1・1・10	江戸大火。大半焼亡 [武江]	
万治	1・3		鉄砲洲埋立始まる [生活]
万治	1・8		髪結床一町に一軒開店 [武江]
万治	1・8		江戸八百八町の称始まる [武江]
万治	2・6	女の関所札に町奉行の捺印を命ず [実紀]	
万治	2	宿場女郎を飯盛女として黙認 [生活]	
万治	2・冬	明暦の大火で全焼の江戸城復旧す [生活]	
万治	3・1		本所回向院建立成る [武江]
万治	3・1		両国橋初めて架設 [武江]
万治	3・1		木挽町に森田座出来、初興行 [生活]

家綱（四代）

年号	年月	事項	生活
万治	3・5	橋上で物を売ること禁止さる [実紀]	色若衆に嫖価生れる [生活]
	万治年間	諸大名相撲に熱中す [生活]	比丘尼の売色始まる [生活]
	万治寛文	六方組盛る [生活]	旗本奴が吉原を横行す [生活]
	万治寛文		涼み船盛んになる [生活]
	万治天和		公金消費の代官吉原の主な客となる [生活]
	万治貞享		女の鬢の一部を両耳脇へ切り垂すこと流行
寛文	1・1・19	京都大火、皇居全焼 [実紀]	
	1・12	勧進相撲を禁ず [生活]	
	2・10	刀二尺八寸、脇差一尺八寸以下と制定 [武家]	
	3・5	殉死厳禁を令す [武江]	
	3・10	婦人の高級衣服制限を令す [生活]	
	3	本所四ツ目に駕籠者組屋敷を賜う [武家]	三度飛脚組合設立、民間の飛脚本格化 [生活]
	4		けんどん蕎麦切りはじまる [武江]
	5	京都町奉行新設きまる [武家]	
	6・8	伝奏屋敷に隣接し評定所を新築 [武家]	
	7	今切宛の定書を以て全関所改規則とす [生活]	
	7	江戸市内の門松を禁ず	
	8・3	庶民の帯刀禁止令出る [生活]	
	8・7	京都町奉行初めて任ぜらる [実紀]	
	8	華美な涼み船に対する禁止令出る [生活]	暗娼五百人吉原へ収容、散茶女郎とす [生活]

家綱（四代）

寛文	8	屋敷改を新設、市街の膨脹を押える 〔武家〕	
	10・8	大阪に海嘯あり	
	11	「御紋づくし」発行さる 〔武家〕	
	12	勘定奉行定員四人となり分掌定まる 〔武家〕	
	寛文年間	辻相撲禁止 〔生活〕	小普請金納となり割元業消滅 〔生活〕
	寛文年間	町人の無刀令に旅行出火時の例外認む 〔武家〕	提灯が一般に普及す 〔生活〕
	寛文年間	寛文の諸政引締令出る 〔武家〕	鉄砲洲の茶立女（私娼）全盛 〔生活〕
	寛文年間	引締令により徒目付法度の衣類摘発 〔武家〕	京に常打芝居始まる 〔生活〕
	寛文年間	火付盗賊改新設さる 〔生活〕	相撲の技術大いに進歩す 〔生活〕
	寛文年間	妻敵討はじまる	婦人の島田髷はじまる
	寛文年間	少年の前髪立ち始まる（従来は分け垂る）	御所風の婦人髪型一般に普及
	寛文年間		薬屋で美髪料の伽羅油を売る
	寛文年間		一文字笠一般に流行
	寛文末年		不忍池の弁天堂まで石橋架かる 〔生活〕
延宝	1・5・12	京都大火。皇居炎上 〔実紀〕	
	1・5	公安・風俗書の出版許可制となる 〔実紀〕	
	3・4年		踊り船の全盛 〔生活〕
	4・9・22		増上寺焼く
	4・12・7		吉原失火、全焼す 〔実紀〕
	6・4		茶屋給仕女（私娼）一軒二人まで黙認 〔生活〕
	7	船番所中川へ移転（以前は深川万年橋） 〔武家〕	

家綱（四代）	延宝	8	諸政改革はじまる〔武家〕	
		延宝年間	武士の家計苦しくなり始む〔生活〕	女の緋の腰巻使い始む〔生活〕
		延宝年間	大藩に武芸の女指南役出来る〔武家〕	遊女の恋の入墨に形式定まる〔生活〕
		延宝年間	牢屋小伝馬町へ移る（以前常磐橋内）〔武家〕	大阪の花街夜間営業許さる（以前昼店）〔生活〕
		延宝年間		大道講釈はじまる〔生活〕
		延宝年間		魚市の新場出来る〔生活〕
		延宝年間		遊女を真似て一般に挿櫛流行す
		延宝年間		深川の繁昌を策し八幡前に茶屋を許す〔武江〕
		延宝まで		江戸の遊女殆ど化粧せず〔生活〕
		延宝以降		民間の雇人にお仕着せ行わる〔武家〕
綱吉（五代）	天和	1・2		護国寺建つ〔生活〕
		1	驕奢罪の摘発始まる〔武家〕	
		2・8	茶店女及び私娼を禁ず〔実紀〕	
		2・11	吉原に禁駕籠・刀槍の高札建つ〔実紀〕	
		2・12・28	江戸大火。両国橋焼失〔武江〕	
		2・頃		すっぽんを喰うこと始まる〔生活〕
		2・3・頃		瓦版売り始む〔生活〕
		3	町人禁刀令中の例外を取消し全面禁刀〔武家〕	
		天和年間	諸政引締令出る〔武家〕	二間（ま）以上の屋形船を禁ず〔生活〕
		天和年間	火付盗賊改に加役新設さる〔武家〕	不忍池畔にぎわう〔生活〕
		天和年間		べっ甲の櫛の使用はじまる

綱吉（五代）

天和元禄			読売大いに盛んとなる [武家]
貞享	1・8	寺社境内の勧進相撲許可さる [生活]	深川八幡にて初めて相撲興行さる [武江]
貞享	1・8	殿中の刃傷事件により用部屋を設く [武家]	
貞享	3・10	夜中の出船禁止を中川船番所に令す [実紀]	
貞享	3・11	そば屋等火を使う街頭屋台を禁ず [実紀]	
貞享	3		友禅織始まる
貞享	4・1	生類憐愍の初令出る [実紀]	
貞享	4・2	魚鳥類の蓄養売買を禁ず [実紀]	
貞享	4・5	大手・桜田両下馬所で食物の立売を禁ず [実紀]	
貞享	貞享年間		刻み煙草を売り始む [生活]
貞享	貞享年間		吉原に第四級むめ茶女郎始まる [生活]
貞享	貞享年間		小普請役人好況で吉原の主な客となる [生活]
貞享	貞享年間		比丘尼全盛で専門の揚屋出来る [生活]
貞享	貞享年間		寺社境内の相撲にわかに盛んとなる [生活]
貞享	貞享年間		一般女子も伽羅油を用い始む
貞享	貞享年間		駒下駄流行す
貞享	貞享以降	江戸地図に大名の紋所を描く [武家]	
貞享	貞享元禄	武士の食事夜食を入れて三食となる [武家]	町人の紋服大流行す [武家]
元禄	1・5	閉門遠慮中やむを得ぬ時の外出を認む [実紀]	
元禄	1		大阪堂島の市街開く。後の米市場
元禄	2・1	市中の左義長を禁ず [実紀]	

綱吉（五代）

元　禄

2・6	俳優の武家屋敷出入りを禁ず〔実紀〕	
2・10	奥右筆に始めて組頭を置く〔実紀〕	
2・12	小普請吟味役（伊賀者）を初めて置く〔武家〕	
3・12		湯島聖堂成る〔実紀〕
4・8		六郷玉川橋を除き渡船場となる〔実紀〕
4・11	城主の家来の外乗輿を禁ず〔実紀〕	
4以降	「武鑑」の名定まる〔武家〕	
6・7		新大橋新たに架橋〔生活〕
6・9		鷹匠町を小川町と改称〔実紀〕
6		江戸の人口三十五万三千五百八十八人〔生活〕
6・以降		浅草の鐘評判となる〔生活〕
7・6	武家の宅地を町人に貸すを禁ず〔実紀〕	
7・9		江戸市中の金魚の数を一斉調査す〔実紀〕
7・前後		伏見撞木町の花街繁昌す〔生活〕
8・8	俳優の外出を禁ず〔実紀〕	
8・10	道路上の喫煙を禁ず〔実紀〕	
8・11		中野の犬小屋落成、十万頭を収容す〔実紀〕
9・3		永代橋はじめて架る〔生活〕
11・7		深川海手一万坪を埋立て洲崎と命名〔武江〕
11・9・6	江戸大火、寛永寺本坊、三十三間堂焼く〔実紀〕	
11・12	雇人の十年年季制撤廃、無期限の公認〔実紀〕	

綱吉（五代）

元禄

11		官選の暦問屋を十一軒に限定す 生活
12		内藤新宿開かる 生活
12		京都で相撲興行が再開さる 生活
13・8		材木問屋六万坪の地を賜り木場開く 武江
14・4	諸大名参観交代時の供数制限令出る 実紀	
14	質屋の利子法定さる 生活	築地の埋立完成す 生活
15		大阪で相撲興行はじまる 生活
16・11・22	江戸大地震、慶長二年以来の被害 実紀	
16・11・29	江戸大火、湯島・神田両社、両国橋焼失 実紀	
元禄初年	将軍祭礼の花車を見ること始まる 生活	
元禄初年		洲崎弁天の建立 生活
元禄年間	吉原の両支配を町奉行支配に一本化す 生活	丸顔の美人が流行（以前は瓜実顔） 生活
元禄年間	添番に番の頭新設 武家	仮名書きの医書が普及す 生活
元禄年間	驕奢罪の摘発あり 武家	民間の婦女が玳瑁の髪飾りを用い始む 生活
元禄年間		町人も羅紗の羽織を着始む 生活
元禄年間		次郎左衛門雛が流行す 生活
元禄年間		雇人の藪入り二度となる 生活
元禄年間		街娼たる夜鷹出現（以前は茶屋構え） 生活
元禄年間		芝居の観客女が多くなる 生活
元禄年間		浅草見附に太平記場出来（定説に非ず） 生活
元禄年間		力士が職業化す 生活

綱吉（五代）			
元禄	元禄年間		三十三間堂を深川へ移す 生活
	元禄年間		はじめて百姓の逃散あり 武家
	元禄年間		金銀・珊瑚玉入りの櫛流行す
	元禄年間		菅笠流行す
	元禄年間		雑司ヶ谷鬼子母神への参詣盛んとなる 武江
	元禄年間		雪駄にはじめて尻鉄つく
	元禄年間		甘藷食用になり始む
	元禄年間		産婆職業化す
	元禄年間		懐炉はじめて用いらる
	元禄年間		一節切貴賤の間に流行 武江
	中頃より		吉原の主なる客が町人（豪商）に変る 生活
	末年より		向両国にて水垢離の流行始まる 生活
	元禄まで	水戸藩では藩主も髪油を用いず 武家	
	元禄まで	大名の抱え力士盛ん 生活	
	元禄より		伊勢参り盛んとなる 生活
宝永	2		お蔭参りの大集団伊勢へ向う 生活
	3	屋形船を百艘に制限す 生活	
	4・11・20	富士山噴火、関東一帯に降灰 武江	
	5・3・11	京都大火、皇居焼く 実紀	
	5	裁判にて俳優は非人に非ずと判決す 生活	
	6・1	生類憐愍の令を解く 実紀	

家宣（六代）	宝永	6・3	非人の束髪を禁ず［実紀］	
		宝永年間		民間に水牛の櫛使用始まる［生活］
		宝永年間		講釈興味本位となり屋内の開演始まる［生活］
		宝永年間		三笠附流行す［武家］
		宝永正徳		恐慌により商家多く破産す［武家］
	正徳	1・6	町人の抱力士を禁ず［生活］	
家継（七代）		3・3	町与力・同心の屋敷八丁堀に定まる［武家］	
		3・5・15	江戸の郊外町奉行の管轄下に入る［武家］	
		3	武士の自家用屋形船を禁ず［生活］	
		4・3	芝居は昼興行に限ると厳命［生活］	江島事件にて山村座失格［生活］
		4・3	劇場の二三階建てを禁ず［実紀］	
		4・8	猪牙船を停禁［実紀］	
		4・11	慣例以外諸侯の中山道参観道中を禁ず［実紀］	
		6・2	急養子許可の制定まる［実紀］	
		6・4	日光道中・甲州道中の公称定まる［実紀］	
		正徳年間	大奥七ツ口で長持の貫目吟味厳重化す［武家］	婦女の簪京都より起り一般化す
吉宗（八代）	享保	1・5	将軍側近の御用取次の制始まる［実紀］	
		2・1・22	江戸大火、評定所焼ける［実紀］	
		2・2・9		護持院焼失、以後護持院ヶ原となる［実紀］
		2・2	浜御殿附近二町以内の漁猟を禁ず［実紀］	
		2・3		護持院を護国寺に併合［実紀］

吉宗（八代）

享保

2・4	浅草川牛御前祠より豊島村まで釣を禁ず 実紀	
2・7	目付の江戸城宿直を四人と定む 実紀	
2		鍵屋の献上花火打上げ。仕掛花火の初め 生活
3・7		山王・神田両祭隔年執行と定まる 実紀
3・10	宿場の飯盛女一軒に二人と制限す 実紀	
3	御留守居寄合茶屋を差し止む 武家	内藤新宿を廃止す 生活
3	両替屋三百軒を限定営業せしむ 生活	
4・4		永代橋町民の経営となり橋銭を取る 生活
4・4		江戸町火消いろは四十五組の制生る 武江
4・6	小普請組支配を新設 実紀	
4・8	本所奉行を廃し町奉行管下に入る 実紀	本所・深川が町奉行の支配となる 武家
4・12	故なくて改名することを禁ず 実紀	
5・8	評定所前に初めて目安箱を置く 武家	
5	姦通女への刑罰として吉原の女郎とす 武家	江戸の人口五十万千三百九十四人 生活
5	刑罰としての入墨始まる	
6・3・3	江戸大火。寛永寺山門・伝通院焼失 実紀	
6・4	大奥法度大成す 武家	
6・5	大藩庶民の江戸での犯罪者は藩へ渡す 実紀	
6・7	書籍絵草紙の華美なる物を制限す 実紀	
6	諸生活倹約令出る 生活	
6	刑罰として私娼を吉原の女郎とす 武家	

吉宗（八代）

享保

6	刑罰として心中未遂女を吉原女郎とす 武家	
6	拾得物の半分を拾い主へ謝金とせしむ 武家	
7・3	中間・小者が町人を傷けた時治療費負担 実紀	
7・8	私娼を禁じ娼家厳罰の令出る 実紀	
7・12		小石川に養生所新設さる 実紀
7・12	好色本・政治批判の書を禁ず 武家	
7	十石以下の田分けを認む 武家	
7	無根の噂・心中等を読売にするを禁ず 武家	
7	心中未遂の男女を晒物にする制定む 武家	
8・2	情死者の死骸取捨、存命者は非人となす 実紀	
8・12		防火のため瓦屋根を奨励、普及す 実紀
8	勘定方百三十人に増員 武家	大阪の難波新地出来る 生活
8	旗本が辻番を町人に請負わす事始まる 武家	
8	非人の散髪令出る 生活	江戸に掘抜井戸初めて出来る 生活
9・1	妾を正妻に直すことを禁ず 武家	
9・3・11	大阪大火	
9・6	御曲輪内での読売を禁ず 武家	
9・8	初めて甲府勤番を置く	
9	札差百九人を指定して営業を許可す 生活	
9	徳川法典の編纂成る 武家	
9	密通の男女を殺せし本夫は無罪と定む 武家	

吉宗（八代）

享　保

年・月	政治・武家	世相・生活
12・9	大阪町奉行所前に初めて目安箱を置く	
12	町人の辻番請負が失敗に終り以後やむ [武家]	
12	幕府砂糖の製法の普及を計る	
12・頃	大名の殆どが家臣より借米をなす [武家]	
13・7		吉原仲ノ町に初めて燈籠を出す [武江]
13		江戸町火消いろは四十五組の編成終る [実紀]
15・1	自身番の建物の過大をいましむ [武家]	
15	大名の結婚手続定まる [武家]	帳合米相場許可さる [生活]
16・3	奥右筆の諸藩士と会うことを禁ず [実紀]	
16・10		吉原にて京阪の女に客多く、以後流行す [武江]
17・6		浅草寺内の富突公許さる [実紀]
17・7		吉原の茶屋で揃いの盆燈籠を出す [生活]
18・4	武士の妾を正妻に直すことを禁ず [実紀]	
18	勘定方を百八十六人に増員す [武家]	浅草奥山に桜を植える [武江]
18	武士の婚儀を行わぬ妻(即ち妾)を禁ず [武家]	
19	公領の兇変に隣接大名の出兵を令す [武家]	
20	大名旗本の遊里に遊ぶことを禁ず [実紀]	
享保まで	大名の吉原への微行遊興あり [生活]	相撲の仕切りは手を下さず立ったまま [生活]
享保年間	諸改革の令度々出る（享保の改革） [武家]	武家の権威落ち町娘嫁入りを望まず [武家]
享保年間	目付の定員十名が原則となる [武家]	間男流行「さわり三百」の通言行わる [武家]
享保年間	将軍が大奥での入浴をやめ中奥に変更 [武家]	姦通事件多過ぎ過怠金の内済方法急増 [武家]

吉宗（八代）

享　保

享保年間	新御番組八組となり以後定数となる [武家]	頬紅の使用絶え白粉のみの化粧となる
享保年間	お七里役人横暴を極む [武家]	婦人のお高祖頭巾始まる
享保年間	お庭番が密偵を拝命 [武家]	倹約令の抜け道として裾模様始まる
享保年間	武士の早婚を推め、蓄妾を止めしむ [武家]	男子にも下駄が普及す
享保年間	婚礼の時刻が昼となる [武家]	角行燈・丸行燈など種類激増す
享保年間	火付盗賊改の称定まる [武家]	京の名菓八ッ橋売り始む
享保年間	三笠附禁止さる [武家]	芝居にはじめて千両役者出来る [生活]
享保年間	情死者の死体を晒物にせよと令す [武家]	不忍池に蓮花が繁茂、名所となる [生活]
享保年間	妻敵討が流行す [武家]	切売り立売りなど商法巧妙となる [生活]
享保年間		富突公許さる [生活]
享保年間		キホイ組はびこる [生活]
享保年間		女の柳腰もてはやさる [生活]
享保年間		女が帯を高くし尻を大きく見せ始む [生活]
享保年間		高倉雛が流行 [生活]
享保年間		団体の富士登山始まる [生活]
享保年間		芋酒屋始まる [生活]
享保年間		力士に所属部屋の制はじまる [生活]
享保末年	容疑者の在未決期間半年となる [武家]	硝子製の櫛が流行す
享保末年		女専用の銭湯「女中風呂」始まる [生活]
享保以降	武士の涼み船に標識の槍を立てる事やむ [生活]	吉原の太夫道中に高塗下駄を用う [生活]
享保以降		大阪の花街昼夜営業となる [生活]

将軍	年号	年月	事項	事項
吉宗（八代）	享保	享保以降		俳優経営の商店盛んになる 生活
	享保	享保以降		嫁入道具が激増し華美となる 武家
	元文	2・5・3	江戸大火。寛永寺焼く 実紀	
	元文	2・8		飛鳥山に初めて桜を植え水茶屋できる 武江
	元文	3・7	水辺以外で行う仕掛花火を禁ず 実紀	
	元文	3	拾得物は半年間落主不明で拾主に与う 武家	
	元文	元文年間	肩衣に鯨髭を入れ一文字とすること流行	下層市民も羊羹を食べ始む 生活
	元文	元文年間		女が羽織を着ること始まり流行す 生活
	元文	元文年間		踊子（芸者）日傘を用い始む 生活
	元文	元文年間		上野広小路出来る 生活
	元文	元文年間		柳原堤上にがらくた露店出はじめる 生活
	元文	元文年間		花簪が流行す
	元文	元文年間		経木笠が産出、流行す
	元文	元文年間		南爪食用となり始む
	元文	元文天保		深川の岡場所が繁昌す 生活
	寛保	1・3		吉原仲ノ町に桜を植えはじむ 武江
	寛保	1	法定利率を一割五分と定む 生活	
	寛保	1	踊子停止さる。転び芸者の鼻祖とあり 武江	
	寛保	2	刑典百ヵ条により妾にも姦通罪を適用 武家	
	寛保	2	牢屋の類焼前に囚人を放つことを定む 武家	
	寛保	2	徳川法典が最終的に完成す 武家	

将軍	年号	年月	事項（上段）	事項（下段）
吉宗（八代）	寛保	3・2	役人出張手当の制度定まる 実紀	
		3・6	諸藩御留守居役の寄合を禁ず 実紀	
		3・10	諸人の覆面して外出することを禁ず 実紀	
		3	御留守居茶屋を停禁す 武家	
		3	主人の妻との姦通男獄門女死罪を令す 武家	
		寛保年間	老中の権威加わり「御老中」と呼び始む 武家	
家重（九代）	延享	2・2・12	江戸大火。翌日まで延焼 武家	
		2・2	寺社の門前地を町奉行支配に移す 武家	
		4・3		不忍池の新築地に楊弓・講釈場繁昌す 武江
		延享年間		金鍔焼売り始む 生活
		延享年間		見世物の女相撲始まる 生活
		延享より		芝居の舞台装置が豪華となる 生活
		延享宝暦		素人女の踊子多くなる。遊芸の始まり 生活
	寛延	2		不忍池弁天島へ八ッ橋架る。程なく廃止 武江
		3・1	農民の強訴を禁ず	
		寛延年間	宗十郎頭巾が流行す 武家	
	宝暦	1		吉原に初めて女芸者なる者始まる 武江
		3		千住宿に女郎屋始まる 生活
		4・以降	南北町奉行所が数寄屋橋・常盤橋に固定 武家	
		12		葛西の馬鹿囃初めて祭礼に出演 生活

家治（十代）

宝暦

宝暦初年	麻布御家人組屋敷で内職の草花売出す [武家]	
宝暦年間	御家人株の売買が盛んとなる [武家]	吉原で札差の豪遊始まる [生活]
宝暦年間	御留守居寄合再び盛ん、贅沢となる [武家]	江戸ッ子弁が生れ始む [生活]
宝暦年間		お番衆を旦那に持つ安囲い出現し始む [生活]
宝暦年間		絵草紙屋の店へ美女を出すこと始まる [生活]
宝暦年間		仕掛花火が発達、玉屋鍵屋有名となる [生活]
宝暦年間		昼の吉原から夜商売の吉原へと変る [生活]
宝暦年間		夜鷹全盛。その中美人は人気者となる [生活]
宝暦年間		居酒屋が出来始む [生活]
宝暦年間		江戸市中に水茶屋が多くなる [生活]
宝暦年間		大町人の妻を奥様と呼ぶこと始まる [武家]
宝暦年間		早鮓が市販さる [武家]
宝暦年間		女髪の櫛巻が流行す
宝暦年間		深川芸者が羽織を着はじめ一般に流行
宝暦年間		手打そば始まる [生活]
宝暦年間		婦女の菅笠廃り、青紙張りの日傘流行 [武江]
宝暦年間		女の衣類に丁子茶の色流行す [武江]
宝暦年間		花簪・朱塗の櫛・象牙の笄流行す [武江]
宝暦より		両国橋附近繁昌す [生活]
宝暦末年		最高遊女の太夫無くなる(以後は花魁) [生活]
2・12	座頭の高利貸を禁ず [実紀]	神田佐久間町に医学館建つ [武江]

家治（十代）

明和

3・7		霊岸島埋立地成る。俗に蒟蒻島という [武江]
3	諸国飢饉。数年続く [武家]	吉原全焼、初めて遊女町の仮宅 [生活]
5・4・6		
5	女義太夫が売淫の嫌疑により禁止さる [生活]	
7・5	諸国大旱。八月まで続く [武江]	
8・3		伊勢へのお蔭参り熱狂的となる [武江]
8・5	徒党・強訴・逃散を定義しこれを厳禁す [武家]	
8・6		米沢町の入堀を埋め立て薬研堀と称す [武江]
9・2		内藤新宿再び開かる [生活]
明和初年		女義太夫が人気を独占 [生活]
明和年間	町与力捕物出役に水盃をする事始まる [武家]	江戸市中に貸本屋盛んとなる [生活]
明和年間		医者の京都修業がやみ江戸の医学勃興 [生活]
明和年間		食物の辻売り・屋台店始まる [生活]
明和年間		料理屋はじまる [生活]
明和年間		踊子を芸者と呼ぶこと始まる [生活]
明和年間		相撲のショッキリ始まる [生活]
明和年間		見世物の女相撲大いに人気を博す [生活]
明和年間		寺社の開帳師なる者出現す [生活]
明和年間		木場の売場と置場が合体繁昌す [生活]
明和年間		侠客・遊女等の間に入墨が流行す
明和以降		粋な屋根船が全盛 [生活]

家治（十代）

年号	年・月・日	事項	風俗・生活
明和	明和安永	許可制を重んじ結婚の事を引取という〔武家〕	花見に茶番始まる〔生活〕
明和	明和安永	本所の御家人堕落す〔武家〕	深川が遊楽地として賑わう〔生活〕
明和	明和安永		密通は殆ど内済となる〔武家〕
明和	明和安永		山谷船約六十艘となる。船賃三百文
明和	明和天明		長い羽織が流行す
安永	1・2・29	江戸大火、評定所焼く〔実紀〕	
安永	1・4		大川中洲埋立成る（町家は4年に建つ）〔武江〕
安永	1・11・3		寛永寺本坊焼失〔実紀〕
安永	3・9		大川橋初めて架かる。俗称吾妻橋〔武江〕
安永	4・4		中洲を富永町と命名、納涼の茶店繁昌〔武江〕
安永	6・7		内藤新宿に大規模の女郎屋出来る〔生活〕
安永	7・3		相撲興行が晴天十日となる（以前八日）〔武江〕
安永	7・4	無宿者の一斉検挙行わる〔武家〕	
安永	8		花街にはじめて見番置かる〔生活〕
安永	安永年間		船宿に粋な女将が坐り始める〔生活〕
安永	安永年間		座頭高利貸の吉原での遊興目立つ〔生活〕
安永	安永以前		相撲の仕切りに「待った」は無し〔生活〕
安永	安永天明	火付盗賊改の勤めぶり堕落す〔実紀〕	両国広小路賑わう〔生活〕
天明	2・より	不良を勘当と同時に帳外とす〔武家〕	
天明	2	三家三卿通過に辻番の士土下座と定む〔武家〕	
天明	3・7・6	浅間山大噴火。近在の死者三万五千人〔武江〕	

家斉（十一代）

元号	年月日	事項	風俗
天明	4・4・16		吉原出火により中洲へ仮宅 [生活]
天明	6・1・22	江戸大火。湯島聖堂焼く [実紀]	
天明	7	大飢饉。5月江戸で打壊し事件起る [武江]	
天明	7・11・9		吉原出火により再び仮宅 [実紀]
天明	8・1・29	京都大火。禁裡・二条城を焼く [実紀]	
天明	天明年間	見世物の女相撲禁止 [生活]	商人の娘大名屋敷へ女中に行く事流行 [生活]
天明	天明年間		江戸に茶漬屋全盛 [生活]
天明	天明年間		女義太夫盛り返す [生活]
天明	天明年間		江戸中の留守居寄合茶屋四十軒となる [武家]
天明	天明年間		婦人家居に衣服の裾長く引く事始まる
天明	天明年間		大阪の井戸工来り一町に一井戸出来る [武江]
天明	天明末年		女隠居が被布を着ること始まる [生活]
天明	天明以降	久離と勘当の合併が通念となる [武家]	吉原の遊女屋に楼名をつける事始まる [生活]
天明	天明以降		看板書きが職業化す
天明	天明寛政		俳優をまねて男が眉を剃ること流行す
寛政	1・9	御留守居寄合の停止令出る [武家]	
寛政	1・9	旗本御家人の古借金棄捐令を発す [武家]	
寛政	1・11		記録上相撲に初の横綱現わる [生活]
寛政	2		石川島に人足寄場出来る [武家]
寛政	2		隅田堤に初めて桜並木を植える [生活]
寛政	3・2	市中銭湯の男女混浴を禁止す [生活]	

家斉（十一代）

寛　政

3・12	町法を改め町会所を置く	
4・3	関東郡代を廃し代官の分治とす	
4	寄場奉行を新設（以前火付盗賊改兼任）[武家]	
4	暗娼を逮捕、嫁入りを奨励す [生活]	
5	情死者の死体を晒すこと停止す [武家]	
6・1・10	江戸大火、山王社焼く [実紀]	
6・4・2		吉原出火、全焼 [実紀]
8・8	女犯僧を日本橋に晒す [武家]	
8	勘定方を二百三十二人に増員 [武家]	
10・8		深川新大橋向うに籾蔵建つ [実紀]
12・2・23		吉原類焼 [実紀]
12・より		女人の富士登山許さる [実紀]
寛政年間	諸政改革の令屢々出る（寛政の改革）[武家]	
寛政年間	男色を重ねて禁止す [生活]	女の髪結職人町家へ出入りし始む [生活]
寛政年間	八王子千人同心の子弟蝦夷地へ赴任 [武家]	見附門番士への仕出し屋始まる [生活]
寛政年間	御家人の手内職いちじるしく発達 [武家]	大福餅売り始む [生活]
寛政年間	刑死者の首台一人一台とす（以前数人）[武家]	女の浴衣姿の艶姿もてはやさる [生活]
寛政年間		職業としての落語家出現す [生活]
寛政年間		相撲番附はじめて出来る [生活]
寛政年間		向島の桜名勝となる [生活]
寛政年間		向島に町人の寮ふえる [生活]

家斉（十一代）

寛政	寛政年間		装飾の多いピラピラ簪が流行す
寛政	寛政以降		天水桶置かる 生活
寛政	寛政以降		民間に陶器の使用盛んになる 武家
享和	2・5	蝦夷奉行を箱館奉行と改む 実紀	
享和	3・8		柳原堤の側に籾蔵建つ 実紀
享和	享和年間		縁日の夜店盛んとなる 生活
享和	享和年間		婦女も縁日などに初めて夜歩きをなす 生活
享和	享和年間		小金井の桜評判となり始む 生活
享和	享和年間		隅田川川開の花火五月二十八日と定る 生活
享和	享和年間		茶人・幼女が被布を着ること始まる
享和	享和年間		鼈甲高価につき馬爪製贋物の櫛笄出現 武江
享和	享和天保	女犯僧多く処罰さる 武家	
文化	2・6	八州取締出役新設さる 武家	
文化	2・9	女義太夫再禁止令出る 生活	
文化	3・3・4	江戸大火。武家屋敷殆ど焼く 武江	
文化	4・8・19	深川八幡祭礼の混雑で永代橋落つ 武江	
文化	6・1・10	江戸大火。山王社・芝居町焼失 実紀	
文化	7		大阪難波新地が相撲の定場所となる 生活
文化	8・8	入墨を業とすること厳禁す 実紀	
文化	8		新白粉「江戸の水」を発売 生活
文化	9・夏	武士・町人共に日傘を用い始む 生活	

家斉（十一代）

文化

9・秋		音羽二三丁目に音羽の滝が出来る〔武江〕
10		稚浄瑠璃（おさなじょうるり）許可さる〔生活〕
11・10・21		寛永寺本坊焼く〔武江〕
文化年間	驕奢罪を発動、違反者を検挙す〔武家〕	市民が江戸ッ子と自称すること始まる〔生活〕
文化年間		桜餅売り始む〔生活〕
文化年間		ギヤマンの器物を製し始む〔武江〕
文化年間		初めて化粧品の専門店が開業〔生活〕
文化年間		寄席初めて出来る〔生活〕
文化年間		一般の婦人に厚化粧多くなる〔生活〕
文化年間		一般の婦人に前掛が普及〔生活〕
文化年間		初めて釣堀出来る〔生活〕
文化年間		一日の芝居見物料一両二分〔武家〕
文化年間		八王子で黒紬を織り出す
文化年間		山谷船五百艘となる
文化年間		半身足無しの幽霊形式出来上る〔生活〕
末年より		団体の花見客多くなる〔生活〕
文化以降	不良は未勘当でも村役人が無宿扱をす〔武家〕	
文化文政	武士も芝居見物等に托して見合を行う〔武家〕	街に踊りの師匠成り立つ〔生活〕
文化文政	手内職発達し職人気取の御家人現わる〔武家〕	遊女の髪飾り熊手の如く大きくなる〔生活〕
文化文政	御家人の大多数が堕落す〔武家〕	町人が羅紗を鼻緒にす〔生活〕
文化文政		女郎が長襦袢を着始む〔生活〕

家斉（十一代）

元号	年月	政治・法令	世相・生活
文化	文化文政		狐拳が流行 生活
文化	文化文政		町娘が踊・三味線に精を出す 生活
文化	文化文政		滝に打たれる病気療法流行す 生活
文化	文化文政		楊弓場出来始む 生活
文化	文化文政		農村に無頼漢横行す 生活
文化	文化文政		江戸が四里四方に拡大す 生活
文化	文化文政		内藤新宿大繁昌 生活
文化	文化文政		向両国繁昌す 生活
文化	文化文政		本所・深川に町人の寮多くなる 生活
文化	文化文政		重箱一つ五両の鮓が市販さる 武家
文化	文化文政		女の口紅笹色のつや紅を用う
文化	文化文政		虚無僧多く美服となる
文政	2・7・8	米価高騰。物価の引下げを命ず 実紀	
文政	2	八州取締出役が出動す 生活	
文政	3		不忍池南西の堤完成、茶屋料理屋建つ 武江
文政	5・8	投扇の遊戯を禁ず 実紀	
文政	5		見世物のカンカン踊始まり諸人真似る 武江
文政	8・より		女の襟白粉が江戸にも流行 生活
文政	8・11	浪人をして札差に強談せしむるを禁ず 実紀	
文政	9・9	無宿者の長脇差を帯びるを禁ず 実紀	
文政	10・6	芸者の衣服・髪飾の華美をとがむ 実紀	

家斉（十一代）	文政	10・9	婦女・医師の外日傘を用いるを禁ず [実紀]	
家斉（十一代）	文政	10		女義太夫再び全盛 [生活]
家斉（十一代）	文政	12・3・21	江戸大火。九百余人焼死 [実紀]	
家斉（十一代）	文政	文政年間	火の手が上らねば放火罪にせずと改む [武家]	割箸を使いはじむ [生活]
家斉（十一代）	文政	文政年間		女の蹴出し流行す [生活]
家斉（十一代）	文政	文政年間		八王子機業地となる [生活]
家斉（十一代）	文政	文政年間		隅田堤が桜の名所となる [生活]
家斉（十一代）	文政	文政年間		渋を引き晴雨両用の傘用い始む [武江]
家斉（十一代）	文政	文政年間		白い燈籠廃れ彩色草花を描く物流行す [武江]
家斉（十一代）	天保	1・春		お蔭参り諸国に波及、途上茶菓を供給 [武江]
家斉（十一代）	天保	2・8	再び武士の日傘を禁ず [実紀]	
家斉（十一代）	天保	4・冬		回向院の相撲が本場所ときまる [生活]
家斉（十一代）	天保	5・2・7	江戸大火。木挽町芝居・佃島等全焼 [武江]	
家斉（十一代）	天保	7・8年		稲荷鮓売出す [生活]
家斉（十一代）	天保	8・10・19		吉原火事のため初めて深川へ仮宅
家慶（十二代）	天保	9・3		回向院に初めて化物屋敷の見世物出る [生活]
家慶（十二代）	天保	9・3・10	江戸城西丸焼失 [実紀]	
家慶（十二代）	天保	9・4	髪飾等無益の贅沢品を禁ず [実紀]	
家慶（十二代）	天保	10・10		湯島天神の富突興行許可さる [実紀]
家慶（十二代）	天保	12・10・7		堺町より出火、芝居三座全焼 [実紀]
家慶（十二代）	天保	12・11	女義太夫に弾圧下る [実紀]	

家慶（十二代）

天　保

年・月	事項	事項
12・12	女髪結を禁ず [実紀]	
13・1		前年の火事で芝居三座猿若町へ移る [生活]
13・3	暗娼禁止、転業を命ず [生活]	料理屋二十余所取払い女は吉原へ収容 [武江]
13・4	季節に至らざる野菜の売買を禁ず [実紀]	
13・6	絵草紙屋・役者・遊女絵等を禁止 [武江]	
13・7	高価な器物の売買を禁ず [実紀]	
13・8		猿若町の芝居、移転後の初興行 [武江]
13・9	法定利率を一割二分に改訂 [生活]	
13・12		女医者初めて出現す [実紀]
13	神田橋外・虎の門外に勘定奉行役宅設く [武家]	
13	百姓の長男が力士になることを禁ず [生活]	
14・5		失火の罪により花火の玉屋断絶 [生活]
14・8		四谷角筈村に大砲場を建設 [実紀]
14・10	江戸に下肥の値下げ運動起る [武家]	
15	下掃除規定により下肥の糶上げを禁ず [武家]	
天保初め		どじょう汁初めて売出す
天保年間	諸政改革の令多く出る（天保の改革） [武家]	
天保年間	改革により役者の市民との同席を禁ず [生活]	旦那を三四人も取る安囲い流行し始む [生活]
天保年間	男娼を弾圧す [生活]	江戸の民間でも公然と見合い始まる [生活]
天保年間	武士も公然と見合いをすること始まる [武家]	婦女薄化粧となる [生活]
天保年間	火付盗賊改が全く権威を失う [武家]	向島の夜桜見物はじまる [生活]

家慶（十二代）

天保	天保年間	驕奢罪を発動【武家】	屋根船の中が男女情交の場所と化す【生活】
天保	天保年間	庶民の死者に院号・居士号をつけるを禁ず	地方に博徒ふえる【生活】
天保	天保年間		江戸の町数一千六百七十九町となる【武家】
天保	天保年間		羽織の丈短かくなる
天保	天保年間		羽織の紐直し行商として出現す
天保	天保以降		町人男子の髪型は銀杏が基本となる【生活】
天保	天保末年	改革により富突停止さる【生活】	
弘化	1・5・10	江戸城本丸焼失【実紀】	
弘化	1・春		両国広小路にゼンマイ仕掛の手妻出現【武江】
弘化	2・2		霊岸島築立地に民家建ち富島町と命名【武江】
弘化	2・3		「夜鷹細見」初めて刊行発売さる【生活】
弘化	2・8		芸者一軒一人を公認。柳橋芸者の初め【生活】
弘化	4		芝居の所作より虫拳・狐拳・虎拳が流行【武江】
弘化	弘化年間		根岸新田に梅屋敷開き繁昌す【武江】
嘉永	2	勘定方の定員を二百十五人と定む【実紀】	堀切村の花菖蒲盛り諸人遊覧す【武江】
嘉永	2		蘭学の医師により種痘行われ始む【武江】
嘉永	3・1・5	江戸大火。武家屋敷多く焼く【武江】	
嘉永	5・2		幼児河豚の皮を茶碗へ張り太鼓とす【武江】
嘉永	5・春		浅草奥山梅を植え池を掘り遊覧地とす【武江】
嘉永	5		縁起の招き猫始まり今戸焼にて製す【武江】
嘉永	5		大森海岸に砲台を築く【実紀】

将軍	年号	年月日	事項	風俗
家慶（十二代）	嘉永	6・2	本所にて夜鷹四十人と女髪結逮捕さる [武江]	
		6・6	諸大名に深川洲崎海岸を警備せしむ [実紀]	
		6・8	諸大名江戸附近へ鉄砲携行するを許す [実紀]	品川海中に砲台を築く（お台場） [実紀]
		6・10	幕臣に隊伍調練を奨励す [実紀]	
		嘉永年間		曲馬が興行として行わる [生活]
家定（十三代）	安政	1・4・10	京都大火、皇居炎上 [実紀]	
		1・6	箱館奉行を再び置く [実紀]	
		1・7・9	日章旗を以て日本国船印とす [実紀]	
		1		町飛脚始まる [生活]
		2・3・3	梵鐘を大小砲に改鋳すべきことを命ず [実紀]	
		2・3		居酒屋が始めて牛込に開店 [武江]
		2・10・2	江戸大地震。死者六千六百四十一人 [武江]	大地震により芝居三座・吉原焼失 [武江]
		3・1		越中島に砲術調練場・築地に講武所建つ [武江]
		3・11		浅草観音堂前・奥山に桜千本を植える [武江]
		5・5		吉原仲ノ町の往還に花菖蒲を植える [武江]
		5・7		コロリ（コレラ）東海道・江戸に流行 [武江]
家茂（十四代）		6・2・21	江戸大火。武家屋敷多く焼く [武江]	
		安政年間		「いなせ」という言葉始まる [生活]
		安政年間		王子の名主の滝出来る [生活]
		安政年間		吉原焼失深川の仮宅で職人の遊興盛ん [生活]
		安政年間		女の口紅淡色が流行す

家茂（十四代）

	安政以降	本所の御家人が大いに悪質化す 武家	
万延	1・7		下谷和泉橋に種痘所新設。希望者に施行 実紀
	1・9・28		吉原焼失。深川に仮宅 生活
	1・11	外国人に出会いし時不作法なき様令す 実紀	
	1		横浜に初めてラシャメン出現 生活
文久	1・2	永代・新大橋・両国・大川橋側に番所新設 武江	
	1・6	庶民の大船所有を許し海運を奨励す 実紀	
	1・7	幕臣の洋風筒袖・冠物・皮履を禁ず 実紀	
	1・9	神田辺にて地獄と呼ぶ暗娼数百人逮捕 武江	
	2・6・8	江戸城西丸焼失 実紀	
	2・6	普請奉行・小普請奉行を廃す 実紀	
	2・7		麻疹流行、男軽く女重し 武江
	2・8	奏者番を廃す 実紀	
	2・8	熨斗目・長袴を廃す 実紀	
	2・8	諸大名の妻子の帰国を許す 実紀	
	2・8	諸大名の参覲の期を緩くす 実紀	
	2・11・14		吉原全焼。深川へ仮宅 武江
	2・12	医官の蓄髪を許す 実紀	
	2・12	旗本を歩騎二隊、刀槍二兵種に分つ 実紀	
	2・12	小十人組を以て親衛狙撃隊を編成す 実紀	
	文久年間	町与力が羽織袴に改る（以前継上下） 武家	浅草寺境内の見世物小屋半永久となる 生活

将軍	年号	年・月	武家	町
家茂（十四代）	元治	1・2	火付盗賊改の公邸新築（以前は自宅）武家	
		1・3	甲府町奉行を初めて置く 実紀	
		1	この年度々江戸に中小火あり 武江	
	慶応	1・8		飛鳥山下を掘割り大川より舟を通ず 武江
		1・8		飛鳥山下に反射炉を建設 武江
		1	諸家の銃隊調練盛ん。洋風の軍鼓を用ゆ 武江	
		2・4	無提灯の夜歩きを禁ず 実紀	
		2・5	諸隊途上にて笛太鼓を用うる事を禁ず 武江	
		2・5	米価高騰し江戸にて打壊しあり 武江	
		2・6	別隊組の昼夜市中巡邏はじまる 武江	
慶喜（十五代）		2・8	火付盗賊改が廃止さる 武家	
		2・8	幕軍小筒隊が筒袖黒羽織股引を用ゆ 武江	
		2・9		打壊し事件により芝居休場・吉原閑散 武江
		2・11	武家方調練時に筒袖軍羽織股引を用ゆ 武江	
		2・11・6	江戸大火 武江	
		2・11・11		吉原火事。深川に仮宅 武江
		2	勘定奉行公事方評定所で執務（前役宅）武家	洋風の料理店出来、牛の料理始まる 武江
		3・4	武士蝙蝠傘を用い、翌年より一般化す 武江	
		3・5	許可制により西洋人との結婚を認む 生活	
		3・6	甲府勤番支配を甲府小普請支配と改称 実紀	
		3・7	関所の入鉄砲・出女の旧制ゆるむ 実紀	

将軍	年号	年月	事項	事項
慶喜（十五代）	慶応	3・9		築地に異国人の旅館建つ [武江]
		3・11	江戸中に強盗頻発のため仮屯所を新設 [武江]	
		慶応年間		虚無僧殆ど廃絶す
		慶応末年		楊弓場大いに繁昌す [生活]
	明治	1・2	旗本の任意采地に土着するを許す [実紀]	
		1・4・11	江戸開城 [実紀]	
		1	沼津に兵学校開設 [武家]	
		5・9		岡蒸気が開通 [生活]
		5		汐留の船宿変じて待合の初めとなる [生活]
		6・より		太陽暦となる [生活]
		6・より		両国の花火例年六月二十八日となる [生活]
		15		楊弓場の極盛期 [生活]
		明治初年		ドンチョウ芝居始まる [生活]

江戸故事来歴集

地名の部〔旧の区制により方角を分けた〕

麴町

むかし数軒の麴屋があったからとも、また、旧国府〔現府中〕への道すじに当るので国府路〔こふじ〕と称し、その転訛ともいわれる。

竹橋　北条氏康の時、佐竹彦四郎なる者、父摂津守の軍忠により上総国椎津城を賜わった。しかしその身は江戸城二の曲輪におり、家来を神田においたが、その屋敷近くの橋だったので佐竹橋、後に竹橋と略称したという。一説に、家康入国の時、この橋梁の上に板を用いず、竹簀子を使ってあったのでこの名が起ったともする。

牛ケ淵　銭を積んだ牛車が落ち、深泥に没入した事件があったための称。

半蔵門　伊賀者の物頭役、服部半蔵正成の屋敷があり、近くにその組の与力・同心も住んでいたための称。

雉子橋　むかし朝鮮人来聘のとき、雉子にまさる好物なしと聞き、饗応の雉子・雞など、この川辺に小屋を造って入れておいた。よってこの名起る。

一ツ橋　家康入国のとき、一本の丸木橋だったのでこの名がある。

常盤橋　もと大橋といった。家光将軍のとき、江戸城の大手に当るので佳名を選び、「色かへぬ松によそへて東路の常盤の橋にかかる藤波」との古歌にちなんで常盤橋と改めた。

竜の口　江戸城内、堀の水の吐き口なるによって称えた。

道三町　幕府典薬寮の医師、今大路道三の屋敷があったための称。道三橋、道三河岸、道三堀もみな然り。

銭瓶橋　文禄四年、この橋畔より、永楽銭、京銭のいっぱい詰った瓶（かめ）を掘出したための称。一説にはこの辺りで、永楽銭を引替えたので「銭替橋」なりとし、また「銭買橋」の訛りともいう。

八重洲町　慶長のころヤンヨースと称する和蘭人がここに住んでいたため。

呉服橋　橋外に呉服師後藤縫殿助の宅ありしによる。後藤橋とも呼んだ。

大名小路　有楽町より東京駅前に至る道路をいう。諸侯の邸宅多きための称で、諸国の城下町にもこの名が多い。

数寄屋橋　数寄の道に通ぜし織田有楽斎入道長益の屋敷が近かりしによる。茶道家が多くこの橋を渡った。

日比谷　江戸開府以前の漁師町で、粗朶（ひび）を建てて魚を取り、その入江なるにより日比谷と称した。

霞ケ関　むかしの奥州街道の関門。すこぶる景勝の地で、霞ケ関の名は早くから世に知られていた。亀山院の御製に「立どまる霞ケ関の朝朗花も幾重か匂ひそむらん」とある。関趾の東坂ぎわ〔現外務省〕には黒田邸、向う側〔現農林省〕は浅野邸で、坂上の眺望まことに絶佳、「安芸と黒田は国は遠けれど　花の大江戸を下たに観る」と歌われた。

三年坂　むかしこの坂で転ぶときは、三年のうちに死ぬという俗説による。

虎の門　むかし朝鮮人が虎をもたらしたとき、その檻が大きくて従来の門では通れない。そこで新たに造り直してこの名をつけたという。また一説に、大手を城の正面朱雀となし、右に白虎の意味をひいて名づけたともいう。

皂角（さいかち）河岸　旧井伊邸下の堀端をいう。かつて加藤清正の邸宅を建てたとき、皂角の木を多く植え、永く残りしためこの名がある。

紀尾井町　紀尾井坂より起りし名。この坂の左右に、紀州・尾州・井伊の三家の屋敷があったため紀尾井坂の名が起った。

番町　寛永のころ、幕府より大番組諸士の宅地をここに給した。一番組から六番組まであったので、町名も一番町より六番町までとした。

水道橋　この橋の東手に並んで神田上水の大樋あり。ゆえにこの名がある。

餅木坂　飯田坂と中坂との中間にある。この坂の青山七郎右衛門屋敷うちに、冬青木（もちのき）の大木があったので名となる。

神田

むかし伊勢大神宮へ諸国より新稲を奉る例あり。これを植える田を神田、神田（みとしろ）、御田（みた）などと呼んで一国に二三カ所あり。この地もまた当国の神田なるを以てこの名がある。

小川町　家康の入国まえ、水道町の辺より神田を経て常盤橋の方へ流れる小川あり。元禄年間まで鷹匠町といったが、生類憐みの令によって廃止、旧名を探って小川町に改めた。

今川小路　高家今川氏の屋敷があったための称。

護持院ケ原　延宝・天和年間まで諸士の屋敷地だった。元禄年間、柳原の南にあった知足院を移し護持院と改称、密教の大伽藍を建立したが、享保二年火災にかかり、そのとき大塚の地に移ったあと放鷹場となし、新駒ヶ原と名づけた。しかし林泉の遺跡すこぶる勝景のため、庶人遊適の地として開放された。一番原、二番原、四番原に分け、後みな火除地となり、旧地にちなんで護持院ヶ原といった。

駿河台　往時は神田台または神田山といったが、元和・寛永のころ駿河在番の諸士を江戸に移し、この地においた。よって駿河台の名が起った。

美土代町　神田（みとしろ）の訓による名。

雉子町　むかし雉子橋外にありし人家を、元和年中この地に移したが、旧名を以て雉子町と称した。

多町　むかし田地だったのを、埋めて人家を建てしにより田町といい、後に多町と改めた。

今川橋　今川善右衛門の創建によりこの名あり。

柳原　むかし川上みな土堤を築き、柳を植えたるによりこの名あり。土堤下に稲荷神社あり、長禄二年太田道灌、江戸城鬼門除けのため創建し、柳にかこまれているので柳森稲荷といった。

松枝町　むかしの奥州街道にして、桜樹多く傍に池あり、桜ヶ池といった。明暦の大火後、大奥の老女松ヶ枝の受領地となる。よってその名が起った。

お玉ケ池　右の桜ヶ池のほとりに、むかしお玉なる美女が旅人に茶を売っていた。ところが二人の男から恋され、板ばさみとなって投身自殺した。よってお玉ヶ池という。

弁慶橋　松枝町東端藍染川にかかる橋を弁慶橋といった。幕府の大工棟梁弁慶小左衛門の手に成る橋。その形すこぶる新奇で精巧なため世に知られた。

お茶の水　お茶の水と称する名水の井戸あり。将軍家のお茶の水を汲んだと伝え、神田川鑿通のときは形を存したが、享保十四年の大洪水の後、川幅をひろげたとき川底へ没したという。

同朋町　幕府の同朋役が宅地を賜わったことによる。後に町家を建て明神下同朋町と称えた。

旅籠町　むかし中仙道および陸羽街道の裏通りに当り、旅籠屋が多かったため町名となった。

加賀原　旅籠町一丁目は松平加賀守邸だったが、天和二年の火災の折り上地、空地となって加賀ヶ原と呼ばれた。

鈴木町　鈴木姓の人、軒をならべて住んだのでこの名あり。享保七年の絵図に、鈴木嘉右衛門、鈴木九太夫、鈴木平左衛門等の名が見える。

目鏡橋　万世橋は一に筋違橋、目鏡橋ともいう。その橋斜めに架り、またその橋台が二つの半円をえがいて目鏡の如く見えるのでこの名があった。

台所町　幕府の御台所役人の屋敷があったための称。

日本橋

日本橋の名は、朝日が海より上るのを橋上で見られ、日の出の処という意味からこの名が起ったとする。また一説には、諸侯に命じて海を埋め川を掘り、そして架けた橋なので、日本じゅうの者によって出来たという意味で日本橋といいはじめたとする。

一石橋　この橋の北に金座の後藤庄三郎あり、南に呉服師の後藤縫殿助あり、五斗と五斗を合せて一石という洒落である。またこの橋上から、呉服橋、鍛冶橋、江戸橋、常盤橋、銭瓶橋、道三橋を見わたせるので、これに一石橋を加えて八見橋ともいった。

安針町　元和年間、イギリス人アダムスなる者、和蘭人ヤンヨースと共に来朝してここに住む。のち日本に帰化し、三浦安針と改名したので安針町の名が起った。

大伝馬町　江戸城廓内にあった元宝田村の遺跡。慶長十一年、外廓増築のとき同村は引はらい、この地に移った。当時宝田村の名主馬込勘解由が宿継伝馬をつかさどり、この業にたずさわる者が多かったので町名となった。

小伝馬町　元千代田村といったのを、大伝馬町と同様、この地へ移した。町内に幕府の牢屋敷がおかれた。

玄冶店　もと幕府の医師岡本玄冶の宅地なので、この名あり。

照降町　小舟町三丁目の俗称で、日傘雨傘、下駄雪駄屋が軒をならべているので、この名が起った。

馬喰町　むかしは海湾につづく沼地で、仏寺の散在する淋しい草原だった。博労頭富田半七、高木源兵衛等がいたので博労町といったが、正保のころ馬喰町と改めた。大小伝馬町、通旅籠町、油町に近く、宿駅のことに縁があるので安宿が多かった。

両国橋　万治二年の架橋ではじめは大橋と称えたが、元禄六年下流に新大橋が架ったので、両国橋とあらためた。橋名は武蔵・下総両国の境界をなすため。

矢之倉町　正保・元禄の間、矢之倉と称する米倉ありしによる。

橘町　むかし横山町に本願寺があった時〔築地へ移転前〕、門前の町家で立花を売る店多くあり、そのため立花町と称えたのを、後に橘町と改めた。

浜町　むかしこの地は、大川の浜辺だったのでこの名あり。

箱崎町　この名は筑前箱崎の縁故によりつけられたという。

竜閑橋　寛永年間、伝通院定誉上人の建てた竜閑寺に因んで名づけた。竜閑川もおなじ。寺はのち小日向水道町へ移った。

鎧橋　茅場町と小網町、蠣殻町との間を「鎧の渡し」という。源頼義が奥州へ下るとき、この地で俄かに風吹き波荒れたので、鎧を沈めて竜神に祈った。よってこの名があるという。

茅場町　神田の茅売りをここへ移したので茅場町という。この地が繁昌すると、さらに本所へ移されたが、そこでもまた茅場町の名がついた。

小網町　佃島漁師の網干場あり。毎朝銭瓶橋の夜詰めより帰るとき、ここに小網一つずつ干したのでこの名がある。

駿河町　富士山をまっ正面に拝むので、この名が起った。「名月や富士見ゆるかと駿河町」

海賊橋　本材木町と坂本町との間にある。海賊奉行向井将監の屋敷があったからの称。一に将監橋ともいう。海賊奉行とは船手頭、軍艦奉行のこと、後に橋名は海運橋と変った。

親父橋　慶長年間、庄司甚右衛門が日本橋に吉原遊廓を開いたとき、同業者がその年長のゆえに、「親父、親父」と呼んだ。甚右衛門は遊廓の便利をはかりこの橋を架けたので、親父橋の名が起った。

富沢町　鳶沢甚内なる者、この地を賜わって古物市を開設したので鳶沢町といった。後に甚内が、姓を富沢と改めたので富沢町と変った。

京橋

日本橋から京へのぼるに、第一橋なるを以てこの名がある。その川もまた京橋川という。

八丁堀　寛永のころ通船の便をはかり、長さ八町の堀をほり八町堀と名づけたので、近傍諸町の通称となった。町方与力・同心の組屋敷があったことで有名である。

岡崎町　家康入国のとき、参州岡崎から岡崎十左衛門なる者がついて来て、この地の名主となった。よってこの名あり。

霊巌島　寛永元年僧の霊巌が八町堀近くの海を埋立て一寺を建立した。寺を霊巌寺、所を霊巌島といった。万治二年、寺を深川へ移して町地としたが、霊巌島の名はついに海口より三叉、高橋および霊巌橋川すじの間を通称するに至った。当時島がゆらゆらと揺らいだので、蒟蒻島（こんにゃくじま）ともいった。

大川端　もと北新堀町の続きだったが、後に幕府お船手の組屋敷となった。よって北新堀大川端といったのを、明治五年単に大川端町と改めた。この町の大川に沿う河岸を稲荷河岸といった。

銀座　慶長十四年より、この地に銀座をおき、銀貨を製造した。享保年中、銀座を蠣殻町に移したが、旧縁により、やはり銀座を町名とした。旧名は両替町である。

八官町　慶長・元和のころ、幕府よりオランダ人のハチクワンにこの地を賜わったので町名となった。

木挽町　江戸城増築のとき、木挽職人を多く住わせたので町名となった。

采女町　松平采女正の邸地だったが、享保年ちゅう上地となり、のち空地として馬場など設けた。采女ヶ原である。

鉄砲洲　本湊町は諸船入港の地なのでこの名がある。このあたり昔より鉄砲洲というのは、寛永のころ築地の海岸で井上・稲富両家が大砲の試射をした縁故による。

築地　明暦大火の後、木挽町の海岸を埋立てて以来、築地と称せられ四町より成る。一丁目はもと松平土佐守邸、二丁目は松平内蔵助はじめ武家屋敷、三丁目は本願寺および武家屋敷、四丁目は一橋邸はじめ武家屋敷であった。本願寺はもと横山町辺にあったのを、明暦大火のあとここに移した。世に「築地の西門跡」といい、三丁目の過半は本願寺および末寺を以て満されていた。

佃島　古名を向島と称す。正保元年、摂州西成郡佃村の漁家三十四軒、ここへ移ったので佃島の名が起った。白魚の名産地。

石川島　旗本石川某の受領地ゆえこの名あり。寛政年中、火附盗賊改の長谷川平蔵が、無宿者の更生施設「人足寄場」を作って効果をあげた。

尾張町　慶長八年、尾張家によって埋立てられた地なのでこの名あり。出雲町、因幡町、山城町など同じ由来による。

芝

この地はむかし竹柴と称し、古書に「竹柴の郷」

とある。芝というのはその竹の字を略し、柴を「芝」に改めたものという。後々まで竹柴をこの辺りの総称の如く用いた。

露月町　むかし日比谷内にあった老月村が、家康入国の際、廓外のこの地へ移され町家となった。後、老月を露月に改めた。

宇田川町　むかし上杉朝興の臣宇田川喜兵衛が、上杉家衰亡のあと開いた町。子孫相ついでこの町の名主をつとめた。

神明町　芝太神宮の前なので町名となった。太神宮は飯倉明神と唱えたが、飯倉の由来は御供米倉庫の旧跡たるによる。

浜松町　慶長のころ増上寺代官奥住久右衛門という者、名主を兼ねたので久右衛門町といった。が、元禄九年、遠江浜松出身の権兵衛なる者が名主となったので、浜松町と改めた。

三島町　むかし鍋島信濃守、久留島越後守、鍋島市之丞の三邸あり、後に町地となったので三島町といった。

七軒町　地主七人で持てる地なので、この名がある。

新網町　むかし芝浦といった地域の内。寛永年間、幕府の命により白魚を献ぜしにより、百間四方の地を漁夫の網干場に賜わった。後それが町地となり町名に残った。

新銭座町　寛永年中、この地で新銭を鋳造したための称。

田町　もと上高輪村に属せる所で、いちめん田地なりしを埋めて町地とした。よってこの名あり。四丁目から三田通りへ折れる角を札の辻というのは、もと制札場があったから。

車町　寛永十一年、増上寺内に東照宮造営の時、木石運搬のため京都から多数の牛車を呼び寄せた。その御者が多く住んだので、車町の名が起った。

伊皿子町　伊皿子（いんべす）なる明人が住んでいたためといい、また車町の大仏がこの辺にあったので、「おさらぎ」が訛ってこの名になったともいう。

赤羽橋　赤羽はもと赤埴と書いた。その起りは、芝山内の柵門、すなわち赤羽門を出て右の方は、むかし土器町と称え土器（かわらけ）を製する家が多かった。その色が赤かったので赤埴といわれ、いつしか赤羽の字に置きかわったのである。

三田四国町　もと阿波の徳島、土佐の高知、讃岐の高松、向う側に伊予の松山の四屋敷があったので、この名あり。後に鹿児島、徳島、挙母、因州新田の四藩邸に変った。

三田同朋町　もと讃岐高松の藩邸だったが、元禄九年上地して幕府お坊主の町屋敷となった。よってこの名あり。

二本榎　街道の右手に上行寺といって、日蓮宗の寺があった。むかしその辺に、大木の榎が二本あって、旅人のよき目標となっていた。ために枯れた後も二本榎の名が残った。

大和横町　松平大和守屋敷の脇なので、この名がある。

白金　土地の伝説に、むかし白金長者なる富有の豪族がいたから、この名ありという。

三光町　専心寺という浄土宗の寺院あり。寺中に三葉の松があって、俗に三鈷（さんこ）の松といわれた。町名に転じて三光町となった。

城山町　熊谷直実の城趾と伝う。神谷町に熊谷橋と称する石橋があるのをみても、いずれ熊谷姓の人がここに住んだと思われる。

麻布

麻布は元来村名にして、むかしは多く麻を植え、布を織ったので、この名ありという。古書には浅生、阿左布とも書く。

飯倉　伊勢太神宮御厨の地で、御饌料の米を収めた倉があったための称。むかしは淋しい村だったが、寛文の頃から町方支配となり繁昌した。

狸穴町　崖谷にまたがる地で、むかしは樹林深く狸の穴など多かったので町名となった。

一本松　むかしこの地に一本松と称える松があった。六孫王経基〔源氏の祖〕が衣冠を掛けたことありと伝え、冠松ともいったが、古木は明暦の火災に焼け、その後のものは植え継いだ松である。

南部坂　今井台より氷川台へ登る坂。南部家の屋敷があったためであるが、嶮しくて歩行困難の意から難歩坂ともじったこともある。

赤坂

むかしこの辺りに茜草が多く、茜山と称えたのが、後に赤坂となったという。また紀伊国坂の辺りに、むかし赤土が多かったので、この名が起ったともいう。

紀伊国坂　紀州邸の造築以来この名で呼ぶ。

一木町　赤坂一木町（ひとつぎちょう）はむかし人継村と称し、奥州街道人馬継立の地であった。もとは農村だったのが、次第に開けて延宝三年には一つ木村なる百姓町となり、元禄九年町地に属して一つ木町と改めた。

霊南坂　慶長年間、高輪の東禅寺がこの辺りにあり、その開山を嶺南といったので嶺南坂と称えた。霊南坂に改めたのは後年。

葵坂　むかし坂上の辻番所に、蜀葵花を多く植えたのでこの名あり。

江戸見坂　葵町と巴町との間を下る坂をいう。むかしから坂上の眺望すこぶるよく、江戸市中の大半を見下せるのでこの名あり。

青山　青山はむかし原宿のうちだが、家康入国以後、青山忠俊の屋敷をおいたのでこの名がある。但しそれ以前に青山街道の名あり、相州大山街道なので、大山転じて青山となったとの説もある。

長者丸と足し山　青山南町五丁目あたりはもと百人組屋敷および二本松藩邸があったところ。この辺を長者丸というのは、鹿谷（ししだに）長者屋形の跡なりとの伝承による。附近に足し山という所あり。今日の埋葬地である。

青山三筋町　むかし原宿村の一部。ここに三筋の道路があったので、この名あり。

六道の辻と立石　三筋町二丁目に六道の辻とて、六本に分れる道があった。また立石とは、辻通りにその名の石があった。

青山権田原町　旗本権田文之助が居住せしによる。

渋谷宮益町　もと渋谷村の内で農家のみ。元禄の頃から町地となり、今の町名となる。町内に鎮守御嶽神社あり、これにより宮益と唱えた。

四谷

むかしは霞村の内で関戸と称え、農家わずかに四軒だったので「四つ家の原」といった。後年人家が建ち並び、ようやく四谷と改めた。

四谷伝馬町　家康入国の後、大伝馬町の者、人夫伝馬のことを勤め、肥前島原一揆にも軍事輸送に従って功績があった。よって寛永年中この地を大伝馬町に賜わったので、四谷新大伝馬町と称え、同じく伝馬の助役を勤めた。のち「新」「大」の二文字をはぶいて四谷伝馬町とした。

四谷仲町　伊賀組の頭、服部仲の組屋敷だったのでこの名がある。慶長のころ寺地となり、元禄の地震火事の後、宝永年間駕籠組の者に賜い、町屋敷となってから二ヵ所に分けて仲殿町、御駕籠町と称えた。

伊賀町　四谷南伊賀町および北伊賀町は、むかしはいずれも原野だった。が、寛永年間、半蔵門外に住む伊賀組屋敷の代地となってから、次第に町家が建ち並んだので伊賀町と称えた。伝馬町を隔て南北に分れるため、南伊賀町、北伊賀町という。

四谷忍町　家康入国のころ、鷹狩りをしたほどの広原だった。それを高木九助の従者に与えて町屋敷とした。つづいて九助は武州忍の城代から、ふたたびこの地に帰り住んだので忍町と名づけた。一帯を忍原といったのもその頃のこと。町内に忍原横丁というのがあった。

四谷新堀江町　むかし堀江卯右衛門なる者、ここを茄子苗植付場に借用、かたわら町家を建設したので堀江を町名にとり入れた。幕府小役人の宅地が多かった。

四谷荒木町　もと松平摂津守邸、幕府先手組などの宅地が多かった。この辺に植木屋がいて、新根の樹木が目立ったため新木横町と称したのを、後に新木町、そして荒木町に改めたのである。

四谷左門町　先手頭諏訪左門の組屋敷があったので、左門殿町と称えた。殿をとったのは明治になってからである。

四谷大番町　幕府の大番組屋敷、および旗本屋敷が多かったので、この名がある。

牛込

牛の牧場があったのによる。駒込が馬の牧場に因むと同じ。

神楽坂と牡丹屋敷　牛込門外の大通りで、町内を北へ登る坂。むかし穴八幡の祭礼のとき、ここで神楽を奏したからだとも、また築土明神が牛込門内から、今の地へ遷座のとき神楽を奏したためともいう。その一丁目はもと牡丹屋彦左衛門の持地で、牛込牡丹屋敷といった。いつの頃からか、この辺りに幕府御用の牡丹作りの拝領屋敷もあった。

牛込肴町　もと兵庫町といったが、魚商多く幕府へたびたび魚を献じたので、この名あり。

牛込袋町　肴町の横町で、袋の如き行止りの町ゆえ、この名あり。

牛込箪笥町　具足奉行、弓矢鎗奉行組同心の屋敷地。また武器箪笥を造る者が住んだので、正保年中、町家起立の時からこの名あり。

牛込払方町　むかし天竜寺境内だったのを、寛永年中に寺地を割いて上地し、幕府の納戸同心払方の者、同元方の者とに賜わって町屋敷とした。よって払方町、納戸町の称えあり。元禄以来、町奉行の支配となった。うなぎのように曲折するため、その名のある鰻坂が町内にある。

二十騎町　同じく天竜寺跡で、幕臣の宅地であった。先手の与力十騎ずつ二組あったので、二十騎という町名となった。

山伏町　むかしこの地に山伏多く住んだので、この名あり。享保八年失火して明地となり、代地を下谷幡随院の背後に賜わって新山伏町となった。が、旧地はやはり山伏町といった。

牛込矢来町　もと若狭小浜藩主酒井家の宅地、および先手組屋敷などあり、酒井邸の外囲いが柵矢来だったので、矢来または矢来下といった。

牛込改代町　家康入国の後、雉子橋内外の民家を牛込へ移し、寛永年間小日向の田地築立の後、改めて代地をここに賜わったので、改代町といった。

浄瑠璃坂　浄瑠璃の曲は、義経が牛若といった時から奥州下りまで十二段にのべたもの。世に「源氏十二段」と称する。これを六段ずつに切り、上り八島、下り八島という。この坂に紀州の家老水野土佐守の屋敷あり、その長屋が六段あったので浄瑠璃坂の名が起った。

左内坂　その名主が代々島田左内と名乗ったので

坂の名となる。安永のころの左内は、酒に親しみ狂名を「酒の上熟寝」といった。

破損町 小普請方が拝領した地。小普請奉行は一に破損奉行といい、破損の修覆が役目だからの称。

山吹町 太田道灌が狩りに出て、農家に立寄り簑を借らんとした時、少女が山吹の枝を折って出した所と伝う。しかし他にも同じ主張をする所がある。

小石川

もと巣鴨村より流れ出る谷端川（やはたがわ）のすえ。この川に小石が多かったので町名になったという。加賀国石川郡から白山権現を勧請し、そのため小石川と称するとは附会の説。

春日町 むかし原野だったのを、寛永七年、家光将軍の乳母春日局が幕府に乞うて商店を開かしめた。よってこの名がある。

安藤坂（網干坂） 伝通院より水道橋へ下る坂を安藤坂というのは、安藤飛驒守の屋敷があったから。この坂を一名網干坂という。むかし、この辺りまで入江で、漁夫が坂の上で網を干した。

上中下富坂町 小石川上富坂町、中富坂町、下富坂町はもと小石川の内だった。慶長年間餌差の者の受領地となり、後に商家を建てて上中下餌差町といったのを、元禄のころから富坂町に改めた。明治以後また餌差町の名を復活したこともある。

小石川同心町 大塚通りに沿うところは、もと先手組同心の屋敷地だったので、この名がある。

小日向 むかしこの地は鶴高日向なる者の領地だった。が、後にその家断絶し、「古日向が跡」と称えたのを、いつの頃からか「小日向」と呼んでいた。家康入国のとき小日向村。しかるに、明暦以後次第に町家ができ、正徳からは町方の支配となった。

切支丹坂 茗荷谷第六天町から、同心町へのぼる小坂をいう。宗門奉行井上筑後守の下屋敷に、牢屋を作り、切支丹宗徒を監禁したので、この名がある。

茗荷谷と蛙坂 町の中央から北に当り、谷間卑湿の地域があり、むかしこの辺りは多く茗荷畑だったので町名になったといわれる。蛙坂もまた卑湿の地。蛙が多くいたための称。

大塚 むかし小石川村の内だったが、寛永六年から百姓町を開いた。安藤対馬守邸の東方、森川小左衛門屋敷内に大きな古塚あり、旧一里塚であろうといわれた。これにより大塚の名が起った。

音羽町 元禄十年護国寺の領となり、享保八年これを町地に移した。時に家作を奥女中の音羽、青柳、桜木の三人にあたえたので、音羽町、青柳町、桜木町の名が生れた。

巣鴨 むかしこの辺りに大沼あり、水鳥が群がっていた中にも、鴨が特に多かったので、この名が生れた。町家は天和、元禄ごろから村内に開けたものである。

駕籠町 元禄年間、幕府の駕籠の者五十一人に賜わった地。よって御駕籠町と呼んだが、明治初年に「御」の字を省いて駕籠町とした。

関口町 神田上水の堰口(せきぐち)に当った。堰を関に代えて町名となった。

傾城ケ窪 一に鶏声ケ窪とも書く。どこからともなく鶏の声が聞えるのでこの名がある。場所は駒込竹町の先。

本郷

湯島の本郷なるゆえ、この名ありという。

森川町 先手組森川金右衛門氏俊の組下与力・同心の屋敷があり、氏俊邸もまたここにあった。与力は森川氏の親族が多く、みな森川を名乗ったので町名となった。

菊坂と梨坂 菊坂はむかし、ここに菊を栽培する者が多く住んだため。また梨坂は梨の大木があったための称。

弓町 元和のころ、城より鬼門に当るので、御弓組六組をここにおき、毎日的場で弓を射させた。よって御弓町といったが、寛永年中、鬼門に東叡山を建ててから、弓町は他所へ移された。

向ケ岡 忍ケ岡より、池をへだてて相向う岡の意味。よって地名となる。

駒込 むかし馬の牧場ありしにより、この名が生れたという。

駒込追分 中仙道と岩槻道との分岐点ゆえ、この名あり。

千駄木町 むかしこの辺り、樹林深くして毎日千駄の薪を切り出したための称。

団子坂 もと汐見坂といい、坂上からはるかに品川沖が見えた。が、俗称は団子坂。この名が前者を圧倒して残った。

根津八重垣町 もと根津門前町といった。後に根津社の祭神が須佐之男命なので、「八雲たつ出雲八重垣」の歌にちなみ町名とした。

昌平橋 もと一口橋といい、相生橋ともいった。元禄四年正月、湯島の聖堂が成ると共に、魯（ろ）の昌平卿にちなんで昌平橋と改め、聖堂の東の坂をも昌平坂と称した。

下谷

下谷はもと下谷村といった。上野、湯島の下なる低地という意味であろう。

練塀町 元禄年中はここに旗本屋敷の練塀がつづき、ために練塀小路と称えたのが町名となった。

御徒町 むかしは下谷村の中だったが、徒士組の組屋敷となったのでこの名が生れた。

箪笥町 箪笥奉行組下の者が多く住んだので、この名あり。

上野 もと藤堂高虎の屋敷あり、その居城伊賀の上野の名を移したとの説あれども然らず。上野の名はそれ以前にあり、すなわち下谷に対する上野――高台という意味であろう。

三橋 中央および左右に、三橋（みはし）並んで架けられていたから。中央は将軍の通る橋、「御橋」（みはし）といったのが訛ったのであろう。

谷中 谷中（やなか）は上野、駒込の中間の谷なので、この名がある。

浅草

この名はむかし、茅萱深き武蔵野の中で、草の割合い浅かったための称とされている。

瓦町 元和以来町家を開き、瓦職人が多かったための称。

猿屋町 寛永七年商家を開く。むかし越後国猿屋村から来た猿屋加賀美太夫が住んだので、この名がある。加賀美太夫は舞の上手。

向柳原　神田柳原の向うに当るので、この名がある。

阿部川町　幕府の小人（こびと）の受領地に、元禄以来町家を開いた。地主が駿河阿部川から移住した者なので町名となった。

馬道　八町あり。もと山谷の宿へ馬で通う所なので、この名がある。山谷馬というのも同意義。山谷とは、吉原がはじめて火事で焼けて仮宅したところ。ゆえに吉原と同意語に用いる。

三味線堀　その形、三味線に似ているための名。附近に三筋町があるためではない。

三筋町　東三筋町は書院番組屋敷、西三筋町は大番組屋敷であった。東の町・中の町・西の町という三つの通りがあったので俗に三筋町といった。

蔵前　鳥越橋の北、黒船町に至るまでの通りをいう。東側に幕府の米蔵があったのでこの名を生んだ。

並木町　旧奥州街道で、松並木があったため町名となった。

天文橋　福富町から蔵前へ出るところにある。天文台の所在地ゆえ橋名となった。

手向野　鳥越辺の旧名。むかし、刑場のあった所で、往来の人が香華を手向けたによる。

橋場　むかし、橋を架けた所。源頼朝が舟橋を架け、太田道灌が仮橋を架けたのも、みなこの辺りである。

日本堤　元和六年、公命によって、東西の諸侯が家々の幟を立て、前後六十六日で築いた。これを六十六カ国になぞらえて日本堤と称した。また山谷から道が二本に分れているので、二本を日本に転訛した称ともいう。

孔雀長屋　日本堤から田町へ下るところ。土手に沿って長屋があり、寛文のころ、この長屋の尻に美しい娘がいた。よって孔雀の尾の美しいのになぞらえ、孔雀長屋の名が生れたとある。

本所

もとは本庄という。江東を旧名牛島と称し、牛島の本庄との意味である。本所と改めたのは元禄の頃。

小梅　旧名を梅香原といった。むかしこの辺に梅樹多く、その地が八段あったので八段梅といった。それを小梅に改めたが、「八段梅」の名はその後も村内に永く残った。

柳島　この辺りは柳の樹が多かったので村名となった。

亀戸　この地はむかし海中の孤島で、形が亀に似ていたため亀島と呼んだ。が、やがて陸地となり村がひらけたので亀村となった。亀戸神社内に亀ヶ井という井戸があり、よって後年亀井戸と改め、さらに亀戸と書くに至ったが、訓は同じく「かめいど」である。

向島　隅田川をへだてて向うにあるゆえの称。

深川

むかしは海浜の茅野だったが、摂津の人、深川八郎右衛門が開拓したので、この名がある。

安宅町　幕府の船蔵があった。安宅丸という大船が繋留され、後に怪談を生んで解体されたので船塚をきずいた。よってこの名が残ったが、安宅の渡しもまた同じ。

深川大工町　海浜の新田で、船大工が多く住んだのでこの名がある。

佐賀町　寛永六年、富商八人で埋め立てた地。その八人の名を町名にしたが、元禄八年この地の風景が肥前佐賀の港に似ているとて、佐賀町に名を改めた。

材木町（元木場）　むかしは海につらなる洲渚で、材木問屋の木置場だったのを、元禄十二年埋立てて町地とした。その後も材木商が多く住み、商家も増加して二十余カ町にのぼり、それぞれ町名を名乗ったもの。総称して元木場といった。

矢数町　三十三間堂の所在地で、矢数を射たところなのでこの名がある。

一般の部

朝観音 夕薬師 毎月十八日の朝観音、八日の夕薬師に詣でるのが吉時とされ、どこでも参詣者が多かった。特に茅場町の夕薬師が有名で、植木市も出た。

姉は菅笠 妹は日傘 女は嫁入先の良否で、まるで境遇が違ってしまう。この場合、姉は菅笠をかぶって働き、妹は日傘をさして遊び、皮肉にも境遇があべこべになった。

十六夜の禁忌 毎月十六日の夜、中でも五月十六日の夜は性交禁忌の日として避けた。起源は医心方の「五月十六日、天地牝牡日、不ㇾ可ㇾ行ㇾ房、犯ㇾ之不ㇾ出二三年一必死」である。江戸の川柳に「渇しても女房十六夜にはやらず」とある。

医者 智者 福者 交りを結んで利のある者。大いに知合いになるべし。福者は金持。

医者 役者 芸者 いずれも人柄のよくないものとした。江戸時代の医者は腕も怪しく、幇間的人物が多かったから。

一分 一分は銀十五匁で百匹。一分女郎の値であり紙花一枚の代金でもある。紙花とは、鼻紙をその家限りの手形として使い粋がったもの。さらに一分は堕胎薬の代金であり、また男女出入りのさばき代でもあった。一分といえばそれらの代名詞。

一両二分 下女の給金。実は時代により二両二分から三両のこともあったが、一両二分といえば下女の給金の代名詞。

いなせ 安政の頃、花街を流した新内節の中に「いなせともなきその心、帰らしやんせと惚れた情」という文句があった。その曲節と歌い手がいかにも哀れですっきりしていたので、いつか粋という意味に通じた。

丑の刻参り 丑の刻〔午前二時〕に白衣に一本歯の高足駄をはき、火をともした蠟燭三本を頭上に立て、胸に円鏡を吊した姿で神社へゆき、古木におのが憎む者をかたどった藁人形を、五寸釘で打ちつける。かくすれば必ず相手が死ぬと信じられたが、もし途中で他人にみつかれば、自分の方が牛になるという。

江戸の白壁はみな旦那　白壁のある家なら、すべて奉公人を求めている。どこにでも勤め口があるとの意味。

岡惚れ　ちょっと顔に惚れたという意味で、顔を逆さにオカと言った。また岡は横からという意味があり、横から惚れたことだともいう。岡焼き、岡目八目は後者の説があてはまる言葉。岡惚れも三年すれば情夫のうち

女三十三歳　女は後厄として用心した。また岡場所の私娼は、この年までを勤めの年季とした。

女十九歳　女子の厄年で、この年難産で死ぬ者が多かった。よって厄除けに鱗形模様の着物を着た。

女二十は婆始め　十三歳で初潮、十六歳で嫁にゆく江戸時代では、二十といえばまことに婆始めであった。上流では三十歳でお褥お断りをする。医療未熟のため、三十歳以後の出産では難産となるからであろう。

重ねておいて四つにする　享保九年の法令では、密通の現場を押えたら本夫は姦夫姦婦を重ねておいて四つに斬っても無罪とした。元文度では斬ってもよいが、訴えれば姦夫姦婦は非人にされる。寛保ではまた厳しくなり、両人は死罪ときまった。

木賃宿　むかしの宿屋は、米は客が持って来て、宿屋の薪を使い、その代価を払うのが建て前。ゆえにあながち安宿の意味ではなかった。

九月の婿入り三月の嫁入り　この月の婿入りと嫁入りは縁起の上で嫌った。

九尺二間に戸が一枚　裏長屋の手狭な形容詞。九尺二間は戦国時代の根小屋の寸法、足軽の槍の石突が表へとび出したという。その狭い家に戸が一枚だけという意。

九十匁　一両二分に当り、江戸初期の太夫の揚げ代。元禄では銀七十五匁、宝永・享保では七十四匁、宝暦で八二匁から九十匁とそれぞれ違ったが、太夫の揚げ代九十匁で代表していった。

糞喰え　拷問の一種に、「糞問い」というのがある。罪人を仰向けに寝かせて、大小便を口から注ぐ

のだ。名誉を重んずる武士は、たいていすぐ参って白状した。「糞喰え」という悪態はこれから起った。

公方八百万石　徳川将軍家の領地が、関東その他で八百万石あったことをいう。日本全国の四分の一にあたった。

雲助　蜘蛛が軒端に巣を造るように、あちこちの街道すじに住んだための称。一説には雲のゆくえ定めぬを以て名づけたともいう。

沽券（こけん）　小間割〔税〕をおさめる表町の地券状。高い地価の表象なので「品位」「体面」の意となり、「沽券にかかわる」などという。

九日鉄漿（かね）は乞うても付けよ　おはぐろをつけるのは縁起の上で九日がよく、十日は悪日としたのによる。

ゴマの灰　元来は護摩を焚いた有難い灰だといって、真言宗の坊主が売り歩いたもの。後にはそれがいいかげんなものになって、道中のコソ泥という意に転化した。

三一　田楽　二本棒　三一は「サンピン」に同じ。田楽は刀を差した姿が、串に刺した田楽に似ているからの称。二本棒も両刀を差した形容をあざけったことば。

三石侍（さんごくざむらい）　公卿に仕える侍。公卿の衰微により、わずか三石の薄給であった。サゴクサとも呼んだ。

三十匁　金二分にあたり、踊り子や転び芸者の一夜の枕席代。銀三十匁といえば、その代名詞に使われた。

サンピン　最低の侍をいう。その給料は三両一人扶持で、渡り奉公の中小姓がこの給料。

しくじり小普請　旗本で非役になることを「小普請入り」という。その中でも、役目に落度があって退役するのを、しくじり小普請といった。

七里けっぱい　けっぱいは結界の訛り。七里四方に結界を設け、寄せつけないの意。

四文屋　明和五年に四文銭の新鋳があり、それ以来四文が小さな銭勘定の基本になった。四文で一合とか、四文で三つとかいう勘定の仕方である。その頃、四文屋と書いた幕を張り、大皿におでんのような煮〆を盛ったのを並べていた屋台店があった。一皿四文なのである。

十三歳　女子が初潮を見る年で、その代名詞となった。

十三屋　櫛屋のこと。十三は九と四の和で、九四は櫛に音が通じるから。

十八松平　徳川氏は三河国松平郷に本拠を持つ豪族だったが、家康のとき奏請して徳川に改めた。ゆえに松平は徳川家の血統であり、合せて十八家あったからの称。

血忌日　婚姻、鍼灸、雇入、刑戮などを忌む日。正月は丑、二月は未、三月は寅、四月は申、五月は卯、六月は酉、七月は辰、八月は戌、九月は巳、十月は亥、十一月は午、十二月は子の日である。

天下非番　天下晴れての非番の意であろう。最良の日ともいうべき語勢がある。但し中間・小者のことばらしい。

土左衛門　溺死体がブクブクにふとるさま、享保の相撲取、成瀬川土左衛門に似ていたので、この名が残った。

どさくさ　幕末に佐渡の金山へ送るため、ときどき無宿者狩りをやった。鉱内にたまる水を、人力で汲み出す苦役に使うのだ。そのため無宿者は狩込みがあるとそれ「ドサを喰うな」と大騒ぎで逃げた。ドサは佐渡を逆にしたもの。クサは接尾語。それで大騒ぎの語源となった。

土壇場（どたんば）　伝馬町牢屋敷内の東隅に、死刑囚の首の切り場がある。俗に土壇場といわれ、ここまで来てはどうにもならない。よってニッチもサッチもいかぬことを土壇場という。

長局の煤掃　十二月十三日は江戸の煤掃。大奥でもこの日煤掃をやるが、その華やかで賑やかなこと！　よって女が大勢ぺちゃくちゃかしましいことを、長局の煤掃という。

夏女房に冬男　浴衣すがたの女は色っぽい。男が羽織を着てしゃんとしたのもよい。いずれも思わず見とれるほどだ。

二十五匁　芝居の一桝代。これまた値段が代名詞となった。

二足三文　物の値のひどく安いこと。「二足三文で売る」などという。『仙湖漫談』によれば、江戸時代に物が最も安かった時、草鞋二足を三文で売ったことに始まる。

二百文　けころの代金。泊りは四百文であった。飯盛女も同じく二百文。寛文のころ日本橋から吉原大門までのから尻馬の駄賃もやはり二百文だった。二百文といえばそれらの代名詞。

猫ばば　江戸中期、本所に住む医者の祖母が、たいへん猫を可愛がった。常に飼猫は三十四を下らず、ために猫に一部屋を設け、専属の女中まておいていた。この老婆が、物忘れのためか、欲張りのためか、人に物を貰っても決して返礼しない。そこでこの語が作られたという。

年貢の納め時　博徒の親分は祭礼の時など、公然と賭場を開きながら、代官はこれに税金をかけられない。その代り佐渡の金山の水替人夫〔苦役〕を、無宿者何人と割当てて来た時、ふだん税〔年貢〕を納めていないのだから、子分の中から苦役に出さねばならない。よって年貢の納め時といった。

蓮っ葉女　上方の大商店で、地方から来る商人に当てがった私設の娼婦。田舎で食物を包むのに、竹皮がないとき蓮の葉を代用に使った。それを藁でくくったさまが、いかにも下品だったたのが語源。

放し亀　仏の日とか寺参りの途中で、信心深い人が亀を買って放つこと。それ用に橋のたもとや池の畔に、亀の飼桶を出して客を待つ商売があった。橋番や茶店の兼用で、放し鰻も売っていた。

百石三人泣暮し　百石取りの侍でも、家族三人では生活が苦しい。特に無役の小普請組では苦しかったので、傘張り、楊子けずりなど内職をやった。

札つき　連座の罪をさけるため、むかしは素行の悪い子があると勘当した。すると人別帳から名を消され、いわゆる無宿者になる。文化度にはその手続きのすまぬうち、可能性ある不良には人別帳に札をつけておいた。札つきの悪のはじめである。

牡丹と紅葉　牡丹は猪、紅葉は鹿をあらわして、その獣肉を売る店の看板に書いた。もちろん獣肉は鍋で喰わせた。

間男七両二分　間男の首代を七両二分といった。すなわち姦通の現場を押えれば殺してもよいのだが、これだけの罰金で内済にするという意。但し上方では「さわり三百」といって、銀三百匁が相場。六十匁＝一両とすると、五両の勘定でだいぶ安い。

間夫　金山の掘口のことを間歩（まぶ）という。これが語源で、従ってはじめは遊里で金になる客のことを言った。しかし後には金も力もない情人を間夫というようになった。

遊女二十七　吉原女郎の年季明けの歳。翌年からは堅気になって足袋をはくことができた。

湯灌場買い　江戸では家持〔地主〕のほか自宅で湯灌することができぬ。そこで庶民はお寺の湯灌場で湯灌をしたが、その時死体がぬぎすてた着物は寺男の役得である。抜け目なくそれを買って歩く男、これを湯灌場買といい、洗って古着屋へ転売した。

与力の挟箱　与力には奉行所内の勤務と捕物出役があり、何事が起ってもすぐ応じられるよう、挟箱の中には要用十五点といっていろんなものが入れてあった。よってゴタゴタと詰めこむことを与力の挟箱といった。

六部　正式には六十六部といって、日本を六十六ヵ国として国毎に法華経を一巻ずつ供養することからこの名が起った。

江戸生活時刻表

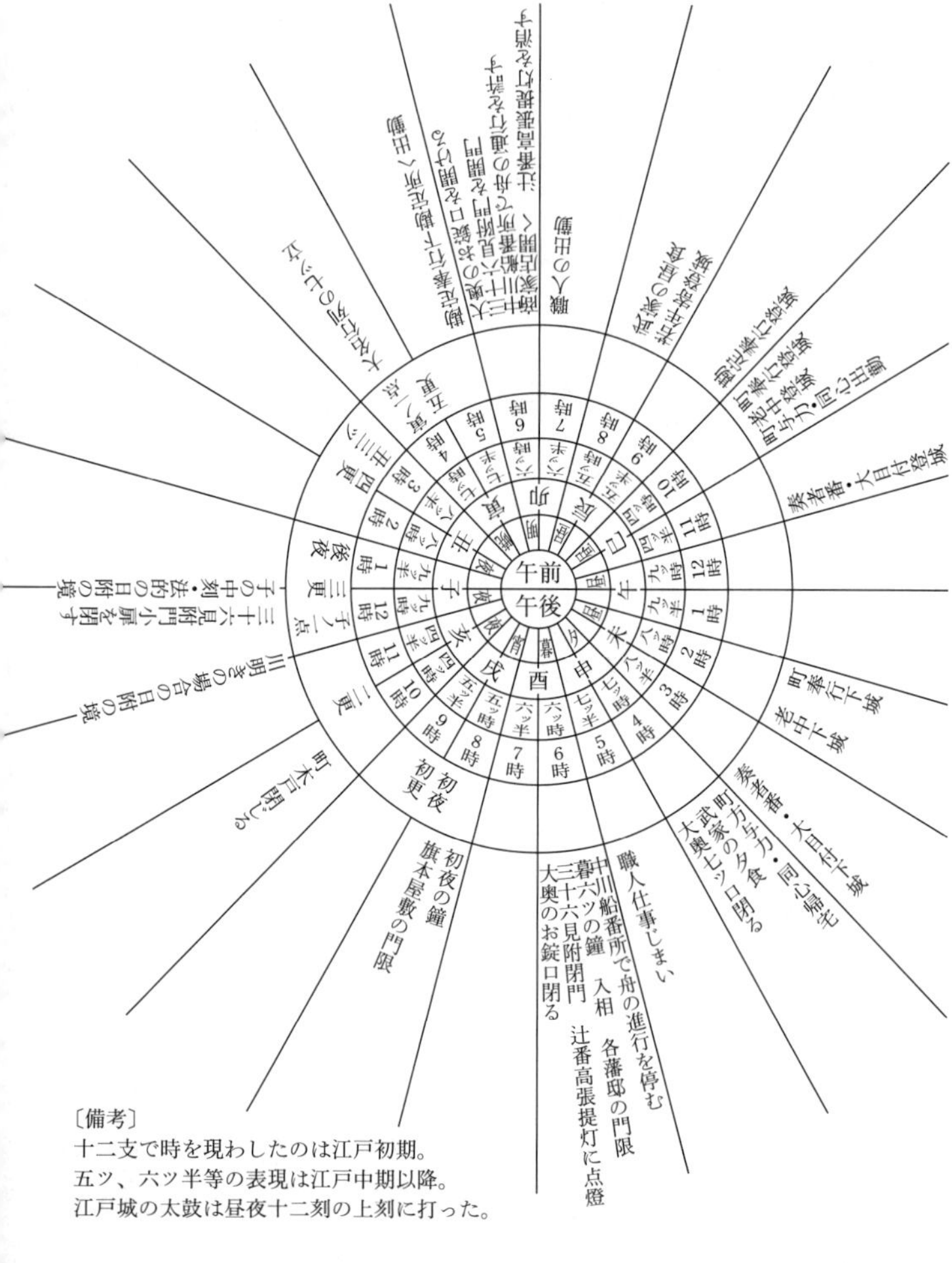

〔備考〕

十二支で時を現わしたのは江戸初期。

五ツ、六ツ半等の表現は江戸中期以降。

江戸城の太鼓は昼夜十二刻の上刻に打った。

跋

姉妹編「武家事典」の出版は昨年十一月のことであった。予想外の好評に、仕事らしい仕事をしたというほっとした満足感に酔った。ところが間もなく開かれた出版記念会の席上で、田宮虎彦、山岡荘八、木村荘十、大林清、南条範夫、貴司山治、文博桑田忠親の各氏から、口を揃えてこう言われたものである。直ぐ庶民関係の事典を作れ、と。当時多少くたびれてもいたが、勇を鼓して着手してから十カ月、ようやくその責めを果して「江戸生活事典」としてここに完成したのである。三年がかりで作った事項別五千枚のカードの中、二千枚を「武家事典」に、そしてこの事典に残りの三千枚を当てたわけで、従って今度は割合いに短かい期間でやり遂げることが出来た。

これで鳶魚翁の五十余冊の全著作中、精髄ともいうべき事柄をすべて事典型式に編纂し終えたわけである。勿論権威ある他書を引用させて頂き、私自身の調査になる補足項目も多いが、もしこの型式によって新しい価値が生れたとしても、もとより原典たる鳶魚書の功業に帰するものである。地下の鳶魚翁を敬慕してやまない。

さて、「武家事典」の場合は武家に関する全項目を収録したが、今度の事典はそれ以外の広い範囲にわたったので、例えば服飾、地理関係などは全項目というわけにはいかなかった。江戸研究のこの面は無限で、恐らく如何なる大冊にしようとも不可能であろう。私は最初からそれを諦めて、その代り、項目の選択を厳密にし、普通知られている事柄や公式的な事項は全部省き、江戸の実生活に密着した実用記事のみを収録したつもりである。「武家事典」で従来の観念になかった真の侍の姿が浮んで来たとすれば、「江戸生活事典」でも、今までと異った江戸市民や街々の景観が書中に浮び出るものと信じている。

いま一つ附記しておきたいことがある。それは巻末につけた附録中の「江戸風俗年表」についてである。小説やドラマを書く場合に、まだありもしない両国橋を主人公に渡らせたり、吉原といえば元から夜桜があるように思って失敗することがあるが、こういう誤りを無くするための一助にもと思って、微力ながら表に作ったものである。ところが、実際始めてみると思いの外の難事であった。権威ある書物でも、それぞれ年度月日が違うのである。例えば諸法度発令の時や諸商売の開始年度、驚いたことには江戸の大火の日附でさえも時には書物によってまちまちなのである。これには大いに悩んだが、私の判断でその中の一つに統一した場合もあり、重複をいとわず両方を掲げて読者の判断に任せた場合もある。そのため引用書名を下につけておいたけれど、この関係では定評のある「徳川実紀」と「武江年表」を主にしたので、まずは安心して利用願えると思う。この「江戸風俗年表」はいわば初めての試みで、これを基礎に将来本格的な「風俗年表」を大成したいものと思うが、今はただ尨大な「徳川実紀」に初めて私が手を染めたことで満足している。

思えば私は「武家事典」を完成した時、その好評も嬉しかったには違いないが、それよりも、もっと大きな喜びは、諸先輩から身に余る御厚情を頂いたことであった。木村荘十、南条範夫、高木卓の三氏から親身の御教示と激励を賜わったし、畏友沢寿次氏は何かと相談相手になってくださった。また「武家事典」の場合と同様に三田村鳶魚翁と最も親近しておられた柴田宵曲氏が、全頁を丹念に校閲してくださった。氏の博識によって多くの思い違いが訂正されたこと、そして青蛙房社長岡本経一氏の変らぬ御援助にも、共に深い感謝を捧げずにはいられない。

人毎にこういう恵まれた環境で仕事の出来るものではない。人毎に味わえる感動でもない。正直に言って、仕事を通じ、私はこれら諸先輩から温かい未知の人生を教えられたような気さえする。二冊の事典はここに完成したけれど、私の仕事はこれからである。何故なら諸先輩のこの好意に仕事の上で報いなければならないから。

稲垣史生

昭和三十四年七月二十一日

解説――三田村鳶魚、稲垣史生、そして柴田宵曲

礫川全次

『三田村鳶魚 江戸生活事典』は、一九五九年(昭和三十四)九月、青蛙房《せいあぼう》から刊行された。のちに、時代考証家として知られることになる稲垣史生《しせい》(一九一二~一九九六)の編集である。

青蛙房は、岡本綺堂《きどう》(一八七二~一九三九)や三田村鳶魚《えんぎょ》(一八七〇~一九五二)の著作の刊行で知られていたが、二〇一九年に廃業した。ちなみに、青蛙房の創業者・岡本経一《きょういち》(一九〇九~二〇一〇)は、岡本綺堂の養子であった。

稲垣史生は、本書刊行の前に、同じく青蛙房から『三田村鳶魚 武家事典』(一九五八年十一月)という本を編集し、刊行している。すなわち、本書『江戸生活事典』は、『武家事典』の続編にあたる。

稲垣は、『武家事典』の「凡例」において、同書を「三田村鳶魚の江戸叢書を中心とする武家事典」と位置づけている。一方、本書『江戸生活事典』の「凡例」においては、これを「三田村鳶魚の江戸叢書を中心とする江戸生活事典」と位置づけている。ここでいう「江戸叢書」とは、稲垣史生による造語で、三田村鳶魚が遺した五十余冊の著作を指す。この一覧表は、『武家事典』の三八七~三八九ページに載っている(『江戸生活事典』には載っていない)。

いずれにしても、『武家事典』および『江戸生活事典』は、三田村鳶魚の「江戸学」の神髄をまとめあげた労作である。稲垣は、これによって、三田村鳶魚の遺業を後世に伝えるという重要な役割を果たしたと同時に、「時代考証家」としての地位を確立しえたと言ってよいだろう。

稲垣は、本書『江戸生活事典』の「跋」で、次のように述べている。

……また「武家事典」の場合と同様に三田村鳶魚翁と最も親近しておられた柴田宵曲氏が、全頁を丹念に校閲してくださった。氏の博識によって多くの思い違いが訂正されたこと、そして青蛙房社長岡本経一氏の変らぬ御援助にも、共に深い感謝を捧げずにはいられない。

柴田宵曲《しょうきょく》は、随筆家、書誌学者（一八九七〜一九六六）。三田村鳶魚とは、雑誌『彗星 江戸生活研究』が創刊された一九二六年（大正十五）三月以来、深い親交があった。稲垣自身は、三田村鳶魚の謦咳に接することはなかったようだが、柴田宵曲との交流の中で、三田村鳶魚の人となりなどについて、仄聞することもあったに違いない。

本書には、編者・稲垣史生による三田村鳶魚の紹介のような文章がない。一方、『日本近代文学大事典 第三巻』（講談社、一九七七年）の「三田村鳶魚」の項は、稲垣が執筆している。限られた字数の中で、稲垣は、三田村鳶魚の人となり、業績などを簡潔に紹介している。参考までに、その最初の部分を引用しておこう。

三田村鳶魚　みたむらえんぎょ　明治三・三・一七〜昭和二七・五・一四（1870〜1952）考証、随筆家。武州八王子大横六八、織物屋三田村善平の次男として生れた。本名玄龍。善平は入り婿で、前身は旧幕府の八王子千人同心といわれる。幼時母とともに東京へ移り、下谷御徒町に住んで松前小学校に通った。ここで笹川臨風と同級だったことが知られている。飛んで明治二二年、二〇歳のとき、来島恒喜の大隈外相狙撃事件があり、鳶魚は三多摩壮士の一人として検挙された。もちろん事件に関係なく、すぐ釈放されているが、その間、犯人扱いの保存写真をとられたことでひどく誇りを傷つけられた。……

このうち、「大隈外相狙撃事件」とあるのは、一八八九年（明治二十二）十月十八日、時の大隈《おおくま》重信《しげのぶ》外相が、玄洋社元社員の来島恒喜《くるしまつねき》に爆裂弾を投げつけられ、片脚を失った事件で、厳密に言えば、「大隈外相爆撃事件」であろう。

また、「もちろん事件に関係なく」としているが、これはどうなのだろうか。稲垣は、鳶魚がこの事件に関与していたことを、まったく知らなかったのだろうか。そうではあるまい。この事件に鳶魚が関与していたという話は、おそらく稲垣も聞いていたに違いない。しかし、決定的な証拠が得られないので、とりあえず、このように書くしかなかったのではないか。

以下、「大隈外相爆撃事件」と三田村鳶魚との関わりについて、少し補っておきたい。

八王子の郷土史家である佐藤孝太郎に、『三多摩の壮士』（武蔵書房、一九七三年）という著書がある。同書によれば、この事件で来島恒喜が使った爆烈弾は、三多摩壮士の村野常右衛門《つねえもん》と森久保作蔵から提供されものだったという。また同書には、万一、来島が爆殺に失敗した場合、第二陣として鶴川村の霜島幸次郎、第三陣として八王子町の三田村玄龍《げんりゅう》〔鳶魚〕が指名されていた、ともある。佐藤孝太郎（一九〇三〜一九九二）は、地元の八王子で、三多摩壮士の研究を続けてきた郷土史家であり、そうしたウラ情報に通じていたと思われる。

『武家事典』および『江戸生活事典』を編むにあたって、稲垣史生が校閲を仰いだ柴田宵曲は、三田村鳶魚を「来島恒喜の一味」と捉えていたという。

以下、菊池明「鳶魚翁の思い出」から引用してみる。この一文は、菊池明編『三田村鳶魚遺稿明治大正人物月旦』（逍遥協会、二〇〇九年）の「解説」に相当するものである。

※ルビおよび〔　〕内の注は引用者による。（以下同）

……翁〔鳶魚〕は若い頃、三多摩の自由民権運動の壮士で、明治二十二年十月、大隈重信を襲撃した来島恒喜の一味であったという。柴田宵曲さんの私〔菊池明〕への直話《じきわ》によると、大隈さんが閣議を終えて、桜田門から霞ヶ関の外務省の構内に入ろうとした時、来島に爆弾を投げられた。その馬車が来るのを坂の上から手を振って合図をしたのが、若き日の三田村青年であるという。勿論逮捕、その逮捕のことは新聞記事にあるから確かなことであろう。間もなく釈放されたが、それは大隈さんが将来のある若者だから許してやれといったのが釈放のきっかけであったとのこと、翁が早稲田が好きになったのはそのためでないかとのことだ。また翁の写真嫌いは有名だが、逮捕された時警察で写真をとられたのが原因ですとも言っておられた。翁自身はそれに就いて全く語っていないが、「人物月旦」では、来島は罪を一人で引受けて死んだと意味ありげな書き方をしてある。〈二三五～二三六ページ〉

柴田宵曲の「直話」とあるが、その直話自体が伝聞推定に基づいているらしく、どこまで信じてよいのかわからない。しかし、三田村鳶魚が大隈外相に関与していたことは、否定できないように思う。

菊池明《あきら》（一九二三～二〇一九）については詳しくないが、一九四七年（昭和二十二）三月から、鳶魚が亡くなる一九五二年（昭和二十七）五月までの間、鳶魚に就いて「身辺の御用」を勤めたという。菊池は、鳶魚と最初に会ったときの印象を、「鳶魚翁の思い出」の中で、次のように記している。

翁はこの時七十七歳、痩せ型、長身、やや面長で、半白の髪を短く切ってある。あご髭、口髭、長い白い眉。目蓋は垂れ下がっていて、その奥の白眼がちの眼は鋭かった。しかしどこか優しさがあって、人の言うような、厳しさや怖さはあまり感じられなかった。〈二三五ページ〉

菊池明は、早稲田大学演劇博物館の協議員として、『三田村鳶魚遺稿 明治大正人物月旦』の編集にあたった。同書に収められている鳶魚の「遺稿」は、興味深いものばかりだが、特に注目しなければならないのは、「来島恆喜《ママ》――爆撃の前夜は吉原」という一篇である。

……其場を去らず来島は頸動脈を掻切つて見事に自決したから、一人も連類とか同志とか云ふ者を出さずに了つた。此処に美談がある。来島の祭儀は五年毎に天王寺〔谷中の寺院〕の茶屋で行はれた、其度に大隈さんは必ず霊奠《れいてん》を供した、且ついふ我も君国の御為《おため》に生死を賭して、条約改正の業に従事したのだが、彼も亦他事なく生命を投じたのであると、それ故に五十年忌を谷中《やなか》の全生庵《ぜんしょうあん》で執行した時にも、大隈信常《のぶつね》〔重信の嗣子〕から霊奠が届いた、家例になつてゐたのだらう。〈八八ページ〉

この書きぶりからすると、三田村鳶魚は、来島恒喜の祭儀には、その都度、顔を出し、一九三八年（昭和十三）に執行された五十年忌にも出席していたと思われる。鳶魚は、やはり、大隈外相爆撃事件に深く関与していたと考えるべきだろう。

ここで鳶魚は、「我も君国の御為に生死を賭して、条約改正の業に従事したのだが、彼も亦他事なく生命を投じたのである」という大隈重信の言葉を引いている。この言葉の典拠は不明だが、立石駒吉編『大隈伯社会観』（文成社、一九一〇年）の中で、大隈は、たしかに、それに相当する言葉を吐いている（二〇六ページ）。「明治維新の志士」を思わせる、こうした大隈の言葉に、鳶魚は、かつての三多摩壮士・三田村玄龍として、ひそかに共鳴するものがあったのではなかろうか。

（こいしかわ ぜんじ／文筆家・在野史家）

ら

り

る

れ

ろ

ゆ

よ

へ

ほ

ひ

ふ

な

し

き

う

索引

本文中に、今日の人権意識に照らして不適切と思われる表現箇所がありますが、作品が作られた時代背景を考慮し、また著者がすでに故人であることなどを考え併せまして、そのままにいたしました。読者の皆さまのご理解を賜りますようお願いいたします。

[編者]

稲垣史生（いながき・しせい）

1912年、富山県砺波市生まれ。早稲田大学文学部国文科卒業。都新聞（現東京新聞）社会部記者、海軍省嘱託（報道班員）、サンニュース・フォトス記者、歴史文学研究会事務局長などを経て、テレビ・映画の時代考証で活躍。第20回オール讀物新人賞、第1回放送文化基金賞、第30回埼玉文化賞受賞。1996年2月歿。編著書に、『時代考証事典』『歴史考証事典』『考証 戦国武家事典』『考証「江戸町奉行」の世界』『武家の夫人たち』（以上、新人物往来社）、『江戸の再発見』『考証 風流大名列伝』（以上、新潮社）、『考証 武家奇談』（河出文庫）、『花の御所』（光風社出版）、『三田村鳶魚 江戸武家事典』『武家編年事典』『江戸編年事典』『戦国武家事典』（以上、青蛙房）ほか。

平凡社ライブラリー 981

三田村《みたむら》鳶魚《えんぎょ》 江戸《えど》生活《せいかつ》事典《じてん》

発行日…………2025年1月6日　初版第1刷

著者……………三田村鳶魚
編者……………稲垣史生
発行者…………下中順平
発行所…………株式会社平凡社
〒101-0051　東京都千代田区神田神保町3-29
電話　(03)3230-6573[営業]
ホームページ　https://www.heibonsha.co.jp/

印刷・製本……株式会社東京印書館
DTP…………平凡社制作
装幀……………中垣信夫

ISBN978-4-582-76981-4
